O GRANDE INIMIGO

OBJETIVA

MILT BEARDEN JAMES RISEN

O GRANDE INIMIGO

A História Secreta do Confronto Final entre CIA e KGB

Tradução de S. DUARTE

OBJETIVA

Título Original:
The Main Enemy: The Inside Story of the CIA's Final Showdown with the KGB

EDITORA OBJETIVA LTDA., rua Cosme Velho, 103
Rio de Janeiro – RJ – CEP: 22241-090
Tel.: (21) 2556-7824 – Fax: (21) 2556-3322
www.objetiva.com.br

Capa
Tecnopop/Marcelo Pereira

Tradução: S. Duarte

Revisão
Marilena Moraes
Taís Monteiro
Umberto Figueiredo Pinto

Editoração Eletrônica
Ellipse Solução Digital

B368g

Bearden, Milt e Risen, James

O grande inimigo : A história secreta do confronto final entre CIA e KGB /
Milt Bearden e James Risen. Tradução de S. Duarte. – Rio de Janeiro : Objetiva, 2005

567 p : caderno de fotografias ISBN 85-7302-653-7

Tradução de : *The main enemy: The inside story of the CIA's final showdown with the KGB*

1. Relações internacionais – Espionagem – Estados Unidos. 2. Relações internacionais – Espionagem – União Soviética. 3. Guerra fria. I. Título

CDD 327.12

Para Marie-Catherine
Para Penny

SUMÁRIO

PREFÁCIO

O Grande Inimigo conta pela primeira vez, de forma abrangente, a história do clímax das batalhas secretas entre a CIA e a KGB nos derradeiros dias da Guerra Fria, quando o Muro de Berlim desmoronou e a União Soviética implodiu. Começando com o "Ano dos Espiões", que marcou um divisor de águas em 1985, e prosseguindo durante o colapso da URSS, o livro narra os principais enfrentamentos de espionagem entre a CIA e a KGB através dos olhos dos espiões que deles participaram.

Esta é a história das vidas e das carreiras da geração treinada à sombra da crise de mísseis em Cuba e que assumiu a direção da CIA e da KGB no momento em que Ronald Reagan e Mikhail Gorbachov subiram ao poder na década de 1980 e se viram repentinamente no centro de um torvelinho de mudanças históricas. Muitos dos agentes da CIA e da KGB que se enfrentaram na Guerra Fria retornaram à vida civil. Assim como seus pais, veteranos dos combates da Normandia e de Stalingrado, eles têm muito que recordar.

O Grande Inimigo é produto de uma experiência única, um esforço conjunto de um membro da intimidade da CIA e de um jornalista vindo de fora dessa agência, para escrever uma narrativa mais reveladora e mais humana do que qualquer um dois poderia ser capaz de realizar sozinho. Trata-se verdadeiramente de um projeto em colaboração, mas os autores adotaram também uma rígida divisão de trabalho a fim de poder observar algumas regras impostas pela CIA a seus ex-agentes. Tal como exigido pelos regulamentos da agência, Milt Bearden submeteu à apreciação da CIA sua parte do manuscrito antes da publicação e fez as alterações por ela solicitadas. Essas revisões foram poucas e não afetam a narrativa.

James Risen não entregou sua parte do livro à CIA para exame pré-publicação. A fim de manter um tom narrativo homogêneo, Milt Bearden fala na primeira pessoa ao longo de todo o livro, inclusive nas partes escritas por James Risen.

A obra se baseia em centenas de entrevistas feitas durante o decurso de três anos com dezenas de agentes da CIA e da KGB dos dois lados da cerca. Os diálogos que aparecem correspondem às recordações específicas de uma ou mais dentre as pessoas presentes à conversa. Além disso, tomamos a liberdade de reconstituir diversos telegramas da CIA. Com exceção de um trecho de um deles, não se trata dos verdadeiros telegramas e sim de reconstituições feitas por Milt Bearden com base em seus trinta anos de leitura e redação de comunicações da CIA; o tom e a forma são semelhantes aos telegramas reais expedidos em cada caso.

AGRADECIMENTOS

Somos devedores a todos os homens e mulheres que combateram nas batalhas descritas nestas páginas. Muitos não podem ser chamados por seus nomes porque a tarefa ainda não terminou; outros não desejaram ser nomeados, e nós respeitamos suas vontades. Seu anonimato, porém, não diminui a contribuição que deram.

Temos também uma grande dívida para com nossa editora na Random House, a incomparável Joy de Menil. Sua energia e visão perpassam por todo *O Grande Inimigo*.

Uma de nossas grandes advogadas foi Tina Bennett, nossa agente literária em Janklow & Nesbit, cujo entusiasmo por nosso projeto jamais esmoreceu.

Queremos agradecer a Jill Abramson, chefe do escritório do *The New York Times* em Washington, amiga fiel durante os anos em que trabalhamos em *O Grande Inimigo*.

Somos igualmente gratos pela assistência nas pesquisas de parte de Barclay Walsh, supervisor de pesquisa do escritório do *The New York Times* em Washington.

PRIMEIRA PARTE

O Ano dos Espiões

1

Washington, D.C., 18h30, 13 de junho de 1985

Burton Gerber repetiu para si mesmo que nada mais havia a fazer. Tinha certeza de que a missão havia sido coreografada como um balé. Ele impusera sua férrea disciplina à operação daquela noite e havia autorizado pessoalmente cada detalhe, cada gesto. Agora que o percurso estava escolhido, poderia fechar os olhos e visualizar cada esquina.

Gerber conhecia Moscou tão bem quanto qualquer norte-americano, e a partir da sede da Agência Central de Inteligência, do outro lado do mundo, rotineiramente fazia questão de aprovar cada passo a ser dado no trajeto operacional do centro de Moscou aos sombrios bairros periféricos. Durante os anos que ele próprio havia passado na cidade, noite após noite levara sua mulher, Rosalie, a obscuros cinemas russos em partes distantes da cidade, raramente freqüentadas por estrangeiros. Seu conhecimento da língua russa e sua reputação de perito em cinematografia lhe foram muito úteis. Um bom agente local precisa conhecer bem sua cidade, costumava ele dizer a si mesmo.

De seu gabinete em Langley, na Virgínia, Gerber aprovara o roteiro da conversação que teria lugar ao final do trajeto daquela noite, durante o encontro de dez minutos nas sombras dos prédios de apartamentos da época de Stalin na rua Kastanaievskaia, que era o único objetivo da operação. Finalmente, exigira a execução de rigorosos ensaios nas acanhadas dependências do quinto andar da embaixada norte-americana em Moscou, antes do início da missão.

Oriundo do Meio-Oeste dos Estados Unidos, descarnado como um fantasma, com dedicação jesuítica a seu trabalho, Gerber era um dos mais exigentes chefes de espionagem que a CIA jamais enviara contra sua grande inimiga, a KGB da União Soviética. Há um ano dirigindo a Divisão Soviética/Leste

Européia da CIA, ele já deixara sua marca. Eram lendárias sua atenção precisa aos detalhes da atividade de espionagem e sua impaciência com aqueles que não conseguiam estar à altura de suas exigências. Alguns críticos o consideravam um homem grosseiro que censurava os subordinados com severidade, mas a maioria respeitava sua devoção absoluta ao trabalho e ao dever, no sentido antigo da palavra. Gerber era um homem complexo que despertava emoções confusas naqueles que trabalhavam para ele. Os veteranos dos assuntos soviéticos e do Leste Europeu o observavam com a mesma intensidade com que analisavam os líderes soviéticos no Kremlin. Como poderiam avaliar um homem cuja maior vocação era o tratamento, alimentação e preservação de lobos selvagens?

Na verdade, Burton Gerber era uma pessoa profundamente espiritualizada, um católico que se sentia moralmente obrigado para com os russos que colaboravam com ele e seus agentes no campo. Na missa, acendia uma vela em intenção de cada um de seus agentes russos desmascarados e presos pela KGB. Havia voltado aos Estados Unidos três anos antes, após servir como chefe do posto de Moscou, e por isso compreendia melhor do que a maioria dos agentes na sede da CIA os perigos de operar no interior do bloco soviético. Em sua opinião, os agentes americanos que trabalhavam na URSS deveriam ser absolutamente perfeitos, e se tivesse de ralhar com os agentes no campo que não seguissem seus exigentes padrões, tanto pior. O tráfego telegráfico entre Langley e Moscou freqüentemente era dominado por um tenso debate em curso entre Gerber e o chefe do posto na capital russa, Murat Natirboff, a respeito dos pormenores das operações. Havia na Divisão SE quem murmurasse que Natirboff estava colocado no lugar errado e cada vez ficava mais evidente que Gerber não confiava na capacidade dele para fazer as coisas como devia. Parecia acreditar que deveria dirigir pessoalmente as operações em Moscou, tanto que alguns dos membros da Divisão às vezes achavam que Burton Gerber jamais saíra de Moscou.

Mas de certa maneira, abaixo da rigorosa precisão tão necessária ao êxito de um espião, Gerber acreditava também na fé e no destino. Assim, após aprovar a operação daquela noite, fechou a porta de seu gabinete no quinto andar da sede da CIA e passou a dedicar-se a outras tarefas.

Era um dia quase perfeito de fim de primavera em Washington. O dia chegava suavemente ao ocaso quando Gerber partiu em direção a seu gracioso apartamento num prédio antigo no bairro Kalorama, em Washington. Havia planejado um jantar simples naquela noite, depois do qual prometera participar de um exercício noturno de treinamento.

No exato momento em que um de seus agentes estaria percorrendo as ruas de Moscou a fim de encontrar-se com o espião soviético mais valioso da CIA, Gerber observaria calouros em treinamento, praticando atos de espionagem nas ruas de Washington. Pensava ser melhor dedicar seu tempo a certificar-se de que a nova safra de agentes estivesse bem preparada do que desperdiçar suas energias na ansiedade dos detalhes de uma operação que já não era capaz de controlar. Com esforço, Gerber tratou de parar de preocupar-se e seguir adiante.

Claro que aquele curso de treinamento não era rotineiro. Assim como a famosa escola Top Gun da Marinha, para pilotos de aviões de caça, o curso de Operações Internas da CIA era o programa de treinamento mais árduo que a agência era capaz de oferecer. Ficava restrito a uma elite escolhida a dedo – agentes de campo destinados a postos em Moscou, Varsóvia, Praga e outras capitais no império soviético. Era um dos trabalhos mais difíceis da CIA. As tensões físicas e mentais decorrentes da vigilância constante e a ameaça de descoberta e prisão significavam que o "trabalho do lado de dentro" era coisa para jovens agentes de campo.

Após passar algum tempo em busca de novas táticas para vencer a sufocante vigilância da KGB em Moscou, a CIA teve a idéia de incluir agentes principiantes no grupo de Moscou, recrutas novos que não seriam facilmente reconhecíveis, pois não vinham de outras tarefas. A decisão de enviar calouros a Moscou aumentou as responsabilidades do curso de Operações Internas. Era preciso dar o treinamento mais realista possível a agentes que nunca antes haviam enfrentado adversários hostis, e muito menos os descobridores profissionais de espiões da Segunda e da Sétima Diretorias Principais da KGB.

Sob a direção de Jack Platt, rude ex-fuzileiro naval e veterano agente para alvos soviéticos, o curso de seis semanas simulava as "regras de Moscou". Os novos agentes de campo tinham de entregar mensagens e receber documentos de "espiões" enquanto eram seguidos em Washington por agentes do FBI que faziam o papel de um serviço inimigo de contra-espionagem. O pessoal do FBI trabalhava a sério porque o curso os mantinha alerta na procura de espiões soviéticos de verdade. Mesmo assim, os agentes da CIA mais bem treinados pelo curso conseguiam derrotar o FBI, freqüentemente mediante o uso de equipamento especial de transmissão, que lhes permitia passar mensagem sem contato pessoal.

Mas o FBI sempre tinha uma lição a dar. Os alunos, muitas vezes acompanhados pelos cônjuges, partiam para o que imaginavam ser uma operação normal e acabavam presos de repente. Eram tratados com dureza e acusados de tráfico de drogas por agentes do FBI absolutamente convincentes ao fazer com que a prisão parecesse nada ter a ver com o curso. Depois de algumas horas de interrogatório, somente os alunos mais controlados ainda ocultavam suas conexões com a CIA. Invariavelmente, alguns tentavam argumentar explicando que tinha havido algum engano terrível: *Veja, seu guarda, eu estava parado numa esquina deserta tarde da noite, com essa mulher, que aliás é minha esposa, e isso faz parte de um exercício de treinamento da CIA; eu não estava vendendo drogas.*

Gerber havia convidado Jim Olson, que servira com ele em Moscou, para jantar antes de saírem juntos para participar do exercício. Olson, chefe de operações internas na Divisão Soviética, obtivera excelente reputação em Moscou e era um dos subchefes de maior confiança de Gerber. Porém, ao chegar ao apartamento de Gerber, Olson trouxe notícias aterradoras: Paul Stombaugh tinha sido preso em Moscou.

As palavras de Olson tiveram o impacto de um tiro na barriga. Gerber percebeu instintivamente a conseqüência da prisão de Stombaugh: o mais importante espião da CIA dos últimos 25 anos tinha sido apanhado pela KGB. Aquilo significava que Adolf Tolkachev, o agente de um bilhão de dólares, de codinome GTVANQUISH, o homem com quem Stombaugh deveria ter-se encontrado, ficara fatalmente comprometido.

Normalmente, quando uma operação era executada com êxito no coração de Moscou, em meio a um oceano de vigilância da KGB, Langley ficava sabendo somente na manhã seguinte. A fim de impedir que a KGB percebesse a realização de uma operação importante, os agentes de campo que voltavam da tarefa noturna simplesmente "iam para o escuro", isto é, desapareciam na cidade, e esperavam até a manhã seguinte para voltar ao disfarce de suas funções na embaixada. Portanto, o agente somente fazia o relatório completo ao chegar ao trabalho no dia seguinte, enquanto a gravação em fita de seu rápido encontro com o contato era transcrita.

Nesse momento Langley começava a receber um enxame de mensagens, trazendo os detalhes da execução da operação da noite anterior. O tráfego telegráfico se enchia de adrenalina e durante grande parte do dia impregnava o pequeno círculo da Divisão SE que cuidava do caso. Dias depois, a fita gravada do encontro do agente chegava pela mala diplomática, permitindo que os principais dirigentes da Divisão SE ouvissem pessoalmente as vozes tensas e sentissem as fortes emoções do encontro nas ruas de Moscou. Podiam então tentar avaliar o estado de espírito de um agente que a maioria deles jamais havia visto, assim como o desempenho de um agente de campo que procurava fazer todas as perguntas adequadas enquanto olhava constantemente à sua volta em busca de sinais da presença da KGB.

O sucesso levava algum tempo para filtrar-se no sistema. O aviso de fracasso, no entanto, vinha rapidamente. Originava-se em Moscou no meio da noite, num telegrama curto que apostava corrida com o sol e chegava a Washington no final da tarde. O primeiro sinal de algum problema poderia vir da mulher do agente em Moscou, avisando que o marido não tinha voltado para casa na hora devida. Poucas horas depois chegava a confirmação de que o agente tinha sido preso e que um funcionário da seção consular da embaixada fora despachado para obter sua libertação do Centro Lubianka, da KGB, na rua Dzerzhinsky número 2. Gerber compreendeu que a mensagem daquela noite significava que Stombaugh, jovem ex-agente do FBI em sua primeira missão pela CIA, tinha sido vítima de uma emboscada ao percorrer o trajeto que ele planejara tão cuidadosamente.

Gerber fez algumas chamadas telefônicas rápidas para a sede, a fim de certificar-se de que Clair George, subdiretor de operações, e outros do sétimo andar soubessem o que estava acontecendo. Em seguida, preparou-se para jantar, decidido a prosseguir em seu plano de participar do exercício de treinamento. Mas nem sua vontade inflexível conseguia evitar que sua mente continuasse a pensar em Stombaugh e Tolkachev.

Ele somente podia imaginar de que maneira o drama daquela noite se desenrolara em Moscou, a oito fusos horários de distância.

2

Moscou, 20h10, 13 de junho de 1985

A mensagem composta de uma única palavra chegou ao fone de ouvido: *Narziss*.

No compartimento traseiro de um furgão da KGB sem identificação e sem janelas, o major-general Rem Sergeievich Krassilnikov, grisalho e imperturbável, remexeu-se ligeiramente em sua cadeira. Krassilnikov fora avisado de que o jovem agente da CIA de codinome *Narziss* – o belo – estava prestes a cair em sua armadilha.

A CIA tinha tentado enganá-lo, ludibriar a vigilância, pensou Krassilnikov. Tinham querido que ele acreditasse ser um momento de tranqüilidade para o Grande Inimigo. O chefe da CIA em Moscou tinha acabado de sair da capital com grande espalhafato operacional, para uma viagem ao norte do Cáucaso. Solicitara com grande antecedência a permissão para a viagem e fornecera um itinerário completo ao Ministério do Exterior, que o passou ao número 2 da rua Dzerzhinsky. Também tinha "falado às paredes" em seu apartamento, dando aos monitores da KGB a clara impressão de que o período de meados de junho, com a ausência do chefe, seria uma época de calmaria para os que vigiavam a CIA em Moscou. Seria essa viagem ao Cáucaso nada mais que um truque? Krassilnikov ficou pensando qual seria o chefe de serviços especiais capaz de deixar o posto naquele momento. Possivelmente, um que fosse esperto.

Mas Krassilnikov tinha confiança de que a isca para a cilada daquela noite seria irresistível. A KGB havia encontrado um sósia para Adolf Grigorievitch Tolkachev, e seu papel no episódio seria caminhar algumas dezenas de metros levando um livro de capa branca, fingindo ser Tolkachev durante nada mais do que uns cinqüenta passos. A 30 metros de distância, seu contato da CIA veria de relance um homem que acreditaria ser Adolf Tolkachev sendo preso e arrastado para um furgão. Nada lhe restaria a fazer senão relatar a Langley que Tolkachev estivera livre até aquele instante terrível, semeando dúvidas sobre quando e como a KGB havia descoberto o espião.

Adolf Tolkachev tinha sido um espião temível, mas sua aparência o desmentiria. Cientista franzino de quase sessenta anos, Tolkachev trabalhava discretamente num escritório de projetos aeronáuticos altamente secretos no coração de Moscou. Durante os últimos seis anos vinha fazendo espionagem para a CIA, tempo suficientemente longo para que viesse a ter dois codinomes, CKSPHERE e GTVANQUISH. (GT era um dígrafo usado pela CIA, duas letras sucessivas colocadas diante de um codinome a fim de identificar a região geográfica de um agente ou de uma operação. GT havia substituído recentemente o dígrafo anterior para a União Soviética, CK.) Tolkachev havia enganado a KGB durante o tempo necessário para entregar milhares de páginas de documentos secretos à CIA, retiradas da biblioteca confidencial de seu serviço de projetos.

Agora, porém, estava em Lefertovo, a prisão de investigação pré-julgamento, submetido a "cooperação" forçada com os interrogadores da KGB enquanto aguardava o inevitável julgamento, condenação e certamente a execução. A KGB havia juntado pacientemente, peça por peça, o plano de comunicações de Tolkachev, a maneira pela qual ele informava desejar um encontro com a CIA ou, ao contrário, avisava seus controladores norte-americanos de que havia problemas. Krassilnikov e sua Segunda Diretoria Principal, os vigilantes da contra-espionagem da KGB, haviam cuidadosamente deflagrado o plano de comunicação, chamando a CIA para o encontro marcado naquela noite. Quando Stombaugh se aproximou do local da entrevista, Krassilnikov ficou certo de que a CIA não tinha a menor idéia de que seu valioso agente já se encontrava detido.

A captura de Tolkachev, cerca de dois meses antes, havia sido brutalmente eficiente. Uma equipe da Sétima Diretoria Principal, liderada pelo baixote e enérgico Vladimir Sharavatov e apoiada pela unidade especial de comandos Grupo Alfa, havia prendido o cientista na solitária Rogachevskoie Shosse, próxima à sua *dacha*,* a 25 quilômetros de Moscou.

Não houve resistência. O superagente da CIA ficara hirto e seus joelhos cederam sob seu corpo. Naqueles primeiros segundos, os braços de Tolkachev foram seguros pelos flancos e Sharavatov inseriu habilmente uma corda grossa

* Casa de campo típica da Rússia. (N. do T.)

entre seus dentes a fim de impedi-lo de engolir ou morder, para o caso de que tivesse uma pílula de veneno escondida na boca para suicidar-se. O paletó e a camisa foram brutalmente arrancados de seus ombros, para o caso de haver outra pílula oculta na gola. Foi arrastado então para um ônibus sem janelas, onde foi despido, mãos peritas exploraram as cavidades de seu corpo, e em seguida vestiram-lhe uma roupa esportiva azul da KGB.

O temor da KGB aos "preparativos especiais" da CIA, como eram macabramente conhecidas as pílulas de suicídio, tinha raízes num caso que acabara mal, oito anos antes. Alexander Ogorodnik era um jovem diplomata que subira rapidamente e era assistente do embaixador soviético na Colômbia, quando iniciou uma ligação amorosa secreta com uma mulher espanhola que morava em Bogotá. Graças a um *grampo* bem colocado na embaixada soviética, a CIA conseguiu escutar conversas entre Ogorodnik, que era casado, e sua amante espanhola. O chefe da CIA em Bogotá procurou a mulher, que concordou em colaborar com a agência para atrair Ogorodnik. Ela chegou a mostrar à CIA um diário secreto que ele lhe entregara, um "testamento" que revelava seu ódio ao sistema soviético. A mulher estava disposta a cooperar porque esperava poder ficar com o amante no Ocidente, caso ele concordasse em ser espião para a CIA. Mas os planos da agência eram diferentes.

Ogorodnik concordou em mudar de lado. Em breve permitiu aos norte-americanos fotografarem documentos mandados pela mala diplomática entre a embaixada em Bogotá e o Ministério do Exterior em Moscou. A instâncias da CIA, Ogorodnik, com o codinome TRIGON, aceitou uma transferência para o centro de operações do Ministério. Foi treinado em Bogotá sobre o uso de caixas postais secretas para comunicar-se com a CIA em Moscou.

Antes de partir de Bogotá, Ogorodnik pediu para encontrar-se com o agente da CIA que iria controlá-lo em Moscou. Jack Downing, designado futuro subchefe do posto em Moscou, foi de avião à Colômbia para conhecê-lo, no verão de 1974. Os dois homens, ambos de pouco mais de trinta anos, estabeleceram rapidamente um bom relacionamento, e Ogorodnik em breve passou a ter suficiente confiança em Downing para dizer-lhe que desejava receber da CIA meios de terminar com sua própria vida por si mesmo, caso fosse capturado. Em encontros dramáticos, Ogorodnik disse a Downing que não voltaria para Moscou a menos que fosse "tratado como homem" e recebesse pílulas de suicídio. A CIA concordou com relutância e Ogorodnik regressou à pátria. Divorciou-se da mulher pouco depois de regressar a Moscou, mas nunca mais viu sua amante espanhola.

De 1974 a 1977, Ogorodnik serviu à CIA como um dos espiões mais valiosos em Moscou. Obteve acesso a grande parte do tráfego telegráfico do Ministério do Exterior e conseguiu apoderar-se de documentos diplomáticos soviéticos ultra-secretos, que proporcionaram aos Estados Unidos conhecimento sem precedentes sobre as posições negociadoras de Moscou durante as conferências sobre armas estratégicas dos anos 70. Na KGB, porém, ficou mais conhecido pelo que aconteceu após sua detenção. Embora os detalhes exatos do incidente ainda sejam difusos, sabe-se com certeza que pouco depois de ser preso Ogorodnik pegou a caneta Montblanc modificada que Downing lhe dera em Bogotá e tomou a pílula de suicídio escondida dentro dela. Deve ter colocado a caneta na boca e, com as mãos em concha sobre o rosto, mordido o tubo pouco resistente onde ficava oculta a cápsula de cianureto. Ainda com as mãos tapando o nariz e a boca, deve ter inalado rapidamente três vezes, como Downing o instruíra. Antes que seus assombrados captores da KGB pudessem reagir, TRIGON morreu.

A Segunda Diretoria Principal quase entrou em pânico, e algumas carreiras foram destruídas em conseqüência disso. Daquele momento em diante, entraram em vigor novos procedimentos para as detenções.

O fone do rádio de Krassilnikov deu novo estalo. *"Narziss* está na zona de operações. Passou rapidamente por Olga e está agora sentado em um banco a 500 metros." Olga era o nome que os "poetas" da CIA – homens e mulheres de Langley que preparavam cuidadosamente as instruções em russo para Tolkachev – tinham utilizado para designar o local do encontro daquela noite na rua Kastanaievskaia. O plano de comunicações dos dois espiões estava sendo usado agora para uma cilada da KGB.

Moscou, 20h10, 13 de junho de 1985

Paul Stombaugh estava sentado, a sós, num banco no pátio escuro e cheio de lixo de um prédio de apartamentos de concreto. O odor de fezes de cães o assaltou. Havia se detido em seu trajeto final a poucas centenas de metros do lugar onde deveria encontrar-se com Tolkachev para uma rápida entrevista, conhecida no jargão interno da CIA como um "bren". Pouco conhecedor dos detalhes daquela zona de Moscou, Stombaugh havia chegado cerca de vinte minutos antes à tranqüila rua residencial. Passara rapidamente, vira que tudo estava normal, tal como descrito no relatório, e saíra do local para preparar o encontro. A única coisa que parecia pouco comum era um grande reboque estacionado na rua Kastanaievskaia, a cerca de 50 metros do ponto de encontro, com a haste apoiada em blocos de concreto. Achou que o reboque parecia deslocado em um bairro residencial, mas resolveu seguir adiante com o encontro de qualquer maneira, sentando-se no banco para se preparar.

Matar o tempo sem atrair atenção era coisa difícil num bairro moscovita. Stombaugh curvou-se para trás, sorvendo água de uma garrafa de vodca, esperando passar por um trabalhador russo comum cansado, buscando escapar da realidade num fim de tarde de verão. Repassou mentalmente a lista de tudo o que teria de fazer durante a meia hora seguinte. Rapidamente verificou seu gravador em miniatura – todos os encontros com Tolkachev eram gravados, para que mais tarde a CIA pudesse investigar exaustivamente as mínimas informações – e viu que funcionava adequadamente.

Numa grande sacola de compras de plástico reforçado, Stombaugh levava maços de notas num total de 125 mil rublos, em notas de pequeno valor, equivalentes a quase 150 mil dólares. A bolsa continha também quatro novas máquinas fotográficas subcompactas ocultas nos berloques da corrente de um chaveiro, todas já carregadas de microfilme, lacradas e ajustadas para uma distância focal exata. As máquinas e sua preparação haviam sido objeto de extraordinária atenção para aquele encontro, depois que não fora possível revelar a mais recente série de documentos. O problema com esse último maço de fotos havia elevado consideravelmente a tensão em relação ao encontro daquela noite.

A segunda sacola de compras estava cheia de remédios norte-americanos e óculos para Tolkachev e sua mulher, fitas em inglês para o filho de ambos, livros com mensagens ocultas, "exigências de relatos de inteligência", isto é, segredos soviéticos que a CIA queria que Tolkachev tentasse roubar, e planos de comunicações, impressos em papel solúvel em água para maior segurança. As sacolas estavam tão pesadas que as alças envergaram durante o longo trajeto seguido por Stombaugh, e ele estava começando a ficar preocupado com elas. Tudo o que levava consigo era comprometedor e, para o homem que deveria encontrar, era fatal.

Stombaugh achou que sua rota de detecção de vigilância havia sido bem-sucedida. Nem ele nem sua mulher, Betsy, tinham visto coisas ameaçadoras durante o trajeto. Depois que saltou do carro que Betsy dirigia, ele prosseguiu a longa rota planejada para evitar ser descoberto. Ao chegar,

Stombaugh estava certo de estar agora "no escuro" – livre de vigilância: Moscou lhe pertencia.

Moscou, 20h25, 13 de junho de 1985

Cinco minutos, pensou Krassilnikov. E então, com os holofotes subitamente acesos, a Segunda Diretoria Principal da KGB mais uma vez capturaria um espião norte-americano vagando pelas ruas de Moscou, ameaçando gravemente a segurança da URSS. Mais um, na notável série de êxitos da contra-espionagem soviética.

Krassilnikov nunca fora homem de muitas dúvidas, nem sobre si mesmo nem sobre a União Soviética. Era filho de um general da NKVD, que acreditava sinceramente no sonho de Lenin. Cheios de zelos revolucionários na década de 1920, os pais lhe tinham dado o nome de Rem, sigla da expressão em russo *Revolutsky Mir* – o mais elevado objetivo do sistema soviético, a Revolução Mundial. Rem Krassilnikov seguira orgulhosamente os passos do pai na KGB, a organização sucessora da NKVD. Após haver sido instruído na língua inglesa e nas habilidades da inteligência soviética, tinha sido mandado ao exterior como agente da Primeira Diretoria Principal da KGB, responsável pelas operações de inteligência da agência no estrangeiro.

Ao longo do percurso casara-se com uma mulher de sólidos antecedentes no Partido Comunista, cujos pais a tinham chamado Ninel – nome em voga nos anos 20, formado pelo nome de Lenin soletrado ao contrário. Krassilnikov ia subindo na KGB, depois de missões em Ottawa e em Beirute. Nesta última cidade, tinha agido agressivamente, a ponto de tentar um recrutamento "a frio" de um astro da CIA em ascensão, John MacGaffin, que recusou a tentativa. Mas acabou por regressar a Moscou e ao mundo da contra-espionagem, na Segunda Diretoria Principal da KGB. Em meados da década de 1980, já se transformara em figura lendária, homem de refinada paciência, perito na arte oculta de frustrar os ataques do *Glavniy Vrag*, o Grande Inimigo, termo que a KGB usava para designar os Estados Unidos e a CIA. Dentro da KGB, Krassilnikov era agora chamado, com certa reverência, "professor de contra-espionagem".

Durante algum tempo desempenhara a função de chefe do Segundo Departamento da Segunda Diretoria Principal, que investigava as atividades da inteligência britânica na URSS. Havia se aproximado de dois dos mais conhecidos espiões britânicos que desertaram para Moscou, o lendário Kim Philby e o menos conhecido, mas igualmente prejudicial, George Blake. Seus contatos com Philby e Blake lhe proporcionaram um novo entendimento a respeito de seus adversários; as lições que deles aprendeu lhe seriam muito úteis quando passou à chefia do Primeiro Departamento da Segunda Diretoria Principal, o braço da contra-espionagem responsável pelo desbaratamento das operações norte-americanas contra a URSS.

Durante os cinco anos anteriores, Krassilnikov esteve empenhado num laborioso jogo de xadrez com a inteligência norte-americana. Durante os meses recentes, entretanto, a batalha tinha se intensificado, e Krassilnikov sentiu que estava começando a dizimar o tabuleiro do adversário. Repentinamente, a Segunda Diretoria Principal avançava de vitória em vitória e havia uma nova agitação na contra-espionagem.

Krassilnikov acreditava de todo o coração que esses êxitos se deviam em grande parte às brilhantes técnicas de investigação da Segunda Diretoria Principal nas ruas de Moscou. Seus homens perseguiam a CIA em Moscou.

Naturalmente, confessava ele a contragosto, havia recebido certa ajuda da Primeira Diretoria Principal. Os rapazes da inteligência externa em Yasenevo pareciam haver descoberto recentemente informações notavelmente precisas. Ele jamais perguntou à Primeira Diretoria qual seria a fonte de suas informações; essas coisas somente poderiam ser conhecidas com o tempo, por meio dos "informantes de parede" que apareciam nos mictórios usados pelos dirigentes da KGB, mas parecia-lhe evidente que a KGB possuía um agente infiltrado em algum lugar do círculo íntimo da CIA. E deveria ser um bom agente, talvez mais de um.

Mas até mesmo as melhores informações vindas dos espiões estrangeiros tinham de ser examinadas e investigadas a fundo pelos homens da Segunda Diretoria Principal. Somente assim seria possível capturar um espião norte-americano. Krassilnikov sabia, e isso lhe doía, que a Segunda Diretoria Principal nunca recebia o crédito merecido.

A atitude intoleravelmente arrogante da Primeira Diretoria em breve evaporou-se, à medida que relatos de traições em suas próprias fileiras começaram a circular. Em maio, o *Rezident* em exercício na *Rezidentura* da KGB em Londres, o coronel Oleg Gordievsky, tornou-se suspeito de ser espião para o Serviço Britânico de Inteligência Secreta. Foi atraído de volta a Moscou por meio de um complexo ardil e estava sendo interrogado numa casa segura da KGB. A fábrica de boatos da KGB afirmava que os inquisidores de Gordievsky estavam usando drogas a fim de fazê-lo confessar sua traição, mas até o momento sem êxito.

Poucos dias após o comprometimento de Gordievsky, suspeitou-se que Sergei Bokhan, coronel do GRU na *Rezidentura* de inteligência militar da embaixada soviética em Atenas, espionava em favor da CIA. Também ele foi chamado de volta a Moscou por meio de um artifício, mas sentiu-se em perigo e tratou de fugir.

Vladimir Sharavatov bateu levemente e abriu a porta deslizante do furgão.

– *Narziss* está se movimentando.

– É hora de darmos a caminhada que treinamos hoje de manhã – disse suavemente Krassilnikov a seu companheiro no furgão.

Washington, D.C., 12h30, 13 de junho de 1985

Quase no mesmo momento em que Rem Krassilnikov aguardava o fechamento da cilada que armara nas ruas de Moscou, Aldrich Ames entrou no restaurante Chadwicks, estabelecimento enfumaçado e rústico que servia hambúrgueres e cerveja, espremido num velho prédio comercial do cais de Georgetown, escondido sob as sombras do viaduto da via expressa Whitehurst.

Ames trazia consigo uma bolsa cheia de documentos confidenciais. Tinha ido encontrar-se com Sergei D. Chuvakhin, diplomata soviético a quem supostamente estava tentando recrutar para que espionasse para a CIA. Na verdade, o relacionamento entre os dois era o oposto. Chuvakhin era agora o intermediário entre Ames e a KGB, atalho conveniente porque Ames tinha autorização da CIA para encontrar-se com ele. Durante o almoço em um dos amplos compartimentos de madeira escura do Chadwicks, os dois conversaram tranqüilamente, e quando a refeição terminou Ames entregou a Chuvakhin a bolsa que continha, entre outras coisas, uma lista de quase todos os agentes russos que trabalhavam para a CIA e o FBI. Em troca, Chuvakhin lhe deu outra bolsa, cheia de dinheiro vivo. Naquele momento, Aldrich Ames cruzou inexoravelmente o limite, entrando em uma vida de espionagem.

Era a terceira vez em que entrava em contato com os russos, desde que resolvera tornar-se espião. Em 16 de abril entrara na embaixada soviética em Washington e oferecera seus serviços, e em 17 de maio foi almoçar com Chuvakhin. Mais tarde, Ames reiterou que nunca dera aos soviéticos nada de valor até aquele almoço no Chadwicks. No início, disse ele, procurara enganar os russos, dando-lhes informações sobre seus próprios agentes duplos.

Mas em 19 de maio o FBI prendeu John Walker, que há muito chefiava um círculo de espionagem soviética na Marinha norte-americana, assustando Ames. Este não acreditou no FBI, que afirmava que a ex-mulher de Walker o denunciara, e calculou que alguém da KGB o entregara. Assim, para evitar ter o mesmo destino de Walker, acreditou necessário livrar-se de qualquer pessoa que pudesse traí-lo. Revelou aos soviéticos as identidades de virtualmente todos os espiões russos que figuravam nas listas norte-americanas. É claro que traiu agentes que jamais poderiam colocá-lo em perigo, inclusive Adolf Tolkachev.

O que Ames não poderia saber ao sair do Chadwicks com uma bolsa cheia de dinheiro era que a KGB já tinha conhecimento das atividades de Tolkachev, que estava numa prisão soviética. Paul Stombaugh estava prestes a cair na armadilha de Krassilnikov, e a decisão de Ames de entregar o espião mais importante da CIA era irrelevante. Mesmo assim, a KGB em breve exploraria o tesouro de segredos que Ames havia revelado.

Moscou, 20h30, 13 de junho de 1985

Com um olhar de relance, Stombaugh apreendeu o cenário da rua ao virar a esquina do prédio de apartamentos e entrar na rua Kastanaiesvskaia. Quinze metros adiante, à esquerda, uma moça bonita, de cabelos pintados de vermelho, agitava as mãos em animada conversação numa cabine telefônica marcada como "taxifone" no mapa do lugar do encontro. O carro de Tolkachev, cuja placa o norte-americano conhecia, estava do outro lado da rua. O carro estacionado era o sinal de segurança "tudo bem, pronto para o encontro" de que ele necessitava.

Stombaugh começou a andar mais rapidamente, percorrendo os últimos metros em direção a um banco do lado oposto. Ainda não avistara Tolkachev. A bonita ruiva na cabine telefônica não lhe deu atenção quando ele passou e continuou a falar. Ele repassava mentalmente a lista de coisas que faria nos momentos seguintes, quando Tolkachev descesse do carro, dissesse a senha verbal e os dois se encaminhassem juntos para o interior do bosque. Ali, Stombaugh recolheria rapidamente as câmeras ocultas, ainda seladas e com o microfilme dentro, as colocaria no bolso do paletó e entregaria as duas sacolas de compras. Se ambos se sentissem seguros, poderiam voltar ao carro de Tolkachev, onde talvez houvesse tempo para a conversa trivial rápida que sempre acalmara o russo durante esses perigosos encontros ao longo dos últimos seis anos. Depois se separariam, em direções opostas, cada qual cuidando por si próprio do influxo de adrenalina deflagrado pela espionagem clandestina.

Ao passar pela cabine telefônica, voltando-se para o ponto exato do encontro a poucos metros de distância, Moscou explodiu em torno de Paul Stombaugh. Pelo menos cinco homens saltaram dos esconderijos atrás das árvores e moitas. Dois lhe seguraram os braços por trás e outros dois arrancaram de suas mãos as pesadas sacolas. Um quinto empurrou-lhe a cabeça para baixo enquanto os que lhe seguravam os braços os levantavam acima de sua cabeça na posição conhecida como "asas de galinha", característica das prisões feitas pela KGB. Ouviu a porta traseira do furgão estacionado tocar o chão com estrondo. O ar noturno se encheu de vozes dos homens que haviam esperado, dentro do furgão, que a armadilha se fechasse.

Stombaugh quase desmaiou com a dor nos ombros. Quando lhe permitiram novamente endireitar-se e olhar em volta, viu que tudo estava iluminado, com máquinas fotográficas e *flashes* pipocando. Do outro lado da rua, viu um pequeno grupo de homens observando calmamente a cena da prisão. Entre eles estava Rem Krassilnikov.

Ao ser empurrado para um veículo da KGB, Stombaugh se voltou para olhar a ruiva na cabine telefônica, que ainda falava, sem dar mostras de haver notado o que ocorrera do outro lado da rua. Dois homens da KGB seguraram os braços do agente norte-americano atrás do encosto do assento do carro durante o longo trajeto até a praça Dzerzhinsky e ao Lubianka; nessa altura a dor nos ombros quase o cegava.

Stombaugh não chegou a ver o homem que carregava o livro branco, levado para longe dali com rudeza.

Langley, 17h00, 13 de junho de 1985

COPS – sigla do chefe de operações da Divisão SE – foi o primeiro funcionário superior a ler o telegrama recebido de Moscou.

À ATENÇÃO SUPERIOR

WNINTEL

1. AGENTE PLIMPTON PRESO 21H30 NOITE 13 JUNHO DURANTE TRAJETO OPERACIONAL PARA ENCONTRAR GTSPHERE. DETIDO E INTERROGADO DURANTE QUATRO HORAS NO CENTRO KGB EM LUBIANKA. ACESSO CONSULAR PERMITIDO 02H30 E PLIMPTON LIBERTADO 04H30. DETALHES SEGUIRÃO QUANDO RETOMARMOS TRABALHOS 14 JUNHO.
2. NENHUM ANEXO FIM MENSAGEM.

3

Washington, D.C., 7h00 , 14 de junho de 1985

Burton Gerber se orgulhava pessoalmente pelo fato de que a CIA tinha mais agentes em operação dentro da União Soviética do que em qualquer outro momento de sua história. Mais do que qualquer outra pessoa em Langley, sabia o quanto ele próprio e a agência haviam progredido.

A vida jamais fora especialmente fácil para Burton Gerber. Freqüentemente contava que quando menino, em Columbus, Ohio, acompanhava o avanço dos exércitos aliados por meio dos mapas militares no jornal local, que ele entregava nas casas dos vizinhos. Os acontecimentos mundiais o fascinavam e ele ansiava por combater na próxima guerra. Como, porém, as grandes guerras pareciam acontecer com intervalos de uma geração, calculou que atingiria a maioridade em tempo de paz. A alternativa mais atraente foi uma carreira na CIA, lutando clandestinamente na Guerra Fria e reduzindo a ameaça soviética.

Gerber trabalhou durante a noite numa fábrica de automóveis para custear os estudos na universidade estadual de Michigan, atravessando Lansing* de volta ao *campus* todas as noites a fim de estudar para as provas da manhã seguinte. Depois de formado, prestou serviço militar no Exército e transferiu-se para a CIA. Casado, porém sem filhos, foi apoiado pela mulher em sua constante ascensão na burocracia da inteligência norte-americana. Ela era também ex-funcionária da agência e compreendia as exigências do trabalho. Como muitas outras esposas de agentes da CIA, freqüentemente se envolvia em operações secretas coadjuvando o marido e seus agentes.

* Capital do estado de Michigan. (N. do T.)

Durante os anos de formação como agente de campo na Europa oriental, Gerber observara as tentativas iniciais amadorísticas e muitas vezes malsucedidas de espionagem contra a União Soviética por parte da CIA, com os efêmeros êxitos terminando invariavelmente em fracassos mortais. Agüentou também as "idéias doentias" do notório chefe de contra-espionagem da CIA, James Jesus Angleton. Felizmente permaneceu no exterior durante a pior fase da paranóia de Angleton, em meados da década de 1960. Naturalmente, ouvia os boatos, os murmúrios que circulavam pelos postos sobre os malogros de casos na URSS. Mas quando finalmente voltou à sede, no verão de 1970, recebeu uma dose forte da desagradável verdade.

Ali estava toda a horrível história, aberta diante dele em pastas de arquivo que podia consultar em seu gabinete. Enquanto ia lendo, cada página parecia explodir como uma bomba, num novo escândalo. O relato era fascinante, aterrador, espantoso. Muitas vidas tinham sido arruinadas, e outras poderiam também ser destruídas. Prosseguindo a leitura, Burton Gerber foi obrigado a duvidar do que acreditava saber a respeito da instituição que amava quase acima de tudo mais.

Gerber era um dos principais integrantes de uma nova geração que começava a transformar a CIA em um serviço profissional de inteligência, o primeiro a ser temperado por uma experiência operacional longa e difícil, em grande parte do outro lado da Cortina de Ferro. Junto com outros jovens agentes da CIA, já havia passado mais tempo em operações contra os soviéticos e seus acólitos da Europa oriental do que os homens mais idosos que os chefiavam, todos veteranos do Escritório de Serviços Estratégicos, o predecessor da CIA no tempo da guerra. Aquela geração atingira a maioridade em uma época menos complexa, dinamitando trens alemães durante a Segunda Guerra Mundial.

Enquanto subiam na hierarquia, Gerber e seus companheiros de geração traziam de volta à instituição uma sensação de intimidade pessoal com a KGB e seus substitutos europeus orientais, um conhecimento prático que faltara à CIA em tempos anteriores. Eram formados em universidades públicas ou tinham origem militar, e trouxeram à agência uma fisionomia mais democrática e um sentido de profissionalismo; a CIA vivera durante anos com o entusiasmo amador de seus fundadores elitistas, cuja idéia de conservar ou roubar segredos havia sido formada pelos clubes exclusivos de universidades particulares como Yale.

Gerber era homem de ação, que se sentia fascinado pelas complexidades da espionagem. Por volta de 1970, já atingira os escalões medianos da Divisão Soviética da CIA, ingressando no mundo ritual da contra-espionagem soviética.

Era uma das poucas pessoas que tinham acesso à informação sobre as operações mais sensíveis contra Moscou, inclusive a história sórdida de um agente da KGB que desertara para os Estados Unidos e acabara sendo detido, incomunicável, durante três anos, inclusive dois em uma prisão construída pela CIA que parecia saída de um pesadelo. Sem nunca ter sido formalmente preso nem acusado de qualquer crime, foi mantido em confinamento solitário, sem permissão de ler nem de escrever. Durante algum tempo, em sua cela de três metros por três as luzes ficavam acesas 24 horas por dia, a fim de desorientá-lo e impedir que estabelecesse uma rotina normal de sono. O nome do desertor era Yuri Nosenko, e seu caso ficou emaranhado em uma caça às bruxas no seio dos escalões mais elevados da CIA que ainda não tinha terminado quando Gerber leu os arquivos.

Nosenko tinha começado a encontrar-se com agentes da CIA em 1962, desertou em 1964 e levou consigo a resposta à pergunta mais urgente que a CIA enfrentava na época: Moscou estaria por trás do assassinato de John F. Kennedy? A Comissão Warren concluíra que Lee Harvey Oswald agira sozinho, mas dentro da CIA os funcionários ainda meditavam sobre suas conexões soviéticas. Oswald havia desertado para a URSS depois de servir no corpo de fuzileiros navais, inclusive com uma temporada num posto de coleta de inteligência no Japão, e em seguida, numa estranha reviravolta, regressara aos Estados Unidos casado com uma russa, pouco antes de atirar no presidente. A CIA não revelara publicamente suas dúvidas a respeito de Oswald, e na verdade pouco dialogara com a Comissão Warren sobre suas preocupações, mas a verdade é que a agência foi incapaz de certificar-se, de uma forma ou de outra, se ele trabalhava ou não para a KGB. A dúvida permanecia não resolvida em Langley, e quando Yuri Nosenko finalmente veio para os Estados Unidos, a agência ainda estava tentando decidir se Lee Harvey Oswald era um "candidato Manchu"* na vida real.

Nosenko disse ter a resposta. A KGB nada tivera a ver com o assassinato de Kennedy. Na verdade, a agência russa ficara tão preocupada com o passado de Oswald e com a revelação de suas ligações soviéticas, que pesquisara em seus próprios arquivos e não encontrara qualquer indício de que ele trabalhasse em seu proveito.

Mas quando Nosenko contou à CIA o que sabia, a agência já chegara à conclusão de que ele havia sido mandado desertar a fim de mentir. Angleton

* No filme *Sob o Domínio do Mal*, um traidor norte-americano é treinado para matar o presidente dos Estados Unidos. (N. do T.)

estava persuadido de que Nosenko era agente duplo e convenceu outros na CIA de que ele havia sido mandado por Moscou a fim de confundi-los a respeito de Oswald e mais uma dúzia de outros casos sensíveis. Sua paranóia foi exacerbada por outro desertor da KGB, Anatoliy Golitsyn, que disse a Angleton que todos os desertores depois dele seriam agentes duplos. Era a história mais perfeita que Golitsyn poderia contar, pois assegurava a continuidade de sua influência mesmo depois de esgotar os segredos que poderia revelar. Mas acreditar em Golitsyn seria descer voluntariamente a um pântano de paranóia e confusão. Durante anos, Nosenko ficou trancado em sua prisão construída sob medida na "Fazenda", como era chamado o centro de treinamento da CIA em Camp Peary, perto de Williamsburg, Virgínia, em quarentena como se fosse um vírus letal.

Seguro em sua base de poder graças a seu relacionamento íntimo com o diretor da CIA, Richard Helms, Angleton conseguiu cooptar funcionários importantes da Divisão Soviética e convencê-los de que virtualmente todos os espiões que controlavam eram agentes duplos mandados pela KGB para trabalhar contra a CIA. Em breve, os agentes de campo que procuravam recrutar agentes atrás da Cortina de Ferro foram obrigados a fazer piruetas a fim de persuadir Angleton e seus acólitos de que valia a pena examinar suas sugestões. Os que persistiam, ou desafiavam a paranóia reinante, corriam o risco de passarem a ser suspeitos de serem, eles próprios, agentes soviéticos.

Angleton estava certo de que os soviéticos haviam penetrado na CIA e iniciou uma caça a agentes "enterrados", ou ocultos,* que durou anos, arruinando muitas carreiras. Finalmente, a investigação se voltou contra si mesma e o próprio Angleton foi investigado como possível espião soviético. Os julgamentos das bruxas de Salem** tinham chegado à sede da CIA.

O resultado final desses jogos mentais foi a virtual paralisia das operações da CIA contra a União Soviética durante grande parte da década de 1960. O último grande agente soviético que trabalhou para a CIA sem enfrentar o escrutínio paranóico de Angleton foi o coronel Oleg Penkovsky, assistente de alto nível do Estado-maior geral do Exército Vermelho, que espionou a partir de 1960 até ser preso em 1962. Penkovsky, um dos mais importantes espiões da história da CIA, foi o primeiro a revelar aspectos do alto comando sovié-

* Chamados "moles" (toupeiras) no jargão da CIA, por analogia com o animal que fica enterrado em túneis, escondido fora das vistas dos predadores. (N. do T.)

** No século XVII diversas mulheres foram queimadas vivas após julgamentos sumários em Salem, estado de Massachusetts, acusadas de feitiçaria por puritanos fanáticos. (N. do T.)

tico e informar que o Kremlin operava com bazófias e ameaças vãs. Ajudou a mostrar ao Ocidente que a suposta desvantagem em termos de mísseis era um mito e que a capacidade nuclear da União Soviética era lamentavelmente inadequada para desafiar os Estados Unidos. As informações de Penkovsky proporcionaram ao presidente Kennedy a superioridade sobre o primeiro-ministro soviético Nikita Kruschev na crise dos mísseis de Cuba em 1962.

Mesmo assim, muitos dos principais casos nos anos seguintes ao tempo de Penkovsky foram objeto das suspeitas de Angleton. As exigências do chefe da contra-espionagem eram de tal forma elevadas que os agentes da CIA em todo o mundo simplesmente deixaram de espionar os soviéticos, sabendo que os casos acabariam por não ter conseqüência. Pior do que isso, recrutar um russo podia lançar suspeitas sobre o agente recrutador. Indicar um soviético como possível alvo de investida para recrutamento inevitavelmente levava a uma confrontação com os homens de Angleton. A inferência clara era sempre a de que o agente de campo não poderia saber o papel que cada caso desempenharia no "plano monstruoso" mais amplo da KGB para ludibriar a CIA.

Na época em que Gerber leu os arquivos, a agência se encontrava em processo de procurar esquecer, e até mesmo ocultar, o sórdido caso de Nosenko. Mas Gerber percebeu os efeitos mais amplos dos excessos de Angleton. Não somente os agentes de campo em grande parte haviam cessado as atividades de atração de soviéticos, mas também a Divisão Soviética passara a recusar dezenas de "voluntários", russos e europeus ocidentais que haviam entrado em contato com funcionários norte-americanos com oferecimento de trabalhar para os Estados Unidos. A paranóia alimentada por Golitsyn havia convencido a CIA de que esses voluntários eram na realidade provocadores da KGB procurando penetrar até o fundo da agência.

Gerber analisou os arquivos, voltando quinze anos no tempo, verificando as teorias de Angleton por meio dos assentamentos específicos sobre soviéticos que se haviam voluntariado, em Moscou ou outros lugares da URSS. Haveria alguma prova que sustentasse os temores de Angleton? Ninguém antes tinha ousado pesquisar os registros da CIA de forma suficientemente metódica a fim de desafiar as presunções do caçador de espiões. A resposta, simples porém poderosa, era que as teorias baseadas nas "idéias doentias" não resistiam ao escrutínio. Para ele, os fatos davam a forte impressão de que a CIA vinha recusando sistematicamente todos os voluntários genuínos em Moscou, simplesmente por medo de contaminação. O resultado foi que a agência provavelmente deixara de aproveitar uma mina de ouro de segredos vindos de cidadãos do império soviético que haviam desejado mudar de lado. Sempre haveria tentações e provocações da KGB contra a CIA, mas esse era o preço do serviço. Se a CIA tinha medo de falar com os soviéticos, pensou Gerber, então seria melhor desistir de funcionar.

Redigiu um relatório exaustivo detalhando o que encontrara e concluindo que a CIA estava destruindo suas próprias possibilidades de êxito ao recusar tantos voluntários soviéticos. A imensa maioria deles parecia ser legítima, e Gerber sugeriu uma orientação sensata destinada a descobrir os poucos que poderiam ser falsos. Acima de tudo, concluiu ele, não havia indícios de que jamais os soviéticos tivessem permitido a um funcionário em exercício na KGB aproximar-se da CIA com oferecimento de trabalhar como agente duplo. Moscou simplesmente não confiava neles o bastante. Os agentes da KGB que se voluntariavam seriam provavelmente genuínos.

Gerber tinha orgulho de seu trabalho, que terminou na primavera de 1971, no momento em que a influência de Angleton sobre as operações relativas à URSS iam ser testadas por um improvável elemento estranho.

Por volta de 1971, Helms finalmente reconhecera que era preciso reorganizar a Divisão Soviética da CIA. Para a reformulação, voltou-se para David Blee, veterano do Oriente Médio. Blee deixara sua marca no Terceiro Mundo; em Delhi, havia orquestrado a defecção e fuga para a liberdade de Svetlana, a filha de Josef Stalin. Mas não queria deixar sua função de chefe da Divisão do Oriente Próximo da CIA e protestou não possuir experiência em assuntos soviéticos, mas Helms respondeu que exatamente por isso o havia escolhido. As operações soviéticas precisavam de sangue fresco, e Blee, burocrata cauteloso mas estranho à Divisão Soviética, seria apoiado por Helms para enfrentar Angleton.

Ao chegar a seu novo gabinete no quinto andar da CIA, Blee encontrou à sua espera um bilhete de Angleton, convidando-o para uma conversa. Angleton, que ainda era chefe da Equipe de Contra-espionagem, ficou espantado porque um estranho iria assumir as operações soviéticas, e quando Blee chegou a seu gabinete mergulhado em penumbra, disse-lhe que nada havia a fazer em suas novas funções.

Os anos que Blee passara no Oriente Médio lhe haviam dado um sentido pragmático sobre a forma de tratar os casos de espionagem, e percebeu instintivamente que a Divisão Soviética se encontrava desorientada. Para recuperá-la, tratou de arrumar a casa, afastando os antigos gerentes que defendiam os velhos métodos e substituindo-os por agentes novos na divisão, que não tivessem sido contaminados pela paranóia de Angleton. Blee teve o cuidado de jamais entrar em confronto direto com o chefe da contra-espionagem; simplesmente fazia o que desejava sem pedir licença.

Em breve, o relatório de Gerber sobre os voluntários chegou à mesa de Blee. Este considerou que a análise era judiciosa e prontamente resolveu mudar a política da agência sobre o recrutamento de voluntários soviéticos. Deveriam ser selecionados com critérios profissionais e ser bem recebidos, e não afastados. Sempre que possível, deveriam ser convencidos a permanecer onde estavam e a fazer espionagem atrás da Cortina de Ferro.

Blee nomeou Barry Kelly, um irlandês de cabelos ruivos e rosto sardento que servira com ele no Oriente Médio, para assumir o lugar de chefe do posto em Moscou e deu-lhe ordem para recuperar arquivos antigos e arejar o escritório. Entregou-lhe uma lista de soviéticos que anteriormente se haviam oferecido para colaborar com a CIA, mas tinham sido recusados ou ignorados durante anos. Kelly foi instruído a tentar retomar contato, e em pouco tempo passou a transformar as operações em Moscou com a mesma profundidade com que Blee estava mudando a Divisão SE como um todo.

Blee também mandou Havilland Smith, um de seus principais assistentes, fazer uma turnê-relâmpago pelos postos da CIA no exterior a fim de convencer os incrédulos agentes de campo de que a sanidade retornara às operações soviéticas e que já era novamente seguro procurar os russos. Sua nova política de portas abertas rapidamente deu frutos, e em poucos anos a CIA desenvolveu um notável grupo de agentes atrás da Cortina de Ferro, virtualmente todos voluntários.

A paralisia da CIA durante a década de 1960 ocultara o fato de que, logo abaixo da tela de radar da direção superior, os jovens agentes de campo vinham se ocupando da modernização das técnicas de espionagem, improvisando novos métodos de comunicação segura com espiões atrás da Cortina de Ferro. Sentiam-se frustrados por não haverem conseguido utilizar grande parte desses novos "métodos de trabalho" durante a década anterior, mas agora a revolução de Blee significava que se tornara possível testar suas táticas.

Havilland Smith era um desses. Fora um dos primeiros agentes de campo estacionados permanentemente atrás da Cortina de Ferro na parte final da década de 1950, e regressara de Praga e Berlim resolvido a tirar proveito da maior fraqueza do adversário, a rigidez da ortodoxia. Recebendo aprovação superior no início de 1960 para desenvolver novos truques para os agentes que trabalhavam dentro do bloco soviético, Smith começou a consultar mágicos para aprender técnicas de despistamento e praticou a nova tática nas ruas de Washington. Resumiu o que aprendera englobando-o no novo conceito de "metodologia operacional" que surgia aperfeiçoando o que se tornou um dos métodos padronizados de entrega de mensagens da CIA, o chamado "passe de roçar".*

A grande contribuição de Smith foi um conceito que se tornou conhecido entre os agentes da CIA como "passar pela garganta". Ele percebeu que mediante o planejamento cuidadoso de um roteiro para evitar a vigilância numa cidade hostil, um agente bem treinado que caminhasse por um trajeto meticulosamente cronometrado, virando esquinas sucessivamente, seria capaz de criar um intervalo crescente entre ele e a vigilância que o seguisse. Acabaria por escapar à visão das equipes de vigilância durante alguns breves momentos. As mensagens ou pacotes poderiam ser deixados ou recolhidos sem detecção em lugares cuidadosamente predeterminados de um trajeto operacional. O hiato, ou garganta, poderia durar apenas alguns segundos, mas para um agente de campo bem treinado, isso seria o suficiente.

Sem dúvida a metodologia operacional jamais seria à prova de erros, e quando uma operação não dava certo, a CIA sempre se preocupava de que a culpa fosse de algum problema inesperado e corriqueiro. Era mais fácil culpar a metodologia do que procurar algum traidor interno, especialmente entre agentes que haviam ficado tão decepcionados com a caça às bruxas de Angleton.

Com efeito, durante vários anos após o suicídio de Ogorodnik e de uma emboscada sofrida pelo agente de campo Marty Peterson que gerou uma briga às margens do rio Moscou, a CIA passou a acreditar que algum erro de procedimento, e não alguma penetração da KGB, seria responsável. Uma série de incidentes sem explicação em 1977 chegaram a convencer o diretor da CIA, Stansfield Turner, de que as operações da agência em Moscou sofriam de um problema fatal de metodologia deficiente. Às prisões explosivas de Ogorodnik e Peterson seguiu-se a denúncia do coronel Anatoli Filatov, GTBLIP, que fizera espionagem para a CIA enquanto servia na Argélia. Foi preso após regressar a Moscou, quando o surpreenderam procurando mensagens em um esconderijo secreto. Seu agente de campo, Vincent Crockett, acabou sendo também implicado.

No meio desses percalços, ocorreu um incêndio desastroso e suspeito na embaixada dos Estados Unidos. Provavelmente mandados pela KGB, vieram

* "Brush pass", isto é, entregar disfarçadamente um objeto ou mensagem escrita ao passar "roçando" por outra pessoa. (N. do T.)

bombeiros soviéticos apagar as chamas. Seu acesso às partes mais sensíveis da embaixada foi impedido, inclusive no posto da CIA, mas foi por pouco.

Turner, recém-nomeado para dirigir a CIA pelo presidente Carter, convenceu-se de que as vantagens das operações de rua em Moscou não valiam os riscos, e ordenou uma suspensão total das atividades do posto. A decisão obrigou a CIA a romper o contato com diversos agentes recrutados, alguns dos quais foram permanentemente perdidos em conseqüência disso. Apenas cinco anos haviam passado desde que David Blee resgatara a Divisão SE das "idéias doentias" de Angleton, mas as operações em Moscou novamente mergulhavam na paralisia.

A suspensão ordenada por Turner durou um ano e meio. De 1977 até o outono de 1978, os frustrados agentes do posto em Moscou pouco fizeram além de identificar novos locais clandestinos que pudessem ser usados para encontros futuros com agentes, se é que poderiam voltar a fazê-lo. A suspensão somente terminou quando o mais persistente dentre os voluntários soviéticos daquela década – Adolf Tolkachev, o espião mais valioso da CIA desde o lendário Penkovsky – fez a quarta tentativa de aproximação, oferecendo aos norte-americanos as chaves da derrota da União Soviética nas guerras aéreas do futuro.

Sede da CIA, Langley, Virgínia, 8h45, 14 de junho de 1985

Paul Redmond entrou sem ser anunciado no gabinete de Burton Gerber, que ficava numa esquina do prédio. Gerber tomava notas num bloco de papel amarelo. Sem olhar para o colega, entregou-lhe um maço de telegramas trocados com Moscou e continuou a escrever.

Redmond olhou rapidamente, por cima do ombro de Gerber, para o pequeno quadro-negro infantil no qual este último escrevia todas as manhãs, com giz branco, um pensamento para o dia, em quatro ou cinco palavras. Sentando-se na cadeira diante da escrivaninha do chefe, começou a ler os telegramas. Já tinha visto o aviso inicial da prisão de Stombaugh na noite anterior, mas à fria luz do dia, à medida que os telegramas mais detalhados iam chegando do posto em Moscou, as verdadeiras dimensões do incidente ficaram mais claras.

PARA CONHECIMENTO IMEDIATO

WNINTEL

MOSCOU 2199

1. ADITAMENTO À REFERÊNCIA, AGENTE PLIMPTON PRESO 21H30-21H35 NOITE 13 JUNHO EM MISSÃO OPERACIONAL DE TRÊS HORAS PARA ENCONTRAR VANQUISH. NENHUMA VIGILÂNCIA DETECTADA DURANTE TRAJETO. PLIMPTON DETIDO E INTERROGADO DURANTE QUATRO HORAS NO CENTRO DA KGB EM LUBIANKA ATÉ QUE ACESSO CONSULAR FOI PERMITIDO ÀS 02H30 E PLIMPTON FOI SOLTO ÀS 04H30.
2. PRISÃO PLIMPTON PARECIA COREOGRAFADA COM EQUIPAMENTO FOTO JÁ NO LOCAL DANDO IMPRESSÃO COMPROMETIMENTO DE VANQUISH PROVAVELMENTE OCORREU HÁ TEMPO SUFICIENTE PARA QUE A KGB PUDESSE ORGANIZAR A EMBOSCADA. PLIMPTON NÃO VIU VANQUISH NO LOCAL, EMBORA UM CARRO QUE PARECIA SER O DELE, COM PLACAS DE MOSCOU, ESTIVESSE PARADO PRÓXIMO COMO SINAL DE SEGURANÇA.
3. ACREDITAMOS PLIMPTON E ESPOSA TERÃO AS COSTUMEIRAS VINTE E QUATRO HORAS PARA SAIR DA URSS. INFORMAREMOS DETALHES DA VIAGEM LOGO QUE POSSÍVEL.
4. EMBAIXADOR FOI INFORMADO. ESPERA SER CONVOCADO AO MINISTÉRIO DO EXTERIOR AINDA ESTA MANHÃ A FIM DE SER INFORMADO SOBRE A DECLARAÇÃO DE *PERSONA NON GRATA* CONTRA PLIMPTON E ESPOSA.
5. ESPOSA DE PLIMPTON O ESPEROU NO LOCAL COMBINADO ATÉ 01H15. À 00H05 NOTOU GRUPOS DE PESSOAS NO PARQUE VISIVELMENTE PROCURANDO ALGUMA COISA OU ALGUÉM. À 01H05 MULHER SOVIÉTICA APROXIMOU-SE DA ESPOSA DE PLIMPTON PERGUNTANDO ONDE FICAVA A BIBLIOTECA DO BAIRRO. ESPOSA DE PLIMPTON DEDUZIU CORRETAMENTE QUE SE TRATAVA DE GENTE DA KGB E QUE O PRÓPRIO PLIMPTON PROVAVELMENTE FORA PRESO. VOLTOU PARA CASA NAQUELE MOMENTO A FIM DE ESPERAR RETORNO DE PLIMPTON QUE OCORREU ÀS 05H30.
6. RELATÓRIO DE PLIMPTON E ESPOSA CONTINUA. INFORMAREMOS TELEGRAMAS SEGUINTES OS DETALHES DA OPERAÇÃO ALÉM DA LISTA DE RECURSOS FINANCEIROS (RUBLOS), MÁQUINAS FOTOGRÁ-

FICAS, EQUIPAMENTO OPERACIONAL E REMÉDIOS LEVADOS POR PLIMPTON, TUDO CONFISCADO PELA KGB. FIM DA MENSAGEM.

Gerber ainda escrevia e Redmond preferiu não interromper o curso de seus pensamentos. Olhou para a mesinha ao lado, onde estava um presente de despedida feito para Gerber por um funcionário técnico da CIA quando ele encerrou a missão de chefe do posto em Moscou. Um tubo negro de aço, dobrado como um cotovelo, repousava numa base de madeira. Suspensa por uma corrente de contas na ponta elevada do cotovelo havia uma esfera de vidro preto. Redmond sabia qual era a intenção do estranho objeto: o contorno do cotovelo de aço e a corrente pendente sugeriam a 23ª letra do alfabeto hebraico, tav.

GTTAV era o codinome da operação de interceptação telegráfica da CIA nos arredores de Moscou, que havia utilizado os melhores talentos técnicos norte-americanos e a inteligência humana. O *grampo* tinha sido colocado numa linha subterrânea de comunicação entre Moscou e a Krasnaya Pakhra, onde ficava localizado um instituto de pesquisas de armamento nuclear a sudoeste da capital soviética. Durante vários anos os Estados Unidos haviam escutado as comunicações entre os cientistas que trabalhavam no complexo e os funcionários de defesa em Moscou, interceptando sinais lançados pelo ar em microondas; mas no final da década de 1970 os soviéticos perceberam e enterraram as linhas físicas. Quando os postos de escuta norte-americanos ficaram em silêncio, os satélites espiões começaram a procurar sinais de um novo sistema de comunicações baseado em terra. Levou algum tempo, mas finalmente detectaram-se sinais característicos de construção ao longo da estrada principal que unia o complexo a Moscou. As fotos dos satélites em breve revelaram uma série de tampas de bueiro acompanhando a estrada, por onde os operários de manutenção poderiam ter acesso aos cabos, para reparos. Trabalhando em cooperação com a Agência de Segurança Nacional (NSA), o braço supersecreto de escuta e quebra de códigos do governo norte-americano, a CIA organizou um plano para interceptar as linhas e começou a treinar agentes de campo na "Fazenda" para essa operação fisicamente exigente.

Em 1979, Jim Olson fora o primeiro agente da CIA a descer por um dos bueiros e instalar o primeiro dispositivo de escuta. Funcionou bem, pois a CIA e a NSA haviam inventado um "colarinho" original capaz de interceptar as comunicações que passavam pelo cabo sem necessidade de um *grampo* físico na linha. Em breve, os agentes da CIA passaram a fazer viagens regulares à estrada rural onde ficava o *grampo* a fim de recolher as fitas, que registravam constantemente tudo o que passava pela linha. Era uma repetição do famoso túnel de Berlim da CIA, da década de 1950, e muito semelhante a uma versão terrestre das operações igualmente secretas da Marinha dos Estados Unidos para *grampear* os cabos submarinos de comunicação da Marinha soviética.

Durante cinco anos tudo funcionou como um relógio, mas na primavera de 1985, quando um dos colegas de Stombaugh no posto de Moscou foi recolher as fitas, um alarme secreto o avisou de que havia um problema no dispositivo e o agente abortou a missão. Após um longo debate entre Moscou e Langley, decidiu-se mandar outro agente, cuja missão estava chegando ao fim, tornando ligeiramente mais aceitável a possibilidade de que caísse em uma emboscada. O agente regressou sem problemas, trazendo a gravação, mas as comemorações duraram pouco tempo. As fitas estavam vazias. Não ficou esclarecido se tinha ocorrido um defeito ou se a KGB as havia violado, e assim a operação TAV continuou na lista das "anomalias" sem solução.

Deixemos a letra TAV para lá, pensou Redmond. Primeiro foi TAV e em seguida o problema com Bokhan, duas semanas atrás.

Sergei Bokhan, coronel do GRU, a seção militar soviética de inteligência, com o codinome GTBLIZZARD, vinha espionando para a CIA durante dez anos. Em 1978, quando de sua primeira missão na Grécia, Bokhan disse à CIA que um jovem norte-americano tinha aparecido na embaixada soviética em Atenas oferecendo à venda o manual secreto do satélite espião KH-11. As informações que deu levaram à prisão do ex-funcionário da CIA William Kampiles, que vendeu o manual por apenas 3 mil dólares. Em 1984, durante uma segunda temporada em missão em Atenas depois de uma missão em Moscou, Bokhan revelou que um agente grego que tinha acesso a firmas fornecedoras do Departamento de Defesa havia fornecido ao GRU dados técnicos sobre o míssil avançado antiaéreo norte-americano Stinger. A perda do Stinger foi especialmente preocupante para o Pentágono, pois era considerado a mais avançada arma antiaérea do mundo lançada do ombro do operador. Como vice-*Rezident* do GRU em Atenas, Bokhan estava avançando na burocracia da espionagem soviética e prometia ser um agente oculto cada vez mais valioso.

Mas no dia 21 de maio ele recebeu um chamado da sede do GRU que o instruía a regressar a Moscou poucos dias mais tarde, em vez de aguardar seu período normal de férias em agosto. Ele ficou desconfiado. Disseram-lhe que tinha de regressar porque seu filho de 18 anos, Alex, estava "tendo problemas" na Academia Militar em Kiev. Mas isso não fazia sentido. Bokhan havia falado pelo telefone com um cunhado em Kiev poucos dias antes, e sabia que não havia problemas com o filho naquele momento. Teria sido finalmente descoberto pelos chefes? O coronel se convenceu de que algo estava errado quando o *Rezident* do GRU em Atenas começou a insistir sobre o assunto, instando-o a voltar à Rússia até o fim daquela semana. Bokhan tratou de ganhar tempo e pediu um encontro de emergência com seu mentor da CIA, Dick Reiser.

Explicou rapidamente a Reiser o que acontecera, e tanto o chefe em Atenas, David Forden, que por acaso estava em Washington no momento, quanto Burton Gerber concordaram que o repentino interesse pelo rápido regresso de Bokhan era um mau presságio. Gerber mandou uma mensagem a Atenas para que ele não regressasse. A CIA rapidamente pôs em ação o plano de evacuação de emergência, e poucos dias depois ele já se encontrava numa casa segura da CIA no interior da Virgínia.

TAV, BLIZZARD, e agora VANQUISH. Um, dois, três. Coincidência? Provavelmente não, que diabo, pensou Redmond.

Redmond era chefe da seção da Divisão Soviética/Leste Européia responsável por todas as operações clandestinas dentro da URSS. Aos 44 anos, era um homem irascível, irreverente, produto da elite irlandesa de Boston, educado em Harvard, que alguns diziam possuir somente duas camisas, ambas de padrão escocês desbotado, com as mangas permanentemente enroladas acima dos cotovelos. Nos dias que os subordinados diziam ser os bons, usava uma gravata-borboleta.

Redmond servira no exterior em Zagreb, Kuala Lumpur, Atenas e Chipre, mas em 1984 ele e a mulher resolveram não ir mais para o estrangeiro enquanto os filhos ainda fossem pequenos. Preso a uma função na sede, Redmond havia encontrado seu nicho, tal como Rem Krassilnikov.

Sua filosofia sobre o serviço de inteligência dos Estados Unidos era que, se houvesse oportunidade, os norte-americanos não se dedicariam à espionagem, e se fossem obrigados a fazê-lo, não seriam especialmente peritos. Não considerava isso uma qualidade negativa do psiquismo norte-americano; era simplesmente uma característica com a qual tinha de contar na maneira pela qual desempenhava sua função. Mesmo estando agora na ofensiva, dirigindo operações contra os soviéticos, Redmond tinha uma inclinação natural para a defesa, a contra-espionagem. Acreditava que mais cedo ou mais tarde a KGB penetraria na CIA. Não seria uma penetração de pouca importância, como a de Kampiles. Não, os Estados Unidos ainda não tinham o seu Kim Philby.

Talvez James Jesus Angleton não fosse tão louco quanto as pessoas acreditavam. Tinha tido certeza da existência de um traidor oculto dentro da CIA. Seu erro apenas fora não saber quem, o quê, quando e onde.

4

Moscou, 13 de junho de 1985

De manhã cedo, no dia da emboscada a Stombaugh, Krassilnikov havia visitado Adolf Tolkachev na prisão de Lefortovo. Mais uma vez ouviu pacientemente, numa sala de interrogatório no segundo andar, o fatigado e desanimado cientista relatar detalhadamente os procedimentos usados para organizar seus encontros com os norte-americanos.

Desde que fora preso, Tolkachev permanecera em isolamento total, e sob o incessante interrogatório de Krassilnikov confessara tudo, a princípio com hesitação e depois quase de boa vontade. Inevitavelmente, a confissão foi completa, havendo se formado um estranho vínculo com o idoso caçador de espiões. Krassilnikov começou gradualmente a compreender a torrente embriagadora, a fascinante excitação que Tolkachev descobrira em sua nova vocação. Não perdeu tempo censurando-o a respeito do mal que causara à União Soviética. Isso podia ficar a cargo dos que se ocupavam de avaliar os danos. Tampouco deixou-se levar por um sentimento malévolo em relação ao traidor. Tolkachev era um desafio para a contra-espionagem, uma confirmação do profissionalismo dos homens da Segunda Diretoria Principal que o haviam seguido. Faltava somente juntar todos os fios, e Adolf estava sendo cooperativo nesse ponto.

Adolf Tolkachev convivera com seu segredo durante seis anos. Nunca o compartilhara com qualquer outra pessoa, nem mesmo a mulher e o filho. A disciplina operacional que lhe fora imposta por seus controladores da CIA era sensata, mas Tolkachev sempre fora fatalista em relação aos riscos que corria. Tinha pedido à CIA uma pílula de suicídio para o caso de prisão, e após três recusas – exigência da CIA – havia recebido uma cápsula de cianureto oculta numa caneta-tinteiro, como a que tinha sido dada a Ogorodnik.

Magro e encurvado, de apenas 1m65 de altura, Tolkachev tinha ainda pouco mais de cinqüenta anos de idade, mas parecia dez anos mais velho. Nascido em 1927 no Casaquistão, crescera em Moscou, onde trabalhava com a mulher, Natalia, no mesmo instituto de pesquisa, e ambos cuidavam do filho, Oleg. Compartilhavam uma vida de relativo conforto por pertencerem à *nomenklatura* soviética e moravam no número 1 da Ploshchad Vosstaniya, uma das "sete irmãs" da cidade, um prédio de apartamentos da era de Stalin semelhante a um bolo de noiva reservado para a elite soviética bem tratada, no Anel Jardim de Moscou.

Mas enquanto ia subindo hierarquicamente dentro do sistema, Tolkachev se mantinha discreto. Abrigava um profundo ódio pelo sistema soviético, alimentado pela dureza com que o Estado tratara a família de sua mulher. A mãe de Natalia tinha sido executada durante o reino de terror stalinista em 1938, e o pai fora internado em um campo soviético de trabalhos forçados, morrendo pouco depois de ser libertado em 1955. Alguns parentes haviam finalmente conseguido emigrar da Rússia para Israel, mas Tolkachev jamais disse a seus controladores da CIA se ele ou a mulher eram judeus.

Tudo o que possuía na vida era a mulher e o filho. Por volta da metade da década de 1970, tornara-se obcecado pela idéia de ultrapassar seus próprios limites e causar um dano grave ao sistema. Invejava os dissidentes que começavam a desafiar o sistema soviético. Talvez, se fosse escritor, refletiu ele, pudesse publicar *samizdat*, a literatura clandestina de protesto que surgira em Moscou na década de 1970. Mas era cientista em uma instalação secreta de projetos militares; com suas credenciais de segurança jamais poderia freqüentar reuniões de dissidentes. A KGB o descobriria imediatamente e ele perderia o emprego, e talvez fosse preso. Não ousava falar com nenhum de seus conhecidos sobre sua atitude em relação ao governo, por medo de ser denunciado. Durante vários anos admirou à distância os dissidentes, mas nada fez para juntar-se à causa deles.

Finalmente, resolveu adotar uma solução simples. Tornar-se-ia um dissidente secreto. Passaria a ser espião em favor dos Estados Unidos. Mas como poderia um cientista discreto e de meia-idade, sem qualquer antecedente na atividade de inteligência, entrar em contato com a CIA no coração de Moscou? O zelo de Tolkachev por sua nova tarefa sobrepujou sua cautela natural e ele achou que o melhor caminho seria aproximar-se da forma mais simples e direta.

Estava chegando aos cinqüenta anos quando deu o salto, em janeiro de 1977. Num posto de gasolina reservado aos diplomatas estrangeiros, próximo à embaixada norte-americana, aproximou-se de um carro com placas diplomáticas e perguntou ao motorista se era norte-americano. O homem respondeu que sim, e Tolkachev jogou um bilhete dentro do carro e afastou-se.

Por coincidência, o norte-americano era Robert Fulton, chefe do posto da CIA em Moscou, que se apressou em voltar à embaixada para examinar o bilhete. Tolkachev escrevera de maneira vaga, dizendo que possuía informações que seriam de interesse e desejava conversar com alguém sobre como fazê-las chegar aos Estados Unidos. Não se identificou no bilhete e não deu indicações sobre a natureza das informações.

Era o tipo de abordagem "voluntária" que ocorria periodicamente em Moscou, talvez meia dúzia de vezes por ano, e em geral acabava-se verificando ser ou provocação da KGB ou produto de imaginação exagerada de algum russo. Uma vez, por exemplo, a CIA recebeu uma carta de um homem que morava em Kaluga, na Rússia, que dizia trabalhar com "eletrônica" e desejava colaborar. Um agente da CIA tomou precauções extraordinárias para livrar-se da vigilância e chamá-lo de um telefone público, mas ficou evidente que o homem tinha conhecimento de aparelhos domésticos e a piada foi que a CIA tinha encontrado alguém para consertar torradeiras de pão. No incessante fluxo de voluntários parecia haver sempre alguém que trazia informações sobre o controle das mentes dos russos por parte da KGB mediante implantes dentários, utilizando a rede elétrica para transmitir ordens. Por isso o posto de Moscou se mostrou cético quando Tolkachev fez o primeiro contato, e Fulton não reagiu ao bilhete.

Mas Tolkachev recusou-se a aceitar aquela rejeição silenciosa. Ficou à espreita do carro de Fulton e deixou um segundo bilhete. Novamente a CIA preferiu não agir, e ele tentou outra vez, com um terceiro bilhete. Devido a sua insistência, a agência começou a achar que se tratava de um voluntário sério. O frustrado cientista escrevera em um bilhete que compreendia a ausência de reação da CIA, pois poderiam imaginar que ele fosse um provocador da KGB. Acrescentou, porém, que não estava disposto a dar maiores indicações sobre sua identidade por receio de que a informação fosse parar em mãos dos soviéticos.

Quando Fulton foi removido de Moscou para os Estados Unidos, Tolkachev já havia deixado três bilhetes, nenhum dos quais foi respondido. Gardner "Gus" Hathaway assumiu a direção do posto de Moscou em meados de 1977, e ele continuava a entregar bilhetes, ainda ignorado pela CIA.

Stansfield Turner havia imposto a suspensão das atividades em Moscou, impedindo que Hathaway reagisse, mas o chefe do posto em breve começou a implorar a Washington que o deixasse entrar em contato com o voluntário anônimo. Jack Downing, que voltara para Washington vindo da capital russa e se tornara assistente especial de Turner, também procurou convencer o chefe a revogar a suspensão das operações em Moscou.

Enquanto isso, Tolkachev ia ficando mais ousado. Deu um bilhete a Hathaway no qual figurava uma parte de seu número de telefone. Disse que se os norte-americanos fossem a determinada parada de ônibus em uma hora precisa o veriam segurando um objeto em que apareciam os últimos dois algarismos de seu número de telefone. A CIA mandou um agente, que efetivamente anotou o número. Nessa altura, Turner já cedera. Resolveu permitir que Hathaway contactasse o misterioso voluntário. Mas quando um agente, conseguindo livrar-se momentaneamente da vigilância, chamou de um telefone público o número indicado, quem atendeu foi a mulher de Tolkachev, e o norte-americano desligou.

Os dois lados passaram vários meses sem entrar em contato. Sem saber que a CIA tentara telefonar, Tolkachev deixou outro bilhete para Hathaway, e ao não receber resposta finalmente procurou o mordomo italiano da Spaso House, a residência do embaixador norte-americano. Quando o homem saltou do carro com placas diplomáticas da embaixada dos Estados Unidos, entrando num supermercado em Moscou, Tolkachev se aproximou e perguntou se ele poderia levar uma mensagem ao embaixador. O homem concordou e o russo entregou-lhe outro bilhete.

Nessa altura o cientista já fizera meia dúzia de tentativas, e a CIA cada vez se convencia mais de que não somente se tratava de um voluntário genuíno, mas também que ele estava arriscando a vida em seu louco esforço para atrair a atenção dos norte-americanos. Era tempo de estabelecer um meio seguro de comunicação com o ansioso voluntário. Mesmo assim, Hathaway precisava ter cuidado, pois qualquer contratempo nessa operação poderia fazer com que Turner encerrasse completamente as atividades em Moscou.

Escapando durante um intervalo num espetáculo do balé Bolshoi, o subchefe de Hathaway, John Guilsher, conseguiu burlar a vigilância durante o tempo necessário para chamar Tolkachev de um telefone público. Desta vez encontrou-o em casa. Imediatamente informou-o de que os Estados Unidos haviam recebido suas mensagens e que ele deveria deixar de fazer investidas. Para sua própria segurança, precisava ter paciência dali em diante.

Da segunda vez em que telefonou, Guilsher se encontrava num telefone público próximo ao apartamento do cientista. Venha até a cabine, disse o norte-americano, e pegue uma luva suja que estará nela. Dentro da luva Tolkachev achou uma mensagem da CIA e material para escrita secreta, além de perguntas que teria de responder para provar que tinha acesso à tecnologia soviética da forma que afirmara em seus bilhetes.

As respostas mandadas pelo correio por Tolkachev a um endereço seguro na Alemanha permitiram aos peritos da agência verificar imediatamente sua veracidade: era um cientista com incrível grau de acesso a segredos soviéticos. Concluíram que não se tratava de um agente duplo; não era possível que o governo soviético arriscasse daquela forma um homem pelo qual passavam tantas informações militares vitais. Depois que a CIA examinou todas as respostas, Guilsher recebeu instruções para voltar a entrar em contato com Tolkachev, em janeiro de 1979.

Desta vez, o agente chamou de um telefone público próximo ao parque Gorky, em Moscou, e pediu que o russo fosse encontrá-lo imediatamente. Os dois caminharam juntos pelo parque e começaram a planejar a carreira de espionagem do cientista.

Em breve ficou evidente que não seria possível controlar Tolkachev segundo os métodos tradicionais e impessoais que a CIA preferia utilizar em Moscou. O cientista estava disposto a entregar diversas dezenas de rolos de filme de cada vez, demasiado material para ser deixado em alguma localização oculta em um beco qualquer. Seria preciso que um agente em Moscou se encontrasse pessoalmente com ele, com regularidade. A fim de organizar os encontros, a CIA se comunicaria com o russo por meio de dispositivos especiais de curto alcance, inclusive um sistema novo denominado Discus, capaz de enviar mensagens de até 2.300 caracteres a no máximo 1.500 metros de distância.

Depois daquela primeira entrevista, Tolkachev e Guilsher se encontraram aproximadamente uma vez a cada três meses. Inicialmente, o cientista entregou extensas notas manuscritas sobre os sistemas avançados de radar, chamados "faça fogo ao ver", que equipava os aviões de caça soviéticos em cujo projeto estava colaborando. Em breve foram-lhe fornecidos filmes e uma máquina fotográfica de 35mm, e ele começou a entregar sacolas cheias de rolos de fotos de documentos confidenciais de sua instituição. Tolkachev assombrou seus controladores com a copiosa produção; num único encontro entregou 174 rolos de filme, cada qual com 36 exposições. O russo não tinha um gabinete particular no instituto de projetos, mas estava disposto a correr grandes riscos, fotografando documentos em sua mesa com outros colegas por perto. Teve a idéia de colocar pilhas de livros à sua volta para que pudesse tirar as fotos sem ser observado. Dentro do escritório, usava máquinas em miniatura fornecidas pela CIA; inicialmente, recebeu uma *molly*, câmera fotográfica do tamanho de uma caixa de fósforos. Mais tarde a CIA a substituiu por uma T-100, um cilindro delgado de cerca de 3,5 centímetros de comprimento, e em seguida a T-50, mais avançada. Ele, porém, preferia a máquina de 35mm, mais confiável, e freqüentemente levava documentos para casa durante a hora do almoço ou no fim do dia e os fotografava em seu apartamento, restituindo-os à biblioteca do instituto de projetos.

Sua produção espantou os norte-americanos e fez dele uma superestrela secreta no aparelho de segurança nacional dos Estados Unidos. Em Langley, os iniciados diziam que Tolkachev "pagava o aluguel" da agência, isto é, sozinho justificava o orçamento da CIA. As informações que proporcionou permitiram aos norte-americanos saber o que os soviéticos planejavam para a nova geração de aeronaves de caça, o que significava que os aviões dos Estados Unidos podiam ser preparados para derrotá-los antes mesmo que os soviéticos chegassem a levantar vôo.

Entre os muitos segredos revelados por Tolkachev durante seus seis anos como espião estavam os projetos de eletrônica aeronáutica, radar, mísseis e outros sistemas de armamentos para o MiG-23; o equipamento de radar e mísseis do MiG-25; e a existência do novo caça Su-27 e do MiG-29, com seu radar aperfeiçoado. Da mesma forma, suas informações muitas vezes mostraram ao Pentágono que suas próprias pesquisas para enfrentar os sistemas soviéticos estavam equivocadas, e em conseqüência diversos programas norte-americanos foram modificados ou abandonados. Em dezembro de 1979, a Força Aérea mudou radicalmente o projeto eletrônico do caça F-15, no valor de 70 milhões de dólares. Num *memorandum* de 1979 dirigido ao diretor da CIA, Stansfield Turner, o chefe do Estado-Maior da Força Aérea, general Lew Allen Jr., afirmou com simplicidade que as informações secretas fornecidas por Tolkachev eram "de valor incalculável". Em maio de 1979, a CIA patrocinou um seminário de três dias para um pequeno grupo de funcionários e oficiais da Agência de Inteligência de Defesa, da Força Aérea e outras agências, a fim de avaliar a atividade do russo. O consenso foi que ele permitira aos militares norte-americanos economizar "bilhões de dólares e até cinco anos de tempo de pesquisa e desenvolvimento".

Tolkachev nunca disse nada à esposa e ao filho sobre sua espionagem, a fim de protegê-los se viesse a ser preso. Isso ocasionou certas dificuldades de comunicação. O apartamento onde ele morava ficava apenas a cerca de 500 metros da embaixada dos Estados Unidos, descendo a rua do Anel Jardim, e o sinal de que ele estava pronto para novo encontro era abrir uma *fortochka*, pequena janela de ventilação comum nos apartamentos soviéticos. A caminho do trabalho, um agente da CIA observava a janela do cientista no nono andar, ou a mulher do agente passava por ali ao sair para fazer compras. Mas pelo menos uma vez, quando Tolkachev deixou a janela aberta para dar sinal, a mulher dele a fechou, antes que qualquer agente da CIA pudesse verificar. O russo ficou esperando sozinho no local do encontro.

Nas mensagens iniciais à CIA ele não havia pedido dinheiro, e depois do encontro com Guilsher deixara claro que sua motivação era um profundo ódio ao sistema soviético. Mesmo assim, disse a Guilsher que queria ser pago a fim de ter certeza de que a agência o levava a sério e que os norte-americanos davam valor a suas informações. A CIA concordou, entregando a ele centenas de milhares de rublos comprados no mercado negro na Alemanha e separando quantia muito maior numa conta de reserva que ele poderia usar caso desertasse.

Tolkachev teve cautela suficiente para não gastar ostensivamente seu dinheiro. Comprou um carro pela primeira vez na vida, mas era um simples Zhiguli, um Fiat feito na URSS. Encontrou também uma pequena *dacha* para a família. Mesmo assim, começou a sentir-se incomodado com as grandes somas em dinheiro que recebia da CIA, dinheiro que não poderia gastar sem levantar suspeitas. Acabou por pedir a seu controlador que desse um pouco do dinheiro às famílias de dissidentes soviéticos encarcerados. A CIA nunca satisfez esse pedido, mas a solicitação convenceu a agência de que sua motivação era mais profunda do que o dinheiro.

Fez, no entanto, pedidos de natureza mais pessoal. Pediu remédios e livros para si, inclusive o *Arquipélago Gulag*, de Alexander Solzhenitsin, que estava proibido na União Soviética; as memórias da primeira-ministra de Israel, Golda Meir; romances de escritores russos famosos, como Turgenev e Pushkin; e, estranhamente, a *Mein Kampf* (*Minha Luta*) de Hitler. (Mais tarde a KGB aproveitaria esse fato, utilizando o primeiro nome de Tolkachev, Adolf, para caluniá-lo, alegando que se tratava de um fascista secreto.)

O cientista também desejou alguns presentes para a família. Para os estudos de arquitetura do filho, pediu elementos difíceis de encontrar em Moscou, além de discos de *rock and roll* para o rapaz, desde o Led Zeppelin até Uriah Heep e os Beatles. A CIA se preocupou imaginando que ele teria dificuldade em explicar como obtivera discos norte-americanos recentes, e os técnicos da agência compravam os discos, regravavam a música em cassetes e os embalavam de forma que parecessem produtos baratos da Europa Oriental.

No outono de 1980, David Rolph, agente jovem que falava bem russo, assumiu as funções de Guilshen e tornou-se o contato de Tolkachev com a CIA durante os dois anos seguintes. Rolph pertencia a uma nova geração de agentes de campo altamente instruídos, que deixariam sua marca na agência durante a década que se iniciava. Antes de entrar para a CIA, advogara no interior do estado da Louisiana, era casado e tinha filhos pequenos, e ficara temeroso de que seu sonho de viajar pelo mundo não se realizasse. Filho de oficial do Exército, crescera morando em diversas bases militares, mas principalmente em Fort Knox, no Kentucky. Depois de formar-se pela universidade do Kentucky, onde estudou história da Rússia, alistou-se no Exército antecipando-se ao recrutamento para a guerra do Vietnã. O Exército o mandou a Monterey, na Califórnia, a fim de estudar o idioma russo, e em breve Rolph se viu trabalhando para a inteligência do Exército. Foi rapidamente promovido a oficial e em 1971 servia como encarregado de inteligência na Brigada Berlim. O fim da guerra do Vietnã o fez ser antecipadamente desmobilizado, e ele voltou a estudar, desta vez na universidade de Indiana, recebendo o grau de mestrado em estudos russos. Esperava ser professor universitário, mas o mercado para funções acadêmicas na década de 1970 era deprimente. Passou para a faculdade de direito da universidade a fim de obter um diploma mais utilizável no mercado e sustentou a família trabalhando como instrutor de vôo no aeroporto de Bloomington. Após terminar o curso de direito, advogou durante um ano num pequeno escritório em Spencer, Indiana, mas o trabalho era demasiadamente aborrecido para que ele se mantivesse interessado, e resolveu mandar um pedido de emprego à CIA.

Ao assumir o caso de Tolkachev, Rolph se tornou protagonista de uma verdadeira indústria que crescera na comunidade de inteligência dos Estados Unidos, uma atividade relacionada com o espião russo e seus documentos secretos. Nos dias anteriores a um encontro com o cientista, Rolph percebia o aumento da expectativa e tensão nos telegramas que vinham da sede. Tinha consciência do significado de cada encontro, mas sabia que não poderia permitir que a pressão de Langley o levasse a correr riscos inaceitáveis. Não era difícil para ele compreender que a vida de Tolkachev era mais importante do que os segredos que seria capaz de revelar no encontro seguinte. Rolph manteve suas regras particulares: se achasse que não estava completamente livre da vigilância, abortaria o encontro.

Mas o norte-americano jamais necessitou cancelar qualquer encontro, graças ao engenhoso uso de disfarces e técnicas de transferência de identidade utilizadas pelo posto de Moscou, que lhe permitiam livrar-se regularmente da vigilância.

Antes de um desses encontros, Rolph e sua mulher visitavam de forma ostensiva o apartamento do subchefe técnico, que a KGB sabia não ser pessoa que levasse a efeito operações clandestinas. No apartamento, Rolph se disfarçava de forma a ficar parecido com o subchefe técnico, e em seguida saía do prédio em companhia do chefe do homem a quem estava imitando. Após dirigir durante uma hora pelas ruas de Moscou num furgão Volkswagen, a fim de certificar-se de que não estava sendo seguido, disfarçava-se novamente, a fim de parecer-se com um operário russo comum. Durante as duas horas seguintes, percorria um complexo trajeto de detecção de vigilância, e finalmente se dirigia ao local do encontro. No caminho de volta, o mesmo processo era seguido em sentido inverso. Durante todo esse tempo, a mulher de Rolph e o subchefe ténico tinham de permanecer encerrados no apartamento, para que os vigilantes da KGB não percebessem que ele realmente continuava em casa.

No início de 1981, Tolkachev já havia comprado seu pequeno Zhiguli e os encontros com Rolph passaram a ocorrer dentro do carro estacionado na rua. O agente norte-americano se preocupava muito com a segurança desses encontros no carro. No inverno, as janelas do Zhiguli ficavam embaçadas enquanto conversavam e Rolph ficava imaginando a todo momento que algum miliciano local viesse bater nos vidros e perguntar por que havia dois homens dentro, e não um homem e uma mulher apaixonadamente abraçados.

Em pouco tempo Rolph notou a atitude fatalista de Tolkachev em relação a sua atividade de espião em favor dos Estados Unidos. Parecia resignar-se com o fato de que acabaria sendo preso e demonstrava disposição para roubar o máximo possível de segredos antes do fim inevitável. Quando Tolkachev pediu a pílula de suicídio, seu controlador era Rolph. Após a recusa inicial, o cientista começou a entregar-lhe bilhetes, solicitando que fossem remetidos diretamente ao diretor da CIA ou ao presidente. Queria que soubessem que o desejo de receber a pílula era seu e não uma idéia que Rolph, ou qualquer outra pessoa, o tivesse forçado a aceitar. Finalmente, após nove meses de súplicas, Rolph lhe entregou uma cápsula de cianureto, informando-o de que ao mordê-la a morte sobreviria em três a cinco segundos.

Tolkachev sempre se interessava em inventar novas formas de aumentar o número de documentos que conseguia copiar para a CIA. No início de sua carreira de espião percebeu que poderia retirar material confidencial da biblioteca do instituto de projetos e levá-los para casa na hora do almoço, fotografando-os e restituindo-os em seguida. Depois, a biblioteca alterou as regras de segurança e passou a exigir que os funcionários deixassem sua credencial – em russo, a *propusk* – antes de retirar material. Todos os funcionários tinham de exibir as credenciais ao entrar e sair do prédio, e portanto as novas regras impediriam que Tolkachev levasse para casa os papéis que desejava copiar.

Tolkachev disse a Rolph que se a CIA conseguisse forjar uma *propusk,* ele poderia deixar a original na biblioteca e mostrar rapidamente a falsa ao entrar e sair do prédio. Entregou à CIA fotos de sua *propusk*, que foi finalmente duplicada após meses de tentativas de reproduzir as cores e disposição exatas.

No final de 1982, a produção de Tolkachev era tão volumosa e ele solicitava encontros com tanta freqüência que a CIA resolveu pedir que reduzisse o ritmo. Estava correndo riscos muito grandes.

No encontro normal marcado em abril de 1983 não houve indício de problemas, mas pouco depois Tolkachev entrou em pânico e cortou o contato durante vários meses. Tinha sabido que estava sendo feita uma investigação no instituto. Dizia-se que informações sensíveis aparentemente haviam sido subtraídas da seção de projetos e os agentes de segurança estavam conduzindo uma sindicância. Durante algum tempo, o russo ficou de tal forma convencido de que a KGB estava se aproximando dele que ia trabalhar com a pílula de cianureto cuidadosamente oculta na boca. Chegou a comparecer a uma reunião com seu supervisor levando a pílula entre os dentes, para o caso de que o chefe o denunciasse como espião. Uma pequena pressão na cápsula, algumas inalações profundas, e estaria livre. Mas após dez minutos de conversa inócua sobre aspectos técnicos, a reunião terminou e Tolkachev regressou a seu cubículo, ainda com a pílula de cianureto na boca, as mãos suadas, com a adrenalina correndo por seu organismo.

Levava tudo o que o ligava à CIA para a *dacha*, também comprada com dinheiro da agência, e destruía os indícios queimando-os no fogão de lenha: planos de comunicação, instruções para a coleta de informações secretas e tudo mais, inclusive uma sacola de dinheiro. Ficou olhando enquanto mais de 200 mil rublos se transformavam em fumaça.

Finalmente, porém, a ânsia de emoções de Tolkachev venceu. Após saltar três encontros com a CIA (no mesmo período os agentes que se ocupavam do caso tiveram de abortar dois outros), ele restabeleceu o contato em novembro de 1983. Contou à CIA que havia uma sindicância no instituto, mas a essa altura já parecia certo que a investigação tinha terminado.

Tolkachev voltou a fotografar papéis secretos. Desta vez, sua produção se reduziu, pois já havia copiado a maior parte dos principais documentos relativos a seu campo de trabalho. Passou a fornecer informações atualizadas a fim de suplementar o material entregue aos norte-americanos em anos anteriores. A CIA teve somente dois encontros com Tolkachev em 1984; o caso tinha chegado a seu ponto máximo.

O último encontro do cientista com a CIA ocorreu em janeiro de 1985, quando surgiram duas anomalias que mais tarde suscitariam dúvidas em Langley. Em seu apartamento, foi aberta uma *fortochka* diferente daquela que ele costumava usar para solicitar encontros. Ao entregar o filme no encontro, verificou-se que as fotos estavam fora de foco. A CIA sabia que a KGB às vezes instruía os agentes por ela controlados a entregar fotografias fora de foco dos documentos, a fim de persuadir os norte-americanos de que seu agente ainda estava seguro e ativo, sem no entanto revelar informações sensíveis. Durante o breve encontro em janeiro, Tolkachev avisou o novo agente que passara a cuidar de seu caso que estava preocupado com as fotos. Disse haver fotografado os documentos em um banheiro na penumbra, no instituto de projetos, mas não tinha certeza da qualidade do resultado.

Mesmo assim, quando o russo não apareceu para um encontro marcado para abril, não houve grande alarme. Afinal, isso já havia acontecido anteriormente. A CIA usou um plano secundário, pedindo um encontro de emergência, fora da seqüência normal, utilizando um dos métodos pré-acordados para entrega de mensagem. Mas nessa altura Tolkachev já estava preso, e revelara à KGB os planos de comunicações. O observador russo mandado por Krassilnikov anotou o sinal de emergência mandado por Paul Stombaugh ao cientista – seu próprio carro, com placas diplomáticas da embaixada norte-americana, estacionado diante de uma loja de frutas e legumes na rua Tchaikovsky com um mapa das ruas de Moscou colocado sobre o painel.

Krassilnikov deixou que o pedido de encontro de emergência feito pela CIA ficasse sem resposta. Fazer com que Tolkachev deixasse de comparecer ao encontro poderia despertar surpresa, mas não seria suficiente para que os norte-americanos tivessem certeza da ocorrência de uma quebra significativa da segurança. Os agentes da CIA em Moscou freqüentemente faltavam aos encontros, por muitas razões diferentes. O homem da KGB resolveu divertir-se um pouco mais.

Em 5 de junho a CIA abortou uma tentativa de encontro com Tolkachev, quando o agente detectou vigilância da KGB. Finalmente, Krassilnikov resolveu acabar com o jogo. Exatamente às 12h10 do dia 13 de junho, hora marcada um mês antes, segundo o plano de comunicações da CIA, foi aberta a pequena *fortochka* no alto das amplas janelas do apartamento de Tolkachev, que davam para a rua Tchaikovsky.

Krassilnikov fechou a pequena janela de ventilação exatamente meia hora depois, como prescrevia o plano. Um agente da CIA "leu" o sinal numa passagem de rotina, e no fim da tarde do dia seguinte dois agentes da CIA – Paul Stombaugh, cujo codinome para a KGB era *Narziss*, e outro agente a quem a KGB dera o codinome *Cotovia* – puseram-se em movimento. Os norte-americanos haviam mordido a isca. Até mesmo a meteorologia colaborava: o céu se abrira repentinamente, após três dias de tempestades.

Pouco depois das cinco horas, Paul e Betsy Stombaugh foram "reconhecidos" pela vigilância estática: a KGB ficou sabendo que o casal tinha saído de casa e se movimentava pela cidade. Durante as três horas seguintes ambos deram a impressão de estar fazendo compras rotineiras. O casal parou em três lojas em pontos diferentes de Moscou, todas freqüentadas por diplomatas. A vigilância perdeu de vista o carro deles em duas ocasiões, mas em ambas outra equipe estática os detectou e avisou o posto de comando de Krassilnikov. Este instruíra os seguidores de Stombaugh e do outro agente para que se mantivessem à maior distância possível. Não necessitava de vigilância demasiado próxima, pois naquela agradável tarde de junho o ponto final de destino se encontrava sob seu completo controle. Os agentes da CIA poderiam utilizar os trajetos mais complexos e longos que imaginassem, mas no fim das contas um deles chegaria ao destino e a armadilha se fecharia.

Às oito horas, Sharavatov começou a achar que Stombaugh seria o designado para ir ao encontro de Tolkachev. Depois da terceira parada, o casal Stombaugh ficou novamente fora de contato com a vigilância durante sete minutos, até que Betsy foi vista entrando de carro no estacionamento do hotel Ucrânia, nas margens do rio Moscou. Estava sozinha.

5

Moscou, 19h01, 18 de junho de 1985

O coronel Oleg Antonovich Gordievsky, que até quatro semanas antes era o *Rezident* em exercício no posto da KGB em Londres, procurava naquele momento permanecer invisível para todos, menos para o Serviço Secreto de Inteligência britânico em Moscou. Estava de pé, com gotas de suor pingando do rosto, empertigado em sua capa de chuva cinzenta, com as pontas brilhantes das botas de borracha alinhadas exatamente à mesma distância do meio-fio da Kutuzovsky Prospekt, no agitado centro de Moscou. Olhava, sem ver, o tráfego que passava diante dele, sem saber se o suor vinha da sensação visceral de medo que tinha sido sua companheira constante durante as quatro semanas anteriores ou fora causado pelo rum cubano que costumava beber à noite. Talvez as duas coisas, pensou.

Sabia que era inútil sua tentativa de assemelhar-se aos outros moscovitas que procuravam voltar a suas casas no fim de um dia chuvoso. O boné de couro, que comprara quando em missão na Dinamarca, não condizia com a capa de chuva de estilo popular, e a sacola da rede de supermercados Safeway cheia de jornais que segurava na mão esquerda parecia, imaginou ele, uma imensa bandeira vermelha flutuando diante dos pedestres que corriam para a estação de metrô Kievsky e das limusines ocupadas por dirigentes do Partido que passavam na faixa central da ampla avenida. Sentia-se aterrorizado ao pensar que sua aparência era como um grito: "Aqui está ele, o agente britânico fugitivo, peguem-no antes que fuja!"

Mas tanto o boné quanto a sacola do Safeway eram os únicos elos entre Oleg e as pessoas que poderiam salvá-lo do carrasco incógnito que ele sabia estar esperando por ele naquele corredor escuro especial, no porão da prisão de Lefortovo.

Contava os segundos, estremecendo na calçada, visível e vulnerável, enquanto rezava para que alguém do posto do SIS fizesse a prometida ronda de automóvel passando por aquele ponto da cidade de Moscou e o detectasse, como diziam as instruções de emergência. Se fosse visto por um agente do SIS, isso deflagraria um plano para salvá-lo, fazendo-o sair do país.

O pesadelo havia começado pouco depois que Gordievsky fora chamado de Londres ao centro da KGB em Moscou, um mês antes. Certamente, não fora coisa que ele considerasse ameaçadora, embora todos os chamados repentinos fossem inquietantes para os agentes soviéticos que "viravam a casaca". Neste caso, Gordievsky já vinha esperando uma convocação para breve, a fim de que a sede confirmasse sua nomeação formal como *Rezident* no posto da KGB em Londres.

Por meio de uma série de expulsões de agentes da KGB na capital inglesa, os controladores de Gordievsky haviam colocado seu principal espião em posição de assumir a chefia do posto. O chefe anterior da KGB em Londres, o brilhante agente de carreira de contra-espionagem Leonid Nikitenko, havia sido expulso do Reino Unido semanas antes, na escalada da guerra de espionagem entre Londres e Moscou.

Desde o momento em que inicialmente se voluntariara para espionar em favor dos britânicos, quando servia na Dinamarca, mais de dez anos antes, Gordievsky havia fornecido a Londres ricas informações. Seu dado de inteligência mais sensível fora informar Londres de que a alta chefia da KGB, composta de pessoas idosas, estava convencida de que o novo presidente dos Estados Unidos, Ronald Reagan, pretendia deflagrar uma guerra nuclear. Em 1981, o diretor-geral da KGB, Yuri Andropov, havia afirmado em uma conferência da agência que os Estados Unidos preparavam um ataque nuclear contra a União Soviética. A sede, em Moscou, levou a sério a ameaça e rapidamente expediu ordens aos postos da KGB nos países da OTAN para que buscassem sinais de uma ofensiva iminente. Com o codinome RYAN – sigla em russo de um ataque com mísseis nucleares –, a operação, ao que se sabe, tornou-se a maior prioridade de inteligência para a KGB em 1982.

RYAN foi produto da paranóia de Moscou a respeito de Reagan. Andropov, que tinha pouca experiência do Ocidente, parecia convencido de que Reagan fosse tão extremista a ponto de estar disposto a destruir o mundo em nome de sua ideologia de direita. A primeira-ministra Margaret Thatcher informou pessoalmente Reagan a respeito de RYAN e suas implicações.

Mesmo assim, a OTAN prosseguiu com o exercício de ataque nuclear denominado "Able Archer", em novembro de 1983, que simularia os procedimentos reais a serem usados pela OTAN no início de uma guerra nuclear. Somente mais tarde os Estados Unidos ficaram sabendo o quanto os soviéticos ficaram abalados com o "Able Archer". Os recursos da KGB foram também colocados em estado de alerta. A volátil combinação de "Able Archer" com RYAN criou um dos piores alarmas nucleares depois da crise cubana, e Washington somente tomou conhecimento depois que havia terminado.

Os britânicos resolveram ocultar aos norte-americanos a identidade de Gordievsky, mas isso não impediu que a CIA procurasse saber de que forma Londres conseguia suas informações. Burton Gerber estava decidido a identificar a fonte britânica e encarregou Aldrich Ames, chefe de contra-espionagem da Divisão SE, de tratar de descobrir. Por volta de março de 1985, Ames achou que tinha encontrado a resposta – Gordievsky. Ames mandou um telegrama ao posto da CIA em Londres, perguntando se Gordievsky se enquadrava no perfil. A resposta foi positiva, e a CIA concluiu, sem ter recebido informação oficial, de que Gordievsky era um espião secreto da Grã-Bretanha.

Ao chegar a Moscou em meados de maio, a confiança do coronel russo se evaporou. Percebeu imediatamente que seu apartamento no Leninsky Prospekt, no sudoeste de Moscou, havia sido objeto de uma busca sub-reptícia. Se não fossem algumas armadilhas sutis por ele preparadas, poderia jamais ter descoberto que havia sido invadido.

Poucos dias depois, foi levado a uma *dacha* da KGB a poucos quilômetros da sede da Primeira Diretoria Principal, onde lhe deram conhaque drogado e foi interrogado pelo especialista em contra-espionagem da KGB, general Sergei M. Golubev, o agente da KGB que no fim da Guerra Fria seria considerado o homem mais ligado ao uso de drogas e venenos contra os inimigos do socialismo. Ali, sem maiores explicações, Gordievsky foi informado de que embora pudesse continuar a trabalhar na KGB, sua missão em Londres estava terminada. Podia tirar um mês de férias, se quisesse.

Em poucos dias ele detectou a vigilância pela primeira vez. Ficou certo de que tinha sido seguido a uma estação de águas em Semyenovskoya, a cerca de 100 quilômetros ao sul de Moscou. Aparentemente, não se complicou nos interrogatórios, embora não recordasse os detalhes. A contra-espionagem da KGB parecia não ter ainda indícios claros a respeito dele, mas o cerco estava se apertando. A KGB deveria estar agindo devido a uma suspeita bem fundamentada, e era apenas uma questão de tempo até que o perverso sistema legalista soviético pudesse acusá-lo de espionagem. O que teria dado errado? Essa pergunta o atormentava desde que chegara a Moscou. Nikitenko, ao ser afastado, teria ficado desconfiado?

Depois do que pareceu uma eternidade, mas na realidade não foram mais do que três ou quatro minutos, Gordievsky afastou-se do meio-fio e juntou-se ao fluxo de pedestres que se dirigiam à estação de metrô de Kievsky. Seu único pensamento era a férvida esperança de que os britânicos o tivessem visto. Somente três semanas depois ficaria sabendo que saíra dali um minuto antes do que deveria.

Sede da CIA, Langley, Virgínia, 13h30, 18 de junho de 1985

Paul Stombaugh havia conseguido evitar os jornalistas de Washington após sua expulsão de Moscou e sua chegada à capital norte-americana, dois dias antes. Agentes de segurança da CIA haviam escoltado Paul, Betsy e Rusty, o filho deles de sete anos, enganando os repórteres no aeroporto internacional Dulles e registrando-os com nomes fictícios num hotel em Washington. Na primeira noite Burton Gerber visitou a família Stombaugh no hotel e disse tudo o que deveria dizer. Assegurou-lhes de que compartilhava do sentimento de frustração pessoal e profissional no caso Tolkachev e que sabia que ambos haviam feito o possível para conservar vivo o cientista. O caso servia para recordar os riscos ligados àquela atividade, disse ele, em tom de consolo. Paul e Betsy liam em seus olhos que Gerber dizia a verdade, que sentia a perda tanto como tragédia humana quanto como percalço de inteligência.

Agora, dois dias depois, no gabinete de esquina de Gerber, no quinto andar, Stombaugh fazia seu primeiro relatório verbal. Sentado no sofá a seu lado, Paul Redmond, chefe de operações na URSS, tinha um bloco de notas ao colo. Num canto estava Jim Olson, o taciturno chefe do grupo operacional da Divisão SE, que supervisionava todas as operações dentro da União Soviética e países do Pacto de Varsóvia. Acima da cabeça de Gerber havia um quadro de um desenho a lápis de uma alcatéia de lobos selvagens. O título sucinto era *Lobos*.

Gerber ouviu com atenção, até o fim, o relato de Stombaugh sobre a emboscada e a prisão em Moscou, quatro dias atrás.

– Depois que chegamos a Dzerzhinsky fui colocado num elevador e empurrado para uma sala de detenção junto com os dois homens da KGB que tinham vindo comigo no furgão. Ainda seguravam meus braços, mesmo dentro do elevador. – Os médicos da CIA tinham informado a Gerber que os ombros de Stombaugh ainda estavam contundidos. A recuperação poderia levar um ano. – Somente me soltaram durante poucos minutos, enquanto me despiam até deixar-me de cuecas. Depois disso sentaram-se um de cada lado, segurando meus braços enquanto esperávamos, creio eu, que outros preparassem as máquinas fotográficas na sala ao lado.

– Veio alguém mais falar com você? – perguntou Redmond.

– Ninguém. Finalmente eu disse aos dois esbirros que não precisavam mais me segurar. Eu não iria fugir dali e eles podiam ficar tranqüilos.

Gerber nada disse, mas a expressão de seus olhos deixava claro a Stombaugh que prestava atenção a cada palavra.

– Os dois se entreolharam durante um segundo e depois sacudiram os ombros e soltaram meus braços. Nada mais. Depois, outro homem, que eu não tinha visto antes, saiu da sala ao lado e me disse que vestisse as calças e a camisa e o seguisse.

– Algum nome? – perguntou Redmond.

– Não. Nenhum nome. Eu realmente não me sentia em posição de perguntar.

Stombaugh arrependeu-se rapidamente desse último comentário e desejou que não fosse considerado irreverente. Olhou de relance para Gerber mas nada notou em sua fisionomia.

– Vamos dar uma olhada nos nossos álbuns de fotos e ver se você consegue reconhecer algum deles – disse Redmond, fazendo uma anotação em seu bloco.

– De qualquer forma – continuou Stombaugh –, quando passei à sala ao lado vi tudo o que tinha levado nas sacolas colocado sobre mesas. Tudo estava lá, os rublos, empilhados, mas sem os elásticos; eles devem ter contado as notas, as máquinas fotográficas, os livros, remédios, óculos, gravador. Os fotógrafos tiravam fotos minhas e do material até que um homem mais velho, de cabelos grisalhos, de pé do outro lado da mesa, me mandou sentar. Era o mais graduado. Todos mostravam respeito para com ele. Olhou-me durante alguns instantes sem dizer nada, creio que para efeito dramático, e depois me pediu tranqüilamente que explicasse o que estava fazendo com tudo aquilo. Retruquei que eu era diplomata norte-americano e não tinha obrigação de responder a nenhuma de suas perguntas. Disse que queria que minha embaixada fosse notificada imediatamente de meu paradeiro, e que ele sabia as regras nesses casos.

– E como reagiu ele? – quis saber Gerber.

– Fez um sermão. Atirou de volta em meu rosto a palavra *diplomata* e perguntou se o material de espionagem que estava em cima da mesa era o que os diplomatas norte-americanos utilizavam agora.

– Disse isso em inglês? – interrompeu Redmond.

– Não. Só falamos russo. Mas o sermão me pareceu *pro forma*, ensaiado, talvez para ser ouvido pelos demais. Houve muito barulho e demonstrações do que creio deveria parecer raiva, mas em nenhum momento vi isso em seus olhos. Na verdade, parecia meio tristonho, como se soubesse coisas que eu não sabia.

Gerber remexeu-se na cadeira, sem deixar de fitar Stombaugh.

– Pode terminar o relatório lá embaixo, Paul. Agora quero que fale do padre Roman.

Stombaugh espantou-se com a mudança abrupta de assunto, de Tolkachev para o estranho episódio do padre Roman Potemkin. Desde que voltara a Washington, ninguém lhe fizera a pergunta mais óbvia – nem Gerber nem Redmond, sabidamente desconfiado. Ninguém perguntara se a KGB havia tentado atraí-lo, fazer com que "virasse a casaca" enquanto estava sob o poder deles. E agora Gerber mostrava que o relatório sobre sua prisão chegara ao fim, mudando de assunto para o estranho caso do padre Roman. Stombaugh somente conhecia as peripécias mais recentes do complexo caso, cujo início peculiar ocorrera quatro anos antes, muito antes que ele próprio chegasse a Moscou.

Em 1981, um cientista soviético não identificado se aproximara de um jornalista norte-americano em Moscou e lhe entregara um misterioso pacote. Algum tempo depois, o pacote passou do jornalista para a CIA. O jornalista pediu e recebeu a certeza de que a agência manteria o fato em segredo, o que fez com que ficasse oculto durante várias décadas.

O pacote era um tesouro de inteligência. Os analistas da seção de Pesquisa Científica e de Armamento da CIA examinaram as 250 páginas nele contidas e encontraram dados sobre o programa soviético de armas estratégicas, que até então tinha sido somente objeto de especulação. O nível de detalhes e de precisão da documentação seria suficiente para que os norte-americanos reavaliassem o desenvolvimento das armas nucleares soviéticas, porém somente mediante a aquisição de dados cruciais suplementares. A opinião dos peritos em armamento soviético na comunidade de informações dos Estados Unidos foi unânime: as informações contidas no pacote eram simplesmente demasiado sensíveis, demasiado reveladoras, para que pudessem ser consideradas desinformação com o objetivo de confundir o Ocidente. Na verdade, os dados eram tão úteis que o voluntário anônimo prometia ser uma das fontes mais valiosas que a CIA jamais poderia esperar conseguir a respeito das armas nucleares soviéticas. Já se murmurava que aquela fonte poderia fazer em relação ao arsenal nuclear o mesmo que Adolf Tolkachev fizera quanto à pesquisa e desenvolvimento na área de aeronáutica.

Mas o informante anônimo tivera o cuidado de omitir detalhes importantes, que completariam o quadro. Somente poderiam ser obtidos por meio de contatos constantes e clandestinos com ele, em Moscou. Era preciso voltar a encontrá-lo, praticamente a qualquer custo.

O entusiasmo da comunidade analítica transformou-se em desânimo na Diretoria de Operações, que recebeu a missão quase impossível de encontrar o misterioso voluntário. A carta escrita à mão contida no pacote informava com pormenores imaginosos a maneira de encontrar seu autor em Moscou, mas quando a CIA o recebeu já haviam se passado quase seis meses desde a data que aparecia na carta. A carta não tinha assinatura nem outros sinais de identificação. Embora a CIA fosse capaz de formar uma espécie de imagem mental do cientista, por meio de algumas pistas no pacote – uma delas numa citação de um poema –, a agência não tinha meios de encontrá-lo. Quando Paul Stombaugh chegara a Moscou, em 1984, o caso que prometera ser um segundo Tolkachev havia se transformado em frustrante beco sem saída.

No início de 1985, porém, uma nova carta deu vida ao mistério.

Em 24 de janeiro de 1985, Nicholas Daniloff, correspondente do *U.S. News & World Report* em Moscou, chegou a seu escritório às 9h30 da manhã e abriu como de costume a caixa postal amarela que ficava pendurada na porta. Dentro havia um envelope sem selo, dirigido a ele em caligrafia russa, sem endereço do remetente. Ao abri-lo, Daniloff encontrou um segundo envelope, desta vez endereçado ao embaixador norte-americano, Arthur Hartman. Jornalista experiente e conhecedor de Moscou, Daniloff pensou nas possibilidades e rapidamente suspeitou de que a carta tivesse a ver com um ardil clássico da KGB para comprometê-lo. Afinal, havia muitos precedentes para esse tipo de provocação, cujo objetivo era justificar acusações de espionagem contra membros da imprensa estrangeira em Moscou. Tomou uma decisão rápida e deflagrou acontecimentos que um ano e meio depois iriam explodir nas primeiras páginas dos jornais.

Daniloff e sua mulher, Ruth, saíram imediatamente da redação do *U.S. News*, dirigindo-se à embaixada dos Estados Unidos. Seguindo pela rua do

Anel Jardim e entrando na praça Smolensk, verificavam constantemente se estavam sendo seguidos pelos característicos Ladas ou Zhigulis bege ou brancos da Sétima Diretoria da KGB, até chegarem à embaixada, na rua Tchaikovsky. Ao passarem pelos guardas soviéticos postados do lado de fora e entrarem em segurança na chancelaria, deram um suspiro de alívio e foram à sala do funcionário graduado que tratava de assuntos culturais e de imprensa, Ray Benson. Daniloff entregou-lhe o pacote, e Benson abriu rapidamente o segundo envelope enquanto o jornalista observava. Encontraram dentro um terceiro envelope, este dirigido ao diretor da CIA, William Casey. Havia nele uma carta, de seis ou sete páginas, escrita à mão numa letra compacta e estranha, difícil de decifrar. Nem Daniloff nem Benson conseguiram entender muita coisa, a não ser que a carta parecia referir-se a pesquisa de armamentos. A palavra *raketa* – foguete – aparecia repetidas vezes no texto.

Daniloff sentia-se inquieto ao sair da embaixada; pressentia que a carta significava problemas. Tinha dito a Benson presumir que a carta havia sido deixada em sua caixa postal pelo padre Roman Potemkin, um jovem curioso que dizia ser ativista religioso. O padre Roman aparecera um mês antes na vida de Daniloff, ao vir ao escritório do *U.S. News* pouco antes do Natal dizendo querer conversar com algum repórter norte-americano sobre a opressão anti-religiosa na União Soviética. Temendo a existência de aparelhos de escuta em seu escritório, Daniloff levou o padre Roman para o ar livre e ouviu o que ele tinha a dizer caminhando pela rua Kosygin sob uma ligeira nevada. O sacerdote falou da campanha anti-religiosa que o governo estava organizando durante a preparação do milésimo aniversário da introdução do cristianismo na Rússia, em 1988. Disse ser membro de algo chamado Associação da Juventude Ortodoxa Russa, organização ativista que segundo seu relato preocupava os cautelosos líderes da Igreja Ortodoxa Russa tradicional. Disse também a Daniloff que tinha sido preso e condenado a dois anos de trabalhos "corretivos" sob a alegação de estar envolvido no roubo de ícones da igreja.

Daniloff tomou nota do número do telefone do padre e saiu do encontro intrigado e também muito desconfiado. Filho de imigrantes russos, Daniloff compreendia a mentalidade e a alma russas muito melhor do que a maioria dos correspondentes de imprensa norte-americanos. Até mesmo o sobrenome do padre Roman sugeria bandeiras vermelhas – aldeias Potemkin falsas haviam sido criadas séculos antes a fim de enganar Catarina a Grande. Daniloff sabia que não era fácil para os russos conseguir os números dos telefones dos correspondentes estrangeiros em Moscou. Mas o padre Roman dissera ter pedido a um amigo que conhecia uma secretária na seção de imprensa estrangeira do Ministério do Exterior que lhe desse o número de algum correspondente norte-americano que falasse russo. As suspeitas do jornalista cresceram. Parecia uma explicação pouco convincente para alguém que tivesse sido mandado pela KGB. Após o encontro de dezembro, Daniloff resolveu ficar em guarda caso o padre Roman reaparecesse.

Em 22 de janeiro, o sacerdote ligou para Daniloff. Desta vez disse estar mandando informações sobre a juventude cristã russa. Dois dias depois, apareceu um envelope sem selo na caixa postal. Daniloff presumiu ser do padre Roman – ninguém mais lhe tinha dito que mandaria correspondência. A aparência da carta aprofundou mais as suspeitas de Daniloff sobre o padre e suas possíveis ligações com a KGB.

Na embaixada, dissera a Benson tudo o que sabia sobre o padre Roman, em parte a fim de proteger-se caso estivesse sendo alvo de uma armadilha soviética.

No gabinete de Gerber na sede da CIA, o chefe da Divisão SE novamente pedia a Stombaugh que recordassse a história do padre Roman.

– Vamos, Paul. Vamos começar com o que exatamente aconteceu em março.

Stombaugh curvou-se para a frente e começou a relatar a parte da história que conhecia melhor.

Moscou, 14h15, 23 de março de 1985

Stombaugh sabia não estar sendo vigiado ao caminhar cautelosamente pela estreita trilha da qual a neve havia sido retirada às pressas no subúrbio do noroeste de Moscou. O céu estava brilhante, de cor azul-cobalto e sem nuvens, e a neve fresca já começava a tomar um tom acinzentado. Na noite anterior uma nevasca forte de primavera havia atrapalhado completamente o tráfego da cidade, facilitando ao norte-americano organizar-se cuidadosamente para escapar à vigilância da KGB. Desde as onze horas fizera o trajeto destinado a detectar vigilância e convencera-se de estar livre a partir do início, misturando-se no fluxo de moscovitas que enfrentavam o frio na bela tarde de domingo. Estava vestido com roupas russas de inverno, com um chapéu de pele e capote pesado de lã. Durante a primeira onda de frio que suportara após chegar a Moscou,

Stombaugh aprendera que um agente secreto em busca de anonimato jamais se aventurava na rua sem um chapéu bem abrigado. Na primeira vez em que saíra no inverno com a cabeça descoberta, três vezes foi detido por *babushkas* solícitas que ralhavam com ele por não usar chapéu.

Sua tarefa naquela tarde de frio de rachar os ossos era uma mescla de alto risco e alta recompensa – estava procurando entregar ao padre Roman uma carta da CIA. Ao procurar uma cabine de telefone público, Stombaugh concentrou-se nos elementos de sua excursão operacional.

Havia entregado com cuidado a carta ao sacerdote, conservando-a isenta de impressões digitais ou outros sinais de contaminação que pudessem levar a KGB à CIA. O texto da carta era o produto cautelosamente redigido de um longo debate na sede da CIA e em Moscou, e tudo aquilo fora deflagrado pela visita de Nicholas Daniloff à embaixada dos Estados Unidos oito semanas antes.

A decisão de Daniloff de ir à embaixada em janeiro levando o envelope atraíra rapidamente a atenção da CIA. Dentro do cubículo de segurança da CIA no prédio da embaixada norte-americana, o chefe do posto Murat Natirboff e o agente Michael Sellers abriram as páginas da carta trazida por Daniloff e começaram a fazer uma primeira tradução aproximada.

Inicialmente, as páginas cheias de caracteres pareciam estar cheias de linguagem bombástica, que dava uma impressão ligeiramente amalucada. Mas à medida que liam, os dois agentes perceberam que a carta também continha informações excitantes. Seria uma mensagem de um voluntário verborrágico, mas mesmo assim verdadeiro? Difícil dizer, mas depois de Tolkachev, o posto em Moscou já não poderia desprezar essa possibilidade. Natirboff resolveu transmitir a carta a Langley, imaginando que nunca mais ouviria falar dela.

Mas a resposta da sede foi instantânea e explosiva. A caligrafia e os muitos temas abordados na carta convenceram Langley de que havia sido escrita pelo mesmo voluntário misterioso que quatro anos antes fornecera informações estratégicas tão instigantes. Natirboff foi informado de que restabelecer contato com o autor era agora de alta prioridade, e foi autorizado a encontrar-se com o homem que trouxera a carta à embaixada, Nicholas Daniloff. A CIA estava proibida, por ordem presidencial, de utilizar jornalistas norte-americanos em suas operações de inteligência, mas a agência queria somente fazer uma pergunta simples a Daniloff: como encontrar a pessoa que lhe dera a carta?

Em março, Natirboff pediu a Curt Kamman, subchefe da missão diplomática, que convidasse Daniloff a ir à embaixada. Na época o jornalista estava ocupado cobrindo a ascensão de Mikhail Gorbachov, mas aceitou o convite. Ao chegar, Kamman o levou a uma sala acústica de conferência, a "bolha" à prova de som na seção política da embaixada. Enquanto Daniloff relatava a Kamman o que recordava sobre o padre Roman e a carta, Natirboff se juntou a eles. Daniloff o conhecia somente como obscuro conselheiro da embaixada para assuntos regionais, mas pelas perguntas que fazia percebeu que aquele homem moreno, de espessos cabelos negros penteados para trás e rosto marcado por linhas profundas, pertencia à CIA. Somente mais tarde ficou sabendo que Natirboff era o chefe do posto da CIA em Moscou.

A conversação inquietou Daniloff. Natirboff focalizou-a na carta recebida em janeiro. Parecia, explicou ele, uma carta de cientista dissidente que buscava contato com a CIA. Daniloff dizia ser difícil acreditar nisso. Estava convencido de que o padre Roman trabalhava para a KGB, e presumia que fosse ele o autor. Natirboff pediu ao jornalista que relatasse tudo o que sabia sobre o provável mensageiro, e Daniloff acabou por fornecer-lhe uma descrição física do jovem russo, além de seu número de telefone. A CIA informou o número do telefone do padre Roman à NSA (Agência de Segurança Nacional, da sigla em inglês), o braço secreto de quebra de códigos e escuta clandestina da comunidade de inteligência dos Estados Unidos. A NSA encontrou o endereço em Moscou que correspondia àquele número.

Stombaugh foi instruído a tentar encontrar o padre Roman e por meio dele estabelecer contato com o fugidio cientista.

O agente localizou uma cabine telefônica não longe do endereço que Langley fornecera como sendo do padre Roman. Convencido de estar ainda livre de vigilância, introduziu rapidamente uma conexão no fone do aparelho a fim de gravar a conversa no gravador miniatura que trazia junto ao corpo. Pôs as moedas de *kopek* na ranhura e discou o número do sacerdote. Fez a discagem vagarosamente, para que o antiquado sistema telefônico de Moscou dirigisse a chamada já na primeira tentativa.

Uma voz de mulher atendeu no terceiro toque.

– *Allo...*

– É da casa de Roman Potemkin? – perguntou Stombaugh em seu russo bem praticado.

– Quem fala é a mãe dele. Roman não está. – O tom de voz da mulher parecia natural, não ensaiado.

– Sabe quando ele volta?

– Dentro de uma hora.

– Obrigado. Chamarei novamente, então.

Stombaugh refletiu. Tinha verificado que aquele número telefônico correspondia de fato a Roman Potemkin, mas sabia que ainda havia muito perigo. Se o padre Roman fosse um provocador da KGB, possibilidade real, o telefone poderia ser de um serviço de respostas controlado pela agência russa. Teria se sentido melhor se o próprio sacerdote tivesse atendido, em vez de uma mulher dizendo ser sua mãe e informando que Potemkin voltaria em uma hora. Isso poderia proporcionar à KGB tempo para que o padre fosse ao telefone, mas isso sempre no caso de que os russos estivessem no controle da operação. Na verdade, pensou Stombaugh, os riscos não tinham aumentado. Resolveu esperar que passasse uma hora e fazer uma segunda chamada. Saiu caminhando a pé para manter-se em movimento, enquanto procurava outra cabine telefônica pública.

Pouco mais de uma hora depois, Stombaugh discou pela segunda vez o número de Roman Potemkin. Ao segundo toque um homem atendeu.

– *Allo.*

– O senhor é o padre Roman? – perguntou Stombaugh, em seu russo com sotaque estrangeiro.

– *Da*.... (sim).

– Tenho informações sobre nosso amigo comum, Nikolai. Tenho uma coisa para lhe entregar. Pode confirmar seu endereço? – perguntou o agente, lendo o endereço que recebera.

– Não, esse endereço está errado.

– Pode me dizer o endereço correto? Por favor, fale devagar.

O outro repetiu o endereço, e Stombaugh o escreveu cuidadosamente, mesmo tendo feito o registro no gravador, como segurança.

– Obrigado, espero entrar em contato em breve – disse Stombaugh, desligando e rapidamente reproduzindo o diálogo no gravador para confirmar o endereço. Verificando no mapa, calculou que levaria quarenta e cinco minutos a pé a partir do lugar de onde fizera a chamada. Sopesou na mente as variáveis. Tinha acabado de fazer duas chamadas telefônicas a um ativista religioso que havia entrado em contato com um jornalista norte-americano, justamente o tipo de pessoa capaz de atrair atenção da KGB, mesmo que já não estivesse sob controle da agência russa. Se o telefone estivesse *grampeado*, seria evidente aos encarregados da escuta que um estrangeiro havia ligado duas vezes para o padre Roman, mas até ali nada mais incriminador do que aquilo. E era improvável, pensou Stombaugh, que o telefone do padre Roman fosse monitorado ao vivo em tempo real numa cidade em que havia dezenas de milhares de *grampos* telefônicos. Concluiu que se caminhasse rapidamente poderia chegar ao endereço do padre Roman e entregar a carta sem ser descoberto pela vigilância da KGB. Naturalmente, tudo estaria perdido se o padre Roman já estivesse sendo controlado pela KGB.

Usando o que a CIA chamava "disfarce leve" – bigode, óculos, chapéu e roupas russas –, Stombaugh caminhou durante cerca de uma hora até chegar ao prédio de apartamentos do padre Roman. Entrou no edifício e localizou o apartamento que o sacerdote indicara. Bateu à porta e quem a abriu foi um homem jovem, de menos de trinta anos e cabelos longos, com uma expressão que Stombaugh mais tarde descreveria como "suave".

– O senhor é o padre Roman e entregou um envelope a alguém? – perguntou o agente.

– *Da* – foi a resposta, mas Stombaugh não percebeu um significado oculto na resposta positiva à pergunta principal. Mesmo assim, pegou com a mão enluvada a carta que trazia e entregou-a ao padre Roman. Em seguida despediu-se com um gesto de cabeça e rapidamente saiu.

Enquanto regressava à sua casa a pé, mas usando também o sistema de transporte público, Stombaugh pensou no que transparecera até então. Provavelmente se revelara como agente da CIA, embora estivesse disfarçado e tivesse tido o cuidado de não deixar impressões digitais na carta. E identificara "Nikolai" como intermediário na visita ao padre Roman. Não tinha havido menção da palavra *jornalista* em relação a "Nikolai". Tudo isso tinha sido debatido com Washington antes do início da operação e foi considerado um risco aceitável. Se a carta caísse em mãos indevidas, não seria fácil ligar Nikolai com Nicholas Daniloff, a menos, naturalmente, que desde o começo o sacerdote estivesse sob controle da KGB. Mas isso simplesmente confirmaria para a KGB que o pacote preparado para William Casey havia sido efetivamente entregue por Daniloff, segundo o próprio plano da agência russa. Stombaugh chegou a seu apartamento quando a escuridão começava a envolver Moscou, cansado mas ainda convencido de ter permanecido "no escuro" o dia inteiro.

Na carta que Stombaugh entregara ao padre Roman havia instruções sobre de que maneira o cientista poderia entrar em contato com a CIA. Entre essas instruções estavam indicações para organizar um encontro com um agente da CIA, que somente poderiam ser integralmente entendidas pela pessoa que havia escrito a carta original de 1981. Stombaugh passou a ficar à espera, todas as quintas-feiras, no local do encontro próximo à estação de Kiev, não longe do centro da cidade de Moscou. Mas ninguém parecia estar fazendo contato.

Em 5 de abril o padre Roman chamou novamente Daniloff e deu-lhe uma curiosa mensagem: o encontro de 26 de março não tinha sido possível. A mensagem dizia: "Vocês se comportaram de tal forma que estragaram o encontro." Farejando perigo, o jornalista imediatamente respondeu ao sacerdote que não sabia do que ele estava falando, esperando que a escuta da KGB em sua linha tivesse registrado sua reação.

Seis dias mais tarde, numa conferência de imprensa na Spaso House, a residência da embaixada, feita pelo presidente da Câmara de Deputados dos Estados Unidos, Tip O'Neill, que fazia uma visita, Daniloff esteve outra vez com Kamman. Caminhando pelos jardins da suntuosa mansão, a apenas um quilômetro e meio a oeste do Kremlin, ele contou ao diplomata a mais recente mensagem do padre Roman. Mais uma vez reiterou a Kamman seu desejo de permanecer alheio ao que quer que estivesse ocorrendo.

Enquanto isso, Stombaugh continuava a passar às quintas-feiras pelo ponto de encontro próximo à estação de Kiev, procurando em vão o cientista que nunca aparecia, até que de uma fonte inesperada chegou a informação de que a operação padre Roman tinha dado errado.

Em 18 de abril, Michael Sellers fez contato com um agente da KGB que meses antes se oferecera para espionar em favor da CIA, ao atirar um maço de documentos pela janela do carro de um diplomata do setor político da embaixada do Estados Unidos. Embora os norte-americanos não conhecessem a identidade do agente da KGB – que fizera questão do anonimato –, ficou evidente pelas informações que fornecera na aproximação inicial que se tratava de um agente da KGB, possivelmente da diretoria de contra-espionagem. Debateu-se se proviria da Segunda Diretoria Principal ou de algum escritório distrital em Moscou. A CIA lhe deu o codinome GTCOWL e começou a organizar formas de controlá-lo em Moscou.

No encontro com Sellers, COWL confirmou o uso pela KGB de uma substância especial de acompanhamento dos agentes norte-americanos em Moscou. Disse-lhe que estavam sendo usados produtos químicos contra eles e borrifou uma amostra num saco plástico. Sellers, cuja fluência em russo era das mais competentes da CIA, teve mais facilidade com COWL do que o primeiro agente, mas mesmo assim achou difícil compreender a pronúncia gutural do russo. Verificou-se que COWL era agente experimentado e inflexível da seção local da KGB. Tinha pouca paciência com norte-americanos incapazes de compreender suas expressões idiomáticas.

Havendo evitado a vigilância da KGB, durante o longo trajeto antes do encontro, Sellers, que tinha mais de um metro e noventa de altura, passou horas caminhando pelas ruas com COWL. Este o surpreendeu ao revelar que a KGB tinha conhecimento da carta da CIA ao padre Roman. Enquanto caminhavam por becos e ruelas, o russo olhava constantemente por sobre seu ombro para verificar se estava sendo seguido, e explicou a Sellers que a CIA tinha entregado a carta "à pessoa errada". Finalmente, Sellers compreendeu que a pessoa a quem Stombaugh tinha dado a carta trabalhava para a KGB e a havia passado às autoridades. COWL não indicou que o episódio com Daniloff tivesse sido uma armadilha desde o começo. A julgar pelas palavras de COWL, a impressão era de que ao aceitar o palpite de Daniloff de que o portador do pacote anônimo fosse o padre Roman, a CIA tinha feito uma presunção demasiado ambiciosa. Ao entregar a carta ao sacerdote, a CIA na realidade a entregara à KGB.

O encontro com COWL teve o efeito de encerrar a operação misteriosa com o padre Roman, deflagrando o início de uma série de acusações que somente terminariam mais de um ano depois. Após a revelação de COWL de que o padre Roman trabalhava para a KGB, a CIA planejou avisar Daniloff de que estava lidando com um provocador da KGB. O jornalista, porém, nunca recebeu esse aviso.

Sede da CIA, 13h45, 18 de junho de 1985

Stombaugh percebeu a agitação de Gerber ao terminar o relato de seu trajeto de 23 de março. Na verdade, Gerber ficara furioso com Stombaugh. Em sua opinião, este último havia desrespeitado suas ordens para conservar o nome de Daniloff fora da operação, ao usar o nome "Nikolai". Poucos dias depois do encontro de Stombaugh com o padre Roman em março, Gerber havia mandado um telegrama a Moscou em termos severos, repreendendo Stombaugh por haver identificado "Nikolai". Aquela, porém, fora a primeira oportunidade que Gerber teve de conversar com Stombaugh e ouvir pessoalmente sua explicação.

Gerber era o chefe do posto em Moscou quando o primeiro pacote do cientista anônimo fora entregue à CIA, e portanto convivera com o caso durante vários anos. Estava convencido de que o pacote original continha uma parte do material mais importante que a CIA jamais obtivera da União Soviética e imediatamente reconhecera a importância da carta de Daniloff. Como em todas as operações em Moscou, ele procurou coreografar os esforços para entrar em contato com o padre Roman. A carta que Stombaugh tinha entregado, e que Gerber fizera questão de que não contivesse o nome "Nikolai" e nenhuma referência a Daniloff, havia sido redigida segundo suas instruções.

O caso tinha sido tão importante, e a ação de Stombaugh o perturbara tanto, que Gerber continuou interessado no episódio do padre Roman mesmo quando Stombaugh e o restante da Divisão SE procuravam tratar do colapso final do caso Tolkachev. Para Gerber, Stombaugh cometera um pecado imperdoável ao colocar Daniloff em perigo. Stombaugh, por sua vez, achou que Gerber estava procurando eximir-se de culpa. Acreditava que ao mencionar Nikolai nada mais fizera do que utilizar uma referência já incluída na carta da CIA ao padre Roman. Stombaugh discordava da afirmação de Gerber de que não tinha havido referência a Nikolai na carta por ele aprovada.

Em breve ficou evidente que o episódio do padre Roman tornaria difícil que dali em diante Stombaugh e Gerber pudessem trabalhar juntos. No entanto, a disputa com Gerber não prejudicou a carreira de Stombaugh; era uma jovem estrela em ascensão na Diretoria de Operações e encontraria muitas oportunidades fora da órbita de Gerber.

6

Langley, 8h30, 10 de julho de 1985

Mobiliado com fidelidade regulamentar à posição hierárquica de sua longa lista de ocupantes, a sala do subchefe da Divisão Soviética/Leste Européia era dominada por uma escrivaninha de madeira do estilo "federalista" já bem arranhada e um consolo do mesmo estilo. A uma parede estavam alinhadas duas cadeiras antigas de couro, de espaldar reto, e junto à outra havia um sofá e uma poltrona estofadas de tecido azul desbotado. A aparência do escritório dava a impressão de que havia sido abandonado pouco tempo antes.

Era o meu primeiro dia de trabalho, e eu ainda estava procurando compreender como havia chegado a ser subchefe da Divisão SE, a subcultura mais insulada da Diretoria de Operações da CIA. Havia recebido em Cartum, meu último posto, um telegrama lacônico de um único parágrafo que me informava de que ao regressar à sede em julho eu deveria assumir a função de subchefe da Divisão Soviética/Leste Européia. Sabia que essa decisão tinha sido tomada por Clair George, subdiretor de Operações, e que Bill Casey deveria ter tido alguma influência nela.

Clair George gostava de dizer que tinha me arrancado da obscuridade no Texas, onde eu chefiava o escritório da CIA em Dallas, mandando-me para os rodamoinhos africanos, primeiro na Nigéria e em seguida, mais significativamente, para o Sudão, a fim de comboiar os judeus *falasha* da Etiópia na longa viagem para Israel e depois proteger uma equipe de agentes da Mossad* que tinham de escapar de Cartum. A operação para retirar os israelenses da capital sudanesa no momento em que o novo governo do país

* Serviço secreto israelense. (N. do T.)

estava prestes a capturá-los havia inspirado Bill Casey. Mas meu verdadeiro mentor foi o subchefe de Clair, Ed Juchniewicz, que insistira em que essa missão me fosse confiada como forma de agitar um pouco as coisas no feudo de Burton Gerber na SE.

Juchniewicz sabia que eu e Gerber tínhamos temperamentos, experiências e capacidades muito diversos. Eu tinha a reputação de funcionar bem em situações de crise em partes remotas do mundo. Na verdade, algumas pessoas em Langley me consideravam uma espécie de caubói do Terceiro Mundo, mais propenso a operações clandestinas do que a casos silenciosos de espiões em países hostis.

Em contraste, Burton Gerber era o que no jargão da CIA se chamava um "construtor", mestre em planejamento de operações clandestinas atrás da Cortina de Ferro. A expressão de seu olhar evocava a Guerra Fria, o jorro de luz dos holofotes que iluminavam o Muro de Berlim numa noite fria de janeiro. Na CIA, Gerber era quem mais se aproximava de George Smiley.* Ambos parecíamos encarnar juntos os dois arquétipos do Departamento de Operações: o manipulador no Terceiro Mundo, que derrubava governos e fomentava guerras secretas, e o coletor clandestino de inteligência, que percorria silenciosamente o império soviético, encontrando-se com agentes e recolhendo documentos deixados em lugares ocultos. Os melhores agentes da CIA seriam capazes de fazer ambas as coisas, mas Cartum e Lagos exigiam personalidade e um conjunto de habilidades diferentes dos necessários em Moscou. Por isso, quando eu e Burton Gerber fomos trabalhar juntos, era inevitável algum tipo de choque cultural.

Quando cheguei a Langley, em 1964, a CIA ainda estava na parte baixa de sua curva de aprendizado. Os rapazes e as poucas moças que vieram para Washington naquele outono a fim de participar das aulas da seção OC-19 constituíam uma nova geração de agentes da CIA, a maioria nascida pouco antes do ataque japonês a Pearl Harbor. Muitos de seus pais tinham freqüentado universidades graças ao financiamento do governo para ex-soldados da Segunda Guerra Mundial, e alguns eram os primeiros em suas famílias a subir àquela altura antes restrita. A OC-19 sem dúvida também acolhera graduados em Harvard, Yale e Princeton, mas a maior parte vinha de cidades espalhadas pelo país. Vinham para servir como agentes do serviço secreto de elite da CIA, o DDP, como então se denominava o braço de espionagem da agência. A sigla

* Personagem dos romances de espionagem de John le Carré. (N. do T.)

significava Sub-diretoria de Planejamento, nome encantadoramente vago que poderia ser aplicado tanto à organização quanto a seu chefe.

Eu já tinha servido na Força Aérea durante quatro anos e falava chinês e alemão quando me apresentei pela primeira vez em Langley. Após um ano de treinamento, minha primeira missão foi em Bonn. Nessa altura, a arena mais ativa da confrontação entre os Estados Unidos e a União Soviética havia se deslocado da Alemanha para o Terceiro Mundo. O Muro de Berlim havia dificultado consideravelmente a condução de operações de espionagem nas fronteiras da cidade dividida. Berlim se transformara em local de treinamento para agentes calouros, e não era mais o centro de operações de espionagem dos primeiros dias da Guerra Fria. Os veteranos da Alemanha chamavam Berlim sarcasticamente de "escola Brandemburgo para meninos" e tinham saudades dos velhos tempos.

Fui transferido para Hong Kong em 1968 para uma temporada de observação da China e depois voltei à Europa em 1971, passando quatro anos na Suíça. Nesse período, as exigências da coleta de inteligência se modificaram sutilmente, passando da busca de informações que pudessem ajudar a ganhar a guerra no Vietnã para a das relativas às conversações de paz em Paris e deliberações paralelas em Genebra, que ajudassem os Estados Unidos a reduzir suas perdas e sair do Vietnã. Enquanto estive na Suíça, percebi a perda de nossa arrogância como nação e como agência; pareceu demasiadamente curto o tempo transcorrido entre as esperanças iniciais da década de 1960 e a retirada do Vietnã sem vitória, a autodestruição da presidência de Richard Nixon e a queda de Saigon.

Minha chegada de volta a Washington no verão de 1975 coincidiu com novos ataques contra a agência de parte do Congresso pós-Watergate. Naquele ano a CIA em nada se parecia com a organização para a qual eu entrara, confiante em si mesma, encarregada de uma missão indiscutível. O DDP tinha mudado de nome, desta vez de forma mais direta, e se chamava Diretoria de Operações. Estava cheio de homens e mulheres que haviam sido expulsos do Sudeste Asiático pelo Exército norte-vietnamita e que percorriam os corredores em busca de funções.

Após um ano na sede, fui mandado de volta a Hong-Kong, o que na época considerei uma bênção. O novo diretor central de Inteligência do presidente Carter, almirante Stansfield Turner, levou consigo para Langley as sensibilidades moralistas do chefe de Estado, e em breve os agentes receberam a tarefa de transformar a feia atividade de espionagem em uma "experiência moralmente elevada" tanto para eles próprios quanto para os estrangeiros que controlavam. O presidente achava que os Estados Unidos tinham um "temor exagerado ao comunismo", e o diretor concordava. Em poucos anos, Turner desmantelou muitas das estruturas que a CIA construíra ao longo de décadas, desprezando-as como relíquias da Guerra Fria. Quando os revolucionários iranianos fizeram 66 reféns norte-americanos em Teerã, em novembro de 1979, havia muito pouco que a CIA pudesse fazer com os recursos que possuía na época. Para cúmulo do insulto, no mesmo mês a embaixada norte-americana em Islamabad foi saqueada e incendiada por uma multidão de paquistaneses ululantes. No final do ano de 1979, os norte-americanos pareciam estar sendo perseguidos em todo o mundo, e o Politburo soviético aparentemente achou que seria capaz de pôr ordem ao sul de suas fronteiras sem muitos problemas vindos dos Estados Unidos sitiados. Na véspera do Natal de 1979, a URSS mergulhou no Afeganistão e em um mês parecia haver conseguido controlar completamente as cidades.

O ano de 1980 foi igualmente ingrato para com os Estados Unidos e a CIA. À humilhação em Teerã somou-se o desastre da operação Deserto Um, quando oito norte-americanos morreram na malograda tentativa de salvar os reféns ainda detidos na capital iraniana. O ano terminou com a eleição de Ronald Reagan para a presidência, e momentos antes de ele tomar posse os reféns foram libertados por Teerã.

Antes que William J. Casey, o novo diretor da central de Inteligência, chegasse a Langley, eu parti para o que acabou sendo um interlúdio de quatro anos na África. Em 1985, Casey achou que eu deveria voltar a Washington, ou para dirigir seu projeto favorito na América Central ou para trabalhar com a União Soviética. Já com quatro anos na função, o diretor resolvera que a CIA deveria agir agressivamente para com o "Império do Mal", o termo usado por Ronald Reagan para designar a URSS. Casey assumira uma agência desmoralizada e a dotara de gente, dinheiro, e o que era mais importante, uma missão. Achei que as coisas estavam ficando novamente brilhantes em Langley.

Porém, mesmo naquela época poucos íntimos sabiam o que o diretor realmente desejava. As pessoas pareciam pensar que ele tinha influência em tudo o que pudesse representar pressão sobre a União Soviética, obrigando as fendas já visíveis a se abrirem mais. Havia rumores sobre seus encontros discretos no Vaticano com o papa polonês, suas negociações com os sauditas para manter baixos os preços do petróleo para que os soviéticos não conseguissem lucros maiores de suas vendas do produto e seus esforços para bloquear a proposta de um oleoduto russo em direção à Europa Ocidental. E naturalmente Casey havia descoberto no Afeganistão o calcanhar-de-aquiles dos soviéticos. Longe de resolver a situação em poucos meses, em 1985 os russos se encontravam atolados naquele país. As perdas de vidas eram crescentes e agora não parecia haver um fim em vista para o exército de 120 mil homens. O que começara como uma operação de curto prazo em 1979 havia explodido no rosto deles. Estavam pagando por aquela aventura em grande escala, e não em pequeno grau devido à CIA de Bill Casey. Parecia haver chegado a vez de a URSS ser perseguida. Eu estava me instalando em Langley para participar do que Casey acreditava ser a cartada final.

Deitei-me para trás na cadeira giratória e examinei minha escrivaninha. Tinha três bandejas superpostas de entrada de documentos, todas vazias, um grande cinzeiro de vidro e um recipiente de plástico transparente de mais de 3 litros com a palavra QUEIMAR inscrita em letras vermelhas dos dois lados. Abrindo a gaveta superior, achei dois lápis, ambos bem apontados, duas esferográficas do modelo do governo e uma dúzia de clipes para papel. Nada mais havia, pelo menos num primeiro exame. Mas quando puxei a gaveta um pouco mais, encontrei o que deveriam ter sido os instrumentos de meu antecessor para lidar com a função de subchefe de Burton Gerber: três frascos vazios de analgésico para dores de cabeça e um volumoso dedal de borracha para ser usado no polegar, permitindo a um leitor diligente folhear rapidamente grandes pilhas de documentos. Examinando-o detidamente, verifiquei que estava gasto e sujo de tinta. Trabalho difícil, pensei, jogando os frascos de analgésico na lata de lixo e recolocando o dedal na gaveta.

– O último ocupante quase o gastou completamente – disse uma voz vinda da porta aberta. Olhei e vi um homem de altura mediana com uma ligeira pança e cabelos castanhos que começavam a ficar grisalhos nas têmporas. Seu rosto estava corado e era dominado por dois olhos muito azuis que não denotavam o que se passava por trás deles. Estava sem paletó, com as mangas da camisa enroladas acima dos cotovelos, e usava uma gravata-borboleta com o laço bem dado.

– Sou Paul Redmond – disse ele, confirmando o sotaque de Boston que eu notara. – Cuido das operações na URSS. Estava me referindo ao dedal de borracha – acrescentou. – Você também vai gastá-lo lendo todos os telegramas de manhã.

– Todo mundo lê tudo? – perguntei.

– Todos lêem tudo o que ele lê, quando conseguem – disse ele, fazendo um gesto na direção do gabinete de Gerber, do outro lado da parede. – E ele começa uma hora antes de todos nós.

Recostei-me na cadeira.

– Ah, ele é desse tipo? E no fim do dia faz uma sabatina?

– Faz, mas é de múltipla escolha, e portanto um caubói da Divisão da África poderá passar. – Redmond ainda não sorrira; estava me avaliando. – Se precisar de ajuda para instalar-se, diga.

– Que tal começar me dizendo o que está fazendo na URSS, digamos dentro de uma hora?

– Fácil – disse Redmond. – Nossa seção trata dos espiões da Divisão em Moscou.

– E como vão as coisas?

– Estão ficando um pouco frouxas. Todo mundo está sendo apanhado. Isso tudo está caindo aos pedaços. E não é só Moscou. Você ficou sabendo que o FBI acaba de prender uma secretária na Divisão da África, que espionava para os ganenses? Imagine, até Gana é capaz de penetrar aqui!

Redmond saiu antes que eu pudesse reagir, ou mesmo resolver se iria gostar dele ou não. Achei que sim.

7

Viborg, URSS, 14h50, 20 de julho de 1985

Oleg Gordievsky abaixou-se, escondendo o rosto na grama quando um ônibus militar levando mulheres que trabalhavam numa base do Exército próxima passou pelo lugar onde ele se escondia, a poucos metros da estrada estreita. Havia passado dois dias de pesadelo viajando de trem, ônibus e caminhão, de Moscou até o ponto de encontro que seus controladores do SIS haviam escolhido perto da aldeia de Viborg, não longe da fronteira da URSS com a Finlândia. Naquele momento, o medo de ser capturado havia sido temporariamente substituído por um impiedoso ataque dos mosquitos que infestavam o bosque pantanoso onde ele esperava seus salvadores.

Olhando o relógio no que poderia ser a centésima vez em menos de quarenta minutos, ouviu o ruído de um motor. Levantando a cabeça, viu dois carros que pararam exatamente diante de seu esconderijo. Dois homens saltaram e olharam em volta. Gordievsky animou-se ao reconhecer em um deles o agente do posto do SIS que lhe confirmara, num contato apressado em Moscou na semana anterior, que o plano de fuga havia sido iniciado. Muito mais tarde, Gordievsky viria a saber que o segundo homem era Raymond Lord Asquith, neto do lendário primeiro-ministro britânico e promissor especialista em Rússia no SIS britânico.

Em poucos segundos o coronel já estava encolhido na mala de um dos carros, envolto em um cobertor térmico e com um sedativo leve já começando a agir em seus nervos excitados. A seu lado havia um frasco de água fresca e outro vazio, para o caso de que ele precisasse urinar. Nada mais havia a fazer a não ser esperar calmamente o êxito ou o fracasso. À medida que seu corpo se rendia ao sedativo, ouviu o som de música *pop* que vazava do sistema de alto-falante do carro para o lugar onde ele se escondia. Não era o tipo de música de que gostava, pensou Gordievsky, mas aquele era o traço de união entre ele e os que controlavam seu destino.

Fronteira russo-finlandesa, 15h30, 20 de julho de 1985

Gordievsky se acalmara bastante desde que tomara lugar na mala do carro. Pela primeira vez em três dias deixou de ouvir as batidas de seu próprio coração amedrontado. Embora o calor fosse abafado em sua apertada câmara, ele se sentia grato porque os mosquitos haviam ficado para trás, no pântano. Contando cada parada do carro nos postos de guarda soviéticos, ele controlava a respiração, na esperança de que o cobertor térmico ocultasse eficazmente seu corpo dos sensores inquisidores da KGB. Quando o carro parou pela quinta vez, que ele esperava fosse a última, do lado soviético da fronteira, ouviu vozes de mulheres que falavam russo e imaginou que haviam passado pela verificação da KGB e que o carro estivesse agora na alfândega soviética. Prendeu a respiração ao ouvir o rosnar dos cães que farejavam próximo ao carro. De dentro da mala não poderia saber que a mulher de um dos agentes do SIS enfiava batatas fritas na boca do cachorro da alfândega, que salivava profusamente, para mantê-lo distante da parte de trás do carro.

Após dois minutos que pareceram uma eternidade, o carro voltou a mover-se e a música *pop* das fitas novamente se filtrou no acanhado compartimento onde estava Gordievsky. O carro acelerou, e um instante mais tarde a música foi substituída pelas notas da *Finlandia*, de Sibelius, sinal de que o carro acabava de cruzar a fronteira finlandesa.

Mais tarde, a KGB suspeita de que a CIA tivesse participado da fuga de Gordievsky, mas a operação foi inteiramente conduzida pelos britânicos. Graças à análise executada por Aldrich Ames, a CIA ficou sabendo por seus próprios meios que Gordievsky espionava em favor dos britânicos, mas Londres somente revelou à agência norte-americana que o coronel era seu agente muito depois que ele já havia passado em segurança pela fronteira russa.

Aeroporto de Sheremetyevo, Moscou, 10h00, 24 de julho de 1985

Vitaly Sergeyevich Yurchenko esforçou-se por permanecer calmo diante do guichê de controle de passaportes enquanto o jovem guarda da KGB, do outro lado do vidro, folheava as páginas de seu passaporte diplomático soviético recém-concedido. Esse rapaz não parece ter mais de 17 anos, pensou Yurchenko, lutando contra o desejo de esmurrar o vidro e gritar que acabasse logo com aquilo. Já tinha passado por ali outras vezes no passado, mas desta vez a saída da URSS era diferente.

O guarda olhou para Yurchenko. O coronel da KGB era um homem alto e de porte atlético, cabelos louros e olhos rasgados, de um cinza profundo, rosto eslavo largo oculto atrás de um bigode hirsuto que se curvava para baixo nos cantos da boca.

– Não vamos levar o dia inteiro, meu rapaz. Tenho que pegar um vôo. – Yurchenko esperava que seu tom fosse calmo, autoritário mas amistoso. Dentro, porém, estava em tumulto. Dizia a si mesmo que estava absolutamente seguro, ninguém poderia ter sabido de nada. Somente ele, Vitaly Sergeyevich Yurchenko, coronel antigo, que em breve deveria ser promovido a general do primeiro departamento da Primeira Diretoria Principal da KGB, era capaz de saber que demônios lhe atormentavam a cabeça desde que sua mãe morrera de câncer em maio. Ninguém poderia saber que ele organizara em segredo uma oportunidade de viajar ao exterior. Ninguém poderia saber o que ele planejara. Respire profundamente e se acalme, disse Yurchenko a si mesmo. Não é possível que alguém saiba.

Finalmente o guarda da fronteira estendeu a mão para o telefone, falou durante alguns segundos e em seguida carimbou o passaporte e o restituiu sem comentário. O coronel recolheu-o rapidamente e dirigiu-se à sala de espera das partidas internacionais, de onde voaria para Roma.

Sul de Roma, 10h30, 28 de julho de 1985

O comportamento do homem despertava suspeitas. Ali estava Thomas Hayden, operador de rádio da Marinha dos Estados Unidos com credenciais para comunicações ultra-secretas, bebendo cerveja Pilsen Urquell em companhia de dois agentes da KGB próximo a uma praia remota ao sul de Roma. Aquela reunião já era um ato de alta traição de parte de Hayden, mas mesmo assim ele praticamente não transpirava. Pelo menos não mais do que ele próprio, pensou Vitaly Yurchenko.

Yurchenko o estava interrogando, da forma descontraída com que os agentes de inteligência gostam de conversar com outros agentes, mesclando perguntas às vezes vinculadas e às vezes soltas, destinadas a encurralá-los, pescar um detalhe ou simplesmente desconcertá-los. Mas Hayden se defendia bem da inquisição, quebrando de vez em quando o ritmo ao apresentar o copo vazio para mais um gole da fresca cerveja tcheca. Ao final da primeira rodada da avaliação, Yurchenko usou o truque da análise de voz, pedindo ao norte-americano que gravasse suas respostas às perguntas para que fossem mais tarde examinadas no laboratório técnico da KGB. Uma espécie de teste de polígrafo com a voz, explicou o coronel.

Sem ter opção, Hayden concordou facilmente, e Yurchenko meteu a mão na sacola cheia de material para o piquenique e fingiu ligar um gravador. Não havia nenhum, mas o operador de comunicações não poderia saber.

O colega de Yurchenko, Aleksandr Chepil, observava com certa apreensão o exame de seu principal agente feito pelo visitante vindo de Moscou. Pessoalmente, Chepil não tinha dúvidas a respeito de Hayden, que era o ponto alto de sua carreira, o tipo de agente que um oficial de inteligência diligente poderia facilmente apresentar para receber a Ordem de Lenin, se conseguisse levar seu "êxito" aos graus hierárquicos superiores.

Além disso, Hayden adquirira nova urgência para a KGB. Apenas dois meses antes, John Walker, chefe do grupo que espionava a Marinha para a KGB, havia finalmente sido preso, após uma carreira de espionagem que durara 18 anos. O grupo de Walker, de que participavam seu irmão Arthur, seu filho Michael e Jerry Withworth, seu velho amigo da Marinha, tinha fornecido aos soviéticos um posto valioso de onde interceptar as comunicações e códigos da Marinha norte-americana, após a Guerra do Vietnã. Moscou estava procurando desesperadamente um substituto, e Hayden parecia ser um candidato promissor. Chepil confiava em seu agente, mas sabia que outros na sede em Moscou começavam a questionar sua boa-fé. O melhor que poderia ocorrer naquele dia seria que Yurchenko declarasse que valia a pena prosseguir e reivindicasse um pouco do crédito pelo sucesso. Chepil tinha problemas quanto a isso. Era assim que as coisas funcionavam na KGB.

O que Chepil e outros na *Rezidentura* de Roma não sabiam era que o próprio Yurchenko tinha sido quem semeara em Moscou as dúvidas a respeito de Hayden. Fora essa a sua justificativa para projetar a viagem à Itália. O coronel convencera Moscou de que precisava ir avaliar Hayden para ter certeza de que Roma não estava sendo ludibriada.

Ali, no discreto lugar para piquenique próximo à praia, Yurchenko achou que tivera razão. Seu instinto lhe dizia que Hayden provavelmente era uma isca. Ao terminar a lista de perguntas, o russo meteu novamente a mão no saco do piquenique, ostensivamente para desligar o gravador.

Levantando o rosto, viu que Hayden o observava, provavelmente para fazer seu relatório aos agentes da contra-espionagem, pensou ele. Notou que os olhos do norte-americano se voltavam mais de uma vez para sua mão direita, em direção às juntas que lhe faltavam no dedo anular e no médio, resultado de um acidente do tempo em que Yurchenko era guarda-marinha na Marinha soviética. Isso bastará para os superiores dele no Serviço da Investigação Naval, pensou Yurchenko. Quando quiserem me identificar, terão dados suficientes. Mas, a essa altura, terão de tratar de uma surpresa maior. Sorriu para si próprio e percebeu que *isso* pareceu inquietar Hayden um pouco.

O coronel disse a Hayden que retomariam o contato depois de deixar as coisas esfriarem por alguns meses, tempo suficiente para que o episódio Walker fosse esquecido. Poderiam então espionar o segredo do centro de comunicações da Marinha norte-americana em Napóles, onde Hayden trabalhava.

Quando o norte-americano se preparava para partir, Yurchenko olhou-o nos olhos e disse:

– Tom, você é muito esperto e eu admiro sua bravura e coragem.

Chepil deixou a reunião com uma sensação de alívio porque seu agente havia passado no teste. Hayden ficou pensando qual seria o significado das últimas palavras de Yurchenko. Quaisquer que fossem as dúvidas que pudesse ter a respeito dele, Yurchenko as guardava para si. Não faria sentido acrescentar mais trabalho declarando que Hayden era uma isca; já tinha muito o que fazer em Roma nos dias seguintes e não precisava de outras distrações.

Durante sua estada em Roma, Yurchenko fez perguntas aos agentes da *Rezidentura* sobre o que sabiam a respeito dos agentes da CIA em Roma. Percebeu que havia vários graus de entendimento da natureza do adversário, além de um exagero maior do que o normal do número de homens da CIA na Itália. Ao examinar o diagrama da presença da CIA em Roma feito pela *Rezidentura*, encontrou o nome do chefe do posto na cidade, Allan D. Wolf. Este, de baixa estatura porém lendário, era bem conhecido nos círculos de inteligência do Oriente Médio, onde obtivera o apelido de "Franja Dourada", devido tanto a sua efusividade quanto à basta cabeleira loura. Em seu tempo de chefe da Divisão do Oriente Próximo da CIA, certa vez fizera a famosa declaração de que governava um império de espionagem "de Bangladesh a Marrakech".

O coronel examinou a lista procurando nomes que pudesse reconhecer a partir de suas próprias experiências em Washington e Moscou. Sabia que a lista continha propositalmente muitos nomes de norte-americanos que absolutamente não eram espiões, simplesmente funcionários dos setores políticos ou econômicos que faziam contatos no circuito diplomático e que a *Rezidentura* local da KGB equivocadamente acreditava pertencerem à CIA. Finalmente, seus olhos se detiveram no nome de David Shorer.

Shorer havia sido preso em Leningrado quase dez anos antes, junto com um agente que espionava as indústrias de defesa soviéticas para a CIA. A interrupção da operação, por si mesma significativa, tornou-se ainda mais importante devido aos graves maus-tratos físicos infligidos a Shorer quando o detiveram num local secreto de coleta de correspondência sob um viaduto em Leningrado. Os agentes da Segunda e Sétima Diretorias Principais tinham sido instruídos a usar de brutalidade em retaliação à prisão em circunstâncias semelhantes por parte do FBI de um agente de inteligência soviético em Nova York dois meses antes.

Ao pesquisar os arquivos da *Rezidentura* sobre o posto da CIA em Roma, Yurchenko tomou nota do número do telefone de Shorer no trabalho. Tinha uma surpresa reservada para o Sr. David Shorer.

Roma, 14h30, 1º de agosto de 1985

Yurchenko saíra cedo da Vila Abamalek, conjunto onde residiam os funcionários da embaixada soviética nos subúrbios do oeste de Roma, explicando aos colegas que iria à embaixada, próximo ao Vaticano, passaria um par de horas na *Rezidentura* e não trabalharia no resto do dia. Murmurou algo sobre o desejo de visitar a Cidade do Vaticano e deu a entender ao *Rezident* que tinha planejado um contato especial, algo sensível e fora da jurisdição da *Rezidentura* de Roma. Atividades misteriosas de funcionários graduados da sede de Moscou não eram incomuns em Roma, pelo menos desde a época em que Boris Solomatin passara a ser o *Rezident* da KGB, e se dizia que a sede possuía um agente de altíssimo nível no coração do Vaticano. Qualquer visitante graduado indo de Moscou que desse a entender que pretendia ter alguma atividade estranha no Vaticano recebia todo o apoio da *Rezidentura.* O *Rezident* oferecera sem muita convicção um de seus agentes para acompanhá-lo, e foi fácil recusar a oferta. Yurchenko disse que regressaria à vila para um jantar naquela noite, em sua homenagem.

Passou o resto da manhã passeando pelo Vaticano como turista. Parou algumas vezes enquanto caminhava pela praça de São Pedro, ostensivamente para descansar e observar o fluxo de turistas em férias em Roma. Na realidade, porém, estava cumprindo uma rotina de verificação, confundindo-se com o ambiente e ao mesmo tempo procurando sinais característicos e rostos repetidos entre os turistas que se acotovelavam. No início da tarde teve certeza de não estar sendo vigiado e chamou um táxi. Sua instrução ao motorista foi lacônica:

– Hotel Ambasciatore, via Veneto.

Entre as coisas que levava consigo estava uma bolsa cheia de ervas russas e remédios caseiros tradicionais para as dores de estômago que o agente da KGB estava convencido fossem de um câncer do estômago que em breve iria matá-lo.

Roma, 14h35, 1º de agosto de 1985

David Shorer ficou olhando para o telefone sobre a escrivaninha, desejando que tocasse. Acabava de ser alertado que entrara uma chamada para "O Sr. David Shorer, que serviu em Leningrado", de uma voz de homem que falava inglês com forte sotaque eslavo e se dizia funcionário soviético desejoso de "passar para o lado de vocês". Não parecia ser um lunático, disse o colega.

Após uma espera de dez minutos, o telefone tocou. Shorer atendeu na terceira vez.

– Shorer.

Yurchenko começou a explicação.

– Sr. David Shorer, sou um funcionário soviético interessado em...

Shorer o interrompeu.

– Onde está neste momento?

– Do outro lado da rua, diante da embaixada.

– Desligue e atravesse a rua até a embaixada. Vou encontrá-lo na entrada.

Na cabine telefônica do Ambasciatore, Yurchenko desligou e começou a caminhar os últimos 100 metros de sua longa jornada. Shorer foi até o Posto Um, a entrada principal do majestoso Palazzo Margherita, do século XIX, na elegante e arborizada via Veneto, onde se situava a embaixada dos Estados Unidos. Um colega já estava posicionado na pequena sala para onde o visitante soviético seria levado. Os gravadores de áudio e vídeo estavam sendo abastecidos e preparados, e o material para desertores soviéticos já estava organizado. Shorer chegou ao Posto Um no exato momento em que o corpulento coronel da KGB atravessava a porta.

Antes que outra pessoa chegasse a ele o norte-americano o interceptou.

– O senhor tem algum documento de identidade?

– Sou Vitaly Sergeyevich Yurchenko – disse ele, entregando o passaporte diplomático soviético. – Sou coronel da KGB, Departamento Um, Primeira Diretoria Principal.

Shorer havia passado a carreira na Divisão Soviética/Leste Européia, e compreendeu imediatamente que a maior captura de contra-espionagem da história da CIA acabava de cair em seu colo. Rapidamente levou Yurchenko à sala da entrada e ofereceu-lhe uma cadeira de espaldar reto ao lado de uma mesa. Sentou-se na outra cadeira e apertou um botão sob a mesa, ativando o gravador de vídeo escondido numa estante atrás de si. Na mesa, diante dele, havia uma pasta contendo todos os documentos de que necessitaria nas importantíssimas horas seguintes que passaria com o homem agora sentado à sua frente.

– Por favor, diga exatamente quem é e por que veio até nós – disse Shorer ao apertar o botão do gravador de som, começando a arrumar os formulários em russo e inglês que Yurchenko deveria ler e assinar.

Yurchenko encarou a estante, adivinhando corretamente a localização da objetiva oculta do vídeo e começou a falar num inglês de sotaque bastante carregado. Sua cabeça estava em tumulto. Tinha tanta coisa a dizer e havia planejado mentalmente aquele momento muitas vezes desde a morte da mãe. Agora, porém, não sabia por onde começar. Acalmou-se e principiou:

– Meu nome é Vitaly Sergeyevich Yurchenko. Sou coronel e em breve serei general da KGB... – David Shorer tomava notas furiosamente, num bloco de papel amarelo.

Langley, 12h30, 1º de agosto de 1985

O punhado de funcionários graduados em Langley que tomaram conhecimento do drama em curso em Roma estavam animados desde a chegada do primeiro telegrama de David Shorer resumindo a defecção de Yurchenko. Burton Gerber notificou Clair George e seu subchefe, Ed Juchniewicz, levantando a questão de informar ao FBI. George resolvera que Gerber contasse ao FBI a história de Yurchenko mais tarde, naquele mesmo dia, num almoço de despedida para Edward O'Malley, que deixava a chefia da Divisão de Inteligência do FBI. Afinal, o FBI teria grande interesse no que Yurchenko tinha a dizer, especialmente por ele haver estado em missão em Washington, alguns anos antes.

Enquanto os funcionários visitantes do FBI e seus correspondentes da CIA, cerca de duas dúzias de pessoas no total, iam se reunindo na bem decorada sala executiva de refeições no sétimo andar, a pouca distância do escritório de Bill Casey, Gerber e o chefe da contra-espionagem Gus Hathaway puxaram O'Malley para um canto e deram a notícia. O nome de Yurchenko nada significava para os chefes da CIA nem para os do FBI, de maneira que o impacto da defecção ainda não fora devidamente avaliado. Nada foi dito ao restante dos comensais do almoço.

Sede da CIA, Langley, Virgínia, 16h20, 1º de agosto de 1985

Um grito semelhante ao de um animal vindo do gabinete ao lado me fez levantar de minha cadeira. Rapidamente dirigi-me à sala de Burton Gerber, onde encontrei meu chefe mergulhado em um telegrama confidencial de prioridade um. Gerber separou uma cópia e entregou-a a mim sem comentários, continuando a ler. Eu já estava na metade da primeira página quando ele olhou o relógio de pulso, imaginando quanto tempo Clair George e Ed Juchniewicz levariam para chamá-lo. Eram eles os únicos outros destinatários das mensagens transmitidas naquele canal reservado e provavelmente estariam lendo suas cópias naquele momento.

CITE: ROMA 22345 011405Z AGO 85

IMEDIATO SEDE SECRETO/MANUSEIO RESTRITO

WNINTEL

REF: ROMA 22340

1. ADITAMENTO ENTREVISTA KGB CORONEL VITALY SERGEYEVICH YURCHENKO DATA LUGAR NASCIMENTO 2 MAIO 1936, SMOLENSK, URSS. ENTREVISTA PROSSEGE NA SALA ENTRADA MAS SEGUINTES EXCERTOS IMPORTANTES, DO INÍCIO DA ENTREVISTA, TALVEZ EXIJAM AÇÃO E SERÃO DE INTERESSE ESPECIAL:
   A. NÃO HÁ PLANOS DE ATAQUE SOVIÉTICO IMINENTE AOS ESTADOS UNIDOS.
   B. YURCHENKO TEM CONHECIMENTO DE UM VOLUNTÁRIO AMERICANO PARA A KGB, CODINOME "MR. ROBERT", DESCRITO COMO

EX-AGENTE CIA DESIGNADO PARA MISSÃO NA URSS MAS DISPENSADO POR SER CONSIDERADO INADEQUADO E PROBLEMAS DE POLÍGRAFO EM 1983-84. YURCHENKO INFORMA QUE "MR. ROBERT" FORNECEU DADOS DE IDENTIFICAÇÃO SOBRE CIENTISTA DA INDÚSTRIA SOVIÉTICA DE DEFESA ADOLF TOLKACHEV RECENTEMENTE PRESO EM MOSCOU EM JUNHO DESTE ANO POR ESPIONAGEM PARA A CIA, ASSIM COMO UM CONTATO DA CIA EM BUDAPESTE DESCRITO COMO CORONEL SOVIÉTICO, POSSIVELMENTE AGENTE DE INTELIGÊNCIA, CONHECIDO NA CIA COMO "CORONEL ZANGADO". CONTRA-ESPIONAGEM DA KGB EXECUTA BUSCA EXAUSTIVA DO CORONEL ZANGADO MAS SEM ÊXITO ATÉ ESTA DATA.

C. YURCHENKO TAMBÉM AFIRMA QUE "MR. ROBERT" COMPROMETEU OPERAÇÕES TÉCNICAS DA CIA EM MOSCOU E POSSIVELMENTE OUTRA OPERAÇÃO TÉCNICA ATUAL DA CIA CONTRA A URSS.

D. "MR ROBERT" APARENTEMENTE SE ENCONTROU SECRETAMENTE COM A KGB EM VIENA DENTRO DAS ÚLTIMAS SEMANAS.

E. YURCHENKO INFORMA TAMBÉM QUE A KGB RECRUTOU FUNCIONÁRIO DA AGÊNCIA DE SEGURANÇA NACIONAL QUE FORNECEU DETALHES SOBRE OPERAÇÕES SENSÍVEIS DA NSA CONTRA FROTA SOVIÉTICA DE SUBMARINOS NO MAR DO NORTE. YURCHENKO NÃO SE RECORDA DO NOME DO FUNCIONÁRIO DA NSA MAS ESTEVE PESSOALMENTE COM O VOLUNTÁRIO QUANDO SERVIU NA EMBAIXADA SOVIÉTICA EM WASHINGTON D.C.

F. YURCHENKO INFORMA QUE O VICE-*REZIDENT* DA KGB EM LONDRES – NÃO RECORDA O NOME – FOI CHAMADO DE VOLTA EM MAIO SOB PRETEXTO INVESTIGAÇÃO/INTERROGATÓRIO DE CONTRA-ESPIONAGEM. YURCHENKO OUVIU DIZER QUE A KGB ESTÁ USANDO "SORO DA VERDADE" NESSE HOMEM EM LOCALIZAÇÃO REMOTA. NÃO HÁ DETALHES ADICIONAIS.

2. YURCHENKO ASSINOU PEDIDO FORMAL DE ASILO. MENSAGENS SEPARADAS SEGUINTES SEGUIRÃO POR CANAL PRECEDÊNCIA IMEDIATA À MEDIDA QUE A ENTREVISTA PROSSEGUE.

3. ACREDITO MAIS PRUDENTE TRANSFERIR YURCHENKO DIRETAMENTE PARA TERRITÓRIO DOS ESTADOS UNIDOS TÃO LOGO POSSÍVEL. ELE PENSA QUE EM DUAS OU TRÊS HORAS O PESSOAL DA *REZIDENTURA* DA KGB EM ROMA COMEÇARÁ A PROCURAR POR ELE, POSSIVEL-

MENTE SOLICITANDO AUXÍLIO DA SEGURANÇA ITALIANA. SE PUDERMOS EMBARCÁ-LO ANTES DISSO SERÁ MELHOR. FAVOR INSTRUIR.

4. ARQUIVO: DEFER. E2IMPDET.

– É Howard. "*Mr.* Robert" é Edward Lee Howard – disse Gerber, com uma calma que me soou estranha em sua voz. – Edward Lee Howard nos traiu.

Eu ia perguntar quem era Howard quando o telefone tocou. Gerber pegou-o, fez uma pausa e disse:

– Sim, Clair, acabo de ler. – Ouviu as palavras do diretor de Operações durante um momento e depois disse, suavemente: – Sim. Não há dúvida. É Howard.

Olhando por trás de Gerber vi a pequena lousa na qual estava escrita uma única palavra, com giz branco: *Decisão!*

Mais tarde, em minha sala, li o primeiro *memorandum* que fornecia informações sobre um certo Vitaly S. Yurchenko. Era uma peça rotineira do FBI e continha os dados biográficos normais, mas um ponto atraiu minha atenção. Yurchenko fora o desafortunado oficial de segurança da embaixada soviética que em 1976 havia entregado à polícia do distrito de Colúmbia um pacote atirado no terreno da embaixada pelo ex-funcionário da CIA Edwin G. Moore. Moore havia tentado infrutiferamente oferecer seus serviços à KGB mediante bilhetes colocados na caixa postal de Dimitri Yakushkin, o *Rezident* da KGB em Washington. A agência soviética não o contatou, temendo equivocadamente que fosse uma provocação do FBI, e ele tomou a decisão desesperada de atirar um pacote de documentos por cima da cerca. Vitaly Yurchenko, dizia o relatório, achou que o pacote poderia ser uma bomba terrorista e chamou a polícia. Moore acabou preso durante quinze anos, e Yurchenko recebeu o prêmio da "besteira do ano" em Lubianka.

Sujeito interessante, pensei. Estava ansioso por conhecer nossa nova aquisição na manhã seguinte.

8

Base Aérea Andrews, Maryland, 7h00, 2 de agosto de 1985

Chuck Medanich perscrutou o grupo de funcionários da CIA e do FBI que se misturavam na sala VIP da área de Operações de Vôo na base aérea Andrews. Medanich, sulista corpulento de rosto amplo e aberto, poderia ser tomado por jogador de futebol americano ou por guarda de segurança. Na verdade era o chefe de psicologia do Grupo de Assentamento de Desertores da CIA, e sua função era acompanhar os desertores pela comunidade de inteligência e ao mesmo tempo cuidar da saúde mental deles. Tinha ficado acordado até depois da meia-noite na véspera, preparando os suprimentos para a casa segura em Oakton, Virgínia, reservada para a entrevista inicial de Yurchenko. Gerber havia chamado Medanich para uma reunião e pedia que ele "cuidasse de tudo" pessoalmente. Gerber também encarregara Aldrich Ames, chefe da contra-espionagem interna da Divisão SE, de ajudar Medanich e preparar tudo para a entrevista. Ames seria um dos entrevistadores iniciais de Yurchenko.

Medanich e Ames haviam colocado na casa as coisas costumeiras para os desertores: sucos, Coca-Cola, leite, água engarrafada, café, chá, pão, ovos, *bacon*, frios, frutas e legumes, algumas latas de cerveja, uma garrafa de vodca e uma de *bourbon*. Trabalharam até de madrugada preparando a casa e em seguida combinaram encontrar-se do lado de fora da sede da CIA algumas horas depois, às seis da manhã, para seguir de carro até a base Andrews. Ali receberiam o avião C-141 que trazia Yurchenko e seus acompanhantes, procedente de Roma via Frankfurt, na Alemanha. Mas Ames não chegou na hora, e o impaciente Medanich chamou o escritório da Divisão SE para ver se alguém sabia onde ele estava. Uma secretária respondeu que não tinha notícias dele. Minutos depois, Medanich foi para Andrews sem ele. Enquanto esperava o avião na espartana sala VIP da base aérea, começou a duvidar se Ames, o homem escalado para entrevistar Yurchenko, iria realmente aparecer.

Quando o avião pousou e estacionou, funcionários da alfândega e da imigração subiram a bordo para processar os documentos de Yurchenko. Medanich viu Ames chegar à sala VIP no momento em que Yurchenko saía acompanhado do avião, juntando-se ao grupo de agentes do FBI, da CIA e outros funcionários do governo.

Ames misturou-se à multidão e aproximou-se de Yurchenko com palavras que fizeram Medanich revirar os olhos:

– Coronel Yurchenko, dou-lhe as boas-vindas aos Estados Unidos em nome do presidente.

Medanich olhou para Ames. Era uma saudação terrivelmente pomposa, especialmente para um sujeito que quase dormira demais e perdera toda a ação. O grupo rapidamente se organizou em um cortejo, encabeçado por agentes armados da CIA em carros alugados, seguidos pelo contingente do FBI em viaturas oficiais e um furgão. Ames deixou seu velho Volkswagen na base. Ficaria estacionado durante três dias em local proibido, diante da seção de Operações de Vôo.

Se o comportamento de Aldrich Ames na base de Andrews parecia um tanto estranho e proposital, havia um bom motivo para isso. Não tinha certeza de que Yurchenko tivesse conhecimento de que ele era um espião soviético secreto. Ames era um dos melhores estudiosos da KGB que havia na CIA, e a partir da entrevista inicial de Yurchenko em Roma e de uma rápida leitura dos arquivos da CIA, procurara calcular a possibilidade de que em sua posição na KGB ele tivesse acesso a seu caso. Acreditava que a resposta fosse negativa, mas não tinha muita certeza.

Ames era controlado pela Diretoria K, a divisão de contra-espionagem dentro da Primeira Diretoria Principal da KGB. Yurchenko havia saído da Diretoria K sob certa desconfiança em janeiro de 1985, pelo menos três meses antes que Ames oferecesse seus serviços, e tinha sido posteriormente indicado para ser um entre muitos subchefes do Departamento Norte-americano da Primeira Diretoria Principal responsável pelo acompanhamento das forças de reserva dos Estados Unidos e do Canadá. Mas Ames sabia que a burocracia da KGB estava cheia de dezenas de "subchefes" com áreas de responsabilidade pouco amplas, e poucos ficavam sabendo o que faziam seus chefes.

Tinha bastante certeza de que, se alguém do Departamento Norte-americano da Primeira Diretoria Principal conhecia seu caso, seria somente o chefe e seus auxiliares de maior confiança. Provavelmente Yurchenko não faria parte desse grupo. Mas não podia estar plenamente seguro, pois sabia que o russo poderia ter ouvido mexericos de corredor a respeito dele. Não mencionara coisa alguma sobre o caso durante a entrevista inicial em Roma, mas poderia estar reservando a sensação para depois de sua chegada a Washington.

Ames resolveu testar Yurchenko tão logo possível. Por isso, no assento de trás do carro, ao sair de Andrews, interrompeu a conversação pelo tempo necessário para entregar-lhe um bilhete que preparara anteriormente. "Se tiver alguma informação especialmente importante que deseje revelar somente ao diretor ou a outro funcionário graduado do governo norte-americano, diga-me e eu o levarei a essas pessoas."

Yurchenko sorriu para Ames e disse não ter nenhuma mensagem que exigisse cuidado especial. A confirmação foi um alívio.

Mas em seguida Yurchenko contou alguns boatos da KGB que produziram um arrepio na espinha do norte-americano. Este recordou mais tarde que tinha sido "uma revelação de corredor de grande importância para mim, apesar da estrita compartimentalização usada na KGB". Parece provável que Yurchenko tenha dito a Ames que ouvira falar de uma viagem repentina e não explicada a Moscou do *Rezident* da KGB em Washington, Stanislov Androsov. Este último chegara a Moscou em abril ou maio (junto com seu chefe de contra-espionagem, Viktor Cherkashin), e a especulação nos corredores da Primeira Divisão Principal era de que algo muito importante tinha acontecido em Washington mais ou menos nessa época.

Ames rapidamente calculou a melhor forma de tratar daquele fragmento de informação. Ao que recordou mais tarde, era o tipo de coisa que poderia incluir no relatório da entrevista, confiando em que ninguém notaria durante algum tempo. Talvez ninguém desse muita atenção, se ele a disfarçasse suficientemente.

A informação ficou registrada na ficha de Yurchenko sem que ninguém a ligasse às perdas de agentes da CIA em 1985. Em parte, isso se devia a que a identificação de "Mr. Robert" como Edward Lee Howard dava a impressão de resolver os problemas que eram do conhecimento da CIA na época, especialmente a perda de Adolf Tolkachev.

—

Parecia um tanto ridículo, mas o motorista da CIA tinha recebido ordens: em vez de seguir diretamente de Andrews para a casa segura, fez um trajeto de despistamento, fazendo ziguezagues por Washington durante pelo menos meia hora a fim de ter certeza de que a KGB não o seguia. Ao chegarem à casa, seguidos pelos outros veículos do governo, não houve maneira de ocultar aos vizinhos o fato de que algo estranho estava acontecendo.

Oakton, Virgínia, 10h00, 2 de agosto de 1985

Na casa segura em Oakton, uma casa modesta de frente de rua na Shawn Leigh Drive, o panorama nada tinha de discreto. Uma fileira de carros oficiais despejava desajeitadamente uma dúzia de passageiros diante da porta, enquanto Medanich procurava as chaves. Cheguei exatamente quando o grupo já ia entrando. Yurchenko era fácil de localizar no meio dos demais.

– Coronel Yurchenko, meu nome é Thomas Fannin, representante do Sr. William Casey, diretor da CIA – disse eu. – Ele pediu que transmitisse pessoalmente ao senhor seus cumprimentos e lhe dissesse que se precisar de alguma coisa, basta dizer.

Yurchenko pareceu satisfeito pelo fato de Casey haver mandado um representante pessoal para recebê-lo.

– Muito obrigado, Sr. Fountain – disse ele, errando meu nome fictício. – Por favor, diga ao diretor Casey que no momento não tenho nenhuma necessidade especial, e que seus funcionários trataram muito bem de mim desde que os encontrei em Roma. Nosso pessoal da KGB ainda estaria pensando o que fazer com alguém como eu, e o seu já me trouxe para a Virgínia.

Yurchenko falava inglês com forte sotaque e estava evidentemente emocionado, mas me pareceu genuinamente grato pelo tratamento que até então recebera.

– Coronel, o Sr. Casey me pediu que lhe assegurasse que estaria pronto a recebê-lo a qualquer momento se o senhor tiver informações que prefira revelar somente a ele. O senhor tem informações assim?

Yurchenko sacudiu a cabeça, apontando para Ames.

– Já disse àquele senhor, àquele colega, que não tenho tais informações. Mas tenho muito, muito que contar ao senhor e aos demais.

Antes que eu pudesse reagir, Ames chegou-se para perto de mim, pois vira Yurchenko apontar em sua direção.

– Precisa de ajuda, Tom? – perguntou ele, usando meu nome fictício.

– Não. Não preciso de nada. – Olhei para Ames, a quem eu somente havia conhecido na tarde anterior, e pensei: nem sequer sei que nome fictício esse cara está usando. Talvez seja bom tentar organizar melhor as coisas.

McLean, Virgínia, 9h00, 3 de agosto de 1985

Burton Gerber estacionou seu Toyota cinza na vaga ao lado do meu carro no parque de estacionamento do Charley's, lugar onde muita gente gostava de se encontrar na *happy hour*, e que ficava na estrada 123 da Virgínia, a pouca distância da sede da CIA. Ambos havíamos chegado com alguns minutos de antecipação para uma reunião com o FBI, convocada às pressas na manhã de sábado. Estávamos no segundo dia após a deserção de Yurchenko. Gerber entrou no meu carro para esperar o FBI.

– Você disse que conhecia Jim Geer – disse Gerber, afastando de si o jato do ar-condicionado.

Geer, que acabara de ser nomeado chefe da divisão de inteligência do FBI, era uma das pessoas que iríamos encontrar. Havia deixado a função de diretor do laboratório do FBI e ainda não tinha assumido o novo cargo, coisa que ocorreria na segunda-feira. O antecessor de Geer, Ed O'Malley, aposentara-se na véspera, e tanto o caso da deserção de Yurchenko quanto a investigação de *Mr.* Robert de repente passaram à responsabilidade de Greer.

– Claro, ele era ASAC* em Dallas quando eu estive lá, há uns cinco anos. É um sujeito grandalhão, simpático. Natural do Tennessee. Esperto, profissional. Não creio que tenha se envolvido em brigas de escritório. Pelo menos não naquela época. – Olhei o envelope nas mãos de Gerber. – É isso? – Ele assentiu. – O FBI sabe algo sobre ele?

– A OS mandou um *memorandum* ontem, mas o FBI não identificou Howard como *Mr.* Robert.

Gerber, na verdade, não tinha ficado frustrado no dia anterior, quando os funcionários da Seção de Segurança (OS) da CIA deixaram de responder imediatamente à mensagem enviada ao FBI sobre a revelação de Yurchenko a respeito de *Mr.* Robert. Gerber tinha dito estar convencido de que Yurchenko se referia a Edward Lee Howard: era a única pessoa que correspondia à descrição

* Sigla de "Assistant Special Agent in Charge", que corresponde a Agente Especial Assistente Encarregado. (N. do T.)

feita pelo desertor soviético. Desde que assumira a Divisão SE, um ano antes, Gerber vinha convivendo com o caso Howard e conhecia muito bem o complexo divórcio entre Edward Lee Howard e a CIA para que pudesse imaginar que fosse outra pessoa. Mas a Seção de Segurança não informara o FBI da identificação quase certa entre Howard e "*Mr.* Robert", o que custou a essa última agência um dia inteiro de investigação. Gerber resolvera dar conhecimento ao FBI na manhã de sábado, dois depois que Yurchenko entrara na embaixada do Estados Unidos em Roma. Por isso nós dois estávamos agora no estacionamento do Charley's.

Ao candidatar-se a ser funcionário da CIA em 1980, Ed Howard parecia ser um recruta ideal, com interessante mescla de experiências no governo e no setor privado na América Latina. Filho de um oficial da Força Aérea, servira no Corpo de Paz e na Agência do Desenvolvimento Internacional naquele continente e mais tarde trabalhou como gerente de uma firma em Chicago antes que sua natural inquietação o levasse a pensar em trabalhar para a CIA. Sentira-se atraído pela mística da agência, pela idéia de uma vida secreta e arriscada.

Confessou sem dificuldade ter usado drogas e bebidas alcoólicas no passado, ao submeter-se ao teste poligráfico exigido aos candidatos. Os padrões da CIA haviam sido reduzidos; as realidades da década de 1970 haviam obrigado a Seção de Segurança a ser mais flexível na aprovação de novos funcionários que admitissem o uso ocasional anterior de drogas, e assim Howard passou pelos primeiros obstáculos do sistema. Mais tarde, no entanto, houve dúvida de que o uso de drogas por parte de Howard pudesse ser considerado ocasional, inclusive os incidentes por ele reconhecidos no texto do polígrafo.

Após treinamento operacional na Fazenda, Howard foi escolhido no início de 1982 para missão em Moscou. Sua mulher Mary, que ele tinha conhecido na Colômbia quando ambos faziam parte do Corpo de Paz, no começo da década de 1970, também receberia treinamento da CIA a fim de ajudá-lo nas operações em Moscou. David Forden, chefe da Divisão SE na época, foi informado pelo oficial de segurança da divisão de que Howard tinha usado drogas no passado, mas disseram-lhe que não era coisa suficientemente importante para impedir a lotação de Howard em um posto sensível. Na época, os regulamentos da CIA proibiam aos chefes de divisão examinarem pessoalmente os registros médicos e de segurança dos funcionários, e por isso Forden teve de confiar no que a seção médica e de segurança o informara sobre a ficha de Howard.

Após a escola de idiomas e o treinamento no curso de Operações Internas de Jack Platt, Howard foi lotado em Moscou com uma função falsa para cobertura. Recebeu o que se chamava um "cargo limpo", isto é, uma função obscura na embaixada, que jamais havia sido usada antes como disfarce pela CIA. Esse tipo de cargo somente era dado a jovens agentes como Howard, que nunca haviam servido antes no exterior e portanto não seriam identificados pela KGB como agentes secretos.

Chegando a Moscou de maneira discreta e bem planejada, os agentes como Howard receberiam somente atenção rotineira da vigilância da KGB, que se concentrava nos agentes norte-americanos já identificados e cujas funções falsas eram conhecidas. A agência já havia começado a colocar seus funcionários em "cargos limpos", quando Gerber fora chefe do posto em Moscou no início da década de 1980; um dos primeiros agentes a ocupar esses cargos no tempo de Gerber foi Dennis McMahon, que servia pela primeira vez no exterior e controlou com sucesso Adolf Tolkachev. Agora, sendo chefe de divisão, Gerber continuava dedicado à prática de utilizar muitos agentes em "cargos limpos", mesmo recrutas ainda não testados, como Howard.

Enquanto estudava a língua russa, preparando-se para ser lotado em Moscou, Howard compartilhou uma sala com Michael Sellers, também destinado a Moscou. Durante a preparação, que durou aproximadamente um ano, Howard e Sellers passaram um dia por semana, além dos fins de semana, lendo os arquivos das operações da CIA em Moscou. Embora a maior parte dos arquivos somente revelasse os codinomes dos soviéticos que trabalhavam para a CIA em Moscou, Howard poderia ter tido acesso a seus nomes verdadeiros. O arquivo sobre Tolkachev era enorme, ocupando diversas gavetas dos armários, e mesmo que Howard não chegasse a saber o verdadeiro nome do espião SPHERE, havia detalhes operacionais mais do que suficientes para que a KGB descobrisse Tolkachev, inclusive seu endereço.

Em abril de 1983, imediatamente antes da autorização final para que fosse lotado em Moscou, Howard submeteu-se a novo teste do polígrafo, exigência padrão para os agentes que iam ser destinados a áreas sensíveis. Desta vez, o resultado do teste foi diferente. As deficiências pessoais de Howard não ficaram ocultas. Verificou-se continuidade no uso de drogas e de álcool, além de um incidente de pequeno furto; Howard confessou haver subtraído dinheiro da bolsa de uma mulher em um avião. No interrogatório durante um dos testes, revelou também que havia "colado" em um exercício de treinamento para testar sua capacidade de trabalhar na GTTAV, a operação de interceptação de telegramas em Moscou. Durante esse exercício, ele deveria carregar uma mochila com lastro e entrar em um bueiro, que simulava o local do TAV. Em vez disso, encheu a mochila com papelão a fim de facilitar a entrada no bueiro. Howard foi reprovado quatro vezes no teste do polígrafo, até que a Seção de Segurança da CIA recomendou a convocação de uma comissão a fim de reavaliar a conveniência de sua admissão na agência. Após longa consideração pela comissão de funcionários graduados da CIA, inclusive Forden, Howard foi demitido no início de maio de 1983.

No dia em que a demissão lhe foi comunicada, os registros eletrônicos de entrada e saída mais tarde revelariam que ele entrara e saíra do prédio diversas vezes seguidas antes de entregar definitivamente sua credencial. Howard deixou a CIA sem nada levar além de amargura, o conhecimento da língua russa e a cabeça cheia de alguns dos segredos mais bem guardados da agência.

Posto repentinamente na rua, com a mulher e um filho pequeno para sustentar, Howard sentiu-se confuso e humilhado. Em breve começou a beber novamente. Regressou ao estado do Novo México, onde nascera, e conseguiu emprego como analista econômico na Assembléia Legislativa do estado. Nunca deixou de se ressentir, porém, do tratamento que recebera da CIA.

Pouco depois da demissão vieram os primeiros sinais de problemas. Howard começou a fazer estranhas chamadas telefônicas de sua casa, tarde da noite, para a linha especial em Washington ligada à embaixada dos Estados Unidos em Moscou; numa delas, por exemplo, deixou um recado com o fuzileiro naval que estava de serviço para que dissesse ao chefe do posto em Moscou, Carl Gephardt, que não iria apresentar-se para o exame físico.

A sede da CIA foi informada desses telefonemas a Moscou, e Forden começou a ficar preocupado. Dirigiu-se à Seção de Segurança para ver se a agência poderia monitorar o telefone de Howard. Na primavera de 1984, após ser informado de que a CIA não tinha autoridade legal para interceptar o telefone, Forden foi procurar David Blee, que era então chefe de contra-espionagem da CIA, para falar dos telefonemas a Moscou e avisá-lo de que Howard poderia representar um risco de segurança. Mais tarde Forden recordou com amargura que Blee havia simplesmente sorrido e nada fez.

Em Santa Fé, Howard estava cada vez pior. Bebia cada vez mais. Em fevereiro de 1984, foi preso por agressão ao dar um tiro de revólver numa briga de rua com rapazes que encontrara num bar em Santa Fé. Conseguiu livrar-se da cadeia por seus antecedentes de funcionário público e por trabalhar na Assembléia Legislativa do estado.

Em maio de 1984, Howard apareceu certa noite na casa de Tom Mills, em Washington, um de seus ex-supervisores na Divisão SE. Tinha bebido muito e queixou-se a Mills de que tinha sido "fodido" pela agência. Preocupado com esse episódio, Burton Gerber, que acabava de substituir Forden na Divisão SE, mandou um psicólogo ao Novo México em companhia de Mills a fim de conversar com Howard e avaliar seu estado mental.

Howard confessou a eles que na viagem a Washington tinha ido até o consulado soviético, hesitando em entrar para dirigir-se à KGB. Disse que preferira ir ao consulado, em vez da embaixada, porque sabia por seu treinamento na CIA que o FBI não vigiava a seção consular com o mesmo cuidado que dedicava à embaixada. Reiterou que na verdade não tinha entrado no consulado; afirmou que resistira à tentação quando pensou no prejuízo que teria seu filho, Lee, se ele se tornasse espião para a União Soviética.

O psicólogo trouxe outra notícia que Gerber considerou igualmente preocupante: Howard já não se mostrava tão confuso. Parecia estar bem controlado e em muito melhor forma, como se tivesse tomado uma decisão importante para mudar de vida.

Gerber transmitiu essas informações à seção de segurança da CIA e tomou providências para que a agência custeasse um tratamento psicológico para Howard. A CIA, porém, não avisou o FBI de que Edward Howard constituía agora um risco para a segurança nacional. Mais tarde, funcionários do FBI diriam a Gerber que não teria sido possível agir contra Howard naquela época, porque não havia provas de que tivesse cometido espionagem. Mesmo assim, Gerber e outros agentes da CIA pagaram caro posteriormente por terem deixado de notificar o FBI.

Embora não houvesse ainda indícios suficientes para provar de forma conclusiva que Howard tivesse se tornado espião, já era tarde para passar a informação ao FBI. A advertência de Yurchenko fez com que todos os que tinham conhecimento do caso de Howard começassem a compreender que tinha sido um grande erro atirá-lo na rua.

Gerber olhou pela janela do carro quando duas viaturas do FBI encostaram a seu lado.

– Eles chegaram – disse simplesmente.

Mais tarde, o FBI omitiria qualquer menção à reunião naquele sábado ao fazer o relatório sobre o caso de Howard. Ao contrário, os funcionários do FBI afirmariam que a CIA tinha deixado passar muito mais tempo antes de informar que sabia que Howard era o espião descrito por Yurchenko.

Na verdade, porém, Gerber também avisara o FBI de uma das práticas em que Howard tinha sido instruído. Antes de ser demitido, ele recebera o treinamento mais avançado da CIA, o curso de Operações Internas de Jack Platt, e Gerber queria que o FBI soubesse que Howard possuía habilidade para escapar à vigilância.

Oakton, Virgínia, 10h30, 3 de agosto de 1985

A atmosfera na casa em Oakton estava azulada pela fumaça dos cigarros quando Chuck Medanich chegou na manhã seguinte ao desembarque de Yurchenko em solo norte-americano. Na sala de jantar do primeiro andar o coronel estava sentado a uma mesa, percorrendo uma lista de nomes em companhia dos agentes do FBI Michael Rochford e Reid Broce.

Yurchenko levantou-se quando Medanich entrou. Ele está inquieto, pensou Medanich. Energia nervosa.

– Bom-dia, Alex – disse Medanich, usando o nome falso operacional escolhido por Yurchenko até que fosse estabelecida sua nova identidade.

– Não tenho tempo para dormir – disse Yurchenko, excitado. – Tenho muito que fazer. Cada vez que fecho os olhos me levanto novamente na cama e me lembro de mais alguma coisa para contar. Preciso agora dormir sempre com uma caneta e um papel. Às vezes coisas que eu não recordava há anos voltam à minha cabeça e preciso escrevê-las antes que fujam novamente.

Medanich voltou-se para os agentes do FBI.

– Vocês não querem descansar um pouco? Preciso ter uma conversa curta a sós com Alex.

Medanich levou Yurchenko à pequena cozinha adjacente à sala de jantar.

– Quer tomar alguma coisa, Alex? Que tal uma Coca-Cola?

O corpulento coronel da KGB pegou no balcão uma garrafa de dois litros de Coca-Cola, já pela metade, e começou a encher um copo.

– Quer gelo? – perguntou Medanich.

– Nada de gelo. Os americanos gostam de tudo gelado. Isso faz a gente ficar doente. Nunca se deve usar gelo.

– Alex – disse Medanich –, vou estar com você quase constantemente nestas primeiras semanas e meses de sua adaptação. Você tem muita coisa valiosa para nos fornecer, mas quero que saiba que minha função é certificar-me de que suas necessidades sejam entendidas. Quero que saiba que pode recorrer a mim sempre que alguma coisa o esteja preocupando ou mesmo quando nada o preocupe. E se tiver algo que queira conversar com outra pessoa além dos colegas aqui, qualquer coisa que queira levar diretamente à atenção do Sr. Casey, basta dizer-me. O Sr. Casey está profundamente interessado em seu bem-estar, e quer que você saiba disso.

Yurchenko acenou com a cabeça, em reconhecimento.

– Os rapazes são excelentes, e tenho muito que dizer a eles. Mas já estou aqui há mais de um dia e pensei que já era hora de ter notícias do Sr. Casey... – Deixou que a frase ficasse inacabada, sem transformá-la em um pedido.

Medanich pousou a mão no ombro do desertor, para animá-lo.

– O Sr. Casey me mandou aqui esta manhã para lhe dizer que estará informando o presidente sobre sua corajosa decisão – disse ele –, e o chamará pessoalmente na segunda-feira para dar-lhe as boas-vindas aos Estados Unidos.

– Ele deveria dizer ao presidente Reagan que vim para ajudá-lo em sua luta – respondeu Yurchenko, empertigando-se.

– É exatamente isso o que ele vai dizer ao presidente. – Medanich pensou: por isso é que ele está agitado, está preocupado com sua própria importância. – Há alguma coisa que eu possa fazer nestes primeiros dias? Precisa de repouso, de tempo para organizar suas idéias?

Yurchenko sacudiu vigorosamente a cabeça.

– Não preciso de descanso. Tive a vida inteira para organizar minhas idéias para este momento. E preciso apressar-me porque talvez não tenha muito tempo mais.

Medanich resolveu ignorar a afirmação do coronel, pelo menos por enquanto. Trataria disso mais tarde. Havia gente demais envolvida nessa operação, pensou ele. O FBI e a CIA estavam por toda parte. A notícia da chegada de Yurchenko se espalhara rapidamente pelo mundo da inteligência e Medanich se preocupava com a idéia de que todos queriam participar do espetáculo de espionagem em Oakton.

Yurchenko havia sido levado àquela casa num subúrbio densamente habitado porque na ocasião a disponibilidade de casas seguras da agência era pequena. Mas era evidente que a CIA precisava encontrar um lugar melhor para abrigar os desertores fora da zona de 40 quilômetros em torno de Washington, D.C., dentro da qual era permitido o deslocamento dos diplomatas soviéticos. Vendo o que acontecia na casa, Medanich fez uma careta e refletiu que aquela operação, uma das maiores da história da CIA, estava sendo conduzida com a sutileza de um troglodita.

—

Durante os dias seguintes, como temia Medanich, a casa se transformou numa atração turística para os agentes de inteligência. Pior ainda, as entrevistas foram mal organizadas: muitas agências diferentes desejavam interrogar Yurchenko sobre os temas de seu interesse imediato.

No início, o coronel não pareceu importar-se, porque tinha muita coisa que desejava revelar. Estava tão ansioso por falar que certo dia abriu uma grande folha de papel na mesa da cozinha para desenhar um organograma da KGB. Mas ainda enquanto ele e Medanich se encontravam debruçados sobre a mesa, um agente do FBI que não estava participando do caso chegou sem ser anunciado e convidou Yurchenko para jantar. O coronel voltou-se para Medanich e perguntou:

– Eu tenho de ir com ele? – Furioso com o importuno, Medanich disse que não. Yurchenko recusou o convite para jantar e rapidamente voltou ao seu organograma. Medanich achou que ele não continuaria a ser tão tolerante se aquele caos não fosse rapidamente controlado.

Sede da CIA, Langley, Virgínia, 14h10, 5 de agosto de 1985

Bill Casey estava de tal forma inclinado para trás em sua cadeira que pensei que iria cair. Gerber e eu nos colocamos em duas cadeiras de espaldar reto diante da mesa de Casey, em seu escritório no sétimo andar. Atrás de nós, pelas janelas que ocupavam todo o espaço da parede, via-se o verdejante panorama dos bosques na margem do Potomac do lado da Virgínia. Num canto da escrivaninha de Casey havia uma pilha de livros cujos títulos iam desde a política de petróleo no Oriente Médio até história e a Bolsa de Valores. Casey era um leitor voraz. Devorava livros durante todo o fim de semana, e voltava na segunda-feira recomendando aos assessores mais próximos os livros que deveriam ler e até mesmo como deveriam lê-los.

Gerber e eu tínhamos ido à sala de Casey para fazer o relatório de contraespionagem sobre a entrevista inicial com Yurchenko. Gerber confirmou sua convicção de que o *Mr.* Robert revelado por Yurchenko, funcionário demitido da CIA que se voltara para a KGB, era Edward Lee Howard.

– Que acha você do caso de Howard, Milt? – perguntou Casey.

– Às vezes recebemos o que merecemos – disse eu.

Senti, mais do que vi, que Gerber se encrespou a meu lado.

– Não posso imaginar que alguém pense que merecemos esse tipo de traição – disse Gerber com voz tensa.

– Estou falando da demissão de Howard e da forma como ela foi feita, que é o motivo de sua vingança. A agência não pode dizer que não teve participação no desespero dele. Não estou dizendo que isso de forma alguma justifica o que ele fez, Burton.

Casey interrompeu nossa discussão com uma de suas frases favoritas.

– Ora, claro que cometemos erros. – Passando a tratar de Yurchenko, mostrou-se quase radiante. – Como estão indo as coisas com ele? – Praticamente já havia desistido de tentar pronunciar o nome de Yurchenko.

– Ele está sendo animado pela energia de seus nervos – disse eu. – Mas Chuck Medanich, nosso psicólogo, não acredita que sua agitação seja maior do que o normal para alguém que agiu como ele.

– Então você quer que eu o chame? – perguntou Casey, olhando para o papel datilografado que tinha diante de si.

– Basta telefonar e dar as boas-vindas – disse eu, entregando a Casey minhas sugestões do que devia dizer, escritas em dois cartões. – Eis aqui algumas palavras que serão muito úteis nesta fase.

Casey olhou para os cartões enquanto discava, esperando até que Yurchenko fosse chamado.

– Alex – Casey inclinou a cabeça para trás, olhando os cartões com seus óculos bifocais –, aqui é Bill Casey falando. – Fez uma pausa para ouvir a torrente de palavras de Yurchenko. – Sim, claro. Estou de inteiro acordo. Só queria dar a você pessoalmente as boas-vindas aos Estados Unidos. Juntos podemos realizar muitas coisas importantes.

Casey ouviu Yurchenko durante alguns instantes e acrescentou:

– Alex, depois que você tiver descansado um pouco e conversado com nossos colegas, podemos jantar tranqüilamente juntos. Enquanto isso, sempre poderá mandar-me algum recado por intermédio de Tom Fannin... sim... sim... E muito obrigado por ter vindo nos ajudar em nossa luta.

Casey pousou os cartões na mesa e piscou para mim.

Viena, Áustria, 9 de agosto de 1985

Edward Lee Howard viajou de avião de Albuquerque a Zurique no dia 7 de agosto e seguiu dois dias depois para Viena. Tinha conseguido uma licença urgente de seu emprego na Assembléia Legislativa do Novo México. Disse ao chefe que sua avó, que estava doente, morrera repentinamente.

Passou somente dois dias em Viena, regressando a Santa Fé em 12 de agosto. Mais tarde se soube que a avó não tinha morrido nem morava na Áustria ou na Suíça. Tampouco aquela fora sua primeira viagem à Áustria. Havia viajado para lá em setembro de 1984, quando pela primeira vez esteve com seus contatos na KGB. Foi durante esse encontro, ou em algum dos subseqüentes, que ele revelara a identidade de Adolf Tolkachev. Provavelmente, na mesma ocasião comprometeu também a operação TAV.

Quer conhecesse outro nome verdadeiro de Tolkachev ou não, sem dúvida Howard forneceu à KGB as informações necessárias para identificá-lo. Rem Krassilnikov mais tarde fez questão de dizer que a Segunda Diretoria Principal da KGB já vinha investigando Tolkachev antes que a Primeira Diretoria fornecesse informações a respeito dele, proporcionadas por uma fonte. Porém, embora a Segunda Diretoria tivesse realizado uma sindicância de segurança na instituição onde trabalhava Tolkachev, isto é, antes de receber as informações de Howard, a KGB não se concentrou especificamente em Tolkachev senão depois que Howard o denunciou.

9

Distrito Lefortovo, Moscou, 9h30, 10 de agosto de 1985

O sedã Volga branco percorria o distrito Lefortovo, na parte antiga de Moscou, que já tinha sido um bairro elegante da cidade à margem do rio Yauza. Seu nome vinha de Franz Lefort, o suíço que o planejara e que tinha sido confidente de Pedro o Grande. Outrora fora um bairro de gente rica com ruas calçadas de paralelepípedos, reservado para estrangeiros. O Palácio Lefortovo original, ponto dominante do bairro, havia sido projetado com três alas que se cruzavam formando a letra K, ao que se dizia como homenagem do arquiteto à exigente e volúvel amante Catarina a Grande.

Agora, porém, o nome do palácio se tornara sinônimo do mistério e desespero em que se transformara: a prisão de Lefortovo para detenção e investigação anteriores ao julgamento. Lefortovo e sua história sangrenta há muito haviam penetrado a alma russa. Não se sabe exatamente quantos membros da elite da União Soviética morreram dentro dessa prisão no final da década de 1930, o que valeu a Lefortovo a duvidosa honra de ser a principal "prisão de fuzilamento" de Stalin. Os longos corredores da ala das celas do antigo palácio tinham sido pintados de um negro fantasmagórico, e ao longo do encontro das paredes com o piso haviam sido escavadas sarjetas para permitir uma lavagem rápida com mangueiras de pressão após uma noite repleta de fuzilamentos. Além da longa lista de funcionários soviéticos eliminados ao caírem em desgraça aos olhos de Stalin, Lefortovo abrigara Raoul Wallenberg, o sueco que salvara milhares de judeus húngaros na década de 1940, e mais recentemente Natan Sharansky, o indomável dissidente judeu que finalmente foi autorizado a emigrar para Israel em troca de espiões.

O Volga de Krassilnikov parou diante do grande portão marrom de metal que ficava em frente de um prédio de cor ocre com o número 3A.

Krassilnikov conhecia a história de Lefortovo, mas acreditava que não tivesse relação com seu honrado ofício de caçar espiões. Ele era um verdadeiro crente no sistema soviético e não compreendia a atitude de questionamento das gerações mais jovens. Em sua opinião, a tarefa de extrair confissões dos traidores não podia ser comparada aos expurgos do passado. Hoje em dia, os únicos fuzilamentos que ocorriam em Lefortovo eram devidos a sentenças judiciais. Por acaso, naquele momento a atividade era grande.

Krassilnikov tinha dois "hóspedes" em celas de isolamento separadas. Um deles, o já resignado e cortês Adolf Tolkachev, se reconciliara com a irreversibilidade de sua situação. Krassilnikov o achava muito cooperativo.

O outro, porém, capturado pelos homens de Sharavatov, ainda estava no estágio defensivo, mostrando-se durão. Ainda procurava desesperadamente uma resposta repentina que fizesse o jogo se virar contra seus algozes e dissipasse seu problema numa explosão avassaladora de lógica. Mas encontrar uma explicação plausível para o motivo pelo qual havia sido surpreendido esvaziando uma caixa secreta de correspondência norte-americana cheia de dinheiro vivo se mostrava mais difícil do que até mesmo o coronel Leonid Georgiyevich Polyshchuk poderia imaginar.

Polyshchuk era coronel da contra-espionagem da KGB, e estava em Moscou em férias de seu posto em Lagos, na Nigéria. Ao ser preso três dias antes pelos homens de Sharavatov, defendera-se teatralmente mas com dificuldade. Disse que tinha ido encontrar-se com uma mulher na estação Severyanin e que tinha sido preso por engano ao urinar. Enquanto se aliviava nas pedras que rodeavam um poste elétrico, disse haver-se lembrado de que precisava apanhar uma pedra grande para calçar a roda traseira de seu carro a fim de evitar que rolasse na rua inclinada onde o tinha estacionado. Explicou que o freio de mão estava com defeito, esperando com isso esclarecer ali mesmo aquele pequeno "mal-entendido". Questionado, porém, não conseguiu lembrar-se do nome da mulher, e ao levar Sharavatov, eu nessa altura tinha chegado ao local, até onde estava estacionado o carro, foram encontrados dois blocos de madeira na mala do veículo. Por que motivo não os tinha usado?, perguntou Sharavatov. Polyshchuk somente conseguiu dizer que havia se esquecido deles. Já fazia muito tempo que se encontrava em missão no exterior e não tinha verificado o conteúdo da mala do carro.

Mais tarde, naquela noite, uma busca pormenorizada de Polyshchuk e do carro selou o destino do coronel da KGB. O desenho do local onde ficava a caixa secreta de correspondência, feito à mão, continha um erro de ortografia no nome de uma rua, semelhante a outros que Krassilnikov sabia existirem em uma planta da cidade de Moscou produzida pelos norte-americanos e usada pela CIA. Polyshchuk também trazia consigo outro mapa com um lugar marcado na rua Gorky onde deveria deixar o sinal de "esvaziei a caixa", para que os serviços especiais dos Estados Unidos ficassem sabendo que o pacote havia sido retirado em segurança. Na continuação da metódica busca foi encontrado um plano detalhado de comunicações oculto dentro do forro da caixa dos óculos de Polyshchuk, impresso em papel solúvel em água.

Krassilnikov sabia que tinha agarrado o homem certo. Dois dias antes, levara o coronel da KGB ao diretor da agência russa, Viktor Chebrikov, que fizera um pedido simples ao perturbado prisioneiro: "Lembre-se de sua honra de oficial", exigira Chebrikov. "Faça o que deve ser feito." Em seguida, Krassilnikov deixara que Polyshchuk refletisse durante alguns dias. Mais cedo ou mais tarde ele iria colaborar, pensou Krassilnikov. Todos eles acabavam colaborando, e havia muito tempo.

Agora, à fria luz do dia, Krassilnikov esperava na sala de interrogatórios no segundo andar da ala mais nova de Lefortovo. Achava que a oportunidade para uma defesa justificada já havia passado. Levantou-se para atender à batida na porta que anunciava a chegada de Polyshchuk. Krassilnikov assinou cuidadosamente o recibo do carcereiro que entregava seu prisioneiro, ligou o interruptor para acender a luz vermelha do lado de fora, que indicava um interrogatório em curso, e introduziu Polyshchuk na sala pouco mobiliada. O coronel da KGB tinha tomado um banho de chuveiro mas não fizera a barba. O barbeiro de Lefortovo somente o visitaria dias depois. Seus olhos tinham traços vermelhos, ou de bebida na noite anterior ou de haver passado a noite em claro com seus pensamentos. O uniforme azul mal ajustado de Lefortovo e os sapatos cujos cordões tinham sido retirados contribuíam para tornar mais insignificante sua presença.

Sobre uma mesa em ângulo reto em relação à escrivaninha, onde se sentou Krassilnikov, estava o material que os homens de Sharavatov haviam confiscado na noite anterior. O efeito era devastador. Não era possível negar coisa alguma quando confrontado com os mapas, o dinheiro, as mensagens secretas, as técnicas de ocultação e todos os indícios incriminadores que Polyshchuk tinha em seu poder. Krassilnikov deixou que o terrível peso daquela exibição se fizesse sentir em toda a sua dimensão. Mais uma vez, percebeu que o homem estava indefeso.

—

A vida do coronel Leonid Georgiyevich Polyshchuk como espião da CIA na verdade começara onze anos antes. A CIA passara a prestar atenção nele em 1974, durante os primeiros anos da *détente*; com as regras menos rígidas de relacionamento, foi permitido aos agentes soviéticos de inteligência ter maior contato com os diplomatas norte-americanos e até mesmo com agentes da CIA. Aproveitando as novas oportunidades, Polyshchuk começou a explorar os bares de seu posto remoto em Katmandu, capital do Nepal. Rapidamente atraiu a atenção do chefe da CIA na cidade, que notou o gosto dele por bebida e pelo cassino local. Em breve ficou sabendo que Polyshchuk caíra num problema clássico: gastou o dinheiro da KGB que administrava tentando ganhar no jogo. Precisava desesperadamente de dinheiro para repor, antes que seus superiores descobrissem a falta. O coronel concordou em aceitar um "empréstimo pessoal" de seu colega norte-americano, e a transição desse acordo para o passo seguinte foi fácil. Polyshchuk se tornaria espião para pagar a dívida.

Quando sua missão em Katmandu terminou, ele aceitou o treinamento em comunicações clandestinas para ser "controlado internamente" pela CIA em Moscou. O agente da Divisão SE, Sandy Grimes, foi a Katmandu e o instruiu nas habilidades necessárias para executar operações internas em segurança. Levando material clandestino de comunicações, Polyshchuk seguiu para Moscou. Disseram-lhe que nada fizesse para a CIA durante um ano, a fim de "esfriar", e tratasse de conseguir uma função com acesso a coisas de interesse. Dentro de um ano, Polyshchuk deveria dar "sinal de vida" em Moscou, ficando parado em uma esquina específica e usando um chapéu de pele que comprara em Katmandu, com uma bolsa especial de couro a tiracolo. Um agente da CIA de passagem o veria e confirmaria que estava vivo. Nesse ponto, as operações seriam retomadas.

Havia datas alternativas para o "sinal de vida", além de cartões-postais já endereçados que o coronel poderia colocar no correio como confirmação, a fim de indicar que estava pronto para começar a receber transmissões cifradas de rádio. A CIA sabia que ele poderia realizar todas essas tarefas e mesmo assim continuar sob controle da KGB, mas esse era um dos riscos de ter um espião em Moscou.

Polyshchuk não apareceu em nenhum dos locais de "sinal de vida" em Moscou, e a CIA nunca recebeu nenhum de seus cartões-postais.

Ao regressar, o russo já havia destruído todo o equipamento incriminador que recebera da CIA e esperava que seu relacionamento com os norte-americanos cessasse e fosse esquecido. Queimou tudo o que podia ser queimado e enterrou o restante, achando que ninguém jamais descobriria.

A Divisão SE presumiu que ele se acovardara. Era possível que tivesse ficado comprometido, mas não havia indícios disso. Na CIA, ficou fichado como "INATIVO/EM OBSERVAÇÃO". A agência esperaria que Polyshchuk fosse novamente enviado ao exterior.

A operação reviveu onze anos depois, em fevereiro de 1985, quando Polyshchuk foi mandado para a Nigéria como agente de contra-espionagem da Linha KR na *Rezidentura* soviética. Em breve, voltou à atividade anterior. Grande parte dos contatos da CIA com ele em Lagos foram breves "caronas no carro", durante as quais os agentes da CIA falavam com ele às pressas, mas os norte-americanos organizaram também algumas entrevistas mais longas em casas seguras que tinham no local.

Como tinha ocorrido em Katmandu, as informações de Polyshchuk sobre as operações da KGB em Lagos não tinham grande interesse para os norte-americanos. Mesmo assim, ainda esperavam convencer seu agente a espionar de dentro de Moscou.

A oportunidade chegou em abril de 1985. Polyshchuk disse haver recebido uma carta de seus pais, que informava que tinha ocorrido um golpe de sorte. Um apartamento em condomínio perto do lugar onde moravam em Moscou estava à venda e o coronel poderia comprá-lo por 20 mil rublos. O coronel informou à CIA de que há anos vinha procurando um apartamento assim, próximo à casa dos pais, e tinha pedido a eles que continuassem a busca enquanto ele estava na África. Preocupado porque tinha de agir rapidamente a fim de não perder o apartamento, Polyshchuk disse que já havia solicitado licença para ir a Moscou a fim de fechar o negócio. Explicou que isso era comum para os funcionários da KGB e do serviço exterior em serviço fora do país; muitos de seus colegas tinham as mesmas dificuldades para encontrar e comprar apartamentos na cidade superpovoada de Moscou. Seu pedido foi aprovado pela sede, porém com a condição de que ele tirasse as férias pagas anuais, a fim de economizar os custos de transporte e compensar o tempo em que se afastaria do trabalho. Novamente, Polyshchuk disse aos agentes da CIA que cuidavam de seu caso que essas condições eram rotineiras. O único problema era que ele não possuía os 20 mil rublos.

Sugeriu que a CIA lhe desse o dinheiro para que ele o levasse a Moscou. Nunca o revistariam.

A Divisão SE aceitou a explicação com certa reserva. A história fazia sentido. Para a CIA, parecia haver uma vantagem adicional: era mais uma oportunidade para convencer Polyshchuk a trabalhar em Moscou. Ele tinha dado diversas desculpas pelo fato de não haver restabelecido contato após regressar de Katmandu a Moscou, mas era claro que tinha tido medo dos riscos.

Desta vez, a CIA achou que poderia convencer o coronel a retirar o conteúdo de uma caixa postal secreta em Moscou e com isso ficar implicado numa operação. Para conseguir os 20 mil rublos, que na época valiam cerca de 30 mil dólares, Polyshchuk teria de ir buscá-los na caixa, em Moscou.

Os agentes da CIA convenceram Polyshchuk de que seria arriscado demais tentar passar com o dinheiro pela alfândega no aeroporto Sheremetyevo, em Moscou. Estaria muito mais seguro se chegasse sem despertar suspeitas e pegasse o dinheiro mais tarde. Ele finalmente concordou, e em 10 de maio a CIA já identificara um lugar secreto em Moscou que poderia ser usado na operação.

Polyshchuk saiu da sua última reunião com seus chefes em Lagos animado.

Krassilnikov meditou sobre a detenção de Polyshchuk. Recordou a maneira pela qual os agentes da Sétima Diretoria Principal, trabalhando sob a direção da Segunda Diretoria, haviam prendido Polyshchuk quando ele apanhava a pedra recheada de dinheiro no local secreto em Moscou. Os norte-americanos deveriam estar procurando descobrir a causa do fracasso da idéia de fazê-lo apanhar o dinheiro na Rússia. Passariam algum tempo nessa tarefa.

Krassilnikov sempre continuaria a afirmar que os homens da Segunda e da Sétima Diretorias mereciam os elogios. Um de seus subordinados o alertara, dizendo que seus homens acreditavam que os norte-americanos iniciariam uma operação. Krassilnikov concordou em destinar recursos para vigiá-los e encarregou seu subchefe, Valentin Klimenko, de gerenciar esses recursos.

Na noite em que um agente da CIA colocara a pedra cheia de dinheiro próximo a um poste, deixando-a ali para que Polyshchuk a apanhasse mais tarde, Klimenko o seguira com mais de vinte veículos de vigilância e quarenta agentes. Com tais recursos, os homens da Segunda e da Sétima Diretorias puderam ficar permanentemente vigiando a uma distância de mais de 500 metros. Após ter observado o agente da CIA deixar a pedra, bastava esperar e vigiar para ver quem apareceria.

A KGB fez questão de certificar-se de que a CIA ficasse sabendo do desmascaramento de Polyshchuk, graças à ação firme da Segunda e da Sétima

Diretorias. Em Washington e Bonn, e talvez em outros lugares no Ocidente, os agentes da KGB receberam a notícia de que um coronel bêbado da KGB tinha sido preso após ter sido seguido e vigiado, e em breve as novas chegaram à CIA, vindas de seus agentes nas *Rezidenturas* da KGB naquelas cidades.

Mas a CIA nunca acreditou verdadeiramente nisso. Seria uma tentativa de desinformação de parte da KGB? E que dizer do fato de que o apartamento que Polyshchuk procurava em Moscou tivesse sido repentinamente colocado à venda? Teria sido um ardil para atraí-lo de volta a Moscou?

10

Coventry, Virgínia, 15 de agosto de 1985

A transferência de Yurchenko para uma casa segura mais isolada, próxima a Fredericksburg, na Virgínia, bem além do limite de 40 quilômetros para os deslocamentos dos diplomatas soviéticos, trouxe certa organização às entrevistas. A casa grande, prevista para uma só família, ficava isolada num terreno amplo de frente para o mar e assim proporcionava localização ideal para o caso. Em Oakton, Medanich se sentira frustrado com os turistas de espionagem, mas era improvável que fossem até Fredericksburg. Agora somente apareceriam os agentes que realmente tivessem de tratar com Yurchenko.

O coronel da KGB passara a seguir uma espécie de rotina, e as entrevistas adquiriram o ritmo constante do que no jargão do ofício se chamava "produção de contra-espionagem". Yurchenko cumpria suas promessas anteriores. O surto dc atividade com a identificação de Edward Lee Howard como provável agente da KGB se acalmara depois que o FBI passou a participar do caso. Embora essa agência ainda não tivesse prendido, e nem mesmo entrevistado, o perturbado ex-agente da CIA, ele estava agora sendo vigiado.

O segundo agente mencionado por Yurchenko, um funcionário da Agência de Segurança Nacional que se oferecera para trabalhar para a KGB em Washington, em 1980, ainda não tinha sido identificado. Mas era evidente que essa fonte da NSA havia revelado a interceptação supersecreta do cabo submarino que transmitia as comunicações com os submersíveis soviéticos, a operação Ivy Bells, de custo elevadíssimo. A notícia de que a Ivy Bells tinha sido descoberta deflagrou um intenso e exaustivo esforço para encontrar o espião. Colaborando, Yurchenko passou por várias entrevistas e examinou fotos de funcionários da NSA. Ele tinha participado do encontro inicial com o voluntário, que imaginava haver ocorrido entre 1977 e 1979, e tinha ajudado a fazê-lo sair da embaixada soviética disfarçado de operário russo, após haver raspado a barba. Mas não havia ainda encontrado a foto em nenhum dos álbuns.

Enquanto isso, Yurchenko havia modificado seu relatório original sobre Thomas Hayden, o marinheiro e suposto espião que ele conhecera na praia remota ao sul de Roma. Passou a dizer aos agentes da CIA que desde o início já sabia que Hayden era uma isca. Percebendo a falta de urgência da CIA em seguir aquela pista, concluiu, corretamente, que Hayden era um falso voluntário. Yurchenko mudou facilmente de posição, afirmando que mesmo antes de partir de Moscou já farejara o ardil. Explicou, porém, aos agentes da CIA que precisara de um motivo para deixar a União Soviética. A perda do grupo de espionagem de John Walker e a possibilidade de que Hayden viesse a substituir Walker significava que os soviéticos não poderiam deixar de procurar obter a ajuda de um especialista em comunicações navais. Disse que sua afirmação anterior ao FBI, quando dissera que Hayden não deveria ser fuzilado porque era um perigoso espião porém boa pessoa, fora somente brincadeira.

As entrevistas mais tarde passaram a tratar do mundo esotérico dos esforços de contra-espionagem da KGB em Moscou, abandonando o interesse inicial da CIA em identificar traidores norte-americanos. Yurchenko começou a falar das substâncias químicas usadas pela KGB para seguir os agentes da CIA em Moscou.

Desde o final da década de 1950 a CIA sabia que os laboratórios técnicos da KGB haviam desenvolvido diversos agentes químicos sintéticos que lhes permitiam seguir os funcionários da CIA e seus agentes soviéticos dentro da URSS. Os relatos iam desde os mais engenhosos aos mais licenciosos, inclusive boatos de experiências da KGB com substâncias químicas – feromônios – produzidas pelas cadelas quando no cio. O procedimento era simples. A KGB borrifava os feromônios em lugares de onde pudessem ser transferidos para os sapatos de um agente em Moscou, como os tapetes de um carro, por exemplo. Quando se percebia que o agente saíra para uma operação, a KGB lançava cães machos em sua trilha. Perfeito! Não seria difícil imaginar um infeliz agente da CIA no parque Gorky perseguido por uma matilha ardente de mastins amorosos.

Os relatos sobre as técnicas de perseguição da KGB vinham de diversas fontes e desertores, e no início da década de 1980 uma agente da CIA, mulher jovem em missão em Leningrado, encontrou a parte interior de suas luvas coberta por um produto químico amarelado. Um ano após essa descoberta, a CIA recebeu clandestinamente outra amostra da substância química, vinda diretamente de GTCOWL, o anônimo agente da KGB em Moscou, que a entregou ao funcionário da CIA que cuidava de seu caso. COWL informara que a KGB utilizava a substância para "saber onde estava o pessoal de vocês".

Os testes de laboratório da luva da agente feminina em Leningrado revelaram a presença de um composto chamado nitrofenilpentadienal, com abreviatura NPPD. A segunda amostra fornecida por COWL também era da mesma substância orgânica e inodora. Os cientistas norte-americanos que examinaram o produto não encontraram o NPPD nas listas de dezenas de milhares de compostos químicos tóxicos. Uma busca feita pela Sociedade Química Americana em diversas publicações descobriu sete artigos sobre o NPPD e substâncias relacionadas, seis dos quais haviam sido escritos por cientistas soviéticos. Usando um método de seleção desenvolvido por Bruce Ames, bioquímico da Universidade de Berkeley, os pesquisadores verificaram que o NPPD podia ser mutagênico, isto é, se fosse absorvido por seres humanos em forma não adulterada seria capaz de provocar alterações da estrutura celular. Nos humanos, as substâncias mutagênicas podem ser carcinógenos, mas nem sempre. Os testes, no entanto, alarmaram a CIA.

Na época em que Yurchenko confirmou o uso de agentes químicos como técnica de perseguição e localização, a CIA enfrentava um problema cada vez maior. Em que momento deveria dizer a seus funcionários, ao Departamento de Estado e ao resto do mundo o que sabia sobre o NPPD? Na terceira semana de agosto de 1985, ficou claro que não havia mais tempo para adiar a revelação. Gerber me encarregou da tarefa de coordenar a maneira pela qual a CIA deveria publicar suas preocupações sobre o NPPD, conhecido agora na agência como "pó de espião".

Moscou, 18h30, 21 de agosto de 1985

Eu estava sozinho num assento das filas de trás do auditório da Spaso House, a mansão da era pré-revolucionária que servia de residência ao embaixador dos Estados Unidos na União Soviética. A comunidade norte-americana em Moscou tinha se reunido para ouvir um relatório de uma equipe do Departamento de Estado sobre os efeitos potenciais do pó de espião sobre a saúde, tema de intensa controvérsia nos meios de comunicação internacionais durante os dias anteriores. James Brodine, funcionário médico do Departamento de Estado, explicava do palco a um auditório cético que desde há algum tempo já se sabia que a URSS utilizava agentes químicos. Até recentemente, os Estados Unidos acreditavam que o uso fosse somente esporádico. Mas durante a primavera e o verão de 1985, explicou Brodine, os soviéticos aparentemente intensificaram o uso. Mais ainda, testes de laboratório recentes haviam classificado tentativamente o "pó de espião" como composto mutagênico, fazendo com que o Departamento de Estado informasse a comunidade norte-americana sobre seu uso e protestasse diante das autoridades soviéticas.

A reação ao auditório na Spaso House foi ao mesmo tempo de resignação e irritação. Os membros da embaixada pouco comentaram; nada havia de novo sobre atividades agressivas dos soviéticos contra os funcionários norte-americanos em Moscou. Alguns dos presentes recordaram que a KGB havia inundado a embaixada norte-americana com transmissões de microondas, por motivos que jamais ficaram completamente esclarecidos. Pelo menos alguns dos norte-americanos ainda estavam sendo objeto de acompanhamento em busca de possíveis efeitos de longo prazo por haverem estado expostos a essas transmissões. Mas a imprensa se mostrou mais alarmada, e os repórteres norte-americanos baseados em Moscou interrogaram Brodine sobre as ameaças à saúde provenientes do pó de espião. As perguntas davam a entender que eles se sentiam vítimas inocentes do jogo de espionagem entre os Estados e Unidos e a União Soviética.

Enquanto Brodine respondia às perguntas do repórter, o chefe da CIA em Moscou sentou-se na fileira vazia atrás de mim.

– Bem-vindo a Moscou – disse ele em voz baixa.

Olhei por cima do ombro e assenti sem comentários. Eu e ele ficamos ouvindo enquanto Brodine e outros membros da equipe procuravam manter um delicado equilíbrio entre seu dever de alertar os norte-americanos ali reunidos para um risco potencial de saúde e a necessidade de evitar provocar pânico. Os mutagênicos, explicou Brodine, nem sempre são carcinógenos e entre eles estão diversos dos compostos químicos mais comuns aos quais as pessoas se expõem diariamente, como o café. A equipe encerrou a apresentação formal anunciando que um grupo técnico mais amplo, vindo de Washington, chegaria a Moscou dentro de poucos dias a fim de coletar amostras ambientais nas casas, escritórios e automóveis de todos os norte-americanos que desejassem participar, inclusive cidadãos particulares residentes em Moscou.

Enquanto a platéia saía do auditório, o chefe da CIA se aproximou de mim pelo tempo suficiente para sussurrar uma breve mensagem:

– Amanhã às nove horas no Posto Um. Alguém estará à sua espera.

Na manhã seguinte encontrei-me com o chefe da CIA no acanhado compartimento do "submarino amarelo", o recinto construído sob medida que servia de local de trabalho para a CIA. Era uma caixa metálica de 30 metros quadrados e hermeticamente fechada, que flutuava sobre um colchão de ar e possuía seu próprio gerador de energia. Do lado de dentro os aparelhos eletrônicos não eram permitidos. Até mesmo as máquinas de escrever manuais haviam sido proibidas desde que a KGB conseguira interceptar as batidas de 13 máquinas IBM do modelo Selectric da embaixada em Moscou. Numa operação engenhosa descoberta pela CIA em 1984, a KGB tinha conseguido colocar essas máquinas de escrever em áreas de segurança da embaixada utilizadas pelo pessoal do Departamento de Estado. As máquinas tinham caído nas mãos dos soviéticos durante o transporte para a embaixada dos Estados Unidos, e a KGB instalara nelas transmissores que enviavam todas as palavras datilografadas a um posto de escuta eletrônica da KGB do lado de fora da embaixada. As máquinas usadas na área da CIA não tinham sido comprometidas, mas Burton Gerber não queria se arriscar.

Mesmo dentro do recinto seguro, falávamos sussurrando e com meias palavras ao debater as anomalias que vinham ocorrendo em Moscou durante o último ano. No meio da conversa, ele fez uma pausa, escreveu uma mensagem numa folha de papel e entregou-a a mim.

"Às vezes acho que eles estão aqui dentro junto comigo", dizia o bilhete.

Peguei o lápis dele e rabisquei uma pergunta: "Há quanto tempo?"

"Todo o ano de 1985."

No dia seguinte parti de Moscou.

11

Santa Fé, Novo México, 25 de agosto de 1985

No curso de Operações Internas da CIA, Edward Lee Howard havia aprendido a descobrir se estava sendo seguido, e pelo fim de agosto já se convencera que esse era o caso. Howard começou a prestar atenção nas pessoas que faziam *jogging* e operários que apareciam em sua rua sossegada. Certa vez em que dirigia seu carro pelo deserto, achou que estava sendo observado por um avião que voava em círculos.

Tinha razão em achar-se sob observação, mas estava também vendo fantasmas, pensando que a vigilância fosse maior do que era na realidade. Naturalmente, tinha bons motivos para paranóia. Sabia que aquilo não era brincadeira e que não terminaria numa avaliação amistosa após a ação. Começou a examinar as alternativas que tinha diante de si.

Lisboa, 16h30, 27 de agosto de 1985

O encontro com o tenente-coronel do GRU, Gennady Smetanin, foi apressado, como a maioria de suas entrevistas clandestinas com a CIA. Smetanin pedira aquele encontro extraordinário nos arredores de Lisboa a fim de informar ao agente da CIA que tratava de seu caso que lhe tinha sido solicitado iniciar as férias na Rússia durante os dois dias seguintes, para que pudesse voltar ao trabalho em Lisboa no final de setembro. Ao término da entrevista, concordou-se que o encontro rotineiro seguinte ocorreria no dia 4 de outubro, em outro local previamente combinado fora de Lisboa. Smetanin disse ao agente que não acreditava que houvesse alguma coisa estranha na antecipação do início das férias. Com efeito, ele e a mulher estavam ansiosos para voltar a Moscou e cuidar de assuntos pessoais, inclusive a compra de um apartamento.

Sede da CIA, 15h30, 27 de agosto de 1985

– Ele está sob suspeita – disse Paul Redmond tranqüilamente ao ler em meu escritório o telegrama de Lisboa.

– Por que acha isso? – perguntei, procurando algum sinal de más notícias na mensagem rotineira de Portugal informando que GTMILLION estava partindo em férias antecipadas para Moscou.

– Tenho certeza. Foi como aconteceu com Bokhan.

– Por que teriam suspeitado dele? – Eu estava procurando compreender se Redmond realmente sabia de alguma coisa ou se estava influenciado por sua opinião a respeito da contra-espionagem.

– Alguém o denunciou. Talvez alguém daqui mesmo.

– Acha que o problema é aqui? – perguntei, fazendo um gesto que indicava o recinto interno da Divisão SE.

Redmond assentiu.

– Ou estão lendo nossos telegramas ou alguém está informando a eles. Uma das duas coisas. Pode escolher.

– Que podemos fazer a respeito de MILLION?

– Tarde demais. Ele já partiu. Estou dizendo apenas que nunca mais o veremos e não há nada que possamos fazer. Ficarei contente se estiver enganado, mas não estou.

Redmond saiu de minha sala e em seguida, cuidadosamente observado pela secretária de Gerber, abri o cofre dele na parte externa de seu escritório e retirei um pequeno bloco de notas que tinha uma fita vermelha em diagonal na capa preta. Eu era uma das cinco pessoas da divisão que tinha acesso ao bloco, o qual continha o histórico de todas as operações da Divisão SE desde doze anos antes. Procurando a página de GTMILLION, encontrei em fria linguagem resumida a história de Gennady Smetanin.

Em 1983, o funcionário do GRU, Gennady Smetanin, havia enviado secretamente uma carta a um oficial adido de defesa da embaixada americana em Lisboa. Smetanin oferecia seus serviços à espionagem norte-americana, e em troca esperava certas compensações. Se houvesse interesse, escreveu ele, um anúncio pessoal deveria ser colocado em determinado jornal de Lisboa. Virei a página, mas o resumo não continha o texto do anúncio.

No mesmo dia, o chefe da CIA em Lisboa informou estar convencido de que o voluntário era uma provocação. Sugeriu que a carta de Smetanin fosse levada ao conhecimento da contra-espionagem portuguesa. Mas naquela época o chefe da Divisão SE era remanescente da era de Angleton e lutara com esses temores paranóicos ao longo de toda a sua carreira. Tinha a firme convicção de que se os agentes da CIA não procurassem os recrutas potenciais, não havia razão para que estivessem em ação no campo. Mandou um telegrama a Lisboa dizendo que não fizessem nada antes de receber instruções da Divisão SE sobre a forma de tratar o voluntário.

No resumo da operação contido no bloco, havia referências aos primeiros encontros clandestinos com Smetanin. Ele disse que havia subtraído quase 400 mil dólares da *Rezidentura* do GRU e precisava de ajuda imediata a fim de restituí-los antes de uma auditoria iminente que poderia incriminá-lo. Disse que por essa razão havia procurado os norte-americanos.

Meus olhos examinaram a anotação seguinte, que resumia um severo teste poligráfico ao qual Smetanin havia sido submetido em Lisboa. O teste revelou que ele não tinha dito a verdade sobre o roubo do dinheiro. Reconheci o nome do operador do polígrafo, antigo profissional norte-americano de origem alemã que a maioria do pessoal do Departamento de Operações conhecia simplesmente pelo nome de "Hans". Durante o interrogatório, Smetanin confessou que tinha mentido a respeito do dinheiro. Imaginara que a CIA lhe daria o dinheiro se quisesse prosseguir com a operação. Sentia-se orgulhoso pela forma com que havia tratado com a CIA. Finalmente, conseguiu boa parte do dinheiro, e a CIA em troca penetrou na inteligência militar soviética.

Ao guardar novamente o bloco de notas no cofre de Gerber, fiquei imaginando se os temores de Redmond representariam a última anotação relativa a GTMILLION.

De volta à minha sala, meditei sobre o que já tinha visto em minhas primeiras cinco semanas como subchefe de Gerber na Divisão SE. Naquela altura, o furor inicial devido à traição de Howard já havia diminuído. Embora poucos falassem abertamente sobre o assunto, a indignação com a traição de Howard agora estava mesclada a uma estranha sensação de alívio. Havia um sentimento de que Howard na verdade jamais pertencera à irmandade do Departamento de Operações; o sistema o rejeitara antes que chegasse a terminar o período probatório. É claro que essas racionalizações não poderiam trazer de volta Adolf Tolkachev. Pelo menos, porém, a integridade do Departamento de Operações permanecia de alguma forma intacta, ou pelo menos assim se acreditava.

Paul Redmond, porém, não pensava assim.

Langley, 8h15, 16 de setembro de 1985

Sempre que eu olhava as feições angulosas de Rod Carlson, via o rosto de Abraão Lincoln. Carlson era o chefe do grupo de contra-espionagem da Divisão SE. Era magro como um trilho e havia passado toda a sua carreira em operações contra a União Soviética. Inicialmente viajara à URSS como "viajante legal" estudantil num programa da CIA no final da década de 1950. Era ho mem meticuloso, que alguns consideravam ser destituído de humor, e nunca demonstrava ter dúvidas sobre o trabalho de sua vida contra a URSS. Carlson estava chegando ao final da carreira – já anunciara seus planos de se aposentar dentro de alguns meses – e tencionava passar o tempo restaurando casas antigas. Sua atenção para com os detalhes seria bem-vinda nessa nova atividade.

Na sala de Gerber, Carlson relatou ao chefe do SE, a Redmond e a mim seu encontro duas noites antes com um agente no interior da *Rezidentura* em Washington, um funcionário da KGB da linha X responsável pela inteligência científica e técnica nos Estados Unidos. O agente soviético era conhecido no FBI como PIMENTA e como GTGENTILE na CIA.

– Encontramo-nos na noite de sábado num local previamente combinado perto da trilha de pedestres do canal Chesapeake & Ohio. O FBI forneceu contravigilância. Foi um encontro tranqüilo que durou cerca de oito minutos. O relatório sobre as atividades da *Rezidentura* desde nosso último encontro foi modesto.

As informações de Carlson eram sempre secas e se limitavam ao que era essencial.

– No fim do encontro, PIMENTA disse que Androsov chamara os chefes das linhas separadamente durante os últimos dias, tinha acabado de regressar de Moscou naquela semana, e os informou sobre o que se comentava na sede. O prato principal era que um agente da Primeira Diretoria tinha sido preso ao visitar uma caixa postal secreta no início de agosto.

Carlson olhou para suas notas e prosseguiu:

– O agente estava um tanto bêbado quando foi preso... o nome não foi revelado... Androsov disse a um dos chefes de linha que isso provavelmente se saberia mais tarde e que seria solicitado a qualquer pessoa que o conhecesse fazer o relatório costumeiro sobre ele. Androsov disse que a detenção tinha sido resultado da vigilância da Segunda Diretoria.

Carlson se deteve e verificou novamente as notas.

– Androsov deixou claro que a Segunda Diretoria e o pessoal da vigilância da Sétima tinham visto os norte-americanos colocando material na caixa duas semanas antes. Ficaram vigiando o local até que o homem veio buscar o material. Estava cheio de rublos.

– Era WEIGH – disse Gerber em voz baixa, sem dramatizar.

– Era WEIGH – concordou Paul Redmond.

– Que foi que ele disse, Rod? – perguntou Gerber. – A parte em que eles viram o material sendo colocado na caixa.

Carlson repetiu o que PIMENTA dissera: que o agente dos serviços especiais norte-americanos tinha sido visto por uma equipe de vigilância da Sétima Diretoria no instante em que depositava o material, provavelmente em algum momento no final de julho.

– Eram os que estavam ali por acaso – disse Gerber.

Gerber tinha se preocupado desde a operação levada a efeito em Moscou em julho, pela qual uma pedra recheada de dinheiro deveria ser colocada num campo, próximo a um poste de energia elétrica, a fim de ser recolhida por GTWEIGH. Num relatório posterior, o agente de Moscou que tinha colocado a pedra disse ter visto "observadores casuais" – homens e mulheres que pareciam estar na área por conta própria – a cerca de 200 metros do local da caixa. Apesar da presença deles, o agente resolvera prosseguir com a operação, e Gerber desde então ficou pensando se a decisão teria sido correta. As pessoas poderiam pertencer a uma equipe de vigilância da KGB ou serem cidadãos soviéticos que informaram a KGB o que tinham visto.

– Foram os transeuntes casuais – repetiu ele. – Viram quando ele passava pelo campo. O aviso de PIMENTA fora o primeiro indício sério de que um agente havia sido efetivamente preso, depois de Tolkachev.

Olhei para Redmond, cuja fisionomia não fornecia pistas a respeito de sua opinião sobre tudo aquilo. Depois que a reunião terminou, levei-o para minha sala.

– Que é que você acha?

– Três possibilidades. Primeira, os transeuntes cumpriram seu dever socialista e denunciaram o nosso homem, a KGB acabou encontrando a pedra e ficou vigiando. Segunda, não eram transeuntes normais, e sim gente da vigilância da KGB quem encontrou a pedra e ficou de tocaia. Terceira, o nosso problema é mais grave. Pode escolher.

A maneira de falar de Redmond denotava sua crescente convicção de que havia um câncer no coração da CIA.

– Qual é a sua escolha? – perguntei, já percebendo qual seria a resposta.

– A número três. Temos um problema.

– Diga por quê.

– Muitos diabos de problemas ao mesmo tempo. As coisas nunca acontecem assim. Perdemos algumas operações, mas não dessa maneira. O TAV fica em silêncio. Bokhan recebe uma ordem complicada, porém falsa, para regressar. Stombaugh é preso com VANQUISH. MILLION é chamado de volta de Lisboa antecipadamente, e agora WEIGH é apanhado em Moscou. Junte a isso o fato de que os britânicos usaram Gordievsky durante anos sem qualquer problema, nós ficamos sabendo em março e em seguida ele é chamado de volta a Moscou. A vida não é assim. Diga-me você se não temos um diabo de um problema.

12

Washington, D.C., 18 de setembro de 1985

Finalmente, na quarta-feira 18 de setembro foi tomada a decisão, na sede do FBI, de pegar Edward Howard no dia seguinte. Durante as três semanas anteriores, o FBI mantivera vigilância discreta e *grampeara* o telefone da casa dele. Havia sido estabelecido um posto próximo à casa, onde um agente vigiava e alertava os demais quando Howard saía.

Jack Platt, ex-instrutor de Howard no curso de Operações Internas, estava preocupado. Ninguém lhe tinha dito que Howard estava oficialmente sob investigação, mas havia indícios por toda parte. Tinham vindo agentes de segurança pedir-lhe que fizesse uma lista de todos os alunos que haviam feito o curso, sendo em seguida destinados a Moscou e mais tarde demitidos. Platt respondeu que havia somente um – Edward Howard. Imaginou que Howard fosse o alvo da sindicância em busca de espiões deflagrada após a deserção de Yurchenko, e foi visitar Burton Gerber.

Platt disse a Gerber que desejava alertar o FBI sobre o treinamento de contravigilância recebido por Howard, a fim de que aquela agência enviasse a Santa Fé seus melhores vigias, que tinham o cognome de "G". Achava que os "G" eram os únicos agentes de vigilância do FBI capazes de seguir um funcionário treinado pela CIA. Se o FBI usasse agentes locais contra ele, Howard os faria de idiotas.

Mas Gerber nunca simpatizara com Platt, e não tinha paciência com ele. A última coisa que queria agora era que Platt trabalhasse por conta própria, e não se preocupou em dizer a ele que já alertara o FBI sobre o fato de que Howard fizera o curso de Operações Internas.

Irritado por não ter sido bem recebido por Gerber, Platt utilizou seus contatos pessoais no FBI para que os agentes que investigavam Howard solicitassem oficialmente uma entrevista. Em 9 de setembro, informou os agentes especiais do FBI Bob Noonan e Mike Anderson a respeito do treinamento de Howard. Disse que em sua opinião Howard era um aluno acima da média e que havia enfrentado com êxito as melhores equipes de vigilância do FBI. Nessa altura, tanto Gerber quanto Platt haviam advertido o FBI de que Howard possuía uma perigosa mescla de conhecimentos e astúcia.

Simultaneamente, o FBI vinha se interessando por outro ex-funcionário da CIA, William Bosch. Após uma missão desastrosa como agente na Bolívia, Bosch havia sido demitido pela agência. Em fevereiro de 1984, Bosch e Howard se encontraram em Nova Orleans para lamentarem juntos, e Howard sugeriu a ele que ambos se associassem para vingar-se da agência que os demitira. Por que não ir para a Cidade do México e apresentar-se aos soviéticos como voluntários? Bosch o encarou. Estaria brincando? Mais tarde, Bosch afirmou que a partir daquele momento tivera sérias dúvidas a respeito de Howard.

Bosch morava na ilha Padre do Sul, ao largo da costa do Texas, quando dois agentes do FBI foram procurá-lo num condomínio de prédios de apartamentos onde anteriormente ele residira. Bosch, que por coincidência naquele momento se encontrava no escritório da administração do condomínio, ouviu o que diziam e identificou-se. Os dois agentes do FBI não estavam preparados para tratar diretamente com ele e o deixaram ir, dizendo que procuravam alguém cujo nome era parecido.

Mas Bosch não acreditou nisso, e chamou Howard em Santa Fé, para queixar-se. Disse ao amigo que a CIA o estava observando, utilizando credenciais falsas do FBI. Howard, que naquela altura já se convencera de que seu telefone estava *grampeado*, não falou muito durante a chamada de Bosch, mas percebeu que o FBI procurava Bosch por sua causa. Sabia que tinha dito a Bosch algumas coisas comprometedoras. A conversa mais reveladora ocorrera havia apenas dois meses e meio, na ilha Padre do Sul. Howard dissera a Bosch que tinha dado o passo final contra a CIA.

– Agora eu fiz mesmo – tinha dito. – Estou jogando duro pra valer. O que é que você quer, 5, 10, 15 mil dólares?

Howard mais tarde diria a Bosch que estava apenas brincando, mas este ficou convencido de que a vida do amigo estava realmente ficando muito complicada.

O FBI somente ficaria sabendo disso em 21 de setembro, quase setenta e duas horas depois.

Santa Fé, 13h30, 19 de setembro de 1985

A chamada ocorreu à uma e meia da tarde de quinta-feira. O agente especial de segurança Jerry Brown, da CIA, disse a Howard que havia um assunto importante que precisava ser tratado com o FBI. Conforme escreveu David Wise em seu livro de 1988 sobre o caso Howard, o FBI queria encontrar-se com ele no hotel Hilton em Santa Fé, a pouca distância a pé do escritório de Howard na legislatura estadual. Howard concordou.

O companheiro de Jerry Brown na confrontação inicial planejada era o agente especial Michael Waguespack, amplamente considerado um dos melhores entrevistadores da agência. Phil Parker, um dos principais agentes do FBI encarregados da investigação de Howard, o escolhera a dedo para aquela conversa. A função de Brown era fornecer profundidade e continuidade; era o "agente de som", o que melhor conhecia os resultados do *grampeamento* do telefone da casa de Howard e por isso tinha maior familiaridade com seu estado de espírito.

Ao chegar ao Hilton, Howard encontrou Brown, Waguespack e seu ex-supervisor na CIA, Tom Mills, a quem já não via há mais de um ano. O papel de Mills era fazer com que Howard falasse abertamente com os dois agentes. Após dizer algumas palavras de estímulo, Mills saiu do quarto do hotel. Nesse ponto, a vida de Edward Howard começou a desmoronar.

Waguespack começou a entrevista mostrando a Howard um exemplar do jornal *Washington Post*, no qual havia uma reportagem sobre a deserção de Oleg Gordievsky para a Grã-Bretanha. Disse a Howard que Gordievsky o identificara como agente soviético. Isso era mentira, uma história fictícia inventada pelo FBI a fim de proteger Yurchenko, cuja defecção ainda não tinha sido reportada publicamente.

Howard negou a acusação e Waguespack perguntou se aceitaria submeter-se a um teste do detector de mentiras. Com amargura, Howard respondeu que nunca mais faria outro teste no polígrafo, porque isso havia destruído sua carreira na CIA. Disse que queria um advogado e Waguespack lhe deu um prazo de vinte e quatro horas.

De volta a seu escritório, Howard telefonou à mulher, Mary, e disse que o FBI o estava acusando de ser agente soviético. Em seguida foi de carro para casa e desta vez a vigilância do FBI foi ostensiva e óbvia durante todo o trajeto. Ao chegar a casa, Howard viu dois agentes do FBI que queriam falar com sua mulher. Entrou em casa e imediatamente chamou seu advogado, Mort Simon, contando-lhe o que se passava. Simon o aconselhou a não falar, e Howard foi ao encontro de Mary do lado de fora, afastando-a dos agentes.

Dentro de uma hora o psiquiatra de Howard, Dr. Michael Dudelcyzk, telefonou para dizer que o FBI lhe havia feito perguntas sobre ele. Howard tentou explicar e pediu a Dudelcyzk uma receita de tranqüilizante para se acalmar.

Naquela noite, Howard ligou para Bosch e revelou-lhe que o FBI estava à procura dele próprio e não de Bosch. Finalmente, antes de deitar-se, deu uma volta a pé pelo bairro a fim de verificar a vigilância. Encontrou um furgão comercial não longe de sua casa.

Ilha Padre do Sul, Texas, 6h00, 20 de setembro de 1985

Batidas insistentes à porta de seu apartamento à beira-mar fizeram Bill Bosch levantar-se da cama. Dois homens que se identificaram como agentes do FBI disseram querer conversar com ele sobre sua relação com Edward Lee Howard. Bosch falou brevemente com os agentes e concordou em encontrar-se com eles novamente no dia seguinte para um exame no detector de mentiras.

Enquanto isso, em Santa Fé, Howard agia de maneira despreocupada. Seu chefe no Legislativo estadual, Phil Baca, havia sido entrevistado pelo FBI e percebeu que Howard estava encrencado, mas se surpreendeu com a calma que ele demonstrava. Ao fazer uma apresentação formal naquela manhã, Howard não parecia estar sob pressão intensa. Depois do almoço, ele disse a Baca que precisava faltar ao serviço na parte da tarde a fim de preparar-se para uma viagem a serviço a Austin, no Texas, marcada para segunda-feira. Disse também a Baca que poderia ser contatado por agentes federais que lhe fariam perguntas sobre ele e suas viagens. Assegurou que não se tratava de coisas importantes.

Ao sair da Assembléia Legislativa, Howard retirou 300 dólares de sua conta bancária, parou no escritório de Mort Simon para pegar o nome de um advogado de Albuquerque especializado em legislação criminal federal e em seguida foi para casa a fim de apanhar Mary para fazer compras. Empurrando junto com ela o carrinho de compras nos corredores do supermercado Safeway em Santa Fé, Howard reconheceu um dos membros da equipe de vigilância do FBI e aproximou-se dele dizendo que queria ter outro encontro.

Surpreso, o agente fez uma chamada telefônica rápida e disse a Howard que Jerry Brown o esperaria no hotel Hilton de Santa Fé.

Num breve encontro com Brown e Waguespack, Howard disse que na segunda-feira já teria um advogado criminal e que cancelaria a viagem a Austin. Poderiam encontrar-se nesse dia. No fim da tarde de sexta, o FBI acreditava ter tudo sob controle em Santa Fé.

Moscou, 20 de setembro de 1985

O resumo de imprensa relatou o desastre em linguagem clínica, no que se transformaria num constante pesadelo para a CIA:

> Agência Tass foi autorizada a anunciar o seguinte:
>
> A Comissão do Estado para Segurança da URSS descobriu e prendeu um agente dos serviços especiais dos Estados Unidos – A. G. Tolkachev, funcionário de um instituto de pesquisa em Moscou. O espião foi preso no momento em que entregava materiais secretos relativos à defesa a Paul M. Stombaugh, agente da CIA norte-americana, que trabalhava com a falsa qualidade de segundo secretário da embaixada dos Estados Unidos em Moscou.
>
> Verificou-se que os serviços especiais norte-americanos forneciam a Tolkachev máquinas fotográficas em miniatura especialmente construídas, com as quais ele fotografava documentos secretos, além de códigos, cifras e aparelhos de rádio para comunicação, e outros equipamentos de espionagem. Os poderosos venenos entregues ao espião pelos norte-americanos foram também confiscados.
>
> Todo esse equipamento e as instruções da Agência Central de Inteligência dos Estados Unidos descobertas na residência de Tolkachev mostram que suas atividades de espionagem estavam ligadas aos planos da CIA de executar ações subversivas de ampla escala contra a União Soviética. A investigação prossegue.

Não houve surpresa. Mesmo assim, o anúncio da Tass causou desânimo em Langley.

Santa Fé, 9h00, 21 de setembro de 1985

Edward Lee Howard trabalhava metodicamente. Conseguira deter o FBI até segunda-feira, mas isso significava que precisava agir imediatamente. Começou a aproveitar seu treinamento. Cerca de nove horas da manhã saiu de casa com a mulher e ficaram percorrendo de automóvel a cidade, procurando lugares que pudesse utilizar para escapar à vigilância do FBI. Planejava empregar uma tática que aprendera no curso de Operações Internas: saltaria do carro em movimento quando a mulher dobrasse uma esquina. Era um velho truque da CIA para aproveitar o intervalo de poucos segundos em que estariam fora da visão dos observadores. Mas o plano de Howard tinha uma variação: assim que ele saltasse do carro, a mulher apertaria um botão que faria aparecer um boneco no assento a seu lado. Quando a vigilância os avistasse novamente, continuariam a ver duas pessoas no carro. O boneco (que no jargão da CIA era conhecido como "Jib" para indicar o que em inglês se chama *jack-in-the-box*, ou "caixa de surpresas") era tosco, porém à noite e visto por trás poderia enganá-los durante tempo suficiente para que Howard escapasse.

Voltando à casa, Howard fez uma gravação numa fita para que a mulher usasse num telefonema a seu psiquiatra, a fim de parecer que ele desejava marcar uma consulta na semana seguinte. Naquela tarde, uma *baby-sitter* foi à casa para cuidar do filhinho, que se chamava Lee. Howard e a mulher disseram que iam jantar fora em Santa Fé. Após despedir-se do filho mais ou menos às quatro e meia, Howard partiu de carro com Mary.

Por algum motivo a equipe de vigilância do FBI não os viu e não percebeu que Howard tinha saído de casa. Embora a agência tivesse uma viatura estacionada a poucas centenas de metros com câmeras de televisão patrulhando a área e uma linha de visão sem obstáculos, o agente novato dentro da viatura não viu o casal se afastando. Phillip Parker, que era então o subchefe mais graduado da divisão de contra-espionagem do FBI, recorda que a agência havia colocado unidades de vigilância nas proximidades, prontas para seguir Howard. Mas era preciso que fossem avisadas quando ele saísse de casa, para que se organizassem a fim de acompanhá-lo. Como o calouro que estava na viatura não avisou a partida dele, as equipes não ficaram sabendo que era hora de segui-lo.

– O ponto fraco foi o homem que estava na viatura, e o grande erro foi ter colocado lá um agente em primeira missão – diz Parker.

Naturalmente, Howard não sabia que não estava sendo seguido e por isso ele e Mary executaram o complicado plano para escapar do FBI. Jantaram num restaurante em Santa Fé e Howard ligou para casa a fim de falar com a *baby-sitter*, imaginando que isso tranqüilizaria os vigias do FBI, que acreditariam saber exatamente seu paradeiro. Mas o FBI novamente perdeu a pista: ninguém percebeu que Howard estava no restaurante ligando para casa, e não em casa ligando para fora.

Howard saiu do restaurante de carro às sete horas, com a mulher dirigindo. Na curva que havia identificado naquela manhã fez subir o "Jib" e saltou do veículo, ocultando-se atrás de umas moitas. Mary continuou o trajeto, e Edward Lee Howard ficou "no escuro" na noite de Santa Fé. Quando Mary chegou de volta a casa, o agente do FBI que estava na viatura se espantou; não sabia que o casal havia saído de casa. Mas ao ver o "Jib" no assento a seu lado, o agente respirou de alívio. Pelo menos, pensou, os dois tinham voltado.

Naquele dia o FBI teve mais êxito com William Bosch, na ilha Padre do Sul. O ex-agente da CIA tinha concordado em submeter-se a um teste do detector de mentiras e contou ao FBI suas conversas com Howard. Disse que este sugerira que ambos se vingassem da CIA viajando à Cidade do México para apresentar-se aos soviéticos como voluntários. O pior presságio por ele revelado foi a frase de Howard "Agora eu fiz mesmo". Com as declarações de Bosch, o FBI parecia pronto a conseguir a causa provável necessária para a detenção de Howard. Mas isso poderia ficar para a segunda-feira.

Enquanto isso, Howard chegou à sua sala vazia na Assembléia Legislativa, datilografou uma carta a Phil Baca e tomou o ônibus de um hotel para o aeroporto de Albuquerque. Ironicamente, o ônibus fez uma parada diante do hotel Hilton, onde estavam os agentes que esperavam para interrogar Howard. Mas o FBI novamente deixou de localizá-lo e a viagem de Howard a Albuquerque não teve surpresas. Entrou no primeiro vôo disponível para Tucson, no Arizona, e em breve desapareceu, fazendo os agentes de vigilância do FBI de bobos.

Após passar a noite num motel do aeroporto, Howard tomou um vôo de manhã cedo para St. Louis e Nova York. No primeiro trecho da viagem, ficou sentado ao lado do artista de cinema Lee Marvin. Os dois conversaram sobre o livro que Howard estava lendo, *The Hunt for Red October* (A Caçada ao Outubro Vermelho), de Tom Clancy. Howard trocou novamente de avião em Nova York e no domingo à noite já estava a caminho da Europa, quando o FBI finalmente descobriu seu desaparecimento.

13

Montreal, 24 de setembro de 1985

Chuck Medanich, no papel de padre confessor, preparava-se para o pior, que viria dos altos escalões de Washington. Medanich tinha o dom de compreender as pessoas, de entender o coração humano, e sabia que aquela busca patrocinada pela CIA para encontrar o amor da vida de Vitaly Yurchenko teria no máximo uma pequena possibilidade de dar certo.

Yurchenko viera aos Estados Unidos dois meses antes sem a mulher nem a filha e o filho adotivo, e na verdade não demonstrou muito remorso por havê-los deixado em Moscou. Deve-se dizer que não deixou de esclarecer ao primeiro agente da CIA que encontrou ao entrar na embaixada dos Estados Unidos em Roma que queria discrição sobre sua defecção, na esperança de que as autoridades soviéticas não se sentissem obrigadas a punir sua família devido à publicidade negativa. Havendo arriscado sua sorte sem os familiares, Yurchenko sentiu-se responsável por assegurar que fossem tratados corretamente pelas autoridades soviéticas. Sem ter provas de que ele tivesse desertado, os soviéticos de tendências legalistas teriam de ser cuidadosos com a família dele.

A esposa não fazia parte do sonho de Yurchenko de iniciar nova vida no Ocidente. Em vez disso, o sonho tinha a ver com sua amante secreta, Valentina Yereskovsky. Vitaly e Valentina haviam se apaixonado um pelo outro anos antes, quando ambos gravitavam na comunidade diplomática soviética em Washington. Entre 1975 e 1980, Yurchenko servira como agente de segurança na *Rezidentura* da KGB na capital norte-americana, enquanto Valentina, casada com um diplomata soviético, trabalhava como pediatra para a comunidade soviética. Apaixonado, Yurchenko ansiava por algum dia, de alguma forma, conseguir escapar com ela para uma vida distante das complicações do casamento e da segurança da KGB.

Na casa segura na Virgínia, o coronel recordava com satisfação a Washington romântica onde ele e Valentina haviam estado juntos por tão pouco tempo. Os dois tinham se separado quando Yurchenko fora transferido de volta a Moscou, deixando o agente da KGB a construir seus sonhos em torno de seu amor por ela. Finalmente, passou a acreditar que Valentina estaria pronta para viajar com ele em curto prazo. Bastava que ele aparecesse.

A CIA concordou em organizar uma reunião dramática entre Vitaly e Valentina em Montreal, onde o marido dela estava agora em missão. Os riscos para a CIA e Yurchenko eram elevados, mas talvez Valentina realmente quisesse fugir com ele, e suas perspectivas na nova vida seriam mais risonhas. O coronel adquirira confiança em Medanich, e o texano, que não era de meias palavras, o acompanharia para auxiliá-lo no trauma daquele encontro.

Por seu lado, Medanich passara a respeitar Yurchenko: ele parecia superior aos demais desertores soviéticos com os quais tratara durante a carreira. Yurchenko tinha um lado puritano e adotava uma dieta espartana (se bem que muito estranha). Gostava de preparar língua de boi e outras especialidades culinárias russas que acreditava serem boas para seus problemas de estômago. Nunca expressou interesse em que a CIA conseguisse mulheres para si, nem se dedicava a outros vícios. A morte recente da mãe, de câncer do estômago, o convencera de que sua hora chegaria em breve, e embora a perda parecesse haver estimulado sua decisão impulsiva de desertar, isso não significava que fosse pessoa de impulsos incontroláveis. Medanich concluiu que se tratava de um homem honrado. Tinha contado alegremente à CIA tudo o que sabia sobre as operações da KGB, fornecera a pista que levara a CIA e o FBI a Howard, e tudo o que desejava agora era encontrar-se com a mulher que amava e iniciar nova vida do lado norte-americano da Guerra Fria.

Para Medanich, a noite anterior à viagem a Montreal foi como a véspera de um baile do tempo de ginásio. O norte-americano providenciou para que o coronel cortasse o cabelo e obtivesse um terno novo, a fim de apresentar-se à namorada da melhor maneira possível.

Yurchenko partiu de avião de Washington, com Medanich e uma equipe de segurança da CIA, até uma base militar próxima a Plattsburg, no estado de Nova York. Em seguida, o pequeno grupo atravessou de automóvel a fronteira canadense para encontrar o chefe do posto da CIA no Canadá e um dos principais entrevistadores de Yurchenko, Colin Thompson, agente da Divisão

Soviética encarregado da contra-espionagem na Europa Oriental. O governo do Canadá forneceu segurança e apoio logístico para a visita, a fim de certificar-se de que a KGB não procuraria agarrar Yurchenko enquanto ele estivesse fora dos Estados Unidos.

O coronel e seus acompanhantes passaram uma noite num hotel em Montreal sob os olhos vigilantes do pessoal de segurança canadense. Os canadenses não queriam que ele saísse à rua à noite, mas Medanich percebeu que ele estava tão nervoso, caminhando sem parar para lá e para cá no quarto, que precisava sair. Finalmente o agente norte-americano prevaleceu sobre os canadenses e levou-o para um passeio a pé, acompanhado de perto por uma tensa equipe local de segurança.

Valentina havia regressado de férias em Moscou pouco antes de Yurchenko e seu grupo da CIA chegarem a Montreal. A CIA procurou organizar um encontro com ela logo após o regresso, temendo que os soviéticos soubessem do relacionamento entre os dois, achando que se agissem com rapidez os russos não teriam tempo suficiente para planejar uma cilada.

O plano era simples: Yurchenko iria ao apartamento de Valentina na hora do almoço, quando o marido estivesse no trabalho, e ela provavelmente seria uma das poucas pessoas no prédio. A segurança canadense vigiava o local, com sentinelas postados do outro lado da rua mandando sinais de rádio a um posto de comando improvisado e agentes secretos disfarçados de operários de manutenção colocados no corredor. Estavam prontos a agir ao menor sinal de problemas.

Quando o coronel bateu à porta do apartamento, Valentina parecia estar à espera. Os sonhos dele, porém, foram em breve despedaçados. Ao pedir que ela fosse embora dali com ele, ela respondeu severamente que não. Mais tarde, Yurchenko confidenciou a Medanich o que ela dissera. Tinha dito que amava um coronel da KGB, não um traidor.

– Amei dois homens em minha vida – dissera ela. – Meu pai e você. Meu pai já morreu, e você está morto para mim. Você nada mais é do que um traidor.

A rejeição foi muito emotiva, muito russa e absolutamente devastadora. Valentina nem sequer deixou que ele entrasse no apartamento; todo o diálogo ocorreu à porta e durou somente dois ou três minutos. Com a cabeça rodando, Yurchenko conseguiu descer, entrar no carro e voltar a uma vida que agora já não comportava sonhos.

Colin Thompson saiu de Montreal sem ter certeza de que Valentina realmente tivesse compartilhado o sonho de Yurchenko de que os dois fossem viver juntos. Thompson não se afeiçoara ao russo, pelo menos não tanto quanto Medanich, e ficou pensando que a idéia do coronel de que Valentina fugisse com ele fosse somente uma fantasia para evitar uma existência solitária como desertor soviético nos Estados Unidos.

Após um breve reconhecimento de contravigilância para se certificarem de que não estavam sendo seguidos, o motorista de Yurchenko dirigiu-se à fronteira. Os canadenses facilitaram a saída de Montreal, bloqueando o tráfego.

Yurchenko pouco falou no carro enquanto se afastavam da cena de seu fracasso amoroso. Contou sem emoção a Medanich o que ela dissera mas pouco acrescentou de seus próprios pensamentos. Como bom agente da KGB, não quis revelar muito diante de um motorista que não conhecia bem. E Medanich não foi indiscreto; o sofrimento era evidente.

Estava chovendo muito quando chegaram de volta a Plattsburg; o resto de uma tempestade tropical açoitava o nordeste dos Estados Unidos. O clima combinava com o mau humor de Yurchenko. Enquanto estava em Montreal, a história de sua deserção aparecera no *The Washington Times* e os demais jornalistas na capital norte-americana procuravam detalhes. Alguns agentes da CIA tiveram o terrível pressentimento de que as informações tivessem partido diretamente do diretor da CIA, William Casey, que ansiava por artigos positivos devido ao recrudescimento das controvérsias sobre as atividades agressivas da agência na América Central, especialmente a minagem dos portos nicaragüenses.

Yurchenko descobriu o vazamento da história da pior forma possível: pegou um jornal de Montreal e viu um artigo sobre ele, justamente na ocasião em que estava sendo rejeitado por Valentina. Perdeu ao mesmo tempo o amor e o anonimato, e sua amargura aumentou.

Naquela noite, no clube dos oficiais da base, Yurchenko tomou um drinque; foi a única vez em que bebeu diante de Medanich. Mesmo nessa ocasião, limitou-se a uma só dose.

O tempo se abriu na manhã seguinte e ao embarcarem no avião sob um sol brilhante para a viagem a Washington, o ânimo do coronel pareceu melhorar quando ele parou na porta do avião, respirando o ar da manhã. Mas durante o vôo deu a impressão de estar lutando contra seu destino. Estava convencido de que a KGB tinha feito uma lavagem cerebral em Valentina, fazendo-a voltar-se contra ele. Agora, pela primeira vez, tinha de pensar na vida sem ela.

Voltou-se para Medanich.

– Você não é casado – observou. – Como é a vida de solteiro?

– Já fui casado e já fui solteiro – respondeu Medanich, sem saber que resposta Yurchenko esperava. – Há vantagens nas duas maneiras.

De volta a Washington, o humor de Yurchenko piorou. Sem Valentina, tornou-se mais difícil para ele aceitar o menosprezo que percebia. Sua ira contra as indiscrições da imprensa aumentou, e ele achou que seus controladores o estavam exibindo ao mundo e reduzindo suas opções.

Em meados de outubro, Medanich e outros na CIA compreenderam que Yurchenko precisava de alívio. Talvez uma viagem ao oeste do país o fizesse deixar de lado seus problemas, esquecer Valentina. Desta vez, Medanich não estaria por perto para tranqüilizar os nervos do coronel. Colin Thompson o substituiu, fazendo uma turnê pelo oeste com o restante da equipe. Thompson e Yurchenko não se deram bem, o que estragou a viagem quase desde o começo.

Após irem de avião a Phoenix, Yurchenko e seus acompanhantes seguiram por terra para o Grand Canyon, Las Vegas, o Brice Canyon e Utah. A idéia era que ele descansasse e conhecesse o país, mas a viagem somente confirmou seu temor de não se adaptar àquela cultura estranha. Longe de Washington, percebeu que era mais difícil fazer-se entender por pessoas pouco habituadas a seu forte sotaque estrangeiro. Sentia-se embaraçado quando os garçons não compreendiam o que desejava comer. Foi a primeira vez em que ficou exposto à vida fora da proteção criada pela CIA, e sentiu-se confuso. Mais tarde confessou a Medanich que se sentira como um bebê, um orgulhoso oficial da KGB que agora se via incapaz de fazer sozinho as coisas necessárias.

Em Las Vegas, Yurchenko se decepcionou quando seus acompanhantes se ofereceram para trazer-lhe uma prostituta. Evidentemente, os prazeres de Las Vegas – jogo, sexo e bebida – não o atraíam.

O ponto alto da viagem ocorreu quando o grupo foi interceptado no interior do Arizona por um agente do FBI que trazia um álbum de fotografias de suspeitos para que Yurchenko o examinasse. O FBI estava ansioso por encontrar o espião da Agência de Segurança Nacional que havia revelado aos soviéticos uma das mais dispendiosas operações de escuta da história dos Estados Unidos. Yurchenko já havia verificado outros álbuns de fotografia de funcionários da NSA sem chegar a um resultado. Daquela vez, porém, o FBI ampliou a busca, incluindo uma foto de um ex-funcionário. Em pouco tempo o coronel identificou Ronald Pelton, que saíra da NSA antes de começar a espionar e que tinha visitado a embaixada soviética.

Logo que Yurchenko identificou a foto de Pelton, no entanto, Thompson percebeu nele uma mudança. O coronel compreendeu repentinamente que ao identificar Pelton poderia ter de testemunhar pessoalmente num tribunal, confirmando assim publicamente sua defecção. Isso quase certamente faria com que as autoridades soviéticas tomassem medidas contra sua família, e tornaria impossível seu regresso eventual à pátria. Mais tarde, Thompson achou que naquele momento Yurchenko começou a pensar em uma forma de escapar de sua nova vida.

Após o regresso da viagem, Medanich viu que as perspectivas de Yurchenko em nada haviam melhorado. Pelo final de outubro, pareceu-lhe que o coronel mergulhava num distanciamento emocional e mental. Medanich era pessoa instintiva, e desde algum tempo vinha tendo maus pressentimentos sobre o caso de Yurchenko. Sempre que ia à casa segura próxima a Fredericksburg para visitá-lo, sentia um estranho presságio. Não podia ter certeza, mas quando caminhava com ele às margens do lago que existia na propriedade, às vezes lhe parecia que estavam sendo vigiados. Houve pequenos incidentes que aumentaram suas suspeitas, como por exemplo pessoas estranhas que passavam de automóvel pela alameda que levava à casa. Nunca houve indícios que essas pessoas quisessem observar Yurchenko, mas tantas coincidências não agradavam a Medanich.

Além disso, o humor de Yurchenko mudava rapidamente. Medanich finalmente escreveu um memorando em que expunha seus temores, advertindo que se algo não fosse feito logo, Yurchenko poderia cessar sua cooperação com o governo dos Estados Unidos. No início de novembro, o memorando continuava na mesa de Burton Gerber. Mais tarde, Medanich se arrependeu por não haver usado termos mais fortes em seu memorando e avisado que Yurchenko poderia desertar de volta.

Mesmo antes de ler o memorando de Medanich, Gerber começou a notar sinais de problemas. Em meados de outubro, Gerber visitou Yurchenko na casa segura, acompanhado por Murat Natirboff, que por acaso estava em Washington e pedira para ver Yurchenko. Natirboff disse a Gerber que desejava conversar com o russo sobre operações da KGB em Moscou.

Deixando Natirboff para trás, Gerber e Yurchenko caminharam juntos pelo terreno da casa. Calmamente, mas com firmeza, o coronel disse a Gerber que não se sentia à vontade com o vazamento dos boatos sobre sua presença, que a essa altura já eram uma torrente.

– Sr. Gerber, como posso confiar em sua agência quando tudo que lhe digo acaba saindo nos jornais?

No dia seguinte, Gerber relatou a seus colegas as palavras de Yurchenko, e disse que não tinha como responder. O russo tinha razão: a CIA o decepcionara. Geber mandou um memorando a seus superiores, advertindo sobre as preocupações de Yurchenko e prevendo os problemas que poderiam ocorrer.

14

Alexandria, Virgínia, 4 de de outubro de 1985

Ao receber a correspondência do dia em sua casa, Viktor M. Degtyar, agente da linha PR na *Rezidentura* da KGB em Washington, encontrou uma carta a ele endereçada, com um carimbo que denotava ter sido expedida no dia 1º de outubro, do condado de Prince George, no estado de Maryland. Dentro havia um segundo envelope com a inscrição: "NÃO ABRA. LEVE ESTE ENVELOPE INTACTO A VICTOR E. CHERKASHIN". Não havia nome e endereço do remetente em nenhum dos dois envelopes, mas certamente o expedidor da carta conhecia as operações da KGB em Washington. Mandar uma carta pelo correio à casa de um agente da KGB evitava os riscos de formas mais diretas de chegar aos agentes soviéticos de inteligência sob a vigilância do FBI. O simples fato de que o remetente soubesse o nome e o endereço particular de um agente da KGB – o nome do homem encarregado da contra-espionagem na *Rezidentura* – mostrava que a carta deveria ser levada a sério.

Uma vez entregue à *Rezidentura,* e depois de aberta e lida, não podia haver dúvidas na KGB a respeito de sua importância:

> Caro Sr. Cherkashin:
>
> Em breve mandarei uma caixa com documentos ao sr. Degtyar. Referem-se a alguns dos projetos mais sensíveis e altamente secretos da comunidade de inteligência dos Estados Unidos. São todos originais, o que facilitará a verificação de sua autenticidade. Em proveito de nossos interesses de longo prazo, peço notar que existem muito poucas pessoas autorizadas a ter acesso a eles. Em conjunto, seu de-

> saparecimento me incriminaria pessoalmente. Tenho certeza de que um agente com a sua experiência os tratará de maneira adequada. Creio que são suficientes para justificar um pagamento de 100 mil dólares a mim.
>
> Devo adverti-lo de certos riscos para minha segurança que talvez não sejam de seu conhecimento. Recentemente, seus agentes tiveram alguns problemas. Advirto que o Sr. Boris Yuzhin (Linha PR, São Fr.), o Sr. Sergey Motorin (Linha PR, Wash.), e o Sr. Valeriy Martynov (Linha X, Wash.) foram recrutados por nossos "serviços especiais".
>
> (...) Os detalhes a respeito do pagamento e contatos futuros serão enviados pessoalmente ao senhor. Estou pronto a receber sugestões, mas não desejo contatos especializados. Em nossas futuras comunicações acrescentarei 6 aos meses, dias e horas mencionados (o Sr. subtrairá 6).

Como se a carta não bastasse, o voluntário acrescentava ainda informações sobre desertores soviéticos recentes para os Estados Unidos e sobre algumas das operações técnicas mais sensíveis contra as atividades da inteligência soviética no país.

Stanislov Androsov, o *Rezident* da KGB, e Viktor Cherkashin, chefe da contra-espionagem da *Rezidentura*, perceberam imediatamente que aquele voluntário era genuíno. A carta confirmava algumas das informações que Cherkashin recebera de Aldrich Ames alguns meses antes, e a KGB estava já convencida de que Ames não era agente duplo. Tal como o novo voluntário, Ames também havia denunciado Martynov, Motorin e Yuzhin, e em conseqüência os três já se encontravam sob suspeita. É verdade que Martynov fora autorizado a tirar as férias de verão na Rússia, e a regressar posteriormente aos Estados Unidos, depois que Ames o identificara como espião, talvez porque os soviéticos ainda não tivessem certeza da lealdade de Ames ou de suas informações. Mas aquela nova fonte fornecia confirmação.

O autor da carta não revelara sua identidade, mas para um agente experiente como Cherkashin, a missiva oferecia muitas pistas sobre o local onde trabalhava. Por meio de Ames, a KGB sabia que os espiões de Washington dentro da *Rezidentura* e outras repartições nos Estados Unidos eram controlados conjuntamente pela CIA e pelo FBI. Um agente da CIA como Ames, que tinha amplo acesso aos programas soviéticos da agência, também poderia ter conhecimento de agentes russos em Moscou e outros lugares no exterior. Não seria esse o caso se se tratasse de um agente do FBI. Em contraste, um agente do FBI que cuidasse de contra-espionagem teria mais conhecimento detalhado de operações dirigidas contra os soviéticos nos Estados Unidos. Mais tarde, Paul Redmond observaria que, em sua opinião, Cherkashin precisara de cerca de trinta segundos para chegar à conclusão de que a carta vinha de um agente do FBI.

O autor da carta percebera que os segredos que pretendia entregar aos soviéticos poderiam incriminá-lo, ainda que não revelasse seu nome à KGB. Na carta, ele reconhecia que a "caixa de documentos" que planejava mandar a Degtyar o incriminaria "em seu conjunto".

Androsov e Cherkashin sabiam de que maneira proteger o voluntário. No início do ano, ambos haviam viajado a Moscou para informar a sede a respeito de Ames, em vez de enviar um telegrama. Agora, a KGB deu ao novo voluntário o codinome B e aos poucos criou um ambiente operacional no qual ele pudesse dar frutos. Em 15 de outubro, Degtyar recebeu em casa um pacote que continha grande número de documentos confidenciais, remetidos por B. Androsov e Cherkashin mal acreditavam na sorte que tinham tido; nem cinco meses após a aparição de Ames, aquele novo voluntário anônimo começava a fornecer material igualmente assombroso, vindo do coração da comunidade de inteligência norte-americana. A *Rezidentura* da KGB em Washington, que sofrera o golpe da prisão de John Walker no início do ano, havia encontrado agora um rico filão.

Às 8h35 do dia 16 de outubro, o pessoal de vigilância que observava rotineiramente a embaixada soviética viu Degtyar chegar para o trabalho com uma grande bolsa de lona, que normalmente não costumava usar. Anotaram devidamente esse detalhe em seus registros e aquele pequeno fragmento de informação permaneceu nos arquivos da vigilância do FBI durante os anos seguintes, sem explicação e aparentemente sem importância.

Enquanto isso, Viktor Cherkashin começou a imaginar meios de convencer Valeriy Martynov a regressar a Moscou sem despertar-lhe suspeitas.

Nova York, início de outubro de 1985

Já estava feito. Havia posto a carta no correio no caminho de regresso a Washington para participar de uma reunião na sede do FBI. Ainda que a KGB concluísse que viera de algum funcionário dessa agência, seria difícil rastreá-la a um agente supervisor do escritório de Nova York. Enviá-la à casa de Degtyar proporcionara proteção adicional; Robert Hanssen sabia que o FBI não examinava rotineiramente a correspondência pessoal dirigida aos endereços particulares dos agentes da KGB. Afinal, os únicos que sabiam onde moravam os agentes da KGB eram alguns funcionários da CIA e do FBI. Não havia motivos para interceptar sua correspondência particular.

Hanssen havia sido transferido para Nova York dez dias antes. Seria sua segunda temporada de trabalho na cidade, e a segunda como espião soviético. Em 1979, poucos meses depois de haver sido destinado ao trabalho de contra-espionagem em Nova York, tinha ido ao escritório da AMTORG, instituição comercial soviética que servia de cobertura para o GRU, e oferecera seus serviços como espião. Como agente especial do FBI ainda no estágio inicial, possuía acesso limitado aos segredos da agência. Mesmo assim, conseguiu revelar aos russos a identidade de um dos espiões mais importantes e mais duradouros na hierarquia soviética, uma fonte conhecida no FBI como TOP HAT e na CIA como BOURBON. TOP HAT era o general do GRU Dmitri Polyakov, recrutado inicialmente pelo FBI quando estivera em Nova York no início da década de 1960. Hanssen também entregara a lista confidencial dos diplomatas soviéticos suspeitos de serem agentes de inteligência, fazendo com que os russos ficassem sabendo o quanto o FBI conhecia sobre suas operações de inteligência nos Estados Unidos e quais os agentes que até o momento haviam escapado à detecção.

Os soviéticos reagiram de maneira estranha às informações de Hanssen sobre Polyakov. No momento em que Hanssen o denunciou, o general servia na Índia. Foi chamado de volta a Moscou pelo GRU em 1980 e aparentemente aposentou-se pouco depois; a CIA perdeu o contato com ele em Moscou. Polyakov somente foi preso em 1986, anos depois da aposentadoria, época em que também foi identificado por Aldrich Ames. Os soviéticos acharam necessário obter confirmação para prender um general.

Hanssen deu informações ao GRU até que a mulher descobriu suas atividades de espionagem em 1980. Ao ir a seu encontro no pavimento do subsolo da casa em que moravam em Scarsdale, Nova York, ele repentinamente ocultou a ela o que estava fazendo. Temerosa de que ele tivesse um romance secreto, ela começou a interrogá-lo, e finalmente ele confessou que não existia outra mulher; estava na verdade dando informações à União Soviética. Convenceu-a de que estava enganando os russos, fornecendo-lhes informações sem importância em troca de dinheiro.

Bonnie Hanssen, católica devota que na época estava grávida do quarto filho do casal, ficou surpresa. Acreditou no marido quando ele afirmou que estava "enganando" os russos, mas compreendeu que Bob estava jogando um jogo extremamente perigoso. Disse que achava "uma loucura" o que ele estava fazendo e que isso poderia acarretar sua demissão do FBI.

Preocupada com o futuro da família, Bonnie persuadiu o marido a ir junto com ela conversar com um sacerdote que conheciam. Bob e Bonnie eram membros de uma pequena organização católica conservadora chamada Opus Dei e foram visitar o padre Robert Bucciarelli na sede da organização, no condado de Westchester. Bucciarelli inicialmente aconselhou Hanssen a entregar-se ao FBI. Naquela noite, Bonnie chorou até conseguir dormir, temerosa do que pudesse acontecer à sua família. Mas no dia seguinte o padre telefonou e pediu que o fossem visitar novamente. Dessa vez sugeriu uma saída: se Bob desse a instituições de caridade o dinheiro que recebera dos soviéticos e concordasse em não mais praticar espionagem, não seria necessário entregar-se às autoridades. Aliviado, o casal Hanssen voltou para casa. Bob prometeu a Bonnie que não continuaria a tratar com os soviéticos e que mandaria o dinheiro para madre Teresa.

Mas Hanssen tinha um problema: já gastara parte do dinheiro que tinha recebido. Bonnie estava decidida a cumprir a promessa ao padre Bucciarelli e fez questão de que Bob restituísse a quantia total – cerca de 30 mil dólares – e não apenas o que restara. Bob viu que isso significaria fazer remessas parceladas a madre Teresa durante vários anos. Em conseqüência disso, a família ficaria ameaçada de falência.

Bonnie procurou assegurar-se de que ele estava fazendo as remessas – e de que deixara de espionar. Periodicamente perguntava ao marido se estava mandando o dinheiro a madre Teresa e também o interrogava astuciosamente sobre se havia reiniciado o relacionamento com os russos. Sim, respondia Bob, estou fazendo as remessas. Não, asseverava, já não estou tratando com os russos. Mostrava-se agastado cada vez que ela lhe cobrava a promessa de não mais trabalhar para os soviéticos. Afinal, o casamento depende da confiança.

A família Hanssen se mudou para Washington quando Bob foi removido para a sede a fim de ocupar uma função importante na contra-espionagem, e em 1985 pôde finalmente dizer à mulher que havia terminado de pagar a dívida a madre Teresa. Depois de vários anos de dificuldades pecuniárias, a família já não tinha uma obrigação financeira secreta que lhe dificultava a vida.

Em outubro de 1985, Bob foi novamente transferido para Nova York, e desta vez Bonnie resolveu manter um estilo de vida modesto para que o marido não se sentisse tentado a regressar ao jogo sujo, porém lucrativo, de espionar para os russos. Durante a primeira temporada em Nova York, a família morara em Scarsdale, um dos mais caros subúrbios da cidade. Desta vez, ela fez questão de habitar em lugar menos dispendioso, e a família se instalou numa casa modesta de três dormitórios em Yorktown Heights, pequena comunidade a cerca de hora e meia ao norte do centro de Nova York. Agora não havia motivos para que não pudessem viver com o salário de Bob no FBI.

Mas Bob Hanssen não conseguiu resistir à atração da espionagem. Assim, voluntariou-se novamente ao ser transferido de volta a Nova York, desta vez de forma anônima, dirigindo-se à KGB em Washington e não mais ao GRU em Manhattan. Hanssen não desejava novas escorregadelas.

Quando mandou a carta a Degtyar, Hanssen estava prestes a assumir uma função que lhe dava acesso muito mais amplo aos segredos de contra-espionagem do FBI do que tivera em sua temporada anterior como espião. Acabava de ser nomeado supervisor de uma equipe baseada no escritório de Nova York, que cuidava da contra-espionagem estrangeira e executava operações técnicas contra os soviéticos que trabalhavam nas Nações Unidas e no consulado da URSS em Manhattan.

Mais importante, tinha acabado de exercer a função de chefe da unidade que analisava as informações coligidas pelo FBI sobre as operações soviéticas de inteligência nos Estados Unidos. Também fizera parte de uma comissão especial encarregada de coordenar projetos técnicos de inteligência do FBI contra os russos. Assim, ao oferecer-se pela segunda vez como espião à União Soviética, tinha a cabeça repleta de fatos sigilosos, inclusive muitos dos que o FBI recebera da Agência Central de Inteligência.

Talvez o segredo mais explosivo revelado por Hanssen aos soviéticos tenha sido o fato de que o FBI e a Agência de Segurança Nacional haviam construído conjuntamente um túnel por baixo do novo conjunto de prédios da embaixada soviética em Washington. O conjunto ainda não estava completamente ocupado, mas o FBI e a NSA já haviam escavado o túnel a fim de interceptar conversas entre diplomatas e agentes de inteligência russos. Além disso, as firmas construtoras que trabalharam na embaixada tinham sido infiltradas por agentes do FBI, que trataram de assegurar que o conjunto funcionasse como um grande megafone. Chegaram a usar uma tinta especial que conduzia o som, inclusive nas tubulações internas, de maneira que as ondas sonoras se propagassem melhor, facilitando a captação no interior do túnel do FBI.

Hanssen revelou tantos segredos comuns ao FBI e à CIA que, quando anos mais tarde os investigadores da contra-espionagem começaram a procurar a origem dos vazamentos, acreditaram que a traição tinha ocorrido em Langley e não no FBI. Um agente inocente da CIA, que por coincidência estava envolvido em um dos casos revelados por Hanssen e costumava fazer *jogging* no mesmo parque suburbano da Virgínia onde Hanssen tinha as caixas postais secretas, iria sofrer intensa e prolongada investigação.

Talvez nem mesmo Bob Hanssen tivesse certeza do motivo pelo qual resolvera tornar-se espião. Seu caso não era comum. Ao contrário de outros que tinham se voltado para a espionagem como forma de vingança contra um sistema que lhes negara promoções, a carreira de Hanssen não tinha sido prejudicada. Oferecera-se aos soviéticos no momento em que recebeu uma promoção. A ideologia tampouco o explicava: Hanssen era católico devoto e anticomunista confesso. Vivia modestamente com a mulher e os filhos e ia para o trabalho revezando-se com os vizinhos no uso do automóvel, mesmo depois de receber dinheiro dos soviéticos. Receber dinheiro era agradável, porém havia algo mais. Talvez a única explicação seja a de que sua personalidade fosse propensa a adquirir vícios e que de alguma forma a espionagem satisfizesse seus apetites.

Nascido em Chicago e formado no College Knox, pequena faculdade de ciências humanas no estado de Illinois, Hanssen levou alguns anos para encontrar seu rumo na vida. Após formar-se em química e haver estudado o idioma russo em Knox, passou à faculdade Northwestern, para estudar odontologia, e mais tarde dedicou-se à administração de negócios e à contabilidade. Já casado com Bonnie em 1968, obteve um diploma em administração de negócios (MBA) na Northwestern em 1971 e em 1973 abriu uma firma de contabilidade, trabalhando nesse ramo por um curto período em Chicago; em seguida foi investigador financeiro da polícia daquela cidade. Quando finalmente ingressou no FBI, em 1976, já tinha quase 32 anos.

Depois de uma temporada de colaboração com uma equipe de investigação criminal em Gary, no estado de Indiana, foi transferido para Nova York em 1978 para trabalhar em temas relacionados com contabilidade, mas no ano seguinte ofereceu-se para trabalhar no escritório de inteligência do FBI em Nova York. Devido aos seus conhecimentos de administração financeira e de contabilidade, foi encarregado de auxiliar na criação de um banco de dados automatizado sobre contra-espionagem no escritório de Nova York. O banco de dados permitira ao FBI rastrear os agentes russos de inteligência que operavam nos Estados Unidos. Em 1981, logo depois de haver se afastado do GRU, foi transferido para a sede do FBI e começou a subir na hierarquia. Tornou-se agente especial de supervisão na divisão de inteligência e mais tarde passou à unidade que cuidava do orçamento auxiliando na preparação das propostas orçamentárias do FBI ao Congresso. Finalmente, em 1983, ingressou na seção analítica das atividades soviéticas. A KGB não poderia desejar um espião mais competente e bem colocado. Anos mais tarde, os investigadores norte-americanos descobririam que a KGB considerava aquele novo espião anônimo mais valioso do que Aldrich Ames.

A questão era mantê-lo informando segredos. Bob Hanssen, porém, tinha seu próprio mecanismo interno que lhe dizia quando devia espionar e quando se conservar discreto.

15

Langley, outubro de 1985

Fazia mais de uma semana que Edward Lee Howard escapara quando começaram a surgir as primeiras pistas firmes sobre seu paradeiro. O FBI rastreara sua viagem de Albuquerque a Tucson e a Helsinki, mas ali terminava a pista. No FBI, alguns acharam que ele se apresentara à KGB na Finlândia seguindo para a União Soviética sob a proteção do russos. Outros pensavam que viajara à Finlândia a fim de despitar seus perseguidores, esperando que imaginassem que ele desertara para a União Soviética e desistissem da caçada, permitindolhe assim viajar com um nome falso a algum dos lugares que conhecia na América Latina. A CIA estava convencida de que uma vez chegando à Finlândia, Howard seguiria diretamente para a União Soviética.

No início de outubro, uma fonte clandestina na embaixada soviética em Helsinki informou que tinha havido um período de dois dias de intensa atividade, no final de setembro, na *Rezidentura* da KGB. Murmurava-se que uma pessoa muito importante havia sido retirada secretamente da Finlândia, cruzando a fronteira da URSS em direção a Leningrado num veículo da embaixada soviética.

A CIA teve poucas dúvidas de que o misterioso transeunte em Helsinki fosse Howard, e o FBI levou mais tempo para acreditar que ele realmente tivesse ido para Leningrado. No livro que escreveu em Moscou, anos mais tarde, certamente com a cooperação da KGB, Howard afirmou que viajara pelo mundo antes de instalar-se em Moscou. Fez questão de dizer que até mesmo passara algum tempo nos Estados Unidos. A CIA, porém, continuou convencida de que ele entrara na União Soviética pouco depois de chegar a Helsinki.

Coventry, Virgínia, 15h30, 25 de outubro de 1985

Yurchenko parecia estar agora mais adaptado, talvez por causa de uma viagem recente ao estado de Nevada. Estávamos do lado de fora, caminhando sob o sol temperado de outubro em direção ao lago que ficava diante da propriedade em Coventry. Ele falava com certa animação de uma toca de castores que vinha observando nos últimos meses e, durante o almoço, insistiu para que fôssemos dar uma olhada. Tínhamos comido a estranha preparação de peito de galinha cozido com cenouras, feita por Yurchenko. Ele continuava a cozinhar para si, como se sofresse de uma doença fatal, e não ia além do peito de galinha e da língua de vitela. Um médico norte-americano afirmara que sua saúde estava perfeita; para sua surpresa, ele não tinha câncer do estômago e não estava prestes a morrer para ir encontrar-se com a mãe.

Durante o almoço Yurchenko me contou a história de Vladimir Vetrov, agente da Linha X (obtenção de dados sobre ciência e tecnologia) da KGB que se oferecera para espionar em favor dos franceses cinco anos antes, e que fora preso um ano e meio depois de começar essa nova carreira devido a um homicídio insensato num parque em Moscou. Poucos anos depois de iniciada a sentença de prisão por doze anos, descobriu-se que Vetrov não apenas era assassino mas também espião, e que vinha trabalhando para os franceses com o codinome FAREWELL. Yurchenko disse acreditar que Vetrov havia sido descoberto por meio das cartas que escrevia à mulher, ou talvez por um informante dentro da prisão. Não tinha certeza de qual das versões fosse a correta; tinha ouvido ambas em ocasiões diferentes.

Ao ser descoberto como espião, Vetrov recebeu ordens para redigir uma confissão completa. Ao entregar aos interrogadores da KGB em Lefortovo o bloco de notas que continha a "confissão", verificou-se que o texto manuscrito, examinado de perto pelo general Sergei Golubev, primeiro subchefe da Diretoria K, de contra-espionagem, era um dos ataques mais virulentos contra a KGB que jamais havia sido produzido dentro da própria organização. Segundo Yurchenko, Golubev leu diversas vezes as acusações de Vetrov e decidiu guardá-las fechadas à chave. Yurchenko disse que além de fustigar a KGB, Vetrov dedicava grande parte do documento a tratar com grande respeito os franceses e o Ocidente. Golubev, comunista convicto, que chefiara a equipe de interrogadores de Gordievsky meses antes e estivera implicado no tristemente famoso assassinato do escritor búlgaro Georgi Markov, com um guarda-chuva envenenado, resolveu que a confissão jamais seria publicada. Apesar disso, surgiram rumores a respeito dela e sobre a forma pela qual Vetrov aceitara sua execução sem a menor demonstração de remorso ou de medo.

Agora, caminhando em direção ao lago apoiados em bengalas feitas por Yurchenko com galhos de árvores, resolvi dizer ao desertor da KGB por que motivo havia ido visitá-lo sem aviso prévio.

– Alex, eu prometi que contaria a você caso saísse alguma coisa desagradável na imprensa.

Yurchenko franziu a testa.

– Mais coisas desagradáveis, Tom?

– Sim, Alex, é verdade. Trata-se de Artamonov.

Naquele momento um castor apareceu na superfície da água ao lado da toca, no ponto em que o lago escoava por um pequeno riacho.

– Ali, Tom! Ali está ele!

Em seguida, tão repentinamente quanto se entusiasmara ao ver o castor, o coronel ficou outra vez em silêncio. Um instante depois, perguntou:

– Qual é a coisa desagradável a respeito de Artamonov?

– Eu tinha dito que íamos procurar evitar que os jornais publicassem o que ficamos sabendo por seu intermédio a respeito da morte de Artamonov. Mas acabo de saber que dentro de uma semana isso sairá na imprensa.

A expressão de Yurchenko não se modificou enquanto me ouvia.

– Por quê?

– Por causa de nossas leis. A viúva de Artamonov iniciou uma ação judicial contra o governo dos Estados Unidos, e não temos opção a não ser informar a ela e a seu advogado as coisas que você nos contou.

– Quando acontecerá isso?

Fiquei impressionado pela tranqüilidade com que Yurchenko recebia a notícia, pois esperava uma reação muito mais dramática.

– Estive com gente do Departamento de Defesa e do FBI ontem no Pentágono. Os advogados das três agências acham que agora que temos os detalhes que você nos forneceu, somos obrigados a transmiti-los à mulher de Artamonov e a seu advogado. Isso tem de ser feito agora. Não temos alternativa.

– E eu, o que tenho de fazer? – A pergunta de Yurchenko parecia estranha, fora de contexto.

– Não entendo, Alex.

– Será preciso que eu compareça aos tribunais norte-americanos para falar sobre Artamonov?

– Ainda não. Estamos examinando nossas opções para tratar desse problema. Por enquanto, nada está ainda resolvido.

Eu esperava que minhas palavras fossem convincentes, porque a questão de saber se Yurchenko seria obrigado a testemunhar no tribunal estava longe de ser resolvida. O certo é que em poucos dias toda a sórdida história apareceria na imprensa: o rapto em Viena, o uso de clorofórmio e a forte injeção de sedativos para a curta viagem até a fronteira tcheca. Em seguida, o pânico, quando a KGB, tendo levado Artamonov ao solo "amigo" da Tchecoslováquia, descobiu que ele deixara de respirar. Houve tentativas inúteis de respiração artificial; um amedrontado agente da KGB derramou conhaque pela garganta dele e outro deu uma injeção de adrenalina. Perceberam então que Nikolai F. Artamonov estava morto. Finalmente apareceram os detalhes de uma operação de encobrimento da qual participou o secretário-geral da URSS, que mentiu a dois presidentes dos Estados Unidos. Tudo isso iria começar a sair nos jornais em poucos dias, e o homem que ficaria na berlinda, Vitaly Yurchenko, parecia tranqüilo, aceitando as coisas com muita calma.

– Você me avisará quando falarem com a mulher dele?

– Eu mesmo avisarei.

O rosto de Yurchenko iluminou-se novamente.

– Veja, Tom. O castor!

Dirigindo de volta a Washington naquela tarde, pensei que eu deveria estar me sentindo satisfeito pelo fato de Yurchenko receber com tanta calma as notícias da publicação do caso de Artamonov. Mas na verdade não estava.

Em 1959, aos 31 anos, Nikolai Artamonov era o mais jovem comandante de destróieres torpedeiros da frota soviética do mar Báltico. Enquanto seu navio se encontrava na base próxima ao porto polonês de Gdansk, ele conheceu uma bela estudante polonesa de odontologia chamada Blanka Ewa Gora. Nikolai e Ewa resolveram fugir juntos e acabaram por planejar desertar para os Estados Unidos. O comandante de Marinha tomou de assalto uma lancha a motor do destróier e foi com Ewa em direção à Suécia, atravessando o Báltico. Chegaram à Suécia e não recuaram. Artamonov tinha deixado a esposa e um filho em Leningrado.

Após a defecção, foi entrevistado pela CIA e recebeu nova identidade como Nicholas George Shadrin e um emprego na Agência de Inteligência de Defesa (DIA), como analista de acontecimentos na área naval da União Soviética. Na União Soviética, foi considerado culpado de traição e condenado à morte *in absentia*, enquanto Shadrin se dissolvia na vida suburbana dos Estados Unidos.

Tudo mudou em 1966, quando o grupo de contra-espionagem da KGB responsável pela localização de traidores da URSS descobriu Shadrin fazendo conferências em Washington, onde crescia sua reputação como analista do poderio militar soviético. A KGB resolveu organizar uma complicada operação para fazer com que Shadrin se voltasse contra a CIA e finalmente levá-lo de volta à URSS a fim de denunciar a agência e a decadência do Ocidente. O coronel da KGB Igor Kochnov foi encarregado de aproximar-se de Shadrin levando duas cartas pessoais da ex-mulher e do filho, a fim de atraí-lo. Kochnov abordou-o num supermercado da Virgínia. Shadrin fingiu-se interessado mas imediatamente delatou o contato à CIA. A agência lhe disse que convencesse os soviéticos de que concordava em espionar a favor deles. Shadrin se transformaria num agente triplo.

O caso se tornou ainda mais confuso quando Igor Kochnov, o coronel da KGB que estabelecera contato com Shadrin, ofereceu-se para espionar em favor da CIA.

A complexidade tornou-se tão grande que o FBI, a CIA e a DIA se envolveram, e apareceram teorias conflitantes dentro da comunidade de inteligência dos Estados Unidos a respeito da verdadeira lealdade de Shadrin, ainda que ele e a nova mulher acabassem por tornar-se cidadãos norte-americanos naturalizados.

Em meados da década de 1970, a KGB perdera o interesse em contar com os serviços de Shadrin como agente duplo. Em vez disso, planejara raptá-lo e levá-lo de volta à URSS às escondidas como prisioneiro das guerras de espionagem. Para a operação de rapto, a KGB optou pela cidade européia onde mais se sentia à vontade: Viena. Ele seria raptado em Viena, sedado e levado de carro para a Tchecoslováquia.

Em 18 dezembro de 1975, Shadrin foi enviado a um encontro com a KGB em Viena. Concordou em ter um segundo encontro dois dias depois, 20 de dezembro. Nesse ponto, simplesmente desapareceu.

O governo dos Estados Unidos solicitou inicialmente a Ewa Shadrin que ocultasse a ausência do marido e permanecesse em silêncio enquanto eram feitos esforços para libertá-lo. Em certo momento foi dito a ela que Henry Kissinger, na época secretário de Estado, levantaria o tema com o embaixador soviético, Anatoly Dobrynin.

No início, Ewa cooperou com o pedido do governo. Finalmente, porém, ficou evidente para ela que o marido havia sido mandado a Viena sem contar com proteção adequada, e as tentativas de conseguir resposta a suas perguntas esbarraram num frio silêncio.

Em 1976, poucos meses após o desaparecimento de Shadrin, seu caso começou a receber atenção presidencial, quando o presidente Gerald Ford perguntou ao secretário-geral soviético Leonid Brezhnev o paradeiro de Shadrin. Brezhnev respondeu que Shadrin efetivamente se encontrara com representantes da Comissão de Segurança do Estado em Viena, em 18 de dezembro de 1975, a fim de tratar de sua repatriação para a União Soviética, mas informou que ele não se apresentara a um segundo encontro que tinha sido marcado. Brezhnev disse não ter outras informações a respeito de Shadrin, mas podia assegurar ao presidente dos Estados Unidos que ele não se encontrava na União Soviética. O presidente Carter abordou novamente o tema com Brezhnev, mas obteve idêntica resposta.

O destino de Shadrin permaneceu envolto em mistério até que Yurchenko chegou com a resposta. Disse à CIA que Shadrin morrera numa tentativa malograda de rapto levada a efeito pela KGB. Atirado à mala de um carro para o trajeto até a fronteira tcheca, Shadrin havia sido drogado para que permanecesse em silêncio. Mas por engano a KGB lhe dera uma dose exagerada, e quando os agentes estacionaram e abriram a mala do carro para verificar o prisioneiro, viram que estava morto.

Ao informar à CIA sobre a morte de Shadrin, Yurchenko dissera a seus entrevistadores que esse era um dos segredos mais sombrios da KGB. Brezhnev havia mentido a dois presidentes dos Estados Unidos a respeito de Shadrin, e portanto estava em jogo a credibilidade do chefe de Estado. Deixou claro para a CIA que se Moscou jamais descobrisse que ele havia revelado o segredo sobre Shadrin, haveria represálias da KGB contra sua família e seus bens. Como acontecera com Shadrin anteriormente, o coronel seria condenado à morte *in absentia*. Não admira que ele tivesse receio de testemunhar num tribunal. Talvez a CIA estivesse pretendendo assegurar-se de que Yurchenko jamais retornasse à sua pátria.

Santa Fé, 15h30, 28 de outubro de 1985

Num quarto do motel La Quinta, em Santa Fé, Jack Platt estava sentado diante de Mary Howard. Dentre os membros da comunidade de inteligência que sabiam de sua existência, ele era quem melhor a conhecia. Avaliara Mary como trabalhadora dedicada, mas o domínio de Ed sobre ela era total. Jack, porém, não era conselheiro matrimonial. A tarefa de Platt era preparar jovens norte-americanos para em poucos meses serem mandados à trituradora em Moscou. Era verdade, no entanto, que muitas das esposas dos recrutas se afeiçoavam a ele e consideravam o rude ex-fuzileiro naval como uma figura paterna. Mary era uma dessas pessoas, e ele apreciava a atitude de seriedade dela para com uma ocupação difícil.

Lembrava-se da maneira correta com que ela se comportara quando fora presa junto com Howard numa elaborada simulação em Washington. O casal tinha recebido a tarefa de recuperar uma embalagem de meio litro de leite ostensivamente cheia de microfilmes e colocada numa caixa postal secreta junto ao ancoradouro da avenida Maine. No momento em que ela e Howard tinham acabado de esvaziar a caixa, os dois foram presos com a violência típica usada na captura de traficantes de drogas. Os dois foram imediatamente separados. Mary foi jogada na parte traseira de um carro junto com um dos "G" do FBI, que ficara famoso por sua facilidade em fingir-se de viciado e traficante. Durante o trajeto até a sede do FBI em Washington, o "G" que estava no carro com ela a aterrorizou, gemendo e queixando-se em voz alta ao motorista de que iria vomitar se não o deixassem sair imediatamente do carro. Durante todo o tempo Mary se manteve chorosa mas em silêncio, até mesmo quando o agente do FBI entrou na sala trazendo os "resultados" do teste executado na embalagem de leite que ela e Howard haviam recuperado: heroína de grau 3.

Enquanto isso, numa sala de interrogatório separada, Howard rapidamente revelou que participava de uma operação de treinamento ao agente do FBI que desempenhava o papel de seu advogado. Quase imediatamente, assim, ficou livre para rir-se do incidente, enquanto a mulher se mantinha firme na sala adjacente. Não havia avaliação formal do exercício, mas Howard custou a aceitar que Mary tivesse se comportado de maneira mais estóica que ele. Platt passou a respeitar aquela moça discreta, afeiçoando-se a ela, mais do que ao marido. Mas no fim das contas, Howard se saiu suficientemente bem para que Platt o aprovasse para serviço em Moscou.

Agora, naquela entrevista após a fuga de Howard, Mary procurava enfrentar seu pesadelo e também a verdade. O FBI mantivera vigilância completa sobre ela, inclusive um envio tardio de "Gs" a Santa Fé, a fim de observá-la caso também desejasse fugir. O FBI pedira a Platt que fosse a Santa Fé para animá-la e convencê-la a colaborar integralmente.

Mary sabia que seu problema era grave. Depois da fuga de Howard, na qual ela fora coadjuvante, o FBI lhe disse que o futuro de seu filho dependia da forma pela qual ela reagisse ao pedido de que fizesse um relato completo de tudo o que sabia sobre o envolvimento do marido com os soviéticos. Temia que o filho não apenas ficasse sem o pai, mas também sem a mãe, caso ela não colaborasse. Por isso começou a falar e submeteu-se a duas sessões difíceis com o detector de mentiras. Antes que ela se sentasse ao aparelho, Platt lhe aconselhara: "Diga simplesmente a verdade."

Depois das sessões com o polígrafo, o FBI se convenceu de que Mary não era culpada de nenhum crime, porque não tinha havido mandado de prisão contra o marido no momento em que ela o auxiliara a escapar. A agência ficou certa de que Mary não se envolvera na espionagem da qual o marido era suspeito, embora ela fornecesse valiosas indicações sobre as atividades dele. Platt percebeu que ela recobrava uma nova energia.

Antes que Platt deixasse Santa Fé, Mary Howard recebeu uma chamada telefônica de um russo, que lhe disse que o marido estava bem e a salvo. A chamada provavelmente viera de Moscou, via Suíça, que foi até onde o FBI conseguiu rastreá-la.

Washington, D.C., 31 de outubro de 1985

A história de Shadrin apareceu na imprensa com a rapidez que eu previra, e o nome de Yurchenko era mencionado preeminentemente como fonte das novas informações sobre a morte dele nas mãos da KGB. Agora Yurchenko compreendia que já não poderia confiar na CIA.

Burton Gerber expediu uma instrução permanente no sentido de que Yurchenko não deveria ser trazido ao interior do círculo de 40 quilômetros em redor de Washington, a menos que tivesse alguma entrevista ou consulta médica, ou que ele próprio, Gerber, tivesse autorizado o deslocamento. O motivo de levá-lo para Coventry tinha sido colocá-lo fora da zona na qual os agentes de inteligência da *Rezidentura* de Washington eram capazes de operar legalmente; trazê-lo de volta à cidade, pensava Gerber, era arriscar-se a deixá-lo exposto aos soviéticos. Mas no dia de *Halloween*, com o humor de Yurchenko piorando, Medanich e um agente de segurança da CIA o levaram para assistir à parada e ao festival popular nas ruas do bairro de Georgetown, em Washington. Yurchenko e seus guardiães se misturaram aos milhares de participantes que se divertiam nas ruas cheias de gente.

Gerber não autorizara o deslocamento. Somente ficou sabendo da excursão no *Halloween* duas noites mais tarde, quando Yurchenko e um guarda de segurança da CIA voltaram uma vez mais a Georgetown.

16

Coventry, 2 de novembro de 1985

Yurchenko esperou até que houvesse somente um agente de segurança da CIA em serviço e disse que se sentia inquieto e desejava dar uma volta de carro. Descumprindo ordens permanentes de que fosse sempre acompanhado em público por mais de um homem da segurança, o jovem agente, Tom Hannah, concordou em levá-lo. Yurchenko disse a Hannah que desejava fazer algumas compras, e os dois tomaram a rodovia interestadual 95 em direção a Washington, parando num conjunto comercial em Manassas, na Virgínia. O coronel foi à loja Hecht, onde já tinha estado antes com seus acompanhantes da CIA, e entrou numa cabine para experimentar roupas. Mais tarde, depois de sua fuga, os agentes da CIA notaram a existência de um telefone público próximo à cabine. Teria sido possível, imaginaram eles, que tivesse visto o telefone em sua visita anterior à loja, fazendo com que seu guardião o levasse de volta a ela a fim de poder telefonar para os soviéticos?

Após sair da loja, Yurchenko disse a Hannah que queria jantar comida francesa e sugeriu que fossem a Georgetown. Hannah sabia que ele havia estado acompanhado de sua escolta em Georgetown duas noites antes e achou que não haveria mal em voltar lá.

No restaurante Au Pied de Cochon, em Georgetown, Yurchenko entrou tranqüilamente em ação. Disse ao inexperiente Hannah que se ele não voltasse a culpa não seria do agente, e em seguida simplesmente saiu pela porta. Inexplicavelmente, Hannah ficou sentado e esperou por algum tempo antes de telefonar para informar que o maior desertor da história da CIA havia desaparecido de suas vistas.

Finalmente, Hannah telefonou para a casa de Colin Thompson, no momento em que este ia saindo para um encontro. Thompson disse a Hannah que o chamasse no lugar para onde ia, caso Yurchenko não voltasse. Quando Thompson chegou à casa da mulher que ia visitar, Hannah novamente telefonou, em pânico, e ele finalmente concordou em ir a Georgetown para ajudar a procurar o russo. Em breve chegaram outros agentes da CIA e do FBI, e todos começaram a busca pelas ruas de Georgetown. Inicialmente, tiveram a esperança de que Yurchenko tivesse entrado num cinema que exibia um filme russo, e tanto a CIA quanto o FBI prosseguiram a busca durante toda a noite.

Logo que foi notificado do desaparecimento de Yurchenko, Burton Gerber pensou: ele voltou para a Rússia. Sabia que a busca pelas ruas de Georgetown seria infrutífera, e foi ficando cada vez mais zangado e frustrado com a maneira pela qual seus subordinados haviam tratado Yurchenko naquela noite. Explodiu durante uma raivosa conversação telefônica com Thompson, que parecia dar pouca importância ao incidente, pelo qual não se desculpou. O desaparecimento de Yurchenko representou o fim da carreira de Thompson na Divisão Soviética e de qualquer esperança de promoção para ele na CIA. Ele passou seus últimos anos na agência trabalhando no programa de desertores, procurando provar que na verdade era capaz de trabalhar eficazmente com eles.

Embaixada Soviética, Washington, D.C., 2 de novembro de 1985

Já era tarde quando Viktor Cherkashin foi chamado à embaixada soviética. No estacionamento, encontrou o *Rezident* da KGB, Stanislov Androsov. De pé no estacionamento, onde ninguém poderia ouvi-los, Androsov disse a Cherkashin que Yurchenko tinha voltado.

Cherkashin ficou surpreso. Balbuciou algumas palavras em russo a fim de expressar seus sentimentos sobre aquela situação cada vez mais estranha. Depois subiu ao apartamento onde estava Yurchenko, observado por um guarda de segurança. Cherkashin fez um esforço para apresentar-se de maneira a convencer Yurchenko de que estava contente em vê-lo. Abraçou-o e deu-lhe as boas-vindas.

Cherkashin não acreditou na história contada por Yurchenko de que havia sido drogado, raptado e obrigado a revelar segredos. Mas tanto ele quanto

Androsov compreenderam imediatamente a oportunidade criada pela decisão de Yurchenko.

Reston, Virgínia, 3h30, 3 de novembro de 1985

O primeiro telefonema foi de Burton Gerber.

– Milton, quando foi que você viu Yurchenko pela última vez?

Pensei por um instante.

– Há mais ou menos uma semana. Talvez um pouco mais. Foi quando eu falei a ele sobre Shadrin. Por quê?

– Você ainda não sabe? – Gerber parecia incrédulo. – Ele escapou do agente de segurança ontem à noite em Georgetown. Ninguém avisou você?

– Não, você é o primeiro que me fala nisso.

– Ele desertou novamente.

Eu estava pensando rápido, recordando meu último encontro com Yurchenko.

– Não tenho certeza. Talvez esteja somente nos dando um aviso para que o deixemos um pouco em paz.

Minha própria argumentação não me convencia, mas achei que devia dar meu palpite.

– Ele desertou novamente – repetiu Gerber. Fez uma pausa e acrescentou: – Entre em contato com Colin.

Mal eu havia desligado quando o telefone tocou novamente: desta vez era Ed Juchniewicz, subchefe da Diretoria de Operações.

– Você fez alguma burrada no caso de Yurchenko?

– Ed, nem sequer estou convencido de que ele tenha desertado novamente.

– Que diabo acha que ele fez, saiu para arranjar uma mulher?

– Talvez não seja coisa muito diferente disso. Pode ser que tenha resolvido tirar férias por três dias.

O subchefe ficou em silêncio por um instante.

– Não aposte nisso. Seu amigo fugiu. – Juchniewicz desligou o telefone.

O mistério do paradeiro de Yurchenko ficou esclarecido na tarde de segunda-feira. Por volta das três horas da tarde, o adido de imprensa da embaixada soviética começou a avisar a jornalistas escolhidos em Washington que às cinco e meia da mesma tarde haveria uma entrevista coletiva à imprensa na qual poderiam fazer perguntas ao coronel Vitaly Yurchenko. O Departamento de Estado somente descobriu o que estava acontecendo às quatro horas, quando recebeu um protesto oficial da embaixada soviética que se queixava do "ato criminoso cometido contra V. S. Yurchenko".

Na coletiva de imprensa, Yurchenko apareceu ao lado do ministro Viktor Isakov, do intérprete Vitaly Churkin e de um terceiro funcionário soviético, Vladimir Kulagin, todos sentados a uma mesa coberta de feltro verde no salão de recepções da embaixada soviética. A sala estava cheia de repórteres norte-americanos e estrangeiros, assim como grande número de funcionários soviéticos. Evidentemente sem observar o que deveria ter sido o roteiro previsto para a sessão, Yurchenko passava erraticamente do inglês para o russo, deixando muitas vezes o intérprete em silêncio no meio de uma frase. Mas o que disse concordava plenamente com a opinião soviética a respeito da forma pela qual os "Serviços Especiais" dos Estados Unidos agiam contra os funcionários russos de inteligência. Contou uma história de rapto e encarceramento.

– Fui raptado à força em Roma por pessoas desconhecidas... Inconsciente, fui trazido da Itália para os Estados Unidos... Aqui fui mantido em isolamento... obrigado a tomar drogas e sem que me fosse dada a oportunidade de comunicar-me com representantes soviéticos.

Na sede da CIA, agentes graduados da Divisão SE acompanharam pela televisão a coletiva de imprensa na sala de Gerber. Ficamos geralmente em silêncio até que Yurchenko começou a se queixar de seus carrascos da CIA. Foi Redmond quem falou primeiro.

– Ele está usando a mesma defesa de Bitov. – Referia-se a Oleg Bitov, que desertara para a Grã-Bretanha em 1983 e um ano depois mudara de idéia e fugira de volta à União Soviética. Bitov afirmara que tinha sido raptado e controlado durante um ano inteiro por drogas que alteravam sua mente, e nesse período fizera uma série de denúncias em público conta a URSS. Os soviéticos acolheram Bitov em seu regresso, utilizando-o para efeitos de propaganda. Isso reforçou as alegações da KGB de que os serviços especiais do Ocidente costumavam recorrer ao rapto e às drogas.

Durante as entrevistas com a CIA, Yurchenko comentara com conhecimento de causa o embuste de Bitov, dizendo que se tratava de mais um caso usado pela KGB para denegrir os serviços ocidentais de inteligência por meio de uma mentira. Agora, porém, na tela da televisão, Yurchenko dizia ter ficado drogado durante a maior parte do tempo de seu cativeiro na CIA e que os agentes norte-americanos tinham usado drogas para "enganar o governo, inclusive o Sr. Casey" para que pensasse que desertara por livre e espontânea vontade. O coronel da KGB descreveu detalhadamente o "contrato" que a CIA o obrigara a assinar, pelo qual ele receberia um milhão de dólares de gratificação além de um estipêndio anual de 62.500 dólares, com correção inflacionária, e mais 48 mil para mobiliário.

– O preço acaba de subir – disse eu. – Agora todos vão querer um contrato igual ao de Yurchenko.

A coletiva de imprensa durou mais de uma hora, e em geral Yurchenko confirmou sua versão nas perguntas sobre Howard e Shadrin. A cada passo dizia, muitas vezes por medo do astuto intérprete, que a primeira vez em que vira aqueles nomes tinha sido na imprensa norte-americana. Afirmou também que conseguia resistir ao interrogatório, exceto quando se encontrava drogado. Em seguida apresentavam-lhe "confissões" assinadas e escritas por seu próprio punho, que revelavam o que ele imaginava serem segredos de Estado. Da mesma forma, os interrogadores da CIA costumavam apresentar gravações de sua voz informando sobre assuntos secretos, mas sempre quando estava sob a influência das drogas da CIA.

No final da coletiva, os soviéticos haviam conseguido marcar pontos de propaganda. A CIA, por sua vez, enfrentou uma enxurrada de acusações de que a nova defecção de Yurchenko havia sido resultado de incompetência da agência.

A ocasião não poderia ter sido pior. Coincidiu com dois outros casos de defecções malogradas da União Soviética, que receberam ampla publicidade. Em Cabul, no Afeganistão, um soldado soviético havia entrado na embaixada norte-americana e solicitado asilo. Durante várias semanas os americanos rechaçaram as exigências de Moscou para entregar o soldado, até que ele próprio mudou de idéia e regressou aos braços dos soviéticos.

O segundo incidente foi a tentativa de deserção de um marinheiro de um navio mercante soviético no porto de Nova Orleans. Ele saltou duas vezes para um barco da Guarda Costeira norte-americana, e por duas vezes foi devolvido a seu navio pelos americanos. Ambos os incidentes eram tão recentes que o caso de Yurchenko parecia demonstrar conclusivamente que havia algo fundamentalmente errado na maneira pela qual os Estados Unidos tratavam os que tentavam desertar.

O rosto do coronel apareceu novamente na tela da televisão. Desta vez sua resposta errática a uma pergunta sobre Shadrin atingiu diretamente o pequeno grupo reunido na sala da CIA.

– O Sr. Gerber – disse ele com seu forte sotaque – deve estar muito envergonhado.

Olhei o rosto de Gerber para ver sua reação. Ele já tinha previsto as críticas pelo caso de Ed Howard, e agora tinha de suportar aquilo.

Departamento de Estado, 18h00, 5 de novembro de 1985

Passei pelas equipes de imprensa e televisão reunidas na entrada do Departamento de Estado, na rua C. A mídia já estava preparada para a chegada de Yurchenko ao Foggy Bottom* para a "acareação" marcada para as seis horas da tarde, uma sessão protocolar para verificar se Yurchenko desejava voltar à URSS por sua própria vontade. Quando um funcionário soviético desertava para os Estados Unidos, os soviéticos solicitavam uma entrevista com o desertor a fim de perguntar se ele, ou ela, havia feito aquela escolha sem coação. Na maior parte dos casos, os desertores se recusavam a encontrar-se com as autoridades de seu país porque consideravam tais encontros incriminatórios. Os Estados Unidos não tinham obrigação de apresentar os desertores aos soviéticos. Mas nas raras ocasiões em que um soviético desertava de volta, os Estados Unidos faziam questão de um encontro no Departamento de Estado a fim de dar à pessoa uma última oportunidade de mudar de idéia. Yurchenko recusara em agosto a oferta soviética de acareação, esperando simplesmente poder desaparecer do cenário. Naquela noite, os soviéticos pareciam estar satisfeitos com aquela confrontação às avessas. Eu quis estar presente na esperança pouco provável de que ele me visse e reconsiderasse sua decisão. Era muito difícil que isso acontecesse – ninguém estava esperando.

A delegação soviética entrou no luxuoso salão de recepções e rapidamente tomou seus lugares. Yurchenko, vestido com um terno cinza novo e gravata combinando, estava acompanhado pelo ministro da embaixada, Viktor Isakov, pelo adido de imprensa Boris Malakhov e por Vitaly Churkin, o intérprete. O lado norte-americano era representado pelo subsecretário de Estado John Whitehead, a secretária-assistente de Estado para a Europa, Rosalyn Ridgeway, e dois funcionários da seção européia. Yurchenko procurou ao redor um rosto conhecido. Quando me viu sentado na sala, fitou-me por um instante, reconhecendo-me.

---

* Literalmente, "Baixada nevoenta", ou "nebulosa", designação jocosa dada ao Departamento de Estado devido à sua proximidade da margem do rio Potomac, onde costumavam acontecer nevoeiros por causa da umidade reinante. (N. do T.)

Whitehead dispensou as formalidades e logo foi à substância do encontro.

– O objetivo de nossa reunião desta noite é verificar se o Sr. Vitaly Yurchenko deseja regressar à União Soviética por sua livre e espontânea vontade.

Isakov, mal esperando que Whitehead terminasse suas palavras, respondeu de sua forma costumeira, aborrecida e quase enjoada.

– O Sr. *Yurchinka* está exercendo pela primeira vez sua livre e espontânea vontade neste país. Sua decisão de regressar à pátria foi sem dúvida tomada livremente. O Sr. *Yurchinka* – Isakov novamente frisou sua pronúncia do nome do desertor – nunca esteve nos Estados Unidos por livre e espontânea vontade...

Interrompendo-o, Whitehead disse:

– Estamos aqui somente para verificar se o Sr. Vitaly Yurchenko deseja deixar os Estados Unidos. Temos provas mais do que amplas de que ele tomou livremente a decisão de vir para este país em agosto deste ano. Gostaríamos de ouvir diretamente o Sr. Yurchenko.

Yurchenko parecia agitado e enérgico, da mesma forma que quando eu o vira pela primeira vez. Falou em inglês:

– Estou regressando à União Soviética após mais de três meses depois que os serviços especiais norte-americanos me raptaram em Roma. – Voltando-se para mim, disse: – Este homem, Tom Fountain, pertence a seus serviços especiais, mas não creio que ele saiba que usaram drogas em mim. Mas agora vou voltar a meu país.

Fiquei em silêncio e Whitehead terminou a reunião com a mesma rapidez com que a iniciara.

– Então é evidente que o Sr. Yurchenko deseja regressar à União Soviética – disse ele. – Respeitaremos essa decisão, qualquer que seja a maneira pela qual foi tomada. Obrigado, senhores, por terem vindo aqui esta noite.

Aeroporto Dulles, 16h15, 6 de novembro de 1985

As câmeras acompanharam Yurchenko, vestido com uma capa de chuva Burberry, enquanto ele subia as escadas do jato da Aeroflot especialmente fretado. Ele fez uma pausa momentânea e depois voltou-se e acenou, com um gesto que era mais de desafio do que de adeus. Os agentes do FBI, Rochford e Broce estavam ostensivamente presentes ao pé da escada, junto com a equipe de manutenção no solo, porém não havia possibilidade de Yurchenko mudar novamente de idéia. Ele viu os dois agentes com os quais tivera mais intimidade durante os três meses anteriores e reduziu o passo por um segundo, para saudá-los com um sorriso. Parecia estar pensando em estender-lhes a mão, mas se conteve e continuou a subir as escadas sem se deter.

Na sede da CIA, enquanto todos os olhos se concentravam na partida de Yurchenko, Rod Carlson olhava fixamente para a "guarda de honra" que o acompanhava. Voltou-se para Paul Redmond.

– Ali vai PIMENTA.

– Qual é ele? – perguntou Redmond. Tinha estado com Carlson na noite anterior, quando Pimenta telefonara para dizer que ia fazer um serviço de "escolta" a Moscou durante uma semana.

– É o segundo, o mais jovem.

Mais tarde, na sala de Gerber, Redmond teve um mau presságio sobre a presença de mais um espião em favor dos norte-americanos que ia fazer uma viagem inesperada a Moscou.

– Estou preocupado – disse Redmond. – A volta de PIMENTA me inquieta.

– Howard sabia da operação PIMENTA? – perguntou Gerber a Redmond.

– PIMENTA não estava sendo preparado para operações internas na URSS. Vou procurar nos arquivos alguma coisa que Howard pudesse ter visto, mas isso não vai adiantar muito. Você sabe que os segredos giram por aqui.

– E as entrevistas com Yurchenko? – perguntei. – Será que passamos tempo demais tratando da Linha X?

Seria possível que por meio das perguntas feitas a ele pela CIA e pelo FBI Yurchenko tivesse percebido que os norte-americanos possuíam uma fonte na Linha X, que conduzia operações de espionagem científica e tecnológica? PIMENTA era agente da Linha X na *Rezidentura* soviética em Washington.

– Sempre é possível – respondeu Redmond. – Rod pode falar com Ames e os outros para ver o que acham. Mas nada disso vai fazer muita diferença. Temos mais um agente comprometido.

– Vou verificar – disse Carlson, que era o supervisor dos dois homens destacados para as entrevistas com Yurchenko. – Ames sempre vem às sextas-feiras, depois das aulas de línguas.

—

Durante as entrevistas, Yurchenko tinha dito que Edward Howard informara à KGB que um "coronel zangado" se voluntariara para a CIA em Budapeste. Tinha de ser GTACCORD.

Em meados de setembro, o posto da CIA em Moscou informara que GTACCORD mandara uma mensagem dizendo que tinha informações a relatar. Mas agora a Divisão SE estava temerosa de que a KGB tivesse identificado GTACCORD na pessoa do coronel do GRU Vladimir Mikhailovich Vasilliev. Havia a possibilidade real de uma cilada caso a CIA concordasse com o pedido de GTACCORD para um encontro em Moscou.

Assim, antes que Moscou recebesse luz verde para o encontro com GTACCORD, pediram-me que conversasse com Yurchenko para tentar verificar se a KGB tinha avançado na identificação do "coronel zangado" que Howard mencionara.

– Que pode me dizer sobre o coronel zangado que Howard denunciou? – perguntei a ele durante um encontro na casa segura de Coventry.

Yurchenko se encrespou por um momento.

– Tom, já contei muitas vezes a história do coronel zangado. É sempre a mesma.

– Sei disso, mas agora é importante.

– Você vai se encontrar com ele? – perguntou Yurchenko, interessado

– Estamos procurando resolver o que fazer. E você pode nos ajudar. Quero que me diga novamente até onde acredita que a investigação sobre o coronel tinha avançado quando você veio até nós em agosto.

Yurchenko ficou pensativo.

– Estávamos desconfiados de todos os coronéis na Hungria, incluindo os coronéis da KGB que trabalham com o Grupamento Sul das forças do Exército Vermelho. Mas não tínhamos pistas. Tudo caminhava muito lentamente. Mas eles o encontrarão, com paciência.

Reparei novamente no fato de que Yurchenko havia presumido que GTACCORD fosse coronel da KGB, e não o coronel de inteligência militar que na verdade era. Howard deveria ter identificado equivocadamente GTACCORD para a KGB, orientando-os na direção errada e fazendo-os investigar na KGB e não no Exército.

– Se tiverem encontrado o coronel, e conseguido controlá-lo, acredita que armarão uma emboscada já?

– Talvez. Assim é a política em Dzerzhinsky. Um coronel é importante. Mas creio que não o terão encontrado. Vocês podem se encontrar com ele. É o que eu faria.

No dia seguinte, Moscou recebeu instruções para esvaziar a caixa postal secreta de GTACCORD. A operação foi feita sem problemas uma semana depois, e os agentes encontraram fotografias valiosas de documentos militares soviéticos enroladas em plástico com trapos sujos por fora, para parecerem lixo. Houve alívio na SE quando o posto em Moscou relatou que a operação tinha sido bem-sucedida. Mas isso durou pouco.

Langley, 10h00, 19 de novembro de 1985

– Aconteceu com PIMENTA o que temíamos.

Paul Redmond estava em pé na porta do meu escritório.

– *O quê?*

– O FBI nos avisou que a mulher de PIMENTA recebeu um telefonema de Moscou, não sabem bem quem fez a chamada, dizendo que ele machucou a perna, um corte profundo, ao chegar a Moscou com Yurchenko, e que isso exigiria uma cirurgia complexa para reparar os danos nos nervos. Disseram que era suficientemente grave para que ela fizesse as malas e fosse com as crianças para a Rússia. Neste momento ela está se preparando para partir.

– Merda! – foi tudo o que consegui dizer.

17

Langley, 8h30, 20 de novembro de 1985

O telegrama de Bonn era rotineiro, e apenas notificava que o agente não aparecera no encontro marcado. Em circunstâncias normais, causaria nada mais do que uma pequena preocupação. Mas as circunstâncias na Divisão SE já não eram normais. Havia uma sensação agourenta por toda parte e a perda de contato com um agente aumentava os maus presságios.

Bonn informara que o tenente-coronel da KGB Gennady Varennik, que trabalhava sob a égide da Tass na embaixada soviética na Alemanha, não aparecera no último encontro marcado e também deixara de solicitar uma alternativa. Varennik, cujo codinome era GTFITNESS, havia feito contato pessoal pela última vez numa casa segura em Bonn, no dia 4 de novembro, ocasião em que dissera haver sido chamado a participar de uma sessão extraordinária de planejamento em Karlshorst, na Alemanha Oriental, onde ficava a sede regional da KGB. O objetivo da reunião de Karlshorst, ao que presumia Varennik, seria aperfeiçoar um plano da KGB de semear o terror entre os soldados do Exército dos Estados Unidos e suas famílias, por meio de ataques coordenados contra alvos freqüentados pelo pessoal norte-americano na Alemanha. Anteriormente, Varennik informara que a idéia geral da campanha de terror era tumultuar as relações entre os Estados Unidos e a Alemanha, fazendo crer que as bombas tivessem sido colocadas por células terroristas domésticas alemãs, os remanescentes da antiga quadrilha Baader Meinhof ou a mais moderna e ativa Facção Exército Vermelho.

As informações anteriores de Varennik sobre a projetada campanha de terror havia gerado intenso debate na CIA, tanto no lado operacional quanto no analítico. Alguns as desprezavam como falsas, ou no mínimo as consideravam produto de uma imaginação hiperativa. Outros, entre os quais estava Bill Casey, acreditavam zelosamente que a KGB seria capaz de tais atrocidades. Casey e seus companheiros da linha dura estavam convencidos de que os soviéticos também estavam por trás da tentativa de assassinato contra o papa João Paulo II, e portanto quem os impediria de perpetrar esse outro ato criminoso? O debate era exacerbado pelo fato de que tinha havido recentes ataques terroristas na Alemanha, nos quais três norte-americanos tinham morrido. Esses ataques pareciam ajustar-se ao *modus operandi* descrito por Varennik, e dessa forma suas informações atraíram a atenção dos mais altos escalões em Washington, inclusive o presidente Reagan. Seu desaparecimento suscitaria o mesmo grau de interesse.

Paul Redmond não se mostrava muito interessado no debate sobre se o "Império do Mal" era ou não realmente malévolo. Deixava isso a outros. Concentrava-se nas trincheiras, no combate corpo-a-corpo entre os espiões, e não em seu significado num panorama mais amplo. Somente desejava saber o que tinha acontecido a Gennady Varennik, que parecia haver desaparecido pelo mesmo buraco que engolira tantos agentes soviéticos da Divisão SE nos seis meses anteriores. Redmond estava de mau humor quando me informou sobre a operação.

– Ele nos procurou em abril deste ano. Isso é importante – disse Redmond. – Isso foi depois que Ed Howard saiu da divisão e da agência... e até mesmo depois da partida de Mary Howard, para os que quiserem pensar que Mary tinha alguma influência sobre ele. Seja o que for, neste caso não será trabalho de Howard.

– Como foi que nós o recrutamos?

– Ele se alistou. Chamou um de nossos homens em Viena, alguém que conheceu quando esteve em serviço lá, e disse que precisava falar urgentemente com ele.

– Tudo isso pelo telefone? – A idéia de que um agente da KGB utilizasse operacionalmente o telefone na Áustria me surpreendeu, porque nesse país a agência soviética tinha muito boa capacidade de monitorar as atividades da CIA.

– Sim, eu sei. Mas se FITNESS estiver com problemas, não será por causa do telefonema. De qualquer forma, depois daquele primeiro contato, nós imediatamente mudamos de lugar. Chuck Leven o procurou em Bonn – encontros numa casa segura, controle total. Chuck esteve em Moscou com Burton, sabe como montar uma operação segura.

– Qual foi a motivação? – perguntei.

– Mesclada. Disse que tinha problemas financeiros. Não era muito, menos de 10 mil dólares, mas foi como de costume, precisava devolver rapidamente. Mais um filho, dificuldades com o custo de vida na Alemanha. Mas disse a Leven que estava mais interessado em nos alertar, e talvez o mundo inteiro, sobre o plano maluco que Moscou e Karlshorst estavam preparando para explodir alvos na Alemanha. Matar alguns americanos e meter uma cunha entre os Estados Unidos e a Alemanha. Talvez com isso começar a Terceira Guerra Mundial.

– Você acredita nisso?

– Não importa o que eu acredite. Todo mundo está querendo culpar os russos de tudo. Você sabe quem são os crentes. Seu amigo...

Redmond fez um gesto para cima, indicando a sala de Casey no sétimo andar. Casey costumava acreditar piamente nas piores histórias sobre os soviéticos. Discutir com ele podia ser perigoso para as carreiras dos agentes da CIA.

– Além disso – completou Redmond –, aquele palhaço do Gennady Titov é quem está mandando em Karlshorst hoje em dia, e ele é capaz de tudo, até mesmo dessa idéia idiota.

Concordei, imaginando qual seria o motivo pelo qual sempre que o nome de Titov aparecia, Redmond se inflamava. Agente experiente da KGB, Titov tinha sido expulso da Escandinávia no tristemente famoso escândalo de espionagem que envolvera o líder do partido trabalhista norueguês Arne Treholt. Dirigia agora as atividades da KGB na Alemanha Oriental e a participação nas operações na Alemanha de um homem que em Lubianka fora apelidado "Crocodilo" dava certa credibilidade aos relatos de Varennik.

– Que mais ele nos deu?

– Alguma coisa sobre as penetrações da KGB nos assuntos alemães. Ainda não foi verificado.

Acrescentou em tom sombrio que um agente da KGB que trabalhasse para a CIA tinha de ter vontade de morrer. Principalmente naquela época.

Fiquei meditando sobre nossa conversa depois que ele saiu. Redmond havia captado uma das verdades cardeais da atividade de espionagem: a de que era necessário ter uma personalidade especial a fim de cometer traição contra a URSS. O problema é que não havia um número suficiente de ex-agentes soviéticos "aposentados" para que fosse possível construir uma teoria comportamental. E os encontros da CIA com os agentes eram tão curtos e intensos que quase nunca havia tempo para perguntar aos espiões russos quais eram as suas motivações. Alguns não queriam tocar no assunto. Outros expressavam ódio ao sistema soviético, dizendo que queriam prejudicá-lo o máximo possível. Esses exigiam cuidado especial para evitar que ficassem demasiadamente ansiosos e terminassem presos. Alguns diziam que era uma espécie de patriotismo – em favor da Rússia, e não da União Soviética.

Alguns desertores que haviam desistido após curta temporada, depois de esvaziar algum cofre aqui e ali numa *Rezidentura* soviética, ainda estavam vivendo confortavelmente nos Estados Unidos. Mas os que pertenciam àquela raça especial de perseverantes, decididos a fazer diferença ao trabalharem contra o sistema pelo lado de dentro, cada vez mais acabavam repousando em tumbas sem identificação. Penkovsky, Popov, Ogorodnik e Filatov encabeçavam essa lista. E agora novos nomes eram acrescentados num ritmo enlouquecedor: Tolkachev, Polyshchuk, Smetanin, Martynov... e possivelmente Varennik. Deveria haver uma seção especial cercada e reservada no cemitério de Arlington* para todos esses homens, pensei. Talvez dessa forma pudessem receber o reconhecimento que mereciam.

Dois dias depois, chegou uma informação de Bonn. A mulher de Varennik havia recebido uma chamada de Moscou para avisar que o marido tinha escorregado no gelo e sofrido graves contusões. Ela e os filhos deveriam voltar imediatamente à capital russa.

Langley, dezembro de 1985

Clair George abriu a reunião especial na ampla sala ornada com *boiserie* de bétula, no sétimo andar. Fazia dez semanas que Edward Lee Howard partira e seis desde que Yurchenko fizera sua dramática retirada. Aparentemente, Casey parecia haver superado o profundo embaraço pessoal que os acontecimentos haviam provocado. As investigações ainda estavam em curso e alguns funcionários graduados sentados à mesa sofreriam censuras, mas sobreviveriam.

– Bill, temos algumas perdas sem explicação em Moscou – disse George. – Mais do que poderíamos esperar, mesmo nas operações em Moscou.

– Quantos? – O idoso diretor, de cabelos brancos, parecia enganadoramente desinteressado. Estava atento a cada palavra.

---

* Cemitério em Washington onde são enterrados os heróis nacionais norte-americanos. (N. do T.)

– Burton fornecerá os detalhes. – George voltou-se para Gerber, sentado a seu lado na mesa de reuniões de Casey.

Gerber começou a informar Casey.

– Em maio último tivemos o súbito regresso de um de nossos informantes de Atenas para Moscou – disse ele. – GTBLIZZARD, um coronel do GRU. O agente tinha certeza de que a chamada foi preparada, uma armadilha, e resolvemos evacuá-lo. Agora está aqui, mas isso não funcionou em outros casos.

Casey olhou para Gerber, sem comentários. Com o canto do olho vi Juchniewicz olhando para o teto, desejando que Gerber prosseguisse.

– Depois, em junho, tivemos a prisão de Paul Stombaugh e a perda de nosso engenheiro aeronáutico, GTSPHERE. Isso foi seguido pela prisão, provavelmente em agosto, de um agente da Linha KR que estávamos controlando em Lagos, GTWEIGH. Estava em férias em Moscou e creio que foi preso ao recuperar um punhado de rublos que deixamos para ele.

– Em seguida, outro coronel do GRU foi inesperadamente mandado regressar de Lisboa no final de agosto, GTMILLION. Não voltou ao posto. Em novembro, um de nossos contatos na *Rezidentura* da KGB em Washington, GTGENTILE, o FBI o chama PIMENTA, voltou para sua terra inesperadamente, no mesmo avião de Yurchenko. E também desapareceu. A família foi chamada uma semana depois, sob o pretexto de que ele tinha sofrido um acidente e deveria ir a seu encontro imediatamente.

As pálpebras caídas de Casey se agitaram à menção a Yurchenko, mas ele nada disse e Gerber prosseguiu:

– No mês passado um agente nosso na Alemanha, tenente-coronel da KGB, GTFITNESS, que tinha nos avisado sobre os planos da KGB de colocar bombas em alvos norte-americanos na Alemanha, foi chamado de repente a Berlim Oriental. Também desapareceu, e a família foi chamada de volta. Novamente, disseram que tinha sofrido um grave acidente.

– Quantos, no total? – perguntou roucamente Casey.

– Seis.

– Em que período?

– Seis ou sete meses – disse rapidamente Gerber.

– Meu Deus! Quantos ainda temos?

Gerber fez uma pausa enquanto mentalmente percorria a lista dos soviéticos remanescentes, e respondeu tentativamente:

– Temos dois ativos em Moscou. Dois ou três mais, fora da capital. E alguns inativos congelados, talvez uns três.

Procurei imaginar quais eram os que Gerber tinha em mente. Lembrei-me de GTCOWL, que informara sobre o pó de espião. Havia também GTEASTBOUND, fonte científica que trabalhava em uma instituição distante, a leste de Moscou. Entre os de fora a que ele se referia provavelmente havia alguns espalhados pela Ásia. Os "congelados" eram provavelmente o general Polyakov, do GRU, e alguns outros que haviam estado fora do ar durante um ano ou mais.

Casey fez uma careta e olhou em volta da mesa.

– Que é que vocês estão fazendo a respeito disso?

Clair George retomou o fio da exposição de Gerber.

– Estamos procurando uma penetração técnica ou humana.

– Técnica? Quer dizer que eles estão lendo nossas mensagens?

– Talvez – respondeu George. – Vamos preparar algumas armadilhas para ver se o problema está em nosso sistema de comunicações. E vamos tomar outras providências para ver se houve penetração técnica no posto em Moscou.

– E a penetração humana? Acha que há um espião aqui dentro?

– Essa é a outra possibilidade – disse George. – Só há duas: ou é humana ou é técnica.

– E que vão fazer a respeito disso? – rosnou Casey.

– Alguns testes, para ver se o problema vem de algum dos fanáticos desse tipo de operação – respondeu George.

– A lista é grande?

– Não sei ainda. Estamos examinando. Sem dúvida todos nós nesta sala e muita gente mais.

Casey sorriu.

– Eu estou na lista?

– Em primeiro lugar – redargüiu George.

– Não é difícil – disse Redmond. – Basta criar um agente em algum lugar e começar a informar por telegrama a respeito dele. Depois criamos outro agente falso e mandamos alguém a Moscou para falar dele.

Gerber tinha chamado Redmond à sua sala para organizar uma estratégia de armadilhas para detectar a penetração em algum ponto da linha. Pediu que eu também fosse.

– Depois, esperamos para ver o que acontece. Se algum dos dois for descoberto, teremos um problema na linha que estivermos testando. Se não, estaremos no mesmo ponto em que estamos agora. O resultado é duvidoso, mas vale a pena.

Gerber concordou e disse a Redmond que começasse a tomar providências. Ele iria criar dois espiões soviéticos que nunca haviam existido.

Nairobi, Quênia, dezembro de 1985

Viajei ao Quênia com um nome falso e me hospedei num quarto com vista para um jardim interno no venerável hotel Norfolk, em Nairobi. Uma hora depois de minha chegada, alguém bateu levemente à porta e eu logo abri para o chefe do posto da CIA na capital queniana, o famoso especialista em África Bill Moseby, e seu subchefe, Dave Lameroux. Moseby já tinha sido avisado por meio de um canal especial de que eu "passaria" por Nairobi e me hospedaria no Norfolk com um nome fictício. Tinha recebido instruções para entrar em contato comigo no hotel.

Bill Moseby era descendente do oficial confederado de cavalaria que liderara os Cavaleiros de Moseby na Guerra de Secessão, e havia passado a maior parte de sua carreira na África. Vestido com roupas de safári e usando bigode retorcido, parecia mais um dono de fazenda colonial do que um dos mais competentes dirigentes da CIA no continente. Cego de um olho e surdo de um ouvido devido a dois acidentes diferentes, Moseby no entanto era um ávido caçador, e muitas vezes deixava entrever na testa uma leve marca em forma de meia-lua, causada pelo coice de uma luneta telescópica alinhada desajeitadamente com o olho que enxergava.

– Que posso fazer por você, *bwana*? – perguntou Moseby, usando a saudação que reservava para os colegas veteranos das operações africanas da CIA, entre os quais eu me incluía.

Em silêncio, apertei a mão de Lameroux, ex-navegador da Força Aérea que entrara em serviço junto comigo duas décadas antes, e aumentei o volume da televisão. Depois de juntarmos as cadeiras, aproximamos nossos rostos e eu comecei a fazer meu relato com sussurros.

– Vou dizer os fatos. Estamos perdendo gente que trabalha para nós em Moscou e agentes soviéticos nossos em outras partes do mundo, um a um, durante os últimos sete ou oito meses. Não pode ser um fenômeno natural. Tem de haver outra explicação.

– E que é que Nairobi tem a ver com isso? – perguntou Moseby.

– Nada, realmente, a não ser o detestável coronel que é o chefe da *Rezidentura* do GRU aqui. Queremos usá-lo para um pequeno teste.

Moseby e Lameroux se entreolharam, sem compreender.

– Aquele chato? Pode fazer o que quiser. Mas como?

– Vocês devem ter tido bastante contato informal com o coronel para que todos saibam disso, tanto aqui quanto na sede deles em Moscou. Vocês e eu vamos criar uma operação nos próximos dias, para fazer crer que ele resolveu trabalhar para nós. Quando terminarmos, vai parecer que ele passou para o lado da CIA.

"Vamos começar com um telegrama reservado, informando que você preparou um contato meu com o coronel. Vamos dizer que ele se aproximou de você dizendo que queria falar com alguém de Langley. Você tomou as providências que ele pediu e eu vim para entrevistá-lo. Em seguida mandaremos outro telegrama reservado informando que houve a entrevista e que ele aceitou. Daí em diante começaremos uma operação estritamente controlada e gradual, usando canais especiais de comunicação para verificar se existe alguma penetração em pontos-chave na linha até Gerber e a SE."

– Como vai saber que sua armadilha funcionou?

– Quando eles mandarem o seu coronel algemado de volta a Moscou num avião da Aeroflot.

– Quantas pessoas vão ler os telegramas sobre isso?

– No início, não muitos. Só um punhado. Vamos começar com uma lista curta. Depois ampliaremos.

– Talvez tenhamos sorte.

– Sim, *bwana*. – Moseby sorriu. – Se tiver sorte, o coronel terá azar.

– É verdade – disse eu. – Mas se você nos informar que ele foi chamado de volta, nós vamos trabalhar rapidamente do nosso lado. Encontraremos o problema antes que eles tomem alguma medida permanente. Gerber e Hathaway irão procurar a KGB e dizer: "A propósito, o seu coronel do GRU em Nairobi na verdade é boa gente. Nós apenas o utilizamos em uma pequena experiência."

– E eles vão acreditar nisso? – perguntou Lameroux.

– Provavelmente. Costumam ser meticulosos nessas coisas. Estamos imaginando que seu amigo não vai confessar. E sem uma confissão, eles agirão mais lentamente. Isso não vai ajudar a carreira dele, mas não sofrerá muito.

– Quando começaremos? – perguntou Moseby.

– Que tal agora? – disse eu, tirando da mala um bloco de notas.

Langley, meados de dezembro de 1985

Paul Redmond leu cuidadosamente o telegrama de Nairobi. As três páginas relatavam o encontro que ostensivamente Moseby organizara para mim com o *Rezident* do GRU na capital. O telegrama chegou ao centro especial de comunicações logo no início do dia, e duas cópias foram expedidas ao escritório de Gerber. Redmond tinha sido chamado para ler uma das duas cópias reservadas para o chefe da Divisão SE. Além dessas, somente outras duas cópias do telegrama de Nairobi haviam sido levadas ao gabinete do diretor, no sétimo andar, onde ele e seus dois assistentes o leriam. O número total de pessoas com acesso ao tráfego telegráfico nessa primeira rodada seria limitado a sete, inclusive a secretária de Gerber. Em seguida, Redmond aos poucos lançaria a rede num raio mais amplo.

18

Moscou, início de janeiro de 1986

Rem Krassilnikov tinha outro "hóspede" na prisão de Lefortovo, um major da KGB de um dos distritos da cidade de Moscou. A pista para esse novo espião viera dos escalões superiores, que forneceram a Krassilnikov informações suficientes para que ele iniciasse uma busca metódica que finalmente o levou ao major Sergey Vorontsov, um rude agente da KGB que trabalhava no distrito da Colina Lenin, em Moscou. No início, Vorontsov não se mostrou cooperativo, mas depois cedeu, como os demais. Krassilnikov obteve uma confissão completa, mas nem ele nem seus superiores estavam ansiosos para dar o passo seguinte e prender um norte-americano a fim de encerrar o caso. Isso poderia esperar um pouco mais. Paciência.

Enquanto isso, Krassilnikov se entregava a outra caçada excitante. Havia sido alertado novamente de maneira discreta por seus superiores que os americanos estavam planejando algum tipo de sindicância técnica que abarcaria toda a amplitude territorial da URSS, a partir do porto de Nakhodka, no extremo oriental.

O equipamento de sensoreamento técnico seria oculto em um contêiner preparado sob medida e embarcado num navio mercante no Japão, com destino a Nakhodka. Dali seria transferido para a ferrovia trans-siberiana para a longa viagem até Leningrado, rota que vinha se tornando cada vez mais atraente para exportação de mercadorias da Ásia para a Europa Ocidental. Ao receber essa informação, Krassilnikov não indagou sua procedência. Lançou sua rede para detectar a sindicância técnica e tinha certeza de que os agentes da Segunda Diretoria Principal a recolheriam logo que o equipamento entrasse em território soviético.

Embaixada da URSS, Washington, D.C., janeiro de 1986

Sentado em seu minúsculo cubículo na *Rezidentura* estreita e sem janelas no quarto andar da embaixada soviética em Washington, o coronel Viktor Cherkashin fez um esforço para dominar a cólera. Ele vai matá-lo, disse Cherkashin para si mesmo. Kryuchkov vai matar o nosso homem. Ele não vai resistir à tentação de liquidar todos os espiões dos Estados Unidos em Moscou, e a CIA perceberá que alguma coisa está errada, que alguém deve ter falado.

Cherkashin havia estado em seu posto de chefe da contra-espionagem na *Rezidentura* da KGB em Washington quando Aldrich Ames, depois de engolir alguns drinques a mais no hotel Mayflower, entrara na embaixada soviética para oferecer seus serviços como espião. Sabia que tinha pescado um peixe graúdo e tomara medidas extraordinárias para proteger seu novo espião. Temendo algum vazamento, preferiu não mandar um telegrama à sede em Moscou. Em vez disso, foi pessoalmente de avião para dar o recado a Vladimir Kryuchkov, chefe da Primeira Diretoria Principal da KGB, que cuidava das operações no exterior.

Cherkashin evitou toda a cadeia de comando acima dele, inclusive Dimitri Yakushkin, chefe das operações nos Estados Unidos, e Vitaly Yurchenko, um dos principais agentes de segurança na seção norte-americana. Ambos haviam servido na embaixada soviética em Washington, e ambos provavelmente figurariam na lista de distribuição de todos os telegramas expedidos da capital dos EUA. Mas a KGB, como a maioria dos serviços profissionais, tinha um procedimento padrão que permitia aos agentes dirigir-se diretamente aos escalões superiores sempre que ficassem sabendo a identidade de traidores em suas fileiras. Ames havia revelado os nomes de agentes ocultos na KGB. Cherkashin não informou a ninguém em Moscou a respeito de seu novo recruta, com exceção de Kryuchkov e seu círculo imediato de assessores.

Mas Kryuchkov quebrara uma das regras cardeais da contra-espionagem. Estava tratando de agarrar rapidamente, e na opinião de Cherkashin, estupidamente, os agentes identificados pelo novo voluntário. Kryuchkov vinha se sentindo cada vez mais inseguro em seu cargo desde a morte de seu ex-mentor, Yuri Andropov. Quaisquer que fossem as lutas políticas internas em Moscou, Cherkashin se preocupava que os americanos percebessem a quebra de segurança e lançassem uma caçada ao agente oculto.

Agora, na *Rezidentura*, com a silenciosa barragem eletrônica vibrando entre as paredes duplas especialmente construídas pelos técnicos da KGB,

Cherkashin sabia que o agente mais valioso que sua organização jamais possuíra dentro da CIA se encontrava em grave perigo. O risco não era devido a algum erro cometido em Washington, e sim a que Vladimir Kryuchkov pretendia desalojar o presidente da KGB Viktor Chebrikov e roubar seu cargo.

Langley, janeiro de 1986

A secretária de Bill Casey sorriu para John Stein quando ele entrou na antesala do diretor.

– O senhor pode entrar diretamente, Sr. Stein. O Sr. George já está com ele.

Empurrando a pesada porta à prova de som da sala do diretor, Stein viu Casey e o chefe do Departamento de Operações (DDO) sentados à mesa de reuniões na parte mais afastada da sala.

Homem corpulento, de meia-idade e cabelos grisalhos, John Stein havia subido na hierarquia do serviço clandestino. Após uma temporada no início da década de 1970 como subchefe da Divisão SE, sobrevivera ao caos burocrático do primeiro ano de Casey como diretor da CIA, quando este tomara a desastrosa decisão de nomear para a chefia do DDO um dos seus amigos que levantavam recursos para o Partido Republicano, Max Hugel. O próprio Stein passou a chefiar o DDO quando Hugel foi obrigado a pedir demissão após um escândalo, poucos meses depois. Dois anos mais tarde Casey retirou Stein, substituindo-o por Clair George. Stein tornou-se inspetor-geral. Estava prestes a deixar essa função e seguir o treinamento de idiomas para assumir a chefia do posto na Coréia do Sul quando foi chamado para aquela reunião na sala de Casey.

Bill Casey foi o primeiro a falar.

– John, temos um problema – disse ele. – Clair vai dizer o que é.

Stein olhou para Clair George e percebeu que sua fisionomia sombria era genuína, e não um lance teatral como os que o tinham tornado famoso.

– Estamos perdendo muitos de nossos agentes soviéticos. Você ainda se lembra de todos os grandes casos, não é verdade?

– Claro. Fui chefe de operações durante muitos deles. Foi Howard?

– Howard é responsável por algumas das perdas, mas não todas. Achamos que existe outro problema. Talvez técnico, algo relativo às comunicações, talvez humano. Pode ser aqui ou em Moscou. Queremos que você dê uma olhada. Uma olhada completa. Não despreze nada. E que isso fique entre nós. Ninguém mais deve saber que você está fazendo isso. Compreendeu?

Stein hesitou por um instante.

– Vou precisar de alguém da SE para me ajudar, para pegar os arquivos. Pode ser Redmond?

– OK – disse Clair George. – Basta manter isso em segredo.

Mais tarde, no mesmo dia, Stein chamou Redmond. Os dois haviam trabalhado juntos no passado, e Stein tinha certeza de poder contar com Redmond para levar o assunto a sério e manter a discrição. Redmond conhecia bem o sistema de arquivos da SE e não teria de perguntar a ninguém onde encontrar o que precisava. Podia retirar as pastas sem atrair atenção, entregá-las a Stein e devolvê-las ao arquivo.

Com o auxílio de Redmond, Stein passou as seis semanas seguintes examinando os arquivos secretos da divisão. Procurava um padrão, uma pista que pudesse ligar as perdas a uma única debilidade, humana ou técnica, em algum ponto do sistema. Ao término de sua avaliação, Stein redigiu um resumo de cada caso e depois uma informação final a Casey. Sua conclusão foi que havia algum tipo de vazamento na CIA.

Em março, Stein levou sua informação a Casey e relatou pessoalmente ao diretor o que encontrara. Disse ao diretor que pensava existir uma falha de comunicações em algum lugar. "Isso o senhor pode investigar com a NSA." Em seguida disse que a outra possibilidade era a existência de um agente *enterrado*, oculto dentro da CIA. "Podemos fazer alguma coisa quanto a isso", afirmou. "Minha recomendação é começar por Moscou, que é um lugar menor e mais fácil para iniciar a investigação, e depois passar para a sede. Mas procuraria primeiro certificar-me de que o problema não é em Moscou." O mínimo que podia ser feito era que o diretor "montasse uma equipe para fazer esse trabalho". Quando Stein levantou a possibilidade de que houvesse um espião dentro da CIA, a reação de Casey foi mais lenta.

– Hummm – disse ele, sem se decidir. – Precisamos pôr alguém trabalhando nisso.

Stein partiu para a Coréia do Sul sem ficar sabendo se o diretor tinha seguido seu conselho e mandado iniciar uma caçada. Nunca mais esteve com Casey. Mais tarde, ficaria sabendo que ele não mandara fazer uma investigação profunda em busca do espião. Concluiria também que o diretor não revelara a ninguém sua informação final.

Na ocasião em que Stein recomendou secretamente a Casey começar a procurar um agente oculto, Burton Gerber já havia tomado uma série de medidas defensivas para certificar-se de que as perdas de 1985 não ocorressem novamente. Ordenou uma mudança drástica na forma pela qual a Divisão SE cuidava de seus casos mais sensíveis. Gerber percebeu que os controles tinham ficado demasiadamente frouxos. A Divisão SE estava cuidando de um número maior de agentes soviéticos do que em qualquer momento no passado, e conseqüentemente havia mais pessoas tratando deles. Resolveu que era necessário reduzir a quantidade de agentes. Para isso, criou o que chamou "o quarto dos fundos". Era um sistema novo com procedimentos especiais para o tratamento de telegramas e outros documentos sobre os agentes soviéticos. Sandy Grimes e Diana Worthen, dois funcionários experientes e confiáveis da Divisão SE, ficaram encarregados de fazer com que o novo sistema começasse a funcionar no início de 1986.

Nos primeiros tempos, isso significava que os agentes seriam controlados sem que houvesse correspondência telegráfica entre Langley e o posto. Ao ser identificado e recrutado um novo agente, os agentes da CIA viajavam a Washington para debater o caso e voltavam ao posto. Os agentes de campo graduados receberam a instrução de que, se conseguissem uma fonte soviética de inteligência potencialmente importante, não deveriam expedir telegramas sobre o caso, e sim tomar um avião e relatar a Gerber pessoalmente.

Antes de retomar o tráfego telegráfico sobre os casos sensíveis, Gerber fez questão de acrescentar mais uma forma de codificação. Normalmente, os telegramas eram decifrados no centro de comunicações de Langley e em seguida encaminhados à divisão competente. Agora, porém, todos os telegramas sobre casos soviéticos passaram a ser cifrados duas vezes. O agente da CIA que tratava do caso cifrava a mensagem antes de entregá-la ao funcionário de comunicações, que a cifrava novamente antes de expedir a mensagem. Na sede, o centro de comunicações decifrava o código acrescentado pelo funcionário, mas isso revelava apenas a segunda camada de codificação. Somente um pequeno grupo de funcionários graduados da Divisão SE possuía a chave para decifrar o segundo código. No campo, em geral a única pessoa que tinha a chave era o chefe. Os postos não tinham permissão de conservar documentos escritos sobre os novos casos e isso não podia ser tema de conversa dentro do posto. As reuniões entre o pessoal da sede e os agentes de campo envolvidos nos casos eram tratadas como se estivessem ocorrendo atrás da Cortina de Ferro – aplicavam-se as mesmas regras de Moscou. Os agentes se reuniam em casas seguras para suas entrevistas, ou nos postos da CIA, quando no exterior.

Em fevereiro de 1986, Gerber percebeu que o novo sistema funcionava: a CIA conseguiu dois novos agentes soviéticos que não foram anulados nem presos pela KGB. Ele ainda não sabia qual tinha sido a causa das perdas de 1985, mas compreendeu que havia estancado a hemorragia.

Moscou, janeiro de 1986

Barry Roydon, subchefe de contra-espionagem da CIA, estava sentado diante do chefe do posto de Moscou; sua missão era bastante simples: ia informar o chefe e seu subchefe sobre um novo êxito operacional contra a KGB em Bangkok. No entanto, não tinha havido operação em Bangkok. O nome do novo recruta da KGB era verdadeiro, mas o restante da história era um engodo cuidadosamente preparado para ser interceptado por qualquer penetração técnica que a KGB tivesse conseguido instalar dentro do "submarino amarelo" onde a CIA trabalhava na capital russa. O chefe em Moscou sentiu-se um tanto incomodado com a informação verbal de Roydon. Durante meses se preocupara com a possibilidade de que aquele recinto tivesse sido penetrado e escrevera seu inquietante bilhete a mim cinco meses antes: "Às vezes acho que eles estão aqui dentro comigo."

Roydon agora testava essa suspeita.

19

Moscou, 21 de fevereiro de 1986

Rem Krassilnikov se espantou com o achado da KGB quando o navio *Siberia Maru* atracou em Nakhodka com o contêiner nº CTIV-1317221 a bordo. O contêiner deveria ser colocado no primeiro trem de carga disponível com destino a Leningrado, para uma viagem que atravessaria todos os 11 fusos horários da URSS durante um total de três ou quatro semanas. Segundo o manifesto de carga do navio, o conteúdo eram objetos de artesanato destinados a Leningrado, de onde deveriam ser remetidos a um endereço na Alemanha Ocidental.

Ao abrirem o contêiner, os investigadores da KGB encontraram caixas de papelão empilhadas e cheias de vasos de flores feitos de cerâmica e cuidadosamente embalados, todos bastante inocentes. Mas após removerem as primeiras duas fileiras de caixas, encontraram um painel de madeira. Ao ser retirado, encontraram o que Krassilnikov descreveria a seus superiores como um "laboratório milagroso". Havia câmeras ocultas orientadas para pequenas aberturas disfarçadas de entradas de ar dos dois lados do contêiner. As câmeras estavam ligadas a computadores conectados a uma série de sensores científicos sofisticados. Uma árdua análise do equipamento por parte da KGB revelaria sua missão de alta tecnologia da Guerra Fria: reconhecer fontes de radiação através de toda a extensão da União Soviética. A KGB verificou que o equipamento era capaz de registrar a intensidade, a composição espectral e a dosagem total de nêutrons e de raios gama, estabelecer a localização de cada leitura, a pressão atmosférica e a temperatura no momento da colheita da amostra, além de relacionar esses dados com as fotos panorâmicas tiradas simultaneamente pelas aberturas de ventilação. A KGB chegou à conclusão de que o "laboratório milagroso" tinha capacidade de mapear as localizações geográficas da produção, armazenamento e pontos de transporte de armas nucleares em todo o território da União Soviética. Verificou-se que os sensores eram capazes de identificar uma ogiva nuclear com um quilo de plutônio num raio de dez metros. Os cientistas da KGB estimaram que o equipamento poderia funcionar até três meses com suas próprias fontes de energia e que somente poderia haver um serviço de inteligência por trás do contêiner nº CTIV-1317221 – a Agência Central de Inteligência dos Estados Unidos.

Convencido de que a descoberta em Nakhodka poderia ser utilizada com grande vantagem na batalha contra os serviços especiais norte-americanos, recomendou uma denúncia de propaganda de grandes dimensões. Para sua surpresa, a sugestão foi acolhida com frio silêncio, desapontamento atribuído ao fato de que Eduard Shevardnadze era na época o ministro do Exterior e estava profundamente mergulhado em "novas idéias". Mas Krassilnikov não estava disposto a desistir tão facilmente de sua descoberta.

Langley, final de fevereiro de 1986

Li o telegrama de Tóquio e fiquei pensando quanto tempo levaria para que o mundo da SE ficasse novamente de cabeça para baixo. A resposta chegou quando vi Paul Redmond à minha porta.

– Eles pegaram o ABSORB – disse ele sem emoção, como se faz quando já não há dúvida.

– Bem – disse eu, jogando o telegrama de Tóquio em minha caixa de saída. – Howard tem algo a ver com a operação?

– Acho que não. Mas quem é que ainda guarda segredos aqui?

– Não podemos descobrir? – perguntei.

– Já está diante de nós.

– Que é que você está pensando?

Redmond fez uma pausa.

– Você sabe o que estou pensando.

Moscou, 10 de março de 1986

Michael Sellers havia estado com GTCOWL somente uma vez, quase exatamente um ano antes. Durante aquele encontro, uma conversa numa caminhada furtiva de duas horas pelas ruas e becos secundários de Moscou, o homem da KGB jamais revelara sua identidade. Disse saber que a KGB vigiava muito de perto os agentes norte-americanos da CIA na capital russa e não desejava arriscar sua própria segurança. Sellers o conhecia somente pelo nome que concordaram em usar: "Stas."

Stas se voluntariara pela primeira vez em 1984, quando deixou cair um envelope pela janela aberta do carro de um funcionário da embaixada norte-americana, ao passar perto dele. A CIA finalmente mandou um agente para entrar em contato, mas a pessoa que naquela noite conseguiu escapar à vigilância não compreendeu o russo falado pelo voluntário, e o encontro foi um fracasso. Isso originou um debate na sede da CIA sobre se o soviético seria realmente um voluntário.

COWL era homem rude, e até mesmo Sellers, que falava muito bem o idioma russo, teria achado difícil compreendê-lo. O agente norte-americano acreditou que ele pertencesse às forças locais de contra-espionagem da Segunda Diretoria Principal em Moscou. Era a versão moscovita de um guarda-civil de Nova York, um Popeye Doyle* soviético. Não fez rodeios sobre o que desejava. Era dinheiro, e ele não se acanhou com a forma cínica com que se apresentou. Ficava impaciente quando Sellers, que levava um gravador, pedia que ele repetisse ou esclarecesse alguma coisa.

Mas o homem conhecia bastante a forma pela qual a KGB acompanhava as operações da CIA em Moscou, e enquanto os dois espiões caminhavam cautelosamente pelas ruas escuras da cidade, COWL preveniu Sellers de que não forneceria à CIA documentos que pudessem vir a incriminá-lo, e pediu que qualquer quantia a ele destinada viesse de fontes "limpas" fora da União Soviética e fosse colocada em pacotes que nunca pudessem ser abertos pelos agentes da CIA em Moscou.

Sellers e COWL organizaram um cuidadoso plano de comunicações para marcar encontros futuros. COWL deu a Sellers um número para ser chamado em horas previamente combinadas, com intervalos de dez minutos que ele considerava "seguros". Mais tarde a CIA concluiu que se tratava de uma linha telefônica comum da KGB, cujo uso não indicaria nenhum indivíduo específico da organização. COWL seria o único agente presente naquele número nas horas combinadas e a CIA faria chamadas também combinadas com mensagens que pareceriam inocentes.

---

* Detetive personagem do filme *Operação França*. (N. do T.)

Após um dos encontros, COWL desapareceu durante vários meses. Deixou de responder a uma chamada, mas finalmente acudiu a um pedido de entrevista em março de 1986. Sellers foi a seu encontro.

Na noite de 10 de março, o norte-americano acreditou haver se livrado da vigilância para a missão numa hora tardia, fazendo uma transferência de identidade com outro funcionário da embaixada. Mais tarde, estando "no escuro" nas ruas geladas de Moscou, rapidamente vestiu roupas comuns russas e se misturou com o fluxo de moscovitas que regressavam a suas casas.

O lugar do encontro era uma alameda entre dois prédios de apartamentos da era stalinista, não longe do bairro Colina Lenin de Moscou. Sellers chegou ao local do encontro às dez e meia e ao aproximar-se a seis metros de COWL, sentiu que algo estava errado. COWL tinha perdido peso e pareceu a Sellers que perdera também a atitude de durão. Quando começou a falar, apenas balbuciava. O homem parecia um fantasma de si mesmo, e naquele momento Sellers se preparou para o que sabia que iria acontecer.

Oh, merda, pensou Sellers. Lá vêm eles.

De repente, luzes ofuscantes iluminaram a rua e apareceram homens correndo de todas as direções. A prisão, pensou Sellers, parecia uma cena de filme. Ele foi jogado na traseira de um furgão por um pequeno exército de homens de segurança da KGB e GTCOWL desapareceu na confusão.

No furgão, os homens da KGB falavam russo entre si, talvez sem perceber que Sellers os compreendia bem, e pareciam confusos sobre a identidade do detido. Finalmente, um dos seguranças estendeu a mão para Sellers e ao arrancar-lhe o bigode falso uma expressão de reconhecimento surgiu em seu rosto.

– Ah, Misha! – disse o homem, usando o diminutivo russo para o nome Michael.

O disfarce da CIA era melhor do que ele havia imaginado. Os homens da KGB notaram a lama nos sapatos de Sellers e começaram a discutir em russo sobre como teria sido possível que ele tivesse saído da embaixada e se disfarçado de operário russo sem que ninguém da equipe de vigilância tivesse percebido.

O furgão levou Sellers e seus captores a um anexo da prisão Lubianka, a sala de interrogatório do número 2 da praça Dzerzhinsky.

Sellers passou apenas poucas horas sendo interrogado. Pelas duas e meia da madrugada, Stuart Parker, advogado da embaixada norte-americana, chegou para levá-lo para casa. Mas durante aquelas poucas horas, Sellers havia enfrentado Rem Krassilnikov, procurando evadir as perguntas do esbirro da KGB. Normalmente, os agentes da CIA eram instruídos a nada declarar se fossem presos, exceto anunciar sua imunidade diplomática e pedir acesso a um advogado da embaixada. Sellers conhecia as regras do jogo, mas não resistiu a dar algumas estocadas, principalmente porque era capaz de falar russo com seus captores. Quando Krassilnikov lhe disse que a prisão prejudicaria sua carreira na CIA, Sellers afirmou que isso era um engano; que não faria mal à carreira dele na agência. Talvez para estimular Sellers a falar, Krassilnikov começou a tratar de coisas corriqueiras, descrevendo detalhes da vida de Sellers que a KGB conhecia. Ele era o goleiro da equipe de hóquei jogado com vassouras na embaixada norte-americana; que achava de um jogo dos Estados Unidos contra a União Soviética? Mas, ao procurar manter a conversação, Krassilnikov revelou alguns fatos interessantes. Sellers percebeu que a KGB não sabia como ele havia saído de seu apartamento para ir ao encontro. A KGB ainda não compreendia bem as técnicas de transferência de identidade da CIA, e o fato de ter sido encontrado na cena da detenção desorientara os agentes: achavam que ele ainda estivesse no apartamento.

Pouco depois do dia em que foi preso, Sellers ficou sabendo a identidade verdadeira de COWL: Sergey Vorontsov.

Langley, 11 de março de 1986

As "manhãs de comprometimento" iam se tornando uma rotina inquietadora. A notificação da emboscada de COWL chegara na noite anterior, e todos os participantes da reunião da equipe tinham conhecimento do que ocorrera em Moscou na véspera. Redmond meteu a cabeça pela porta de minha sala a caminho da de Gerber para mais um relatório sobre um agente comprometido em Moscou.

– Vamos para o sofrimento matinal – disse eu a ele.

Yasenevo, URSS, 12 de março de 1986

Valentin Aksilenko estava em seu escritório no quinto andar do Departamento dos Estados Unidos na Primeira Diretoria Principal, meditando sobre uma série de acontecimentos estranhos. Desde que deixara a *Rezidentura* em Washington, três anos antes, vinha desempenhando a função de chefe da seção que observava as operações de inteligência da KGB na capital norte-americana.

Observar Washington ia ficando cada vez mais curioso para Val Aksilenko, homem corpulento e pensativo de cabelos ruivos e ralos. Aos 45 anos, tinha trabalhado bem para si próprio e para a KGB, e durante sua estada de cinco anos em Washington fora promovido a coronel na Linha PR – inteligência política. Mas agora parecia que o mundo bem conhecido que ele considerava o normal havia se deslocado em seu eixo. Sentia-se cada vez mais incerto, mas não conseguia descobrir o motivo de seu desconforto. Provavelmente seriam seus próprios problemas, pensou ele. Seu casamento estava desmoronando. Talvez fosse uma combinação de várias coisas. Até mesmo o trabalho que ele conhecia tão bem estava se tornando opaco. Aconteciam coisas que ele não conseguia explicar nem compreender.

As anomalias tinham começado em junho daquele ano, quando um norte-americano fora preso. Começaram a aparecer histórias contraditórias sobre a identidade do traidor soviético com quem ele pretendia se encontrar, mas a única característica comum nas diferentes narrativas era o nome do espião: Adolf. Parecia que as altas esferas desejavam que o nome ficasse conhecido. Talvez isso fosse porque Adolf fora preso um mês depois das comemorações do fim da Grande Guerra patriótica. Mas havia outra mensagem no obstinado uso do nome do espião, que alguns pensavam que poderia até mesmo ser um nome falso inventado pela liderança da KGB. Mas por quê?

Em seguida, em setembro de 1985, começaram a correr rumores em Yasenevo de que um colega, funcionário da Primeira Diretoria, havia sido apanhado com a boca na botija pelos rapazes da Segunda e da Sétima, quando retirava material de uma caixa postal secreta em Moscou – dizia-se que era uma pedra recheada de rublos. Levou algum tempo para que o nome do homem aparecesse, mas a fábrica de boatos acabou indicando um agente da Linha KR que estava em férias e servia em Lagos.

Veio então a história da incrível fuga de Gordievsky, enquanto a investigação ainda estava em curso. Fatos contraditórios também vazavam naquele caso, principalmente em forma de acusações entre as diretorias de inteligência e de contra-espionagem. Especulava-se desvairadamente sobre a maneira pela qual ele escapara. Alguns estavam convencidos de que os serviços especiais norte-americanos deviam ter cooperado com os britânicos. Outros achavam que a praça Dzerzhinsky, a sede da KGB, tinha participado da conspiração. Mas oficialmente a liderança não se manifestava a respeito. Os chefões mantinham absoluto silêncio.

Além de tudo isso, havia o permanente problema de Vitaly Yurchenko, que voltara a Moscou como herói, com direito até a uma guarda de honra. A questão era que ninguém acreditava em sua história.

O episódio de Yurchenko era considerado uma afronta pela maioria dos agentes da Primeira Diretoria, que sabiam que sua história de resistência heróica, obstinação absoluta e corajosa fuga era uma fantasia imaginada por ele próprio a fim de escapar da execução. Sabiam que aqueles contos, cuidadosamente repetidos e relatados por Kryuchkov e seu subchefe, Vadim Kirpichenko, eram tolice. Aksilenko compreendia que a liderança desejasse ocultar a traição de Yurchenko, mas não podia entender por que motivo o transformara num ícone nacional. Ninguém que tivesse trabalhado no Ocidente podia acreditar na idiotice de que a CIA houvesse drogado Yurchenko. O pessoal da agência russa estava começando a considerar todo o assunto como mais um indício da maneira corrupta pela qual a liderança da KGB procurava proteger-se. Yurchenko havia sido promovido a um cargo de direção por ocasião de sua defecção. Isso o tornara membro da confraria governante. Não acontecia a mesma coisa quando um tenente-coronel desertava. Os murmúrios aumentaram.

Até mesmo os comentários que filtravam sobre o ex-agente da CIA Edward Lee Howard não faziam sentido. Ninguém reconhecera formalmente que Howard havia trabalhado para a KGB, mas havia rumores de que ele poderia ser responsável pelos recentes êxitos no desmascaramento de agentes russos que trabalhavam para os norte-americanos em Moscou. Aksilenko tinha lido a cobertura do caso Howard na imprensa dos Estados Unidos, que passara por sua seção, mas os relatos nunca concordavam com os vazamentos que ouvia dentro da KGB.

Agora, sobre sua mesa, havia um relatório que informava que "a Tass foi autorizada a anunciar" que um diplomata norte-americano havia sido preso na noite anterior ao cometer um ato de espionagem. Não havia maiores detalhes.

Alguma coisa estava acontecendo, pensou Aksilenko: muitos desses estranhos incidentes pareciam ter origem em Washington. E ele, chefe da seção de inteligência da KGB no exterior, responsável por Washington, não tinha a menor idéia do que ocorria. Talvez pudesse ficar sabendo de alguma coisa por intermédio de Valeriy Martynov, que havia participado da "guarda de honra" que escoltara Yurchenko de volta a Moscou. Ao que tinha ouvido, Martynov ainda estava na capital russa, mas tinha sofrido uma queda e se recuperava de uma cirurgia.

20

Langley, fim de março de 1986

Em algum momento no final do mês de março, o chefe do posto da CIA em Bonn enviou a Langley um telegrama por correio especial. Uma carta deixada anonimamente na caixa de correio da casa de um agente norte-americano em Bonn informava haver sido descoberto que o agente da KGB Gennady Varennik trabalhava na verdade para a CIA. Para comprovar sua veracidade, o autor da carta incluíra o nome do controlador de Varennik na CIA, Chuck Leven, e prometia revelar o motivo e a forma da captura do russo. Poderia proporcionar maiores detalhes à CIA mediante a entrega de um pacote contendo 50 mil dólares em dinheiro em um local secreto em Berlim Oriental. O dinheiro deveria ser embrulhado em material à prova de água e deixado sob uma determinada laje num caminho de pedestres. Finalmente, o autor pedia que fosse transmitido um sinal de alta freqüência pela estação de rádio suplementar da embaixada norte-americana. Esse sinal confirmaria o recebimento da carta e que as providências estavam em curso.

A carta causou um choque na chefia da Divisão SE, em parte porque fornecia argumentos em apoio de todas as principais teorias correntes sobre a causa da perda dos agentes. A afirmação de que Gennady Varennik havia ficado comprometido confirmava o que já se sabia, mas a promessa de detalhes era suficiente para estimular a CIA a concordar com as condições do autor da carta. Houve dúvidas sobre se a carta seria um ardil da KGB, mas ninguém aconselhou negar as exigências do missivista.

A embaixada em Bonn foi instruída a mandar o sinal de rádio, e a representação diplomática em Berlim Oriental foi autorizada a deixar o dinheiro em um parque. Na Divisão SE, alguns agentes ficaram intrigados pela coincidência de que a operação se realizasse em Berlim Oriental. Devido à asfixiante vigilância da Stasi, realizavam-se muito poucas operações na capital da República Democrática Alemã, mas a cidade começava a esquentar.

Tudo tinha começado com a armadilha preparada para a chefe do posto da CIA em Berlim Oriental, uma agente que anteriormente servira na Áustria. Um dos seus contatos, cidadão húngaro, a convidou para jantar num restaurante tranqüilo da cidade, e em breve juntou-se a eles um soviético que trazia uma pasta pesada. O húngaro pediu educadamente licença, deixando a cena para o soviético, cujas intenções logo ficaram evidentes.

Retirando da pasta um gravador de vídeo, o soviético, agente graduado da KGB, explicou à norte-americana que havia preparado um pequeno histórico em videocassete sobre os anos recentes da carreira dela. Ligou a máquina e virou a tela para sua vítima, enquanto a produção de *Esta É a sua Vida* segundo a KGB aparecia diante dela.

Surgiram vistas externas do apartamento da agente em Viena, junto com gravações de conversas que pareciam haver sido captadas por microfones da KGB ocultos nas paredes do apartamento. O enredo sugeria brutalmente que as conversas registradas pela KGB haviam sido responsáveis diretas pelo comprometimento de operações da CIA na Áustria. Isso seria muito ruim para a carreira dela, não é verdade?

Quando o filme passou para Berlim Oriental, o enredo se tornou ainda mais provocador. Apareceram novas tomadas ocultas, evidentemente feitas por câmeras da Stasi escondidas nas paredes e no teto do apartamento dela em Berlim. Ao mesmo tempo havia filmagens semelhantes de pelo menos uma de suas colegas agentes em Berlim, também do sexo feminino, que iam escurecendo dramaticamente. A voz do agente da KGB que narrava o vídeo começou a insinuar que a chefe da CIA em Berlim Oriental poderia estar envolvida num relacionamento lésbico, coisa que certamente não desejaria que fosse sabido em Langley. Ao terminar a fita, o agente da KGB desligou o aparelho e guardou-o na pasta fazendo então sua oferta à chefe do posto da CIA. Ela poderia concordar em colaborar com a KGB ou então sofrer as conseqüências de todos os seus "erros".

A agente norte-americana agradeceu ao homem da KGB pelo espetáculo daquela noite e respondeu que ele estava batendo em porta errada. Disse que relataria os acontecimentos daquela noite a Washington com todos os detalhes e que ele poderia fazer com o vídeo o que quisesse. Na manhã seguinte, Langley recebeu um telegrama completo sobre a tentativa de recrutamento.

Em vinte e quatro horas fui mandado a Berlim Ocidental a fim de verificar se havia mais alguma coisa que ela preferisse comentar pessoalmente. Tivemos uma longa conversa sobre o incidente num reservado do hotel Kempinski em Berlim e eu concluí que nada mais havia a acrescentar ao relatório, a não ser detalhes coloridos e atmosféricos sobre o jantar e a grosseira tentativa. A chefe do posto em Berlim Oriental poderia fornecer maiores detalhes quando fosse a Langley.

O incidente poderia ficar arquivado se não fosse uma ocorrência semelhante, poucas semanas depois em Brazzaville, capital do Congo, outro satélite soviético onde a KGB atuava livremente. Dessa vez não houve vídeo, mas sim uma tentativa extemporânea de recrutamento por um agente da KGB que se apresentou na casa da mulher que chefiava o posto da CIA. Ela foi convidada sem mais nem menos a cometer traição. Tal como a chefe de Berlim Oriental, ela recusou peremptoriamente a oferta e relatou o incidente com detalhes à sede. Gerber achou que a agente da CIA, isolada em Brazzaville, apreciaria receber apoio, e mandou à África Sandy Grimes, funcionário antigo da Divisão SE, para conversar com ela.

Assim como fora o caso em Berlim Oriental, também não havia substância no de Brazzaville. A CIA não compreendeu bem o significado daquelas investidas contra suas agentes femininas. Alguns as descartaram, considerando-as como mais uma maquinação da KGB, um esforço semelhante ao que tinha ocorrido anos antes, quando a KGB procurara grosseiramente recrutar agentes da CIA de raça negra. A KGB imaginara que eles se ressentiriam de racismo e portanto seriam receptivos às ofertas. Esse ardil não funcionou, assim como aconteceu com o relativo às mulheres. Outros pensaram que a nova tática poderia ter o objetivo de lançar desconfiança na CIA para com suas agentes femininas. A teoria era que se duas delas haviam recusado e informado sobre as tentativas da KGB, poderia ter havido alguma que não houvesse recusado as ofertas de Moscou.

Nenhuma dessas teorias era especialmente convincente, mas depois da carta anônima recebida em Bonn, outro mistério foi acrescentado às estranhas ocorrências do ano anterior. A única coisa em que todos concordavam era que devia ter havido alguma falha catastrófica em algum ponto do sistema. Na primavera de 1986, uma nova expressão sussurrada entrou para o jargão do círculo íntimo da Divisão SE: "As perdas de 1985."

Langley, 8 de maio de 1986

Olhando o telegrama de Moscou sobre a minha mesa, reli a descrição sucinta da prisão do agente que fora apanhado na noite anterior naquela cidade quando se dirigia a um encontro com EASTBOUND. A descrição era idêntica à das prisões de SPHERE e COWL. Na verdade, porém, nada mais havia a relatar além do fato de que um agente em Moscou caíra numa emboscada, fora levado ao nº 2 da praça Dzerzhinsky e libertado algumas horas mais tarde. Os telegramas terminavam sempre prometendo novos detalhes.

Percorri a pilha de mensagens complementares, parando na última, na qual o agente de Moscou solicitava que pedissem a seu pai a reserva de quartos para ele e a mulher num clube particular em Maryland. Gerber ia ficar furioso. Estava agastado com aquele agente porque havia sido detido algumas semanas antes durante uma missão num subúrbio afastado de Moscou. O agente se perdera e acabara chegando ao portão principal da sede da Primeira Diretoria Principal da KGB em Yasenevo. Foi detido durante alguns minutos, interrogado e em seguida libertado.

Quando o telegrama que relatava o incidente foi recebido na manhã seguinte, Gerber explodiu. Ele seguia uma regra simples: os agentes deviam conhecer a cidade em que trabalhavam. Se fossem capazes de se perder e entrar pelo portão principal da sede da organização de inteligência do inimigo, que outros enganos seriam capazes de cometer?

Agora, lendo o telegrama pedindo reserva de acomodações confortáveis no elegante clube do pai num subúrbio de Maryland, fiquei imaginando o que poderia estar passando pela cabeça de Gerber. Ele não era homem de clubes e tinha pouca paciência com esse tipo de gente.

Sede da KGB, Moscou, 8 de maio de 1986

Krassilnikov estava muito satisfeito com sua mais recente emboscada. A Segunda Diretoria Principal tinha recebido uma denúncia sobre um cientista de radar e acabara conseguindo identificá-lo. Em vez de simplesmente prender o cientista, entretanto, Krassilnikov se esmerara em fazer com que a operação se voltasse contra os norte-americanos. Espalhou na instituição onde o cientista trabalhava o boato de que havia suspeita de que os serviços especiais dos Estados Unidos houvessem penetrado na instituição, e que o culpado poderia obter "certa anistia" caso se entregasse. A armadilha funcionou. O homem se apresentou e cooperou integralmente, a ponto de organizar a emboscada ao agente norte-americano no pátio de um prédio de apartamentos na rua Malaya Pirogovskaya em Moscou.

Os homens de Krassilnikov observaram à distância, quando o agente norte-americano saiu do trabalho no final do dia e começou a seguir o longo e laborioso trajeto para detecção de vigilância. Quando se convenceu de que estava "no escuro", passou a caminhar a pé, entrando diretamente na armadilha de Krassilnikov.

Mais tarde, na sala de interrogatório em Dzerzhinsky, pálido e subjugado, o agente da CIA observou sem comentários o conteúdo de sua bolsa ser despejado sobre uma mesa. Havia uma navalha "Kharkov" que ocultava uma câmera fotográfica subminiatura e certo número de cartas previamente escritas, ostensivamente de turistas norte-americanos a parentes e amigos nos Estados Unidos. O cientista deveria usar essas cartas para corresponder-se com seus controladores, usando escrita secreta no verso das cartas. Escondidos dentro de um bloco de notas havia ainda pedidos de informação – perguntas da CIA – sobre a instituição de projetos de defesa onde trabalhava o espião. Krassilnikov estava muito contente consigo mesmo. Havia agarrado aquele espião sem prejudicar as fontes das denúncias que vinha recebendo.

Langley, 16h00, 16 de maio de 1986

Empurrei a porta azul do gabinete do diretor no sétimo andar, novamente pensando quem teria tido a idéia de pintar todas as portas de Langley em tons brilhantes de azul-elétrico, amarelo-canário e verde-floresta. Isso acontecera quando eu estava em serviço em Hong Kong, na década de 1960. Ao regressar, certo verão, o antigo cinza-naval característico da sede da CIA havia desaparecido, substituído por paredes de cor gelo e portas alegremente coloridas. A idéia é que isso levantava o ânimo. Quando entrei na sala de Clair George, ele foi direto ao assunto.

– Hoje é sexta-feira. Quero que você pense no assunto durante o fim de semana, mas pretendo mandar você para Islamabad a fim de assumir o programa no Afeganistão.

Nos meses posteriores a meu retorno a Langley, vindo da África, eu percebera que nosso programa clandestino de ação com a resistência afegã havia mudado, e que Reagan dera novas diretrizes. Também tinha ouvido falar que o chefe em Islamabad, responsável pelo programa, caíra em desgraça com o subchefe de George, Ed Juchniewicz, e que Clair e Casey haviam resolvido mudar a chefia na capital paquistanesa. Só não sabia que eu estava sendo cogitado para a função.

– Você quer realmente esperar a resposta até segunda-feira?

– Fale com sua mulher. Pergunte o que ela acha.

– Ela estará disposta a ir. Quando quer que eu chegue?

– Vá até lá este mês e dê uma olhada, e depois programe a mudança para julho.

Marie-Catherine, minha mulher, estava realmente disposta a mudar-se para o Paquistão. Verdadeira *pied-noir*,* nascida no Marrocos, havia passado a maior parte da vida morando entre a França e a África, onde nos conhecemos quando ela ensinava na escola francesa em Lagos. Em 1983 atravessou o continente a fim de vir viver comigo em Cartum, onde nos casamos em 1984. O "presente de casamento" de Bill Casey foi acelerar o processo de naturalização de Marie-Catherine, que em vez de sete anos durou cerca de dez dias. O Paquistão não seria problema para ela.

Langley, 10h15, 19 de maio de 1986

Com o canto do olho vi Jack Platt vigiando meu gabinete, esperando uma oportunidade de entrar logo que eu terminasse a conversa ao telefone confidencial de cor verde, sinal inconfundível de privacidade que até mesmo Platt hesitaria em violar. Mas logo que depus o fone ele passou pelo porteiro e colocou um maço de papéis em minha mesa.

– Preciso que assine estes documentos rapidamente, chefe. É realmente urgente.

A atitude geralmente reservada de Platt parecia um tanto forçada. Comecei a procurar onde estaria o truque, sabendo instintivamente que não por acidente Platt precisava de alguma coisa urgente justamente na ausência de Burton Gerber, quando eu assumira a chefia interina.

– Sente-se, Jack. Você tem um minuto para perder comigo?

– Claro. Mas isto é coisa urgente e vi que você estava muito ocupado...

---

* Literalmente, "pé preto", designação não pejorativa dada aos franceses nascidos nas colônias na África. (N. do T.)

– Tudo bem, Jack – disse eu, pegando os papéis. – Não estou com pressa.

O primeiro documento era uma ordem comum de viagem da agência para "deslocamento operacional" à Guiana usando qualquer forma de transporte, "por mar, ar ou superfície". Já tinha as necessárias rubricas da Divisão da América Latina, e eu assinei sem grande hesitação. Após passar para o segundo espaço de rubrica, olhei o documento e pousei a caneta.

– Que é isto, Jack?

– É uma ordem de requisição de um rifle de caça Winchester, calibre 30, com mira de alcance 4x40, caixa forrada de feltro e cinqüenta cartuchos de munição.

Platt recitara os dizeres do formulário de requisição no tom monótono de um funcionário público de almoxarifado que se vê diante de um problema.

– Sei que é uma arma, Jack, mas você tem que me dizer quem vai matar com ela antes que eu autorize.

– É para MONOLITE. Rankin e eu vamos à Guiana para vê-lo novamente. Uma boa arma poderá amaciá-lo. O homem é um grande caçador.

– Isso vai dar certo? Ou você e Rankin só vão experimentar?

– Quem diabo pode saber? A gente faz o que pode. E você realmente pode autorizar isso, portanto assine. Confie em mim.

Eu sabia que MONOLITE era um objetivo sendo desenvolvido conjuntamente pelo FBI e pela CIA, desde que fora destinado à embaixada soviética em Washington, no final da década de 1970. Platt na época era agente de campo, e era bom agente, até que foi mandado à reabilitação devido a seu problema de alcoolismo. Há cinco anos sem tocar em bebida, não havia deixado de lado a necessidade de testar permanentemente o sistema e os responsáveis por ele.

– E vai me dizer por que é tão urgente?

– Tenho de sair para comprar a arma e expedi-la hoje ainda para a Guiana. Por isso é urgente. MONOLITE assumiu suas funções lá no ano passado, e eu vou com Rankin para ver se ele mudou de idéia.

– E foi só hoje de manhã que você descobriu que precisa comprar um rifle para essa operação? Ou talvez seja porque Burton Gerber viajou hoje de manhã e você achou que comigo ia ser mais fácil?

– Que é que você acha? – disse Platt, sorrindo pela primeira vez.

– Acho que você esperou Burton viajar para me trazer isto. Por quê? Por causa da arma, da operação, ou porque você põe Gerber louco com suas besteiras?

– Sim.

– Sim, o quê?

– Por causa da arma, da operação e do gênio de merda de nosso chefão. Mas vale a pena fazer isso.

– Há quanto tempo você já está esperando para pegar esse cara?

– Quem? Gerber?

– Que diabo, Jack, pare de brincar comigo!

– Estamos trabalhando com ele constantemente há uns seis ou sete anos. Devo ter feito ofertas a ele mais de cem vezes.

– E ele já produziu alguma coisa?

– Ele ainda gosta de mim.

– Que diabo significa isso?

– Quer dizer que ele não se esconde como todos os outros patetas da KGB quando eu me aproximo.

– Ele também fez ofertas a você?

– Uma vez, talvez. Perguntou como eu me sentiria se ele me convidasse a passar para o lado dele. Eu respondi: "Para quê?" Para passar o resto da vida vivendo como mendigo? Ele nunca mais tocou no assunto.

– Que é que Gerber pensa dessa operação?

– Provavelmente tem horror a ela.

– Por quê? Por causa da operação em si ou porque a operação é sua?

– Há cinco anos ele me mandou atrair esse cara, dar a ele a última chance de vir para a terra prometida, quando ele estava em San Diego num torneio de voleibol. Sabe que ele é jogador de voleibol de categoria olímpica? Uma vez, quando tínhamos bebido um pouco, ele me contou que entrou para a KGB por causa do voleibol. Disse que tinha sido recrutado ainda na universidade para jogar numa equipe no complexo esportivo do Dínamo de Moscou. Não sabia quem eram eles, até que explicaram que estava jogando no time da KGB! Depois de algum tempo ele parou de jogar voleibol e passou a brincar de espião. Gosta de dizer que é o único sujeito que entrou para a Primeira Diretoria com uma bolsa de estudos esportiva. Seja como for, eu não fiz exatamente o que Gerber mandou, mas mantive a coisa latente. Apresentei a ele gente do FBI, mas ele sempre nos mandou à merda cada vez que nos aproximávamos. O FBI quer continuar a tentar e Gerber não pode evitar, se eles também participarem da operação.

– Há quanto tempo você vem planejando essa viagem?

– Cerca de um mês.

– Gerber sabe alguma coisa disso?

– Nada.

– Há quanto tempo sabe que ele ia se afastar?

– Cerca de um mês – respondeu ele, sorrindo novamente.

Assinei a requisição para a Winchester e entreguei os papéis a Platt.

– Não vá fazer com que ele morra como resultado de sua operação.

– Como tem feito todo mundo aqui?

– É, como tem feito todo mundo aqui. Talvez você possa perguntar a ele se ouviu falar no que está acontecendo por aqui.

Fiquei olhando Platt, que vestia *jeans* desbotados e botas de caubói, sair pela ante-sala levando seus documentos. Platt era o tipo de pessoa que hoje em dia a CIA não conseguiria recrutar. E achei que isso era uma pena.

Sede da Primeira Diretoria Principal, Yasenevo, julho de 1986

Val Aksilenko já não tinha dúvidas de que alguma coisa muito estranha estava acontecendo. A rodada mais recente começara com boatos das prisões de Valeriy Martynov e Sergey Motorin, que tinham servido com ele em Washington.

Martynov, agente da Linha X responsável pela obtenção de dados científicos e técnicos na *Rezidentura* de Washington, havia regressado a Moscou com Vitaly Yurchenko, participando da "guarda de honra" do desertor. Não chegou a se apresentar em Yasenevo. No início, dizia-se que tinha sofrido um grave acidente e precisara de uma cirurgia. Havia sido levado a um sanatório fora de Moscou para recuperação. Os rumores diziam também que tinham mandado buscar a família dele em Washington para fazer-lhe companhia.

Aksilenko não tinha visto Martynov desde que regressara, e não tinha idéia do que lhe acontecera até que os boatos de sua detenção começassem a circular, em junho. Começaram a aparecer histórias semelhantes sobre Sergey Motorin, outro ex-agente da *Rezidentura* em Washington, que agora trabalhava na Diretoria A, o departamento de providências ativas responsável pela propaganda negativa contra os Estados Unidos e seus aliados. O chefe de Aksilenko no Departamento Norte-americano, Anatoly Flavnov, confidenciou-lhe que Motorin havia sido preso por trabalhar para os americanos.

Aksilenko ficou incrédulo. Dois agentes da mesma *Rezidentura*! Nunca fora muito íntimo de Martynov, mas Motorin tinha sido seu subordinado e ele tinha pena de ver o jovem agente pouco conformista metido em tais problemas. Motorin gostava de desafiar as regras, tinha espírito independente, mas Aksilenko gostava dele. Tinha brigado com Dmitri Yakushkin, o *Rezident* em Washington na época. Yakushkin detestava abertamente Motorin e fez o possível para azucrinar-lhe a vida quando ele servia sob suas ordens na capital norte-americana. Agente da Linha PR, Motorin não era bem aproveitado em missões de inteligência, mas não era o desastre que Yakushkin pensava. O *Rezident* o considerava mais um encrenqueiro privilegiado, filho de um funcionário graduado do Partido, vindo de Archangel. Motorin reforçara ainda mais sua posição política ao casar-se com a filha de outro prócer do Partido. Yakushkin achava que ele se valia disso e o desprezava ainda mais.

Na *Rezidentura* não era segredo que Motorin andava com mulheres e que às vezes era desleixado. Mas a maioria de suas transgressões era de pequena monta, todas suficientemente aceitáveis no contexto das "novas realidades". No final de sua temporada em Washington, quando deu a impressão de produzir melhor informações de inteligência, Aksilenko enfrentara Yakushkin, dizendo ao incrédulo *Rezident* que finalmente Motorin estava se inflamando. Não deu certo. Yakushkin se mostrou até mesmo mais negativo, e Aksilenko se viu num desagradável cabo-de-guerra a respeito do jovem agente. Finalmente, concluiu que Yakushkin detestava Motorin de tal forma que seria inútil, e talvez mesmo perigoso, continuar a defendê-lo. Somente mais tarde Aksilenko viria a saber que a melhoria do desempenho de Motorin em Washington decorrera de informações que lhe eram passadas pela CIA e pelo FBI a fim de melhorar sua situação aos olhos de seus superiores.

Quando Motorin foi transferido de volta a Moscou, Yakushkin tentou impedir que ele trabalhasse em uma função sensível. Queria que ficasse relegado a alguma função em que não causasse prejuízos. Por isso fora lotado na Diretoria A, responsável pela propaganda negativa contra os Estados Unidos e seus aliados.

A detenção de Motorin, logo em seguida à de Martynov, suscitou frenéticos rumores e mexericos em toda a Primeira Diretoria Principal. Motorin simplesmente desaparecera, e durante vários meses ninguém soube onde estava. Durante esse período, foi obrigado a ligar para uma mulher com quem tinha tido um caso em Washington e dizer-lhe que "estava bem e pensava muito nela". A intenção da chamada era tranqüilizar o FBI.

Havia um grande jogo de enganos em curso em Yasenevo, e as peças que Val Aksilenko conseguia discernir no tabuleiro tornavam mais aguda sua percepção. No ano anterior, tinha havido quatro casos de agentes da Primeira Diretoria que passaram para o outro lado: o *Rezident* em exercício em Londres, o agente de contra-espionagem em Lagos e agora os dois agentes da *Rezidentura* de Washington.

Juntando o estranho caso de Vitaly Yurchenko, já seriam cinco. Val Aksilenko, em conflito com seus pensamentos, achou que o número poderia ser até maior, um total de seis. Poderia acrescentar o complexo caso de Vladimir Mikhailovich Vetrov, o homem da Linha T executado por espionar para os franceses dois anos antes. Para ele, tratava-se de um caso de esperteza que fracassara.

Pelos padrões da Primeira Diretoria Principal, Vladimir Vetrov era um selvagem. Era forte e fisicamente enérgico, e tinha pavio curto. Alguns o achavam grosseiro; já havia sido repreendido no passado por seus rompantes e certa vez por espancar selvagemente um de seus chefes. Além de seu lado rude, Vetrov era inveterado francófilo que não procurara ocultar sua admiração por tudo o que se referia à França. Havia adquirido essa veneração durante o tempo em que servira em Paris, no final da década de 1960, e sempre levava uma caixa de champanhe francês no carro "por via das dúvidas", como dizia.

Portanto, não constituiu verdadeira surpresa quando em fevereiro de 1982 se espalhou em Yasenevo o boato de que Vetrov havia sido preso por assassinar um vagabundo sem-teto em um parque de Moscou, onde ele estava tendo uma "ligação francesa" com uma mulher descrita como amante de Vetrov. Segundo o relato inicial, um freqüentador do parque os encontrou e tentou assaltar o agente da KGB. Num acesso de raiva, Vetrov atacou o homem e o matou com uma faca. Em seguida, possivelmente receoso de que sua amante o denunciasse à polícia, esfaqueou-a e afastou-se, acreditando-a morta. Incrivelmente, porém, voltou à cena do crime uma hora depois e foi visto por ela, que afinal não tinha sido ferida com grande gravidade. Foi preso em flagrante e num processo especialmente rápido para a justiça soviética foi julgado e condenado a 12 anos de prisão. Mais tarde, ninguém jamais recordaria o nome do vagabundo assassinado por Vetrov.

Depois disso, a história começou a mudar. Verificou-se que a suposta amante era na verdade assídua concubina da Primeira Diretoria, que havia se deitado com tantos agentes de inteligência estrangeira da KGB quantos conseguira agarrar nos poucos anos em que freqüentara a Yasenevo. O "vagabundo" assassinado foi transformado em outro agente da KGB, amante ciumento que encontrara o casal abraçado e lutara com Vetrov. Mas ninguém estava disponível para contar sua história – a mulher desapareceu e o homem que Vetrov matara nunca foi mencionado. Mais tarde, ficou-se sabendo do restante quando a notícia da prisão e execução de Vetrov explodira na Primeira Diretoria.

Os murmúrios e especulações começaram imediatamente. No final das contas, Aksilenko começou a ter dúvidas sobre toda a lenda de Vetrov, com a notável exceção de sua execução. Já desprezara a versão do assassinato no parque, e a idéia de que Vetrov tivesse confessado sua traição à mulher ou a algum informante na prisão desafiava a mais elementar lógica. Nenhum homem da KGB faria confidências numa carta. Ele teria agüentado a vida na prisão durante dez ou 12 anos; era um tempo considerável, mas hoje em dia havia lugares piores. Alguma outra coisa deveria ter acontecido a Vetrov; disso, Val Aksilenko agora tinha certeza.

Agora, contra o pano de fundo de todas as demais revelações sobre traições em Yasenevo durante o ano passado, finalmente tudo parecia mais claro. A história de Vetrov era parte dos grandes enganos, da elaborada cortina de fumaça que envolvia as traições de muitos agentes de Yasenevo nos dois anos anteriores.

Que diabo estaria acontecendo?, perguntou-se Aksilenko. O que estariam escondendo?

Ocorreu então o maior choque do ano.

Entrando na sala de Dmitri Yakushkin em meados de julho, Aksilenko encontrou o general da KGB mergulhado em um relatório. Do outro lado da mesa, ele viu que era altamente confidencial. Aksilenko murmurou uma saudação costumeira, mas Yakushkin não respondeu, e ele ficou sentado num embaraçoso silêncio até que o general finalmente ergueu os olhos. Após fitá-lo com olhos vagos durante um momento, Yakushkin entregou-lhe o documento.

Aksilenko começou a ler um resumo da prisão do general do GRU Dmitri Polyakov. Enquanto lia, espreitava Yakushkin preocupadamente por cima do papel. O outro parecia desorientado e arrasado pelo relato da traição de Polyakov. Finalmente, Yakushkin falou, com voz trêmula.

– Esse homem é general, como eu, Valentin. Em quem podemos confiar? Se não se pode confiar num general, em quem confiaremos?

Aksilenko não teve resposta; a pergunta não pedia resposta. Sentiu-se desconfortável, não somente devido ao estranho comportamento de Yakushkin, mas também porque o documento que lhe fora entregue era claramente restrito a um nível de acesso muito acima do seu.

Nova York, 23 de agosto de 1986

Havia duas características originais na operação do FBI que levara à prisão do cientista soviético Gennady Zakharov sob acusação de espionagem durante os terríveis dias de agosto de 1986. A primeira foi que desde o começo toda a operação fora um embuste, destinado a coagir Zakharov, físico que prestava serviços às Nações Unidas em Nova York, a cometer atos que redundariam em sua prisão. A segunda era que Gennady Zakharov morava e trabalhava nos Estados Unidos como funcionário da ONU, *sem* imunidade diplomática.

A KGB interpretou essa operação como uma profunda quebra do protocolo. Teria de haver uma vingança. Os soviéticos não levariam muito tempo para identificar um norte-americano que vivesse em Moscou sem gozar de imunidade e que servisse a seus propósitos.

Moscou, 12h20, 30 de agosto de 1986

Nicholas Daniloff, correspondente do *U.S. News & World Report* em Moscou, tinha acabado de sair de seu último encontro com Mikhail Luzin, a quem chamava "Misha de Frunze", um jovem russo que no passado lhe explicara as causas das elevadas baixas que a guerra no Afeganistão vinha causando aos rapazes mandados para a frente de batalha. Após cinco anos como chefe do escritório da revista em Moscou, Daniloff estava terminando sua missão na União Soviética e preparava-se para voltar à pátria em Washington. Seu sucessor, Jeff Trimble, já chegara à capital russa.

No cais próximo ao rio Moscou, Daniloff deu a Misha um pacote contendo romances de Stephen King; era difícil encontrar em Moscou as obras desse mestre do horror. Em troca, Misha entregou a Daniloff um pacote bem embalado que ele disse conter fotografias tiradas no Afeganistão. Misha já tinha dado antes a Daniloff fotos tiradas por combatentes russos naquele país, e embora a qualidade fosse tão ruim que não puderam ser aproveitadas pela revista, Daniloff achava que o outro o havia feito compreender melhor os terrores que amedrontavam os soldados russos que combatiam os rebeldes afegãos.

Daniloff caminhava de volta a seu apartamento na Leninsky Prospekt com o pacote de fotografias de Misha numa sacola plástica branca balançando a seu lado, quando de repente um furgão se aproximou e um grupo de homens com roupas civis logo o cercaram. Sem uma palavra, os homens o agarraram, puxaram seus braços para trás, algemaram-no e o empurraram para dentro do furgão. Enquanto o veículo corria, Nicholas Daniloff sentiu-se como um observador distanciado que acabasse de testemunhar sua própria detenção. Ainda estava procurando penetrar no nevoeiro dos acontecimentos quando o furgão da KGB passou pelos portões da prisão de Lefortovo.

—

A prisão de Daniloff produziu imediatamente manchetes internacionais e a imprensa internacional se uniu contra a decisão soviética de deter um correspondente estrangeiro. O incidente se transformou rapidamente numa crise diplomática, que ameaçava uma reunião de cúpula programada para breve entre o presidente Reagan e o líder soviético Mikhail Gorbachev. Os soviéticos rapidamente deixaram claro aos norte-americanos que os casos de Daniloff e de Zakharov estavam relacionados, complicando ainda mais os esforços do governo Reagan para libertar o jornalista. A diplomacia pública foi posta em andamento: o secretário de Estado norte-americano George Shultz e o ministro do Exterior soviético Eduard Shevardnadze se reuniram para tentar encontrar um meio-termo a tempo de salvar o encontro de cúpula.

Enquanto isso, na cadeia e enfrentando repetidos interrogatórios, Daniloff percebeu que "Misha de Frunze" não era a única preocupação da KGB. Em pouco tempo os soviéticos começaram a fazer-lhe perguntas sobre o padre Roman Potemkin e sobre a CIA.

Consciente de que havia deixado Daniloff em situação melindrosa em conseqüência do malogro do caso do padre Roman, no ano anterior, a CIA contactou secretamente a KGB enquanto o jornalista ainda estava preso e organizou um encontro sigiloso em Viena para tratar do assunto. A fim de entrar em contato com os soviéticos, Burton Gerber acionou o "canal Gavrilov", uma linha secreta de comunicações estabelecida inicialmente em 1983 entre a CIA e a KGB.

O canal Gavrilov, que recebera o nome de um poeta russo do século XIX, tinha sido idéia da KGB. Os soviéticos abordaram os norte-americanos da maneira mais direta possível: bateram à porta do apartamento de Carl Gephardt, o chefe da CIA em Moscou em 1983. Mas Gephardt não quis abrir a porta, e a mensagem da KGB no início ficou sem resposta.

No entanto, quando Gephardt relatou a tentativa a Langley, a proposta da KGB foi levada a Bill Casey. Burton Gerber, que havia regressado de Moscou no ano anterior e estava então na função de subchefe da Divisão Européia, foi chamado para uma reunião com Casey e outros a fim de resolver se deviam ou não responder. Gerber disse ao diretor que em sua opinião a CIA deveria encontrar-se com a KGB. A agência nada tinha a perder se ouvisse o que os russos tinham a dizer. Casey concordou e pediu a ele que cuidasse do assunto em pessoa.

Gerber queria que outro agente da CIA servisse de testemunha, e Gus Hathaway, chefe da contra-espionagem, foi com ele.

A primeira reunião teve lugar na embaixada soviética em Viena e começou com uma cena que parecia saída direto de um filme. Quando Gerber e Hathaway se aproximaram a pé da entrada, o portão principal do prédio da embaixada se abriu antes que eles pudessem tocar o botão da campainha.

Em breve, Gerber e outros agentes da CIA passaram a se reunir em bases semi-regulares com seus correspondentes da CIA, geralmente em Viena, cidade onde os soviéticos se sentiam especialmente à vontade. Os dois lados utilizaram o canal Gavrilov para evitar crises potenciais entre os dois serviços de inteligência e para debater temas nos quais pudessem encontrar um terreno comum. Uma das áreas que a CIA explorou foi o antiterrorismo: os norte-americanos pediram auxílio aos soviéticos para procurar descobrir o que acontecera a William Buckley, chefe do posto da CIA em Beirute, que havia sido raptado e torturado. Buckley finalmente morreu no cativeiro, e os soviéticos nunca ajudaram a esclarecer o assunto.

O canal Gavrilov ficou aberto até que a Casa Branca de Reagan tentou utilizá-lo para objetivos políticos e diplomáticos, vencendo a forte objeção de Burton Gerber. Gerber foi instruído a ativar o canal Gavrilov para falar aos soviéticos sobre um problema diplomático especialmente sensível, e inicialmente recusou-se a fazê-lo. Argumentou que o canal Gavrilov tinha sido estabelecido puramente para que os dois serviços de inteligência discutissem seus problemas mútuos. Sabia que a KGB objetaria a que fosse usado como canal diplomático secundário. Disseram-lhe, porém, que o Conselho de Segurança Nacional (NSC) havia expedido ordens para que ele fosse adiante mesmo assim. Finalmente, Gerber foi à reunião em Viena e deu o recado, como havia sido instruído. Mas, tal como previra, os soviéticos reagiram mal e o canal Gavrilov ficou suspenso durante muitos anos depois disso.

Antes desse colapso, entretanto, Gerber conseguiu usar o canal para organizar uma reunião em Viena com Anatoly Tikhonevich Kireyev, o temível chefe de contra-espionagem na Primeira Diretoria Principal da KGB. Gerber queria falar com Kireyev sobre o problema Daniloff.

A mensagem de Gerber a Kireyev era simples: Daniloff não era espião e nada tinha a ver com a CIA. No fim do encontro, Kireyev fez a Gerber uma pergunta sintomática.

– O senhor alguma vez se encontrou com o padre Roman?

– Não.

– O senhor tem sorte – suspirou Kireyev. – Ele era uma dor de cabeça.

Mais uma confirmação de que o padre Roman tinha sido agente da KGB.

O impasse no caso Daniloff acabou se resolvendo. Em 12 de setembro, os dois governos concordaram em libertar da prisão tanto Daniloff quanto Zakharov, ficando cada qual sob a custódia da respectiva embaixada. Finalmente, em 29 de setembro, o jornalista recebeu permissão para deixar a União Soviética sem comparecer a julgamento. Rapidamente partiu para Frankfurt e dali para os Estados Unidos. Zakharov foi libertado pelos norte-americanos no dia seguinte. O governo Reagan enfrentou um curto intervalo de críticas por haver permitido aos soviéticos vincular os dois casos, mas a crise tinha sido desfeita.

Com o aumento das tensões na esteira do enfrentamento por Daniloff e Zakharov, a guerra de inteligência entre Washington e Moscou se tornou ostensiva e assumiu vida diplomática própria. Em 17 de setembro, os Estados Unidos exigiram a retirada de 25 diplomatas da missão soviética nas Nações Unidas; o governo Reagan afirmou que eram agentes de inteligência. Em 19 de outubro, os soviéticos expulsaram cinco diplomatas norte-americanos como retaliação. As expulsões olho por olho e as declarações de que os espiões eram *personae non gratae* em breve desembocaram no que na CIA se tornou conhecido como a "guerra PNG". Pelo final de outubro, 55 diplomatas soviéticos haviam recebido ordens de sair de Washington. Como a presença da CIA em Moscou e Leningrado era muito menos numerosa do que a da KGB em Washington, Nova York e São Francisco, os soviéticos tiveram grande dificuldade para retaliar na mesma moeda.

Reagiram, finalmente, retirando os 260 empregados soviéticos que cuidavam da limpeza, cozinha e outras tarefas caseiras na embaixada dos Estados Unidos em Moscou. A decisão da KGB foi inspirada; virtualmente paralisou a embaixada. Embora os norte-americanos soubessem que os empregados locais faziam relatórios à KGB, precisavam deles para ajudá-los a tratar com a assustadora burocracia de Moscou e manter a missão diplomática em funcionamento.

As expulsões retaliatórias tiveram efeito drástico na capacidade da CIA de realizar operações em Moscou. Com a partida de Murat Natirboff, Gerber pediu a Jack Downing que regressasse a Moscou como chefe do posto. Downing havia sido subchefe no final da década de 1970 e cuidara do caso TRIGON, e Gerber queria alguém com ampla experiência de Moscou para ajudar na reconstrução após as perdas de 1985. Downing já servira como chefe em Pequim e assim se tornaria a primeira pessoa da história da CIA a dirigir as operações nas duas capitais do comunismo mundial.

A guerra PNG obrigou Downing a atrasar a remoção; a CIA não queria que ele fosse expulso logo ao chegar. Após esperar na sede durante meses o término da batalha, finalmente se mudou para Moscou em novembro, mas verificou que a retirada dos empregados russos da embaixada tornava impossível fazer qualquer coisa. Em breve Downing passou a lavar o carro do embaixador e fazer outras tarefas de limpeza em vez de espionar a KGB. Com virtualmente todos os agentes locais presos e o chefe da CIA cuidando de problemas domésticos do embaixador, a operação da agência em Moscou ficou praticamente anulada.

Sede da Primeira Diretoria Principal, Yasenevo, final de agosto de 1986

Os mexeriqueiros dos corredores de Yasenevo concordavam em uma coisa a respeito de seu chefe, Vladimir Kryuchkov: ele "crescera" nos meses recentes. E também ficara mais ousado. Parecia haver renovado a confiança em sua chefia em Yasenevo. Sua florescente relação com o novo secretário-geral, Mikhail Gorbachev, também fazia parte dos rumores. O chefe da Primeira Diretoria, cuja atuação nos anos recentes fora pouco brilhante, estava começando a surgir como uma nova força.

Os indícios da nova energia operacional de Kryuchkov começaram a manifestar-se em pequenas coisas, porém importantes. Durante todo o tempo em que estivera envolvido em operações de inteligência contra os norte-americanos, Val Aksilenko sabia da existência de uma rígida regra não escrita dentro da KGB. Se algum agente norte-americano fosse submetido ao teste do detector de mentiras pelo FBI ou pela CIA, era melhor esquecê-lo. Nunca mais seria possível confiar nele, porque provavelmente havia se entregado e se transformado em agente duplo contra a URSS. Durante décadas essa opinião tinha sido um dogma inflexível. Agora, dos escalões superiores vinha a teoria, que Aksilenko ouviu pela primeira vez da boca de seu chefe do Departamento dos Estados Unidos, Anatoly Flavnov, de que a política sobre o polígrafo já não era mais rígida. Havia-se chegado a um ponto em que sob as "condições adequadas" era possível que um norte-americano passasse pelo teste e ainda assim merecesse a confiança da sede em Moscou. Aksilenko se espantou com a mudança. Qual teria sido a causa?, pensou ele. Os técnicos teriam encontrado uma forma de vencer o polígrafo? Alguém teria efetivamente conseguido enganar a máquina?

Sede da KGB, Lubianka, 30 de agosto de 1986

A partir do momento de sua chegada em 6 de julho de 1985, Dmitri Fedorovich Polyakov compreendera que sua longa jornada finalmente terminara. Já não havia necessidade de evasivas nem de preocupar-se com a próxima batida na porta.

A investigação original de Polyakov fora deflagrada pela primeira denúncia feita ao GRU por Robert Hanssen, em 1979. Polyakov havia sido chamado de volta e obrigado a aposentar-se, mas um general da contra-espionagem interviera alegando que um general do Exército Vermelho simplesmente não poderia ser espião. Uma proposta de Rem Krassilnikov para desmascará-lo como traidor fora recusada e a investigação ficou congelada.

O general passou à condição de reformado. Embora ainda houvesse dúvidas remanescentes, o caso gradualmente foi ficando em segundo plano. Polyakov entrou em sua nova vida de ócio em sua *dacha*, cuidando dos netos e dedicando-se a um de seus passatempos preferidos, a carpintaria e a fabricação de móveis.

Cinco anos depois, o elo perdido foi encontrado. A KGB finalmente possuía dados sobre o general, provenientes de sua nova fonte de informações em Langley, Virgínia.

Polyakov percebeu instintivamente que estava sendo chamado para o ajuste final de contas ao receber uma convocação no dia 4 de julho para comparecer a uma cerimônia de aposentadoria no quartel-general do GRU em Moscou, dois dias depois. O general suspeitou do pretexto, e seu filho, Peter, que era oficial do GRU, aumentou suas suspeitas ao dizer ao pai que tinha notado vigilância na ruela que levava à *dacha*. Polyakov recomendou ao filho que ficasse calado. Não queria perturbar a reunião familiar do fim de semana para comemorar seu 65º aniversário.

Sua detenção, na manhã de segunda-feira, em Moscou, foi cheia de fúria bem ensaiada. Ao entrar no quartel-general do GRU, vestido com seu uniforme militar, com as condecorações arrumadas no peito, foi agarrado por cinco homens. Um deles deu-lhe uma chave de braço enquanto os outros quatro lhe arrancavam a túnica e a camisa, para o caso de que ele tivesse ocultado uma pílula de veneno em alguma costura. Dmitri Polyakov não ofereceu resistência. Simplesmente se manteve de pé, apoiado aos homens que o subjugavam. Foi despido e rapidamente examinado, em busca de "preparativos especiais" ocultos. Em seguida vestiu um uniforme de prisioneiro da KGB, foi algemado e informado das acusações contra ele. Seu único pedido foi que a mulher e os filhos fossem poupados de qualquer suspeita ou humilhação.

Quando o interrogatório começou, Polyakov não pediu desculpas. Declarou que tivera ampla possibilidade de sair da URSS, mas jamais quisera aceitar essa opção. Tudo o que fizera tinha sido *em favor* do povo russo, e não contra. O que quer que lhe acontecesse, disse aos interrogadores, seria sua própria cruz. E ele a levaria com honra. Isso também seria parte de sua contribuição para a consecução de uma revolução de idéias na URSS. Afirmou que era social-democrata ao estilo europeu. Essa tinha sido a razão de sua luta ao longo das décadas. Agora, sua morte seria outra faceta desse combate.

Seu relato foi feito com facilidade e sem reservas. Disse tudo, com grande detalhe, com um ingrediente de orgulho que desconcertou seus interrogadores. Jamais se afastando de sua convicção de que seu comportamento havia sido o correto, reafirmou que faria o mesmo novamente se tivesse de enfrentar as mesmas decisões.

Nascido na Ucrânia em 1921, Polyakov se formara na Academia Militar Soviética em Frunze a tempo de participar dos combates da Segunda Guerra Mundial, como oficial de artilharia, experiência que ficara gravada em sua mente e que o definira como membro da geração que rechaçara o Terceiro Reich. Depois da guerra, passara à inteligência militar, servindo ainda no início da carreira na *Rezidentura* em Nova York na década de 1950. Após servir no quartel-general do GRU em Moscou, Polyakov voltou a Nova York em 1961 para nova temporada como espião do GRU. Nessa altura já havia concluído que o sofrimento e o sacrifício do povo russo durante a Grande Guerra Patriótica haviam sido comprometidos pela corrupção e pelo caráter malévolo do sistema soviético. Foi nessa época que ele atravessou a fronteira e ofereceu seus serviços ao FBI, iniciando uma vida dupla que abarcaria quase três décadas – a vida de uma estrela do GRU e de um homem que o FBI e a CIA chamavam com os codinomes de TOP HAT, ROAM, BOURBON e BEEP.

A CIA tornou-se a principal agência controladora de Dmitri Polyakov durante sua missão na Birmânia em 1966. Como acontecera a tantas pessoas antes dele, sua decisão de tomar posição diante do sistema soviético acabaria levando-o à execução num porão obscuro em Moscou.

Polyakov havia sido promovido a general em 1974, subida que lhe deu acesso a muitas informações a respeito de tudo, desde o planejamento militar à estratégia nuclear e à pesquisa e produção de agentes químicos e biológicos. Ao sair de cena em 1980, Dmitri Polyakov havia proporcionado à inteligência norte-americana os relatórios mais volumosos e detalhados sobre o Exército Vermelho durante toda a Guerra Fria.

Polyakov forneceu a seus interrogadores detalhes de seu trabalho de espião sem sinais de arrependimento e seu comportamento em breve se transformou em motivo de desconforto para algumas pessoas no círculo interno da KGB. Sua motivação não tinha sido a ganância. Havia aceitado somente pequenos presentes dos norte-americanos – algumas armas de fogo e rifles, ferramentas de carpintaria e quantias que eram pouco mais do que auxílio para despesas. Tampouco tinha agido por vingança. Afirmou até o fim que tinha feito sua parte porque não podia permitir que a URSS ganhasse a guerra que movia contra o povo russo.

21

Moscou, 15h00 , 22 de outubro de 1986

O anúncio foi feito com a redação padronizada do aparelho soviético de governo:

> A Tass está autorizada a informar que, como já noticiado, a Comissão de Segurança do Estado da URSS descobriu que Adolf Tolkachev, funcionário de um instituto de pesquisas de Moscou, é agente de inteligência dos Estados Unidos e iniciou uma ação criminal contra ele.
>
> Durante a investigação verificou-se que Tolkachev, por motivação egoísta e devido a sua atitude hostil para com o Estado soviético, manteve contatos de espionagem com agentes norte-americanos de inteligência que se encontravam em Moscou disfarçados de funcionários da embaixada dos Estados Unidos.
>
> O Colégio do Supremo Tribunal da URSS, que examinou o processo criminal aberto contra Tolkachev, declarou-o culpado de alta traição em forma de espionagem e, considerando a gravidade de seu crime, condenou-o à forma excepcional de punição, a morte.
>
> O *Presidium* do Soviet Supremo da URSS rejeitou o apelo de clemência feito por Tolkachev.
>
> A sentença já foi executada.

Langley, 15h30, 30 de outubro de 1986

Ao ler o relatório que confirmava o que já sabiam, Paul Redmond achou que era um anticlímax. O relatório dizia que Valeriy Martynov e Sergey Motorin tinham sido presos. Haviam sido julgados e condenados e seriam executados por espionagem. O relatório afirmava que os homens tinham sido presos em 1985, há quase um ano. Meses antes, o FBI dissera a Redmond que Motorin tinha telefonado à namorada em Washington para dizer que estava bem. Isso desconcertara momentaneamente Redmond, mas agora ele estava mais convencido do que nunca de que havia uma fraude elaborada em curso, com um único objetivo: proteger uma fonte valiosa de informações.

Nos últimos oito meses, o estranho caso de "*Mr.* X", o voluntário da KGB que deixara uma carta na caixa de correio de um agente da CIA em Bonn, no mês de março, se desenrolara sem produzir respostas firmes. Langley reagiu rapidamente a sua abordagem inicial, e os 50 mil dólares que o voluntário exigira foram postos à sua disposição em um local secreto na Alemanha. A possibilidade de que as comunicações da CIA tivessem ficado comprometidas – *Mr.* X sugerira uma penetração técnica desse tipo na primeira carta – havia sido completamente verificada, sem resultado. Nas cartas seguintes, *Mr.* X procurara levantar suspeitas sobre um agente da CIA, Chuck Leven, que controlava Gennady Varennik. O autor das misteriosas cartas acusava Leven de forjar em proveito próprio suas tratativas financeiras com Varennik.

Redmond achou que a maquinação era esperta demais. De todos os agentes de campo, Leven seria o último a cometer deslizes financeiros. Fornecer à CIA informações falsas sobre seus agentes era um truque antigo da KGB, e Redmond não se deixaria enganar. Clair George também achou desde o começo que a operação era suspeita, e ao mandar examinar cuidadosamente a caligrafia de *Mr.* X, Redmond ficou com a impressão de que havia uma leve semelhança com a letra que aparecia em planos de comunicação fornecidos durante vários anos pela KGB a John Walker.

As informações de *Mr.* X sobre a forma pela qual Gennady Varennik havia ficado sob suspeita ainda preocupavam Redmond. Na segunda carta, *Mr.* X dizia que o pai de Varennik encontrara provas materiais da traição do filho, e como leal agente de contra-espionagem da KGB, durante a Grande Guerra Patriótica, havia denunciado o filho às autoridades. O pai estava convencido de que seu filho acabaria sendo libertado após algum tempo na cadeia.

Com a chegada da sexta carta de *Mr.* X, algumas semanas antes, Redmond se convenceu de que tudo aquilo era um ardil. Mas que tipo de ardil? Ou *Mr.* X estava envolvido numa trapaça, pois recebera bastante dinheiro da CIA, ou a KGB estava executando uma fraude complexa. Mas qual seria o objetivo? Tinham de proteger um espião, concluiu Redmond. Um peixe graúdo.

A lista de agentes perdidos e operações desbaratadas durante os quinze meses anteriores era devastadora. Agora surgiam rumores de mais prejuízos, de que outros dois informantes haviam sido detidos. Um deles era um agente da KGB visto pela última vez na Indonésia, Vladimir Piguzov, de codinome GTJOGGER, ao que se sabia preso durante o verão. Vladimir Potashov, funcionário do Instituto dos Estados Unidos e Canadá, de codinome GTMEDIAN, tinha sido preso mais ou menos na mesma época, segundo as informações mais recentes. Nada fazia sentido naqueles dias, pensou Redmond, a não ser sua conclusão de que provavelmente existia um espião em algum lugar.

Os falsos recrutamentos em Nairobi e em Moscou haviam sido encenados meticulosamente durante vários meses sem qualquer sinal de que alguém mordesse a isca. Os dois agentes soviéticos de inteligência que tinham sido o alvo das falsas operações permaneceram em seus postos, e Redmond concluiu que ambas as tentativas haviam fracassado. Mas por que motivo?, pensou ele.

Frustrado, achou que era chegada a hora de colocar por escrito suas opiniões.

Viena, Áustria, 20h00, 14 de dezembro de 1986

A festa de Natal oferecida pelo embaixador Ron Lauder aos funcionários da embaixada norte-americana foi um evento elegante. Lauder tinha um jeito especial de combinar a graça européia de Viena com a elegância do dinheiro de sua mãe, que transformara a beleza num grande negócio. O *eggnog* e o *glühwein* eram abundantes, as canções de Natal foram cantadas em inglês e alemão, e uma sensação de confraternização e celebridade encheu a residência do embaixador.

Jim Olson, chefe da CIA em Viena, circulava de grupo em grupo com a mulher, Meredith, trocando votos de Natal, função que cabia aos membros mais graduados da equipe de Lauder. Veterano da Divisão SE que combatera a KGB em Moscou alguns anos antes, Olson tinha sido o primeiro a "entrar no bueiro" na operação de interceptação do cabo telegráfico feita pela CIA nos arredores de Moscou, e conhecia bem seu ofício. Tinha acabado de chegar a Viena, havendo vivido o pesadelo dos últimos dezoito meses na Divisão SE, e continuava a ter dúvidas sobre as perdas de 1985. Agora, na festa de Natal do embaixador, Olson começou a notar um dos guardas de segurança do corpo de fuzileiros navais que o seguia a curta distância de grupo em grupo. Quando os convidados começaram a dispersar-se, o fuzileiro chegou perto de Olson e com muita seriedade disse que precisava falar com ele. Sua voz tremia. Olson viu um temor quase pânico nos olhos do homem.

– Meu nome é Clayton Lonetree. Sei quem é o senhor, Sr. Olson. Eles me avisaram quando cheguei.

– Alguém avisou você?

– Servi na embaixada em Moscou como guarda de segurança do corpo de fuzileiros e me envolvi com a KGB. Estou metido até o pescoço.

O fuzileiro estava tenso. Falava aos arrancos, como se recitasse palavras que tivesse escrito cuidadosamente para aquele momento de confrontação. Olson achou-o prestes a descontrolar-se completamente, quase psicótico. Tomou o braço do rapaz e levou-o a um canto tranqüilo onde pudessem conversar em particular.

– Você forneceu informações secretas em Moscou? – perguntou ele, procurando dirigir a conversa no pouco tempo de que dispunham antes que os convidados começassem a debandar.

– Não, senhor – respondeu Lonetree.

Olhando para o fuzileiro, Olson suspeitou de que estivesse mentindo.

– Eles deram dinheiro a você?

– Não, senhor.

– Teve caso com alguma mulher? – Observando Lonetree cuidadosamente, Olson ficou pensando se ele iria entrar em colapso ali mesmo. – Você vai encontrar a KGB aqui em Viena?

– Sim, senhor. Foram eles que me falaram do senhor.

– Quem é seu contato aqui?

– George. É tudo o que sei.

– Quando será o próximo encontro?

Lonetree hesitou por um momento.

– Em 27 de dezembro.

– Onde?

– Numa igreja perto daqui.

Olson escreveu rapidamente um número num pedaço de papel e entregou-o ao aterrorizado fuzileiro.

– Quero que guarde tudo isso para você – disse ele. – Não diga a ninguém que conversamos. Entendeu?

– Sim, senhor.

– A que horas você sai do serviço amanhã?

– Ao meio-dia, senhor.

– Amanhã, ao terminar seu serviço, saia da embaixada e chame este número de um telefone público. Eu atenderei. Não se identifique. Simplesmente fale em tom amistoso e me diga a que horas podemos nos encontrar. O lugar do encontro será o McDonald's da Spätenplatz. Sabe onde fica?

As instruções de Olson eram simples. Ele duvidava da capacidade de Lonetree para tratar de qualquer coisa que fosse mais complicada, mais segura, numa cidade como Viena, que a KGB ainda considerava seu terreno operacional reservado.

– Sim, senhor. Conheço o McDonald's.

– Vamos nos encontrar lá na hora que combinarmos ao telefone. Depois iremos a algum lugar para conversar.

– Sim, senhor – disse Clayton Lonetree.

Olson viu que a expressão dele ainda era de pânico.

– Não fale com ninguém sobre a nossa conversa. Compreendeu?

– Sim, senhor.

Olson saiu da festa e foi passar um telegrama à sede da CIA, descrevendo sua entrevista com Clayton Lonetree. Na manhã seguinte, bem cedo, já recebera instruções de Langley para ver o que Lonetree sabia a respeito da natureza de suas relações com a KGB em Moscou. Foi instruído a ficar alerta sobre a possibilidade de utilizar Lonetree em Viena durante algum tempo, até que a CIA pudesse verificar a extensão dos danos que causara. Mas tinha certeza de que Lonetree estava próximo a um colapso emocional, amedrontado demais para que pudesse funcionar como agente duplo, e fez essa observação a Langley enquanto se preparava para o encontro com o fuzileiro.

Pouco depois do meio-dia, o telefone tocou. Olson tirou-o do gancho antes do terceiro toque.

– Senhor, posso encontrá-lo às duas e meia.

– Duas e meia está bem – respondeu Olson. – Estou ansioso por vê-lo.

Jim Olson escolheu um jovem agente de contra-espionagem com bom conhecimento da KGB para acompanhá-lo na entrevista inicial. Esperava que por ser mais moço ajudaria a acalmar Lonetree e reduzir seus temores.

Lonetree já estava esperando no McDonald's da Spätenplatz quando o agente norte-americano chegou com seu colega. Levando o fuzileiro, foram de carro a um lugar seguro, onde fizeram a entrevista inicial. As instruções da sede da CIA tinham sido específicas: Olson deveria descobrir quais tinham sido os prejuízos.

Langley, 13h30, 22 de dezembro de 1986

Paul Redmond leu o mais recente relatório de Viena sobre Lonetree. Olson não somente era agente experiente, mas também era advogado, e seu resumo das entrevistas com o fuzileiro concluía que já não se tratava de uma operação de contra-espionagem. Agora deveria ser um caso criminal.

Enquando Clayton Lonetree falava, ficou evidente para Olson que ele caíra na mais antiga armadilha da KGB. Enquanto servira como guarda na embaixada dos Estados Unidos em Moscou, Lonetree, solitário e descendente de índios norte-americanos, havia conhecido uma bela funcionária soviética da embaixada, Violetta Sanni. O caso que tiveram desobedecera à proibição de confraternização entre os fuzileiros da guarda e as mulheres soviéticas, e os dois mantiveram segredo sobre o relacionamento. Mas, quando o caso ficou mais íntimo, apareceu repentinamente um "tio Sasha" da moça, completando a clássica cilada amorosa. Lonetree começou a passar informações ao bondoso tio de Violetta e atendeu a suas instruções de agir como olhos e ouvidos dele na embaixada dos Estados Unidos.

Após a transferência dele para Viena, o tio Sasha apareceu na capital austríaca e apresentou a Lonetree um colega da KGB que funcionava em Viena, "George". Lonetree continuou a fornecer informações à KGB na cidade e recebeu pagamentos esporádicos por seus serviços, até que os remorsos ficaram fortes demais.

Olson recomendou em seu resumo que o caso fosse entregue aos promotores. Achou que a CIA não tinha mais motivo para continuar a se envolver.

Redmond não gostou da idéia, mas sabia que Olson tinha razão. Na manhã do dia de Natal, Clayton Lonetree foi rapidamente retirado de Viena por uma equipe de oficiais do Serviço Naval de Investigações, onze dias depois de abordar Jim Olson na residência do embaixador.

Para aferir os danos, Redmond resolveu ordenar uma avaliação ampla de todos os documentos remetidos a Moscou e relacionados de qualquer forma com os agentes que haviam sido perdidos nos dezoito meses anteriores. Se a KGB possuía um dos fuzileiros da guarda em sua lista de agentes pagos em Moscou, ele poderia haver entrado na parte da embaixada reservada à CIA, onde estavam os arquivos da agência. Alguém teria de examinar todos os telegramas constantes dos arquivos de Moscou que mencionassem os agentes presos, a fim de verificar se alguma incursão da KGB – possivelmente facilitada por Lonetree – poderia explicar as perdas de 1985. Redmond pediu a Sandy Grimes e Diana Worthen para cuidar dessa investigação.

Moscou, 19h40, 22 de dezembro de 1986

A garçonete trouxe mais dois cálices de gim para os dois homens na mesa do canto e levou os quatro vazios. Como se de repente se recordasse, aproveitou para esvaziar o cinzeiro na bandeja e afastou-se com ar de mau humor. Aleksandr "Sasha" Zhomov e seu chefe, Valentin Klimenko, estavam sentados a uma mesa baixa no Clube de Imprensa do Ministério do Exterior soviético, perto do Antigo Arbat de Moscou. Já estavam ali havia uma hora, tomando gim inglês importado e fumando cigarros Marlboro com filtro, quando Klimenko soltou a bomba para seu subordinado.

– Sasha, tenho um serviço para você.

Zhomov olhou o chefe com ar de expectativa. De cabelos escuros espessos e olhos azuis, Klimenko era um homem baixo e rijo de pouco mais de quarenta anos. Ambos eram especialistas em Estados Unidos na Segunda Diretoria Principal da KGB e ambos sabiam tanto quanto outros agentes da contra-espionagem soviética sobre os norte-americanos em Moscou. Valentin Klimenko era o subchefe de Rem Krassilnikov e Aleksandr Zhomov supervisionava diretamente os homens que vigiavam os norte-americanos vinte e quatro horas por dia, sete dias por semana. Os homens de Zhomov deitavam os americanos na cama à noite e os despertavam de manhã. Às vezes, dependendo do norte-americano de que se tratasse, tinham meios de "vigiá-lo" enquanto dormia.

– Você tem um mês – continuou Klimenko – para trazer-me um plano de alguma coisa especial para nossos rapazes dos serviços especiais norte-americanos. Um mês.

– Uma coisa especial?

– Sim. Algo que nos faça penetrar profundamente, que nos dê uma janela que nunca tivemos, que nos permita saber o que estão fazendo conosco, como agem e talvez até mesmo como conseguem fazer seus agentes escaparem.

Zhomov ficou em silêncio enquanto meditava sobre o que Klimenko poderia estar pedindo. Com apenas 32 anos, Aleksandr Zhomov havia passado a maior parte dos últimos dez anos seguindo norte-americanos em Moscou. Ao longo desse tempo havia aprendido inglês suficiente para conversar com uma fluência quase natural, embora nunca tivesse estado com nenhum de seus alvos norte-americanos. Sentia, porém, que os conhecia a todos. Havia ouvido cuidadosamente o que diziam uns aos outros quando acreditavam estar a sós em seus apartamentos. Sabia quando e com que freqüência faziam amor com suas mulheres, ou talvez com as mulheres de outros homens. Sabia os problemas que estavam tendo em suas funções em Moscou ou em seu país, quando recebiam chamadas na linha especial Moscou-Washington. Zhomov e sua gente sabiam quase tudo o que era possível saber a respeito dos norte-americanos, exceto o que pretendiam fazer. E agora Klimenko lhe pedia que encontrasse um meio de reparar essa falha.

– Quanta gente terei para me ajudar? – perguntou Zhomov.

– Só você – disse Klimenko, com um só dedo erguido, e sua expressão, um meio sorriso, não se modificou. – Você estará sozinho.

– Foi Rem Sergeyevich? – A pergunta era clara. Krassilnikov, chefe de ambos, tinha conhecimento daquilo?

– Você não precisa falar disso com Rem Sergeyevich. Não precisa perturbá-lo.

A resposta de Klimenko era mais importante pelo que não revelava. Zhomov a tomou como vinha, sem poder saber se Krassilnikov estava ou não ciente. Klimenko o ajudou a compreender.

– Você obedece a mim e eu obedeço ao chefão.

– Então é isso. Você, eu e Viktor Mikhailovich.

– Isso mesmo, Sasha. Você, eu e o chefão Chebrikov. – Klimenko finalmente sorriu, mostrando os dentes de ouro.

Mais tarde, naquela noite, quando se viu a sós, Sasha Zhomov meditou sobre a nova tarefa de que Klimenko o encarregara. Seria capaz de cumpri-la.

Mas tinha de ser algo ousado, algo que rompesse todas as antigas regras. Serviu-se de outro trago, desta vez conhaque da Geórgia, e pensou um pouco mais em seu plano. Sim, imaginou, poderia funcionar. A primeira coisa que tinha a fazer era iniciar interrogatórios discretos dos traidores, os que não tivessem sido despachados com uma bala. Seria uma boa forma de começar.

SEGUNDA PARTE

A Guerra Fria Esquenta no Afeganistão

1

Islamabad, 1º de junho de 1986

Duas semanas depois que Clair George me informou de que eu estava sendo removido para Islamabad a fim de dirigir o programa clandestino no Afeganistão, fiz uma visita curta ao Paquistão para receber informações e avaliar o país. A visita me deu a oportunidade de conhecer a pessoa encarregada do país e ouvir sua opinião sobre o desenrolar da guerra, tanto em termos políticos quanto no campo de batalha.

Esbelto, mas não alto, bem cuidado e de voz mansa, Bill Piekney era um consumado agente da CIA que tivera uma carreira rápida na Diretoria de Operações da agência. Ex-oficial de Marinha, conhecia as regras, obedecia às ordens e trabalhava bem, e durante os dois anos em que já dirigia o programa clandestino no Paquistão havia seguido os regulamentos. Navegar mantendo o rumo era a ordem que tinha. Não deixe que as coisas escapem a seu controle.

Havia trabalhado bem com os paquistaneses para que os suprimentos continuassem a fluir e o custo da ocupação permanecesse elevado para os soviéticos. Mas estes tinham se beneficiado de uma mudança de tática, passando de esforços mais amplos de pacificação rural para operações especiais mais específicas, com helicópteros, contra as rotas de infiltração e redutos da resistência. A guerra estava correndo mal para a resistência e para Bill Piekney.

Agora, com a modificação das regras básicas em Washington, ele ficara envolvido numa guerra política entre a linha dura do Congresso norte-americano, o governo paquistanês e o sétimo andar da CIA.

Rawalpindi, Paquistão, janeiro de 1986

Piekney sentiu a boca abrir-se de espanto quando ouviu as palavras que o senador Orrin Hatch espalhara por metade do mundo saírem da língua de Mohammed Zia ul-Haq, o presidente do Paquistão, que em geral falava com modos suaves. Claro, naturalmente o Paquistão permitirá que os Estados Unidos enviem mísseis Stinger aos rebeldes afegãos através de nosso território, dizia o maleável Zia ao parlamentar republicano e anticomunista do Utah. Claro, sem dúvida treinaremos os *mujahidins* para utilizá-los. Claro, estou de acordo, é hora de apertar o cerco contra o exército soviético.

Zia, já no sétimo ano como autonomeado dirigente máximo do Paquistão, havia entrado na política como fazem muitos líderes do Terceiro Mundo, isto é, por ser militar. O carismático primeiro-ministro Zulfiqar Ali Bhutto o havia feito chefe do Exército em 1976, na crença fatalmente equivocada de que fosse controlável, e talvez até mesmo um tanto lento. Zia era islâmico fervoroso, e Bhutto pensou que estaria ou na mesquita ou no campo de golfe, e não ameaçaria sua própria liderança.

Um ano depois, Zia dirigia o Paquistão e Bhutto estava na cadeia, esperando o carrasco para enforcá-lo. Desafiando protestos quase universais e condenação de parte do Ocidente, Zia promoveu o julgamento de Bhutto por diversas acusações ainda controvertidas e ele foi condenado à morte. Para surpresa geral, a sentença foi devidamente executada em abril de 1979, oito meses antes que os soviéticos iniciassem sua aventura no Paquistão. Depois da execução de Bhutto, Washington demonstrou frieza para com os generais de Islamabad, mas o distanciamento seria breve. Olhando o mapa da Ásia central, o presidente Jimmy Carter compreendeu que para se opor ao avanço soviético no Afeganistão teria de ligar-se a Zia ul-Haq.

Carter agiu com rapidez. No início de 1980, mandou a Islamabad Zbigniew Brzezinski, seu assessor de segurança nacional, para consultas com o novo líder do Paquistão. Os dois concordaram em colaborar e os Estados Unidos começaram a juntar discretamente os meios de organizar um esforço sustentado de auxílio à resistência afegã, conservando-o em segredo. Mas em uma viagem lateral não muito secreta, Brzezinski atravessou o passo de Khaybar até o posto avançado paquistanês em ponto Michni, onde foi fotografado perscrutando através da luneta de mira de um rifle de ataque AK-47 soviético, com o cano apontado para o Afeganistão. Naquele momento, o assessor de segurança nacional do presidente norte-americano se transformou no símbolo do iminente envolvimento de seu país na infindável história militar do Afeganistão.

Desde o início Zia achou que seus generais poderiam trabalhar com a CIA, cuja história do Paquistão remonta aos anos 50, quando aviões de reconhecimento U-2, capazes de chegar a altitudes elevadas, partiam do noroeste do Paquistão para sobrevoar a URSS. O imenso hangar na área militar do aeroporto de Peshawar ainda era chamado nostalgicamente "hangar da CIA" 25 anos depois que o piloto da CIA Gary Powers fora derrubado pela defesa aérea soviética acima de Sverdlovsk. Havia uma tradição de cooperação com a CIA, e os paquistaneses se sentiam à vontade com ela.

Mas Zia definiu os limites do envolvimento ostensivo dos Estados Unidos. Fez questão de que permanecesse secreto. O líder paquistanês passara a considerar a introdução de armamento fabricado nos Estados Unidos, especialmente mísseis antiaéreos, como o primeiro passo para a intromissão do Pentágono. Preocupava-se, possivelmente com razão, que se o Pentágono aparecesse às claras, em pouco tempo o envolvimento norte-americano na guerra escaparia a seu controle.

Embora admirasse os Estados Unidos, Zia sabia que nenhum líder paquistanês seria capaz de fazer um investimento amplo num relacionamento profundo com os norte-americanos. As épocas de harmonia tinham sido muito boas para o Paquistão, mas sempre tinham sido seguidas por períodos de afastamento. Quando Ronald Reagan foi eleito, em 1980, Zia calculou que poderia esperar desse republicano conservador e anti-soviético na Casa Branca uma política constante em relação ao Paquistão, enquanto os russos permanecessem no Afeganistão. Com a reeleição de Reagan, quatro anos mais tarde, o presidente paquistanês achou, com razão, que o relacionamento entre seu país e os Estados Unidos poderia prosseguir até o fim da aventura soviética. Porém, enquanto aprofundava o envolvimento com os Estados Unidos no Afeganistão, manteve-se alerta e observando com atenção o clima no Congresso norte-americano.

Os Estados Unidos haviam entrado no combate por uma combinação de motivações morais e geopolíticas, no que parecia ser uma longa jornada. No Congresso, havia quem pensasse que a guerra poderia prosseguir alegremente para sempre, e que os soviéticos sangrariam como acontecera durante uma década com os norte-americanos no Vietnã. Outros, na altura do sexto ano da guerra, sentiam-se menos à vontade com o que lhes parecia uma estratégia cínica de lutar contra os soviéticos dizimando a população afegã. Ainda outros consideravam a aventura afegã como debilidade fatal da União Soviética. Esses "falcões" não queriam apenas que os russos se atolassem no Afeganistão; desejavam destruí-los e acreditavam poder consegui-lo desde que os Estados Unidos deixassem de atuar com timidez. Dessa forma, organizou-se uma aliança entre os "falcões" e os moralistas no Congresso no início de 1985, o ano mais sangrento da ocupação soviética, e juntos provocaram uma mudança nas regras.

Até 1985, os soviéticos haviam concentrado seus esforços na tentativa de eliminar o apoio popular aos *mujahidins* no interior; foi uma política de terra arrasada que nada conseguiu exceto obrigar milhões de afegãos a procurar refúgio no Irã e no Paquistão. Os *mujahidins* ainda eram senhores das regiões rurais. Após 1985, quando Gorbachev demonstrou acordo tácito para que o Exército dirigisse as operações durante um ano mais, a tática soviética passou a consistir em operações de tropas especiais – Spetsnaz – transportadas por helicópteros, contra rotas de infiltração e redutos fortificados da resistência. As baixas aumentaram de ambos os lados, mas a vantagem parecia pender para os soviéticos.

Reagan reagiu às pressões do Congresso e à escalada soviética assinando a Instrução Resolutiva de Segurança Nacional 166, uma ordem presidencial que redefinia os objetivos norte-americanos no Afeganistão em termos claros – rechaçar os russos para além do Amu Dar'ya, o rio que faz a fronteira entre o que era a república soviética do Uzbequistão e o Afeganistão. O papel clandestino da CIA no Afeganistão, que vinha do tempo de Carter, era de "fustigar" os soviéticos e não expulsá-los. Reagan aumentou a pressão, e agora realmente achava que seria capaz de prevalecer. Mas ainda era preciso resolver a questão do Stinger, que muitos consideravam vital para a nova fase da guerra. A CIA relatava constantemente ao Congresso que o presidente paquistanês simplesmente não favoreceria a escalada que sem dúvida se seguiria à introdução dos sistemas norte-americanos de mísseis. Piekney era o terceiro de uma sucessão de chefes da CIA em Islamabad que permaneceram de mãos atadas desde 1979 devido à orientação de Zia, e nunca imaginara que o presidente paquistanês se afastasse daquele rumo.

Agora, ainda espantado, no gabinete particular de Zia que ficava discretamente colocado na parte dos fundos da antiga residência do governador colonial, Piekney sentiu-se vítima de uma armadilha política, o que sem dúvida era exatamente o que tinha acontecido.

Orrin Hatch tinha chegado a Rawalpindi para testar Zia mais uma vez e ouvir pessoalmente suas objeções. Quem acompanhava o senador era Michael

Pillsbury, provocador político que se alternava entre empregos na assessoria a congressistas e funções políticas no Pentágono, e que convencera Hatch a insistir no trânsito dos Stingers. Na CIA, Pillsbury era considerado uma mosca importuna, um inseto persistente que se imiscuíra nos debates políticos sem realmente compreender a natureza da inteligência nem as regras fundamentais da ação clandestina. Mas gente como Pillsbury poderia não ter tido importância caso a questão dos Stingers estivesse sendo examinada em alto nível na Casa Branca ou no Departamento de Estado. Justamente porque os funcionários do alto escalão do governo Reagan não estavam dando grande atenção ao Afeganistão é que burocratas de nível médio como Pillsbury tinham podido ocupar o vácuo de política. As tensões entre a CIA e Pillsbury foram responsáveis por grande parte do aspecto dramático da reunião de Hatch com Zia.

Ao viajar ao Paquistão, Pillsbury tinha um problema: o diretor da CIA, Bill Casey, estava decidido a impedir que ele participasse da reunião de Hatch com Zia, cuja finalidade era debater o programa de ação clandestina da CIA no Afeganistão. Dias antes que a delegação do Congresso chegasse ao país, Piekney recebeu um telegrama de Langley que transmitia uma ordem de Casey para impedir Pillsbury de comparecer às reuniões com Zia. Foi dito a Piekney que Pillsbury não possuía a autorização de acesso necessária para tratar do programa de atividades clandestinas da CIA no Afeganistão. Antes que o grupo de Hatch chegasse, Piekney chamou a sede da CIA e pediu ao chefe da Divisão do Oriente Próximo, Bert Dunn, que confirmasse a ordem.

– Quero ter certeza de que entendi bem. Tenho de dizer a Hatch que ele não pode levar Pillsbury ao encontro, certo, Bert?

– Isso mesmo.

Após receber a delegação, Piekney se viu junto a Hatch, e o senador em breve fez a pergunta que o chefe da CIA temia. Ele poderia levar Pillsbury à reunião com Zia? Cautelosamente, Piekney disse a Hatch que na verdade recebera ordens para que ele não fosse.

– Bem, o senhor se incomoda que eu telefone a Bill Casey e pergunte a ele?

– Claro que não – respondeu Piekney.

Hatch foi levado a um telefone, de onde chamou Casey diretamente na sede da CIA.

Após certa persuasão de parte de Hatch, Casey recuou e concordou em permitir que Pillsbury participasse da reunião. Mas Piekney mais tarde ficou sabendo por um colega que estava na sala com Casey que tão logo este desligou, zangara-se consigo mesmo por haver cedido às exigências do senador.

Naquela tarde os norte-americanos foram ao gabinete particular de Zia, com Pillsbury e vários outros membros da delegação de Hatch. E ali Piekney ouviu Zia, repentinamente e sem aviso prévio, alterar em um segundo uma política paquistanesa que já durava havia seis anos.

A reunião de Hatch com Zia tornou-se um divisor de águas no apoio norte-americano aos rebeldes afegãos. Com aprovação de Zia, a oposição dentro do governo Reagan ao fornecimento direto de armas dos Estados Unidos desmoronou. Os EUA apertariam o 40º Exército Soviético e Bill Piekney nada mais podia fazer senão sacudir incrédulo a cabeça, pensando na rapidez com que o terreno político se modificara tanto nos Estados Unidos quanto no Paquistão.

Langley, 12 de julho de 1986

De volta a Washington, comecei a esvaziar minhas gavetas e a preparar-me para a transferência para Islamabad no início de agosto. Era uma tradição permanente para os chefes de operações que seguiam para postos no exterior terem uma conversa particular com o diretor-geral antes de partir, e minha conversa final com Casey aconteceu três semanas antes da viagem. Quaisquer ambigüidades da missão que pudessem haver causado dificuldades a Piekney se dissiparam quando recebi as instruções de Casey.

Eu já o conhecia desde que ele fizera sua primeira viagem ao exterior como diretor da CIA em 1981, quando eu era o chefe do posto em Lagos, na Nigéria. Eu já estava há seis meses em missão naquele país confuso e rico em petróleo do ocidente africano quando me vi na pista fumegante de vapor d'água do aeroporto Murtala Muhammad, esperando a chegada do C-141 da Força Aérea norte-americana que trazia o novo diretor da CIA no governo de Ronald Reagan, antigo ex-agente do OSS* e operador na bolsa de valores de Wall Street, que já começara a dar nova vida a uma agência há seis anos desnorteada. Logo que o Starlifter estacionou guinchando, dois dos guarda-costas de Casey ajudaram o chefe a descer pela portinhola dos pára-quedistas. Em poucos instantes eu estava no assento traseiro de uma limusine com o encanecido diretor, num dos tristemente famosos engarrafamentos típicos da Nigéria. Seguíamos num comboio concentrado de três carros, e em certo mo-

* Overseas Secret Service, denominação do Serviço Secreto dos Estados Unidos no exterior na Segunda Guerra Mundial. (N. do T.)

mento, estando parados, um motorista nigeriano inocente entrou no meio, separando-nos do carro que ia adiante. Um agente nigeriano de segurança que nos acompanhava saltou calmamente do carro e gritou pela janela do carro do infrator. Este não lhe deu atenção, até que o policial sacou seu pesado aparelho de rádio Motorola e esmagou a janela lateral, repetindo a ordem. O homem rapidamente estacionou no acostamento.

Casey, que observava o que estava acontecendo, parecia prestes a fazer um comentário quando alguém bateu insistentemente à sua janela. Olhando por cima dele, vi um jovem nigeriano de cerca de 12 anos de idade que segurava uma mangueira verde de jardim de mais de 6 metros, ainda na embalagem de fábrica, que fazia gestos animados para Casey.

– Que é que ele quer? – murmurou o diretor, espantado pelo cenário frenético de Lagos.

– Quer vender uma mangueira de jardim ao senhor – disse eu. – É artigo muito procurado no mercado negro. Os piratas roubam a carga dos navios ancorados no porto. Esta semana são as mangueiras.

Casey sorriu com todos os dentes, pela primeira vez.

– Não chega a ser irresistível, não é verdade?

– Bem-vindo à Nigéria, senhor diretor.

Ambos rimos, e durante os dias seguintes começou uma amizade pessoal com Casey que duraria até sua morte. Ele ficou dois dias hospedado comigo em Lagos. Sob os olhos atentos de seu médico particular, que viajava com ele, eu servia rum com água tônica nos fins de tarde. Ele brincava dizendo que gostava de água tônica, mas que o gosto era tão ruim que somente conseguia bebê-la misturada com rum. De manhã eu fritava o *bacon* e fazia os ovos mexidos para ele. Dali em diante ele passou a interessar-se por minha carreira e dois anos mais tarde fez questão de deslocar-me para o leste, a Cartum, outro lugar que ele visitara naquela primeira incursão pela África em 1981.

Agora ali estávamos, cinco anos depois, no início do que estava se tornando a visão de Casey para a fase final do jogo com a União Soviética. O diretor recostou-se na poltrona reclinável e olhou-me através de seus óculos enquanto eu me sentava em uma das cadeiras diante de sua escrivaninha. Com a gravata manchada de sopa, Casey tinha seu costumeiro aspecto desleixado. Olhei para a pilha de livros num canto da mesa para ver se distinguia os títulos de sua leitura de fim de semana.

– Já está partindo? – perguntou Casey antes que eu pudesse ver bem.

– No início do mês que vem, mas esta era a única oportunidade em sua agenda para mais um agente que segue para o campo. Estão fazendo fila do lado de fora de sua porta.

– Todo mundo está trocando de lugar este ano. Não sei por que Clair deixa que aconteça isso, toda essa movimentação. Parece-me bobagem. Mas deixe para lá. Que vai fazer lá fora, Milt?

– Que quer que eu faça? – disse eu, devolvendo a pergunta.

– Quero que você chegue lá e ganhe a parada. É isso o que o presidente quer. Ele deixou isso por escrito. Já temos bobeado muito com essa atitude de navegar com cautela. Zia sempre me diz para aumentar o fogo, mas sem deixar ferver... você sabe, esse tipo de coisa.

– Pelo que ouvi contar, é isso o que ele anda dizendo atualmente para todo mundo, menos o que conversou com Hatch.

À menção ao senador, os olhos de Casey rolaram nas órbitas. Já estava cheio do que era chamado o "clube dos quatro H": os senadores Orrin Hatch, Jesse Helms, Chic Hecht e Gordon Humphrey, os quais, junto com seus assessores, vinham exigindo uma ação mais ousada da CIA no Afeganistão.

– O velho Zia é bastante esperto, e você deve ouvi-lo quando chegar lá. Quando quiser que ele faça alguma coisa acima de sua autoridade, diga a ele e ao general Akhtar que as instruções foram minhas. Isso fará diferença.

– O senhor quer mesmo me dar uma carta branca dessas? – perguntei eu, curvando-me para a frente a fim de ter certeza de que era isso mesmo o que ele queria. – O senhor sabe que eu a usarei.

Casey havia desenvolvido um bom relacionamento tanto com Zia quanto com seu chefe de inteligência, o general Akhtar. Zia calculara astutamente que Casey apoiaria o Paquistão enquanto Reagan estivesse na Casa Branca, e Akhtar, com idêntica astúcia, aceitava todas as políticas adotadas por Zia. O fato de que os três homens tivessem estima pessoal realçava o relacionamento. Deixar-me aproveitar disso não era pouca coisa.

– Faça o que for preciso para vencer. Quero ganhar a parada toda. O Afeganistão é somente uma parte. Você vai ter tudo o que precisar. Finalmente acabou a briga sobre os Stingers e você terá o dinheiro que for preciso. Um bilhão é bastante para você?

O idoso diretor passou a murmurar as meias frases que eu sabia significarem que sua mente passara a tratar de uma visão da qual eu conhecia somente uma fração.

– É, um bilhão deve dar – disse eu.

– Quando chegarão os Stingers? – perguntou ele.

– Estou treinando gente nova agora. Os foguetes devem estar prontos para uso no início de setembro.

– E as transmissões de rádio?

Clair tinha me dito que Casey estava promovendo um plano para irradiar propaganda para as repúblicas soviéticas da Ásia Central, idéia que ninguém mais achava boa. Casey estava convencido de que poderia encurralar os soviéticos, mas quase toda gente em Langley e no Departamento de Estado achava que, se ele exagerasse, os russos poderiam ter uma reação forte demais e atacar o Paquistão. Clair me dissera que tomasse cuidado com qualquer coisa que transbordasse do Amu Dar'ya para a URSS. Eu tinha entendido que isso significava qualquer coisa no solo ou nas ondas de rádio.

– Ainda estou lendo sobre isso – respondi, preferindo evitar a pergunta –, mas tudo parece estar nos eixos, tanto quanto sei. Quando é que o senhor pretende ir lá para verificar?

Casey me olhou por cima dos óculos por um instante, sem responder. Eu não poderia saber aonde o levavam seus pensamentos. Sabia que ele gostava de viajar como VIP dentro de um C-141 preto para verificar como iam as coisas no campo, mas também sabia que estava sendo cada vez mais atacado no Congresso por outro de seus projetos favoritos: a Força-tarefa da América Central, cuja missão era derrubar os sandinistas do poder na Nicarágua.

– Meu Deus, logo que puder, não é fácil sair daqui neste momento. Talvez antes do fim do ano.

– Vou fazer os ovos mexidos para o senhor quando chegar lá.

Essas palavras produziram um sorriso em Casey e significaram o fim da entrevista.

– Vá para lá e faça o que for preciso, Milt – disse ele. – Diga a Akhtar e a Zia que irei logo que puder escapar daqui. E diga a Zia que ainda estou prestando atenção em seu caldeirão. Não vou deixar que ferva.

Casey apertou a minha mão quando me levantei para sair da sala. Na ocasião eu não sabia, mas seria a última vez em que ia ver o idoso chefe.

2

Islamabad, Paquistão, agosto de 1986

A época da monção de verão na província paquistanesa de Punjab ia chegando ao fim, deixando para trás um nevoeiro verdejante e rico sobre a capital em Islamabad, cuja tranqüilidade escondia a existência de uma guerra brutal e devastadora a pouco mais de 150 quilômetros para o oeste. Todas as manhãs, enquanto eu avançava pelo tráfego leve da cidade em direção a meu escritório, sempre me encantava com o extraordinário panorama da cidade. A oeste do enclave principal diplomático e governamental erguiam-se os graciosos patamares dos montes Margalla, simples colinas, mas ricos em promessas geológicas à medida que prosseguiam para o norte, serpenteando e subindo cada vez mais alto. Num trecho extraordinariamente belo dos Territórios Setentrionais do Paquistão, fundiam-se com as grandes cadeias de montanhas que se transformariam nos altíssimos Caracoruns que seguiam ainda mais para o norte até a China, com os Himalaias a leste passando pelo teto do mundo e entrando na Índia e no Nepal e com o Kush indiano que se erguia para o céu, acima das batalhas no vizinho Afeganistão. Havia picos de altura superior a 6 mil metros aos quais ninguém ainda se importara em dar nome.

Nas terras mais baixas, próximas ao meu terreno, estava a grande cidade de Rawalpindi, com seu quartel do século XIX que ainda conservava um resto do brilho do antigo império britânico. No passado, tinha sido a cidade de Kipling e de ingleses de ar sério vestidos de uniformes militares que serviam à rainha nos campos de intriga da Ásia Central. Se Islamabad era despovoada, demasiado recente e organizada, para um veterano da Ásia Setentrional sempre havia a opção de desaparecer nos becos labirínticos e no agitado mar humano que era Rawalpindi, a poucos quilômetros a leste, e escapar numa viagem ao passado. Já não havia Kipling, mas outros homens sérios de uniforme permaneciam, ainda combatendo na variante moderna do mesmo antigo jogo.

Tudo se juntava ali na parte ocidental da província paquistanesa de Punjab, o passado, o presente e o futuro, todas as forças tectônicas da natureza e da política. No Afeganistão os soviéticos se encontravam no sexto ano de ocupação, ainda combatendo uma rebelião que não se abatia. Embora ainda fossem se passar alguns anos até que se conhecessem os números, as baixas na população afegã se aproximavam de um milhão de mortos. Não havia estimativas precisas da quantidade de feridos, além da suposição razoável de que seriam mais numerosos do que os mortos. Outros 5 milhões haviam sido expulsos de seus lares, para exílio no Irã ou no Paquistão, e muitos milhões mais eram refugiados em seu próprio país, deslocados pelos invasores soviéticos. As perdas soviéticas se aproximavam de 15 mil mortos, o triplo de feridos e centenas de milhares fora de combate devido a doenças. E o fim não parecia estar à vista.

Em Washington, já havia terminado o encarniçado debate sobre a política dos Estados Unidos em relação ao Afeganistão, que ocupara grande parte do ano de 1985 e o início de 1986. Já não havia divergências sobre qual era nossa missão. Os falcões do Congresso tinham se acalmado e os moralistas estavam aplacados. Tínhamos entrado para ganhar. Essas eram as instruções que recebi de Bill Casey, e ao que ele me afirmou, eram as do presidente.

Em 1986, poucos no Congresso ou no governo acreditavam que os soviéticos estivessem procurando a sério uma estratégia de desligamento. Shevardnadze, ministro do Exterior, dissera ao secretário de Estado George Shultz no ano anterior que Gorbachev queria sair do Afeganistão, mas não havia provas físicas que confirmassem essa opinião, nem de que os comentários do ministro, nascido na Geórgia, representassem um consenso no Politburo. Ao contrário, parecia ainda que a guerra fosse durar indefinidamente ou até mesmo que os soviéticos estivessem prestes a ganhá-la. No verão de 1986 ninguém falava em facilitar as coisas para que os soviéticos pudessem desligar-se da guerra. Em vez disso, afirmava-se que era preciso ir até o fim e assegurar que a coalizão pouco firme de países que apoiavam a resistência não se desfizesse.

Os aliados dos Estados Unidos no esforço de auxiliar o povo afegão em sua luta eram a China, a Arábia Saudita, o Reino Unido e o Egito, todos países importantes e que tinham, como os Estados Unidos, suas próprias razões nacionais para participar do combate. Durante os primeiros seis anos da guerra, essas complexas agendas nacionais se mantiveram mais ou menos convergentes. Isso poderia não durar para sempre.

Caracteristicamente, a China tinha uma visão de longo prazo. Pequim desejava impedir que a URSS expandisse seu império abarcando o Afeganistão, a pouca distância do golfo de Oman, onde aquela região poderia servir de bigorna para o malho indiano contra o Paquistão, que era como uma cunha desconfortável. A China havia tido uma guerra curta com a Índia um quarto de século antes e ainda tinha disputas fronteiriças não resolvidas com a União Soviética, que em mais de uma ocasião haviam ameaçado explodir no distante nordeste. As relações da China com o Paquistão haviam sido uma das poucas coisas constantes nas cambiantes alianças da região. Assim, desde o início a China também tinha entrado para vencer, mas era paciente.

Por ocasião da invasão do Afeganistão pelos soviéticos, a Arábia Saudita, e especialmente sua estrutura clerical da tribo *wahhabi*, estava ocupada com a revolução iraniana e a ascensão do aiatolá Khomeini e da militância xiita. Os sauditas tinham sido mais do que observadores na guerra entre o Irã e o Iraque no início de 1980, e seu envolvimento no Afeganistão e no Paquistão era somente mais uma faceta importante de sua política na região. Haviam apoiado independentemente a resistência afegã no período imediatamente anterior à invasão soviética, e a decisão de juntar-se aos Estados Unidos após a invasão foi uma extensão racional de sua constante preocupação com a crescente influência iraniana. E não poucos, na família real, pensavam que ajudar a resistência afegã dava aos poderosos sacerdotes *wahhabis* algo importante para fazer longe de sua terra. O líder paquistanês, Mohammed Zia ul-Haq, era homem piedoso que havia aberto o Paquistão aos *wahhabis*, os quais estavam estabelecendo grande quantidade de escolas islâmicas, as madrassas. E naquele momento, com o preço do petróleo no patamar dos 40 dólares por barril, o custo de colaborar com os norte-americanos parecia suportável.

O Reino Unido, com Margaret Thatcher, nunca esteve distante dos Estados Unidos na questão de lidar com o expansionismo soviético. E como eram veteranos das regras do "grande jogo", os britânicos eram aliados naturais, embora sempre houvesse uma certa irritação subjacente pelo fato de que os recém-chegados norte-americanos passassem a exercer a liderança no que já fora o quintal da Grã-Bretanha.

O Egito era um rendoso quartel e arsenal, fornecendo aos afegãos dezenas de milhares de armamentos projetados e fabricados na URSS e no Pacto de Varsóvia, e ao mesmo tempo cumprindo seu dever para com a *jihad*. Mais tarde, durante o conflito, o Egito e muitos outros países islâmicos viram no Afeganistão um bom lugar onde despejar seus elementos problemáticos. O Egito esvaziou discretamente suas prisões, onde havia ativistas políticos e psicóticos, mandando-os para a guerra no Afeganistão, com grande esperança de que eles jamais retornassem.

O programa da CIA crescera durante os seis anos anteriores, de algumas dezenas de milhares de dólares com o presidente Carter para centenas de milhões no início de 1980. O assessor de segurança nacional de Carter, Zbigniew Brzezinski, conseguira em 1980 um acordo com o rei saudita para que o montante de suas contribuições ao esforço afegão fosse igual ao dos Estados Unidos, e Bill Casey manteve esse acordo vigente durante vários anos. Assim, o orçamento para o novo ano fiscal que se iniciava em 1º de outubro de 1986 continha pouco menos de meio bilhão vindos de Riade e outro tanto dos cofres públicos norte-americanos. Esses recursos seriam gastos em coisas como pequenas armas, morteiros, foguetes e rifles fabricados na China e no Egito, além dos milhares de caminhões japoneses e mulas chinesas necessários para levar tudo isso através da linha zero, como era chamada a fronteira entre o Paquistão e o Afeganistão.

Ao inteirar-me da situação da guerra, um mês depois de chegar, pareceu-me que o cenário estava pronto. Agora só precisávamos de um pouco de sorte.

Kremlin, agosto de 1986

Anatoly Chernyaev tinha uma das tarefas mais difíceis do Kremlin. Como assessor de política exterior do secretário-geral Mikhail Gorbachev, sua função era orientar o novo líder soviético através do campo minado político que impedia uma retirada rápida e honrosa das forças soviéticas do Afeganistão. Esse perito em política exterior, sólido e imperturbável, sabia que era preciso realizar essa tarefa, não apenas para seu chefe, mas para o bem da URSS. Desde o momento em que iniciara seu trabalho de assessor de política externa de Gorbachev, um ano antes, começara a aplicar seu bom senso e a astúcia política que desenvolvera durante as duas décadas anteriores no departamento internacional do Comitê Central à questão mais grave da política exterior da URSS – o Afeganistão.

Sabia que o principal obstáculo para sair do Afeganistão era ideológico – como sair sem parecer estar derrotados, como ocorrera com os norte-americanos ao saírem correndo do Vietnã. Talvez os Estados Unidos tivessem a capacidade de sobreviver a essa perda de prestígio, mas esse não era o caso da URSS. Isso era fato. Chernyaev também sabia que Gorbachev não poderia culpar seus falecidos antecessores pelo desastre da campanha afegã. Não podia simplesmente reduzir as perdas declarando que desde o início havia sido um equívoco. Na URSS as coisas não eram feitas dessa forma. Talvez Kruschev tivesse conseguido êxito ao atacar os anos de tirania de Josef Stalin em seu "discurso secreto", na geração anterior, mas aquele era um assunto interno, e não algo que tinha a ver com um tema fundamental da política soviética, como seria o desmantelamento da doutrina Brezhnev de jamais abandonar um país membro da irmandade socialista. Gorbachev teria de evitar a questão das decisões tomadas sete anos antes e marcar um novo rumo. Não importava que essas decisões tivessem sido erros colossais, baseados pelo menos em parte em inteligência fornecida pela KGB que tinha muito pouca relação com a verdade. Não que a KGB não conhecesse a realidade, pensou Chernyaev; o fato era que relatava aquilo que achava que Moscou desejava ouvir.

Durante o decurso de 1979, o diretor da KGB Yuri Andropov e o ministro da Defesa Dmitri Ustinov haviam chegado a duas conclusões perturbadoras sobre o Afeganistão. Primeira, convenceram-se de que os Estados Unidos desejavam estabelecer bases no Afeganistão a fim de substituir seus postos de escuta no Irã, perdidos com a derrubada do Xá. Se isso acontecesse, diziam Andropov e Ustinov, os norte-americanos acrescentariam mais um elo na cadeia que cercava a União Soviética. A segunda conclusão era que Hafizullah Amin, ministro do Exterior do Afeganistão na época, estava manobrando para afastar o homem que os soviéticos tinham escolhido a dedo para Cabul, Nur Muhammad Taraki, que havia conquistado a presidência e o cargo de primeiro-ministro na revolução de abril, um ano antes.

A ameaça que Amin representava para Taraki era considerada ainda mais sinistra por alguns elementos do Politburo devido a um esforço de propaganda negativa de parte da KGB para difamar Amin, retratando-o como agente da CIA. A lógica era convincente: após quatro anos na Universidade Columbia, Amin tinha de ser agente da CIA. Uma vez no poder, prosseguia o raciocínio, ele mudaria de lado, abandonando os vínculos do Afeganistão com a URSS e se alinhando com os Estados Unidos. Quanto tempo, então, seria necessário para que os mísseis Pershing norte-americanos, de alcance médio, pudessem ser assestados contra a URSS em bases dos Estados Unidos no Afeganistão?

Como às vezes acontecia com as campanhas de propaganda, a operação da KGB contra Amin saiu pela culatra. Somente conseguiu semear mais discórdia no Partido Democrático Popular do Afeganistão, que já estava profundamente dividido, e fornecer à liderança em Moscou mais um motivo falso para descambar na direção da intervenção militar. No fim das contas, os membros da linha-dura do Politburo engoliram a história de que Amin era agente da CIA e acrescentaram-na à crescente lista de motivos para a decisão de mergulhar no Afeganistão. Jamais foi parte da equação o fato de que Amin não era amigo dos Estados Unidos, e tinha mesmo uma antiga desavença com a Universidade Columbia porque por duas vezes lhe havia negado aprovação na tese de doutorado. Amin era parte central do problema, e pronto.

A crescente crise havia sido levada ao Politburo em prestações mensais ao longo do ano de 1979. Em fevereiro o embaixador norte-americano em Cabul, Adolph Dubs, foi assassinado durante uma tentativa malograda de resgate após haver sido raptado por terroristas e aprisionado no hotel Cabul. O dedo dos soviéticos (e da KGB) era visível na tentativa de encobrimento – os três terroristas capturados foram sumariamente executados antes que as autoridades norte-americanas tivessem oportunidade de interrogá-los. A autópsia mostrou que Dubs havia recebido diversos tiros na cabeça de uma distância de certa de 12 centímetros, mas os Estados Unidos nada puderam fazer além de protestar contra o uso de força na tentativa de libertação de Dubs e cortar a ajuda ainda a ser paga ao Afeganistão, coisa que de qualquer forma já pretendia fazer.

Em seguida, em março, o chefe guerreiro afegão Isma'il Khan assassinou vários funcionários e soldados soviéticos, além de suas famílias, na antiga cidade de Herat, no sudoeste afegão. Após o incidente em Herat, Taraki pediu à URSS que mandasse um contingente de tropas a fim de sufocar a rebelião que aumentava. No mesmo mês, Amin assumiu tranqüilamente uma das funções de Taraki, nomeando-se a si mesmo primeiro-ministro. O "homem da CIA em Cabul" tinha entrado em ação, ou pelo menos assim concluíram os partidários da intervenção no seio do Politburo.

Durante a primavera, as solicitações de Taraki para que a URSS interviesse militarmente foram repetidas vezes rejeitadas pelo Kremlin, mas o Politburo começou a debater ansiosamente o caso do Afeganistão após o massacre de Herat. O ministro do Exterior Andrei Gromyko inicialmente declarou que "em hipótese alguma" a União Soviética poderia "perder" o Afeganistão, posição que quase imediatamente reverteu ao decidir que se houvesse a intervenção o mundo consideraria a Rússia como agressora, a distensão com o Ocidente malograria e as ações da URSS seriam consideradas como violação dos dispositivos da ONU. Alexei Kosygin, o combalido primeiro-ministro, de 75 anos, aliado do secretário do Comitê Central Andrei Kirilenko, liderou no Politburo a oposição à intervenção militar. Não mudaria de posição durante todo o debate.

Mas Taraki persistiu. Mandem os soldados das repúblicas da Ásia Central, disse ele, ninguém vai perceber. Assim, a aventura soviética no Afeganistão começou aos poucos. Primeiro houve a mobilização de um batalhão de soldados soviéticos centro-asiáticos, em junho, despachados a fim de "montar guarda às instalações soviéticas". Foram seguidos por outro destacamento de tropas aerotransportadas, em julho. No mesmo mês, Andropov mandou uma unidade de tropas de operações especiais da KGB.

Os relatórios da KGB durante o verão de 1979 foram cada vez mais alarmistas, com declarações de que a situação militar estava fora de controle. Sempre havia a idéia de que os norte-americanos estivessem nos bastidores dos problemas, especialmente depois do sucesso de Amin em sua ação amplamente previsível contra Taraki. Após sobreviver a dois atentados contra sua vida e consolidando brutalmente seu poder na estrutura de Cabul, Amin ordenou a morte de Taraki, em outubro. A KGB concluiu que agora o homem dos Estados Unidos era quem mandava em Cabul, e quando as primeiras nevadas começaram a cair em 1979, a análise de um iminente desastre fomentado pelos norte-americanos no vulnerável território setentrional às portas da URSS já dominava a imaginação do Politburo. Os relatórios do GRU vindos da capital afegã contradiziam os sombrios telegramas da KGB, mas foram ignorados.

Leonid Brezhnev ficou assombrado pelo assassinato de Taraki, poucos dias depois de haver sido calorosamente recebido em Moscou, quando o líder russo assegurara ao afegão que "cuidaria dele". Tomando o crime como um insulto pessoal, o adoentado Brezhnev passou a apoiar uma reação militar. Andropov, cuja KGB trabalhara nos bastidores durante o verão para livrar-se de Amin, inclusive com as duas tentativas fracassadas contra sua vida, também considerou o crime uma ofensa pessoal. Com a adesão de Brezhnev, o rumo da invasão estava decidido.

Os acontecimentos se precipitaram no outono. No final de outubro, a KGB enviou equipes de especialistas por todo o Afeganistão a fim de executar a Operação Zênite, esforço de coleta de opiniões a fim de verificar qual seria a reação popular a uma intervenção militar soviética. Os relatos da KGB se centravam agora na tese de que Hafizullah Amin pendia para o campo ocidental, acrescentando credibilidade à idéia de que, se estabelecessem uma cabeça de ponte no Afeganistão, os Estados Unidos teriam uma base de que muito necessitariam para chegar a uma invasão do Irã a fim de castigar os aiatolás pela tomada dos reféns. A URSS estaria completamente cercada pelos mísseis norte-americanos e a "perda" do Afeganistão produziria problemas semelhantes para a URSS entre as nações "fraternas" do Pacto de Varsóvia. O fato de que nada disso era verdade já não seria mais levado em consideração.

Em 12 de dezembro de 1979, o Politburo reunido ratificou formalmente a proposta de enviar o Exército ao Afeganistão. O ministro da Defesa Ustinov, o diretor da KGB Andropov e o ministro do Exterior Gromyko assinaram a ordem de despachar um "contingente limitado". O confidente íntimo de Brezhnev, Konstantin Chernenko, redigiu à mão um breve documento que endossava a proposta de intervenção, intitulando-o "Sobre a Situação no 'A'"; em seguida pediu a todos os membros do Politburo presentes que assinassem o texto diagonalmente. Brezhnev, que participou da parte final da reunião, foi o último a apor sua assinatura irregular no documento.

As operações Oak (carvalho) e Storm (tempestade) foram lançadas na véspera de Natal, e não haveria retorno. Amin foi morto e o novo "emir do Afeganistão" soviético, Babrak Karmal, foi instalado em uma operação militar que funcionou como um relógio, ainda que planejada às pressas, como em geral acontecera nas grandes invasões de Exércitos estrangeiros no Afeganistão ao longo dos séculos. Entrar no Afeganistão foi fácil, mas isso sempre fora assim.

Tudo começara dessa maneira, quase sete anos antes. Em 1985, Gorbachev deu autonomia ao Exército para fazer o que fosse necessário do ponto de vista militar, mas nem isso se traduziu em ganhos significativos no terreno; simplesmente mais um dispendioso impasse. Agora era hora de sair, e Chernyaev tinha de gerenciar o roteiro para uma retirada honrosa, além de tratar de conservar-se em seu posto. Sua tarefa era clara.

Gorbachev tomou suas primeiras providências no outono de 1985, numa reunião do Politburo, na qual leu trechos tocantes de cartas emocionadas de mães que tinham perdido seus filhos no Afeganistão. Chernyaev anotou em seu diário que Gorbachev elevara o tom emotivo e ao mesmo tempo evitara a questão subjacente de que toda a aventura havia sido um erro desde o início. O primeiro questionamento público da política em relação ao Afeganistão ocorreu em 1986, no 27º Congresso do Partido Comunista, e novamente elevaria o tom na semana seguinte, num discurso em Vladivostok, no qual Gorbachev descreveu o Afeganistão como uma "ferida sangrenta".

Depois disso, não haveria retorno.

Sede da Primeira Diretoria Principal, Yasenevo, agosto de 1986

Durante dois anos Leonid Vladimirovich Shebarshin executara a difícil função de dar sentido a uma guerra mal conduzida. Como subchefe do Departamento de Análises da Primeira Diretoria Principal, e como o mais experiente agente da KGB na Ásia Meridional e Central, Shebarshin estava fazendo o melhor que podia a fim de injetar uma pequena dose de algo que não se vira muito quando o Politburo resolvera invadir o Afeganistão, sete anos antes – realismo. Sua missão era ajudar o Exército a sair do Afeganistão deixando lá um governo amigo. Era coisa difícil de realizar, concluiu Shebarshin, um desafio político mais do que um objetivo militar.

Homem de boa aparência, com pouco mais de 1m80, cabelos negros espessos e olhos penetrantes, Shebarshin havia passado a maior parte de sua vida profissional na Ásia. Após formar-se na Faculdade de Assuntos Orientais do Instituto de Relações Internacionais da Universidade de Moscou, em 1958, foi destinado a um posto no Paquistão pelo Ministério do Exterior. Regressou a Moscou quatro anos mais tarde, mudando-se para onde muitos dos jovens diplomatas mais competentes pareciam estar se encaminhando naquele tempo – para a KGB. Entrou para o setor de inteligência externa, a Primeira Diretoria Principal. Após dois anos de treinamento, Shebarshin partiu para uma permanência ininterrupta de 13 anos no sul da Ásia, alternando-se entre as *Rezidenturas* da KGB no Paquistão e na Índia. Em seguida a uma temporada na sede, em Moscou, foi designado *Rezident* da KGB no Irã, chegando a Teerã justamente no período em que o tortuoso processo decisório que levaria à invasão soviética do Afeganistão ganhava corpo no Kremlin, e no momento em que a revolução iraniana estava prestes a avassalar a capital.

No dia de Ano-Novo de 1980, Shebarshin teve as primeiras indicações de que a invasão poderia não trazer boas notícias, quando houve demonstrações iranianas diante da embaixada soviética. Os manifestantes não causaram grandes danos, mas finalmente haviam se deslocado da embaixada norte-americana, a cerca de 2 quilômetros de distância, onde realizavam atos ultrajantes desde a madrugada até o pôr do sol. Alguns analistas soviéticos achavam que o sentimento antiamericano no Irã se traduziria em uma política pró-soviética de parte dos aiatolás, mas Shebarshin logo desprezou essas considerações, que lhe pareciam produto de um desejo sem fundamento. Desde o momento em que "estudantes" haviam tomado a embaixada dos Estados Unidos em 1979, o *Rezident* da KGB se convenceu de que mais cedo ou mais tarde haveria atos semelhantes contra a URSS. Segundo os iranianos, a Rússia era ainda o "pequeno Satã", um grau abaixo dos Estados Unidos, que eram o "grande Satã", pelo menos na opinião dos revolucionários. O imã Khomeini assinalou esse fato ao embaixador soviético pouco depois da intervenção no Afeganistão: disse ao enviado de Moscou que a intervenção militar era um grave erro, pelo qual a URSS pagaria caro.

Para realçar sua desaprovação do que ocorria no Afeganistão, os iranianos se voltaram brevemente contra os soviéticos e aumentaram a pressão em janeiro de 1982, quando saquearam a embaixada da URSS, o mesmo prédio histórico no qual se desenrolara a Conferência de Teerã, em 1943. Shebarshin não deixou de notar a ironia da destruição pelos iranianos, quatro décadas depois, de alguns dos ícones remanescentes da cooperação entre Stalin, Churchill e Roosevelt.

Regressou à sede da Primeira Diretoria Principal, em Yasenevo, em 1983, e desde então se tornara o homem da KGB no Afeganistão. Assistira discretamente à humilhação dos Estados Unidos nas mãos dos revolucionários iranianos, mas nada do que viu na condução da aventura soviética no Afeganistão o convenceu de que os militantes islâmicos da Ásia Central não fossem capazes de vencer uma segunda superpotência. Pelo contrário, estava persuadido de que Moscou havia interpretado mal aspectos importantes dos acontecimentos no Afeganistão ainda antes do envio da primeira leva do "contingente limitado", em 1979. A guerra afegã não era uma ação para eliminar "bandidos", como afirmavam os líderes afegãos e o Politburo soviético, e sim uma luta contra muçulmanos afegãos devotos e um povo que os apoiava esmagadoramente. Era uma guerra que não podia ser vencida, pelo menos da forma como era conduzida.

Agora, em 1986, alguns homens ousados no interior do sistema começavam a tratar da questão de saber como a União Soviética sairia do poço afegão. O diretor da KGB, Yuri Andropov, havia sido um dos falcões de 1979, cujas assinaturas apareciam na ordem do Politburo para o envio de tropas, e mantivera seu engajamento até o fim, permanecendo na mesma posição após assumir o posto de secretário-geral do Partido, quando Brezhnev morreu, em 1982. Agora Andropov pertencia à história, e com grande ironia muitos dos íntimos do Kremlin e de Lubianka passaram a acreditar que ele acabara vitimado por uma misteriosa enfermidade que contraíra em Cabul, durante uma visita em fevereiro de 1982. Em março de 1983 Andropov era mantido vivo mediante diálise, e um ano depois faleceu, apesar dos esforços heróicos de seus médicos.

O sucessor de Andropov foi o homem a quem ele conseguira sobrepujar quando Brezhnev morreu – Konstantin Chernenko, leal assessor de Brezhnev que empurrara no Politburo em dezembro de 1979 a decisão de intervir no Afeganistão. Já moribundo quando assumiu o lugar que fora de Andropov, partiu também, 13 meses mais tarde. Foi com seu falecimento que a sucessão de homens da velha guarda foi finalmente rompida. Depois dele veio Mikhail Gorbachev, de 54 anos, que assumiu o Kremlin com pouca experiência em assuntos externos mas com grandes dúvidas sobre a aventura soviética no Afeganistão. Gorbachev somente se tornara membro do Politburo um ano depois da intervenção; sua firma não estava entre as que constavam da ordem de despachar o exército em 1979. Embora isso não fosse sabido na ocasião, Gorbachev assumiu o Kremlin com um único e claro objetivo no Afeganistão: dar o fora. Mas sabia também que sair seria muito mais difícil do que entrar – a singular verdade a respeito do Afeganistão.

Agora a tarefa de Leonid Shebarshin era trazer uma dose de realismo à forma como a KGB tratava o Afeganistão. Seu trabalho estava à altura de sua capacidade. Sabia que os norte-americanos não tinham a menor intenção de facilitar a retirada do Exército Vermelho do Afeganistão. Segundo todas as indicações, fariam o que estivesse a seu alcance para tornar isso o mais difícil possível. O nível e a qualidade do auxílio norte-americano aos bandidos haviam crescido extraordinariamente, segundo os relatos que chegavam à mesa de Shebarshin.

3

Cabul, Afeganistão, 17h00, 26 de agosto de 1986

Precisamente às 17 horas o ácido corrosivo dentro do corpo de latão de um lápis-relógio, dispositivo especialmente desenvolvido nos laboratórios da Seção de Serviços Técnicos da CIA, comeu o fino filamento que retinha uma mola de disparo. Naquele instante, o cilindro avançou, fechando um circuito elétrico que enviou através de um fio uma série de impulsos de alta velocidade provenientes de um conjunto de pilhas e dirigidos a uma dúzia de foguetes assestados contra o depósito de munições do 8º Exército Afegão, uma unidade fantoche, localizado em Kharga, nos arredores de Cabul, capital do Afeganistão. Os foguetes de 107mm, fabricados na China, acenderam-se seqüencialmente e em poucos décimos de segundo foram disparados, voando em direção ao alvo a cerca de 6 quilômetros dali. Os *mujahidins* que haviam preparado o lançamento retardado já estavam ainda mais longe.

No que mais tarde seria descrito de várias maneiras, desde uma vingança divina, ou um planejamento e execução admiráveis, até como simples obra da sorte cega, o que ocorreu em seguida durante o resto da tarde e da noite foi um acontecimento marcante numa guerra que estava sendo muito desfavorável para a resistência afegã. Pelo menos um dos foguetes fosforescentes atingiu um armazém que continha um suprimento de mísseis terra-ar (SAM) entregues pelos soviéticos ao Exército afegão a fim de protegê-los de ataques aéreos vindos do Paquistão. A explosão do foguete inflamou os tanques de combustível dos SAMs, deflagrando uma cadeia de explosões secundárias que se irradiou, espalhando-se de armazém a armazém nas imensas instalações de Kharga, que naquele momento estava repleta com cerca de 40 mil toneladas de munição. Dezenas de milhares de obuses de morteiro, montanhas de foguetes armazenados e os próprios SAMs começaram a inflamar-se um após o outro à medida que a reação em cadeia se desenvolvia, fora de controle. As equipes de bombeiros nada puderam fazer; o incêndio já estava descontrolado no instante em que o primeiro foguete atingiu o alvo.

Durante toda a noite o corpo diplomático em Cabul assistiu a um espetáculo de fogos de artifício cuja magnitude aumentava enquanto as explosões secundárias passavam de *bunker* a *bunker*. Uma equipe de televisão da BBC no telhado da embaixada britânica captou a devastação do ataque, e em breve o filme era distribuído por todo o mundo. Assistindo ao *show* pirotécnico naquela noite em Islamabad, pela TV paquistanesa, fiquei imaginando quantos comandantes dos *mujahidins* se intitulariam responsáveis pelo ataque, antes mesmo que o incêndio começasse a extinguir-se em Kharga. A resposta não se fez esperar.

Peshawar, Paquistão, 9h30, 27 de agosto de 1986

As conferências de imprensa foram convocadas quase simultaneamente na manhã seguinte pelos serviços de imprensa dos partidos da resistência afegã baseados em Peshawar. Às dez horas da manhã o comandante Abdul Haq e o general Rahim Wardak, dois dos comandantes dos *mujahidins* em Peshawar mais conscientes da importância da imprensa, haviam assumido a responsabilidade. Do serviço de imprensa de Gulbuddin Hekmatyar veio um anúncio semelhante, e os demais partidos da resistência rapidamente o imitaram. Rahim Wardak, zombeteiramente apelidado "comandante Gucci" devido a seu uniforme camuflado, impecavelmente talhado para esconder uma cintura bem pouco militar, apresentou o plano operacional mais detalhado, com mapas e diagramas. Mas o espalhafatoso Abdul Haq, que recebia devotada atenção dos repórteres em Peshawar, na maioria norte-americanos, acabou recebendo o crédito da imprensa pela operação. Eu nunca consegui descobrir quem havia lançado o ataque – uma dúzia de comandantes fazia questão de intitular-se responsável – e por isso resolvi acreditar ou em todos ou em nenhum. Kharga estava em ruínas fumegantes e os *mujahidins* tinham uma dúzia de novos heróis. Isso era o bastante para mim.

Langley, 28 de agosto de 1986

Jack Devine passou novamente o vídeo das explosões de Kharga e eu percebi que isso era o que ele precisava. Agente de carreira da Divisão da América Latina da Diretoria de Operações, Devine havia passado por alguns dos campos minados mais difíceis da América do Sul, havendo servido no Chile durante a sangrenta derrubada de Salvador Allende e mais tarde como chefe em Buenos Aires, nos anos dos desaparecimentos de pessoas durante o regime militar. Havia construído uma reputação de possuir agudo sentido político e uma capacidade refinada de navegar em tempos traiçoeiros. Com mais de 1m90, era difícil deixar de notar Devine em seu novo feudo: havia assumido na sede, em junho, o projeto afegão que acabara de ser alçado da categoria de atividade confiada a uma simples seção à de uma força-tarefa de primeira grandeza, mudança que o colocou subordinado a apenas duas pessoas: o chefe e o subchefe do Departamento de Operações. Devine era exatamente o homem adequado para tratar das tensões internas entre o Congresso, o governo Reagan e o sétimo andar da própria CIA.

Quando Clair George lhe pedira que assumisse a direção da força-tarefa naquela primavera, as coisas não iam bem na guerra. As notícias que vinham do campo de batalha eram uma série contínua de desanimadores relatos da incapacidade da resistência afegã de receber suprimentos procedentes do Paquistão, através das centenas de vias de infiltração para o Afeganistão oriental. Devine não sabia se isso era devido ao crescente êxito dos ataques soviéticos de helicóptero contra as vias de acesso ou ao fatalismo cada vez mais acentuado dos guerreiros afegãos. Esse fatalismo havia sido adotado pela mídia, pelo menos a parte que ainda se interessava pelo Afeganistão, e a maioria dos sábios analistas estava prestes a conceder a vitória aos soviéticos. Havia grupos importantes no Congresso norte-americano que ainda apoiavam a ajuda à resistência, mas aumentava o número de congressistas e seus assessores que se opunham aos mais ferrenhos advogados do auxílio, questionando a moralidade de enfraquecer os soviéticos por meio da matança de afegãos. Até mesmo em Langley havia uma forte divergência quanto à sensatez de manter no longo prazo a pressão sobre os russos no Afeganistão. Os analistas da URSS se inclinavam a considerar fúteis os esforços de nômades primitivos para enfrentar uma superpotência. Os analistas do Oriente Próximo tinham opinião diferente, e havia uma tensão entre as duas escolas de pensamento que perduraria durante toda a guerra.

Lá pelo mês de agosto, Devine compreendera que algo teria de ceder rapidamente, caso contrário os fatalistas prefeririam recuar e tentar uma nova forma de agir. Os soviéticos estavam começando a falar em um "problema afegão", mas continuavam a contar com um acordo político que lhes proporcionasse o que desejavam: um Afeganistão neutro e amistoso governado pelas pessoas por eles escolhidas. Não queriam uma erosão da doutrina Brezhnev, embora Brezhnev já tivesse desaparecido há muito. Em conseqüência, não havia movimento em direção alguma, e Devine achou que o impasse existente acabaria levando à redução do engajamento em Washington, a menos que alguma coisa importante acontecesse, e depressa. Olhando os filmes das fulgurantes explosões secundárias que iluminavam o céu de Cabul, ele sentiu que tinha o que precisava, pelo menos por enquanto.

Durante a semana seguinte, Jack Devine passaria o filme algumas dezenas de vezes para membros importantes do Congresso e da CIA, e Bill Casey organizou uma sessão especial para Reagan. Se conseguirmos outros golpes de sorte como este, pensou Devine, podemos fazer as coisas mudarem.

Islamabad, 3 de setembro de 1986

As repercussões do ataque a Kharga ainda se faziam sentir uma semana depois, em parte graças à mídia, que tivera a oportunidade de assistir ao espetáculo pirotécnico dos telhados de Cabul, e em parte porque a CIA conseguiu mostrar à resistência o fruto de seus esforços em forma de imagens via satélite levadas ao Paquistão alguns dias mais tarde. Na mesma semana informei os paquistaneses e alguns comandantes afegãos usando as fotos de satélite do ataque.

O primeiro grupo de imagens mostrava o depósito de munições do 8º Exército em Kharga cinco dias antes do ataque, com os paióis de armazenamento cheios de projéteis e equipamento ordenadamente arrumados. A observação cuidadosa das imagens de alta resolução permitia distinguir entre as caixas empilhadas contendo a munição para morteiros e as maiores, que continham foguetes. O lugar estava atulhado, pronto para explodir.

O grupo seguinte de fotos era da manhã posterior ao ataque. Ao serem comparadas com as fotos iniciais, o efeito era dramático. Todos os paióis e fortificações que apareciam nas fotos mais antigas pareciam ter sido incendiados, deixando uma cicatriz vazia e enegrecida. Fios de fumaça, que ainda subiam como saca-rolhas, recordavam em silêncio a profunda devastação.

Em suas avaliações iniciais, nossos analistas concluíram que os soviéticos teriam problemas para compensar as perdas. Com munições instáveis e imprevisíveis, ainda escaldantes durante várias semanas, Kharga ficaria fora de combate indefinidamente. A reposição do material constituiria uma dificuldade para o sistema logístico soviético que já funcionava além de sua capacidade, o que significava que as operações teriam de ser fortemente reduzidas. Aquela oportunidade não poderia ter chegado em momento mais favorável. Faltava pouco para que a neve começasse a bloquear os passos mais elevados e a guerra novamente se acomodaria a seu ritmo dormente de inverno. Quando a temporada de guerra se iniciasse novamente, na primavera, os *mujahidins* teriam pelo menos uma vantagem.

Para dar um efeito dramático, calculamos a eficácia do ataque em termos de custos, e revelamos os resultados ao serviço de inteligência paquistanês e aos líderes da resistência. O preço dos foguetes usados no ataque era de 110 dólares cada, num total de menos de 1.500 dólares. O custo para os patrocinadores soviéticos do Exército afegão deve ter sido de cerca de 250 milhões, sem contar o prejuízo ainda maior em termos de quebra do moral.

Assim, ao terminar meu primeiro mês em Islamabad, achei que se tudo continuasse como estava um pouco mais de sorte seria sem dúvida um grande auxílio. Não importava que a destruição de Kharga tivesse sido um golpe de sorte. Havia conferido nova energia à resistência e me mostrara que até mesmo uma pequena oportunidade poderia provocar acontecimentos capazes de alterar o curso de uma guerra.

Sede da Primeira Diretoria Principal, Yasenevo, 3 de setembro de 1986

Leonid Shebarshin tinha lido os relatórios. Não havia indícios firmes sobre a causa das explosões, mas a especulação em Cabul apontava duas possibilidades: um ataque exitoso com foguetes ou um acidente. Ele aprendera que raramente havia respostas precisas a perguntas sobre o Afeganistão, que a verdade e a realidade sempre estavam unidas ao mito e freqüentemente misturadas com pura fantasia. As explicações possíveis para qualquer acontecimento jamais estavam separadas por poucos graus; em geral, se encontravam em pólos opostos.

A primeira dessas lições lhe chegou durante a viagem que fez na primavera de 1984, logo após o que havia sido comemorado no comando do 40º Exército como o mais bem-sucedido ataque conduzido conjuntamente em toda a guerra pelos soviéticos e seus aliados nas forças da República Democrática do Afeganistão (DRA) contra o reduto de Ahmad Shah Massud, no vale de Panjshir. O vice-ministro da Defesa, marechal S. L. Sokolov, rude oficial de forças blindadas, da velha guarda, quis inspecionar pessoalmente o campo de batalha. Viajou 90 quilômetros de helicóptero para o norte de Cabul, com Shebarshin em sua equipe.

Nada encontraram para ser observado, absolutamente nada. Não havia no vale uma população que pudesse ser atraída pelos grupos de propaganda e tampouco forças adversárias para combater; somente campos de trigo, cultivados e ainda não colhidos, pontilhados de tanques soviéticos e afegãos. Os generais soviéticos que receberam Sokolov com otimismo haviam providenciado um relato esplêndido, perfeitamente organizado, sobre a batalha para a conquista do vale de Panjshir e a situação de segurança na ocasião. Ao ouvir o relatório, Shebarshin ficou pensando que seria difícil a um exército perder uma guerra contando com um plano de batalha tão meticuloso como o que aparecia nos mapas cobertos de triângulos, quadrados e círculos em cores brilhantes. A vitória parecia muito próxima.

Mas durante a conferência Shebarshin percebeu sinais de preocupação no rosto do marechal Sokolov.

– Onde está o inimigo? – perguntou Sokolov com seu jeito tranqüilo, paternal, fumando sem parar (ele preferia cigarros norte-americanos *king size*, da marca More). – Estará escondido nas gargantas próximas?

– Sim, camarada marechal da União Soviética – respondeu confiantemente o oficial que fazia o relato. – Temos postos avançados, patrulhas e helicópteros para seguir seus movimentos.

Sherbarshin achou o relato incompreensível, mas não por falta de experiência militar. Simplesmente não resistia à lógica. O oficial conferencista afirmou com frio distanciamento que dos 3 mil bandidos inimigos envolvidos na operação, 1.700 haviam sido mortos. O restante bateu em retirada, levando consigo os mortos e o armamento.

– Como é possível que 1.300 rebeldes transportem 1.700 cadáveres, e mais as armas? – perguntou inocentemente Shebarshin. – E essa força voltará a ameaçar, após uma derrota assim?

O oficial preferiu ignorar a pergunta, mas Shebarshin pouco depois recebeu uma resposta vinda de suas próprias fontes. Praticamente não tinha havido baixas inimigas na batalha – talvez 15 tivessem morrido. Ahmad Shah

Massud havia sido avisado com antecedência da incursão soviética no vale do Panjshir e evacuara suas tropas e grande parte da população do vale antes do ataque. Shebarshin jamais conseguiria saber com certeza quem havia informado a Massud a respeito, mas suas suspeitas recaíam em oficiais superiores no Ministério da Defesa da DRA em Cabul. De qualquer forma, a invasão soviética do vale do Panjshir em 1984 criou o mito de Ahmad Shah Massud, o invencível "Leão de Panjshir". O mito ganhou vida própria e Massud se tornou ídolo dos franceses e favorito absoluto da imprensa britânica, que seguia de perto os acontecimentos em seu antigo império.

Mas Shebarshin iria conhecer outro aspecto de Massud, e havia muitos. Para começar, sabia de seus contatos secretos com a inteligência militar soviética por meio de um oficial do GRU que operava com o pseudônimo de "Assessor". Durante os três anos finais da ocupação soviética, o canal sigiloso de Massud com os russos lhe seria muito útil. Sempre a um passo de um acordo final para a cessação de hostilidades, o comando do 40º Exército evitou lançar ataques de maior porte contra o reduto de Massud até os últimos estágios de sua retirada do Afeganistão, em 1989.

Shebarshin aprendeu outra lição naquela primeira viagem ao Afeganistão: a fórmula usada pelo Exército soviético para estimar as baixas. O cálculo era derivado de uma equação matemática na qual a quantidade total de descargas atiradas contra o inimigo era dividida por um fator predeterminado, fornecido pelos analistas do Ministério da Defesa. O cociente resultante era o número oficial de mortos, independentemente de haverem ou não sido encontrados cadáveres no campo de batalha. Foi essa fórmula que produziu o número de 30 mil bandidos mortos em ação a cada ano durante os últimos quatro anos. Era simples e bem estruturado, pensou Shebarshin em 1984. Mas não havia absolutamente nenhuma relação com a realidade.

Islamabad, setembro de 1986

O ar-condicionado na sala forrada de painéis de madeira roncava suavemente como pano de fundo, e o leve ruído servia para reduzir a tensão gerada pelo silêncio reinante. Era um ambiente estéril, sem decoração, exceto a elegante caligrafia de uma citação do Corão emoldurada e pendente nos quatro cantos, onde as paredes se encontravam com o teto. Estávamos em Islamabad, no íntimo recesso dos serviços secretos paquistaneses.

Observei atentamente os líderes dos sete partidos da resistência, sentados impassíveis, quase sombrios, no incômodo silêncio. A aparência deles era tão variada quanto suas personalidades, desde o mulá mal-ajambrado até o chique radical islâmico. Em silêncio, os sete líderes afegãos me olhavam de esguelha, medindo-me um a um, enquanto esperavam. Estávamos esperando o major-general Akhtar Abdur Rahman Khan, diretor-geral da Diretoria dos Serviços Conjuntos de Inteligência do Paquistão, conhecido universalmente pela sigla ISI. Não tinha havido apresentações; teriam de esperar a entrada solene de Akhtar.

Após dois meses na região, minha opinião sobre a guerra era simples. Era claro que de todas as confrontações nas montanhas, vales e desertos daquele país torturado, ao longo dos milênios, poucas haviam tido a ver com o próprio Afeganistão ou com seu povo. Tanto Alexandre o Grande ou uma série de imperadores mongóis, quanto a Grão-Bretanha imperial e a Rússia em busca de vantagens no "grande jogo",* o choque entre exércitos no Afeganistão sempre tinha sido um derivativo de alguma campanha mais ampla de conquista. O povo que habitava entre os rios Oxus e Indus era secundário, quase incidental, em relação aos objetivos dos grandes impérios quando seus exércitos invadiam ou atravessavam o Afeganistão.

Essa última série de conflitos não constituía exceção. Independentemente das raízes morais da posição inicial de Jimmy Carter sobre a invasão soviética, os objetivos dos Estados Unidos haviam passado além da visão original de Carter sobre o mal e o bem. Nosso esforço no Afeganistão agora se transformara num elemento central da cartada final da Guerra Fria. Expulsar os soviéticos do Afeganistão era o objetivo; esperava-se que o bem-estar do povo afegão melhorasse aos poucos, mas isso não era essencial.

Também aqueles líderes afegãos sabiam que suas aspirações e sofrimentos eram secundários em relação ao nosso objetivo aparentemente comum de lutar contra o 40º Exército Soviético. Embora o povo afegão pudesse ter motivos para respeitar, ou até estimar, seus volúveis aliados norte-americanos, seus líderes jamais confiariam em nossas motivações nem esperariam que confiássemos nas deles. Podíamos compartilhar alguns objetivos, mas somente um tolo imaginaria que tínhamos verdadeiros valores em comum. Afinal de contas, pensei, era uma forma suficientemente honesta de comerciar.

Akhtar entrou na sala em companhia do intérprete, um coronel que falava o idioma pastum, conhecido pelo nome de guerra de "Bacha". O general

---

* Denominação dada à competição entre a Grã-Bretanha e a Rússia, no século XIX, pelo controle hegemônico da Ásia Central (N. do T.).

cumprimentou os presentes apertando-lhes as mãos e imediatamente atacou um monólogo inicial, explicando aos líderes afegãos reunidos a importância da nova contribuição norte-americana à guerra e a coragem do presidente paquistanês por elevar a novo patamar a luta contra os soviéticos. Em algum momento em meio àquele intróito um tanto imperioso, ele me apresentou como o novo americano encarregado do fornecimento de armas aos combatentes. Um pouco exagerado, pensei, mas um bom teatro.

Akhtar, o principal homem de Zia para o Afeganistão, era o único oficial general em serviço ativo no Exército paquistanês, além do próprio presidente, que havia começado a carreira no Exército britânico na Índia, quase quatro décadas antes. Aos 61 anos era esbelto e estava em boa forma física, imagem que se esforçava por manter. Seus uniformes eram impecavelmente engomados e seus olhos claros irradiavam autoridade, mas com uma expressão dissimulada que me deixou imaginando onde estaria a verdade, ou mesmo se ela existiria. Na hierarquia oficial do Exército do Paquistão, Akhtar vinha abaixo dos generais que comandavam os principais corpos do Exército acantonados pelo território do país, e abaixo dos chefes de serviço. Porém, na realidade, era tão íntimo de Zia quanto outros generais do exército, e fazia questão de recordar a quem quer que pudesse questionar sua autoridade o fato de que sua guarnição ocupava o quartel de Rawalpindi, praticamente ao lado do amigo. Sua lealdade a Zia era fora de dúvida, e ele vinha dirigindo o esforço paquistanês no Afeganistão desde o início. Sua atitude para com os líderes afegãos oscilava entre a condescendência e o paternalismo.

À minha direita estava Sibghatullah Mojaddedi, líder da "moderada" Frente de Salvação do Afeganistão. Baixo, de barba pouco crescida na maior parte grisalha, era respeitado líder da seita Naqshbandi Sufi e chefe de uma família de próceres religiosos há muito envolvidos na política moderna do país. Havia estado diversas vezes preso em Cabul, de uma feita por haver conspirado para assassinar Kruschev, no início da década de 1960, durante uma visita de Estado ao Afeganistão. Seu partido tinha reputação de corrupção e ineficiência no campo de batalha. Fazia três anos que o próprio Mojaddedi não entrava no Afeganistão, e talvez mesmo mais tempo, e a única verdadeira força de seu partido era seu dom de relações públicas. Nisso era quase imbatível. O líder baixote percebeu que eu o observava e sorriu levemente, talvez para dar-me as boas-vindas à luta. Fitei-o durante um segundo, sabendo que estava sendo observado pelos demais, sempre em guarda contra possíveis sinais de alianças ameaçadoras.

Ao lado de Mojaddedi estava o professor Burhanuddin Rabbani, o único tajique entre os "Sete de Peshawar"; os outros seis pertenciam à maioria pastum que representava quase 40% da população do Afeganistão. Ex-professor de direito islâmico na Universidade de Cabul, Rabbani mostrava certa semelhança com o pequeno sufi sentado a seu lado no sofá. Tinha a mesma barba grisalha, os mesmos olhos suaves e a mesma atitude impassível. As semelhanças, porém, terminavam aí. Rabbanni era um lutador tenaz na liça interna, e aos 46 anos havia forjado um partido de resistência numeroso e eficaz a partir de sua base setentrional, em Badakhsan, atraindo ao mesmo tempo muitos comandantes qualificados de outros partidos da resistência. O mais famoso comandante da Jamiat Islami (que pode ser traduzido aproximadamente como "Comunidade do Islã") de Rabbani era o lendário Ahmad Shah Massud, cujo reduto era o vale de Panjshir, ao norte de Cabul. Rabbani era um mistério. Eu nada conseguia ler em seu rosto, vendo-o fitar o chão. Ele não perpassava o olhar pela sala e parecia não ter interesse em fazer contato visual comigo.

Gulbuddin Hekmatyar, do outro lado de Mojaddedi, curvou-se levemente para a frente em seu assento e olhou fixamente para mim. Era uma presença imponente, e seus movimentos faziam com que os demais seguissem involutariamente a direção de seu olhar. Hekmatyar era o mais sinistro dentre os líderes afegãos, o mais stalinista dos Sete de Peshawar, no sentido de que para ele era fácil ordenar uma execução pela mínima indisciplina partidária. Era o único que suscitava controvérsia tanto em Washington quanto em Moscou, onde seu característico fundamentalismo paranóico era igualmente compreendido e temido. A KGB tinha uma equipe especial de *desinformação* cuja tarefa era semear a discórdia entre os Sete de Peshawar, e Gulbuddin Hekmatyar, por ser o favorito do Paquistão, era seu alvo principal. A linha seguida por Moscou misturava fatos conhecidos com as clássicas fantasias da KGB. Havia histórias de Gulbuddin como estudante radical na Universidade de Cabul, atirando ácido nos rostos de jovens afegãs que se recusassem a usar o véu, ou como assassino frio, matando com as próprias mãos combatentes que houvessem violado seu código de lealdade. Circulava furtivamente uma ordem forjada pela KGB como tendo sido dada por Gulbuddin a um de seus lugares-tenentes para que matasse um ou mais dentre os outros líderes afegãos.

Gulbuddin Hekmatyar tinha quarenta anos, estatura e corpulência medianas, pele cor de oliva clara e barba negra como carvão, combinando com os olhos da mesma cor. Vestia uma *shalwar kamiz* de lã cinza-claro sob um colete preto aberto e um turbante também preto enrolado apertado. Ex-colega de classe de Ahmad Shah Massud, Gulbuddin era agora inimigo mortal do comandante de Panjshir. O choque de ambições seria suficiente para mantê-los como adversários, mas a diferença étnica – Massud era tajique e Hekmatyar era pastum – fazia da desconfiança tribal um multiplicador do ódio recíproco. Embora de vez em quando tivesse havido alianças de conveniência no campo de batalha, ambos haviam há muito tempo destruído qualquer base de entendimento. Sua rivalidade permaneceria sendo preocupante durante o restante da guerra, preparando o cenário para uma competição ainda mais brutal nos anos seguintes.

Observei Gulbuddin enquanto ele dedilhava as contas de ágata de seu rosário e esperei que falasse. Mas ele nada disse, e o protagonismo foi novamente retomado pelo general Akhtar, que observara atentamente o relacionamento silencioso entre nós e que agora recuperava para sua pessoa a atenção dos presentes.

– A fim de assegurar que esse novo programa de armamentos seja um êxito completo, pedirei a cada um dos senhores que assuma responsabilidade pessoal pelo comando e controle desses novos mísseis antiaéreos. Se qualquer dessas armas cair em mãos inimigas, ou se eu ouvir dizer que qualquer míssil tenha sido vendido a outrem, considerarei cada um dos senhores como pessoalmente responsável. Qualquer vacilação em relação a uma dedicação total a essas medidas será uma grave traição contra a *jihad*.

A advertência de Akhtar fora afetada e exageradamente formal, mas ele descrevera com precisão os novos procedimentos a fim de valorizar-me. A menção ao Islã e à santidade da *jihad* havia sido um floreio para sua platéia.

Gulbuddin foi o primeiro a reagir ao sinal de Akhtar de que o período de debates podia começar. Usando o idioma pastum, em tom medido, já falara durante alguns segundos quando Akhtar o interrompeu.

– Engenheiro Gulbuddin, por favor fale inglês – disse Akhtar, mal ocultando sua irritação. – Seu inglês é perfeito.

– Claro, general – retrucou Gulbuddin, prosseguindo do ponto em que havia parado, desta vez em um inglês preciso e sem inflexões.

– Desejo aproveitar esta oportunidade para reiterar a gratidão do povo do Afeganistão ao presidente Zia e ao senhor, general Akhtar, pelo inabalável apoio que o senhor e seus compatriotas têm nos dado em tempos de necessidade. Agradeço também ao nosso amigo pela assistência que seu governo tem nos prestado por meio do Paquistão, no passado. Esse auxílio nos vem permitindo resistir aos invasores russos e agora detê-los...

– Obrigado, engenheiro Gulbuddin – disse Akhtar, interrompendo-o novamente. – Acho que podemos prosseguir.

A intervenção abrupta de Akhtar causou surpresa, e não somente a mim. Até mesmo Rabbani ergueu os olhos do chão. Gulbuddin era o favorito dos paquistaneses – Zia e os poderosos partidos islâmicos o viam como a "solução" paquistanesa no Afeganistão do pós-guerra –, mas ele estava sendo diminuído ali, diante de mim e dos demais. Mais tarde achei que talvez Akhtar pensasse que ele fosse iniciar um ataque contra os Estados Unidos e resolveu não fornecer-lhe corda para que se enforcasse logo em nosso primeiro encontro.

Outra voz se ergueu, reduzindo um pouco a tensão. Olhei para minha esquerda e vi Pir Sayed Ahmad Gailani, o único líder entre os sete que comparecera à reunião vestindo um terno de seda e casimira, em vez do *shalwar kamiz*.

– Não tenho nenhuma reserva quanto às exigências de responsabilidade – disse ele – e posso garantir que os combatentes da Frente Nacional Islâmica para o Afeganistão cumprirão com o dever de proteger completamente os mísseis que lhes forem confiados. – Enquanto Gailani falava, com sotaque inglês culto, observei sua aparência esmerada. Usava cavanhaque curto e bem aparado, tinha modos da antiga elite de Cabul, seu alfaiate era europeu e os sapatos italianos, e um relógio Patek Phillippe era visível sob a manga do terno de 2 mil dólares. Não admira que seus homens fossem apelidados "comandantes Gucci", pensei. Gailani era um verdadeiro santo, um *pir* hereditário da seita Qadiriya Sufi, à qual pertence a maioria dos afegãos pastuns. Vinha de uma família de posses, ligada aos líderes pré-revolucionários do país. Raramente incursionava no Afeganistão, se é que jamais o fazia, preferindo em vez disso passar grande parte de seu tempo em Londres, e era o mais conhecido líder moderado afegão na Europa.

O terceiro entre os considerados moderados, Nabi Mohammedi, não falava nem compreendia inglês. Líder religioso e ex-parlamentar afegão, simplesmente assentia com a cabeça a tudo o que Akhtar dizia por intermédio do coronel Bacha. Parecia entediado e de vez em quando abria uma caixinha para aspirar um pouco de rapé. Entre os três moderados, o partido de Nabi, Movimento pela Revolução Islâmica do Afeganistão, era o que menos se preocupava com as relações públicas, o menos corrupto e o mais eficiente em combate.

Diante de mim, do outro lado da sala, estavam os outros dois representantes da linha-dura, Abdul Rasul Sayyaf, homem grande e corpulento e membro ardoroso da Irmandade Muçulmana, e Maulvi Yunis Khales, o mulá de barba ruiva que vinha de Nangarhar. Khales não falava inglês. Sayyaf também afirmava que não, mas se deixara trair por uma expressão de compreensão quando Gulbuddin e Gailani usaram da palavra.

Professor de religião islâmica educado no Cairo, Sayyaf mantinha um perpétuo meio sorriso, como se compartilhasse algum segredo com quem quer que o fitasse. No início da década de 1980 formara um partido em companhia de Gulbuddin Hekmatyar, após ser solto da prisão, mas a união durou pouco. Os dois tinham origens comuns na Irmandade Muçulmana e firmes ligações com as fortunas sauditas, porém pouco mais do que isso. Sayyaf falava árabe fluentemente e era especialmente benquisto entre os árabes que chegavam ao Paquistão e ao Afeganistão em quantidades crescentes, provenientes do Egito, Arábia Saudita e Golfo Pérsico.

O último dos Sete de Peshawar era um personagem singular da guerra afegã, Maulvi Yunis Khales, o mulá de Nangarhar. Com pouco mais de sessenta anos, Khales tinha aparência severa e intimidadora, mas atrás da barba comprida e mal cuidada, pintada de vermelho com *henna*, havia um rosto onde transpareciam uma sugestão de bondade e uma expressão de constante desorientação, ao ver tantas coisas que pareciam fora de seu controle. Khales era líder regional, sem pretensão a ter estatura nacional como alguns dos outros presentes na sala. Suas operações em geral se limitavam às províncias orientais de Nangarhar e Paktia, mas enquanto muitos dos demais líderes se mantinham fixos no Paquistão, Khales viajava regularmente ao Afeganistão com seus homens para conduzir os combates, apesar da idade.

Politicamente, era o menos complicado dos sete. Estava decidido a lutar contra os russos até que saíssem do país. Depois, provavelmente desapareceria do cenário político e regressaria a seus afazeres como chefe de uma *madrassa*, uma escola islâmica onde anteriormente ensinara lições do Corão. Dizia-se que o velho professor do Corão ainda tinha energia suficiente para dedicar a sua mais recente noiva, de quem se afirmava ter um quarto da idade dele e segundo os boatos trazia no ventre mais um descendente numa linhagem já longa de santos de Nangarhar.

Khales falou por algum tempo em idioma pastum e em seguida esperou que o coronel Bacha traduzisse. Notei uma breve troca de olhares entre Akhtar e Bacha, nada mais do que um quase imperceptível aceno de cabeça e um assentimento correspondente de Bacha. Quando Khales terminou, o coronel traduziu em poucas frases o que ele levara muito mais tempo para dizer.

– Maulvi Khales disse que o que o presidente Zia resolveu e o que o presidente norte-americano prometeu será bom para a *jihad* – disse Bacha. – Disse que fará sua parte para assegurar que as armas especiais sejam controladas.

Akhtar encerrou rapidamente a reunião e nos convidou a passarmos à sala de refeições para o almoço, cortando a possibilidade de maiores debates.

O prato de resistência da refeição era codorna assada servida com rigorosa eficiência pelos garçons militares de uniformes cáqui com as coberturas vermelhas de cabeça típicas da tribo Afridi. O almoço em si não teve incidentes, com um mínimo de conversa sobre temas banais. Os afegãos tinham muita pressa em terminar a tempo para o chamado às orações do meio-dia, e comeram rapidamente. A única dificuldade que presenciei foi o espectro de Sayyaf, espremido entre Mojaddedi e Gailani, lutando para entender o estilo ocidental do serviço. Primeiro comeu a salada de Gailani e em seguida a de Mojaddedi, e depois pegou o pão de ambos. Deve haver algum simbolismo nisso, pensei. Mojaddedi olhou para mim, do outro lado da mesa, com uma expressão que parecia dizer: Está vendo o que tenho de agüentar?

Apesar dos aspectos teatrais, aqueles sete líderes tinham um motivo para estar ali: serviam de conduto para um grupo de pelo menos um quarto de milhão de combatentes, em tempo integral ou parcial. Havia outros partidos, especialmente os Hazaras xiitas, que haviam sido cortados da linha de comunicações costumeira. Por mais que tentássemos, não conseguíamos reduzir o grupo a menos de sete, e se todos os partidos que reivindicavam o direito de sentar-se à mesa em Peshawar tivessem sido incluídos, o número total seria muito maior. A maior parte do apoio logístico e financeiro que fornecíamos por meio dos paquistaneses era dirigida aos três partidos chamados fundamentalistas, liderados por Rabbani, Hekmatyar e Khales. Sayyaf, em quarto lugar, recebia quase tanto quanto cada um deles, e os três moderados vinham atrás.

Eu teria de tratar com os amigos dos três partidos moderados em Washington durante o restante da guerra, e com a constante sugestão de que se entregássemos mais suprimentos aos moderados, não apenas a guerra acabaria mais depressa, mas haveria gente simpática no poder quando ela acabasse. Mas a realidade era que o Islã, em sua singular encarnação afegã, era a única coisa que unia os combatentes. Procurar organizar socialmente o Afeganistão por meio de nossa distribuição de armamento enquanto os soviéticos ainda tinham 120 mil soldados no campo era, em minha opinião, uma receita para o desastre, embora mais tarde fosse argumentado que a própria guerra produzira sua forma de reengenharia social.

4

Acampamento Ojhri, Rawalpindi, Paquistão, setembro de 1986

A única iluminação da primitiva sala de aula vinha de um ponto de luz proveniente de uma lanterna que se projetava de trás de um lençol branco estendido na parte anterior da sala. De pé no fundo, eu observava um grupo de *mujahidins* do partido de Gulbuddin Hekmatyar sentados muito rígidos em bancos e ouvia o oficial paquistanês que lhes ensinava mais uma vez a seqüência de tiro do Stinger. Um punhado de oficiais paquistaneses havia aprendido a utilizar o míssil nos Estados Unidos alguns meses antes, e agora treinavam os afegãos. Ali de pé, observando a cena, fiquei pensando na diferença de custo entre a gigantesca cúpula de treinamento do Stinger em Fort Bliss, no Texas, que custara muitos milhões de dólares, e aquela pequena sala de aula com seu lençol branco onde havia sido pintado à mão um cenário do terreno afegão. Por trás do lençol, um militar paquistanês subalterno movia um ponto de luz que os alunos teriam de acompanhar e finalmente "destruir" com suas unidades de treinamento do Stinger. Primitivo, mas funcionava, a um custo de poucas centenas de dólares.

A cuidadosa seleção dos candidatos ao treinamento tinha sido uma das condições exigidas por nós ao trazer o Stinger. Os alunos afegãos naquele grupo, e em todos os seguintes, seriam selecionados segundo suas habilidades e confiabilidade. Os melhores candidatos saíam do grupo de artilheiros *mujahidin* que já havia derrubado aviões soviéticos ou da DRA com mísseis SA-7, uma cópia soviética, mas de qualidade inferior, de um míssil norte-americano muito mais antigo que existia há alguns anos no arsenal dos *mujahidins*, mas era utilizado com pouco êxito. A necessidade de habilidade era evidente, mas a confiabilidade era igualmente importante: ainda havia grande preocupação de que os afegãos fossem desertar e vender seus Stingers. E com vizinhos como o Irã e a União Soviética, não faltariam compradores. Como todos os demais programas em que estávamos envolvidos, somente combatentes afegãos seriam treinados. Não se incluiriam no programa voluntários estrangeiros, que eram um grupo misto oriundo das prisões do mundo árabe.

Em certo momento, a CIA havia considerado a sugestão de treinar legiões árabes voluntárias para tomar parte na guerra, mas essa idéia foi imediatamente rejeitada por ser imprudente, de funcionamento impossível. Ao contrário do que se veio a imaginar, a CIA nunca recrutou e treinou voluntários árabes nem os utilizou de outras maneiras. Os afegãos estavam mais do que satisfeitos em conduzir sua própria luta, e não vimos motivos para deixar de acomodá-los quanto a isso.

– Luzes! – exclamou em dialeto dari no fundo da sala o instrutor, e o cômodo logo se iluminou revelando um grupo de uma dúzia de *mujahidins*. No meio deles estava o engenheiro Ghaffar, de barba cerrada, que visivelmente chefiava o grupo. Eu tinha sido amplamente informado sobre os combatentes que recebiam treinamento, inclusive Ghaffar, que tinha em seu crédito dois tiros bem-sucedidos com o SA-7. Todos os combatentes usavam longas barbas, conforme o regulamento. Todos vestiam *shalwar kamiz* cinza ou bege e chapéus enrolados *chitrali*.

– Prontos para um treinamento final em pares? – perguntou o oficial a seus alunos pouco ortodoxos.

Empunhando seu equipamento de treinamento com o Stinger, Ghaffar se aproximou, em companhia de seu segundo artilheiro. Assentiu com a cabeça, sem comentários.

– Apaguem as luzes! Seqüência de treinamento! – gritou o instrutor, entregando um segundo conjunto do Stinger ao artilheiro. Deu algumas ordens a seus assistentes atrás do lençol, alternando entre inglês e o dialeto dari para que eu entendesse. O grupo parecia ter sido bem preparado para minha visita. Como eu também tinha passado por exercícios durante meu serviço militar, não tinha nenhum motivo para imaginar que aqui seria diferente.

– Dê-nos dois alvos. À esquerda, no alto, e à direita, no centro!

– Prontos?

– Prontos! – responderam a uma voz os dois artilheiros.

– Primeiro passo?

– Stinger no ombro! – foi a resposta imediata.

– Segundo passo?

– Retirar a cobertura e levantar o visor!

– Terceiro?

– Atarraxar a unidade de resfriamento à bateria, ligar o giro motor com o dedo polegar no botão – afirmou Ghaffar, sem hesitar. O paquistanês que me acompanhava no campo de treinamento fazia a tradução simultânea.

– Comecem o procedimento de mira! Ghaffar no alvo da esquerda ao alto, Gul no do centro! – ordenou o oficial paquistanês.

O barulho do motor aumentou enquanto as duas unidades miravam os alvos e os vibradores entraram em funcionamento, encostados aos rostos dos dois artilheiros. Cada vez que as unidades de treinamento encontravam o alvo infravermelho, a sala se enchia do guincho do alarma "identificação amigo ou inimigo" (IFF). Tinha havido certa dúvida sobre se os Stingers a serem entregues aos *mujahidins* deveriam ter o IFF, pois não haveria amigos nos céus do Afeganistão. O IFF acabou por ser mantido, e os combatentes passaram a considerá-lo simplesmente como uma parte do *show* de som e luz a que davam tanto valor. Oa vibradores encostados ao rosto eram um complemento útil da aguda sirene do IFF, porque davam uma confirmação física de que o artilheiro estava apontando para o alvo se não conseguisse ouvir o IFF em meio ao fragor da batalha.

– E depois? – perguntou o instrutor.

– Apontar! – foi a resposta instantânea de ambos os comandantes enquanto os dois homens apertavam o botão correspondente, coberto de borracha, no lado dianteiro esquerdo do punho.

Uma sirene alta encheu a sala e a vibração informou aos dois artilheiros que estavam prontos para disparar.

– E agora?

– Superelevação. Colocar o alvo na mira. Puxar o gatilho.

As duas vozes pareciam uma só.

– Os alvos são dois MI-24D, os helicópteros soviéticos de ataque. Qual das três miras vão usar?

– A do centro.

– Fogo! Fechar! Dois impactos! – disse o instrutor com um sorriso, já menos tenso, evidentemente satisfeito com a demonstração. Se os artilheiros conseguissem repetir com precisão a seqüência no campo de batalha, atingiriam sempre seus alvos.

– Engenheiro Ghaffar, por que fez a superelevação antes de disparar?

– Porque o foguete sobe 6 metros e depois cai um pouco, quando o motor se acende, senhor. A superelevação o mantém alinhado com o alvo já registrado. Se não houver a superelevação, o foguete pode se abaixar demasiado e não reconhecer o alvo quando o motor entrar em funcionamento.

Saí da sala mais impressionado com a improvisação da área de treinamento do que com a demonstração preparada para mim. Mesmo assim, convenci-me de que os combatentes saberiam usar o Stinger com êxito. Ao contrário do Blowpipe britânico que fora introduzido em pequenas quantidades quase um ano antes, o Stinger era o que os afegãos necessitavam desesperadamente – um míssil "pronto para atirar" cujo artilheiro poderia sobreviver após um encontro com helicópteros soviéticos de combate. Com o Blowpipe, o artilheiro precisava ajustar visualmente a mira, disparar o míssil e em seguida manter-se de pé, geralmente em campo aberto, enquanto guiava o míssil por meio de um botão, até atingir o alvo. O resultado previsível era um duelo desigual entre o MI-24D e o artilheiro solitário, que na maioria das vezes acabava virando mártir. O SAM-7 soviético, facilmente encontrável nos mercados negro e cinzento de armas, não era mais eficaz, porém por um motivo diferente. Somente era confiável, e mesmo assim não muito, quando mirasse diretamente os exaustores aquecidos de um engenho aéreo inimigo. Raramente mirava um alvo que viesse de frente a seu encontro. Assim, os afegãos tinham em geral de esperar que o alvo inimigo, um helicóptero ou um avião mais rápido, se aproximasse, lançasse suas bombas ou disparasse seus foguetes e em seguida revertesse o rumo, momento em que o artilheiro do SAM-7 podia erguer-se e atirar seu míssil – isto é, se ainda estivesse vivo. O Stinger era uma arma revolucionária em todos os sentidos, e mesmo antes que fosse utilizado em combate começou a espalhar-se entre as fileiras dos resistentes, altamente supersticiosos, a crença de que possuía certos poderes mágicos. Acabariam por considerá-lo como um amuleto norte-americano, um talismã para a vitória.

Embora eu não tivesse participado do debate político anterior em Washington sobre se seria aconselhável entregar o Stinger aos afegãos, conhecia seus termos gerais, e por isso sabia do furor que causara no Congresso. Clair George me pediu que informasse o senador Sam Nunn, da Comissão das Forças Armadas, sobre o fato de a tecnologia do Stinger já ser conhecida dos soviéticos. O oficial do GRU que comprara o sistema de um espião dentro da OTAN não era outro senão o coronel Sergei Bokhan, o homem da CIA em Atenas. Bem, pensei eu ao sair da sala de treinamento no acampamento de Ojhri, esperemos que tudo dê certo, depois de todo o barulho causado pela introdução desse brinquedinho na guerra.

Os soviéticos estavam muito preocupados com a nova tecnologia do Stinger, e tinham tido dois anos para desenvolver medidas preventivas. Em breve eu veria se tinham tido êxito.

A noroeste do aeroporto de Jalalabad, 15h05, 25 de setembro de 1986

O engenheiro Ghaffar e seus 36 combatentes mantiveram-se em movimento constante depois de cruzar a linha zero, entrando no Afeganistão, uma semana antes. Agora, na tarde de 25 de setembro, aninhavam-se numa posição oculta a pouco mais de 500 metros a noroeste do aeroporto de Jalalabad, que ficava a 3 quilômetros a sudoeste da cidade. Jalalabad era uma próspera cidade comercial que durante 2 mil anos havia abrigado caravanas e exércitos, desde os tempos de Alexandre o Grande, e ficava na região das guerras mais sangrentas do Afeganistão na Antiguidade. Foi o destino da malfadada guarnição inglesa que em 1842 se retiroude Cabul, com 16.500 soldados britânicos e indianos. Após contínuas emboscadas ao longo dos 150 quilômetros da linha de retirada, somente um oficial britânico chegou em segurança a Jalalabad.

O quartel soviético em Jalalabad ficava em situação ideal, próximo ao ponto em que os rios Cabul e Konar se juntam e prosseguem em meandros, flanqueando o passo de Khaybar e entrando no Paquistão para desembocar no grande Indus a caminho do mar. Tinham aparecido algumas patrulhas aéreas soviéticas durante os últimos dois dias, quando Ghaffar e seus homens chegaram a sua posição final de tiro, mas eram MiGs ou Sukhois a grande velocidade e a altitudes demasiado elevadas para um tiro seguro. Ghaffar deixou-os passar pela região sem disparar. Naquele dia aguardava novos alvos, talvez MI-24D, os temíveis helicópteros de ataque, pesadamente armados, que haviam sobrevoado impunemente seu país desde a invasão. Em geral voltavam a Jalalabad no fim das tardes, após haver cumprido suas missões. Ele e seus homens esperaram, ocultos no mato e entre os grandes rochedos de uma pequena elevação no terreno. Naquela tarde o vento soprava do noroeste; os aviões que aterrassem, inclusive helicópteros, viriam da direção do vento.

Ghaffar e seus companheiros se mantinham em silêncio em suas posições ocultas, carregando o armamento e os mísseis, verificando repetidas vezes o que faziam e observando pelos binóculos as tropas inimigas em atividade nas proximidades. Enquanto esperavam, alguns combatentes oravam silenciosamente pedindo forças e sabedoria para a batalha. Buscavam ajuda e orientação do Criador da Morte, o Vingador. O próprio Ghaffar recitava o Ya-Rashid, o Guia para o Caminho Certo, a fim de assegurar-se de que seria orientado segundo os desígnios eternos.

Mais tarde Ghaffar me diria que havia recitado o Ya-Rashid exatamente pela milésima vez quando os alvos entraram no campo de visão, oito maravilhosos MI-24D armados. Rapidamente Ghaffar ordenou que seus outros dois artilheiros tomassem posição. Ambos pousaram as armas nos ombros, preparados para atirar, como caçadores de olhos fitos na presa.

– Esperem até que eu dê a ordem para iniciar o procedimento – disse ele, colocando sua própria arma ao ombro. Os demais tomaram posição, dois deles com seus Stingers, preparando-se para a seqüência de lançamento tão logo Ghaffar desse a voz de comando.

– Tirem a cobertura e alcem as miras visuais!

– Coberturas fora! Miras alçadas! – responderam duas vozes em rápida sucessão.

– Segurem as unidades de resfriamento até que eu dê a ordem para atarraxá-las! – instruiu Ghaffar, com a voz cheia de excitação.

– Altitude mil metros, distância 2.500 – gritou um de seus homens, informando a aproximação dos aparelhos.

– Liguem os BCU! – exclamou ele, atarraxando a sua unidade de resfriamento.

– BCU ligado!

– BCU ligado!

– Ajustem a mira! – Os três artilheiros apertaram ao mesmo tempo os botões. O ruído dos giroscópios aumentou à medida que os Stingers recolhiam o calor dos helicópteros e cada artilheiro mirava um setor pré-escolhido da formação, a fim de evitar desperdiçar os preciosos mísseis. Os sinais do IFF entraram em ação, enchendo o ar com um som agudo e penetrante que parecia aumentar a excitação da equipe. Os alvos desceram a cerca de 300 metros, na aproximação final para o aeroporto de Jalalabad.

– Apontar! – ordenou Ghaffar. As respostas se fizeram ouvir quase instantaneamente quando os outros dois artilheiros tocaram os botões retangulares de borracha, armando os mísseis Stinger.

Nesse ponto, cada artilheiro passava a trabalhar por si só, baseando-se no treinamento recebido no acampamento de Ojhri ao seguir o ponto de luz atrás do lençol branco. Em menos de dois segundos, os três combatentes superelevaram os tubos de lançamento e dispararam. O primeiro partiu do tubo de Ghaffar, subiu os 6 metros necessários com a carga explosiva do tubo e não teve ignição. O míssil caiu ao chão, batendo nas pedras até perder o ímpeto. Uma falha!

Mas antes que percebessem o impacto do lançamento malogrado, o segundo e o terceiro artilheiros haviam disparado seus mísseis, e as delgadas setas voaram ao encontro de seus alvos com o dobro da velocidade do som, deixando rastros esbranquiçados no céu azul acima de Jalalabad. Ghaffar já recolocara novo tubo na base de sua arma quando o primeiro míssil atingiu o alvo. O helicóptero que vinha na dianteira explodiu em pleno ar e caiu como uma pedra na cabeceira da pista no momento do impacto do segundo míssil, fazendo com que outro MI-24D entrasse em espiral devido à perda de duas pás de seus rotores na explosão. Quando esse segundo helicóptero bateu no chão, a 600 metros dos destroços chamejantes do primeiro, Ghaffar já havia rearmado seu Stinger e apontado para seu segundo alvo, escolhendo um dos cinco helicópteros remanescentes, que voavam agora numa rota evasiva, a fim de evitar o que quer que fosse que os alvejava.

Ghaffar escolheu cuidadosamente seu segundo alvo. Queria acertar o helicóptero que vinha na frente, e já sentia as vibrações firmes, que denotavam que a mira estava completa, quando o aparelho mudou de rumo, aproximando-se dele numa rota direta para sua posição. O engenheiro fez a superelevação e executou o segundo disparo do dia, mirando o alvo. O míssil saltou do tubo, o motor do foguete se acendeu imediatamente e voou em linha reta para o MI-24D que chegava perto, já adernando para atacá-lo com os canhões laterais. A distância era de menos de mil metros e Ghaffar viu os clarões que saíam dos canos Gatling de 23 milímetros. Os projéteis explodiram longe do alvo, espalhando pedras. O míssil cobriu a pouca distância que faltava e explodiu ao entrar em contato com o calor do motor de turbina.

– *Allah hu Akhbar*! – gritaram os combatentes a seu redor. A explosão dos tanques de combustível rompeu o helicóptero em dois pedaços em pleno ar e os destroços choveram por toda parte. Ghaffar viu o combatente cuja tarefa era registrar o ataque em videoteipe saltando de alegria com os demais, gritando: "Alá é grande!", com o indicador vermelho da câmera Sony ainda aceso e a lente apontando diretamente para o chão. Sua esperança era de que alguma coisa tivesse sido captada antes que o operador se entregasse à excitação dos impactos. Mais tarde, assistindo ao vídeo, vi os dois impactos confirmados e as imagens de sandálias empoeiradas e do céu, quando o filmador passou a saltar entusiasticamente.

– Recolham o equipamento e preparem-se para partir em dois minutos! – gritou Ghaffar para seus soldados, já sem o entusiasmo na voz ao retomar sua autoridade. Voltando-se para o operador do vídeo, disse: – Chegue o mais perto possível dos destroços para filmar. – E para outro combatente de sua equipe: – Destrua o Stinger que não disparou. Bata no centro do míssil com uma pedra grande. Cuidado para não tocar na ogiva!

A ordem tinha sido clara: os Stingers em bom estado não deveriam cair em mãos do inimigo. Ghaffar resolveu naquele momento destruir os circuitos eletrônicos do míssil defeituoso em vez de tentar levá-lo de volta, temendo que a ogiva pudesse explodir no caminho. Em poucos minutos, a equipe deixou o setor a caminho do transporte motorizado que os esperava a 10 quilômetros dali. Naquela mesma noite seguiriam para o Paquistão a fim de relatar seu êxito. Ghaffar tomou o rádio de uma das mochilas de seus combatentes e quebrou o silêncio de transmissões pela primeira vez desde que partira para a operação, uma semana antes.

– Três impactos confirmados na extremidade sudeste do aeroporto alvo – disse ele. – Quatro mísseis disparados. Um falhou.

A transmissão segura do rádio de Ghaffar foi recebida pela ISI nas montanhas do outro lado da linha zero, no Paquistão, reportando a eletrizante notícia da primeira grande vitória contra a frota soviética de helicópteros.

Islamabad, 20h30, 25 de setembro de 1986

Na tarde da emboscada em Jalalabad havia chegado uma mensagem urgente do coronel Riaz, ajudante do general Akhtar. A mensagem era breve e direta: a primeira equipe enviada a Nangarhar havia derrubado três alvos naquela tarde. Poderia eu por favor avisar o Sr. Casey e pedir reconhecimento da área por satélite? Regressei a meu escritório e informei Langley do relato de sucesso, observando ao mesmo tempo que logo em seguida ao ataque a Kharga, apenas um mês antes, os acontecimentos daquele dia em Jalalabad poderiam provocar uma mudança na disposição da resistência afegã.

Na manhã seguinte havia duas mensagens urgentes da sede no tráfego telegráfico. A primeira agradecia o relato da destruição dos helicópteros mas me aconselhava a tomar com um certo cuidado as reivindicações de êxito dos *mujahidins*. Fui instruído a obter confirmação independentemente desse e dos sucessos seguintes.

O segundo telegrama, em aditamento ao primeiro, era curto e expressivo. No inimitável jargão de Langley, dizia assim:

> DETER OPERAÇÕES, IMAGENS SATÉLITE CONFIRMAM TRÊS DERRUBADAS EM JALALABAD COMO INFORMADO. FAVOR TRANSMITIR NOSSAS CONGRATS POR BOM TRABALHO.

Observei com profundo interesse a redução das operações aéreas soviéticas durante a semana seguinte. Quando recomeçaram, os helicópteros de patrulha passaram a voar em altitudes muito mais elevadas do que antes da emboscada.

Começava um novo estágio da guerra.

Langley, 26 de setembro de 1986

Jack Devine, chefe da Força-Tarefa do Afeganistão, percorreu as folhas das fotos da passagem matinal do satélite por Jalalabad e imediatamente se convenceu de que a guerra havia tomado o rumo de que necessitava. Em seguida à destruição total do depósito de munições em Kharga, no mês anterior, o que via lhe fornecia o ingrediente crucial que procurava – ímpeto. Pegou o telefone e chamou o gabinete de Casey, dois andares acima.

Quando a secretária do diretor atendeu, ele disse:

– Jack Devine. Posso ir até o chefe agora? Tenho umas fotos que ele precisa ver.

– Suba e eu farei com que você entre logo – disse ela.

Devine chamou rapidamente o diretor da Divisão de Operações para informar a Clair George e ao subchefe, Tom Twetten, que estava subindo à sala do diretor a fim de mostrar as fotos de satélite dos êxitos em Jalalabad, e obteve licença para saltar a linha de comando.

As imagens de Jalalabad haviam resultado de uma oportunidade acidental, um golpe de sorte de um satélite que por acaso passava em uma órbita que permitia fotos sem nuvens de Jalalabad poucas horas depois que o engenheiro Ghaffar derrubara os três helicópteros. Essa oportunidade acontecera no momento exato.

Casey estava sozinho quando Devine entrou no gabinete. Ao espalhar as fotos sobre a mesa, o diretor se curvou para a frente a fim de ver melhor.

– Estes são os três helicópteros derrubados no primeiro ataque – disse Jack, apontando as carcaças enegrecidas claramente visíveis nas fotos de alta resolução.

Os olhos de Casey brilhavam e ele disse:

– Isso muda tudo, não é?

– Muda. Há muito tempo não acontece uma coisa como esta.

– Eles vão perder, não vão? – murmurou Casey.

– Isso muda a dinâmica. Não há dúvida – respondeu Devine, sem querer ir tão longe quanto Casey naquela primeira oportunidade de uso dos Stingers.

– Deixe as fotos comigo, Jack. Vou levá-las ao presidente.

O encontro terminou logo, mas Devine saiu da sala do diretor convencido de que o chefe realmente achava que alguma coisa nova entrara na equação do Afeganistão. A questão era continuar.

Islamabad, 30 de setembro de 1986

Toquei no botão de reenrolar a fita, e passei-a novamente. Vi o engenheiro Ghaffar, de barba negra e chapéu *chitrali* de lã bege, no momento em que elevava o tubo e disparava seu Stinger. Em seguida a imagem tremida passou a outro artilheiro que atirava e ao míssil com seu rastro branco de condensação num gracioso arco no céu. As imagens seguintes mostravam o míssil aproximando-se de um helicóptero MI-24D, que agora ocupava o centro da tela. Quando o míssil se abateu sobre o motor, o som da explosão foi abafado pelos gritos da equipe de Ghaffar, que bradava repetidas vezes: "*Allah hu Akhbar*!" O minuto seguinte da fita era uma coleção de pés que dançavam, terra, céu e um joelho aparecendo aqui e ali, quando o câmera da equipe de Ghaffar abandonou a tarefa de registrar a emboscada, deixou cair a filmadora e juntou-se à comemoração depois que outros dois helicópteros foram derrubados, um após o outro.

Após outra interrupção na seqüência, a carcaça retorcida de um dos helicópteros derrubados entrou em foco. Em seguida um *mujahidin* agachado, com o Kalashnikov ao lado, apareceu no campo de visão, aproximando-se a pé do ponto da queda. Os dez segundos finais do filme eram imagens cruas da tripulação soviética do MI-24D, seus corpos sem vida espalhados pelos destroços. No fundo, o som registrara as vozes da equipe do Stinger, com suas maldições e expressões em pastum dirigidas aos aviadores mutilados, acompanhadas pelo rápido fogo das metralhadoras. O cadáver de um dos tripulantes saltou quando as balas do Kalashnikov o atingiram. Finalmente, a câmera se aproximou do rosto de um soldado soviético morto. Parecia ter cerca de vinte anos, com a fisionomia estranhamente pacífica naquele cenário horrendo. Pensei em meu próprio filho, oficial que passava grande parte de seu tempo em helicópteros, e nos pais daquele soldado morto, em algum lugar da URSS.

Voltei-me para meu colega administrativo.

– Faça umas cópias disso e mande para a Força-Tarefa imediatamente. Mas corte a última cena no lugar da queda. Não quero que isso vá para Washington. Depois que fizer os cortes, quero ver novamente.

Cabul, quartel-general do 40º Exército, 30 de setembro de 1986

Em Cabul, houve uma reação mista à primeira emboscada com os Stingers, nas proximidades de Jalalabad. Por um lado, poucas horas depois do incidente decidiu-se uma suspensão quase total das atividades aéreas, enquanto as equipes de investigação examinavam o lugar da emboscada, entrevistavam os membros sobreviventes das tripulações e tiravam suas conclusões. A avaliação imediata foi que finalmente os Stingers norte-americanos haviam entrado no combate, e esse era um tema que a inteligência soviética vinha seguindo de perto ao ser debatido ostensivamente em Washington durante o ano anterior. No dia seguinte, foram expedidas ordens de "assegurar zonas livres de bandidos" num raio de 16 quilômetros de todas as bases aéreas no Afeganistão. Era uma ordem impossível de ser cumprida, e o comando do 40º Exército sabia disso. Expedi-la, porém, parecia demonstrar capacidade de enfrentar a nova ameaça. Além disso, todos os aviões que aterravam ou decolavam foram instruídos a fazer a aproximação ou a partida numa trajetória em espiral. Avaliava-se agora que 6 mil metros era a altitude segura, cerca de duas vezes o alcance do Stinger.

Foram feitos grandes esforços para convencer os pilotos soviéticos e afegãos de que o Stinger nada mais era do que um problema novo que seria possível enfrentar. Foi-lhes dito que em breve as aeronaves receberiam sistemas que emitiriam focos de alta intensidade capazes de afastar os Stingers do calor dos motores, fazendo-os perseguir raios infravermelhos que os levariam para longe dos aviões.

Mais discretamente, porém, o quartel-general do 40º Exército começou a documentar atentamente a eficácia do novo míssil norte-americano, assinalando os grupos rebeldes equipados com os Stingers, a quantidade já disparada e o número de aeronaves soviéticas ou da DRA atingidas. No primeiro ano, calcularam a taxa de êxito dos Stingers em 20%, uma melhoria em relação aos 3% da época em que os rebeldes utilizavam o sistema inferior SA-7, dos soviéticos.

Langley, início de outubro de 1986

As tensões entre os analistas de assuntos soviéticos e os do Oriente Médio pertencentes à força-tarefa haviam aumentado desde a primeira emboscada com os Stingers em Jalalabad. Chegavam relatos de muitas fontes – telegramas, inteligência, informações de observadores e imagens de satélite – que indicavam a quantidade de aeronaves soviéticas e da DRA derrubadas nas últimas semanas como sendo de uma por dia, ou uma a cada dois ou três dias se se adotasse a estimativa mais conservadora. Os analistas de assuntos soviéticos não aceitavam os números mais elevados e exigiam confirmação fotográfica de cada aeronave derrubada antes de incluí-la na contagem.

Jack Devine considerou o debate inútil e deixou que os analistas discutissem. O que atraiu sua atenção foi a imediata suspensão das atividades aéreas após a derrubada dos primeiros helicópteros e a mudança da tática soviética quando os vôos foram retomados. O "efeito Stinger" não era somente uma questão de quantidades, mas também de aumento do moral e eficácia das forças da resistência. Tinha ocorrido também uma mudança no tom dos relatos que chegavam de Islamabad, na semana seguinte à emboscada de Jalalabad. Os *mujahidins* já não ficavam parados em seus acampamentos no Paquistão, à espera de seu destino. Passaram a penetrar em grandes quantidades na parte oriental do Afeganistão, agora que se reduzira a ameaça aérea soviética e da DRA contra suas rotas de infiltração. Sim, disse Devine para si próprio, o dia 25 de setembro representara uma reviravolta. Que os puristas se preocupassem com os algarismos. Ele sabia o que aquilo significava, e sua equipe em Islamabad também.

Durante a semana seguinte, Devine exibiu o dramático filme da derrubada dos MI-24D a congressistas e funcionários governamentais escolhidos. O próprio Bill Casey passaria a fita para o presidente Reagan. O efeito em Washington foi idêntico ao do Afeganistão: percebia-se um novo compromisso para manter o rumo. E isso não poderia ter ocorrido em época mais oportuna. Quando Casey viajasse ao Paquistão para sua visita seguinte, haveria algo tangível a comemorar com os homens que ele apoiara durante os seis anos anteriores.

5

Islamabad, outubro de 1986

Casey jamais faria sua prometida visita a Islamabad; seu mundo se estreitava rapidamente em Washington, onde estava sendo vítima dos crescentes ataques ao "Irã-contra"* e de um Congresso que cada vez mais se voltava contra o diretor da CIA. No entanto, Robert Gates, que era o vice-diretor, viajou ao Paquistão na parte final de outubro. Inicialmente, a visita foi agitada.

Na troca de telegramas que antecedeu sua visita, eu pedira que o grupo se alojasse numa casa tipo duplex que eu controlava, num bairro residencial tranqüilo de Islamabad. Achei que poderíamos nos movimentar mais discretamente do que se ficassem no hotel Holiday Inn, de alta visibilidade, com o costumeiro contingente de jornalistas internacionais. A equipe administrativa de Gates concordou, até que se ficou sabendo que o alojamento sugerido era no mesmo lugar em que também ficava localizado nosso depósito temporário dos sistemas de armamentos soviéticos, que havíamos conseguido por meio de um complexo programa de investigação nos campos de batalha do Afeganistão. Aparentemente, o chefe da segurança de Gates não conseguia suportar a idéia de que o vice-diretor dormisse com um míssil teleguiado antitanque AT-4 soviético pronto para disparar debaixo de sua cama. Seria possível evacuar o armamento explosivo antes que nossos visitantes chegassem? Foi a urgente pergunta que me foi feita. Assegurei à sede que era possível.

* Famoso escândalo da década de 1980, quando se descobriu que haviam sido secretamente canalizados recursos da CIA, ostensivamente destinados a operações no Irã, com autorização do Congresso norte-americano, para financiamento da ajuda aos contra-revolucionários que se opunham aos sandinistas na Nicarágua. (N. do T.)

Agência Khaybar, Paquistão

Num dia cristalino da estação das secas, seco até mesmo para aquela época do ano, levei Gates e sua equipe ao campo de treinamento da Agência Khaybar. Viajávamos em helicópteros variados: dois esbeltos Pumas fabricados na França e um UH1 ("Huey") norte-americano. Os pilotos paquistaneses voavam baixo por sobre aldeias de casas de paredes de barro aninhadas nas faldas das colinas da província da Fronteira Noroeste, com o topo dos pinheiros no terreno mais elevado passando a poucos metros abaixo de nós, quando avançávamos de um monte a outro. Ao descermos em direção à coluna de fumaça vermelha que indicava a direção do vento no primitivo heliporto, Gates comentou que sua visita havia sido objeto de muitos preparativos, talvez demasiados. Mais tarde utilizaria a expressão *aldeia Potemkin*, mas eu preferia considerar o que estávamos vendo como um bom espetáculo de relações públicas. Disse a ele que era o melhor que os paquistaneses e afegãos tinham a nos oferecer e que o julgasse dessa forma. As paradas militares eram mais ou menos iguais em toda parte: muito *show* e nada de surpresas.

Os oficiais paquistaneses encarregados da visita de Gates já tinham feito coisa semelhante durante as visitas de Casey à região e devido ao crescente número de visitantes vindos de Washington. Sabiam cuidar de seus hóspedes norte-americanos com uma viagem rápida à província da fronteira noroeste, a selvagem zona tribal do Paquistão, onde ficavam os campos de treinamento dos *mujahidins*. Os acampamentos, projetados para abrigar até uma centena de combatentes afegãos de cada vez durante uma ou duas semanas, eram em geral desmantelados após um par de ciclos de treinamento e transportados para outro local. Havia infinitas possibilidades de estabelecer campos de treinamento no noroeste agreste, e os soviéticos e seu serviço de inteligência no Afeganistão, denominado Khad, pareciam incapazes de seguir com eficiência nossos movimentos. Durante os anos em que estive ligado ao programa, nenhum dos acampamentos foi objeto de ataques bem-sucedidos, pelo ar ou por meio de equipes de infiltração.

Certa quantidade de armas de pequeno porte havia sido preparada para ser inspecionada: rifles de assalto, metralhadoras leves e médias, lançadores de granadas de propulsão a foguete (RPG-7) – favoritos absolutos entre os *mujahidins* – e rifles sem recuo, de 75 e 82mm. Também estavam prontas a serem disparadas armas operadas por equipes: metralhadoras de 12.7 e 14.5mm, morteiros de 82mm e foguetes de vôo livre de 107 e 122mm. Os paquistaneses e seus pupilos fizeram um espetáculo incomparável. Dispararam tudo o que possuíam em seus arsenais contra alvos caiados nas faldas das colinas vizinhas, a 200, 300 e mil metros de distância, com grande eficiência.

Um artilheiro afegão de olhos azuis, que parecia não ter mais do que 15 anos, agarrou um RPG-7 ao receber a ordem, colocou rapidamente um projétil no cano e puxou o pino de segurança na ogiva cônica ao colocar o lançador no ombro. Fez a mira óptica para o contorno de um tanque soviético a 200 metros e disparou, tudo em cerca de dois segundos. Quando o projétil atingiu o alvo exatamente no centro houve uma grande explosão e um chuveiro de pedras, seguido de centenas de brados de aprovação. Vimos pedras brancas e mais pedras brancas "destruídas" pelas armas de pequeno porte, o que fez Gates pensar que os artilheiros talvez fossem paquistaneses disfarçados. Eu achava que não. Se havia uma coisa que não precisava ser falsificada no Afeganistão, era a eficiência na artilharia.

Depois da demonstração com as armas pequenas, caminhamos algumas centenas de metros até outra zona onde os morteiros, foguetes e rifles sem recuo seriam disparados contra alvos – grandes círculos feitos a giz –, a mil e 2 mil metros além, no estreito vale. Durante a caminhada, *mujahidins* camuflados saltavam de buracos ou de moitas de vegetação quase a nossos pés, gritando ameaçadoramente e apontando seus Kalashnikovs para Gates e para mim. Tudo tinha um excelente efeito teatral, pelo menos depois que o primeiro deles apareceu.

O armamento para uso em equipe foi demonstrado com idêntica competência, quase sempre com impactos diretos nos alvos traçados a giz. Novamente Gates ficou em dúvida sobre se o que estava presenciando seria verdade. Respondi que não tinha certeza de que isso fosse importante. As armas eram de verdade, as pessoas eram de verdade e se afinal eles levassem as armas e sua competência à guerra contra os soviéticos, já seria bom para nossos objetivos. Tudo estaria bem, desde que levássemos vantagem na guerra.

Naquela tarde, depois de nossa ida à Agência Khaybar, organizei uma visita discreta de um parente próximo do comandante Ahmad Shah Massud a Bob Gates, na privacidade da casa segura. O homem de Massud fez a queixa costumeira ao vice-diretor, afirmando que o Paquistão estava passando a maior parte dos suprimentos ao arquiinimigo de seu chefe, Gulbuddin Hekmatyar, e a prova do favoritismo dos paquistaneses era que um dos comandantes de Hekmatyar havia recebido a primeira leva de Stingers. Gates poderia interceder junto aos paquistaneses para que Massud recebesse a parte dos Stingers que lhe cabia? Ele prometeu que sim e disse também que falaria com os paquistaneses para que dividissem o armamento de maneira mais eqüitativa.

A fim de demonstrar sua gratidão, o homem de Massud enfiou a mão no *shalwar kamiz* e retirou um Makarov soviético 9mm semiautomático. Gates aceitaria aquela pequena dádiva como símbolo da gratidão de Ahmad Shah Massud?

Enquanto ele começava a explicar que o próprio comandante Massud havia retirado a arma de entre os dedos frios do cadáver de um coronel russo após uma grande batalha no vale de Panjshir, os homens da segurança do vice-diretor já haviam sacado suas armas, numa espécie de preparação para um duelo, e esperavam nervosamente a pouca distância para ver o que iria acontecer. Não houve nada, mas durante os três anos seguintes eu precisei avisar aos seguranças dos visitantes de alto nível que em algum momento nas reuniões sigilosas com os comandantes dos *mujahidins* um Makarov apareceria.

Bob Gates deixou Islamabad com um bom entendimento da forma como as coisas se desenvolviam naquele momento crítico da guerra. Durante seu encontro com o presidente Zia, ouviu o conselho de que era preciso aumentar a temperatura da guerra, mas que era preciso ter cuidado para que a panela não fervesse. O presidente Zia pediu com interesse informações sobre os planos da Índia a respeito de um importante exercício militar na fronteira com o Paquistão, a Operação Brasstacks. Durante as semanas anteriores os paquistaneses vinham se preocupando com as manobras planejadas pelo novo e agressivo chefe do Estado-maior indiano, o general Krishnaswami Sundarji. O vice-diretor usou a resposta costumeira, "os amigos não falam de amigos com outros amigos", mas acrescentou uma observação importante. Disse que os amigos também não deixam que amigos tenham problemas. Essa afirmação, embora vaga e sem compromisso, pareceu satisfazer os paquistaneses naquele momento, os quais acreditaram que os Estados Unidos estariam observando o que quer que acontecesse durante os exercícios e interviriam, antes que as coisas ficassem fora de controle.

Sede da Primeira Diretoria Principal, Yasenevo, outubro de 1986

Leonid Shebarshin foi informado de que todas as contramedidas técnicas contra o Stinger haviam sido tomadas. As aeronaves soviéticas e da DRA passaram a voar acima do alcance do míssil norte-americano e tomaram grandes precauções defensivas na aterrissagem e decolagem nos aeroportos do Afeganistão, especialmente os da região oriental.

O principal agente da KGB no Afeganistão também ficara sabendo que durante os dias recentes o GRU conseguira obter dois mísseis Stinger em conseqüência de sua penetração nos grupos da resistência afegã. Não tinha conhecimento de que o GRU anteriormente obtivera documentação a respeito do míssil de uma fonte na OTAN, embora soubesse que o Ministério da Defesa já tinha uma série de medidas de precaução prontas para entrarem em vigor quase imediatamente após os impactos em Jalalabad contra os MI-24D. Com a obtenção dos dois Stingers e o aperfeiçoamento de providências táticas e técnicas eficazes, a importância do novo míssil poderia ser atenuada.

Muito barulho por nada, concluiu Shebarshin. Os militares conseguiriam prosseguir em sua missão, mas o verdadeiro desafio no Afeganistão permanecia o mesmo.

Kremlin, 13 de novembro de 1986

Havia uma sensação de fatalismo entre os homens que tinham se reunido na sessão especial do Politburo para debater o Afeganistão. Havia mais de um ano que já se sabia que Gorbachev estava decidido a sair do Afeganistão, pois tinha afirmado isso no congresso do Partido, em fevereiro, mas também se sabia que ele dera ao Exército um ano para vencer, ou pelo menos criar a ilusão de que vencera, e em seguida retirar-se. Na opinião de muitos, a reunião daquele dia deveria marcar o fim da controvérsia. Boa parte da orientação estava nas atas da reunião que Anatoly Chernyaev preparara para o chefe:

– Todos os camaradas se inteiraram dos memorandos recebidos dos camaradas Chebrikov, Shevardnadze, Sokolov e Dobrynin? – Gorbachev iniciara a reunião com uma referência aos documentos fornecidos a cada um dos membros do Politburo antes do encontro.

O punhado de homens que governavam a União Soviética respondeu com a esperada afirmativa.

– Então troquemos opiniões. Minha intuição é de que não devemos perder tempo. Já estamos combatendo há seis anos no Afeganistão. Se não mudarmos nossa maneira de agir, estaremos lutando ainda nos próximos vinte ou trinta anos. Nossos militares precisam saber que não estão aprendendo nada com esta guerra. Vamos ficar guerreando eternamente, dando uma demonstração de que nossos soldados são incapazes de resolver o a questão? Precisamos acabar com isso o mais depressa possível.

Segundo o rígido protocolo do Politburo, o primeiro dos membros a responder às observações iniciais de Gorbachev foi o temível Andrei Gromyko, que até o ano anterior fora o ministro do Exterior que mais tempo permanecera no cargo na URSS, e que era agora o presidente do Presidium do Soviete Supremo. Gromyko era quem, um ano antes, havia feito o discurso de apresentação do novo líder soviético como secretário-geral do Partido.

– É preciso estabelecer um objetivo estratégico. Há muito tempo falamos da necessidade de fechar as fronteiras do Afeganistão com o Paquistão e o Irã. A experiência demonstrou nossa incapacidade de fazê-lo devido às dificuldades topográficas e à existência de centenas de passos nas montanhas. Hoje, a necessidade é firmar o objetivo estratégico de acabar com a guerra.

Gorbachev interveio a fim de reforçar a argumentação de Gromyko:

– É necessário incluir na resolução a importância de terminar a guerra no intervalo de um ano, no máximo dois – disse ele.

Gromyko prosseguiu na mesma linha:

– De nossa parte, subestimamos as dificuldades, ao concordarmos em fornecer apoio militar ao governo afegão. As condições sociais no país tornaram impossível uma rápida solução do problema. Não havia respaldo na população; no Exército afegão o número de recrutas é igual ao número de desertores. Precisamos de uma conversa mais concreta com [o presidente afegão Muhammad] Najibullah. É necessário um plano de ação. Nesse ponto, parece que nossa participação em contatos com o Paquistão é necessária. Quanto aos norte-americanos, não estão interessados numa solução no Afeganistão. Ao contrário, para eles é melhor que a guerra se arraste mais tempo.

Gorbachev assentiu com a cabeça e disse:

– É isso mesmo – mas desta vez não interveio.

– Neste momento a situação é pior do que há um ano – continuou Gromyko. – Em uma palavra, é necessário que procuremos mais ativamente uma solução política. Nosso povo suspirará de alívio se tomarmos medidas nesse sentido. Nosso objetivo estratégico é tornar o Afeganistão um país neutro, e não permitir que passe para o lado do inimigo. O mais importante, porém, é dar fim à guerra. Eu concordaria que é preciso limitar isso a um período de um a dois anos.

Nas atas não há uma indicação clara da receptividade dada a essas palavras. O diretor da KGB falou em seguida, em conformidade com sua posição hierárquica.

– Muitas decisões foram tomadas sobre essa questão – disse ele. – Gastouse muita energia. Infelizmente, porém, a situação no Afeganistão e na região continua a ser difícil. Apóio a proposta de Mikhail Sergeyevich de que é necessário levar o problema a uma conclusão lógica. Na verdade, colocamos a questão do fechamento da fronteira. Andrei Andreyevich [Gromyko] tem razão em parte, ao falar das dificuldades dessa operação, devido às condições geográficas e de outra natureza. Mas em parte deixamos de fechar a fronteira porque nem tudo foi feito como deveria ter sido. Neste momento o inimigo está mudando de tática. Está passando à clandestinidade. É necessário procurar os meios de chegar a uma solução política. O caminho militar durante os seis últimos anos não proporcionou uma solução. Precisamos convidar Najib a Moscou para uma conversa sincera. Ele nunca veio aqui, e já é hora de conversar francamente.

Nesse ponto, o ministro do Exterior Eduard Shevardnadze, o georgiano de cabelos brancos que ganhara rapidamente uma posição influente na equipe de política exterior de Gorbachev, entrou no debate.

– Estamos agora colhendo os frutos das decisões apressadas do passado. Recentemente, muito se fez para resolver a situação no Afeganistão e na região. Najib vestiu o manto da liderança. Precisa de apoio prático, do contrário nós pagaremos o preço político. Precisamos marcar claramente o período de retirada das tropas soviéticas do Afeganistão. Você, Mikhail Sergeyevich, afirmou corretamente, dois anos. Mas nem nós nem nossos camaradas afegãos resolvemos o problema de criar nesse país um governo capaz de funcionar sem o apoio de nossas tropas. Há uma disputa sobre quem deve executar o fechamento das fronteiras, o Exército ou os órgãos de segurança do Estado. Estou de acordo com a proposta de Viktor Mikhailovich [Chebrikov] a respeito da importância de uma reunião com Najib.

– Podemos dar essas instruções ao camarada Kryuchkov, que está agora em Cabul – interrompeu Gorbachev.

– Tanto o camarada Kryuchkov quanto o camarada [Yuli] Vorontsov [funcionário graduado do Ministério do Exterior] são homens de bem – disse Shevardnadze –, mas suas conversações com Najib não podem substituir uma reunião dele com o secretário-geral.

– Está firmado o conceito de uma solução mediante acordo – voltou a falar Gorbachev –, isso já está estabelecido, mas os aspectos práticos continuam sem ser resolvidos. – Voltando-se para o vice-ministro da Defesa Sergei Akhromeyev, disse: – Sergei Fedorovich, talvez você possa resolvê-los?

Akhromeyev pareceu perceber que a carga era pesada demais para seus ombros.

– Não – respondeu, abruptamente –, não será possível resolvê-los.

Anatoly Dobrynin, chefe do Departamento Internacional do secretariado do Partido Comunista, e anteriormente embaixador da URSS em Washington desde o governo de Kennedy até o de Reagan, entrou no debate.

– Pronuncio-me a favor de recebermos Najib em Moscou. Podemos mandar agora mesmo uma mensagem ao camarada Kryuchkov sobre a reunião com Najib.

– As atividades militares no Afeganistão em breve farão sete anos – observou Akhromeyev. – Não há um só pedaço de terra desse país que não tenha sido ocupado por um soldado soviético. No entanto, a maior parte do território permanece em mãos dos rebeldes. O governo do Afeganistão dispõe de uma força militar significativa: 160 mil homens no Exército, 115 mil na milícia de Sarandoy e 20 mil nos órgãos de segurança do Estado. Todos os problemas militares que surgiram foram resolvidos, e no entanto continuamos a não ter resultados. Todo o problema está em que os resultados militares não são acompanhados por ações políticas. No centro existe autoridade, mas não nas províncias. Controlamos Cabul e os centros provinciais, mas não conseguimos estabelecer autoridade nos territórios ocupados. Perdemos a batalha para conquistar o povo do Afeganistão; uma minoria da população apóia o governo. Nosso Exército combateu durante cinco anos e está em posição de manter a situação em seu nível atual. Mas nessas condições a guerra continuará durante muito tempo. Cinqüenta mil soldados soviéticos estão estacionados para o fechamento da fronteira, mas não têm possibilidade de fechar todas as passagens pelas quais os suprimentos passam através da fronteira. Como afirmei, temos a capacidade de manter a situação no pé em que está, mas precisamos encontrar uma saída e resolver essa questão, como disse Andrei Andreyevich [Gromyko], de uma vez por todas. Temos de apelar ao Paquistão.

– Por que vocês restringem a ação de Najib? – perguntou Gorbachev ao vice-ministro da Defesa.

Akhromeyev parecia estar na defensiva.

– Ele não deveria estar construindo um quartel-general, e sim uma comissão estatal para a defesa. Nós permitimos que ele mude os funcionários.

O veterano diplomata Yuli Vorontsov, cuja função era traduzir as elocubrações do Politburo em posições negociadoras com os norte-americanos e os paquistaneses, fez uma observação polida nesse ponto.

– Algumas palavras, se me permitem, para prosseguir a idéia que o camarada vice-ministro da Defesa acaba de expressar. O Afeganistão é um país de camponeses, mas são eles os que menos se beneficiaram da revolução. De uma população de 18 milhões de pessoas, somente 5 milhões estão sob o controle do governo. À pergunta de como se explica isso, deram-me a resposta de que as regiões controladas pela contra-revolução estão mais bem providas de bens essenciais remetidos do Paquistão, como contrabando. São necessárias medidas urgentes para melhorar a situação dos camponeses que estão nas zonas sob controle do governo. Muitos membros do Partido Popular Democrático do Afeganistão (PPDA) estão sem iniciativa e acostumaram-se a esperar recomendações de nossos conselheiros. Esse não é o caso do camarada Najib. Ele dá a impressão de ser uma pessoa talentosa e decidida. É preciso que tenha oportunidade de tomar decisões por si só, sem que seja distraído por detalhes secundários. E deve ter a oportunidade de criar sua própria equipe.

Gorbachev esperou que Vorontsov terminasse suas observações e em seguida falou novamente.

– Em outubro do ano passado, numa renião do Politburo, nós decidimos preparar uma solução para a questão afegã – disse ele. – O objetivo em que concordamos foi acelerar a retirada de nossas forças do país e ao mesmo tempo assegurar o surgimento de um Afeganistão amistoso para conosco. Imaginou-se que isso se realizaria mediante uma combinação de medidas militares e políticas. Mas não há movimento em nenhuma das duas direções. Não houve um fortalecimento da posição militar do governo afegão. A consolidação nacional não ficou assegurada, principalmente porque o camarada Karmal esperava continuar no poder em Cabul com nossa assistência. Também se disse que nós entorpecíamos as ações do governo afegão. Em suma, até agora o conceito projetado tem sido mal executado. O problema não está no conceito em si, mas em sua execução. Precisamos operar mais ativamente, e com isso orientar-nos sobre duas questões. Primeiro, devemos efetivar em dois anos a retirada de nossas tropas do Afeganistão. Cinqüenta por cento até o fim de 1987 e no ano seguinte os restantes 50%. Segundo, temos de procurar o alargamento da base social do regime, levando em conta a disposição das forças políticas. Em relação a isso precisamos nos reunir com o camarada Najib e possivelmente até com outros membros da comissão central do Politburo do PPDA. Temos de iniciar conversações com o Paquistão. Mais importante, precisamos nos assegurar de que os norte-americanos não entrem no Afeganistão. Mas acho que eles não entrarão militarmente.

Akhromeyev concordou.

– Eles não vão entrar no Afeganistão com as forças armadas – disse ele.

Dobrynin assentiu com a cabeça.

– É possível chegar a um acordo com os norte-americanos quanto a isso.

– Precisamos dar instruções ao camarada Kryuchkov para que vá ver Najib e o convide a visitar a União Soviética em dezembro – disse Gorbachev, concluindo a reunião. – Também será necessário dizer ao camarada Najib que ele deve tomar sozinho as decisões principais. Levando em consideração o debate nas reuniões do Politburo, os camaradas devem coordenar-se, tomar as decisões operativas e fazer as propostas necessárias para a solução da questão afegã e para resolver o problema do Afeganistão.

Os homens que governavam a URSS declararam, a uma voz:

– Estamos de acordo.

Assim a resolução foi aprovada.

6

Washington, dezembro de 1986

A sorte de Casey começava a desaparecer. Tudo começou em novembro, quando os republicanos perderam o controle do Senado e o escândalo do Irã-contra explodiu nas primeiras páginas da imprensa mundial. No início de dezembro o diretor estava começando a mostrar os sinais do que mais tarde seria diagnosticado como um tumor no cérebro. A equipe que fazia a segurança dele confidenciou relutantemente suas preocupações a Bob Gates, e diversos assessores diretos o haviam visto perder o rumo dos pensamentos, esbarrar em obstáculos e até mesmo cair. Mesmo assim, Casey continuara a comparecer a audiências cada vez mais duras no Congresso sobre o Irã-contra, até o princípio do mês de dezembro. O Legislativo começou a funcionar mais ativamente.

Mesmo em Islamabad, a 11 fusos horários de diferença, os efeitos das investigações do Irã-contra se fizeram sentir. Nosso programa de atividades clandestinas do Afeganistão havia proporcionado a muita gente envolvida na supervisão dos programas da CIA por parte do Congresso, tanto a parlamentares quanto a seus assessores, um certo equilíbrio no relacionamento em geral difícil com a agência. Alguns opositores ferrenhos das atividades da CIA na América Central apoiavam entusiasticamente as atividades ocultas no Afeganistão. Estas eram claras e fáceis de entender, enquanto para eles a América Central permanecia envolta num manto de ambigüidades. Apoiar nossos esforços no Afeganistão realçava as credenciais anticomunistas dessas pessoas, dando-lhes espaço político para que se mantivessem firmes em seu antagonismo aos contras.

Sentindo cheiro de sangue na questão Irã-contra, alguns congressistas e seus assessores passaram a buscar um vínculo entre os programas de ação clandestina no Afeganistão e os esforços de Bill Casey e Oliver North a fim de evitar mandados do Congresso para investigar as atividades na América Central. Nunca foram encontradas provas, porque não havia vínculo. Mas isso não impediu os investigadores de imaginar que estávamos detendo navios cheios de armamentos em Karachi e mandando-os para a Nicarágua ou para Honduras.

A revivescência do interesse me levou a abrir novas áreas de inspeção a nossos supervisores do Congresso, para trazê-los mais para perto da operação do programa do que a lei exigia, ou do que anteriormente a direção da agência permitira. Sem alarde, comecei a levar uma ou outra delegação de parlamentares aos campos de treinamento e aos depósitos de munição, a fim de que vissem para onde iam as verbas que votavam. Isso deu resultados, até o ponto em que os tiros começaram a sair pela culatra. Não ia demorar muito para que qualquer congressista ou funcionário quisesse fazer uma turnê pelos acampamentos dos *mujahidins*, a fim de aumentar sua produção de testosterona. Eu me sentia como um equilibrista, mas no fim das contas o programa no Afeganistão deu resultado porque o Congresso estava unido em seu apoio. Os recursos do Tesouro norte-americano a ele destinados eram determinados pelo Congresso, e este passou a considerá-lo tanto como coisa sua quanto da CIA. Eu achava melhor que o Congresso ficasse do nosso lado, atacando nossos inimigos, do que ficar de fora, nos atacando. Isso funcionou, especialmente quando aconteceram alguns reveses e eu pude apelar para as comissões parlamentares de supervisão como amigas e não como adversárias.

Mas em Washington as coisas iam piorando para Bill Casey. Sua saúde se deteriorava dia a dia. As preocupações com seu estado finalmente chegaram ao ponto em que o principal médico da agência, Arvel Tharpe, fez questão de examiná-lo em seu consultório, na manhã de 15 de dezembro. Durante a consulta, o diretor teve um ataque, com violentos espasmos musculares. O Dr. Tharpe deu-lhe uma injeção de Valium para controlar os espasmos e iniciou os procedimentos de emergência há muito estabelecidos para o caso em que um diretor da CIA se sentisse mal em seu gabinete. Em poucos minutos Casey já estava a caminho do hospital da Universidade de Georgetown.

Lahore, Paquistão, 21h30, 17 de dezembro de 1986

O ajudante do general Akhtar me pediu que esperasse na linha, o general atenderia em um segundo. Quando a chamada foi completada eu estava em meu quarto no hotel Pearl Continental, em Lahore, tomando um último trago com Marie-Catherine, e percebi instintivamente que não teria boas notícias. A voz de Akhtar confirmou meu palpite.

– Milton, você precisa avisar o Sr. Casey de que os indianos estão ficando perigosamente provocadores com sua mobilização do lado de lá da fronteira.

– Vou ver o que posso fazer – disse eu, achando que não seria muito enquanto não pudesse regressar a Islamabad.

– O Sr. Casey precisa ficar sabendo agora mesmo que a situação é perigosa – repetiu Akhtar, como sempre fazia quando se tratava de maquinações indianas.

Eu pouco tinha a dizer. Não apenas estava sem a proteção de meu grupo em Lahore, como também não tinha detalhe algum sobre o nível do alerta na fronteira indo-paquistanesa, mas ficara sabendo que no dia anterior Casey havia "caído doente com alguma coisa" em Langley e estava num hospital em Washington, fazendo testes. Não havia mais informação. Aparentemente, ainda não haviam chegado ao Paquistão notícias sobre a saúde dele. Ao que se dizia, havia outras infomações. Resolvi não dizer nada com receio de excitar o general Akhtar, que já estava excitado. Bill Casey parecia ser o talismã pessoal do general.

– Estarei em Islamabad amanhã cedo, general, e entrarei em contato logo que chegue.

– Vou mandar um carro – ofereceu ele.

– Chamarei assim que chegar – repeti.

– Então, amanhã – disse Akhtar, desligando.

Islamabad, 18 de dezembro de 1986

Na manhã seguinte, Akhtar entrou em ação. Espalhara mapas em sua mesa e indicou posições e movimentos de tropas ao informar-me sobre a avaliação paquistanesa do exercício de treinamento na fronteira conduzido pelo general Sundarji.

– Eles estão usando isso como pretexto para perseguir os separatistas siques – disse Akhtar. – Os indianos, especialmente o general Sundarji, vivem nos acusando de criar problemas com os siques. Mas todo mundo sabe que foi ele próprio quem causou toda a confusão, você sabe, ele estava por trás do incidente no templo dos siques.

Eu realmente sabia que dois anos antes o general Sundarji havia atacado o Templo Dourado, o santuário sique mais sagrado, em Amritsar, provocando um dos levantes mais sangrentos desse grupo étnico em toda uma década de revoltas. E sabia que os indianos, e da mesma forma os paquistaneses, sempre atribuíam ao vizinho seus problemas internos. Como se aproveitasse uma deixa, Akhtar prosseguiu:

– Os indianos estão fomentando discórdia em Sindh, criando dificuldades para nós. Estou certo de que irão fazer alguma coisa perigosa; você precisa avisar Casey. Precisamos saber se eles estão planejando chegar atá a fronteira.

– Vou comunicar suas preocupações – disse eu, sem me comprometer. O que eu estava presenciando diretamente era a extensão da desconfiança entre indianos e paquistaneses. Não havia limite para o que qualquer dos lados estivesse disposto a pensar em relação ao outro. A intensidade era quase psicótica, e não seria a última vez em que eu seria arrastado para as tensões crescentes entre os dois países. A separação da Índia e do Paquistão era como um divórcio amargo, tanto mais hostil devido aos longos vínculos e coabitação.

Ao me preparar para partir, resolvi dizer a Akhtar que Casey não estava bem de saúde. Ainda não tinha havido uma informação oficial sobre seu estado, mas eu queria que Akhtar soubesse disso por mim e não pela imprensa ou por seu adido militar em Washington.

– General – disse eu, voltando-me para ele ao chegar à porta –, acabo de saber que o Sr. Casey caiu doente há três dias. Está fazendo exames em um hospital. Bob Gates está dirigindo interinamente a agência, e vou transmitir suas preocupações diretamente a ele. É bom que ele tenha acabado de estar aqui numa visita. Vai estar em melhores condições para compreender a situação.

Akhtar ficou desconfiado.

– Está seguro de que é só para fazer exames?

– Tanto quanto sei – respondi.

Era evidente que Akhtar tinha dúvidas de que os exames de Casey fossem rotineiros. Seu lado pessimista o estava dominando; ele parecia estar achando que ia perder seu talismã.

– Por favor me avise se houver alguma novidade.

– Farei isso – disse eu, deixando o preocupado general Akhtar com seus problemas com os indianos na fronteira e a possível perda do homem de sua confiança em Washington.

Mais tarde, naquela manhã, informei Langley sobre o nível de tensão que ia crescendo no Paquistão com as manobras indianas. Na ocasião eu não sabia que em poucas semanas essas tensões iriam se tornar quase incontroláveis. Tampouco percebia a seriedade da situação de Bill Casey, tanto física quanto politicamente.

Sede da Primeira Diretoria Principal, Yasenevo, janeiro de 1986

Leonid Shebarshin vinha acompanhando com especial atenção o drama que se desenrolava na fronteira da Índia com o Paquistão. Sabia que os paquistaneses veriam nas manobras indianas uma grande conspiração e se convenceriam de que elas tinham sido preparadas para distrair-lhes a atenção, assim como a dos norte-americanos, fazendo-os concentrarem-se numa possível conflagração na frente oriental e esquecerem-se da guerra que prosseguia na fronteira oeste. Sabia que os paquistaneses também chegariam à conclusão de que o plano de desestabilização do Paquistão havia sido gestado em Moscou, e que tudo evoluiria segundo um planejamento mais amplo.

Mas o general da KGB também percebia que a região sul da Ásia costumava atolar-se sozinha, sem a mão do Kremlin, real ou imaginária, por trás de cada conspiração. A verdade era que os indianos executavam por conta própria a manobra Brasstacks e que Moscou nada tinha a ver com a criação de uma diversão destinada a aliviar a pressão no Afeganistão. Não importava que as coisas estivessem se encaminhando nessa direção; o fato é que não se tratava de nenhum plano grandioso.

Mesmo assim, Shebarshin teria de acompanhar cuidadosamente as manobras. O antigo fantasma sul-asiático – erro de cálculo e exagero na reação – sempre poderia surgir. E isso esquentaria as coisas, mais do que qualquer um poderia desejar.

Islamabad, 29 de janeiro de 1987

Sozinho na sala de recepção da ISI, eu esperava que Akhtar chegasse para a reunião "urgente" que ele convocara a fim de tratar dos "acontecimentos na fronteira". Estava se referindo às manobras indianas e à reação do Paquistão. Os generais Zia e Sundarji haviam feito uma série de movimentos e contramovimentos de tropas que em meados de janeiro haviam levado a tensão a um ponto em que o menor movimento poderia deflagrar uma guerra.

Em 19 de janeiro, a imprensa em Nova Delhi bradava: PAQUISTÃO REUNINDO TROPAS EM TODA A FRONTEIRA, e numa conferência de imprensa no dia seguinte o primeiro-ministro Gandhi expressou "enorme preocupação" com os movimentos de tropas paquistanesas. Durante toda a semana seguinte, os serviços de inteligência dos dois países forneceram às respectivas imprensas um fluxo constante de rumores incendiários sobre os preparativos do rival para a guerra. Os indianos se convenceram de que Zia havia colocado às escondidas um destacamento blindado em posição de desfechar um ataque-relâmpago na província indiana de Punjab, com a intenção de separar a Caxemira do restante da Índia. Enquanto a tensão crescia, houve relatos de imprensa de que engenheiros do Exército paquistanês haviam minado pontes em torno de Lahore a fim de bloquear uma ofensiva indiana que agora se acreditava iminente. Em 23 de janeiro, a Índia mobilizou suas forças e o Paquistão a imitou. Está pronto o cenário para uma nova guerra entre os dois vizinhos sul-asiáticos. Na mesma tarde Zia instruiu seu primeiro-ministro, Mohammed Khan Junejo, a chamar seu correspondente em Nova Delhi a fim de iniciar um diálogo para a desescalada. Em seguida, contra a opinião de seus assessores, Zia anunciou que pretendia assistir a um jogo de críquete em Nova Delhi. Com a mesma rapidez com que surgira, a tensão se dissipou.

Akhtar entrou na sala de recepção com seu ajudante, coronel Riaz, que caminhava dois passos atrás dele. Já entrou falando.

– O presidente resolveu tudo – disse ele, sorrindo.

– Resolveu tudo? – Fiquei um tanto surpreso pela soberba expressão de triunfo de Akhtar.

O general franziu a testa.

– Sim, foi por um triz, mas Zia tem nervos de aço. Só no último instante mandou as tropas recuarem de suas posições avançadas. E certificou-se de que os indianos soubessem o que estava fazendo ao permitir que interceptassem suas comunicações. Foi um golpe de mestre.

– Sem dúvida – disse eu –, mas ainda não compreendi a lógica de quase ter havido uma guerra. Que significa isso tudo?

Akhtar fez um gesto para que Riaz parasse de tomar notas e saísse da sala. Quando ficamos a sós, ele abaixou a voz e aproximou-se de mim para falar.

– Rajiv Gandhi – disse ele, depois que o coronel saiu – é um *playboy*, um palhaço que não consegue controlar o chefe do Estado-maior do Exército. Ainda em outubro passado o presidente avisou Nova Delhi de que as manobras Brasstacks eram provocadoras e que agiria com energia se eles não se acalmassem. Mas Sundarji deve ter pensado que poderia ignorar nossas preocupações e Gandhi somente tratou do assunto há duas semanas, quando a imprensa indiana começou a falar em guerra. Foi aí que ele procurou entrar no jogo.

– É – disse eu –, e quase foi tarde demais. Foi somente provocação fora de controle, ou havia mais alguma coisa?

– Foi Sundarji – respondeu Akhtar, como se fizesse uma profunda confidência. – Ele queria deflagrar uma guerra. Acho que poderia provocar o presidente Zia a dar o primeiro passo, ser o primeiro a errar. Achou que era capaz de invadir o Paquistão e resolver tudo em uma semana. Mas Zia movimentou suas forças em Bahawalpur, principalmente as unidades blindadas, e Sundarji viu que as coisas não seriam fáceis. Quem poderia resolver tudo em uma semana era o Paquistão!

– Isso esquentou tão depressa e logo tanto esfriou que nós ainda não sabemos até que ponto a guerra esteve próxima. Quais eram as probabilidades?

Akhtar ergueu a mão, mostrando o dedo de apertar o gatilho.

– Esteve próxima assim – respondeu, puxando o gatilho imaginário. – Bastaria que algum oficial menos graduado na fronteira, deles ou nosso, desse um tiro para que tudo explodisse. Zia sabia disso, e conhece a mentalidade indiana. Ele os fez recuar.

– É uma forma complicada de se tratar, para duas potências nucleares – disse eu.

À palavra *nuclear*, Akhtar se empertigou.

– Mas o Paquistão não é uma potência nuclear, e você, mais do que ninguém, devia saber disso.

O tema e a atmosfera haviam mudado. O ponto mais grave de fricção entre os Estados Unidos e o Paquistão se concentrava no programa nuclear paquistanês, uma corrida armamentista secreta com o vizinho que estava em andamento desde que a Índia detonara seu primeiro artefato experimental, em 1974. Havia diversas resoluções do Congresso impondo sanções ao Paquistão por estar desenvolvendo armas nucleares, mas a maior parte delas tinha sido sustada pelo presidente. Até aquele momento, Reagan tinha podido afirmar que o Paquistão não atravessara a fronteira da proliferação atômica. Por isso, qualquer menção ao desenvolvimento nuclear do Paquistão diante do chefe da inteligência lhe causava inquietação. Eu tinha feito a pergunta para ver se Akhtar imaginava que Sundarji pudesse na verdade haver preparado as manobras dos Brasstacks, a fim de ter um pretexto para um ataque preventivo aos centros nucleares paquistaneses em Islamabad. Mas ele não mordera a isca.

– Isso é tranqüilizador, general – disse eu, percebendo que Akhtar desejava encerrar o encontro, coisa que em geral fazia mudando abruptamente de assunto.

– Como vai o Sr. Casey? – perguntou ele. – O presidente está preocupado.

A notícia da piora de Casey já era conhecida, e poucos membros da comunidade internacional de inteligência esperavam que o diretor jamais voltasse a Langley. Tanto em Washington quanto no exterior havia especulações cochichadas sobre o assunto.

– Creio que não vai muito bem. Mas está lúcido e sabe o que está acontecendo em seus lugares prediletos, inclusive Islamabad.

Akhtar se acalmou.

– Bem, por favor, faça com que ele saiba que somos gratos pelo que ele fez por nós durante todos estes anos. E também dê ao Sr. Gates nossos agradecimentos pelo papel que ele possa haver desempenhado nos bastidores para dissipar o pequeno problema que tivemos aqui.

– Farei isso, e por favor transmita ao presidente os elogios do Sr. Gates pela forma tranqüila com que ele tratou da crise durante o mês passado. Talvez não tivesse terminado tão bem quanto terminou.

Akhtar levantou-se e levou-me até Riaz, que estava de pé do lado de fora da porta.

Kremlin, 27 de fevereiro de 1987

Gorbachev parecia haver conseguido o consenso que desejava, disse Anatoly Chernyaev para si mesmo ao reler as atas de uma série de reuniões do Politburo durante as cinco semanas anteriores a respeito da questão do Afeganistão. Muhammad Najibullah havia visitado Moscou em dezembro e havia causado boa impressão. Dizia-se em Moscou que era um homem sério e capaz de tomar os primeiros e difíceis passos em preparação para quando não fosse apoiado pelo Exército soviético.

Não havia como voltar atrás na decisão de retirar-se do Afeganistão, embora o Kremlin ainda estivesse relutante em declarar ao mundo que sua política de intervenção havia fracassado desde o início. No entanto, tais sentimentos não haviam impedido comentários francos dos membros do Politburo sobre os equívocos passados. Nas sessões dos dias 21 e 22 de janeiro, Eduard Shevardnadze havia deixado claro que a decisão de retirar-se era correta e distribuiu alguns golpes ao falar sobre sua opinião a respeito da responsabilidade pelo desastre no Afeganistão.

– Não vou discutir agora se fizemos o que devíamos quando entramos lá – declarou o ministro do Exterior, iniciando exatamente a crítica que dizia querer evitar. – Mas entramos sem conhecer nada da psicologia do povo e do verdadeiro estado de coisas no país. Isso é verdade! E tudo o que fizemos e estamos fazendo no Afeganistão é contrário ao caráter moral de nosso país.

– Ter entrado era incompatível? – perguntou Gromyko, em tom azedo.

– Sim, isso também – disse Shevardnadze. – A atitude a nosso respeito é mais negativa do que parece. E estamos gastando um bilhão de rublos por ano para isso. É uma soma enorme, e é preciso que alguém seja responsabilizado. Vamos tratar de calcular agora quanto dinheiro o Afeganistão precisa para agüentar-se neste momento. Nikolay Ivanovich – prosseguiu ele, referindo-se a Nikolay Ryzhkov, arquiteto do programa de reestruturação econômica de Gorbachev, nomeado para o Politburo em 1985 e logo depois promovido a chefe do conselho de ministros – não tem esses dados por enquanto, mas os Estados Unidos acham que precisaremos de 2 bilhões por ano. Os japoneses pensam que serão 3 bilhões. E nem estou falando do custo em termos de vidas.

– Não vamos falar agora sobre a forma pela qual essa revolução começou – interrompeu Gorbachev –, como reagimos e como hesitamos em mandar soldados ou não.

– Sim, sim – concordou Gromyko, acenando com a cabeça.

– Agora precisamos tratar do presente e decidir os passos a serem dados.

– O relatório de Eduard Amvrosieyevich [Shevardnadze] fornece um quadro realista – disse Ryzhkov. – As informações anteriores não eram objetivas. A situação nos obriga novamente a enfrentar o problema com seriedade. – Falou sobre a dificuldade de progredir em uma sociedade analfabeta e da pobreza das perspectivas materiais da população.

– É melhor pagar com dinheiro e querosene do que com vidas humanas – disse ele. – Nosso povo não compreende o que estamos fazendo lá, e nem por que motivo estamos lá há sete anos. É fácil sair, mas não podemos deixar tudo ao acaso do destino. Muitos países nos reprovariam. Precisamos deixar um Afeganistão neutro e amistoso. Que medidas devemos tomar? Por que não um exército mercenário? O que o impediria de desertar? Dinheiro vivo. É melhor entregar armas e munição e deixá-los lutar por si mesmos, se quiserem.

Enquanto isso, podemos tratar de um arranjo político paralelo. Precisamos utilizar todos os contatos com o Paquistão e com os Estados Unidos.

– Não podemos trazer liberdade a eles por meios militares – disse Igor Ligachev, o braço direito de Gorbachev. – Sofremos derrotas nesse campo. E o que Eduard Amvrosieyevich disse é a primeira análise objetiva de que dispomos. Quando depositamos as esperanças no caminho militar não pensamos nas conseqüências. Creio que a política de reconciliação nacional é a correta. Se levarmos à decisão do povo a questão de saber se é melhor deixarmos que nossos soldados morram ou que se restrinjam a algum tipo de ajuda, acho que todos serão a favor da segunda hipótese. E temos de trabalhar em cooperação com o Paquistão, com a Índia, com a China e com os Estados Unidos. Mas não sairemos como os norte-americanos saíram do Vietnã, ainda não chegamos a isso.

O marechal Sokolov fez sua própria avaliação pessimista.

– Ultimamente, a situação militar piorou – disse ele. – O bombardeio de nossos quartéis dobrou. Eles estão combatendo principalmente nas aldeias, contando com nossa retaliação contra os centros habitados. É impossível ganhar uma guerra assim por meios militares.

– Então confirmamos nossa orientação – disse Gorbachev, encerrando a reunião. – Não recuaremos, depois de começarmos. Agiremos em todas as direções. Analisaremos de que forma e em que lugar nossa assistência será mais bem utilizada, iniciaremos mecanismos de política externa por intermédio de Cordovez e do Paquistão, procuraremos tratar com os chineses e naturalmente com os norte-americanos. Quando entramos no Afeganistão, estávamos envoltos em ideologia e calculamos que seríamos capazes de saltar imediatamente três estágios: do feudalismo ao socialismo. Agora podemos ver a situação de olhos abertos e seguir uma política realista. Aceitamos tudo na Polônia, a igreja, as fazendas individuais dos camponeses, a ideologia e o pluralismo político. A realidade é a realidade. Camaradas, vamos falar de maneira correta. É melhor pagar com dinheiro do que com a vida de nosso povo.

Tendo já quase solidificado o consenso no Politburo, Gorbachev continuou a insistir, nos dias e semanas seguintes, na tese de uma retirada do Afeganistão. Um mês depois, em 23 de fevereiro, ele reforçou sua proposta em outra reunião do Politburo, na qual declarou:

– Agora que estamos lá, o problema que nos desafia é como podemos sair. Podemos retirar-nos rapidamente, sem pensar em nada mais e pondo a culpa de tudo no governo anterior. Mas não devemos fazer isso. A Índia se preocuparia, a África se inquietaria. Considerariam isso um golpe contra a autoridade da

União Soviética e contra os movimentos nacionais de libertação. Diriam que o imperialismo passaria à ofensiva caso nos retirássemos do Afeganistão. Mas as considerações domésticas também são importantes. Já mandamos um total de um milhão de soldados ao Afeganistão, e o resultado é que isso foi em vão. Dirão que nos esquecemos dos que morreram e da autoridade da nação. Isso criará um gosto amargo; por que motivo morreu gente? Não devemos excluir os Estados Unidos de uma solução, ainda que tenhamos de fazer um acordo com eles. E temos de incluir o Paquistão, para que saiba que a União Soviética sabe o que está fazendo. Será possível convidar Zia ul-Haq a ir encontrar-me em Tashkent, e até mesmo "pagar" a ele de alguma forma? Precisamos de flexibilidade e imaginação, pois de outra maneira haverá uma carnificina e Najib cairá. Continuem com as conversações, não deixem que se rompam. E é possível que tenhamos de fazer concessões a respeito dos períodos da retirada. Há alguma dúvida sobre o que acabo de dizer?

Os homens que dirigiam a União Soviética responderam em uníssono:

– Não, não!

– Então é assim que vamos agir.

7

Islamabad, março de 1987

Bill Casey morreu um mês antes que a neve começasse a derreter-se nos passos mais elevados, mas ainda conseguiu ver os primeiros sinais da reviravolta no Afeganistão, de cuja vinda ele tivera tanta certeza. As negociações com os soviéticos em Genebra iam ficando cada vez mais intensas e havia uma sensação crescente de que finalmente eles haviam concluído que não poderiam vencer. Mas em Washington ainda existiam alguns que acreditavam que os russos simplesmente fariam as malas e se retirariam do Afeganistão a qualquer momento. Assim, a guerra continuava.

Nunca mais vi o diretor novamente, depois da reunião que tive com ele em julho de 1986, mas mesmo com tudo desabando em seu redor ao mesmo tempo Casey não se esquecera de mim, que executava suas ordens no exterior. Pouco antes de entrar em colapso em dezembro, ele me honrou com o grau de distinção, homenagem que era feita todo fim de ano a um ou dois agentes mais antigos em cada diretoria. Nunca tive oportunidade de agradecer a ele.

Bob Gates havia sido escolhido pelo próprio Casey para sucedê-lo, mas depois de um processo de confirmação no Congresso marcado por terríveis acusações contra ele, desde falsificação de avaliações sobre a URSS até manter-se fora do alcance das investigações no caso Irã-contra, Gates se afastou. Foi preciso esperar até maio para que o novo diretor do FBI, o juiz William Webster, fosse nomeado para o posto em Langley. Ele seria facilmente confirmado por um Congresso que ainda sofria por não haver conseguido dominar Bill Casey.

Já começando meu segundo ano na guerra, fiquei misericordiosamente afastado da política de Washington e consegui concentrar-me no conflito. Estava convencido de que o já lendário êxito do Stinger tinha de ser seguido por outros sucessos espetaculares para que pudéssemos conservar o frágil ímpeto que havíamos conseguido. Para isso, necessitávamos de uma série de trunfos em termos de armamento, tanto para sustentar a alta energia da resistência afegã quanto para manter Moscou em retirada. Se os rebeldes fossem considerados cada vez mais possuidores de força e decisão, restaria apenas reforçar a autoridade do líder soviético para que guiasse a URSS para fora do país invadido. Washington não fez qualquer tentativa para estimulá-los, como se isso convencesse os soviéticos a deixar o campo mais cedo. Assim, 1987 seria marcado por uma pressão total.

Jack Devine partiu para seu novo posto em Roma e foi substituído por Frank Anderson, agente com ampla experiência no Oriente Próximo. Com 45 anos, alto e de porte atlético, Anderson havia servido no agitado Líbano, onde também estudara árabe no início da carreira. Servindo no interior do Yemen e em diversos países do Magreb, passara a compreender as realidades movediças do mundo do Islã. Washington, porém, foi o lugar onde mais aguçou sua capacidade política. Era o candidato natural à Força-Tarefa do Afeganistão, e para minha grande sorte a transição de Jack Devine para Frank Anderson foi feita sem percalços.

Perto da primavera de 1987 o perigo aéreo havia decrescido, em grande parte devido à decisão dos soviéticos e da DRA de voar acima do raio de alcance do Stinger. A nova ameaça eram as forças blindadas soviéticas. Embora ao longo dos anos repetidas vezes nos tivessem pedido que fornecêssemos alguma coisa, qualquer coisa, que proporcionasse à resistência uma vantagem sobre os tanques e carros de assalto blindados (APC), nada dera certo. O problema era o raio de alcance. O armamento disponível para esse fim no arsenal dos *mujahidins*, os RPG-7 e os rifles sem recuo de 75 e 82mm, se limitava a uma distância de pouco menos de 300 metros, da forma em que eram utilizados pelos afegãos. Um duelo a 300 metros em geral significava que o artilheiro *mujahidin* poderia conseguir atirar contra o tanque ou um APC, mas na maior parte das vezes seria morto tão logo disparasse.

A fim de virar o jogo, Anderson resolveu fornecer uma nova arma a intervalos de poucos meses, se possível. Concentrou-se em sistemas antiblindados que criassem o mesmo júbilo do Stinger entre os combatentes afegãos e despertassem o mesmo temor nas forças inimigas. Os resultados foram mágicos. Em poucos meses, recebi um carregamento de novas armas antitanque que fizeram contra os blindados o mesmo que o Stinger havia feito contra a aviação. A equipe de fornecimento clandestino de armas de Anderson trouxe primeiro o míssil antitanque Milan, fabricado na França. Quando disparado, o Milan rebocava um fino fio de cobre por meio do qual o artilheiro emitia comandos elétricos para correção de curso enquanto o projétil voava em direção ao alvo. Com um alcance efetivo de aproximadamente 2.700 metros, o Milan aumentava em quase dez vezes o alcance de tiro dos *mujahidins*, e em breve passaram a chegar do campo de batalha relatos de sucessos espetaculares, junto com histórias pontuais de reações entusiasmadas dos comandantes de blindados soviéticos, e especialmente da DRA, ao descobrirem a pista deixada pelos fios de cobre espalhados pelos campos agrestes. Numa batalha especialmente encarniçada na planície de Jalalabad, na entrada do vale de Konar, um artilheiro do Milan derrubou um MI-24D que voava baixo por sobre o campo onde se dava a refrega, feito que rendeu mais alguns versos às baladas afegãs sobre a guerra. O oriente do Afeganistão, onde foi distribuída a maioria dos Milan, tem uma topografia perfeita para emboscadas, e pouco depois de começarem a ser utilizados passamos a ver um número menor de incursões de tanques.

O trunfo seguinte veio diretamente do arsenal do Pacto de Varsóvia. A equipe de Anderson adquiriu um suprimento de rifles sem recuo soviéticos SPG-9, de 73mm, e expediu-os ao Paquistão por via aérea. O SPG-9 tem alcance efetivo de cerca de mil metros, mais ou menos o triplo dos antigos rifles existentes no arsenal da resistência. Quando os *mujahidins* começaram os treinamentos com a nova arma, não puderam esconder seu entusiasmo ao conseguir atingir alvos a três ou quatro vezes a distância à qual tinham ficado limitados durante tantos anos. Eu mesmo dei alguns tiros contra um tanque desenhado a giz num penhasco a cerca de 1.100 metros. Consegui um impacto bem no centro e outro muito próximo, mas ambos mereceram um vigoroso "*Allah hu Akhbar*!" dos recrutas em treinamento que me rodeavam enquanto eu, deitado no chão, lançava os ágeis projéteis antitanque no vale do acampamento temporário. Durante toda a temporada de combates seguinte os *mujahidins* mantiveram a pressão com emboscadas rápidas, e nos principais ataques soviéticos e da DRA nesse período os novos sistemas foram de extrema importância.

Mas a introdução de cada novo tipo de armamento trazia consigo o problema da distribuição aos diferentes partidos da resistência. Os que recebiam as armas eram os vencedores, e os que não as conseguiam eram os queixosos. Os novos sistemas antitanque foram entregues aos comandantes no oriente afegão, onde ocorria grande parte dos combates e onde as armas seriam mais úteis. Sem dúvida eram mais utilizadas em Paktia e Nangarhar, onde os soviéticos ainda estavam organizando ataques de maior porte, do que no vale do Panjshir, onde as coisas tinham se acalmado bastante. Ahmad Shah Massud parecia haver estabelecido um cessar-fogo tácito com o 40º Exército Soviético e passava agora a maior parte de seu tempo consolidando sua posição política no norte do Afeganistão.

As negociações em Genebra se aproximavam lentamente de um acordo político e aos poucos os partidos da resistência começaram a preparar-se para tomar posição no período pós-soviético. Ahmad Shah Massud estava mais adiantado do que outros dos principais líderes da resistência ao formar o Conselho Supremo do Norte, uma união pouco rígida de comandantes setentrionais que mais tarde viria a ser conhecida como Aliança do Norte. Mas Gulbuddin Hekmatyar, o arquiinimigo de Massud, não se deixou ficar muito atrás na preparação de seu desafio após a retirada soviética, que ele acreditava ocorreria em breve. À medida que estes e outros comandantes buscavam suas próprias vantagens, eu ia ficando cada vez mais envolvido nas disputas políticas de uma guerra que estava chegando ao fim.

Islamabad, março de 1987

Enquanto se sucediam os êxitos no campo de batalha sem que houvesse perspectivas do fim do conflito, tinha sido possível administrar as críticas do Congresso contra o que se considerava favoritismo da CIA para com os partidos fundamentalistas afegãos de preferência aos moderados. Mas à medida que aumentavam os indícios da estratégia soviética de retirada, crescia também a antipatia de Washington em relação aos fundamentalistas, e a tendência natural foi que a atenção recaísse no predileto da ISI, a figura obscura e pouco confiável de Gulbuddin Hekmatyar e seu Hisb-e-Islami.

Eu sabia que a origem de pelo menos algo do que se dizia sobre as façanhas malévolas características de Gulbuddin eram as campanhas de propaganda negativa das equipes de desinformação da KGB em Cabul. Outra parte tinha a ver com operações indianas de inteligência ou com líderes afegãos moderados que tinham relações no Congresso dos Estados Unidos. Para lidar com a onda crescente de pedidos de informação de parte de congressistas a respeito de Hekmatyar e nosso alegado favoritismo para com ele, eu precisava conhecê-lo melhor, algo mais do que as observações tipo "terapia de grupo" que até então eu fizera. Pedi a Akhtar que organizasse um encontro com Gulbuddin, e fiz questão de que somente eu e ele estivéssemos presentes.

Poucos dias depois de minha solicitação, o coronel Bacha levou Gulbuddin a uma pequena sala de entrevistas na sede da ISI, sem outro mobiliário exceto três cadeiras e uma mesinha baixa. Logo atrás de Bacha veio um garçom com um bule de chá, três xícaras e um prato com biscoitos. Quando vi que o coronel estava prestes a sentar-se, pus a mão em seu ombro e disse que o general Akhtar me assegurara que a reunião seria exclusivamente a dois. Os serviços do coronel não seriam necessários, pois o engenheiro falava um excelente inglês. O coronel murmurou alguma coisa a Gulbuddin no idioma pastum, que eu imaginei fosse uma reafirmação de que ele estaria do lado de fora da sala caso necessário, e relutantemente saiu.

A família de Gulbuddin Hekmatyar era de pastuns *ghilzai* da tribo nômade *kharotai*, que haviam migrado de Ghazni, na leste da região pastum, para Kunduz, no norte do Afeganistão. Gulbuddin estudou durante dois anos na escola secundária militar em Cabul, mas saiu antes do término do curso. Entrou na faculdade de engenharia da Universidade de Cabul, mas tampouco completou os estudos ali, e encontrou sua vocação de ativista político e islâmico devoto, envolvendo-se na filial do Movimento Islâmico da Juventude Muçulmana quando ainda estava na universidade. Adotou uma atitude de violenta oposição aos comunistas, que na época reforçavam seu domínio da política afegã, e ficou preso durante dois anos por haver assassinado um adversário comunista maoísta. Foi também nesse período que teve a primeira de muitas confrontações com outro estudante ativista da universidade, um jovem *tajik* do vale do Panjshir, Ahmad Shah Massud. Durante os trinta anos seguintes os dois se enfrentariam em busca da ribalta no drama afegão.

Ao sair da prisão no início da década de 1970, Hekmatyar fugiu para Peshawar, e ali, com outros islamistas afegãos e o apoio do Paquistão, tornou-se ativista fundamentalista contra o governo da República Afegã. Em 1975, após o fracasso da rebelião contra o governo instigada pelos islamistas, Gulbuddin fundou seu próprio partido radical, o Hisb-e-Islami, o Partido do Islã.

Paul Stombaugh e filho
em Moscou, 1985.

O "telefone para táxis" na rua Kastanaievskaia, nos subúrbios de Moscou, onde Paul Stombaugh foi emboscado em junho de 1985.

Vladimir Sharavatov, supervisor de vigilância da Sétima Diretoria, que participou da maioria das detenções de espiões norte-americanos descritas neste livro.

Embaixada dos Estados Unidos em Moscou (no centro, em primeiro plano); ao fundo, as torres do edifício de apartamentos onde morava Adolf Tolkachev.

Viktor I. Cherkashin, chefe da linha KR em Washington, que cuidou da chegada de Aldrich Ames e da carta em que Robert Hanssen se ofereceu para espionar para a KGB. (Cortesia de Jacqueline Mia Foster, Contact Press Images)

Major-general Rem S. Krassilnikov, chefe do Primeiro Departamento da Segunda Diretoria Principal da KGB, 1985.

Krassilnikov em 1999, no local onde Leonid Polyshchuk (GTWEIGH) foi emboscado em agosto de 1985. (Cortesia de Jacqueline Mia Foster, Contact Press Images)

Burton Gerber, chefe da Divisão SE, 1984-1989.

Valentin Klimenko, subchefe de Krassilnikov e mais tarde chefe do FSB, organização sucessora da Segunda Diretoria Principal da KGB. Atualmente é *Rezident* em Israel.

Aleksandr "Sacha" Zhomov, conhecido como *Phantom* e PROLOGUE, em casa com seu cachorro, em 2001.

Um local de sinalização sendo observado de um automóvel por um agente de caso em Moscou. Note-se a marca "V" na pilastra, sinal de um espião soviético de que uma tarefa operacional foi executada.

Paul Redmond, subchefe da Divisão SE
e mais tarde subchefe
de contra-espionagem, 1995.

Jack Platt, chefe do curso de Operações
Internas da SE, 1987.

Jack Downing, ex-chefe em Moscou e Pequim
e vice-diretor de Operações.

Gennady Vasilenko quando jovem
agente da KGB.

General Leonid Shebarshin, 1987.

Milt Bearden e Frank Anderson em Ali Khel após a queda da guarnição soviética em 1987. O major soviético que assessorava um batalhão do governo afegão morreu no ataque. Note-se a garrafa de vodca no canto inferior esquerdo.

Foguetes chineses de 107mm sendo preparados para lançamento de retardamento.

O líder da resistência afegã Sibghatullah Mojaddedi e Milt Bearden em 1988.

Da esquerda para a direita: Gulbuddin Hekmatyar, Burhanuddin Rabbani, William Webster, Hamid Gul, embaixador Robert Oakley, vice-diretor da CIA Richard Kerr e Milt Bearden numa reunião em Islamabad, em 1988.

Milt Bearden e Richard Stolz levando suprimentos à província de Nangarhar, Afeganistão, em 1988.

Principais funcionários de assuntos soviéticos na sede da CIA. Da esquerda para a direita: Milt Bearden, Gardner "Gus" Hathaway, Steve Weber, vice-diretor de Operações Dick Stolz, Paul Redmond e Burton Gerber.

Chefe do serviço secreto polonês Andrzej Milczanowski com Milt Bearden em Varsóvia.

Da esquerda para a direita: Valentin Klimenko, David Rolph, John MacGaffin, Milt Bearden e Rem Krassilnikov em um esconderijo da KGB em Moscou, 1992.

Boris Yeltsin, filmado por um agente da CIA no parlamento russo em agosto de 1991.

Sede da KGB em Lubianka pichada por manifestantes dando seu recado ao público internacional em russo e em inglês, em 22 de agosto de 1991.

Entrada de Lubianka pichada com uma suástica na noite de 22 de agosto de 1991.

Pedestal onde ficava a estátua de "Felix de Ferro", praça Dzerzhinsky, 22 de agosto de 1991.

“Felix de Ferro” sendo deposto por um guindaste fabricado na Alemanha, na noite de 22 de agosto de 1991.

Paul Redmond diante de um fragmento do Muro de Berlim na sede da CIA.

Gulbuddin tirou do bolso o rosário de contas de ágata e começou a manuseá-las, uma de cada vez. Tinha sido obrigado a comparecer ao encontro e não parecia desejoso de iniciar a conversação.

– Queria agradecer, engenheiro, por ter vindo estar comigo esta manhã – disse eu, ansioso por tratar da substância dos assuntos. – Sei que o senhor é um homem muito ocupado.

Houve um aceno quase imperceptível com a cabeça, mas nenhuma resposta.

Fui diretamente ao assunto.

– Engenheiro Gulbuddin, o senhor sabe que estamos comprometidos com o auxílio a seu povo, mas o senhor faz o que pode para irritar os norte-americanos. Existe alguma coisa que eu precise saber, alguma coisa que eu não tenha percebido?

Gulbuddin não era engenheiro, e eu sabia disso. Mas os líderes dos partidos da resistência pertenciam a uma dentre duas categorias: ou eram sacerdotes ou eram engenheiros. Se um comandante ou chefe de partido não fosse chamado pelos títulos religiosos de "mulá" ou "maulvi", certamente seria "engenheiro". Portanto, ele iria ser o engenheiro Gulbuddin.

– Não posso ser responsável pela irritação dos norte-americanos – disse ele, com evidente impaciência. – Isso é problema deles.

Esse homem realmente não gosta de nós, pensei eu.

– Isso começou dois anos atrás, quando o senhor se recusou a encontrar-se com nosso presidente Reagan, e continua até hoje. Na verdade não me importo com o que o senhor pense a respeito dos Estados Unidos, mas sua atitude dificulta minha ajuda a seus comandantes no Afeganistão.

– Como assim? – Gulbuddin percebera uma ameaça em minhas palavras. Talvez achasse que eu ia dizer que seus comandantes iriam deixar de receber suprimentos.

– Por causa de sua reputação de fundamentalista brutal – disse eu, usando essas palavras a fim de provocá-lo –, que odeia os Estados Unidos tanto quanto a União Soviética, e é bem conhecida em Washington. Essas coisas são espalhadas na capital norte-americana por seus irmãos da *jihad*, que se queixam de que o senhor recebe mais apoio de seus irmãos paquistaneses do que merece. As queixas acabam chegando a mim. Algumas pessoas em meu governo acham que não devíamos entregar nada ao senhor. Isso me perturba e pode causar problemas para seus comandantes.

– O que é fundamentalismo brutal? – perguntou Gulbuddin, manuseando as contas de oração.

– O senhor conhece tão bem quanto eu as histórias de que o senhor jogou ácido nos rostos de moças na Universidade de Cabul porque não estavam usando véu...

– Fantasia. Isso nunca aconteceu.

– E de que o senhor matou pessoalmente membros de seu partido, como castigo por deslealdade. Que o senhor executa os prisioneiros feitos por seus comandantes, especialmente os *hazaras* e os *jowzjanis*.

– Isso é outra fantasia. É trivial. Meu partido é disciplinado, mas...

– É fantasia ou é trivial, engenheiro Gulbuddin? Há uma diferença.

A isso ele não respondeu.

– Essas coisas são importantes para mim porque meu governo as considera importantes – prossegui. – Eu não tomaria seu tempo nem o meu, se esses assuntos fossem fantasia ou trivialidade.

– Estou lutando contra um inimigo brutal e retribuo a brutalidade. Mas essas histórias são mentirosas e não são importantes. O que seu governo pensa a meu respeito não é importante. Não preciso de seu apoio nem do seu Congresso. Posso capturar armas inimigas suficientes para prosseguir a *jihad*.

– Stingers, engenheiro? O senhor consegue capturar mísseis Stinger?

Todos sabiam que o engenheiro Ghaffar, comandante da equipe de artilheiros de Stinger que derrubara os primeiros MI-24D em Jalalabad no mês de setembro anterior, pertencia ao partido de Gulbuddin.

– Os meios de fazer a guerra pertencem ao povo do Afeganistão.

Esse cara é um osso duro de roer, pensei. O mundo dele passa dos fatos para a fantasia sem distinção.

– Engenheiro Gulbuddin, há algum assunto de importância sobre o qual o senhor queira conversar?

– Vamos falar dos motivos pelos quais o senhor quer me matar. Eu sei o que está planejando fazer.

– Eu estou planejando matar o senhor?

– Sim, talvez o senhor mesmo. Talvez agora. O senhor está armado, posso notar.

Hekmatyar olhava para baixo de meu braço esquerdo, para o que deve ter pensado que era uma arma debaixo de meu paletó. Abri-o para que visse que não havia arma, somente minha carteira.

Gulbuddin sorriu levemente.

– Dizem que o senhor sempre está armado.

– O coronel diz isso?

Gulbuddin sorriu, mas não respondeu. A verdade era que eu estava armado, mas a Makarov que em geral levava comigo estava nas minhas costas, onde ele não podia ver.

– Por que eu iria querer matá-lo? – perguntei, e por um instante achei que Hekmatyar realmente tinha tido uma boa idéia. Anos depois eu muitas vezes pensei em como as coisas poderiam ter acontecido se eu o tivesse liquidado ali mesmo.

– Porque os Estados Unidos compreenderam que nós derrotamos a União Soviética, uma superpotência como os Estados Unidos. E os Estados Unidos já não se sentem seguros se eu estiver vivo. Por isso o senhor acha que precisa me matar.

– Acho que o engenheiro se dá muito valor – disse eu.

Gulbuddin manuseou suas contas e sorriu, mas seus olhos escuros nada revelavam.

– Sim, talvez eu me dê muito valor.

O encontro terminou com a mesma tensão com que começara. Eu nada conseguira a não ser passar algum tempo a sós com o homem que iria constituir um problema durante o restante de minha estada no Paquistão. Eu ainda teria mais duas entrevistas desse tipo com Hekmatyar, e outros agentes de minha equipe se encontrariam com seus subchefes mais íntimos. Mas de todos os líderes dos Sete de Peshawar, Gulbuddin Hekmatyar seria o único que eu teria de considerar inimigo, e inimigo perigoso. Ironicamente, eu jamais conseguiria desmentir as acusações de que a CIA escolhera aquele radical paranóico para seu favorito e de que estávamos proporcionando àquele homem, que insultara diretamente o presidente dos Estados Unidos, mais equipamento do que merecia para lutar contra os soviéticos. Gulbuddin mais tarde afirmaria que em um de nossos encontros eu tentara suborná-lo com uma oferta de vários milhões de dólares, a qual, naturalmente, ele disse haver recusado.

Islamabad, março de 1987

O programa clandestino de ação da CIA no Afeganistão estava autorizado pelo Congresso, que o financiava, o que fazia com que a vigilância parlamentar fosse maior do que sobre outras atividades da agência, com exceção das executadas na América Central. Em seu conjunto, o interesse do Congresso no programa afegão era positivo. De qualquer forma, nós na CIA achávamos que os parlamentares gostavam até um pouco demais do que estávamos fazendo no Afeganistão. Alguns membros do Congresso pareciam mais desejosos de expulsar os soviéticos do país do que muita gente no ramo do Executivo diretamente envolvida na guerra. Um desses era o deputado Charlie Wilson, democrata extrovertido de um distrito rural do estado do Texas, que ficava entre os bosques de pinheiros a noroeste de Houston.

Formado em 1956 pela Academia Naval dos Estados Unidos, Charlie Wilson fora eleito para a Assembléia Legislativa estadual ainda durante seu serviço ativo na Marinha. Havendo servido a bordo de um destróier no início de sua carreira naval, terminou por ser designado para a Diretoria de Inteligência (G-2) do Estado-maior conjunto, no Pentágono. Foi eleito para o Congresso nacional em 1973, e quando os soviéticos invadiram o Afeganistão, em 1979, já era membro importante da máquina democrata, cujo estilo pessoal e caráter mulherengo escondiam um homem de substância e uma lealdade férrea à causa que havia escolhido defender. Com bem mais de 1m80 e muito magro, Charlie seria descrito em um resumo como um texano capaz de "caminhar com pose estando sentado". Gostava de contar histórias de suas conquistas amorosas, especialmente se houvesse a possibilidade de alguém mais pudico estar por perto. Contava e recontava que Bill Casey havia reparado, com espanto, que todas as moças que trabalhavam em seu escritório em Washington usavam uniforme e eram muito bonitas. A resposta de Charlie, que mais tarde ele lamentou apenas ligeiramente, foi: "Bill, é possível ensiná-las a datilografar, mas não a ter seios bonitos." Esse comentário, além de outros, fizeram de Charlie um alvo constante das feministas de Washington, mas acrescentava certa aura a alguém cuja principal causa como parlamentar seria atormentar os soviéticos até que dessem meia-volta e saíssem do Afeganistão.

Charlie fez sua primeira viagem ao Paquistão em 1982, e naquela visita iniciou uma amizade pessoal com o presidente Zia, que perduraria e cresceria até a morte do mandatário, seis anos mais tarde. Aquela visita foi seguida por muitas mais, além de algumas incursões do outro lado da fronteira, no Afeganistão. Mas seria principalmente em Washington que Charlie Wilson iria se tornar significativo para o esforço da CIA naquele país. No início da década de 1980, ele fazia parte da subcomissão de Defesa da Comissão de Orçamento da Câmara de Deputados, cargo que lhe permitiu identificar e gerar recursos para o programa da CIA no Afeganistão. Mais do que qualquer outro membro de qualquer das duas casas, Charlie transformou o Congresso no mecanismo que impulsionava o programa afegão da CIA. Compreendeu desde cedo que se conseguisse fazer parte da comissão permanente sobre inteligência (HPSCI), esse cargo, ligado com as tarefas da Comissão de Orçamento, lhe daria a direção do componente parlamentar do esforço da CIA no Afeganistão.

Mas o presidente da Câmara, Jim Wright, tinha dificuldade em concordar com a ida de Charlie para a HPSCI; os democratas que pertenciam à comissão estavam bloqueando a indicação do rebelde texano porque ele havia votado a favor da continuação da ajuda aos contras na Nicarágua. Aquele voto suscitou a ira dos que Charlie chamava "liberais" em seu partido, especialmente Jim Wright, que estava firmemente resolvido a cortar toda a ajuda aos contras. Nos bastidores, Dick Cheney fazia a campanha para a indicação de Wilson à HPSCI, e depois que este assegurou a Wright que se concentraria no Afeganistão e que "não estaria fodendo na América Central", segundo mais tarde caracterizaria a combinação, conseguiu a indicação para a Comissão de Inteligência. Dali em diante se viu em perfeita situação para concentrar-se em sua paixão política – expulsar os soviéticos do Afeganistão e atormentá-los durante o processo.

Homem de palavra, Charlie Wilson nunca mais cuidou do tema da América Central, mesmo quando Bill Casey necessitou desesperadamente de um defensor do calibre dele no Congresso. Depois que Jim Wright teve problemas com a Comissão de Ética e foi substituído por Tom Foley, Wilson continuou a focalizar o Afeganistão e deixou a América Central para outros.

Meu primeiro contato com Charlie ocorreu em junho de 1986, logo antes de minha partida para Islamabad. Como éramos ambos texanos, Charlie e eu falávamos a mesma língua e nos entendemos imediatamente. Eu tinha grande admiração pelo que ele fazia por nós; parecia que sempre que precisávamos com urgência de mais 20 milhões de dólares para o desenvolvimento de algum sistema novo para a resistência afegã, Charlie encontrava 40 milhões. E assim seguiam as coisas. Depois que cheguei ao Paquistão, Charlie foi um dos primeiros nas delegações parlamentares que nos visitaram, e sempre o que mais nos exigia. O próprio termo *codel* (*congressional delegation*) para designar as delegações parlamentares normalmente despertava certo sentimento de temor nas missões norte-americanas no exterior. Mas uma delegação composta por Wilson acrescentava prazer e confusão à dose costumeira de temor.

Se a paixão principal de Charlie era expulsar os soviéticos do Afeganistão, ele não deixava de ter outras predileções. Sua constante companheira de viagem naquela época era Annelise Ilschenko, uma mulher muito bonita oriunda da comunidade ucraniana em Cleveland que tinha ido para Washington na equipe de um parlamentar do estado de Ohio. Na metade da década de 1970, Annelise tinha conseguido ser a representante dos Estados Unidos no concurso de Miss Universo, façanha que a qualificava para participar da estonteante comitiva do pitoresco deputado do Texas. Como conseguia freqüentar com Charlie a província da Fronteira Noroeste, rigidamente islâmica, era outro assunto. Quando Annelise vinha à Agência Khaybar usando calças compridas de couro, eu nunca poderia saber se os rudes *afridis* achavam que ela fosse mulher ou homem, e nem mesmo se isso lhes importava. Para usar um eufemismo, Annelise causou forte impressão na província da Fronteira Noroeste.

Islamabad, março de 1987

Um assessor de Akhtar tinha me telefonado em meu escritório com um pedido lacônico.

– O general quer que o senhor venha aqui agora.

Acompanhado, passei pelos guardas do exército paquistanês na entrada da sede da ISI e fui levado diretamente à sala de reuniões de Akhtar. O tempo normal de espera, que eu acreditava ser apenas para recordar-me a hierarquia do general, foi reduzido a menos de um minuto. Sozinho, Akhtar entrou rapidamente na sala, sentou-se e entrou imediatamente no assunto. Não deu atenção ao taifeiro que colocou um bule de chá preto e biscoitos numa bandeja diante de nós. Preparei-me para um possível sermão do general e imaginei diversas queixas que ele poderia fazer.

– É Charlie – disse Akhtar. – Está muito infeliz.

Recostando-me em minha cadeira com uma sensação de alívio ao perceber que o tema "somente" tinha a ver com o congressista do Texas, recuei mentalmente no tempo e pensei nas atividades de Charlie durante os meses anteriores. Ele tinha feito algumas incursões rápidas no Afeganistão antes que eu assumisse a chefia do programa, e eu sabia que semanas antes ele havia planejado outra visita, desta vez mais pomposa. Mas ao chegar à linha zero, perto de Miram Shah, tinha sido detido pelas forças paquistanesas de fronteira por ordem de seu amigo, o general Akhtar. Charlie me contara sobre a detenção, mas escondera a extensão de seu desapontamento.

– Charlie não está contente – repetiu o general, procurando suscitar um comentário meu.

– Imagino que não esteja. Ele me disse que foi detido na fronteira. Por que fez isso? Não seria a primeira vez em que ele teria entrado no Afeganistão.

– Deti-o porque não havia segurança. Todo mundo na Fronteira Noroeste sabia da ida dele. Que é que eu faria se alguém o matasse?

– Compreendo – disse eu. – Mas acho que o senhor me chamou aqui porque Charlie Wilson infeliz é um problema potencial para o senhor, mais do que Charlie Wilson morto como mártir.

Akhtar sorriu ligeiramente, percebendo que eu compreendia a preocupação dele.

– Exatamente – disse ele. – E o presidente ficou sabendo. Então, que faremos?

A menção ao presidente acrescentava um ingrediente especial à questão. Eu podia imaginar a discussão entre Akhtar e Zia sobre a decepção de Charlie.

– Por que não organiza um passeio para Charlie e seus amigos? – disse eu. – Um passeio emocionante e seguro.

– Organizar? – repetiu Akhtar.

– Sim. Fazendo o que for preciso para que tudo corra conforme planejado e todos saiam vencedores, especialmente Charlie.

– Você vai pedir autorização para isso a seus superiores? – perguntou Akhtar, tentativamente.

– Nada disso. O *show* é seu, mas eu ajudarei com prazer nos bastidores.

– Não vai dizer nada a Washington? – Akhtar parecia não acreditar no que devia estar achando uma falta total de disciplina de minha parte.

– Não posso imaginar ninguém na sede da agência que queira ficar sabendo antecipadamente que Charlie Wilson está indo para a guerra.

Akhtar encolheu os ombros.

– Acho que ele quer disparar um Stinger.

Meu Deus, pensei eu. Vamos passar de um filme de segunda para uma superprodução de Cecil B. De Mille.

– Talvez haja alguma atividade aérea dos soviéticos ou da DRA quando Charlie entrar – disse eu. – Sem dúvida os soviéticos terão ouvido falar dos comentários na fronteira sobre a ida dele a Paktia. Talvez queiram lançar alguma bombinha para dar-lhe boas-vindas.

Akhtar fez uma careta.

– Foi justamente por isso que eu o detive da última vez.

– Mas deve haver alguma equipe de Stingers na região. Não apenas Charlie e um Stinger – disse eu, ignorando o recuo temporário de Akhtar.

– E você não acha que sua sede vai querer saber disso?

– General – respondi –, não há ninguém em Langley que queira se meter nisso, de qualquer maneira. Ninguém iria querer me dizer que ajudasse ou impedisse. E eu não vou jogar nosso probleminha nas costas deles.

Akhtar limitou-se a sacudir resignadamente a cabeça.

– Vou mandar minha gente cuidar disso e voltarei a falar com você – disse ele. Em seguida, mudou abruptamente de assunto. – Milton, precisamos fazer alguma coisa com o piloto do MiG-21.

– Fazer alguma coisa? – repeti, surpreso com a mudança do rumo da conversa.

– Ele não está se ajustando bem – disse o general, um tanto misteriosamente.

O piloto do MiG-21 a quem Akhtar se referia era um jovem piloto de caça da DRA que entrara com seu jato no Paquistão, poucos meses antes, a fim de receber uma recompensa em dinheiro oferecida a qualquer aviador da Força Aérea afegã que desertasse com seu avião. A CIA tinha ordens semelhantes permanentes em relação a qualquer avião soviético, e dois anos antes meu antecessor, Bill Piekney, tinha conseguido um helicóptero de ataque MI-25 em condições de vôo. O avião de caça fora um acréscimo bem-vindo ao crescente arsenal de aeronaves de guerra soviéticas da Força Aérea norte-americana.

– Que quer dizer com isso, que ele não está se ajustando bem?

Akhtar titubeou.

– Ele achava que as coisas seriam diferentes aqui. Estava cansado da vida reclusa no Afeganistão e achou que aqui poderia se divertir um pouco mais.

– Divertir-se?

– Você sabe como são esses jovens. Querem "subir".

Akhtar estava realmente embaraçado.

– "Subir"? – perguntei eu, gozando o desconforto do general.

– É isso. Talvez você pudesse fazer sua gente levar o rapaz a Bangcoc, ou algum outro lugar. É difícil para um jovem "subir" aqui em Islamabad.

A expressão de Akhtar era a de quem fazia alguma confidência pessoal.

– Compreendo, general. O senhor quer que nós levemos o piloto a algum lugar para ele poder "trepar".

Uma luz se acendeu.

– É isso, trepar! É disso que ele precisa – declarou Akhtar.

Dessa forma, saí da sede da ISI com o duplo problema de um congressista do Texas que, segundo a lenda, nunca tinha tido problemas para arranjar mulheres, e queria ir à guerra mais do que qualquer outra coisa, e um piloto afegão de avião de caça que queria escapar da guerra e mais do que qualquer outra coisa desejava ir a Bangcoc para transar com uma mulher.

Acabamos satisfazendo aos dois.

Província de Paktia, Afeganistão, maio de 1987

Poucas semanas mais tarde, Charlie Wilson voltou ao Paquistão. Desta vez cruzou a linha zero sem percalços. Estava acompanhado pelo comandante Gucci, Rahim Wardak, e alguns combatentes muito durões das milícias de Jalaluddin Haqqani, na província de Paktia. Cavalgando um garanhão branco, Charlie entrou com o grupo na região de Khowst. Fizeram alguns ataques contra as guarnições soviéticas e da DRA e percorreram o campo. Embora não chegasse a disparar seu Stinger – o pessoal de Haqqani chegou a arrastar correntes pelas trilhas de terra, procurando inutilmente atrair aviões de caça inimigos com as nuvens de poeira –, conseguiu uma memorável incursão de combate na frente de batalha. Eu fiquei o tempo todo fora das vistas, coordenando as coisas com Akhtar da melhor maneira possível, para estar seguro de que tudo correria bem e todos os nossos amigos voltassem sãos e salvos.

Charlie ainda faria outra incursão ao Afeganistão, quando os soviéticos já se encontravam em franca retirada. Mas trouxe para essa viagem uma equipe do programa da CBS *60 Minutes*, chefiada por Harry Reasoner e pelo produtor George Crile. A equipe completa – produtor, correspondente, o astro do *rock* Charlie Wilson montado em outro cavalo branco, os operadores de vídeo e som, além de um grupo desorganizado de *mujahidins* – foi comemorar a vitória sobre a guarnição soviética em Ali Khel. O programa da CBS que finalmente foi ao ar terminou com a memorável avaliação de Mohammed Zia ul-Haq, em quatro palavras, sobre a maneira pela qual tinha sido conseguida a vitória na guerra do Afeganistão:

– Foi obra de Charlie.

8

Islamabad, final de abril de 1987

A chamada de Clair George chegou no fim da tarde a meu centro secreto de comunicações em Islamabad. Nada das costumeiras trivialidades iniciais: Clair foi diretamente ao assunto.

– Milt, quero que você pense muito bem antes de responder à pergunta que vou fazer. Compreendeu?

– Compreendi, Clair – disse eu, tentando descobrir de que diabo se tratava e qual seria o assunto que levara o diretor de Operações a telefonar. Eu já trabalhava com Clair havia vários anos e essa era a primeira vez em que ele se dava ao trabalho de me chamar diretamente no campo, usando a linha secreta.

– Você esteve envolvido de alguma forma em um ataque contra uma instalação industrial no interior da União Soviética... no Uzbequistão... em algum momento no mês passado?

Então era aquilo. Clair não estava procurando suscitar uma resposta com aquela pergunta cuidadosa, quase de advogado. Estava apenas me informando de que o assunto era grave e dando-me a oportunidade de evitar uma resposta precipitada. Também não me passou despercebido o fato de que a linha era secreta, sem registros oficiais. Acontecia, porém, que a resposta era fácil.

– Não, Clair. Se alguma coisa desse tipo estiver acontecendo, nós aqui não temos nada a ver. Pode dizer claramente que a agência não está envolvida.

– Absolutamente nenhum envolvimento? Nenhum conhecimento prévio? – A voz de Clair ficou um pouco mais à vontade, mas ele ainda insistia. Não queria nenhuma possibilidade de mal-entendido.

– Clair, não sei exatamente a que você está se referindo, mas posso afirmar que absolutamente não tive conhecimento prévio de qualquer ataque do outro lado do Amu Dar'ya. Mas se isso aconteceu, e se foram usadas armas fornecidas por nós, isso significa envolvimento? Acho que não. Mantemos nossa posição de que quando entregamos o material aos paquistaneses deixamos de ter qualquer controle sobre ele.

– Por favor, repita que não houve envolvimento algum no planejamento ou na execução de um ataque, qualquer ataque, em território soviético.

– Clair, isso é absolutamente correto. Não estivemos envolvidos de forma alguma em planejamento ou execução de ataques à União Soviética.

– Perfeito, Milt. Pode ser que você receba um telegrama sobre isso, e pode ser que não. Se receber, responda exatamente como me respondeu agora.

– OK, Clair, mas posso fazer uma pergunta?

– Claro.

– Que diabo está acontecendo?

– Houve uma conversa entre Dobrynin e Shultz sobre certas questões na União Soviética na semana passada. Eu queria apenas ter certeza de contar com suas informações.

O que Clair poderia ter dito era que desejava ter certeza de que eu não estava agindo por conta própria com os paquistaneses e os *mujahidins* e levando a guerra para a União Soviética, do outro lado do Amu Dar'ya. Clair não mandou o telegrama e não me falou mais no assunto. Eu, porém, resolvi descobrir o que a ISI sabia a respeito do incidente.

Islamabad, final de abril de 1987

O major-general Hamid Gul seria um duro oficial de cavalaria blindada em qualquer exército. Sua reputação de ousadia e de ação não convencional havia se solidificado durante os dias tensos da confrontação indo-paquistanesa cinco meses antes, quando o Exército indiano executara suas manobras de treinamento na fronteira do Paquistão. Gul, que na época comandava uma unidade blindada em Multan, no sul do Punjab, havia causado profunda agitação no Estado-maior geral indiano quando sua divisão "desaparecera". Na verdade, ele retirara do quartel seus blindados, com rapidez e em segredo, mantendo-os ocultos aos olhos atentos dos indianos durante grande parte do exercício e provocando a expectativa de que pudesse atacar, invadindo a província indiana de Punjab vindo de qualquer direção.

Depois que as tensões na fronteira com a Índia se acalmaram, o presidente Zia fez uma de suas movimentações periódicas no topo do Estado-maior e promoveu Akhtar, então diretor da ISI, a tenente-general, dando-lhe a presidência do Estado-maior conjunto das forças armadas. Hamid Gul foi transferido de Multan para assumir a chefia da ISI. Em minha primeira entrevista com ele, Gul me disse que era "islâmico moderado", que dava grande importância à disciplina e que tinha mentalidade aberta. Após alguns encontros, acreditei haver identificado uma faceta de Hamid que seria capaz de descambar da "ousadia e audácia" para a temeridade e a irresponsabilidade, e muito mais tarde vim a descobrir que tinha razão.

Pouco depois do tenso telefonema de Clair fiz uma visita a Gul, na sede da ISI, e percebi que ele estava pronto a falar sobre a incursão além do Amu Dar'ya. Em companhia dele estava o general-de-brigada Mohammed Yousaf, chefe de operações militares, a quem eu passara a considerar meu maior adversário na ISI. Yousaf se ressentia do envolvimento norte-americano em seu programa e não procurava esconder seus sentimentos. Se pudesse conseguir o que queria, os Estados Unidos simplesmente entregariam mensalmente a Karachi 60 toneladas de munição junto com alguns milhões de dólares em dinheiro vivo, deixando-o livre para agir como quisesse. Não recebia de bom grado nossas sugestões e em geral ignorava tudo que parecesse uma exigência. Eu achava que de alguma forma seria melhor que ele fosse transferido, mas que isso ainda levaria algum tempo.

Olhei para Yousaf e para o militar que tomava notas e achei que precisava esvaziar a sala.

– General, vamos deixar de lado as formalidades e passar diretamente para uma reunião executiva – disse eu, referindo-me a um entendimento protocolar segundo o qual numa reunião a sós com o diretor-geral da ISI não haveria assessores nem notas, nem registros por escrito. Gul assentiu e dispensou os dois oficiais com um gesto. Olhei para Yousaf quando ele saía da sala, e a expressão dele para mim me convenceu de que eu tinha pelo menos um inimigo na ISI.

– É sobre os acontecimentos na URSS? – perguntou Gul, logo que ficamos a sós.

– É isso mesmo, general.

– Houve uma... ocorrência nos últimos dias, mas já me asseguraram de que foi expedida uma ordem para terminar com essas coisas.

– Como pode ser, general? Como é possível suspender essas operações? Yousaf sempre me disse que eram acontecimentos espontâneos.

Gul se remexeu na cadeira. Imaginei que ele estivesse sob pressão por parte de seu governo e resolvera improvisar uma explicação sobre o ataque do outro lado do Amu Dar'ya.

– Assegurei ao primeiro-ministro que já expedi ordens para que não haja novas incursões no território da URSS, por enquanto.

O general Gul ainda não havia respondido à minha pergunta sobre a forma de fazer cessar os ataques. O primeiro-ministro, Mohammed Khan Junejo, político da província de Sindh, estava presidindo o Parlamento numa democracia híbrida, com Zia no poder, e ocupava ao mesmo tempo a função de chefe do Estado-maior do Exército. Eu apostaria que Zia estava deixando que Junejo cuidasse daquela batata quente sem que o presidente o apoiasse. Zia talvez até se divertisse, olhando o drama a distância.

– General, houve queixas em Washington e me pediram para assegurar categoricamente de que não tinha havido envolvimento dos Estados Unidos no incidente. Eu afirmei que não tinha havido.

Gul sorriu.

– Estou certo de que as queixas em Washington e as conversas que o senhor teve a respeito delas não chegaram no nível de rudeza da entrevista de Sahabzada com o embaixador soviético, há dois dias.

Ex-general do Exército e herói de guerra, Sahabzada Yaqub Khan era o extrovertido e eficiente ministro do Exterior. Eu podia imaginar como teria sido uma conversa entre Hamid Gul e o obstinado Sahabzada Yaqub Khan, ex-soldado. Pelo menos isso explicava a hesitação que eu notara em Gul desde o início de nossa entrevista.

– Não estou muito certo disso, general. O embaixador soviético em Washington teve uma conversa muito franca com George Shultz. Tenho certeza de que o teor foi mais ou menos o mesmo.

– Os soviéticos deixaram a impressão de que a reação a qualquer ataque futuro seria na origem, isto é, aqui no Paquistão. Duvido que tenham dado a entender que atacariam os Estados Unidos.

Pela primeira vez em nossa entrevista Hamid sorrira, mas era um sorriso cheio de ironia e um tanto penoso.

– Não tenho idéia do que possa ter sido dito, general. Somente posso garantir que houve certo grau de entusiasmo.

– Sim, certo grau de entusiasmo. – Gul sorriu novamente. – Mandei que tudo cessasse imediatamente – repetiu ele, e eu acreditei perceber em suas palavras uma leve indicação de que talvez ele não tivesse o controle total.

– E tudo vai cessar? – insisti.

– Sim – disse ele, resolutamente. – O esforço vai cessar. Só não sei com que rapidez.

Gul finalmente se abria. Sem dúvida estaria executando ordens. Era claro que ele herdara um problema, no qual não tivera grande participação pessoal. Mas também era claro que estava naquela função há tempo suficiente para que fosse difícil pôr a culpa de tudo em seu antecessor, o qual, de qualquer forma, estava sob a proteção de Zia.

– General – disse eu –, vamos ter de trabalhar em estreita cooperação se quisermos levar essa guerra a algum tipo de conclusão. E vamos ter de nos encontrar em reuniões executivas e sermos tão francos um com o outro como fomos hoje. Se o general-de-brigada Yousaf estivesse presente, não creio que pudéssemos ter tido esse nível de franqueza.

– Você tem razão, Milton – disse Gul. – Vamos ter de prestar atenção tanto na guerra quanto na política.

Saí do encontro achando que o oficial de cavalaria blindada ainda estava no início de seu aprendizado. Mas vi algo em seus olhos que me dizia que ele se dedicaria ao lado político de sua função, e talvez mesmo algum dia viesse a gostar dele.

No dia seguinte, recebi o primeiro de uma série de telefonemas discretos do antecessor de Gul, o general Akhtar. Eu estaria livre para um jantar tranqüilo em seu alojamento no quartel de Rawalpindi naquela noite, somente eu e ele? Respondi que sim.

Rawalpindi, final de abril de 1987

Akhtar não ocupara a residência reservada para o chefe do Estado-maior das forças armadas no quartel de Rawalpindi. Em vez disso, preferiu ficar em seu alojamento anterior, devido à proximidade da residência de Zia. Recebeu-me do lado de fora de seu bangalô de estilo colonial e me acompanhou à sala de jantar, onde nos esperava uma refeição de *tikka* de frango, *qorma* de creme de espinafre, *sikh kebab* e *dal*, acompanhada de *chapatis* e *rogui nan* frescos, pão tipo sírio assado num *tandur*. Como de costume, Akhtar comeu frugalmente. O jantar não era importante, o que importava era falar sobre o que estava acontecendo no programa afegão desde que ele deixara a chefia da ISI.

Fiz à queima-roupa uma pergunta preventiva, trazendo à baila minha agenda em vez da de Akhtar:

– General, Bill Casey me fez um relato completo sobre as conversas com o senhor a respeito das operações do outro lado do Amu Dar'ya.

– Casey sempre se interessou em fazer alguma coisa lá – disse Akhtar, com um laivo de suspeita na voz.

– Sei disso, mas sempre houve outros aconselhando cautela – respondi. – Talvez Casey tenha ficado impaciente com os que não concordavam com suas idéias a respeito das repúblicas centro-asiáticas.

– Tudo começou com a idéia de Casey de mandar para lá uma grande quantidade de exemplares do Corão na língua uzbeque. Mas depois o seu pessoal recuou. Acho que aproveitamos a idéia e a aperfeiçoamos.

– Sem dúvida, general. Embora talvez suas operações tenham sido ainda mais eficazes do que planejaram. Houve muito debate sobre certos acontecimentos ao norte de Termez...

As defesas de Akhtar se eriçaram. Abaixou os olhos e remexeu no prato. Quando falou novamente, havia uma ponta de irritação em sua voz.

– Ouvi dizer que talvez tenham exagerado um pouco. Mas como se faz para controlar essa gente? Você e eu sabemos que são da mesma raça... tanto ao norte quanto ao sul do Amu Dar'ya, são todos aparentados. Os problemas que existem foram causados pelos próprios soviéticos. Eles invadiram o Afeganistão na década de 1920. Agora estão recebendo o troco!

– Claro, general, mas o senhor concordaria que isso poderia ser classificado, como diria o presidente Zia, de deixar a água ferver?

Ao mencionar o nome de Zia, Akhtar percebeu a entonação de minha voz.

– O presidente está envolvido nisso?

– Não ouvi dizer. Acho que o problema está com o primeiro-ministro e com Sahabzada. Talvez seja o nível adequado para esse tipo de coisa.

– Sim – disse Akhtar, aparentemente ainda esperando meu ataque.

– General, o senhor acha que o general-de-brigada Yousaf poderia estar estimulando operações do outro lado da fronteira por acreditar equivocadamente que é isso o que o senhor, o presidente e Bill Casey desejam... que poderia estar fazendo isso sem dar informações completas a Hamid Gul?

O general-de-brigada Mohammed Yousaf havia estado envolvido com a parte operacional da campanha no Afeganistão durante os quatro anos anteriores e era conhecido como homem de Akhtar. Recentemente havia sido preterido para promoção a major-general e poderia estar sendo afastado do programa. Pelo menos era esse o mexerico que eu escutara.

– Yousaf é um bom soldado – disse Akhtar. – Estou certo de que ele estará informando Gul.

– Sinto-me aliviado ao ouvir isso, general – respondi, mudando de assunto e passando a falar do mais recente programa de exercícios físicos de Akhtar. – Como está funcionando a esteira? – perguntei.

– Faço uns 5 quilômetros todos os dias – disse ele. – E você, tem tempo para exercícios?

– Já tenho as mãos cheias tratando de estar a par do que acontece aqui – respondi, levantando-me para sair.

Poucos dias depois, eu viria a saber que Yousaf havia sido reformado pelo Exército, embora a ligação entre sua partida e a operação no Uzbequistão nunca tivesse ficado clara para mim. Depois ouvi, de contatos no Exército, que o general-de-brigada Yousaf criticara especialmente a minha posição a respeito das incursões do outro lado do Amu Dar'ya – queixara-se de que era mais um exemplo da pusilanimidade norte-americana. Ficou claro que Yousaf tinha tido participação no planejamento das incursões na URSS, embora o grau do envolvimento do próprio Akhtar permanecesse em dúvida. Os problemas nas repúblicas soviéticas da Ásia Central continuariam a atormentar os russos, mas as tensões de abril de 1987 não iriam se repetir.

9

A bordo do expresso *Flecha Vermelha*, maio de 1987

Jack Downing, texano atarracado e de boa figura, de pouco mais de quarenta anos, era considerado por muitos na CIA como sendo a versão hollywoodiana do agente secreto – ao mesmo tempo diplomado em Harvard e veterano dos fuzileiros navais. O pai era oficial de Marinha e morrera na batalha da baía Salvo na Segunda Guerra Mundial, e a mãe tinha sido compradora da firma Neiman-Marcus, de roupas elegantes, quando esta surgira em Dallas. Downing tinha sido criado com grandes expectativas e marcado sentido de dever. Era um homem direto e sem complicações, traço que parecia um tanto estranho no mundo bizantino do serviço secreto. Mas era também excelente lingüista e aprendia idiomas com facilidade, além de adotar atitude conservadora sobre seu ofício de espionagem. Já havia espionado em Pequim e em Moscou, falava fluentemente russo e chinês, e conhecia melhor o trabalho nas "zonas proibidas" do que todos os instrutores da CIA juntos. Durante sua primeira temporada em Moscou, nos anos 1970, havia controlado o agente TRIGON; agora, Gerber o chamara de volta, para ser o chefe em Moscou. Gerber o encarregara de refazer a rede de espiões soviéticos que havia sido devastada pelas perdas de 1985.

Mesmo já havendo feito várias vezes a viagem no trem noturno entre Moscou e Leningrado, Jack Downing tinha dificuldade em conservar-se sentado durante o trajeto de mais de oito horas na composição que era a jóia do sistema ferroviário da União Soviética. O *Krasnaya Strelka*, ou *Flecha Vermelha*, partira da estação em Moscou quase à meia-noite, mas somente chegaria a Leningrado perto das oito e meia da manhã seguinte. Era inevitável que em algum momento naquela longa noite ele precisasse desesperadamente de um cigarro.

Pouco antes da aurora, Downing deixou a mulher e a filha no compartimento de primeira classe, abriu as portas entre os carros que balouçavam e caminhou para a retaguarda do trem, em direção ao vagão de carga. A primavera estava chegando à União Soviética e o ar estava suficientemente agradável para que Downing pudesse tirar umas baforadas ao ar livre.

– Jek?

Com o cigarro na mão, Downing voltou-se rapidamente e viu um jovem russo de pele morena, de olhos brilhantes e amplo sorriso.

– Sim – respondeu Downing, percebendo instantaneamente que se tratava de um agente da KGB. Os dois estavam a sós na parte traseira do trem, com o vento e o ruído nos trilhos ocultando o encontro, mas mesmo assim o russo foi cauteloso e nada mais disse. Colocou um envelope na mão de Downing e afastou-se, retornando à escuridão do corredor do vagão. Os instintos de agente secreto de Downing imediatamente vieram à tona e ele guardou o envelope no casaco, esperou que o russo desaparecesse e voltou a seu compartimento. O incidente não durara mais do que um minuto.

Mesmo na privacidade de seu compartimento, Downing não ousou tirar do bolso o envelope a fim de examinar o conteúdo. A cabine em que viajava com a família era exatamente a mesma que sempre lhe era reservada pelo sistema ferroviário soviético quando embarcava no *Flecha Vermelha*, e ele presumia que estivesse amplamente *grampeado*, provavelmente com áudio e vídeo.

Downing precisou de toda a sua paciência e treinamento para continuar sentado com a mulher e a filha no apertado compartimento durante várias horas, com o envelope escondido. Mas somente depois que o trem chegou a Leningrado e Downing se sentiu seguro no protegido escritório da CIA na cidade foi que finalmente examinou o que o homem lhe entregara furtivamente.

Enquanto lia, o agente norte-americano mal conseguia esconder sua excitação. Dentro do envelope havia uma foto dele próprio e da mulher, feita por uma câmera de vigilância quando os dois entravam em uma estação de metrô em Moscou. Na foto, ambos estavam pesadamente encasacados para proteger-se do frio, e havia neve ao fundo. Imaginou que a foto tivesse sido tirada no inverno anterior, pouco depois de sua chegada para assumir a chefia em Moscou. Encontrou também uma longa carta do jovem soviético, que se intitulava efetivamente funcionário da KGB, dizia estar cada vez mais irritado e frustrado com o sistema soviético e desejava algum dia ir-se embora para os Estados Unidos. Até que isso acontecesse, entretanto, estaria pronto a espionar para a CIA. Juntara a foto de Downing e a mulher para provar que era efetivamente membro da KGB e tinha acesso a informações de interesse especial para o chefe da CIA.

Embora não tivesse informado seu nome naquela primeira mensagem, o russo afirmava ter importante função no Departamento dos Estados Unidos da Segunda Diretoria Principal, a unidade de caçadores de espiões que vigiavam os agentes da CIA em Moscou. Era assessor executivo do chefe daquele departamento e também tinha pessoalmente a tarefa de vigiar o chefe da seção da CIA em Moscou. Era, portanto, o agente que tratava diretamente de Jack Downing, e como tal estava a par de tudo o que a KGB sabia sobre ele: seu trabalho, suas viagens, sua família. Ainda mais interessante, sabia em que momentos e lugares a KGB seguia Downing em Moscou e os demais métodos secretos utilizados para vigiá-lo.

Devido a esse seu encargo, dizia saber os momentos seguros para comunicar-se. Dizia ainda que Downing não deveria procurar entrar em contato nem marcar encontros. Em vez disso, fornecia uma lista curta de restaurantes e cinemas em Moscou aos quais ele deveria dirigir-se de automóvel nas noites de sexta-feira. Instruía-o a estacionar, deixar o carro destrancado, entrar e jantar ou assistir a um filme. O russo deixaria então uma mensagem no carro, nas barbas das equipes de vigilância da KGB. A agência soviética sabia que os norte-americanos recebiam a correspondência internacional, e estava sempre em busca de oportunidades para bisbilhotar a correspondência de certos diplomatas e agentes da CIA, procurando alguma coisa que fornecesse uma revelação sobre o indivíduo, alguma indicação de vulnerabilidade. Assim, nas noites de sexta-feira, o russo poderia explicar facilmente aos membros da equipe de vigilância que entrava no carro de Downing a fim de verificar sua pasta e sua correspondência.

Se Downing quisesse mandar alguma mensagem de resposta, deveria deixar no carro, dentro da pasta, um envelope especialmente marcado. A pasta de Downing, descuidadamente deixada no carro, seria a caixa postal, o lugar de troca da correspondência clandestina. O russo dizia também que poderia continuar a encontrar-se com Downing no *Flecha Vermelha*, pois sempre saberia quando o norte-americano faria nova viagem a Leningrado.

Para Downing, o russo não poderia ter aparecido em momento mais oportuno. Desde seu regresso a Moscou, em novembro, o chefe da seção da CIA vinha se sentindo preocupado e deprimido com o estado das operações da agência em Moscou. As perdas de 1985 haviam deixado a CIA praticamente sem agentes locais dentro da União Soviética. A "guerra das *personae non gratae*", que eclodira logo após o incidente Daniloff, reduzira ainda mais a eficiência da CIA em Moscou, retardando durante vários meses a chegada de Downing, enquanto diversos agentes experientes eram expulsos da capital russa numa retaliação dente por dente com Washington. Enquanto isso, a decisão de Gorbachev de retirar o pessoal administrativo e de serviço da embaixada norte-americana, em outubro, em represália à decisão do presidente Reagan de expulsar dos Estados Unidos centenas de soviéticos, havia paralisado as operações da missão diplomática. As embaixadas norte-americanas, em qualquer lugar, eram sabidamente mais dependentes da mão-de-obra local, os chamados contratados locais, do que as representações diplomáticas soviéticas.

O caso Clayton Lonetree, em dezembro, abalara mais ainda a CIA; a agência temia que o fuzileiro naval houvesse permitido à KGB acesso à seção de Moscou. No início, os peritos em contra-espionagem acharam que Lonetree não poderia ter causado grande dano por si só; havia sempre pelo menos dois fuzileiros fazendo a guarda da embaixada. Mas em março, quando Downing foi a Frankfurt para uma reunião com o diretor do Departamento de Operações, a CIA descobriu que um segundo fuzileiro da guarda, Arnold Bracy, também poderia ter ajudado a KGB. Se Lonetree e Bracy tivessem conspirado juntos em favor dos soviéticos, seria bem possível que tivessem permitido à KGB acesso aos tesouros da Divisão SE.

Não admira, portanto, que os agentes da CIA em Moscou, que vinham sofrendo reveses durante tanto tempo, começassem a duvidar de si próprios e de seus métodos. Em tempos mais brilhantes, no final dos anos 70 e início dos 80, as operações em Moscou gozavam de certo prestígio dentro da CIA, e os agentes que tratavam dos casos na capital russa caminhavam com a pose dos que acreditam serem os melhores de todos. Tinham razão para envaidecer-se; Moscou tinha na época a mais impressionante lista de espiões russos na história da agência.

Agora, porém, tudo o que havia sido erigido no final da década de 1970 e nos primeiros anos da de 1980 se dissipara, e com isso se fora também a autoconfiança dos agentes norte-americanos em Moscou. Murat Natirboff partira de lá no verão de 1986, justamente quando a KGB terminava a ronda de detenção dos russos que espionavam para a CIA; Gerber quis substituí-lo. Mas durante os cinco meses seguintes, enquanto Downing esperava por uma trégua na guerra PNG, a seção de Moscou permaneceu sem chefe, e a derrocada teve conseqüências. Tinha havido demasiadas prisões e operações frustradas, e os agentes da CIA estavam começando a ver fantasmas por todos os lados.

Os norte-americanos passaram a acreditar não ser mais possível livrar-se da KGB na execução das operações. Começaram a murmurar sobre a misteriosa e quase mística capacidade da KGB de acompanhar todos os seus movimentos e passaram a achar que a agência russa havia desenvolvido uma "vigilância ultradiscreta", um novo tipo de observação que entrava em ação justamente quando o agente se julgava livre. Não era possível enxergar essa nova forma de vigilância, e portanto não havia maneira de provar que não existia. Os agentes tendiam a desconfiar de seus instintos nas ruas de Moscou, abortando missões ao mais tênue sinal de interesse soviético. O novo e silencioso mantra em Moscou era que não havia forma de suplantar a KGB.

Downing estava ansioso por libertar a seção de Moscou dessa calmaria, mas ele próprio começava a se perguntar o que estava errado. Após as revelações de Bracy, Downing recebeu ordens de manter um novo tipo de alerta 24 horas. Deveria haver sempre um agente da CIA no escritório, para que se pudesse ter certeza de que ninguém entraria. Downing resolveu revezar-se com outros dois agentes pernoitando nas instalações, para que o espaço protegido nunca estivesse deserto. Para essa nova e árdua tarefa ele escolheu agentes cujas funções ostensivas já tinham ficado tão comprometidas que a KGB provavelmente os identificava como agentes da CIA; o fato de não voltarem para suas casas à noite não revelaria subitamente à KGB sua condição de espiões.

Mas nem mesmo essa precaução era suficiente. Langley em breve ordenou que todas as folhas de papel, todas as pedras falsas usadas para entregas secretas e todo o equipamento e mobília na área utilizada pela CIA fossem embalados e remetidos aos Estados Unidos para exame. Assim, durante algum tempo, o escritório de Moscou ficou somente com as paredes nuas, enquanto a CIA procurava descobrir se os fuzileiros haviam permitido aos soviéticos o acesso a suas instalações.

Um exame detalhado das medidas de segurança adotadas em Moscou indicou que a KGB não tinha conseguido penetrar. A porta principal era como a de um cofre-forte, com fechadura de combinação, e havia duas portas internas com idênticas fechaduras. Os fuzileiros não possuíam nenhuma das combinações. As portas tinham também dispositivos que marcavam o número de vezes em que eram abertas, e os agentes tinham um registro no qual anotavam a contagem em cada porta. O mesmo procedimento era adotado para os cofres. É preciso dizer que às vezes os dispositivos de contagem deslizavam, causando pequenas anomalias nos números anotados, mas essas discrepâncias não eram suficientemente constantes para indicar que a KGB tivesse conseguido entrar.

Além disso, o escritório de Moscou estava equipado com uma câmera oculta, que filmava quem entrasse; um exame profundo de muitas horas de videoteipe nunca revelou qualquer penetração da KGB no recinto. Embora houvesse breves hiatos em que as câmeras não haviam funcionado, esses intervalos nunca foram considerados significativos. Apesar das preocupações iniciais da CIA, os funcionários graduados em pouco tempo se convenceram de que os fuzileiros não tinham aberto o escritório de Moscou para a KGB.

O escândalo dos fuzileiros espiões acabou por dissipar-se, à medida que a investigação soçobrava em meio a pesadas críticas sobre a forma pela qual o caso havia sido conduzido pela Marinha e outras repartições do governo. Os agentes nunca tiveram certeza do que Lonetree e Bracy haviam realmente feito, nem se a histeria que circundou o caso levara a exageros sobre a extensão da colaboração deles com os soviéticos. Mas na primavera de 1987, quando Jack Downing tentava reconstruir o escritório, o caso dos fuzileiros espiões era mais uma dor de cabeça.

Após notificar a sede sobre o novo espião da KGB em potencial, Downing seguiu escrupulosamente as instruções do russo. Todas as sextas-feiras, sem falta, ele e a mulher iam jantar em um dos restaurantes pré-selecionados (infelizmente, a lista não continha os preferidos de Downing em Moscou), e ele sempre deixava a pasta no carro. Dentro, deixava um envelope com uma mensagem para o russo, pedindo informações específicas que a CIA desejava ter sobre operações da KGB.

Acontece que o soviético tinha uma história inacreditável para contar. Disse possuir acesso privilegiado a uma nova e importante campanha de contra-espionagem que estava sendo planejada pela Segunda Diretoria Principal a fim de desbaratar e confundir ainda mais as operações da CIA em Moscou. Durante os meses seguintes, a Segunda Diretoria planejava apresentar à CIA diversos agentes duplos, como isca, a fim de que a agência ficasse tão ocupada, tão envolvida no escrutínio dos voluntários, que não conseguisse cuidar dos verdadeiros espiões que por acaso se voluntariassem. Haveria apresentações "espontâneas", voluntários selecionados dentre vários segmentos do governo soviético que a KGB sabia serem de importância especial para os Estados Unidos. A KGB estava mudando as regras do jogo em Moscou, tornando-se mais agressiva e sofisticada em seus métodos.

Logo o voluntário do *Flecha Vermelha* revelou a Downing as identidades de pelo menos quatro dos agentes duplos que segundo ele iriam aparecer durante os quatro meses seguintes, e estes começaram pontualmente a aproximar-se dos norte-americanos, oferecendo informações. Downing passou a achar que havia penetrado no jogo da KGB e que seria capaz de descobrir quais seriam os agentes duplos e quais os verdadeiros em cada voluntário que se apresentasse.

O homem da KGB forneceu também uma lista dos agentes russos da CIA presos desde 1985 e informou quantos haviam sido executados. Outros informantes haviam trazido dados sobre as prisões de alguns dos agentes desmascarados, mas a nova fonte de Downing fornecia provas conclusivas sobre a extensão da brecha na segurança. Langley jamais informara a Downing o número de agentes russos que haviam sido perdidos, e ele se espantou ao ler a lista preparada por seu informante, que em breve recebeu o codinome de GTPROLOGUE.

Sede da CIA, Langley, Virgínia, maio de 1987

Burto Gerber compartilhava o entusiasmo de Jack Downing sobre o repentino aparecimento de PROLOGUE. Desde os tempos antigos da Divisão SE, quando combatera a paranóia de Angleton sobre os que se apresentavam como voluntários, Gerber desenvolvera uma regra aproximada que se tornara aceita como sábia na CIA: a KGB nunca usa como isca um agente de seus próprios quadros. Os soviéticos não confiavam o bastante em sua própria gente para permitir que um agente da KGB que tivesse acesso a informações sensíveis abordasse os norte-americanos, para uma operação de agente duplo. Como poderiam ter certeza de que ele não levaria o caso às últimas conseqüências e desertaria? Além disso, os soviéticos sabiam que a CIA e o FBI não acreditariam que um agente da KGB fosse voluntário genuíno, a menos que revelasse alguns segredos importantes; mas a KGB nunca havia desejado entregar segredos suficientes para que esse agente duplo se tornasse digno de crédito. Por isso, há muito tempo Burton Gerber argumentava que quando um agente dos quadros da KGB se voluntariava como espião, não seria agente duplo. Por que motivo seria diferente com PROLOGUE?

Aos poucos, porém, surgiu um debate entre os funcionários graduados da Divisão SE a respeito de PROLOGUE. O homem da Segunda Diretoria viera justamente no momento exato, quando a CIA precisava desesperadamente de novas fontes dentro de Moscou. Além disso, tinha conhecimento de informações capazes de atrair a CIA. Seria bom demais para ser verdade?

Gerber e Paul Redmond, o mais constante cético da Divisão SE, refletiram sobre como deveriam considerar PROLOGUE. Edward Lee Howard, que desertara para Moscou em 1985, sem dúvida havia revelado aos soviéticos a inviolável regra de Burton Gerber. Seria possível que agora, graças a Howard, a KGB estivesse fazendo sua lógica voltar-se contra ele?

Era ainda muito cedo para ter certeza. Gerber e Redmond compreenderam que a única maneira de descobrir se PROLOGUE era genuíno seria manter a operação em funcionamento durante algum tempo. Paul Redmond sempre acreditara que a melhor forma de avaliar um agente era por meio de sua produção; se PROLOGUE começasse a entregar segredos cuja revelação a KGB não desejasse de forma alguma, nesse caso Redmond, o homem mais descrente da Divisão SE, se declararia convencido.

Gerber concordou. Nada tinha a perder deixando que PROLOGUE agisse. A KGB já sabia que Downing era o chefe da CIA em Moscou, e portanto ele não ficaria comprometido em seus contatos com PROLOGUE, ainda que este fosse agente duplo. Mais ainda, se os russos estivessem planejando armar uma cilada para Downing, obrigando-o a deixar o país, poderiam fazê-lo praticamente a qualquer momento. Não seria necessário um ardil tão complexo.

E se PROLOGUE fosse verdadeiro? Nesse caso, poderia fornecer a solução para o mistério das perdas de 1985, e para Burton Gerber essa possibilidade fazia com que valesse a pena arriscar.

Moscou, junho de 1987

O restaurante que Jack Downing selecionara como local de seu primeiro encontro dificilmente poderia estar entre os melhores de Moscou. Acompanhado pela mulher, Jack tinha ido jantar tarde, numa noite de sexta-feira, e conforme as instruções de PROLOGUE deixou a pasta no carro, destrancado e estacionado na rua, próximo ao restaurante.

Dentro, Jack e Suzie fizeram o possível para engolir a comida gordurosa e indigesta enquanto davam tempo a PROLOGUE para examinar o carro. O restaurante estava quase deserto, e com boa razão. Em breve Suzie descobriu que precisava levantar os pés do chão para evitar os ratos que corriam sob a mesa.

Mas agüentar a refeição valeu a pena; o plano de comunicação funcionara. De volta a seu escritório, Jack Downing viu que o pacote que tinha deixado desaparecera, e em seu lugar havia uma mensagem de PROLOGUE com a lista dos espiões russos da CIA que tinham sido presos e o destino de cada um. Downing não trabalhara na Divisão SE no início de 1980, quando muitos daqueles agentes estavam em atividade, mas aquilo o fez perceber o quanto havia sido obtido – e agora perdido – pela Divisão SE durante sua ausência.

PROLOGUE entregou também cópias das avaliações pessoais feitas pela KGB sobre Downing e seu antecessor, Murat Natirboff. Downing divertiu-se verificando que a avaliação de seu desempenho, segundo a KGB, inclusive no que se referia a sua primeira missão em Moscou, era muito mais elogiosa e positiva do que o relatório feito pela equipe da KGB que vigiara Natirboff.

Moscou, julho de 1987

Downing passou a jantar fora todas as sextas-feiras e sempre tinha o cuidado de estacionar o carro em local próximo, onde PROLOGUE pudesse encontrá-lo com facilidade e fazer uma rápida troca de mensagens. Procurou também encontrar um pretexto para viajar de trem a Leningrado com a maior freqüência possível, embora se preocupasse com um exagero no número de viagens que pudesse atrair a atenção da KGB. Resolveu não viajar mais do que uma vez a cada três meses, o que significava que teria de utilizar quase exclusivamente os jantares das sextas-feiras para suas comunicações.

Mas PROLOGUE era irritantemente imprevisível, e Downing nunca tinha certeza de quando o homem da KGB apareceria para um contato. Muitas vezes Downing voltava de mais um jantar em um dos revoltantes restaurantes escolhidos por PROLOGUE e descobria que a carta que tinha deixado ainda estava em sua pasta, sem nenhuma mensagem em troca. Em pouco tempo percebeu que PROLOGUE estabelecia contato aproximadamente uma vez ao mês, o que significava que três de suas quatro medonhas refeições eram em vão.

A "produção" de PROLOGUE – termo usado por Paul Redmond para a qualidade e quantidade de segredos que ele entregava – passou a ser constante, e nessa altura os acontecimentos começaram a provar sua veracidade. O engenheiro que PROLOGUE informou ser a primeira isca a aparecer abordou um agente da CIA em seu automóvel, num dia de verão em Moscou. O novo caso trouxe uma dor de cabeça incomum a Downing e Gerber. Graças a PROLOGUE, a CIA estava convencida de que o novo voluntário havia sido mandado pela KGB. Mas, se a CIA rejeitasse os oferecimentos do engenheiro, a KGB poderia suspeitar de que a agência norte-americana havia sido avisada de que se tratava de um agente duplo e começara a procurar um informante secreto em seu seio. Burton Gerber havia perdido muitos bons espiões durante os dois anos anteriores, e não queria correr riscos com aquele. A CIA teria de tratar o engenheiro como se fosse espião genuíno e jamais dar à KGB motivos para duvidar que havia enganado os agentes norte-americanos.

Durante os quatro meses seguintes, novos agentes duplos se voluntariaram à CIA em Moscou, e assim como fizera com o engenheiro, a agência designou seus homens para contato com cada um deles. Em breve, os agentes duplos passaram a dominar as atividades em Moscou, e Downing percebeu que uma grande parte do tempo e da energia de seus agentes estava sendo ocupada por espiões que a CIA sabia serem fraudulentos.

Às vezes a KGB se descuidava com esses agentes duplos. Certa feita, uma mensagem de um espião soviético foi deixada num local secreto que estava sendo utilizado para comunicação com outro espião soviético. A única explicação possível era a de que ambos estavam sob controle da KGB, e que os soviéticos haviam misturado as instruções para as comunicações nos dois casos.

A CIA, porém, tinha de fingir que não percebia e manter as aparências, a fim de proteger PROLOGUE. Pelo menos, o posto em Moscou estava em atividade. O contato com os agentes duplos fazia com que os agentes da CIA trabalhassem, e isso era extraordinário numa operação cuja confiança tinha ficado abalada. No verão de 1987, com efeito, os agentes da CIA em Moscou abortavam seus trajetos operacionais com tal freqüência que Burton Gerber e a seção específica da Divisão SE que tratava de operações internas começaram a achar que não haveria atividades bem-sucedidas além de PROLOGUE.

Estavam vendo fantasmas, e nem mesmo os aparelhos eletrônicos mais modernos destinados a detectar a vigilância da KGB eram eficazes. A CIA mandou novos sensores, ocultos em pastas de documentos, capazes de captar transmissões secretas das equipes de vigilância, e os agentes de Moscou receberam instruções para colocá-las no assento dianteiro de seus carros quando dirigissem pela cidade. Mas sempre que um agente iniciava uma missão o aparelho fazia soar um alarme, de maneira que pareciam confirmados os temores do posto em Moscou a respeito da capacidade da KGB de detectar a presença dos norte-americanos. Talvez a "vigilância ultradiscreta" existisse mesmo. Só mais tarde a CIA descobriu que os alarmes do sensível equipamento eram disparados pelas leves descargas elétricas do motor do carro, especialmente quando o agente que dirigia fazia uma curva fechada.

10

Islamabad, junho de 1987

Os raios do sol da tarde se refletiam no ágil Cadillac Fleetwood negro que passava pelo tráfego pouco denso da capital paquistanesa. A película escura que cobria os vidros do carro impedia que alguém visse se o assento traseiro estava ocupado, mas a presença de um Toyota Crown com dois guarda-costas armados, acompanhando o veículo a curta distância, era uma boa indicação de que efetivamente havia alguém. A bandeira, porém, estava enrolada e coberta no pequeno mastro, sugerindo talvez a um observador atento que nada havia de oficial naquela excursão.

Na frescura do ar-condicionado, no banco de trás, o embaixador Arnie Raphel voltou-se para mim com um sorriso travesso no rosto.

– Sabe, cada vez que viajo neste carro me lembro de meu tempo de criança, quando o sonho de todos os meninos judeus era passear pelos Catskills no assento de trás de um grande Cadillac Fleetwood preto.

Olhei para Raphael, três anos mais jovem do que eu e estrela em ascensão no serviço exterior.

– Pode ser – disse eu –, mas aqui não estamos nos Catskills.

– Não tem importância. O que importa é só o Cadillac.

Raphael recostou-se no rico estofamento de veludo e ficou em silêncio durante o restante do trajeto até a embaixada.

Um mês antes, ele havia substituído em Islamabad o rabugento embaixador de carreira Dean Hinton. Sua chegada ao Paquistão coincidira com o crescimento em Washington de uma convicção, embora longe de ser universal, de que os soviéticos finalmente estavam se aproximando da assinatura de um acordo para sair do Afeganistão. Raphael sabia que ainda havia muito o que fazer antes que um acordo pudesse ser selado, mas havia chegado a Islamabad como o primeiro embaixador norte-americano em sete anos que teria mais problemas com uma provável paz no Afeganistão do que com uma guerra aparentemente interminável.

Eu tinha acabado de acompanhar o embaixador à sede da ISI para uma visita não oficial a Hamid Gul. Conversávamos sobre generalidades para sermos ouvidos pelo motorista do embaixador, homem atento que sempre tinha pelo menos um ouvido voltado para as conversas no assento traseiro. Somente depois de chegarmos à embaixada é que iríamos falar de nosso encontro com o chefe da ISI.

Raphael havia servido anteriormente no Paquistão durante bastante tempo e conhecia o idioma e o país melhor do que qualquer outro norte-americano em sua equipe, e provavelmente no Departamento de Estado. Conhecera Zia antes que o general tivesse sido nomeado chefe do Estado-maior por Bhutto, 11 anos antes, e facilmente retomara seu antigo relacionamento com o presidente e, por extensão, com os assessores do mandatário, que conheciam a amizade de Zia para com o embaixador. Em conseqüência disso, as portas importantes se abriam com facilidade para Raphael, facilitando seu trabalho na nova função.

De volta à residência, Raphael pôde falar com mais liberdade.

– Por que motivo eu olho para Hamid Gul e vejo um generalzinho valentão que é capaz de um dia passar a governar o país? – perguntou ele.

– Porque pode ser que ele faça isso mesmo – respondi.

– Quando o vejo me lembro de quando conheci Zia. Na ocasião achei que ele ia acabar tomando conta disto aqui.

– Mas Bhutto não percebeu isso. Até o fim achava que Zia era pouco inteligente.

– Não é sempre assim? Quem teria de perceber nunca percebe.

– Sem dúvida foi assim entre Bhutto e Zia.

– Bem, talvez você deva acrescentar prestar atenção ao GV em sua lista de coisas a fazer – disse Raphael.

– GV?

– Sim, o generalzinho valentão – disse ele, com um sorriso.

– Ele é mesmo ousado.

Curiosamente, os militares de baixa estatura sempre são classificados como duros ou valentões. O apelido dado por Raphael a Gul iria pegar.

– Você acha que ele realmente entendeu seu recado sobre as incursões ao outro lado do Amu Dar'ya? Eu gostaria de ter falado com ele sobre isso, pois era o tema principal da agenda sovieto-afegã de Shultz no mês passado.

– Ele recebeu o recado de Yaqub Khan e acho que também de Zia – disse eu. – Não creio que precise de um lembrete meu ou seu.

Eu tinha pedido a Raphael que não levantasse com Gul a questão do ataque ao Uzbequistão que havia causado tanta celeuma um mês antes. Disse a ele que o assunto estava resolvido e que talvez ele quisesse começar seu relacionamento com o chefe da ISI num tom positivo, em vez de reabrir uma ferida no primeiro encontro.

– Podemos esperar críticas sobre tudo o que Gul e a ISI fizerem daqui em diante. Enquanto se tratava de ganhar uma guerra, o Congresso estava em silêncio. Mas agora, que parece que os soviéticos vão desistir, os tubarões já começaram a nadar em volta de seu generalzinho.

– Você quer dizer nosso generalzinho valentão, não é?

– É – disse Raphael. – Nosso GV.

Durante os 15 meses seguintes que passamos no Paquistão, Arnie Raphel e eu iríamos trabalhar em estreita cooperação, com notável ausência das costumeiras tensões entre o Departamento de Estado e a CIA que eu tinha presenciado ao longo dos anos. Nossos objetivos eram comuns e concêntricos, e o principal era tirar os soviéticos do Afeganistão. Se isso viesse a acontecer, teríamos de começar a pensar nos passos seguintes para um Afeganistão pós-soviético procurando cuidar da paz. Seria uma tarefa difícil num país que durante uma geração havia experimentado guerras quase constantes.

Passo de Kunjerab, junho de 1987

O passo de Kunjerab, entre o Paquistão e a China, é o lugar mais próximo do teto do mundo que se pode alcançar em um resfolegante Toyota Land Cruiser. A 5 mil metros acima do nível do mar, um motor de baixa compressão com carburador, como a do Land Cruiser, funciona melhor do que os de seus primos mais potentes, a injeção de combustível, mas mesmo assim a rarefação do ar naquela altitude exige muito do carro e do motorista. Minha mulher e eu tínhamos vindo de Islamabad ao Kunjerab em três dias, numa viagem cansativa pela estrada do Karakoram, construída pelos chineses, e somente tivemos uma pequena demora devido a uma avalanche de terra que teve de ser retirada do caminho pelos engenheiros militares paquistaneses, com uma descarga de dinamite. Chegamos ao Kunjerab, o vasto planalto que desce lentamente em direção à província chinesa de Xinjiang, no momento em que os antigos caminhões britânicos Bedford e os novos Hino japoneses, carregados de mulas, apareciam no horizonte vindos da direção oposta, a caminho do Paquistão e do ar mais denso das regiões baixas.

A julgar por minha dificuldade de respiração e leve tonteira, eu imaginava o que estariam sofrendo os motoristas paquistaneses e seu carregamento de mulas. Efetivamente, quando os primeiros caminhões do comboio passaram a marcha lenta para a descida, um dos Bedfords perdeu o rumo e seguiu cambaleando pelo platô no topo do mundo. Não chegou a percorrer 100 metros quando numa ligeira elevação tombou lentamente de lado, com as rodas ainda girando, despejando as mulas na superfície dura como gelo. Surpreendentemente, todos os animais se ergueram sobre as patas, olharam em volta e ficaram imóveis. O motorista estonteado, também ileso, esgueirou-se com seu companheiro para fora da cabine do caminhão capotado e juntou-se aos demais paquistaneses que procuravam colocar arreios nas mulas, tarefa que levaram a cabo em menos de dez minutos. Em breve o caminhão foi endireitado pela força de músculos e os animais recolocados na caçamba para prosseguir a descida em direção ao Paquistão.

Assim começou minha participação indireta no comércio de mulas, uma das ocupações mais estranhas no prosseguimento de uma guerra cada vez menos convencional.

Como qualquer pessoa que goste de mulas confirmará, esses animais constituem uma das melhores coisas feitas pelo homem para aperfeiçoar a natureza. As mulas combinam a força dos cavalos com a frieza de temperamento, o ânimo e a pouca necessidade de cuidados dos burros. A união dos dois é o animal de carga ideal para a guerra nas montanhas. No entanto, normalmente não é possível encontrar boas mulas na natureza. É preciso esforçar-se para obtê-las.

A maioria das mulas de carga é o resultado do acasalamento de um burro macho, também chamado "jegue", com uma égua. O resultado é um "mulo". Também se pode fazer o oposto e juntar um garanhão com uma fêmea do burro, produzindo outro tipo de mula, mas a taxa de fracasso desse segundo tipo de união é elevada, o que desestimula o comércio. Dessa forma, a maior parte das rudes e pequenas mulas chinesas que acabaram servindo para transportar munições na região hindu do Kush e nas montanhas Brancas do Afeganistão era do primeiro tipo.

Tendo crescido no Texas, eu conhecia bastante bem os cavalos, mas as mulas constituíam uma nova e complicada experiência, como eu em breve ficaria sabendo. Embora há muito eu soubesse das reações, muito diferentes entre si, dos cavalos e das mulas aos tiros e explosões, jamais havia compreendido os motivos desse fato. Durante os meses seguintes, tive amplas oportunidades de aprender. O burro é por natureza conservador de energia, avalia cautelosamente as situações e escolhe com cuidado a reação adequada. Quando se assusta, em geral saltita um pouco, observa a situação e em seguida se ajoelha, até que apareça alguma ameaça grave. Ao ouvir tiros, um burro bem treinado nem sequer pisca. Por outro lado, nas mesmas circunstâncias, o cavalo em geral dispara. O treinamento nem sempre reduz essa característica. O produto do acasalamento dos dois animais – a mula – é em geral imperturbável. As mulas têm a reputação de serem teimosas e geniosas, mas seus entusiastas afirmam que elas nada têm de obstinadas; apenas levam mais tempo para resolver se desperdiçarão ou não suas energias.

Ao envolver-me no fornecimento de suprimentos na guerra do Afeganistão, descobri que precisaríamos a cada ano de um número maior de mulas do que seríamos capazes de obter no mundo inteiro. As armas e outros suprimentos fornecidos à resistência afegã pela CIA haviam passado de 60 toneladas anuais, e tudo tinha de ser transportado do Paquistão, cruzando a linha zero, através de mais de trezentas rotas de infiltração diferentes, até chegar aos comandantes no campo. Essa assustadora tarefa exigia a combinação de caminhões de 5 e 10 toneladas, camionetas menores e finalmente mulas de carga. Assim, durante os anos em que participei da ajuda à resistência afegã, transportamos vários milhares de mulas vindas da China pelo passo de Kunjerab até os campos de treinamento paquistaneses na planície, onde treinávamos jovens *mujahidins* no cuidado com os animais, ensinando-os a trabalhar em conjunto e, em última análise, a sobreviver.

Na realidade, as mulas chinesas nunca eram suficientes, nem em quantidade nem em tamanho, e por isso foi necessário procurar outros fornecedores de mulas especiais. Embora eu sempre me impressionasse com a capacidade da Força-Tarefa do Afeganistão de me proporcionar exatamente o que eu precisava, no momento em que precisava, tenho certeza de que meus telegramas à sede a respeito de mulas exigiam o máximo da paciência e credulidade dos seus integrantes.

Durante grande parte do tempo que passei em Islamabad, trabalhou comigo um veterano de guerra chamado Dutch Snyder, lendária relíquia do passado paramilitar da CIA. Dutch era velho camarada que sabia tudo o que se podia saber sobre mulas e condutores de mulas, e muito mais do que isso. Ele havia combatido por toda parte no sudeste asiático e acabara entrando para o grupo de operações especiais da CIA, dando treinamento na arte da guerra não-convencional tanto a agentes da própria CIA quanto a serviços semelhantes de países amigos. Se Dutch não soubesse como tratar de um problema inusitado na guerra de guerrilhas, é que provavelmente não existia forma de fazê-lo.

Dutch me auxiliou na maior parte das necessidades de fornecimento de material para a guerra, e por vezes eu fazia uma armação com ele para fazer um pedido fora dos padrões a respeito das mulas que a Força-Tarefa comprava para nosso programa, somente para verificar se todos em Langley estavam prestando atenção. Um telegrama típico poderia ser mais ou menos assim:

AO CHEFE IMEDIATO

WININTEL – NECESSIDADE DE MULAS PARA FY 88

1. FORÇA-TAREFA DEVE PROCURAR SOMENTE MULAS QUE PREENCHAM ESTRITAMENTE AS SEGUINTES QUALIDADES NECESSÁRIAS AO PROGRAMA:
   A. NÃO MAIS DE DOIS ANOS DE IDADE.
   B. COM A DENTADURA COMPLETA.
   C. NÃO MENOS DE 12 E NÃO MAIS DE 17 PALMOS DE ALTURA.
   D. EM EXCELENTE ESTADO DE SAÚDE COMPROVADO POR VETERINÁRIO.
   E. FÊMEAS COMPRADAS PELA FORÇA-TAREFA DEVEM TER CERTIFICADO DE TREINAMENTO EM TOCO DE ÁRVORE.
2. FAVOR INFORMAR FONTES DE SUPRIMENTO E DATAS DE ENTREGA LOGO QUE POSSÍVEL.
3. NÃO ARQUIVAR.

Como saberia qualquer peão de fazenda no Texas ou no Tennessee, "treinamento em toco de árvore" é uma descrição libertina do que um rapazinho e uma mula fêmea são capazes de fazer quando o rapaz sobe num toco de árvore atrás da mula. Dutch e eu achamos que Langley levaria algum tempo para perceber que o item E era brincadeira, mas estávamos enganados. Em breve os eruditos da Força-Tarefa encontraram quem conhecesse mulas *e* peões, pois pouco depois recebemos um telegrama que dizia aproximadamente o seguinte:

PARA ISLAMABAD – URGENTÍSSIMO

WININTEL – NECESSIDADE DE MULAS PARA FY 88

REF. ISLAMABAD 139987

1. ESPECIFICAÇÕES TEL. REFERÊNCIA REGISTRADAS NO PROGRAMA DE FORNECIMENTO. LAMENTAMOS, ENTRETANTO, QUE NOSSAS FONTES MAIS FIDEDIGNAS SOBRE MULAS NÃO, REPITO, NÃO FORNECEM CERTIFICADO DE TREINAMENTO EM TOCO DE ÁRVORE. PROCEDEMOS EXAUSTIVA PESQUISA INTERNA EM FICHAS PESSOAIS A FIM LOCALIZAR AGENTES COM CONHECIMENTO DO COMPLEXO PROCESSO DE CERTIFICAÇÃO E DESCOBRIMOS ÚNICOS EXISTENTES SÃO SNYDER E BEARDEN, QUE POR FELIZ COINCIDÊNCIA SE ENCONTRAM AMBOS EM ISLAMABAD. (DADOS RECUPERADOS EM RESPECTIVAS FICHAS MÉDICAS.) ACREDITAMOS ISLAMABAD PODERÁ FAZER NECESSÁRIAS CERTIFICAÇÕES NESSE ITEM. SEDE CUIDARÁ DE TODAS AS DEMAIS NECESSIDADES.
2. NÃO ARQUIVAR.

Touché.

Islamabad, novembro de 1987

No final do ano apareceu novo trunfo: o morteiro espanhol de 120mm. Durante os primeiros sete anos do conflito, a resistência possuía em seu arsenal somente o morteiro de 82mm do Pacto de Varsóvia. Embora confiável, essa arma tinha alcance e eficácia limitadas, da forma pela qual era empregada pelos *mujahidins*. Os artilheiros afegãos haviam aprendido táticas de fogo indireto, mas raramente as utilizavam; em vez disso, os combatentes da resistência em geral disparavam os morteiros contra alvos diretamente visíveis, a distâncias não maiores do que poucos quilômetros. O novo armamento espanhol, de calibre maior e de poder explosivo devastador, tinha alcance de 10 quilômetros. Além disso, era equipado com um sistema de mira desenvolvido em Langley, em estreita cooperação com o Exército dos Estados Unidos, que combinava o morteiro, tecnicamente pouco sofisticado, com o mundo altamente complexo da orientação por satélite.

Era tão simples quanto eficiente. A equipe de morteiros se infiltrava à noite até chegar a cerca de 8 quilômetros do alvo, que era pré-selecionado por meio de imagens de satélite das guarnições soviéticas ou da DRA. Os artilheiros preparavam os tubos e em seguida verificavam sua própria localização exata utilizando um receptor do satélite global de posicionamento (GPS). Tão logo as coordenadas precisas eram calibradas, o chefe da equipe colocava os dados do GPS num pequeno computador, acrescentava as coordenadas do alvo e em seguida pedia ao computador a direção e elevação exatas necessárias para que a primeira série de disparos atingisse o alvo.

Os artilheiros ligavam ao tubo do morteiro um "módulo de orientação" especialmente projetado e ajustavam o azimute, ou direção na bússola, segundo a informação fornecida pelo computador, de maneira que fosse apontado com precisão para o alvo. Era possível incluir nos cálculos a velocidade dos ventos mais elevados, para que a primeira rajada atingisse o alvo absolutamente de surpresa. Os procedimentos de disparo, aparentemente complexos para um leigo, foram logo aprendidos pelos artilheiros afegãos selecionados para chefiar as equipes de morteiros. Na teoria e nos testes de campo, o novo sistema de guia por satélite revelou ser um notável avanço para os combatentes da resistência, que dali em diante passaram a direcionar seus morteiros para os alvos e aproveitar o elemento surpresa. Treinamos as equipes em outubro e no fim de novembro já despachávamos as primeiras delas para o vale de Konar.

Chagasaray, Afeganistão, 22h35, 28 de novembro de 1987

O vale de Konar oferece um dos panoramas mais pitorescos do Afeganistão oriental. O rio Konar, de correnteza rápida, passa por uma série de gargantas espetaculares e serpenteia por entre vales de paredes íngremes que se erguem a milhares de metros de altura, em cujo topo há florestas de pinheiros. Ao longo do rio vêem-se bosques de álamos, cerejeiras e abricós; uma e outra ponte feitas de cordas e tábuas fornecem o único meio de cruzar a torrente em direção ao leste, onde ficam os territórios agrestes do Paquistão.

O batalhão Spetsnaz, aquartelado em Chagasaray, mais ou menos no meio do vale no caminho da planície de Jalalabad, gozara durante anos de liberdade de movimentos para interceptar rotas de infiltração que vinham do vizinho Paquistão. Naquela noite, as coisas iriam mudar.

A equipe conjunta paquistanesa-*mujahidin* atravessou o rio Konar depois do crepúsculo, trazendo mulas de carga carregadas com quatro tubos espanhóis de lançamento de morteiros, placas de base, munição de vários tipos e espessas mantas de asbestos usadas para cobrir os tubos ainda quentes ao recolocá-los no dorso das mulas para a retirada após o ataque. A caravana avançou sem ser detectada até um ponto a 8 quilômetros da guarnição de Spetsnaz.

Após montar os morteiros exatamente como haviam sido instruídos, os membros da equipe verificaram repetidas vezes a leitura do GPS e o azimute e a elevação dos tubos. Uma vez certos de que tudo havia sido feito corretamente, carregaram os tubos com os pesados obuses. Os artilheiros agarraram os puxadores dos pinos de detonação e esperaram tensos a ordem de fazer fogo. Quando ela foi dada, logo após as dez e meia da noite, puxaram os pinos e tudo se transformou num inferno.

Três dos tubos dispararam conforme planejado, mas o quarto explodiu, matando dois membros da equipe e ferindo gravemente o terceiro, com um fragmento na mandíbula. Sem ter certeza da causa do desastre, o oficial que comendava a equipe mandou desmontar os morteiros e carregá-los nas mulas, levando também os mortos e o artilheiro ferido no apressado regresso ao Paquistão.

Acampamento Ojhri, 10h20, 29 de novembro de 1987

No dia seguinte, reuni-me com meus correspondentes paquistaneses a fim de investigar o que acontecera. O ambiente estava carregado, enquanto procurávamos as respostas. A primeira idéia, pouco provável, foi de que as baixas temperaturas nas partes mais elevadas do vale de Konar pudessem ter agido de alguma forma sobre alguma falha na metalurgia do tubo, causando a explosão. Consideramos essa explicação improvável e finalmente resolvemos mandar os morteiros de volta aos Estados Unidos para serem testados, utilizando um avião de suprimento que estava no aeroporto militar paquistanês de Chaklala naquele dia. O artilheiro ferido embarcou no mesmo vôo a fim de receber tratamento; a mandíbula havia sido quase arrancada e ele fizera o trajeto de volta ao Paquistão segurando-a com o turbante enrolado. Segundo o oficial que comandava a equipe, o ferido não pronunciou nenhuma palavra de queixa.

Nos Estados Unidos, o Exército reproduziu as mesmas condições meteorológicas nos testes dos tubos remanescentes, mas a falha acontecida em Konar não se repetiu. Desde o início, as suspeitas indicavam o erro mais lógico e fundamental cometido nos preparativos para o ataque, que os artilheiros de morteiros chamam "carga dupla". Para testar essa suspeita, os investigadores do Exército carregaram propositalmente um dos morteiros com dois obuses – uma carga dupla – e dispararam. Como era esperado, o tubo explodiu como havia explodido o tubo no vale de Konar, esclarecendo completamente para os investigadores que o artilheiro, em sua tensão, havia carregado o tubo duas vezes, inadvertidamente. Pagara o erro com a vida.

O veredicto do Exército sobre a "carga dupla" em Chagasaray foi recebido com alívio. Os oficiais paquistaneses encarregados do projeto dos morteiros conheciam bem as realidades do uso dessas armas e as tensões do combate, e não tiveram dificuldade em aceitar os resultados dos testes norte-americanos. Em vez de ficar se preocupando com o caso, trataram de montar nova operação contra o mesmo alvo em 15 de dezembro, tão logo os morteiros foram novamente liberados para o combate. Apesar da preocupação em retornar à mesma área de tiro, a segunda tentativa representou um sucesso espetacular.

Os artilheiros se aproximaram novamente a cerca de 8 quilômetros da guarnição de Chagasaray, assestaram os tubos, verificaram os satélites GPS, marcaram o azimute e a elevação, e dispararam uma barragem de disparos que atingiu o batalhão Spetsnaz absolutamente de surpresa. Os soviéticos nem chegaram a saber o que tinha acontecido. Fizeram uma tentativa inútil de fogo contrário, mas conseguiram apenas atingir um de seus próprios postos avançados. Os artilheiros *mujahidins* lançaram projétil após projétil, permanecendo em atividade muito mais tempo do que o planejado, até esgotarem toda a munição. Em seguida enrolaram os tubos nas mantas de asbestos, carregaram as mulas e retiraram-se para o Paquistão protegidos pela escuridão.

Quando o sol já ia alto no céu, um satélite KH-11 da CIA passou por sobre a guarnição Spetsnaz em Chagasaray e tirou uma série de fotos da destruição causada pela nova arma. Os efeitos do ataque eram claros nas imiagens que mostrei aos paquistaneses e afegãos. Assim como nas imagens de antes e depois do ataque ao depósito de munições de Kharga, em agosto de 1986, as de Chagasaray antes do bombardeio mostravam os armazéns de madeira intactos, os veículos do batalhão estacionados em ordem, e os indícios normais de uma instalação militar ativa e organizada às margens do rio Konar. Nas fotos feitas após o ataque apareciam as carcaças carbonizadas dos barracões, veículos espalhados e destruídos, e algumas viaturas novas e sem sinais de danos, que se verificou pertencerem à equipe do Exército soviético que chegara ao local no dia seguinte a fim de investigar.

O ataque a Chagasaray teve efeito especial no moral da resistência. Numa guerra caracterizada por operações defensivas e emboscadas, mais do que por incursões ofensivas contra as principais unidades soviéticas, a devastação da guarnição de Chagasaray marcou uma mudança qualitativa na forma pela qual a resistência conduzia a guerra contra o 40º Exército da URSS. Embora o sucesso daquele bombardeio não tivesse se repetido com os mesmos resultados espetaculares, o ataque com morteiros foi mais um fato que reforçou a decisão soviética de retirar-se do Afeganistão. Pelo final de 1987, até mesmo os céticos mais empedernidos em Washington já estavam se convencendo de que Moscou decidira recuar.

11

Nottoway Park, condado de Fairfax, Virgínia, 23 de novembro de 1987

Caminhando pela trilha de terra em direção à pequena ponte de pedestres na extremidade tranqüila do movimentado parque, Bob Hanssen sentia-se transportado de volta a seu elemento. Abaixou-se, estendendo a mão, e numa cavidade oculta sob a ponte tateou o lugar desejado. Era uma de suas caixas postais secretas favoritas, à qual a KGB dera o nome original de "Parque". O local anteriormente recomendado, com o codinome "AN" e situado num parque mais remoto nos subúrbios mais distantes do condado de Fairfax, a oeste, não tinha sido satisfatório no entender de Hanssen. Ficava longe de sua casa em Vienna, na Virgínia, e exigia grande esforço físico e muita movimentação pouco digna de um agente do FBI de meia-idade. Tendo novas responsabilidades administrativas no trabalho, seis filhos em casa e uma vida cada vez mais ativa na comunidade católica da Opus Dei, Hanssen era um homem atarefado e não tinha tempo para aqueles arranjos complicados de segurança. Usando seu próprio codinome, B, tinha acabado de mandar uma carta a seus controladores da KGB a respeito da caixa postal, insistindo para que voltassem ao "Parque", mais conveniente.

"Pensem que estarei vestido de terno e não posso caminhar em chão de lama", escreveu ele em uma carta datada de 19 de novembro. "Sugiro utilizar novamente o local original." Em setembro já havia se queixado a respeito de "AN", escrevendo à KGB: "Não sou jovem e meus compromissos me impedem que use locais distantes como sugerido. Sei que com isso estou modificando sua forma de agir, mas minha experiência me diz que na verdade podemos estar mais seguros com métodos mais simples."

Assim, Hanssen agora voltava a uma caixa postal nas vizinhanças de sua casa, onde se sentia mais à vontade. Mais importante, estava contente com sua nova função de supervisor da Unidade de Análise Soviética, que lhe dava acesso a virtualmente todos os documentos operacionais e analíticos relativos à URSS que eram produzidos pelas equipes de contra-espionagem do FBI. Um dos documentos interessantes que passaram por sua mesa durante os primeiros meses de seu regresso a Washington foi o resumo de uma viagem à Guiana em outubro, feita pelo agente da CIA Jack Platt, a fim de renovar sua amizade com Gennady Vasilenko. Disciplinadamente, Platt remetera uma cópia de seu relatório ao FBI, que trabalhava em cooperação com a CIA no caso Vasilenko – de codinome MONOLITE – e não tardou muito a que o documento chegasse à mesa de Hanssen.

Naquela noite, em Nottoway Park, Hanssen entregou a seus controladores soviéticos uma cópia do relatório de Platt, junto com um conjunto de outros documentos secretos, inclusive um relato detalhado dos segredos da KGB que Vitaly Yurchenko havia revelado à CIA e ao FBI antes de seu curioso regresso a Moscou. Deixou o pacote escondido sob a ponte, cuidadosamente envolto em plástico, no exato lugar em que encontrara à sua espera outro pacote da KGB destinado a ele, contendo 20 mil dólares em dinheiro e uma carta que informava ter havido um depósito de mais 100 mil em seu nome num banco soviético. A carta continha também perguntas específicas sobre informações confidenciais a que Hanssen deveria responder na troca seguinte.

Do outro lado da rua, diante de Nottoway Park, a poucos metros de onde Hanssen se abaixava na penumbra, havia diversos lotes de terreno cheios de casas bem cuidadas onde moravam dezenas de funcionários da CIA, do FBI e do Departamento de Defesa com suas famílias. Um certo agente de contra-espionagem, de elevada posição na CIA, morava a dois quarteirões de distância e costumava correr em Nottoway Park num trajeto que passava próximo à caixa postal secreta. Tal como Bob Hanssen, era especializado em assuntos soviéticos, e anos depois as sinistras semelhanças das vidas de ambos viriam perturbar o homem da CIA e sua família, e quase destruiriam sua carreira.

Havana, Cuba, 11 de janeiro de 1988

As mãos apareceram de repente, sombras que se estendiam para agarrar os braços de Gennady Vasilenko enquanto seu corpo era puxado violentamente para baixo e sua cabeça batia com força no assoalho da pequena casa cubana, abrindo uma ferida sangrenta. Os agentes de segurança da KGB o haviam aguardado escondidos do lado de dentro, esperando que Vasilenko chegasse do aeroporto no que imaginava fosse uma viagem de rotina para assuntos da KGB. Em vez disso, viera a Havana para ser atacado e quase sufocado numa emboscada brutal da KGB.

Alto, de porte atlético e acima de tudo amigo das diversões, talvez até demais, Gennady Vasilenko era o vice-*Rezident* da KGB na atrasada cidade de Georgetown, na Guiana, onde se sentia imensamente entediado, especialmente depois de sua função anterior no estrangeiro, uma temporada muito mais interessante em Washington. Pouco tinha a fazer na Guiana exceto pensar em caçadas, mulheres e bebida, não necessariamente nessa ordem, e ao mesmo tempo dar apoio a incursões soviéticas e cubanas nos aspectos políticos revolucionários da América do Sul, feitas com pouco entusiasmo. Vasilenko tinha recebido ordem de ir a Cuba a fim de utilizar o recinto seguro da KGB dentro da embaixada soviética em Havana, onde segundo as instruções deveria redigir o "anexo de contra-espionagem" secreto para juntá-lo ao relatório anual da embaixada na Guiana. Imaginava que não precisaria de muito tempo para resumir um ano de operações superficiais em Georgetown, onde praticamente nada de significativo havia ocorrido desde que os membros do culto de Jonestown haviam cometido suicídio em massa enquanto tomavam refresco. Havia combinado com um colega da KGB que o encontrasse no aeroporto e planejava hospedar-se em casa do amigo durante alguns dias.

Em vez disso, foi recebido no aeroporto por um agente local de segurança da KGB, que lhe disse que o amigo havia sido repentinamente chamado para outra missão. O agente havia conseguido outra casa onde ele poderia hospedar-se durante a sua estada. Mas tão logo entrou a emboscada o surpreendeu. Vasilenko teve pouco tempo para recuperar o fôlego quando seu interrogatório começou no que ele percebia agora ser uma casa segura da KGB.

– Conhece um Sr. Platt, da CIA? – perguntaram os inquisidores.

Vasilenko estremeceu em silêncio.

Jack Platt. Então era isso, pensou ele, enquanto procurava recuperar-se da breve agressão. Sim, claro que conheço Platt, seus safados. Jack, que foi que você fez?

Jack e Gennady. Os dois espiões, o russo e o norte-americano, eram amigos desde 1977, às vezes quase inseparáveis, rompendo todas as regras da Guerra Fria contra a confraternização com o inimigo. A amizade dos dois dava uma fisionomia humana à batalha entre a CIA e a KGB, e mostrava que os vínculos pessoais de lealdade eram capazes de sobrepujar as impiedosas atividades dos espiões de ambos os lados.

Platt, que na época era agente da Divisão Soviética da CIA baseado em Washington, estava à procura de russos que pudessem ser recrutados, quando um desertor soviético, ex-colega de Vasilenko no instituto de treinamento da KGB, o identificara como sendo um dos agentes que trabalhavam disfarçados de diplomatas na embaixada soviética na capital norte-americana. Gennady nunca tinha imaginado que um dia seria espião da KGB. Tinha alma de atleta, e era a versão russa de um membro das chamadas "fraternidades" comuns nas universidades norte-americanas, sonhando vir a jogar voleibol na equipe olímpica soviética. Nascido em 1941, havia estudado engenharia no Instituto Automotora em Moscou e já em 1960 surgira como um dos melhores jovens jogadores de vôlei da URSS. Em 1964, estava certo de ser incluído na equipe soviética que seguia para os Jogos Olímpicos de verão em Tóquio quando uma contusão no ombro o impediu de participar.

Apesar da lesão, Vasilenko continuou a jogar vôlei em clubes da cidade e acabou por ser notado pelo Dínamo, a poderosa associação esportiva patrocinada pela KGB, e foi recrutado para a equipe de voleibol. No final da década de 1960 entrou para a verdadeira KGB, e após freqüentar a Escola Superior Yuri Andropov, da KGB, passou ao ramo de inteligência externa da agência russa, a Primeira Diretoria Principal. Em 1976 foi designado para a linha KR, a contra-espionagem, e mandado à *Rezidentura* de Washington. Mais tarde, diria brincando a Platt que era o único russo que entrara para a KGB com uma bolsa de estudos esportiva.

Em contraste, Platt era filho de um membro do Exército norte-americano que freqüentara uma dúzia de escolas diferentes nos Estados Unidos e na Europa e se formara no curso superior do Williams College, em Massachusetts, antes de passar a oficial dos fuzileiros navais em 1959. Deixou o corpo de fuzileiros em 1963, entrou na CIA, e passou cinco anos como agente na Áustria e mais três no Laos. Dizia brincando que havia sido transferido do Laos para Paris como recompensa por haver ajudado os Estados Unidos a "tirar o segundo lugar nos jogos asiáticos de guerra".

Ao fixar-se em Vasilenko como recruta em potencial, Platt começou a manobrar para encontrar-se com ele de forma acidental, ou por coincidência. Um intermediário organizou as coisas para que ele conhecesse acidentalmente o russo num jogo dos Harlem Globetrotters em Washington e os dois acabaram assistindo ao jogo juntos e conversando. Quando a partida terminou, Platt percebeu que tinha simpatizado com Vasilenko. Era completamente diferente da maioria dos capangas da KGB que ele tinha conhecido anteriormente; era natural e de convivência agradável, e parecia ter mais amor pela vida do que por Marx e Engels. Mas isso não significava que fosse fácil recrutar Gennady Vasilenko para a CIA; ele podia não ser bom comunista, mas tinha orgulho de seu país e não estava interessado em tornar-se traidor.

Para Platt, Vasilenko era um desafio intrigante. O agente da CIA trabalhava no recrutamento em cooperação com o pessoal de contra-espionagem do FBI, e viu que Vasilenko gostava do que fazia, tanto quanto ele próprio. Gennady parecia acreditar que faria os norte-americanos lhe proporcionarem boa diversão sem que ele tivesse de cruzar os limites e transformar-se em espião. Defendia-se das investidas de Platt, que às vezes eram mais vagas, outras vezes mais explícitas, virando os papéis ao contrário e insinuando que Platt poderia trabalhar para a KGB.

– Mas que diabo você pode me oferecer? – brincava Platt. – Uma doce vida nova no paraíso socialista dos trabalhadores?

O caso quase foi encerrado antes que Platt conseguisse dar a partida. Em setembro de 1979, Platt e um agente do FBI que trabalhava com ele levaram Vasilenko para tomar um trago no restaurante Gangplank, um dos lugares favoritos de Platt nas margens do Potomac, em Washington. Na época, Platt era alcoólatra e tomava de 14 a 16 cervejas por dia, tentando recrutar o soviético em meio à tonteira da bebida. Naquela noite, seu colega do FBI também ficou bêbado, e ao contrário de Platt não resistia bem ao álcool. À medida que o tempo ia passando no Gangplank, o agente do FBI foi ficando agitado e descuidado e mais tarde começou a conversar com os fregueses da mesa vizinha, contando exatamente o que pretendiam fazer com Vasilenko.

– Ei, sabem o que estamos fazendo aqui? – disse ele, arrastando a voz. – Eu sou do FBI, ele é da CIA, e estamos tentando recrutar este russo.

Infelizmente, os fregueses da mesa ao lado eram também da CIA, analistas da Diretoria de Inteligência, e no dia seguinte denunciaram o incidente à seção de segurança da CIA. O agente do FBI foi retirado do caso e transferido para fora de Washington, enquanto Platt era repreendido por seu chefe, que o acusou de alcoolismo e disse que ele precisava de tratamento. Se Platt reconhecesse o problema e pedisse ajuda, a CIA providenciaria o tratamento, disse o chefe. Se não, talvez fosse melhor organizar um currículo e começar a procurar outro emprego.

Platt finalmente concordou em cuidar de seu vício e foi a um hospital. Ao chegar, fazia 12 horas que não tomava nada, mas o nível de álcool em seu sangue mostrava que ainda estava sob a influência da bebida. Quando teve alta, um mês mais tarde, após haver passado por um período de completa inconsciência, pediu já sóbrio permissão aos superiores para renovar seu contato com Vasilenko. Inicialmente houve hesitação, pois o caso era considerado irremediavelmente comprometido pelo agente do FBI no Gangplank. Mas Platt insistiu e, em janeiro de 1980, restabeleceu contato. Como esperava, Vasilenko ficou contente em ter notícias dele e os dois retomaram a amizade como antes, com a diferença de que Platt agora não bebia junto com o homem da KGB.

Vasilenko relatou devidamente a seus supervisores na *Rezidentura* suas relações com a CIA e explicou que esperava transformar Platt em agente russo. Os chefes não ficaram muito satisfeitos com os contatos, especialmente quando souberam que Vasilenko e Platt se encontravam com bastante freqüência e não havia sinais de que Platt se inclinasse por trair a CIA. Mas Vasilenko argumentou que sabia o que estava fazendo; além disso, se os agentes da KGB não pudessem se aproximar dos da CIA, como seria possível recrutá-los como espiões? O *Rezident* da KGB concordou, mas aconselhou-o a ter cuidado. Com o tempo o relacionamento de Gennady e Jack se transformou em verdadeira amizade, com encontros nos cafés e restaurantes de Washington e depois em jantares nas respectivas residências. Acabaram por criar coragem para caçar juntos nas florestas da Virgínia Ocidental. Mesmo assim, Platt e seus colegas do FBI nunca conseguiram que Vasilenko passasse do estágio que a CIA chamava "em desenvolvimento", isto é, um alvo para recrutamento, mas ainda não um espião. Às vezes falava de mexericos de seu trabalho, mas Platt não conseguiu fazê-lo revelar suas operações.

Na verdade, enquanto Vasilenko e Platt se encontravam para beber e jantar, o russo estava envolvido no caso mais importante de sua carreira na KGB. Em janeiro de 1980, Ronald Pelton, ex-funcionário insatisfeito com a Agência de Segurança Nacional, entrara na embaixada soviética em Washington e se oferecera para vender informações sobre as operações da agência contra a União Soviética. Pelton contou à KGB uma operação sensível denominada "Ivy Bells", na qual submarinos norte-americanos haviam grampeado cabos telefônicos usados pela Marinha soviética no mar de Okhotsk, na costa da URSS no Pacífico.

Vasilenko foi o primeiro agente da KGB a entrevistar Pelton. Durante a visita inicial deste último à embaixada soviética, o trabalho de Vasilenko foi fazê-lo sair sem ser visto pelas equipes do FBI que vigiavam a representação diplomática. Vasilenko o disfarçou e o colocou em um ônibus cheio de funcionários soviéticos que iam para suas casas após o trabalho, a fim de fazê-lo sair despercebido pelos fundos da embaixada. Depois dessa operação, o russo continuou a encontrar-se com Platt sem nada revelar a respeito de Pelton. Mas os chefes de Vasilenko foram ficando mais desconfiados de seus contatos com Platt e finalmente ordenaram que ele os rompesse. Mais uma vez Vasilenko se zangou, mas dessa vez não discutiu. Em vez disso, continuou a encontrar-se com o amigo, mas parou de informar seus superiores a respeito.

Enquanto isso, os chefes de Platt se sentiam frustrados com sua incapacidade de fazer um trato com Vasilenko. Algumas pessoas na CIA achavam que ele deveria ou romper o contato ou forçar uma solução, ameaçando chantagear Vasilenko. O soviético agora mantinha contatos não autorizados com um agente da CIA; Platt poderia utilizar a ameaça de delação para obrigá-lo a decidir-se. Agastado, o norte-americano recusou-se a usar essas táticas rudes. Não era por considerar Vasilenko um amigo, pois o objetivo final de recrutar Vasilenko viciava sua amizade com o agente da KGB, mas sim porque sabia que essa estratégia estava condenada ao fracasso. Vasilenko era um homem rústico, mas também possuía um firme sentido de honra, e qualquer tentativa de chantageá-lo sairia pela culatra. Jack Platt achava que Gennady Vasilenko somente se transformaria em espião norte-americano se tomasse sozinho essa decisão. Desejava unicamente manter a amizade para estar presente no momento em que o russo se decidisse, se é que o faria.

Em 1981, Vasilenko foi transferido de Washington de volta à sede da KGB em Moscou, e Platt percebeu que não poderia continuar a manter contato sem colocá-lo em perigo. Disse a Vasilenko que fosse feliz no paraíso socialista, esperando secretamente que após um par de anos no tédio de Moscou ele se convencesse das vantagens de trabalhar para os Estados Unidos. Prometeu a si mesmo que, quando Vasilenko voltasse a ser mandado em missão ao exterior, ele o procuraria e o recrutaria de uma vez por todas.

Em 1984 Vasilenko finalmente teve nova missão externa, desta vez na Guiana. O embaixador soviético naquele país tinha excelentes contatos em Moscou e queixou-se de que sua embaixada merecia uma *Rezidentura* completa. Afinal, era um símbolo de prestígio na burocracia do serviço exterior. Vasilenko foi mandado à Guiana como vice-*Rezident* a fim de satisfazer à exigência do embaixador. Em Washington, Platt passara a nova função, como diretor do curso de Operações Internas da CIA, onde ensinava os jovens agentes como trabalhar atrás da Cortina de Ferro. Ao mesmo tempo, procurava sinais de que Vasilenko tivesse reemergido de Moscou. Levou algum tempo, mas finalmente o russo reapareceu para a CIA, e Platt começou a pedir permissão para ir à Guiana retomar o trabalho que deixara no meio em 1981. Por volta de outubro de 1987, conseguiu finalmente aprovação para sua viagem a Georgetown e para comprar um rifle de caça a fim de dá-lo a Vasilenko como uma espécie de presente de boas-vindas. Platt esperava convencer Vasilenko a ir caçar com ele nas florestas da América do Sul e retomar a amizade interrompida por tantos anos.

Por sua vez, Vasilenko também desejava rever Platt, mas não deixava de reconhecer a existência de novos perigos. Uma coisa era ir jantar em Washington com um adversário; isso fazia parte do ofício de inteligência. Mas como Vasilenko poderia explicar a seus chefes em Moscou o fato de que seu amigo da CIA havia voado milhares de quilômetros, trazendo consigo um presente caro, a fim de renovar a amizade? Dali em diante, todos os contatos seriam feitos sem autorização, e Vasilenko precisava ter certeza de que não seriam detectados. Tinha bons motivos para passar a ser mais cauteloso: a sede da KGB estava cheia de boatos de que antigos colegas de Washington haviam sido presos e que outros agentes da KGB haviam se tornado igualmente suspeitos. Parecia estar havendo um banho de sangue em Yasenevo, e o moral desabava. Os agentes passavam pelos corredores com vontade de se esconder, para o caso de que houvesse algum traidor por perto. A paranóia e o medo, marcas registradas da KGB, começaram a crescer a níveis anteriores à distensão com os Estados Unidos.

Mas Vasilenko não estava disposto a espionar em favor dos Estados Unidos somente por desejar conservar a amizade com Platt. Queria estar com ele simplesmente porque se sentia entediado e precisava se divertir. Ainda rechaçava todos os oferecimentos do amigo para que se tornasse espião e ainda o tentava contando mexericos da KGB, sem transpor os limites da espionagem. Platt passou alguns dias na Guiana, encontrando-se diariamente com Vasilenko diante do quebra-mar oceânico, que era pouco mais do que um muro de cimento erguido a fim de proteger um hospital militar, construído num terreno plano junto à praia. Os dois levavam bebidas, gelo e coisas de comer, a fim de fazer piqueniques longe dos olhos dos curiosos membros da embaixada soviética. Durante as tardes, faziam competições de tiro, disparando contra latas vazias. Embora a conversa fosse ligeira, houve também pequenos sinais de progresso que mantiveram aceso o interesse profissional de Platt.

Em certo momento, Vasilenko mencionou descuidadamente que o agente da KGB chamado Vladimir Tsymbal havia sido mandado de Moscou em visita à *Rezidentura* de Washington em 1985, e novamente em 1987.

Platt ficou intrigado com aquela observação casual. Sabia que Tsymbal era especialista em comunicações secretas da Linha KR da Primeira Diretoria Principal. Por experiência anterior, a CIA tinha conhecimento de que Tsymbal era usado pela KGB para organizar detalhes sensíveis de comunicação com agentes estrangeiros, em operações altamente delicadas. Era um dos principais peritos técnicos da KGB, e quando aparecia em algum lugar, a reação instintiva da CIA era começar a procurar um espião. Portanto, qual seria a razão da vinda de Tsymbal a Washington em 1985, e outra vez dois anos mais tarde? Que operações com agentes em Washington seriam tão importantes para exigir a presença do melhor técnico em comunicações secretas de Moscou? Tentar encontrar as respostas com Vasilenko seria inútil; mesmo que ele estivesse disposto a informar Platt, não saberia a verdade. O norte-americano teria de fazer um relato à sede da agência sobre o que ouvira de Vasilenko e esperar que os analistas de contra-espionagem de Langley conseguissem entender as viagens de Tsymbal.

Em outubro de 1987, Platt redigiu um resumo de sua viagem a Georgetown, inclusive a misteriosa referência de Vasilenko às visitas de Tsymbal a Washington, e mandou uma cópia ao FBI, pois o caso MONOLITE era ainda considerado uma operação conjunta FBI-CIA. Platt aposentou-se na CIA no mesmo ano, mas prosseguiu trabalhando como consultor contratado a fim de terminar o caso. Planejava regressar a Georgetown em fevereiro a fim de rever o velho amigo.

Procurando controlar-se à espera de novos interrogatórios, Gennady Vasilenko somente conseguia pensar: Jack, Jack, que foi que você fez?

A bordo de um cargueiro soviético rumo a Odessa, janeiro de 1988

Gennady Vasilenko pouco tinha dito a seus inquisidores em Havana, e por isso eles o atiraram em um cargueiro soviético que regressava à URSS, onde a KGB teria tempo mais do que suficiente para convencê-lo a falar. Gennady não ficou preso a bordo; a KGB achou que ele não teria para onde ir. Mas enquanto caminhava pelo convés começou a pensar seriamente em saltar pela amurada no meio do Atlântico, acabando com sua vida e com a desgraça que sabia iria abater-se sobre a sua família. No entanto, à medida que o navio avançava, cortando as ondas, levando-o de volta a um futuro implacável, Vasilenko finalmente rejeitou o suicídio. Não era espião, não devia ter sido preso; iria lutar por sua vida.

Prisão de Lefortovo, Moscou, junho de 1988

Os interrogatórios de Gennady Vasilenko tinham sido intermináveis, repetindo sem cessar os mesmos temas, principalmente a viagem de Platt à Guiana em outubro, e a cada vez Vasilenko dava as mesmas respostas. *Sim, eu conhecia Platt. Sim, continuei a encontrá-lo mesmo depois de ter sido instruído a romper o contato, mas achava que poderia recrutá-lo. Não, nunca espionei.*

Vasilenko sabia que aquele jogo de intermináveis perguntas e respostas repetitivas era realmente mortal. Em Lefortovo, se um tribunal decidisse pela pena de morte, a sentença podia ser executada dentro dos muros. Gente que ele conhecia e com quem havia trabalhado em Washington, como Motorin e Martynov, havia sido fuzilada naquela mesma prisão. Não haveria julgamento público nem apelação.

Estranhamente, porém, a KGB era legalista, e Vasilenko em breve percebeu que os investigadores tinham muito poucas provas verdadeiras contra ele. Aparentemente, sua detenção e prisão haviam sido baseadas em relatos da visita de Platt à Guiana, mas aquilo não parecia suficiente para que o tribunal ordenasse sua execução. Felizmente para o russo, Platt jamais havia exagerado seu sucesso com Vasilenko, nem mesmo em seus relatórios internos para a CIA. A informação fornecida por Hanssen à KGB sobre a viagem indicava apenas que o agente russo havia tido um encontro não autorizado com o agente norte-americano na Guiana.

Mas os inquisidores resolveram preencher as lacunas por si mesmos, e procuraram, habilmente, convencer Vasilenko de que já tinham provas suficientes para sua condenação. Durante o primeiro interrogatório em Lefortovo, os investigadores afirmaram que a inteligência cubana havia descoberto uma fita gravada de seu encontro com Platt em outubro, em Georgetown. Disseram que Platt a tinha esquecido no hotel. Confesse, diziam eles. Temos provas irrefutáveis.

Vasilenko, no entanto, lembrou-se de que Platt lhe tinha prometido que nunca gravaria as conversas dos dois, e resolveu confiar no amigo e pagar para ver.

Percebeu que a KGB estava mentindo, que tentava assustá-lo para que fizesse uma confissão falsa, e isso lhe salvou a vida. Vasilenko se convenceu de que com a intensidade do interrogatório os investigadores pretendiam que ele se acusasse a si próprio.

Recusou-se a ceder à pressão, negou-se a confessar a espionagem que não praticara. Após cada sessão, os frustrados interrogadores o mandavam de volta à cela, confiando em informantes que haviam colocado como seus companheiros de prisão a fim de verificar se ele admitiria a culpa nos momentos de descuido. Entre janeiro e junho, a KGB mandou três informantes diferentes para dividir a cela com Vasilenko; todos disseram que ele não havia confessado e que não parecia ser espião.

A investigação da KGB era prejudicada pelo fato de que não havia sido encontrado "equipamento de espião", isto é, planos de comunicações que normalmente eram descobertos quando um espião da CIA era desmascarado. Seria isso prova de inocência, como ele afirmava? Ou significaria apenas que Vasilenko era muito esperto?

O tempo corria contra os investigadores. A prisão de Vasilenko tocara numa ferida aberta nas fileiras da Primeira Diretoria Principal da KGB, em que os traumas psíquicos das muitas detenções, execuções e defecções de amigos e colegas durante os três anos anteriores estavam começando a causar danos. Inicialmente, os agentes da Primeira Diretoria tinham ficado atônitos, mas agora a detenção de um agente benquisto e despretensioso caíra mal em Yasenevo. Em uma pesquisa secreta e informal feita pela KGB entre os colegas de Vasilenko na contra-espionagem, nenhum deles disse que ele seria traidor. Vasilenko foi também ajudado pelo fato de que sua mulher vinha de uma família influente; a KGB, portanto, precisava ter provas absolutamente concludentes para que ele pudesse ser executado.

A KGB, porém, não dispunha de provas convincentes, e seu tribunal secreto resolveu não julgar Vasilenko por espionagem. Em vez disso, foi castigado por haver deixado de relatar contatos não autorizados com os norte-americanos e por trazer ilegalmente para a União Soviética o rifle de caça que Platt lhe dera de presente. Foi solto em junho, e simultaneamente demitido e jogado nas ruas de Moscou, sem proventos e sem emprego. Aos poucos, finalmente, os amigos de Vasilenko na estrutura de coleguismo da KGB o ajudaram a recompor de alguma forma sua vida.

Em Washington, Jack Platt ficou apreensivo. Tudo o que sabia era que Vasilenko havia desaparecido, e não tinha idéia de que o amigo estivesse vivo ou morto. Sem ter sinal de vida, desligou-se em 1988 do contrato que tinha com a CIA, preocupando-se em silêncio com o fato de que algo tinha dado errado num caso importante e ninguém na agência parecia estar fazendo alguma coisa. Advertiu amargamente os amigos que ainda estavam na Divisão Soviética/Leste Européia da CIA que "tomassem cuidado". A verdade, porém, era que por volta de 1987 a CIA e o FBI já não estavam fazendo grande esforço para tentar explicar por que motivo haviam perdido tantos agentes. As operações em Moscou haviam sido retomadas e a atmosfera de suspeita que baixara sobre a Divisão SE começava a se dissipar.

12

Islamabad, 2 de fevereiro de 1988

Arnie Raphel e eu estávamos em minha varanda, vestindo suéteres, aproveitando o estimulante frescor do fim de tarde em Islamabad. Durante os meses anteriores ficara claro que Gorbachev se preparava para sair do Afeganistão e que suas precondições para tornar o país neutro e amigável já não bloqueavam as negociações. Os debates em Genebra entre o negociador norte-americano, o subsecretário de Estado para Assuntos Políticos Mike Armacost e seu correspondente soviético, Yuli Vorontsov, haviam chegado a um ponto decisivo. Esperávamos um resultado final a qualquer momento, e Raphel e eu discutíamos as perspectivas de um governo provisório no Afeganistão, quando meu empregado interrompeu a conversa. Era uma chamada para o embaixador, informou ele, solenemente. Arnie desapareceu durante cinco minutos e ao voltar bateu com seu copo no meu, dizendo:

– Era Armacost. Tudo terminou. Vão assinar o acordo em Genebra. Gorbachev fará o anúncio dentro de uma semana.

– Então é isso? – disse eu, ainda sob o impacto da notícia. – E agora?

– O "e agora" pode ser o mais difícil – disse ele.

Tinha razão. O caminho em direção ao acordo havia sido cheio de obstáculos desde que Gorbachev dera os primeiros passos tentativos pouco mais de dois anos antes, e Washington estava dividida quanto à saída definitiva dos soviéticos. Em meados de 1987, Mike Armacost havia declarado categoricamente que os russos se retirariam. Em setembro do mesmo ano Eduard Shevardnadze dissera a George Shultz que sairiam do Afeganistão em 1988, mas o secretário de Estado guardou em segredo a substância da conversa com o ministro do Exterior soviético até o mês de novembro de 1987, quando finalmente a confiou ao diretor da CIA, Bill Webster.

A CIA, porém, ainda duvidava de que Gorbachev pudesse organizar politicamente a retirada, realizando-a sem que ficasse parecida com a situação dos Estados Unidos no final da experiência no Vietnã. Bob Gates apostou 25 dólares com Armacost que os russos não sairiam do Afeganistão até o final do governo Reagan, embora concordasse em que a decisão de retirar-se já estava tomada.

Exatamente uma semana depois, em discurso ao povo soviético, Gorbachev declarou que as tropas iniciariam a retirada do Afeganistão em 15 de maio e a completariam até 15 de março do ano seguinte.

Chiang Mai, Tailândia, 10 de abril de 1988

Tão logo se abriu a possibilidade real de que os acordos de Genebra seriam assinados, eu parti com Marie-Catherine para uma viagem curta à Tailândia. A batalha em direção ao ajuste final tinha sido longa, mas os soviéticos, ao contrário das previsões da maioria, finalmente enfrentaram estoicamente o inevitável. O acordo formal seria assinado em Genebra em 14 de abril, entrando em vigor em 15 de maio. A retirada russa, portanto, começaria nessa data e estaria terminada dentro de nove meses, até 15 de fevereiro de 1989, quase dez desastrosos anos após haverem invadido o Afeganistão.

Chegamos a Chiang Mai dois dias antes do Ano-Novo tailandês e tínhamos planejado ficar alguns dias sem fazer nada, ou quase nada, enquanto os ativos camponeses da Tailândia cuidavam dos túmulos de seus ancestrais e jogavam alegremente água purificadora sobre todos os transeuntes nas cidades. Por cortesia, entrei em contato com nosso pessoal no país para que soubessem onde eu me encontrava se alguém me procurasse. No dia seguinte, um colega telefonou, sugerindo que eu fosse até o escritório a fim de ler um telegrama urgentíssimo, e eu tratei de evitar o assunto.

– De onde veio a mensagem? – perguntei.

– Do lugar onde você está trabalhando – foi a resposta hesitante e ameaçadora.

– Que pode me dizer sobre ele? – insisti.

– Espere um pouco. – Houve uma pausa enquanto ele relia o texto. – Parece que explodiu um depósito de munições.

Senti-me aliviado porque deveria ser a notícia de mais um êxito dos *mujahidins* logo antes da entrada em vigor dos acordos de Genebra. Era algo que poderia corroborar o acerto da decisão soviética de desistir da guerra. Imaginei que Islamabad provavelmente estaria enviando a informação a mim para dar-me uma boa notícia durante as férias.

– Ótimo – disse eu. – Obrigado. Isso é muito bom. Vou ficar sabendo os detalhes quando voltar. Quer me fazer um favor? Mande um telegrama curto de resposta, com uma só palavra: "Bravos." E assine meu nome. Está bem?

– Espere um pouco. O seu pessoal está dizendo que o depósito que explodiu era de *vocês*, e que não ficava muito longe de onde você mora! Está havendo um pandemônio lá.

– Diabos! Então diga que voltarei logo que puder.

Quando cheguei a Islamabad com Marie-Catherine, as explosões mais perigosas já tinham diminuído. Mas o depósito ainda estava em chamas no acampamento de Ojhri, onde havia milhares de peças de munição espalhadas, prontas a explodir ao menor movimento. No momento da grande explosão, havia quase 10 mil toneladas de foguetes, morteiros, balas de pequeno calibre, explosivos plásticos e Stingers armazenados. Muitos dos foguetes de 107mm haviam disparado, e alguns deles causaram perdas humanas em vários pontos de Rawalpindi e na vizinha Islamabad; mas como não estavam armados, não haviam explodido ao caírem, o que reduzira em muito os estragos e as perdas de vidas. Dois deles atingiram a escola internacional norte-americana em Islamabad, causando compreensível pânico entre pais e alunos, mas nenhum ferimento.

A população de Rawalpindi teve menos sorte. A primeira grande explosão arrasou uma favela que ficava ao lado do acampamento de Ojhri, matando dezenas de pessoas. Enquanto as explosões se sucediam durante a manhã, com nuvens de fumaça negra se erguendo sobre Ojhri e flutuando sobre Rawalpindi, muitos outros morreram com a queda de destroços e munições. No fim do dia, havia mais de cem mortos e mil feridos.

Sede da Primeira Diretoria Principal, Yasenevo, 10 de abril de 1988

Leonid Shebarshin considerou a explosão no acampamento de Ojhri como mais um bom exemplo da capacidade do serviço de inteligência e segurança de Najibullah, o Khad. Não tinha dúvidas de que o Khad era o responsável pela operação, mas tampouco duvidava de que o fizera sozinho, sem a colaboração das unidades especiais da KGB no Afeganistão. Shebarshin respeitava muito a capacidade dos serviços especiais afegãos, especialmente nas "operações sujas", que era como ele caracterizava a destruição do depósito de suprimentos norte-americano e paquistanês em Ojhri. Não era ingênuo a ponto de imaginar que seus colegas afegãos o poriam a par de tudo o que planejavam e não se sentia desapontado por não poder atribuir a imensa explosão à Comissão Soviética de Segurança do Estado.

Tinha sido uma boa operação, concluiu Shebarshin, e não podia ter ocorrido em melhor ocasião, poucos dias antes da assinatura dos acordos de Genebra.

Acampamento de Ojhri, 12 de abril de 1988

Fui recebido no aeroporto e levado diretamente a Ojhri, onde o general-de-brigada Janjua, novo encarregado da assistência militar aos afegãos, me levou para uma inspeção. Enquanto caminhávamos cuidadosamente por entre os destroços ainda fumegantes, perguntei o que tinha acontecido.

– Ainda estamos investigando – disse Janjua –, mas parece que um dos carregadores deixou cair uma caixa com um dos novos foguetes egípcios, talvez um à base de fósforo branco. Houve uma explosão e um incêndio no depósito, e enquanto os operários transportavam os feridos para lugar seguro, o fogo se espalhou e ficou fora de controle. Em poucos minutos tudo foi pelos ares.

– Outra vez a munição egípcia? – perguntei, sacudindo a cabeça.

– Outra vez – respondeu o general Janjua, com raiva na voz.

O material egípcio tinha um histórico de problemas. Nos primeiros anos da guerra, os egípcios pareciam haver recolhido todo o lixo de seus depósitos e mandado ao Paquistão para a resistência afegã, junto com munições velhas e inúteis. Mais ou menos um ano antes tinha havido um incêndio em Ojhri atribuído a projéteis de morteiro egípcios, com ignição a fósforo branco. Na época, a rápida reação do pessoal do acampamento impedira uma catástrofe semelhante. Nos anos seguintes, entretanto, a qualidade dos suprimentos egípcios tinha melhorado, e houve menos queixas. Mas, ao ouvir a impressão inicial do general Janjua sobre o desastre, imaginei que essa seria a primeira de muitas versões sobre o incidente, talvez a mais fácil de compreender.

– Era possível alguém ter feito alguma coisa? – perguntei.

– Talvez. Se tivessem tentado controlar o fogo antes de cuidar dos feridos, as coisas poderiam ter sido diferentes. Mas talvez não. O incêndio ficou fora de controle muito rapidamente – respondeu Janjua. – Depois disso, não havia nada mais a fazer a não ser tratar de escapar. E alguns nem sequer isso conseguiram.

De Ojhri fui à embaixada, onde o embaixador Raphel, com ajuda de meu subchefe, Philippe Jones, havia coordenado a reação norte-americana. Nenhum dos nossos havia sido atingido, mas tinha havido riscos graves e a comunidade se sentia insegura. Alguns dos funcionários da embaixada estavam pedindo para serem mandados de volta imediatamente.

Arnie Raphel se mantivera calmo desde a primeira explosão, que ouvira em Rawalpindi. Enquanto os foguetes ainda cortavam o ar, com alguns caindo próximo à embaixada, ele perguntara secamente a Philippe Jones se tinha sido boa idéia armazenar tanta munição tão perto de Islamabad e de Rawalpindi. Phil respondera sinceramente que diante dos acontecimentos a idéia não tinha sido tão boa, mas que os paquistaneses haviam preferido assim.

O embaixador não levantou mais a questão de saber de quem seria a culpa. Em vez disso, mandou um telegrama ao Departamento de Defesa para que enviasse equipes de destruição de munições (EOD) ao Paquistão, a fim de ajudar na remoção dos destroços. O pessoal do EOD chegou poucos dias depois, e durante as semanas seguintes ouviam-se pequenas explosões diariamente, enquanto as equipes detonavam o equipamento instável que iam cuidadosamente recolhendo.

Embora o embaixador tivesse conseguido evitar recriminações entre os norte-americanos, o mesmo não acontecia no governo paquistanês. Ojhri ainda fumegava quando as primeiras acusações começaram a surgir. O primeiro-ministro Junejo lançou um ataque contra a ISI e o exército. Este contra-atacou criticando o general Akhtar, que deixara a ISI quase um ano antes, e o general reagiu pondo a culpa em Hamid Gul, por haver armazenado munição demais em Ojhri. A guerra entre o governo de Junejo e o Exército de Zia explodiu quase tão rapidamente quanto o depósito de Ojhri.

Em seguida, começaram os boatos.

A coincidência entre a destruição de 10 mil toneladas de munição em Ojhri e a assinatura dos acordos de Genebra, quatro dias depois, deu origem a rumores de que tinha sido sabotagem da KGB. Outros, dando nova feição à mesma história, preferiam atribuir a sabotagem aos indianos, talvez agindo por conta da KGB. Houve uma onda de relatos de testemunhas oculares de caças indianos Mirage que voavam a baixa altitude na região, logo antes da primeira explosão;

um deles, segundo esses boatos, havia lançado um raio de partículas diretamente contra o depósito de Ojhri, causando o desastre. O jogo passou a ser o de inventar detalhes cada vez mais elaborados, e cada nova versão da perfídia indiana e da KGB era mais complexa do que a anterior. Em pouco tempo, a fábrica de boatos resolveu concentrar-se nos culpados mais suculentos de todos – os norte-americanos. Em breve, circulavam versões fundamentadas de que os Estados Unidos haviam feito explodir o acampamento de Ojhri como parte de um ajuste secreto com os soviéticos. Dizia-se que a malévola conspiração das duas superpotências tivera origem no obscuro conceito de "simetria negativa", que os EUA e a URSS teriam acordado num anexo ao *memorandum* de entendimento redigido em Genebra. Especificamente, os Estados Unidos teriam feito a seguinte declaração:

> As obrigações assumidas pelos garantes são simétricas. Nesse contexto, os Estados Unidos informam a União Soviética de que conservam o direito, consistente com suas obrigações como garante, de fornecer assistência militar aos partidos do Afeganistão. Se a União Soviética demonstrar moderação no fornecimento de assistência militar aos partidos no Afeganistão, os Estados Unidos exercerão idêntico comedimento.

Isso foi o suficiente para as multidões que já suspeitavam de nossas intenções posteriormente aos acordos de Genebra, especialmente os que interpretavam a declaração sobre simetria como um abandono de parte dos Estados Unidos. Pouco faltava para concluir que os norte-americanos tivessem concordado em fazer explodir o acampamento de Ojhri.

Como a maior parte das tempestades, a história de Ojhri finalmente deu um último suspiro. Isso ocorreu após seis semanas de ataques e contra-ataques entre o Exército e o primeiro-ministro, culminando com o ousado passo de Junejo ao bloquear promoções decididas por Zia em altos postos do Exército e exigir a divulgação pública de uma investigação das forças armadas a respeito da catástrofe de Ojhri. Em 29 de maio, Zia reagiria da forma que melhor conhecia para tratar com primeiros-ministros intrometidos.

Islamabad, 30 de maio de 1988

– Você pode imaginar uma coisa dessas? – perguntou Arnie Raphel com um tom de voz semelhante à expressão desanimada de seu rosto.

O embaixador se referia à repentina decisão de Zia durante a noite, demitindo o primeiro-ministro Junejo por corrupção e incompetência, e dissolvendo o Parlamento nacional e os das províncias. Os militares passavam novamente a dar as ordens no Paquistão.

– Claro que sim. Pelo menos não mandou prendê-lo.

– Você ouviu alguma coisa que pudesse nos fazer suspeitar disso? – perguntou Raphel, com certa cautela.

– Absolutamente nada. Meu palpite é que Zia tomou a decisão ontem à noite e resolveu agir imediatamente. Não vou me lamentar por não ter sabido antes. E você?

– Estive com o presidente ontem à noite – disse Raphel, em voz baixa. – Fui encontrá-lo e andamos juntos de carro por Islamabad durante uma hora. Somente falamos do fim das hostilidades no Afeganistão. Que as coisas estavam indo bem e que tínhamos de assegurar a instalação de um governo provisório antes da partida dos soviéticos. Ele se preocupava com a possibilidade de que nosso único interesse fosse expulsar os russos e não nos importássemos com o que fosse acontecer depois. Sempre poderíamos nos afastar do Paquistão, mas o Afeganistão continuaria vizinho deles. Não deu o mínimo indício de que ia decapitar Junejo.

Ouvindo as palavras do embaixador, compreendi o motivo de seu aborrecimento.

– E você está se sentindo mal, porque conhecia bem Zia e ele não disse nada ao amigo Arnie Raphel sobre o que pretendia fazer. Não é isso?

– Você conhece Washington, o falatório vai começar amanhã. Que diabo de relacionamento ele tem com Zia, pelo amor de Deus! Passa uma hora passeando com o presidente, que não diz nada e ao chegar ao palácio demite o primeiro-ministro! – disse Raphel.

– É, sei o que você quer dizer. Mas não sei o que possa fazer.

– Veja isso aqui – disse Raphel, fazendo um gesto em direção ao monitor do computador.

Sentei-me para ler a minuta do telegrama que ele redigira descrevendo seu encontro com Zia no fim da tarde anterior e comentando as ações do presidente poucas horas depois. Quando terminei, comentei:

– Está demasiadamente defensivo. Não mande isso. Eu simplesmente voltaria a trabalhar e deixaria que a seção política da embaixada cuidasse da minuta do telegrama. E pense no lado positivo. Agora você não vai precisar estar com aquele tonto do Junejo. Pode tratar de tudo no Ministério do Exército.

Raphel sorriu, desta vez sem ironia.

– Você não mandou nenhum relatório dizendo que alguma coisa iria acontecer? – perguntou.

– Sem ter mostrado a você? Nada disso. Estava tão por fora quanto você, mas não jantei com o homem na noite anterior. Acho que vou dizer ao meu pessoal que se acharem que eu não estava bem informado, dêem uma olhada em Arnie Raphel. O embaixador estava passeando com o homem em Islamabad enquanto ele planejava o golpe, e não percebeu nada. Assim deixarão de me amolar.

Arnie Raphel não tratou mais do assunto, pelo menos que eu tivesse sabido, embora continuasse a ser recriminado pelo Departamento de Estado por não ter percebido os indícios do que Zia pretendia fazer.

Islamabad, 16h00, 15 de maio de 1988

Subi no sofá em meu escritório e coloquei o primeiro ímã verde no mapa do Afeganistão pendurado na parede. Marcava o lugar de Barikot, na extremidade norte do vale de Konar, no oriente afegão, e representava a primeira retirada de uma unidade do 40º Exército Soviético. Depois pus outro ímã na guarnição russa de Jalalabad, e durante os dias seguintes os ímãs verdes passaram a cobrir outros pontos do Afeganistão, à medida que os soviéticos executavam fielmente o compromisso de mandar para casa a metade dos soldados nos primeiros seis meses de vigência dos acordos de Genebra.

Finalmente, eles começavam a sair.

Cabul, 4h30, 16 de maio de 1988

Leonid Shebarshin acordou assustado por uma trovoada, e logo em seguida outra, que parecia ter estourado logo acima de sua cabeça. Olhou pela janela e viu os primeiros albores da madrugada de verão. O aguaceiro deveria vir em seguida, pensou ele, fechando os olhos ao ouvir novos trovões ensurdecedores, acompanhados por outros quatro em intervalos regulares. Aos poucos, sua mente ainda sonolenta se esclareceu, a idéia da tempestade de verão desapareceu, substituída pelo entendimento de que Cabul se encontrava sob forte bombardeio dos bandidos que ocupavam os pontos elevados em torno de grande parte da capital. Durante um breve intervalo das explosões, percebeu o chamado plangente do muezim para as preces matinais.

Dois dias antes, as primeiras colunas de soldados soviéticos haviam cruzado o Amu Dar'ya, a caminho de Termez, para nunca mais voltar ao Afeganistão. A guerra de dez anos finalmente chegava ao fim. As tropas estavam batendo em retirada.

Islamabad, 4 de agosto de 1988

Eu já tinha ido para casa no fim da tarde quando o telefone tocou. Era um agente da ISI, da equipe do Afeganistão.

– Sr. Milton – disse ele –, derrubaram um avião perto de Parachinar.

– Nosso ou deles? – Eu sempre achava que algum dia receberia a notícia de que alguém derrubara um avião comercial na região da fronteira, onde Fokkers do Paquistão voavam em horários irregulares.

– Era um Su-25, e caiu em bom estado. O piloto ejetou-se.

– Tem certeza de que era um Sukhoi-25?

– Estamos esperando confirmação. O lugar do acidente está sob controle das milícias. Dizem que o avião está em excelentes condições.

– Foi um Stinger que o derrubou?

– Não. Tivemos sorte com um disparo antiaéreo.

– Ótimo, coronel.

Fiquei contente. Um avião de primeira qualidade como o Su-25, pouco danificado, seria uma ótima adição ao equipamento que vínhamos recuperando nos campos de batalha do Afeganistão durante os dez anos anteriores. Poucos meses antes havíamos entregado à Força Aérea norte-americana um MiG-21bis em quase perfeito estado, ainda em condições de vôo, para ser usado no treinamento de esquadrilhas antiagressão, e meu antecessor, Bill Piekney, tinha conseguido um helicóptero de ataque MI-25 em funcionamento, que mandara de presente ao Exército dos Estados Unidos. Ao longo dos anos tínhamos obtido um ou dois exemplares de quase todo o equipamento usado nos campos de batalha, e algumas peças, como os fachos usados pelos soviéticos para desviar mísseis atraídos pelo calor, estavam sendo compradas a suboficiais russos por meio de uma série de complexos ardis.

– Pode mandar uma ordem ao pessoal que está no local para impedir o acesso aos caçadores de suvenires?

Eu não queria que ninguém carregasse o nariz ou a cauda do avião, onde ficavam localizados os sistemas de armamentos e de navegação.

– Ninguém tocará no avião, mas o senhor precisa se comprometer agora a comprá-lo. Se não, eles vão oferecê-lo a quem der mais.

Claro que iam fazer isso, pensei eu. Aquela guerra proporcionava bons negócios à gente que percorria os campos de batalha em busca de destroços para vender, ou comerciantes de ferro-velho. Era perfeita para os empreendedores privados afegãos. Todos participavam do jogo, desde a maior parte dos países da OTAN até os chineses. Mas nós muitas vezes tínhamos a primeira opção, e os mercadores afegãos sabiam a quem se dirigir com a oferta inicial. Eu conhecia até mesmo alguns comerciantes de ferro-velho mais ativos nas províncias de Paktia e Nangarhar que organizavam ataques de milícias dos *mujahidins* contra guarnições soviéticas para que estas respondessem com fogo de artilharia, e no dia seguinte os mercadores subiam as colinas em seus velhos caminhões Bedford oferecendo-se ao comandante da guarnição para comprar os cartuchos usados dos projéteis (operavam em coordenação com as cotações do mercado local de metal usado). Para os comandantes soviéticos nos solitários postos avançados, era também um bom negócio. Como atrativo adicional, os astutos mercadores em geral acrescentavam uma caixa de vodca Stolichnaya, ou uma lata de caviar, ou caranguejo do Kamchatka, obtido anteriormente de algum outro comandante. Todos ficavam felizes e raramente alguém se prejudicava.

– O que é que eles querem?

– Sr. Milton, acho que o senhor pode conseguir esse Sukhoi por menos de dez camionetas Toyota Hilux. E talvez alguns lançadores de foguetes BM-12.

– Quantas camionetas? E quantos lançadores de foguete? – perguntei, sabendo que seriam quase dez.

– Talvez oito de cada, Sr. Milton. Mas as camionetas devem ser novas e com faixa vermelha. E seria melhor se algumas fossem de cabine dupla, para cinco passageiros.

– Escute, coronel. O senhor pode conseguir as camionetas em seu arsenal, junto com os BM-12. Pode estar certo de que eu as reporei. Estamos conversados?

– Sim, creio que sim.

– Então preciso que o senhor providencie para trazer o Sukhoi para o lado de cá da linha zero; dali em diante meu pessoal se encarregará. Pode colocar sentinelas durante vinte e quatro horas, até eu receber instruções? Amanhã terei uma resposta. E obrigado. Pode ser uma grande oportunidade. Mas, por favor, não diga àquela gente que estamos muito interessados. OK? Se não, eles aumentarão o preço.

– Perfeito, Sr. Milton. Mas há uma coisa mais. Eles também pegaram o piloto.

– O piloto!

– Sim. O coronel de cabelos grisalhos que se ejetou foi capturado. Tem apenas ferimentos leves e está sendo guardado pela mesma milícia que pegou o avião. Que acha que se deve fazer com o piloto?

– Não deixe que nada lhe aconteça – respondi.

Há muito tempo eu vinha fazendo sermões tanto aos afegãos quanto aos paquistaneses, dizendo que precisavam mudar o tratamento que davam aos prisioneiros soviéticos, especialmente os pilotos de aviões derrubados. Pouco depois de chegar ao Paquistão eu tinha visto uma foto de um piloto russo vestido com seu macacão prateado de vôo, enfiado na neve até a cintura, a pele queimada pelo sol inclemente, com um buraco de bala na cabeça. Ainda segurava a semi-automática Tokarev. Tinha preferido matar-se a ser capturado. Os pilotos soviéticos sofriam maus-tratos especiais quando eram apanhados, e por isso eram extremamente cautelosos desde a introdução do Stinger, em 1986. O medo maior não era ser atingido, e sim cair nas mãos dos *mujahidins*.

Eu tinha deixado claro que as normas norte-americanas eram tratar os aviadores capturados como prisioneiros de guerra, segundo os acordos internacionais, e que eu poderia até mesmo oferecer recompensas pela repatriação de pilotos à URSS, ou readaptá-los no Ocidente, se preferissem.

– Eles o entregarão por mais duas camionetas e talvez outros dois BM-12.

– Vamos fazer o mesmo trato. O senhor paga à milícia e eu o reembolso. E quero falar com o general Gul logo de manhã cedo.

– Vou mandar um carro, Sr. Milton.

Jalalabad, 9 de agosto de 1988

O 40º Exército havia levado suas forças de Jalalabad na primeira parte da retirada, em meados de maio, entregando ao 2º Corpo do Exército afegão a cidade que fora antigamente a residência de inverno dos reis do Afeganistão. Muitos no limitado contingente soviético acreditavam que tão logo os russos se retirassem de Jalalabad, as defesas afegãs entrariam em colapso e os bandidos tomariam a capital da província de Nangarhar. Alguns achavam até mesmo que os aliados locais dos soviéticos entrariam em pânico e tentariam subir desordenadamente nos tanques e helicópteros que partissem, como tinham feito os sul-vietnamitas no momento da partida dos norte-americanos de Saigon. Mas isso não acontecera, e um dos poucos soviéticos que estavam convencidos disso era Leonid Shebarshin, que noventa dias antes da partida do 40º Exército estava em visita a Cabul com Vladimir Kryuchkov, o novo chefe da KGB.

Desde a retirada dos soviéticos, nem um só soldado permanecera em Jalalabad; isso tinha sido considerado um grande risco. Mas para grande surpresa de Shebarshin, Kryuchkov, igualmente persuadido da durabilidade do regime de Najibullah, resolveu fazer uma visita rápida a Jalalabad. Embarcou depois do crepúsculo com Shebarshin em Cabul, num avião de transporte Antonov AN-26 sem iluminação, para o rápido vôo até Jalalabad. Shebarshin se sentia acanhado, pouco à vontade e desconfortável no pára-quedas que ele e o chefe da KGB foram instruídos a usar , ainda mais por não ter idéia de como o equipamento funcionava, além da rápida instrução recebida. Tinham-lhe dito que bastava pular e puxar o anel no peito e tudo correria bem. Tampouco confiava na pistola que levava à cintura. Se pulasse, pensou, provavelmente a perderia. Shebarshin achou que essas idéias não eram dignas de um homem, mas pelo menos deveriam ser anotadas por uma questão de objetividade, ao que diria mais tarde.

Quando o Antonov decolou da pista, o piloto fez uma série de manobras de subida rápida que pareceram tomar mais de vinte minutos até que o vagaroso transporte a turboélice se colocasse acima do alcance efetivo dos artilheiros dos Stingers. Ao chegarem à altitude de cruzeiro para o curto trajeto ao longo do rio Cabul, a rota histórica da retirada de um exército britânico derrotado quase um século e meio antes, Shebarshin podia ver os clarões da artilharia e de armas de fogo pequenas, como fósforos que piscassem 6 mil metros abaixo. Pouco depois de ganhar altitude o Antonov já começou a descer para a aproximação a Jalalabad, usando a mesma manobra em espiral que dava frios na barriga, só que desta vez para baixo. Tão logo o avião estacionou na pista, ainda com os motores funcionando, os visitantes foram levados a um carro que esperava. O Antonov girou sobre si mesmo e subiu novamente na escuridão do céu. Não havia permanecido mais do que um minuto no solo.

Kryuchkov e Shebarshin foram alojados durante as duas noites seguintes na residência da família de Pir Sayed Ahmad Gailani, líder da resistência afegã. A casa do chefe rebelde havia sido danificada pelas tropas de ocupação ao longo dos anos, mas a criadagem ainda falava do patrão em tom reverente. Não seria preciso grande esforço para consertá-la depois da guerra, pensou Shebarshin enquanto percorria a antiga e elegante residência.

O dia seguinte foi surrealista, pura fantasia enquanto ambos visitavam a cidade de Jalalabad, encontrando-se com funcionários afegãos e soldados nas guarnições. No calor abafado da planície de Jalalabad, condecoraram peitos vestidos de cáqui e ouviram o mesmo mantra pouco convincente de que tudo estava bem. Tudo estava sob controle. Aqui e ali viam-se cartazes vermelhos desbotados que exaltavam a vitória inevitável. Fatalismo muçulmano, pensou Shebarshin enquanto contemplava o cenário.

Na segunda noite, outro Antonov sem iluminação desceu em Jalalabad a fim de recolher os dois VIPs para o regresso a Cabul. Os dois homens embarcaram apressadamente e em poucos segundos subiam em espiral para a segurança, acima da cidade e ao longo do corredor aéreo que os levaria de volta. Após a decolagem, a tripulação anotou no diário de bordo que disparos de grosso calibre haviam seguido a subida deles até atingirem a altitude necessária para se colocarem fora do alcance de armas que sabiam estar em mãos dos bandidos. Às 22h45 já estavam novamente no solo, em Cabul.

Sede da Primeira Diretoria Principal, 15 de agosto de 1988

Ao regressar a Moscou, Leonid Shebarshin refletiu sobre outra das muitas peripécias da guerra que chegava ao fim. Um comandante autônomo de milícia na província de Paktia, próximo à fronteira com o Paquistão, homem de lealdade cambiante, havia capturado um coronel da força aérea russa, cujo Sukhoi-25 fora derrubado perto da divisa, cerca de dez dias antes. Desde aquele dia estavam em curso negociações para o pagamento de um resgate para a libertação do coronel. Shebarshin sabia que a importância a ser paga em troca de um oficial daquela patente seria elevada, sem dúvida mais do que para um tenente, mas valia a pena libertar um oficial valoroso. Durante os anos, muitos pilotos haviam sido mortos pelos bandidos, e agora parecia que todos queriam ganhar algum dinheiro.

O avião derrubado em Paktia era um desses casos. Poucas horas após o incidente, a KGB e o 40º Exército receberam uma mensagem de que o coronel de cabelos grisalhos estava são e salvo e que seus captores estavam dispostos a negociar. Agora tudo o que havia a fazer era regatear o preço. Não era uma forma desagradável para que um piloto terminasse sua participação na guerra, especialmente tendo em vista as alternativas, pensou Shebarshin. Foi lendo o relatório até encontrar o nome do coronel, mas chegou à conclusão de que não o conhecia.

Islamabad, 15 de agosto de 1988

A operação para trazer de Paktia o Su-25 derrubado havia corrido bem, assim como a do resgate do piloto. As camionetas e os lançadores de foguetes haviam sido entregues em troca do avião e do aviador. Nunca procurávamos ter acesso aos pilotos ou outros soldados soviéticos capturados, a menos que afirmassem claramente aos paquistaneses que desejavam desertar para os Estados Unidos. As lembranças de interrogatórios de prisioneiros de guerra norte-americanos por parte dos soviéticos no Vietnã ainda estavam frescas, e a orientação era de não haver interferência direta nossa com combatentes russos capturados. No ano anterior tínhamos ajudado no reassentamento de três soldados soviéticos que haviam sido mantidos em custódia pelos *mujahidins* durante mais de um ano e que finalmente resolveram desertar para o Ocidente. Acabaram indo parar no Canadá, mas nós os ajudamos a ingressar no sistema de reassentamento.

A maioria dos membros das forças armadas soviéticas que caiu em mãos dos *mujahidins* demonstrava grande perturbação. Mesmo nas boas épocas, os maus-tratos dados aos recrutas no Exército soviético tornavam a vida bastante difícil, mas devido à esmagadora insanidade da guerra no Afeganistão não era de admirar que uma quantidade significativa de soldados descambasse para o mundo das drogas. Na verdade, muitos deles eram capturados pelos rebeldes após haverem sido atraídos da segurança de suas guarnições por causa de drogas. Uma vez capturados, alguns passavam rapidamente a entusiasmar-se pelo Islã e pela resistência afegã. Tinham ouvido muitas histórias de camaradas enterrados vivos ou transformados em objeto de diversão para homens primitivos armados com facas. Mesmo assim, suas vidas em companhia dos *mujahidins* freqüentemente eram uma mistura de concubinas com burros de carga. Quando finalmente chegavam a nós, a caminho do reassentamento no Ocidente, necessitavam de ajuda, muito mais do que estávamos em condições de fornecer.

Depois de sair de Paktia, o coronel soviético permaneceu sob custódia dos paquistaneses enquanto eram feitos os arranjos para sua repatriação, com a embaixada soviética em Islamabad. Hamid Gul me disse que o aviador russo era um homem simpático cujo único interesse era voltar a Moscou a fim de continuar a lutar. Não deu nenhuma informação nem aceitou a isca habitual para a defecção: uma loura de seios grandes, tipo rainha de beleza, uma vida tranqüila e a camionete com chapa do Arizona que eu dissera a Hamid Gul que oferecesse a ele. Em vez disso, o piloto foi entregue à embaixada soviética em Islamabad e duas semanas mais tarde chegava a Moscou, onde foi recebido com honras e condecorado por seu heroísmo e inabalável lealdade a seu "dever internacionalista".

O resgate foi caracterizado como resultado dos galhardos esforços dos "órgãos competentes". Não houve qualquer menção da forma pela qual sua libertação tinha sido negociada, e sem dúvida nada se falou dos Toyotas e dos BM-12 que a CIA proporcionara. Afinal de contas, o último capítulo fora agradável, pensei eu. Mas para o coronel aquilo ainda não significava o fim do jogo. Anos mais tarde, o afável e grisalho coronel estaria no centro da política em Moscou.

13

Rawalpindi, 13 de agosto de 1988

Akhtar não desistira de cuidar dos assuntos afegãos desde que entregara a ISI a Hamid Gul, seis meses antes. Embora para assumir a chefia do Estado-maior conjunto das forças armadas ele tivesse sido também promovido a tenente-general, sentira-se afastado da atividade durante os dias finais da guerra. Continuou a chamar-me mensalmente para um jantar discreto; em compensação, informava-me do que estava ocorrendo no Exército. Era uma boa troca, achava eu, e assim fui jantar com ele na noite de 13 de agosto.

O general estava de bom humor, havendo sobrevivido ao escândalo do desastre do acampamento de Ojhri, porém por pouco, e só porque Zia havia demitido o governo civil do primeiro-ministro Junejo. Eu freqüentara aquelas reuniões discretas com Akhtar durante os 18 meses anteriores em parte como forma de manter-me a par do pensamento dominante entre os principais comandantes e as altas chefias do Estado-maior e em parte porque havia estreitado meus laços com o general. Ele invariavelmente procurava obter informações sobre o que Hamid Gul procurava fazer no Afeganistão, às vezes de forma crítica, mas como a retirada dos soviéticos já ia bem avançada, eu nunca me senti colocado entre um antecessor desconfiado e um sucessor ambicioso. Próximo ao fim do jantar, mencionei o grande acontecimento da semana.

– Creio que você vai estar em companhia de todos os demais em Bahawalpur no dia 17 – disse eu, referindo-me à demonstração prática do tanque norte-americano Abrams M1, que estávamos querendo vender ao exército paquistanês.

– Bahawalpur? Quem é que vai? – perguntou Akhtar, espantado. Obviamente ele não sabia da demonstração.

Percebendo o tom de sua voz, tratei de diminuir a importância do evento.

– Vão fazer uma exibição do tanque Abrams, mas você já sabe tudo a respeito dele. Vai ser uma coisa técnica. Ouvi dizer que o presidente vai.

– Bahawalpur? – repetiu Akhtar, visivelmente irritado por ter sabido por mim da realização de uma reunião militar com a presença do presidente Zia. – Você vai também?

– Não, não tenho nada a ver com o Abrams. Deixo isso para o pessoal de representação, o embaixador e alguns de nossos oficiais graduados.

O resto do jantar foi cheio de embaraço, e eu tratei de mudar de assunto informando o general sobre os progressos dos técnicos da CIA para a recuperação do Su-25, que na verdade estava em excelentes condições, conforme prometido. Mas Akhtar demonstrou pouco interesse nesse assunto e em qualquer outro, e eu acabei partindo de volta a Islamabad mais cedo do que o normal.

Islamabad, 8h30, 14 de agosto de 1988

Na manhã seguinte, mal eu acabava de ler os telegramas do dia e já Akhtar me telefonava de Rawalpindi:

– Aconteceu uma coisa engraçada sobre aquele assunto de Bahawalpur. Encontrei o convite em minha mesa quando cheguei a meu gabinete hoje de manhã. Tinha ficado retido na distribuição de correspondência. Estou mandando também um convite para você. Se quiser, pode ir comigo. Deve ser um dia interessante.

– Obrigado, general, mas tenho de verificar meus compromissos. Depois chamarei de novo.

Nem por um instante acreditei que Akhtar tivesse encontrado o convite sobre a mesa. Tinha certeza de que ele havia esbravejado com todos os que estivessem à sua volta com menos de três estrelas na divisa, e que o convite preparado às pressas fosse a única maneira de fazê-lo sossegar. Quando meu próprio convite chegou, levado por um portador durante o dia, deixei-o de lado, com uma pausa de um segundo para pensar se deveria entregá-lo a meu subchefe, Jim Morris, para que me representasse. Acabei achando que não valia a pena.

Islamabad, 18h00, 17 de agosto de 1988

Eu estava entrando em minha casa em Islamabad, no tranqüilo e sombreado bairro residencial de Shalimar, quando o telefone tocou. Era minha secretária, ainda trabalhando.

– Milt, é Susan. Acabamos de receber um telefonema estranho dizendo que houve um acidente com o avião do presidente Zia.

– Mais alguma informação além disso? – perguntei, com um imediato mau presságio de que o que Susan dissera era verdade.

– Não, estou procurando verificar agora.

– Vou já para aí – retruquei.

Em dez minutos estava de volta ao escritório, e já não havia dúvida sobre o desastre. Os relatos que chegavam de Bahawalpur diziam que Arnie Raphel também estava no avião com o presidente, junto com o general-de-brigada Herb Wassom, um distinto oficial e bom amigo, que cuidava do escritório de cooperação militar na embaixada. A cada minuto chegavam fragmentos de informação, e a avaliação inicial era a de que havia uma catastrófica perda de vidas entre os oficiais generais do Exército paquistanês. A primeira coisa que fiz foi mandar uma mensagem de "situação crítica" com distribuição a todos os postos do mundo, relatando os fatos tais como sabíamos. As mensagens "críticas" são mandadas sempre que numa região de interesse dos Estados Unidos ocorrem acontecimentos que mesmo remotamente sejam capazes de se deteriorarem, chegando a uma confrontação militar. O assassinato de um governante mundialmente importante pertence a essa categoria, e já havia murmúrios, que em breve se transformariam em gritos, de que o avião de Zia havia caído devido à ação de um assassino. Isso somente poderia acrescentar mais tensão ao sempre difícil impasse entre o Paquistão e a Índia, especialmente se um vazio de liderança no Exército paquistanês fosse percebido pelos indianos como oportunidade para causar problemas.

Com a morte do embaixador, a chefia da embaixada dos Estados Unidos passava à ministra-conselheira, Elizabeth Jones, uma das melhores funcionárias do serviço exterior do Departamento de Estado. Beth, como todos a chamavam, havia acabado de chegar a Islamabad e mal tivera tempo de desfazer as malas quando ocorreu o desastre. Mesmo assim, uma hora depois de receber as primeiras notícias, ela já havia organizado um plano para lidar com a crise, que funcionou sem falhas até que fosse substituída por Robert Oakley, que chegou a Islamabad poucos dias depois, junto com o secretário de

Estado George Shultz para o enterro do presidente Zia e para acompanhar os restos mortais do embaixador Raphel e de Herb Wassom de volta aos Estados Unidos.

Enquanto o drama se desenrolava em Bahawalpur, a lista de mortos no avião de Zia continuava a crescer. Uma hora depois de voltar à embaixada, fiquei sabendo que o general Akhtar estava entre os possíveis mortos, entre os quais se incluíam oito oficiais-generais paquistaneses, diversos generais-de-brigada e coronéis e certo número de civis, num total de 31 passageiros do C-130 do presidente. Mais tarde, após a chegada a Chaklala do segundo C-130, que trazia o subcomandante do Exército, general Mirza Aslam Beg, soube-se que o embaixador Raphel e o general Wassom haviam sido convidados pelo presidente no último minuto a viajar com ele no compartimento VIP do avião para o vôo de regresso. Outro oficial do Exército norte-americano, o general-de-brigada Mike Pfister, voltara a Islamabad sozinho, no avião da embaixada. Eu tinha imaginado que Mike tivesse morrido junto com os demais e fiquei radiante ao vê-lo surgir, mais tarde no mesmo dia.

O sol ainda não se tinha posto no dia do desastre quando os boatos de ação criminosa começaram a ganhar substância. Aparentemente o avião do presidente começara a saltar como um golfinho imediatamente após a decolagem, e continuara a voar daquela forma errática até finalmente mergulhar em linha reta para o solo com os motores em plena aceleração. O impacto foi tremendo, seguido de intenso incêndio. Os primeiros indícios de conspiração se centraram em um carregamento de caixas de mangas de Multan que haviam sido embarcadas no avião como presente de última hora. E como de costume, os relatos das testemunhas oculares diziam que o C-130 explodira no ar antes da queda. Evidentemente havia uma bomba nas caixas de mangas, foi a conclusão a que se chegou naquele dia. Essa história foi logo seguida por outra, que dizia ter sido injetado um gás na cabine de comando, que incapacitara os pilotos. Em breve foi iniciada a busca de possíveis conspiradores do que já se aceitava como o assassinato do presidente Zia.

O general Beg, que devido à repentina falta dos demais se via agora responsável pelo Paquistão, era o primeiro nome que aparecia na lista, quanto mais não fosse pelo motivo de não ter estado no avião de Zia. Na noite do desastre o general Beg fez uma visita de pêsames à embaixatriz, Nancy Ely-Raphel, funcionária do serviço exterior e advogada, que havia tirado uma licença para acompanhar o marido durante suas funções em Islamabad. Alguém observou mais tarde que o oficial se mostrava embaraçado e pouco à vontade na presença dela. Antes do fim do dia, houve murmúrios de que Beg era responsável pelo desastre; sem dúvida muito tivera a ganhar com o súbito desaparecimento de Zia e era conhecido como homem ambicioso. Os rumores alimentavam os boatos, e à medida que as teorias de conspiração se adensavam, outros nomes iam sendo acrescentados à lista de prováveis assassinos, inclusive o meu.

Sede da Primeira Diretoria Principal, Yasenevo, 8h00, 18 de agosto de 1988

Leonid Shebarshin imaginou quanto tempo se passaria até que a KGB fosse apontada como o gênio malévolo por trás do desastre com o avião de Zia. Ele já havia assegurado formalmente que os aliados afegãos da KGB no Khad não tiveram a ver com o fato e que seus superiores não acreditavam em uma participação da KGB. Mas é claro que existia interesse em verificar se tinha havido má intenção, e em caso positivo, de parte de quem.

O próprio Shebarshin achava que se não fosse realmente um acidente, o desastre provavelmente resultava de disputas internas de poder no Paquistão. Tinha vivido no país durante bastante tempo para saber que as inimizades antigas perduravam para sempre e que mais cedo ou mais tarde alguém se vingaria da execução de Zulfiqar Ali Bhutto; em algum momento alguém se vingaria de Zia. Fosse como fosse, Shebarshin sabia que precisava prestar atenção nas circunstâncias e nos motivos da morte do presidente.

Islamabad, 7h00, 18 de agosto de 1988

Na manhã do dia seguinte, com os destroços do C-130 de Zia ainda fumegantes e vigiados por soldados, recebi um telegrama de Langley sugerindo que eu pensasse na possibilidade de mandar ao lugar do desastre a equipe que fazia a recuperação do Su-25 a fim de procurar pistas, antes que o cenário ficasse frio e contaminado. Os técnicos tinham experiência na investigação de desastres aéreos, dizia o telegrama. Comecei a considerar a sugestão, e após consultar meu subchefe, Jim Morris, e o adido aeronáutico da embaixada, ponderei a Langley que seria um erro utilizar técnicos visitantes. Quaisquer que fossem as vantagens, elas seriam sobrepujadas pelo fato de que gente da CIA estaria remexendo nos destroços do avião de Zia um dia depois do acidente. Haveria eternamente perguntas sobre o que estávamos fazendo no lugar do desastre e se teríamos retirado ou colocado alguma coisa para esconder nossa pretensa participação no crime. Langley mandou um telegrama curto acatando essa posição. Mais tarde fiquei satisfeito por nossos técnicos não terem se envolvido no assunto, à medida que um número cada vez maior de pessoas se convencia de que o desastre fora engendrado pela CIA, e que o executante tinha sido eu.

Havia uma impecável lógica sul-asiática na idéia de que os Estados Unidos estavam implicados na morte de Zia. Segundo a crescente teoria da conspiração, o complexo planejamento de parte dos Estados Unidos para o término do conflito no Paquistão e no Afeganistão tinha começado com a destruição do acampamento de Ojhri na primavera, seguido pelo assassinato do presidente e seus generais em agosto, por estarem agora "atrapalhando planos maiores". Conforme os boatos, os Estados Unidos queriam ter certeza de que os *mujahidins* não dificultariam a retirada dos soviéticos, e por isso a CIA planejara a destruição do depósito de munições em Ojhri. E para ter certeza do malogro dos planos imaginados por Zia e Akhtar uma década antes para o Afeganistão pós-soviético, ambos tinham de ser liquidados. Então, mediante um acordo secreto, os soviéticos poderiam retirar-se com honra e os partidos fundamentalistas da resistência não conseguiriam completar sua vitória no Afeganistão. Os russos teriam um "intervalo decente" entre a retirada e o colapso do regime de Najibullah. O embaixador Raphel e o general Wassom representavam simplesmente danos colaterais inesperados e infortunados, mas no fim das contas eram perdas aceitáveis.

A história era extraordinária, mas pura alucinação. Não obstante, logo que ganhou força, jamais foi inteiramente descartada, e sim apenas aperfeiçoada.

O triste fato era que a a força aérea paquistanesa provavelmente colocara seu presidente e muitos generais num avião que tinha problemas mecânicos. Mas o Exército paquistanês não podia aceitar essa realidade, e apesar da completa falta de indícios de conspiração, manteve-se firme na teoria de um assassinato. Mais tarde, o general Gul me disse estar convencido de que os indianos estavam por trás do desastre, e quando objetei que não havia provas para apoiar o que ele afirmava, a reação dele explicou tudo.

– Milton, você ainda não compreende os indianos. Jamais deixariam qualquer indício de seu envolvimento. *Isso*, Milton, *é* a prova de que estão envolvidos.

Hamid Gul acabaria por desistir da idéia do complô indiano e em anos seguintes diria a quem quisesse ouvir que estava convencido de que a CIA tinha matado Zia.

Poucos dias depois do desastre, vi-me diante de um problema macabro. Uma equipe de patologistas despachada de Washington para fazer a identificação positiva dos restos mortais do embaixador Raphel e do general Wassom recolheu material que não pertencia a nenhum dos dois. Devido à intensidade do incêndio e à tremenda força do impacto, a identificação completa dos homens que estavam no compartimento VIP do avião foi muito difícil para a equipe norte-americana e quase impossível para os patologistas paquistaneses. Não obstante, os norte-americanos acabaram por ter êxito em sua tarefa, e fizeram-se os preparativos para que o que restara de dois funcionários públicos de primeira qualidade fossem levados pelo ar para a pátria, no avião do secretário de Estado Shultz. Mas o que fazer com os restos não identificáveis?

Entrei em contato com amigos no Exército paquistanês e organizamos a transferência dos restos do oficial desconhecido num caixão de pau-rosa coberto com a bandeira do Paquistão. A entrega ocorreu ao pôr do sol e os restos foram enterrados na manhã seguinte no cemitério militar, com uma salva final em homenagem ao incógnito *sahid*.

O secretário de Estado George Shultz chefiou a delegação norte-americana que foi ao Paquistão para o enterro do presidente Zia e para levar de volta Arnie Raphel e Herb Wassom. Foi acompanhado por Robert Oakley, que na época era responsável pela região no Conselho de Segurança Nacional. Oakley permaneceu na função de embaixador enquanto terminávamos aquela fase da guerra no Afeganistão e depois quando observávamos como espectadores o início da fase seguinte.

Charlie Wilson e Annelise Ilschenko também compareceram ao enterro de Zia, e o *shalwar kamiz* azul estampado com flores de Annelise acabou atraindo mais atenção na grande representação norte-americana do que o rosto enrugado e solene de George Shultz. Antes que o grupo do secretário de Estado partisse com os dois caixões envoltos na bandeira, houve uma pequena cerimônia na sede da embaixada em Islamabad, e o filho adolescente de um funcionário da missão diplomática se encarregou do rufar do tambor nas honras fúnebres.

Islamabad, outubro de 1988

As nevascas começaram cedo em 1988, levando para a dormência invernal a última temporada de combates da guerra de nove anos da URSS no Afeganistão. O comandante do 40º Exército da União Soviética, general Boris Gromov, mostrou durante a retirada que o Exército Vermelho era capaz de se comportar como convém a uma superpotência. Seis meses após o início da movimentação, Gromov levou o grosso de suas tropas sem percalços suficientemente graves para que pudessem interromper o processo ou para criar uma crise diplomática. Apesar dos conselhos tanto do Paquistão quanto dos Estados Unidos para que as forças soviéticas não fossem perturbadas enquanto estivessem se retirando, houve certo número de ataques de parte dos *mujahidins*. O ódio era grande num país em que todas as famílias haviam enterrado mortos na guerra brutal.

As tropas de Gromov tomaram um par de vezes caminhos de partida que me pareceram perigosos, e tiveram dificuldades em certos vales do centro e norte do país. Nessas ocasiões, os soviéticos protestaram ao sofrer baixas. De certa feita, depois que as unidades em retirada foram fortemente atacadas ao tomar o que qualquer pessoa que conhecesse os *mujahidins* lhes teria dito ser o caminho errado numa encruzilhada, recebi um aviso discreto. Eu estava na grande recepção de 1º de outubro, comemorativa da data nacional chinesa, quando um dos trogloditas de estilo antigo da embaixada soviética em Islamabad, um ministro-conselheiro chamado Botshan-Kharchenko, se aproximou de mim.

–Sr. *Buuurdon*, talvez devêssemos conversar – disse ele, pronunciando meu nome de maneira atroz.

– Por que não? – respondi, afastando-me do que provavelmente era o melhor bufê da comunidade diplomática de Islamabad.

– O senhor precisa compreender que esses ataques contra nossas tropas que se retiram têm de cessar.

– E se não cessarem?

– Então talvez interromperemos a retirada. Nesse caso, o que o senhor faria?

– A questão não é o que eu faria, conselheiro, e sim o que os afegãos farão. E creio que continuarão combatendo e matando seus soldados até que finalmente eles saiam de lá.

– Mas o senhor tem certo controle sobre essas coisas...

– Ninguém controla essas coisas, conselheiro, a não ser a União Soviética.

– Mas mesmo assim o senhor precisa compreender que haverá conseqüências se esses ataques continuarem.

– Estou certo de que sim, conselheiro.

Ainda iria haver conversas como essas entre mim e os soviéticos, embora os ataques prosseguissem esporadicamente, a retirada prosseguiu conforme planejado. Em geral, porém, os russos conseguiram sair do Afeganistão sem que desastres maiores os atrasassem. Quando chegou o Natal de 1988, marcando o nono aniversário da invasão soviética, até mesmo os vingativos comandantes dos *mujahidins* se convenceram de que a fase soviética de sua luta havia terminado. Começaram a movimentar suas forças para a etapa seguinte do conflito, a luta contra o regime fantoche de Najibullah em Cabul. Além disso, as diversas forças que compunham a resistência afegã começaram a se preparar para obter vantagens na fase que viria após a queda final de Najibullah, o combate para ver qual dos principais atores terminaria como vencedor no topo do monte de escombros em que se transformara o Afeganistão.

Ahmad Shah Massud fora o primeiro entre os principais líderes do Afeganistão a perceber o que iria acontecer. Convenceu-se de que os soviéticos efetivamente iriam respeitar os compromissos assumidos em Genebra em abril de 1988, e antes mesmo que a tinta das assinaturas secasse ele já orientara suas energias para a construção de uma aliança para a futura luta contra a maioria pastum. Preparava-se especialmente para o combate decisivo contra seu arquirrival, Gulbuddin Hekmatyar. Massud fez vários acordos com comandantes locais em toda a faixa setentrional do Afeganistão e estabeleceu o que na época denominou Conselho Supremo do Norte, uma aliança não-pastum composta principalmente de *tajiques* e uzbeques, colocando-se assim na linha de partida da corrida para Cabul, logo que o regime fantoche começasse a cambalear.

Da mesma forma, diversos líderes dos partidos pastuns, como Gulbuddin e Sayyaf, tinham armazenado munições para a fase pós-soviética da luta. Em conseqüência, havia queixas constantes de todos os líderes de partidos, que diziam que os Estados Unidos tinham abandonado os *mujahidins*. Os líderes da resistência sempre se referiam ao desastre do acampamento de Ojhri como "prova" da cumplicidade americano-soviética, que teria a finalidade de privar os partidos pastuns dos meios de prosseguir os combates até Cabul. Durante os meses finais da guerra compareci a reuniões com os Sete de Peshawar, e o assunto era sempre o mesmo: não temos mais suprimentos, e vocês nos enganaram. Numa sessão especialmente agitada, eu arrisquei. Sayyaf tinha feito um discurso eloqüente, queixando-se de que seus comandantes dentro do Afeganistão somente dispunham das armas e munições que conseguiam capturar, porque nós já não fazíamos fornecimentos. Quando terminou a arenga, eu tomei a palavra, dirigindo-me aos Sete de Peshawar por intermédio do coronel Bacha, o intérprete.

– Ouvi de todos vocês que existe falta de munições. O professor Sayyaf, especialmente, declarou que seus armazéns estão vazios. Não compreendo como isso seja possível, quando nossos satélites ainda ontem mesmo fotografaram os depósitos dele em Ali Khel e Zhawar Kili, e nossa estimativa é que ele está muito bem provido.

Sayyaf, que quase sempre falava por meio de um intérprete, compreendeu perfeitamente o que eu tinha dito e respondeu rapidamente, em inglês:

– Tenho menos de 900 toneladas em Zhawar e mais ou menos o mesmo em Ali Khel – disse ele, em tom de desafio. Mas o efeito foi o oposto do que ele pretendera.

Mojaddedi entrou em cena.

– Então são 2 mil toneladas. O professor Sayyaf diz que não tem mais munição e possui 2 mil toneladas, somente em Zhawar e em Ali Khel!

Houve um tumulto entre os demais líderes de partido, e Sayyaf ficou em silêncio. Não era a primeira nem a última vez em que o olho imparcial do satélite KH-11 intervinha para acabar com uma briga. O fato de que não tivesse havido monitoramento por satélite dos depósitos de Sayyaf na província de Paktia era irrelevante: os outros seis partidos acreditaram que era verdade.

Os Estados Unidos e a União Soviética continuariam a suprir seus respectivos clientes enquanto os soviéticos seguiam o roteiro de retirada durante os meses de inverno até o início de 1989. A estimativa da CIA era de que havia mais do que suficiente munição no país para terminar o trabalho de derrubada do regime de Najibullah, e não haveria escassez. Os pedidos de mais fornecimentos eram entendidos como precaução para o futuro, o futuro pós-DRA, quando os afegãos iniciariam a rude tarefa de verificar quem iria comandar o galinheiro. E os Estados Unidos tinham pouco interesse em tornar-se parte daquela luta.

Quando entrou o ano novo, Cabul se viu cercada pelo que os paquistaneses chamaram "um anel de aço". Cada um dos partidos *mujahidins* tinha grupos que vigiavam a capital a partir de acampamentos de inverno nas colinas circunvizinhas, e era evidente que tudo estava pronto para um sítio depois que o último soldado soviético cruzasse a Ponte da Amizade. A comunidade diplomática estrangeira tinha se reduzido a quase zero durante os últimos meses, e quando se aproximou a data final da retirada soviética, as linhas de batalha estavam traçadas.

14

Islamabad, 7h00, 15 de fevereiro de 1989

Eu estava em meu escritório desde as seis e meia, esperando a transmissão dos relatos do último dia da ocupação soviética do Afeganistão. Fiquei de pé junto a meu mapa de parede, verificando e voltando a verificar os ímãs que marcavam a localização das guarnições russas em todo o país, vermelhos para as que ainda estavam no território afegão e verdes para as que já tinham se retirado. Todo o país estava agora coberto de ímãs verdes, com somente alguns vermelhos ainda em Cabul, em Mazar-e-Sharif e ao longo da principal via de retirada em direção ao norte, através do túnel Salang e das planícies de Shomali e Mazar-e-Sharif. Hoje, tudo terminaria. Boris Gromov sairia do Afeganistão, terminando assim 3.331 dias de uma guerra sem sentido.

Eu tinha recebido relatos de que Gromov havia estado na república soviética centro-asiática do Uzbequistão durante os dois últimos dias e que iria de avião a um ponto da rodovia que ligava Mazar à Ponte da Amizade, em Termez, para juntar-se à última coluna do 40º Exército a caminho da pátria. Tudo seria cuidadosamente coreografado pelo próprio general.

Esperei a chegada dos relatórios.

Termez, Uzbequistão, 15 de fevereiro de 1989

O general Boris Gromov queria que os preparativos fossem perfeitos. A imprensa internacional tinha sido levada da cidade próxima de Termez, no Uzbequistão, para um centro especial dedicado à mídia, com um novo pavilhão coberto de onde se via a Ponte da Amizade. O cadáver de um infortunado jovem soldado havia sido furtivamente transportado, atravessando a ponte sem dar tempo à imprensa para que percebesse que aquela forma envolta num cobertor representava o último militar russo morto na guerra. As câmeras de várias dúzias de agências de notícias focalizaram o centro da ponte, onde um solitário tanque soviético havia parado. A figura do general Boris Gromov saltou da torre, ajeitou a túnica do uniforme de batalha e caminhou com passos decididos os últimos 100 metros em direção à margem soviética do rio Oxus. Um momento antes de alcançar o final da ponte, seu filho Maksim, esbelto e desajeitado em seus 14 anos, saudou o pai com um apertado abraço e entregou-lhe um buquê de cravos vermelhos. Pai e filho caminharam os últimos 50 metros, saindo do Afeganistão juntos. Naquele instante, Gromov tornou-se o "herói do Afeganistão" para a União Soviética.

Nunca consegui compreender por quê.

A URSS reconheceu haver perdido, durante os quase dez anos da guerra, cerca de 15 mil soldados mortos em batalha, com diversas centenas de milhares de feridos ou vítimas de doenças. A saída do general Gromov do Afeganistão, brilhantemente levada a efeito, logo se transformaria num desastre nacional para o seu país, mas ele era o herói do Afeganistão. A aventura soviética terminou da forma como começara, com fantasia e faz-de-conta.

Islamabad, 15 de fevereiro de 1989

Meu chefe de telecomunicações entrou em minha sala com seu relatório.

– Ele saiu.

Assenti com a cabeça e disse:

– Pode mandar.

Com aquela ordem, mandamos um telegrama urgente a Langley, com duas palavras feitas com a letra X cobrindo a página inteira:

CITE: ISLAMABAD 222487

IMEDIATO – DIRETOR

WNINTEL INTEL

ASSUNTO: OCUPAÇÃO SOVIÉTICA DO AFEGANISTÃO

```
          XX       X       XX       XXXXX
           XX     XX     XX         X
            XX   X X   XX           XXXXX
             XXX   XXX              X
              XX   XX               XXXXX

XX       X       XX      XXXXX      X     X
 XX     XX     XX       X     X     XX    X
  XX   X X   XX         X     X     X X   X
   XXX   XXX            X     X     X   X X
    XX   XX              XXXXX      X    XX
```

(NÓS GANHAMOS)

ARQUIVO

Na mesma noite, encerrei um ritual. Meu escritório ficava a cerca de 1.200 metros da embaixada soviética, em linha reta. Desde que eu chegara ao Paquistão, no verão de 1986, eu mantivera uma lâmpada de mesa acesa em minha janela 24 horas por dia, por um período que agora durava quase três anos. Por várias fontes eu ficara sabendo que o *Rezident* da KGB na missão diplomática soviética, que parecia uma fortaleza à distância de um tiro de rifle, havia freqüentemente comentado que meu escritório parecia estar constantemente ocupado, dia e noite. Certa ocasião, um agente da KGB me dissera diretamente que havia notado que eu ficava trabalhando até tarde todas as noites, pois as luzes de minha sala estavam sempre acesas.

Quando o sol descambou por trás dos montes Margalla, na noite de 15 de fevereiro de 1989, apaguei todas as luzes de meu escritório, inclusive a lâmpada de mesa que brilhara constantemente durante os três anos anteriores.

Sede da Primeira Diretoria Principal, 12h30, 15 de fevereiro de 1989

Tudo terminara. A saída do Afeganistão do general Boris Gromov, comandante do 40º Exército, cuidadosamente ensaiada, teve um profundo valor propagandístico. Shebarshin achou que isso acrescentava um sentido de finalização ao último ato de um drama que tinha se transformado em tragédia. Antes que Gromov realizasse seu dramático regresso à pátria como o simbólico último soldado soviético a sair do Afeganistão, Najibullah havia solicitado "uma pequena força soviética para funções limitadas". Houve outros pedidos de ataques aéreos soviéticos no oriente do Afeganistão, em Paktia, próximo a

Zhawar e Khowst, e em outros baluartes dos bandidos. Mas Shebarshin estava resolvido a não autorizar novas intervenções russas. Não haveria outras aventuras no Afeganistão.

Leonid Shebarshin não se iludia imaginando que a União Soviética agira com nobreza ao encerrar sua aventura afegã. Ao contrário, estava convencido de que o esplêndido espetáculo de Gromov diante da imprensa mundial significava apenas mais um passo na traição feita ao Afeganistão. Traição ou não, era já irreversível. A URSS teria de conformar-se com o ajuste que Shevardnadze fosse capaz de obter nas reuniões secretas com seus correspondentes, George Shultz e James Baker. E afinal, a URSS teria de conviver com sua vergonha.

Shebarshin tinha atravessado todas as etapas, as poucas boas e todas as más. Tinha sido o agente da KGB no local, em Cabul, em maio de 1986, quando a União Soviética chegara à conclusão de que seu homem, Babrak Karmal, era a fonte de todos os fracassos e teria de desaparecer. Mas havia um problema. O velho não entendera a mensagem que lhe fora comunicada ao passar por Moscou algumas semanas antes, quando lhe disseram que chegara a hora de largar o poder. Shebarshin fora enviado a Cabul a fim de ajudar Karmal a partir com dignidade. Chegou a rever o texto do discurso de abdicação, tarefa altamente desonrosa, pensou ele, que às vezes suscitara amargas explosões do líder afegão:

– Quem conhece o idioma dari,* general, o senhor ou eu?

Shebarshin sabia que comprometera sua própria consciência e que as premonições de Karmal sobre "tempos difíceis" tanto para o Afeganistão quanto para a União Soviética não eram produto de histeria pessoal. O velho ameaçava e amaldiçoava, e em nenhum momento cedeu à tentação de apiedar-se de seus "desalmados adversários". Se Karmal fosse russo, pensava Shebarshin em suas acerbas discussões com ele, teria dito simplesmente: "Dane-se! Faça o que quiser." Mas Karmal era afegão, e no final cedeu, fez o discurso e entregou a Moscou o novo "escolhido", Najibullah.

Agora, tudo estava acabado. Shebarshin achou que poderia recuperar-se da sensação de desonra. Mas isso não acontecia. A pequena chaga aberta tanto tempo antes pelo orgulhoso ancião se transformara em uma úlcera, e continuaria a crescer. À traição contra Babrak Karmal se acrescentava Najibullah, deslealdade que teria maiores conseqüências para o Afeganistão e para a URSS.

A voz de Shebarshin e a do diretor da KGB, Vladimir Kryuchkov, haviam sido as mais enérgicas ao argumentar que Najib permaneceria por muito

* Dialeto persa falado no Afeganistão. (N. do T.)

mais tempo do que diziam os negativistas. Os pessimistas davam ao chefe afegão um mês até que seu Exército entrasse em colapso, revoltando-se contra ele. Mas Shebarshin conhecia bem Najib e estava convencido que, se houvesse alguma forma de auxílio de parte das duas superpotências que se retiravam, o dirigente afegão seria até mesmo capaz de fazer alguns arranjos e sobreviver a longo prazo.

Havia passado bastante tempo em companhia daquele homem grandalhão como um urso e apreciava sua rapidez mental e sua flexibilidade. Shebarshin achava que ele seria capaz de triunfar. Em seu íntimo, no entanto, sabia que a URSS o abandonaria. Essa era uma das razões pelas quais procurara evitar envolver-se pessoalmente com o simpático afegão, que gostava de uma bebida e tinha espírito vivo; gostava de uísque Chivas Regal. Shebarshin havia estado na residência de Najibullah, no recinto do antigo palácio. Tinha conhecido Fatan, a dedicada esposa, e as três filhas, que sempre pareciam estar rindo de alguma coisa, talvez da presença do homem da KGB na moradia da família. Shebarshin preparou-se para resistir ao instinto de desenvolver amizade pessoal com o presidente afegão, embora em praticamente quaisquer outras circunstâncias ambos pudessem ter sido amigos. Chegou mesmo a resolver que não lhe pediria que autografasse uma foto em que os dois apareciam juntos. Isso poderia sugerir uma ligação com a qual ele não desejava ter de lidar mais tarde. Não, pensou Shebarshin, suas relações com o líder afegão seriam estritamente oficiais. Assim seria mais fácil traí-lo quando chegasse o momento.

Karmal tinha feito as pazes com o Afeganistão. O destino o fizera passar de Cabul a Mazar-e-Sharif, sob a proteção do general Dostum, e finalmente a Moscou, onde viveria seus anos derradeiros, quase esquecido. Shebarshin nunca o visitaria em Moscou. Tinha vergonha. E tinha vergonha de ver como iria terminar a questão do Afeganistão, com os soviéticos traindo seus antigos amigos e os norte-americanos pressionando como de costume para uma vitória incondicional, o que quer que isso significasse. Shebarshin estava convencido de que se os americanos fossem realistas, poderiam chegar a um acordo com Najib que tivesse mais possibilidades do que qualquer outra tentativa de conseguir a paz. Mas sabia também que eles não se interessariam por tal acordo. Achava que acabariam por arrepender-se. O único outro estadista possível no cenário afegão, o único outro homem capaz de enxergar além do estreito panorama do conflito étnico, era Ahmad Shah Massud. Shebarshin achava que o lado soviético poderia tolerar Massud, mas isso seria verdade em relação aos paquistaneses e aos norte-americanos? Provavelmente não, pensou ele. E também acabariam por se arrepender.

Islamabad, maio de 1989

A primavera se convertia em verão e o 40º Exército ia se transformando em lembrança esmaecida, mas Najibullah resistia ferozmente como sempre. Longe de entrar em colapso tão logo o crepúsculo caiu sobre a retirada dos russos, o fantoche soviético continuava firme, e a confrontação entre os *mujahidins* e o regime de Najibullah ia se tornando um impasse de baixa intensidade com todos os lados procurando vantagens sem que qualquer deles se engajasse de forma decisiva.

O Paquistão estava entregue a mais uma de suas esporádicas experiências com a democracia, havendo eleito a primeira-ministra Benazir Bhutto, filha do homem que Zia mandara enforcar uma década antes. No final da primavera, o incipiente governo de Benazir, que fora aluna de Radcliffe e Oxford, incitou a ISI a preparar um grande ataque contra Jalalabad, esperando conquistar a cidade no que esperava ser a primeira de uma série de vitórias. Os Sete de Peshawar tinham se oposto, assim como a maioria dos comandantes no Afeganistão oriental, mas a primeira-ministra estava ansiosa por obter uma vitória que coincidisse com sua presença na Organização da Conferência Islâmica, ainda naquela primavera. Assim, foi lançado o ataque contra a capital da província.

A batalha se transformou em fiasco, e a incapacidade da resistência de tomar a cidade deu a Najibullah novo alento psicológico. Durante a campanha de Jalalabad eu fiz algumas incursões por meio da agência Khaybar e achei que o cerco era desanimado e nada mais conseguia do que amontoar baixas em ambos os lados. Camionetas sujas de lama por sobre a camuflagem pintada à mão corriam em direção a Jalalabad, cheias de combatentes e de armas. Pela mesma estrada, chamada Grande Tronco, os mesmos veículos regressavam trazendo os feridos e os mortos amontoados que vinham da batalha sem vencedores.

Numa das viagens a Torkham, durante o cerco a Jalalabad, levei comigo o diretor de Operações (DDO), Richard Stolz, que se encontrava em visita. Enquanto observávamos o movimento dos suprimentos que seguiam para o Afeganistão e a retirada dos feridos, um dos oficiais paquistaneses que nos acompanhavam se aproximou e sussurrou-me ao ouvido:

– Pegamos um homem que tirava fotos do senhor e do Sr. Stolz! Ele diz que é norte-americano e trabalha para o *The Washington Post*.

Embora eu e Stolz vestíssemos *shalwar kamiz*, éramos visivelmente estrangeiros.

– Onde está o homem? – perguntei.

– Não se preocupe. Pegamos a máquina fotográfica. Vamos cuidar dele.

O oficial paquistanês piscou o olho, indicando um jovem de barba mal cortada, vestido à maneira afegã, que falava com dois outros oficiais a 6 metros dali. A resposta do coronel estava longe de ser tranqüilizadora.

– Não, coronel. Não vamos "cuidar dele" – disse eu. – Devolva a câmera e deixe-o ir-se. Mas primeiro vamos levar Stolz para longe daqui.

Se havia alguém trabalhando em Langley em 1989 que personificava com mais clareza as tradições da velha escola da CIA, esse homem seria Richard Stolz. Era remanescente das primeiras turmas de graduados das universidades tradicionais que tinham entrado para a CIA nos anos imediatamente seguintes à Segunda Guerra Mundial. Nascido em 1925 e criado com conforto em Nova Jersey, Stolz se alistara no Exército aos 18 anos e no final de 1944 combatera na França como soldado de infantaria da 100ª Divisão. Depois da guerra, formou-se na faculdade Amherst e foi para Nova York, onde um colega entrou discretamente em contato com ele perguntando se estava entediado com seu trabalho e se gostaria de participar de uma coisa interessante que estava acontecendo em Washington. Na época essa era a maneira típica de fazer o recrutamento para a incipiente CIA, que se apoiava nas conexões das instituições de ensino superior de elite para preencher as vagas de seu novo corpo de agentes.

Baixo e magro, de maneiras tranqüilas e discretas, Stolz passou a trabalhar na inteligência e no início da década de 1960 foi escolhido para ser o primeiro chefe do posto da CIA em Moscou. Após poucos meses na capital russa, foi expulso pelos soviéticos em retaliação contra a ação agressiva do FBI contra um agente da KGB em Washington. Mas continuou a subir com facilidade na hierarquia da CIA até 1981, quando resolveu não trabalhar para Bill Casey, o diretor da CIA nomeado pelo presidente Ronald Reagan.

Stolz era o chefe do posto em Londres quando Casey assumiu a direção da CIA. O novo diretor pediu que ele voltasse à sede a fim de ser um dos dois subchefes de Max Hugel, protegido dos republicanos, a quem Casey iria nomear diretor de Operações. Stolz se sentiu ofendido por lhe pedirem que servisse de babá para um amador e preferiu afastar-se em vez de aceitar a função.

Em poucos meses um escândalo obrigou Hugel a demitir-se, e Casey, arrependido, trouxe de volta os profissionais, nomeando inicialmente John Stein para a Diretoria de Operações (DDO), e mais tarde substituindo-o por Clair George. Num primeiro momento, provavelmente Stolz terá lamentado sua decisão de sair, pois parecia que pudesse ter sido rapidamente promovido a diretor caso tivesse aguardado.

Mas a longo prazo isso se transformou em uma vantagem. Significou que estava fora da CIA e não ficara marcado com o escândalo do Irã-contra em que a Diretoria de Operações mergulhou em meados da década de 1980.

Após a morte de Casey em 1987, o presidente Reagan pediu a William Webster, respeitado diretor do FBI, que assumisse a CIA e a resgatasse do atoleiro do Irã-contra. Webster voltou-se para Stolz, a quem conhecera em Amherst, solicitando-lhe em 1988 que voltasse e pusesse a Diretoria de Operações novamente nos trilhos. O fato de que Stolz tivesse estado fora da CIA durante o Irã-contra o tornara altamente desejável para Webster, que na época tinha de lidar com agressivas comissões de supervisão da inteligência existentes no Congresso. Isso fez com que Dick Stolz, que como jovem agente participara das primeiras batalhas da CIA contra a União Soviética, voltasse para chefiar a DDO durante o período final da Guerra Fria.

No início de 1989, as rebeliões na Europa Oriental apenas começavam, mas Stolz já percebera que a Divisão SE precisava de nova chefia. Stolz e seu subchefe, Tom Twetten, achavam que era preciso mudar toda a Diretoria de Operações, mas a prioridade mais urgente entre todas era a Divisão SE.

O próprio Stolz chefiara a divisão na década de 1970, quando era chamada Divisão SB (do "Bloco Soviético"). Era homem da velha escola, mas reconhecia a necessidade de arejar a divisão a fim de que pudesse acompanhar o ritmo acelerado dos acontecimentos. Sabia que Burton Gerber era um dos melhores agentes de operações soviéticas da CIA, mas já era chefe de divisão há muitos anos – tempo demais, na opinião de Stolz.

Tanto Stolz quanto Twetten achavam que a Divisão SE precisava começar a pensar de maneira mais ampla a fim de obter a inteligência política da qual os formuladores da política externa em Washington necessitavam a fim de lidar com o ritmo crescente de mudanças no império soviético. Preocupavam-se também porque os dirigentes da Divisão SE perdiam de vista o panorama mais amplo ao se concentrarem ainda preferencialmente na obtenção de pequenas informações de agentes dentro da KGB. Stolz percebeu que Burton Gerber e seu subchefe, Paul Redmond, eram produto da cultura da Divisão SE, não sendo as pessoas adequadas para procurar modificá-la. Stolz não tinha certeza quanto à rapidez com que a divisão deveria ser reformulada, ou mesmo se isso seria possível, mas sabia que era preciso operar uma mudança.

De sua parte, Gerber reconhecia também que já estava naquela função há muito tempo. Discretamente, já se aproximara de Stolz pedindo para ser removido para novo posto.

Dick Stolz não tinha vindo ao Paquistão somente para observar a fase final da guerra, mas para informar-me de que eu estaria regressando à sede em julho a fim de assumir a Divisão SE. O diretor de Operações dissera apenas que era tempo de mudança.

Islamabad, junho de 1989

No mês de junho terminaram as previsões de rápido colapso do regime de Cabul. Não apenas o governo continuava firme, mas a resistência se transformara numa pilha de querelas, dividindo-se em linhas étnicas e regionais. No processo, os partidos em divergência tornaram quase impossível às agências internacionais proporcionarem a tão necessária assistência humanitária dentro do Afeganistão, e a acerba disputa intestina desestimulou os milhões de refugiados amontoados no Paquistão e no Irã a voltarem para suas casas. Cansada da repetição do velho drama afegão, a comunidade internacional começou a retirar-se.

Havia poucas idéias práticas sobre a forma de curar os males do país, e sem um importante esforço internacional, possibilidade cada vez mais remota, o Afeganistão voltaria a seu antigo comportamento desordenado, desta vez armado até os dentes com o remanescente de uma década de guerra combatida por procuração entre as superpotências. A resistência afegã, cuja luta contra o poderio avassalador de uma superpotência havia entusiasmado a imaginação do Ocidente, já vinha perdendo até mesmo seus partidários mais dedicados. Os românticos "guerreiros da liberdade" de ontem passaram a ser considerados rudes assassinos.

Os meios de comunicação ocidentais se retiraram do vizinho Paquistão em busca de reportagens novas e mais dramáticas em lugares como a praça Tiananmen, onde nascera novo herói, um estudante chinês que encarara um tanque do Exército Popular de Libertação. A partida dos repórteres foi seguida pela dos chamados "árabes afegãos", que voltavam aos poucos para suas terras no Oriente Médio, cheios de um profundo sentimento de realização e de idéias de mudanças radicais em seus países. Entre eles estava o filho de um bilionário saudita, Osama bin Laden, engenheiro civil que construíra diversos orfanatos e casas para as viúvas dos lutadores da resistência na província da Fronteira Noroeste, assim como túneis e depósitos de munições nas entranhas das montanhas de Nangarhar e Paktia.

Na década de 1980, o chamado à *jihad* atingira todos os recantos do mundo islâmico, atraindo árabes jovens e idosos com variadas motivações, que seguiam para o Paquistão a fim de pegar em armas contra os invasores soviéticos. Havia voluntários genuínos em missões de valor humanitário e caçadores de aventuras nas trilhas da glória, mas havia também os psicopatas. À medida que a guerra se arrastava, certos países árabes esvaziaram discretamente suas prisões, enviando os perturbadores da ordem local à *jihad* no Afeganistão, com a esperança de que não regressassem. Lá pelo fim da guerra, nossa estimativa era a de que pelo menos 20 mil árabes haviam passado pelo Paquistão e pelo Afeganistão.

Os árabes afegãos chegaram a participar esporadicamente de combates contra as forças soviéticas e da DRA, mas seu papel militar na guerra cresceria significativamente após a retirada dos russos. Na coleta de fundos, entretanto, os árabes desempenharam papel positivo, freqüentemente decisivo, nas regiões mais remotas. Em 1989, a estimativa da CIA era de que os árabes do Golfo conseguiam mensalmente entre 20 e 25 milhões de dólares para seus projetos humanitários e de construção. Na época havia pouca preocupação com o que faziam os árabes afegãos no Paquistão ou no Afeganistão, exceto críticas locais de organizações não-governamentais ocidentais contra o severo fundamentalismo dos sauditas *wahhabis*, cuja influência era ampla nos acampamentos de refugiados no Paquistão. Nesses sórdidos acampamentos surgiu uma geração de jovens afegãos que seriam criados e instruídos no estrito fundamentalismo islâmico das escolas *deobandi* e *wahhabi*, as *madrassas*, preparando o cenário para novos problemas que chegariam uma década mais tarde.

Assim, após a retirada soviética do Afeganistão, o interesse dos governos ocidentais deslocou-se para a Europa centro-oriental, quando o drama de 1989 começava a desenrolar-se. Em breve o mundo deixaria de prestar atenção no Afeganistão. E o governo do Paquistão, onde agora chegava ao fim mais uma experiência democrática, rapidamente descobriria que já não lhe era possível escapar às mudanças de humor do Congresso norte-americano. Tão logo Benazir Bhutto perdeu o cargo sob acusações de ampla corrupção, em 1990, os Estados Unidos imporiam novas sanções contra o Paquistão por ser proliferador de armas nucleares, programa que a própria Benazir endossara. Depois que Boris Gromov cruzou o Amu Dar'ya, passaram-se menos de dois anos até que os antigos amigos, o Paquistão e os Estados Unidos, tomassem rumos separados quando os norte-americanos passaram a interessar-se por outras regiões.

Em meu derradeiro encontro com Hamid Gul, o "generalzinho valentão" demonstrara ter grandes esperanças de que o Paquistão e os Estados Unidos construíssem juntos um novo Afeganistão, conferindo estabilidade e profundidade estratégica à retaguarda paquistanesa no momento em que essa república islâmica mais uma vez se preocupava com a Índia, sua inimiga permanente a leste. Como presente de despedida, entreguei a Gul uma espada da cavalaria norte-americana, e durante meus últimos dias em Islamabad ajudei-o a selecionar uma universidade nos Estados Unidos para seu filho mais velho. Escolhemos juntos a universidade A&M, no Texas. Eu achei que seria perfeita para o rapaz. Mas isso não iria acontecer. O homem que Arnie Raphel apelidara de GV em breve se voltaria contra nós, convencido de que tínhamos usado o Paquistão e seu povo e em seguida os tínhamos traído. De certa forma, tinha razão. Alguns anos mais tarde, a CIA consideraria o generalzinho como "o homem mais perigoso do Paquistão". E nisso, também, tinha razão.

Mas por enquanto o momento e o lugar para a fase final do confronto com a URSS havia se deslocado para muito a oeste das Montanhas Orientais. As coisas agora aconteciam muito mais perto dos soviéticos.

TERCEIRA PARTE

A Cartada Final

1

Viena, Áustria, 27 de abril de 1989

A paciência às vezes é recompensada, pensou Ted Price com satisfação. A casa na Áustria, pequena e tranqüila, que dispunha até mesmo de uma governanta, parecia bastante inocente. De vez em quando, porém, sem que os vizinhos notassem, a casinha recebia um visitante estranho que fazia uma chamada telefônica importante e em seguida saía. Era um homem chamado Reino Gikman, um "ilegal" da KGB, isto é, operador altamente secreto; e tão logo a CIA descobriu aquela rotina, começou a vigiar a casa e *grampear* o telefone, esperando com muita paciência.

Quando Gikman apareceu, em 27 de abril, e discou um número de telefone nos Estados Unidos, na área 202, de Washington, o subchefe de contra-espionagem da CIA, Ted Price, compreendeu que finalmente encontrara o homem que procurava. Uma rápida verificação revelou que Gikman chamara o telefone residencial de Felix Bloch, diretor de assuntos europeus e canadenses do Departamento de Estado e ex-subchefe da missão diplomática norte-americana em Viena. Price não era perito em assuntos soviéticos, mas aprendera o ofício de inteligência nas ruas de Hong Kong e Pequim e em postos no Terceiro Mundo, como Adis Abeba, mas percebeu imediatamente que tinha uma batata quente nas mãos.

Homem arrogante e empertigado que tinha maneiras afetadas à moda antiga européia e se movimentava com facilidade pelos círculos diplomáticos, Bloch parecia ser, pelo menos na superfície, a personificação da cultura tradicional do Departamento de Estado. Para ele, os costumes e a posição eram coisas altamente importantes e não parecia ser do tipo que se arriscaria a levar uma vida dupla como espião para a Rússia. Mas o telefonema de Gikman repentinamente mudava tudo: Bloch estava prestes a tornar-se um dos funcionários mais graduados do Departamento de Estado jamais investigados por espionagem. Price sabia que seus caçadores de espiões teriam de trabalhar cuidadosa e discretamente.

Uma vez descoberto Bloch, a CIA e o FBI agiram com rapidez. Após a abertura da investigação conjunta, obtiveram o auxílio da inteligência francesa, que sabia ter havido um encontro entre Bloch e Gikman em Paris, no dia 14 de maio. Nessa altura ninguém em Langley duvidava que Bloch estivesse trabalhando para os soviéticos. À medida que as equipes de contra-espionagem esquadrinhavam o passado de Bloch, descobriram que o diplomata de maneiras nobres tinha uma predileção oculta pelo sadomasoquismo e chegara a utilizar os serviços de uma dominadora em Viena. Ele parecia estar trabalhando para os soviéticos pelo menos desde 1974. A julgar pelas aparências, sua motivação era financeira. A mulher parecia ignorar completamente sua vida secreta.

Mas não havia indícios suficientes para um processo judicial. O FBI não tinha prova absoluta de que Bloch tivesse passado a Gikman e aos soviéticos material confidencial. John Martin, o implacável procurador do Departamento de Justiça em casos de espionagem, exigiria que o caso estivesse mais bem estruturado. Ted Price e seus colegas do centro de contra-espionagem teriam de continuar a vigilância.

Idylwood Park, Fairfax, Virgínia, 22 de março de 1989

Felix Bloch nada significava para Robert Hanssen; na verdade, era menos do que nada. Bloch era um almofadinha do Departamento de Estado que se conspurcara e merecia ser preso. Pelo que Hanssen conhecia dos assentamentos pessoais de Bloch, o diplomata era um eurófilo bem-educado, exatamente o tipo de pessoa que ele, agente especial do FBI, adoraria colocar atrás das grades. No entanto, o outro Robert Hanssen, o espião soviético de codinome B, era capaz de entender aquele homem que também levava uma vida dupla. Mais do que isso, achava seu dever informar a KGB de que um de seus agentes estava em dificuldades. Gikman era um profissional da KGB, que operava sem imunidade diplomática; se fosse apanhado, enfrentaria a possibilidade de alguns anos de prisão. "Bloch era um simplório", escreveria Hanssen mais tarde à KGB. "Eu quase odiei ter de protegê-lo, mas ele era amigo de vocês, e ainda havia o ilegal de vocês que eu queria proteger."

Assim, Hanssen deixou de lado seu deprezo por Bloch. Lançou um aviso para uma troca de mensagens, desta vez na caixa postal denominada "Bob", debaixo de uma ponte de pedestres em Idylwood Park, não longe de onde morava. Deixou um pacote para seus controladores da KGB, onde havia informações que revelavam a existência de uma investigação do FBI a respeito de Bloch e a advertência de que a identidade de Reino Gikman passara a ser conhecida. Hanssen deixou também um diamante que a KGB lhe dera anteriormente para pagamento de serviços; queria que os russos o retribuíssem com dinheiro vivo. Para complementar, incluiu um disquete de computador que continha informações confidenciais sobre diversos programas técnicos da KGB, junto com uma nota que sugeria uma conta na Suíça na qual a KGB poderia depositar mais dinheiro.

Depois de cuidar de seus negócios com a KGB, Hanssen voltou para casa e para o seio da família. Durante os anos anteriores, desde que descobrira por acaso o envolvimento dele com a inteligência russa, em 1980, Bonnie Hanssen freqüentemente interrogara diretamente o marido para saber se ele voltara a seus antigos hábitos. Ele sempre se mostrava sentido quando ela fazia essas perguntas, queixando-se de que ela não confiava em que ele respeitasse a promessa feita. A família ia crescendo, e vivia em aperto financeiro, de maneira que ela passou a acreditar que Bob estava cumprindo o compromisso de não voltar a tratar com os russos. Afinal de contas, não havia dinheiro não explicado; o irmão e a cunhada mais tarde afirmariam saber que ela havia encontrado grande quantidade de dinheiro em casa, mas ela reagia dizendo que não sabia de que eles estavam falando.

Naturalmente, tinha havido alguns momentos estranhos, em que Bob se dedicava a uma de suas muitas fantasias. Às vezes insistia em levar Bonnie a lojas caras para que ela experimentasse vestidos de baile. Bonnie achava aquilo uma tolice, uma mãe de seis filhos sendo tratada como Cinderela, e deixou claro para Bob que não tinha interesse em comprar aquelas roupas. Exasperada, finalmente perguntou onde ele imaginava que ela jamais poderia usar um vestido de luxo assim.

Bob tinha efetivamente uma resposta. Ora, para um baile de posse presidencial, é claro. Explicou que havia recebido convites do Partido republicano para bailes presidenciais, aparentemente para o de George Bush pai ou para um dos dois de Ronald Reagan, ou de ambos.*

---

*Nos Estados Unidos, realizam-se diversos bailes por ocasião das posses presidenciais. Os convites custam caro. Os grandes financiadores dos partidos políticos costumam recebê-los mediante contribuições. (N. do T.)

Um exame dos registros da Comissão Federal Eleitoral não revelou indícios de que Robert Hanssen tivesse feito contribuições a candidatos presidenciais ou a outras campanhas políticas. Mas os convites para bailes de posse costumam ser enviados aos que financiam campanhas e a contribuintes, e portanto é possível que ele tivesse enviado dinheiro a alguma organização ou entidade política. Isso suscita uma pergunta intrigante: teria uma parte do dinheiro da KGB recebido por Robert Hanssen ido parar nos cofres do Partido Republicano?

Após a prisão do marido, Bonnie Hanssen disse a um dos investigadores acreditar que ele tivesse feito contribuições a campanhas republicanas e a causas conservadoras. Não ficou esclarecido se ela ficou sabendo em primeira mão de contribuições do marido a campanhas políticas, mas tampouco existem indícios de que as investigações tenham averiguado a veracidade dessas informações.

Washington, D.C., 22 de junho de 1989

Mais uma vez o telefone tocou no meio da noite na casa de Felix Bloch. Desta vez o interlocutor se identificou como "Ferdinand Paul" e disse que estava dando um recado de "Pierre", que "não poderá encontrar-se com você no futuro próximo". Pierre estava "doente", acrescentou Paul. Disse que se suspeitava de uma "doença contagiosa".

Em seguida, antes de desligar, Paul disse ainda:

– Estou preocupado com você. Tome cuidado.

Desligando nervosamente seu receptor, Bloch compreendeu que precisava agir rapidamente. A chamada vinha da KGB. Ele sabia que "Pierre" era Gikman e que a mensagem significava que este último fora descoberto. A KGB estava avisando de que ele também se encontrava em apuros.

Graças ao aviso em maio, Gikman já fugira para Moscou, mas a KGB esperara um mês para advertir Bloch, após receber a informação de Hanssen. Por algum motivo, os soviéticos tinham agido primeiro para proteger Gikman, e só depois Bloch. Felix Bloch agora dependia apenas de si próprio.

Ao chegar ao Departamento de Estado na manhã seguinte, ele compreendeu que realmente estava sozinho. Confrontado com o FBI, cujos agentes haviam interceptado a chamada e estavam furiosos porque o diplomata tinha sido avisado na noite anterior, Bloch viu o mundo desabando a seu redor. Ainda assim, o aviso da KGB tinha sido suficiente para fazê-lo resistir ao interrogatório hostil do FBI. Manteve-se firme, recusando-se a fornecer aos agentes as informações que o incriminavam e das quais eles necessitavam para efetuar a prisão.

Frustrados, tanto com a recusa de Bloch em falar quanto com sua própria incapacidade de obter do Departamento de Justiça a permissão para prendê-lo e processá-lo, os agentes do FBI começaram a segui-lo ostensivamente por toda a cidade de Washington. Em julho, a existência de um espião suspeito no Departamento de Estado finalmente veio a conhecimento público, quando a emissora de televisão ABC noticiou o fato. Aos agentes do FBI que seguiam Bloch juntaram-se as equipes de TV, e a investigação que Ted Price queria manter secreta se transformou em um circo da mídia. Filmagens de Bloch, calvo e sentado tranqüilamente num banco de jardim em Washington, rodeado por câmeras e repórteres, quase suscitaram simpatia por aquele homem realmente antipático.

O assédio da mídia nada mais fez senão dificultar os esforços do FBI para persuadir o Departamento de Justiça a agir contra Bloch. Em breve o caso chegou a um impasse e os investigadores do FBI e da CIA, que haviam acreditado estar prestes a agarrar Bloch, sentiram-se profundamente frustrados ao vê-lo escapar de seu alcance.

É claro que Bloch não deixou de ser castigado. Forçado a demitir-se do Departamento de Estado por violação da segurança, mais tarde mudou-se para o estado da Carolina do Norte, onde teve de trabalhar inicialmente como quitandeiro e depois como motorista de ônibus. A mulher pediu o divórcio e ele se ocupava em litigar contra o Departamento de Estado, que havia se negado a pagar-lhe os proventos de aposentadoria.

O caso Bloch permaneceu em aberto durante muitos anos, mas ele próprio nunca foi preso nem formalmente acusado de espionagem. Em 1992, depois do fim da Guerra Fria, um arquivista aposentado da KGB, Vasili Mitrokhin, desertou para a Grã-Bretanha e forneceu à inteligência britânica um conjunto de notas e transcrições que ele havia copiado de arquivos secretos da agência russa, principalmente da seção de ilegais da Primeira Diretoria Principal. Entre os documentos de Mitrokhin havia notas sobre a atuação da KGB no caso Bloch, segundo fontes conhecedoras do assunto. O fiasco sobre Bloch rapidamente deixou de suscitar atenção da mídia, mas pelo menos alguns peritos em contra-espionagem, na CIA e no FBI, continuaram a dar tratos à bola para descobrir de que maneira a KGB havia tomado conhecimento do caso com tanta rapidez.

Devem ter sido os franceses.

Sede da CIA, 10 de julho de 1989

Após a melodramática travessia do Amu Dar'ya por Boris Gromov em fevereiro, Dick Stolz achou que eu deveria voltar a Langley a fim de assumir a Divisão Soviética/Leste Européia, que Burton Gerber vinha chefiando há cinco anos. Em maio a decisão foi oficialmente tomada e eu comecei a preparar-me para mudar de cenário, trocando o rio Indus pelo Potomac.

Ao chegar à sede após o feriado de 4 de Julho, vi que o único indício de que Gerber continuara ligado a alguma coisa relativa a seu antigo feudo na SE era tão sutil que não havia atraído a atenção de ninguém.

Por tradição, os chefes das divisões e os funcionários graduados da Diretoria de Operações tinham direito a uma das 13 vagas de estacionamento situadas junto à entrada sudoeste do antigo edifício-sede, sendo a de número 1 reservada para o chefe da Divisão SE e a de número 13 para o chefe da Divisão Europa. No meu primeiro dia de trabalho, encontrei o Toyota de Gerber estacionado na vaga do chefe da SE, e pus meu carro na de número 13. Já em minha sala, entre os papéis rotineiros de início de uma função na sede, estava a etiqueta adesiva para o estacionamento reservado para mim na vaga número 13. Nunca fiquei sabendo se o desejo de permanência de Gerber em sua antiga vaga se devia à atração do número 1 ou ao caráter agourento do número 13. Fosse como fosse, isso para mim não tinha importância.

A Divisão SE havia se mudado das salas que tradicionalmente havia ocupado no antigo edifício para um novo prédio que fora construído enquanto eu estava servindo no exterior. Era considerado moderníssimo, com proteção especial contra detecção eletromagnética e projetado especialmente para as necessidades dos serviços de inteligência dos Estados Unidos no século XXI. Havia um amplo átrio com modelos dos aviões de reconhecimento U-2 e SR-71, um pátio arejado com uma escultura de James Sanborn chamada *Kryptos*, que evocava a coleta de informações e a criptografia. O novo edifício ficava ligado ao antigo por meio de um túnel em suave curvatura, que ganhara o sinistro apelido de "transmissor de ondas", destinado a evitar que sinais eletromagnéticos o atravessassem em qualquer direção.

Apesar de toda a tecnologia avançada, parecia haver certos descuidos na construção. Em minha sala, num ângulo do segundo andar, uma das paredes externas não estava devidamente conjugada a uma divisória e teve de ser remendada, assim como quem alarga uma calça na cintura costurando um pedaço de pano. Alta tecnologia e baixa tecnologia, pensei. Era uma descrição adequada para a agência.

Paul Redmond, subchefe da divisão, me esperava quando cheguei.

– Bem-vindo ao lar – disse ele. – Você já estava sem fazer nada no exterior havia muito tempo.

– Você também não tem tido o que fazer? Ou será que teremos coisas novas? – Eu não tinha recebido informações detalhadas sobre o que acontecera na Divisão SE desde minha saída, em meio aos "problemas de 1985", pois fizera questão de não me meter no trabalho de Gerber e não tinha pedido para reunir-me com ele.

– Temos muita coisa – disse Redmond.

Naquela primeira manhã, Redmond me atualizou nos casos que tinham ficado comprometidos depois de minha partida: FITNESS, MILLION, ACCORD, TOP HAT, JOGGER de Jacarta... a lista de baixas era longa. A causa das perdas era ainda misteriosa. Algumas podiam ser atribuídas a Edward Lee Howard, mas não todas; e o escândalo dos fuzileiros da guarda em Moscou, embora na época parecesse poder fornecer a resposta, de fato não a proporcionara. As investigações internas na CIA e no FBI nada revelaram, e duas sindicâncias não deram resultado. O fato de que a maioria das perdas parecia ter ocorrido num período curto, porém intenso, dera origem a uma revisão dos obituários de funcionários da CIA, a fim de verificar se alguém que tivera acesso aos casos em apreço tinha morrido. O FBI tinha tentado extrair de agentes da KGB informações sobre o que poderia ter ocorrido. Nada, porém, funcionara, e toda a investigação fracassara. Redmond me disse que Jeanne Vertefeuille ainda estava se ocupando do problema, no centro da contra-espionagem.

Desde o final de 1986 essa experiente funcionária da Divisão SE vinha examinando as perdas do ano anterior, sem êxito na solução do mistério. Gus Hathaway, que era na época o chefe da contra-espionagem, tinha pedido a Vertefeuille, na ocasião servindo como chefe do posto na África Ocidental, que voltasse à sede a fim de analisar os danos e procurar resolver o enigma da perda dos agentes russos. Ao chegar a Langley, no outono de 1986, ela iniciou um esforço árduo e solitário para verificar se havia algo em comum entre os diversos casos. Trabalhando secretamente e chegando mesmo a recusar-se a informar Redmond sobre o que estava fazendo exatamente, Vertefeuille e sua pequena equipe passaram meses examinando arquivos antigos e entrevistando funcionários da Divisão SE que tinham tido acesso aos casos. Foi uma tentativa vã de desenvolver uma matriz referencial que pudesse revelar um denominador comum e desvendar o mistério. Com recursos limitados e praticamente sem contar com o interesse dos níveis superiores, ela não conseguira comprovar se haveria um agente oculto na própria CIA ou se ocorrera simplesmente uma falha nas comunicações da agência. O melhor indício que Vertefeuille obtivera tinha sido o de que o posto em Moscou havia tido acesso a todos os casos, menos um ou dois. O FBI, preocupado com a perda de seus agentes soviéticos, inclusive Martynov e Motorin, iniciou também sua investigação em 1986, em consulta com a CIA, com o codinome ANLACE. Mas tampouco teve êxito, e ambos os esforços em breve perderam o ímpeto.

A investigação de Vertefeuille prosseguiu durante alguns anos, mas desde o início ficou prejudicada pelo fato de que Hathaway tinha deixado claro não desejar uma caçada total a algum agente interno oculto, o que teria exigido o uso do detector de mentiras com todas as pessoas que tivessem tido acesso aos casos. Em vez disso Vertefeuille organizou suas matrizes e listas de nomes, mas não conseguiu indícios que levassem a progressos, e tampouco possuía força dentro da burocracia. A investigação foi conduzida em nível tão baixo que os funcionários graduados da CIA não chegaram a ter conhecimento de sua estagnação.

Redmond me disse que não estava acompanhando de perto o trabalho dela, por estar ele próprio incluído na lista de principais suspeitos.

Sorri ao ouvir isso, mas ele atalhou:

– Não sorria, você também está na lista.

Em pouco tempo pude verificar de que forma as medidas de segurança adotadas por Gerber haviam modificado as antigas rotinas. Em 1985, quando eu tinha ido para o exterior, havia uma reunião geral matinal, à qual compareciam todos os sete ou oito principais funcionários da divisão. Cada um ficava sabendo o que estava acontecendo nas demais seções – contra-espionagem, operações externas, Europa Oriental, operações em Moscou, produção de inteligência e assuntos de pessoal. Tudo isso pertencia ao passado. Minha primeira reunião com os funcionários foi na verdade uma série de pequenas reuniões. Acompanhado por Redmond, que continuou servindo como meu subchefe, e Steve Weber, chefe de operações da divisão (COPS), reuni-me separadamente com cada um dos chefes de seção. Assim, o chefe da seção Europa Oriental não ficava sabendo do que ocorria na União Soviética, e vice-versa. Os únicos funcionários da divisão que conheciam a totalidade de nossas atividades eram o chefe, o subchefe e o chefe de operações. Não era a forma mais eficiente de trabalhar, mas parecia capaz de assegurar a existência de nossos agentes, e isso sem dúvida era positivo.

Após as intermináveis reuniões em separado naquela primeira manhã de trabalho, voltei a meu gabinete na sala de canto e apreciei o panorama. Embora o que me rodeava fosse diferente – aço e vidros azulados modernos, em contraposição à arquitetura mais gótica do prédio antigo –, os apetrechos eram mais ou menos os mesmos: móveis de estilo federalista, sofás para pequenas reuniões, o telefone codificado STU-III na estante. Mas no cofre de duas gavetas, colocado atrás de minha mesa, havia algo que eu nunca tinha visto antes: um telefone comum preto ligado com a sede da KGB em Moscou – o canal Gavrilov. Dentro do cofre estava a pasta de Gerber sobre a ligação com Lubianka, explicando em grande detalhe de que forma aquele canal de comunicação tinha sido aberto, no início dos anos 80. Durante os dois anos seguintes, Gavrilov seria utilizado mais do que nunca.

Examinei os documentos de informação preparados para mim, cada qual dentro de um envelope fechado. Estávamos em meio a um processo de seleção de cerca de uma dúzia de novos voluntários vindos de diversos ministérios e institutos técnicos. Parecia haver bastante trabalho. O que quer que tivesse acontecido no passado, evidentemente não estava ocorrendo naquele momento.

Ao instalar-me em minhas novas funções, no verão de 1989, tive de tomar conhecimento não apenas do novo ambiente da Divisão SE, onde segundo Redmond nada na verdade mudava, mas também do mundo em que operávamos, onde as mudanças ocorriam mais rapidamente do que nossa capacidade de assimilá-las. Quando cheguei a Langley, começavam a aparecer os verdadeiros beneficiários do fim da guerra soviética no Afeganistão: não o povo afegão, e sim os povos da Europa Centro-Oriental.

A primeira notícia da mudança iminente veio em maio, nada mais do que noventa dias após a retirada soviética do Afeganistão, quando Gorbachev disse ao chanceler alemão, na primeira visita do líder soviético ao Ocidente, que a força já não era um instrumento viável para manter a coesão do Pacto de Varsóvia. Gorbachev reafirmou sua política, da qual já tinha havido um pré-aviso no ano anterior, no sentido de que para todos os efeitos a doutrina Brezhnev já não existia.

No mesmo mês, os húngaros deram um passo ostensivo que produziria abalos em todo o império soviético da Europa Centro-Oriental: começaram a desmontar a extensão de arame farpado da Cortina de Ferro, na fronteira com a Áustria. A construção da cerca marcara o início da Guerra Fria, fazendo com que Winston Churchill declarasse em maio de 1946, em Fulton, no estado do Missouri, que "de Stettin, no Báltico, a Trieste, no Adriático, uma cortina de ferro foi estendida no continente". Durante mais de meio século o mundo havia considerado aquela trêmula demarcação como a fronteira entre o Leste e o Oeste – entre a esfera comunista e a Europa Ocidental –, e agora, com alguns cortes de alicate, o panorama da Guerra Fria transfigurava-se do dia para a noite. Desde então, as populações começaram a atravessar aquela antiga linha em quantidades crescentes, e ninguém parecia disposto a impedi-las.

Convencida de que os soviéticos não tinham nem a disposição nem meios de lidar com os acontecimentos, Budapeste deu outro passo decisivo em junho. O governo húngaro reabilitou o herói da revolução de 1956, Imre Nagy, enforcado dois anos depois que a revolta fora esmagada pelos tanques soviéticos, reenterrando-o como herói nacional. Estes fatos na Hungria foram os primeiros atos de desafio vindos de um membro do Pacto de Varsóvia. Outros se seguiriam numa sucessão avassaladora.

Em 5 de junho o povo polonês elegeu uma surpreendente maioria do Partido Solidariedade, de Lech Walesa, para o parlamento nacional. O comunismo recebera um golpe mortal no próprio coração do Pacto de Varsóvia, embora nos Estados Unidos a maioria prestasse mais atenção às imagens provenientes da praça Tiananmen sobre a revolução que estourara no dia anterior.

E durante todo o verão de 1989 pequenos grupos de ativistas na República Democrática Alemã começaram a reunir-se nas igrejas e cafés de Leipzig, Dresden e Berlim a fim de falar sobre mudanças e exigir direitos de circulação mais amplos. No início eram pouco numerosos, porém foram crescendo, e na altura de minha chegada à sede já não havia dúvida de que alguma coisa verdadeiramente histórica estava ocorrendo no império da União Soviética na Europa Oriental.

Sede da Primeira Diretoria Principal, Yasenevo, 10 de julho de 1989

Leonid Shebarshin deve ter se sentido realizado em sua profissão. Confortavelmente instalado numa sala de canto no segundo andar da suíte da chefia em Yasenevo, avaliou sua carreira e seu mundo e chegou à conclusão de que os dois caminhavam em sentidos opostos. Sua promoção à chefia da Primeira Diretoria Principal, função que lhe conferia a direção das operações de inteligência da KGB em todo o mundo, lhe trazia certo consolo. Sentia-se mais do que aliviado por haver finalmente deixado para trás as traições e falsas promessas da empresa afegã que havia consumido sua vida profissional, e de certa forma também a pessoal, durante os cinco anos anteriores. O fato de que seu ex-chefe, Vladimir Kryuchkov, houvesse mudado de endereço, passando a diretor-geral da KGB, tornava ainda mais segura a posição de Shebarshin. Um agente comum das esferas superiores da KGB poderia simplesmente aboletar-se naquele confortável poleiro e marcar passo até poder começar a pensar na sala da diretoria em Lubianka, e talvez um assento no Politburo. Mas Shebarshin não sentia essa satisfação. Ao contrário, durante os cinco meses em que estava naquela função convencera-se de que o mundo em que tinha vivido e trabalhado durante as últimas três décadas estava chegando a um fim catastrófico.

Tudo havia começado com a retirada do Afeganistão em 15 de fevereiro, funesto final de uma aventura que, em sua opinião, estava fadada ao insucesso desde o início. A *troika* formada por Gorbachev, Shevardnadze e Aleksandr Yakovlev, o ex-propagandista do Partido que se tornara liberal e estava agora colado em Gorbachev, havia minado em poucos anos o alicerce de unidade socialista tão cuidadosamente reforçado ao longo das quatro décadas anteriores. Gorbachev e seus asseclas haviam declarado, de maneira quase leviana, que a URSS deveria abandonar sua responsabilidade paternalista para com os países socialistas da Europa Oriental. Dali em diante, teriam de cuidar de si mesmos. Era cada um por si, segundo decidira a política da nova *troika*, e não foi preciso passar muito tempo para que tudo começasse a desmoronar.

Shebarshin antevira isso, antes mesmo de assumir a principal função em Yasenevo. A calamidade no Afeganistão tinha representado a primeira quebra da doutrina Brezhnev, o firme princípio de que Moscou jamais abandonaria um país socialista fraterno. Antes que o general Gromov atravessasse a Ponte da Amizade à frente de sua última coluna, havia sido expedido um telegrama a todos os postos diplomáticos e às *Rezidenturas* da KGB no exterior, anunciando a nova política de não-interferência.

Desde o início da primavera Shebarshin vinha acompanhando os primeiros murmúrios de rebelião no entorno imediato da União Soviética: os atos de desafio na Hungria, as devastadoras eleições na Polônia, e a crescente e ainda mais sinistra inquietação na República Democrática Alemã. Tudo estava pronto para um colapso completo, concluiu ele gravemente, e achou melhor chamar de volta os *Rezidents* na Europa Oriental. Precisaria das avaliações deles para traçar novo mapa de percurso para aquela região. E seria útil fazer uma rápida conferência.

Talvez não tivesse esperado a franqueza que recebeu. Reunidos, os chefes da KGB desenharam um panorama desanimador dos acontecimentos em seus países. A opinião coletiva foi a de que a unidade socialista estava rapidamente chegando ao fim. Relutantemente, concordou-se que a posição econômica da URSS era tão débil que já não era possível levar um auxílio significativo aos países da Europa Oriental. Teriam de organizar suas atividades tendo em mente essa realidade.

Logo na primeira parte da conferência chegou-se a um consenso de que o compromisso ideológico nos países socialistas fraternos, que nunca tinha sido muito forte, estava se enfraquecendo de tal forma que o colapso do socialismo em toda a área do Pacto de Varsóvia era provável, ou mesmo iminente. Na Polônia, mais de quarenta anos de socialismo haviam sido apagados nas urnas, um mês antes. Menos sensacional, porém igualmente irreversível, era o abandono dos princípios do socialismo na Hungria; na Tchecoslováquia, passada uma geração, falava-se numa volta à Primavera de Praga. Se os problemas passassem à Alemanha, os resultados poderiam ser desastrosos.

A convicção de uma ameaça comum de parte dos Estados Unidos, fator da manutenção da unidade da aliança durante quarenta anos, fora repentinamente substituída por uma corrida em direção à reaproximação com os norte-americanos. Shebarshin culpava igualmente Gorbachev e seus dois principais auxiliares políticos, embora sua maior aversão fosse dirigida a Shevardnadze. O ministro do Exterior georgiano parecia passar horas a sós com seus correspondentes norte-americanos, primeiro George Shultz e agora James Baker, sem intérpretes nem tomadores de notas que observassem o que acontecia. Não se podia saber que pactos demoníacos ele não estaria fazendo com os norte-americanos, sem ninguém para vigiá-lo.

A tarefa anterior de Shebarshin havia sido a de cauterizar o que Gorbachev chamara a "chaga sangrenta" do Afeganistão. Sua nova função tinha riscos maiores, e ele temia que o resultado já estivesse decidido.

Langley, 9h00, 12 de julho de 1989

Cheguei alguns minutos adiantado para minha primeira reunião com o diretor de Operações (DDO). De pé, a sós na sala de reuniões do sexto andar onde o diretor realizava suas reuniões desde quando eu era capaz de recordar-me, senti-me rodeado pela história da Diretoria de Operações, como sempre me acontecia quando entrava naquela sala. Adornando as paredes cinzentas à prova de som estavam as fotografias dos homens que haviam traçado seu curso durante os quarenta anos de sua existência. Numa extremidade estavam as fotos em preto-e-branco um tanto desbotadas, mas de certa forma ainda vistosas, de Allen Dulles e Frank Wisner, homens da elite que haviam sido diretores entre 1951 e 1959, época em que a DDO era conhecida pelo nome mais misterioso de Vice-diretoria de Planejamento. Na outra ponta ficavam as fotografias posadas, em cores sóbrias, dos "cidadãos DDO", terminando com as de John Stein e Clair George, com a bandeira dos Estados Unidos erguendo-se altaneira ao fundo. No meio estavam os ícones da diretoria: Dick Helms, Des FitzGerald e Bill Colby, além de excrescências como Max Hugel, que durara somente dois turbulentos meses em 1981.

Havia 13 fotos na parede – novamente aquele número perigoso – e sempre que eu as olhava notava a inquietante proporção de desgraças. Dulles tinha sido demitido por JFK por causa do fiasco da baía dos Porcos; Wisner se suicidara, atormentado por demônios; Helms preferira não litigar contra acusações de que se recusara a dar informações completas ao Congresso sobre as atividades da CIA no Chile de Salvador Allende. Tinha sido multado em alguns milhares de dólares, quantia simbólica paga por meio de uma subscrição de colegas leais, e em seguida foi confirmado pelo Congresso como embaixador no Irã. A última foto era de Clair George, antecessor de Stolz, que pedira demissão dois anos antes, pressionado pelo escândalo Irã-contra, e estava sendo processado pelas autoridades judiciárias federais.

Enquanto esperava o início da reunião, fiquei imaginando quantos dos homens que estariam ali naquela manhã desejariam a função de DDO. Talvez todos, pensei.

– Bem-vindo de volta ao lar, Milton.

Voltei-me e vi Burton Gerber que vinha em minha direção, com a mão estendida.

– Já se instalou? – perguntou ele.

– Você deixou tudo organizado – respondi. – Sim, claro, instalei-me perfeitamente.

Antes que ficássemos embaraçados, os demais chefes da DDO começaram a chegar, seguidos por Stolz e Tom Twetten. Stolz e seu subchefe tomaram lugar na extremidade da mesa próxima à entrada; a ponta oposta foi ocupada pelo chefe da contra-espionagem, Gus Hathaway. O restante se espalhou de ambos os lados da mesa, segundo um rígido critério territorial – eu me sentei no lugar que era o dos chefes da SE, desde que as reuniões com o diretor de Operações passaram a realizar-se naquela sala. Os 12 chefes em torno da mesa eram conhecidos como "barões". Os chefes de outras seções menores ocupavam cadeiras colocadas junto à parede.

A reunião ordinária daquele dia era a primeira para aqueles dentre nós que retornávamos do exterior. Avistei Bill Moseby, que cuidava da África, e a quem eu não via desde que fizéramos juntos a sindicância com o falso recrutamento do *Rezident* do GRU, quando Bill era o chefe em Nairobi, em 1986. Jim Higham tratava do Oriente Próximo, e eu trabalhara estreitamente com ele em Islamabad. De ar professoral e leve sotaque britânico, Higham havia passado a maior parte da carreira naquela região. Jack Downing retornara de Moscou na primeira metade do ano a fim de assumir a Ásia Oriental, que era a sua divisão de origem. Após passar os últimos três anos chefiando o posto em Moscou, ficara surpreso ao regressar à sede e verificar o pouco que estava sendo feito para investigar as perdas de 1985. Mas agora, distante das operações soviéticas e chefiando a divisão da Ásia Oriental, achava que insistir em investigações mais enérgicas não era coisa de sua alçada.

John MacGaffin tinha acabado de chegar da Turquia e assumira a chefia da poderosa equipe de avaliação operacional e gerência de recursos da diretoria. Eu não o conhecera antes, mas nos anos seguintes iríamos passar bastante tempo juntos. Terry Ward era outro funcionário graduado desconhecido para mim; era o novo chefe da América Latina.

A reunião de meia hora foi ocupada por uma alocução de boas-vindas da parte de Stolz, renovação de relações e pouco mais do que isso, com exceção da resolução do tema da entrega da Divisão SE por mim e Burton Gerber.

2

Berlim Oriental, 20 de julho de 1989

David Rolph percorrera um longo caminho em seus 12 anos na CIA. Na primeira missão permanente no exterior, em Moscou, tinha tido a sorte de tratar de alguns dos casos mais importantes da agência, inclusive o de Adolf Tolkachev. Agora, aos 41 anos de idade, estava de volta à linha de frente da Guerra Fria, e desta vez recebera seu primeiro comando, do lado de dentro do Muro de Berlim.

Em vários aspectos, o pequeno posto em Berlim Oriental era uma missão mais difícil para um agente da CIA do que Moscou. Não que a vigilância feita pelos alemães orientais fosse melhor, ou mais eficaz. Na verdade, era menos ampla do que a cobertura total com que era necessário lidar na União Soviética. Em Moscou, a KGB era capaz de usar vinte carros para seguir um único agente da CIA. Os alemães orientais nunca se davam a tanto trabalho.

O problema era o *Ministerium für Staatssicherheit,* o MfS, conhecido pela alcunha de Stasi. O serviço de segurança alemão oriental estava em toda parte e controlava de tal forma o povo que quase ninguém ousava espionar em favor dos norte-americanos. A estimativa conservadora era de que o Stasi dispunha de 174 mil *inoffizielle Mitarbeiter* – agentes ou informantes em tempo integral – e muitos outros delatores, num país de apenas 17 milhões de habitantes. Com tantos riscos, poucas pessoas acreditavam ser possível roubar segredos sem serem apanhadas. O Stasi não seguia os agentes da CIA com a mesma diligência da KGB, mas talvez nem fosse realmente necessário.

Por volta da década de 1980, Berlim já perdera parte de seu *status* de teatro principal de operações de espionagem, da fase inicial da Guerra Fria. Após a construção do Muro de Berlim em 1961, decresceu muito a capacidade dos agentes da CIA baseados em Berlim Ocidental para realizarem operações no setor leste. Berlim Ocidental passou a ser considerada uma espécie de campo de treinamento, mais do que um verdadeiro cadinho de operações ativas. Era chamada zombeteiramente "Escola Brandemburg para Rapazes", pois era pouco mais do que um lugar para aperfeiçoar habilidades antes que os agentes fossem mandados aos novos pontos quentes onde se fazia espionagem real. Enquanto isso, o posto em Berlim Oriental jamais havia conseguido transformar-se como grande centro operacional ao longo dos anos; também passara a ser considerado pouco mais do que uma missão de treinamento para as demais capitais do Pacto de Varsóvia, onde aconteciam coisas de verdade.

Alguns achavam que o problema de Berlim Oriental era decorrente da atmosfera de cenário cinematográfico. Um agente da CIA que operasse sob os olhos vigilantes do Stasi sempre poderia, ao contrário de seus colegas de Moscou, pedir tempo e passar pelo Checkpoint Charlie em direção ao oeste, a poucas centenas de metros de distância, para uma pausa. Qualquer que fosse o motivo, o pequeno posto em Berlim Oriental, que fora aberto cerca de 12 anos antes, após a construção do Muro, continuou a ser considerado uma espécie de desvio.

Quando Rolph chegou a Berlim Oriental no verão de 1988, a CIA não possuía agentes dentro do aparelho de segurança do MfS, nem tampouco no HVA, o *Hauptverwaltung Aufklarung*, o braço externo de inteligência. Não era por falta de esforços. Aconteceu que todos aqueles que pareciam prontos a mudar de lado revelaram-se na verdade agentes duplos; a CIA não havia conseguido recrutar nem mesmo o mais retardado dos funcionários.

Mesmo assim, havia bastante trabalho para ele. Durante algum tempo, os agentes baseados na Alemanha Oriental vinham planejando colocar sensores no solo, próximos a bases militares. Os sensores mediriam o volume de tráfego que passasse pela instalação militar e transmitiria os dados para um satélite espião no espaço. Se os sensores detectassem súbita e simultaneamente um aumento do tráfego do lado de fora de diversas bases, isso poderia significar que os alemães orientais, e seus aliados soviéticos, estavam mobilizando tropas e preparando-se para a guerra.

Tanto na Fazenda quanto na Alemanha Ocidental, haviam sido treinados agentes da CIA para instalar sensores do tamanho de caixas de sapatos, antes de tentarem montar essas operações nos bosques da Alemanha Oriental. Após certificar-se de estar "no escuro", o agente da CIA colocava óculos especiais para enxergar à noite e se embrenhava nas moitas que ficassem mais próximas a uma base militar. Sua tarefa era enterrar o sensor, deixando somente a antena acima da superfície para que pudesse regularmente avisar sobre um satélite de passagem.

A operação era tão emocionante e produtiva que o Exército norte-americano resolveu participar também. Foi aí que começaram os problemas. O Exército não permitia que seus agentes de inteligência baseados na Alemanha Ocidental trabalhassem no lado oriental, e confiou a agentes alemães a tarefa de colocação dos sensores. Aconteceu que um dos alemães era na verdade agente duplo, e imediatamente entregou o sensor ao Stasi, para estudo. Os alemães em breve perceberam que havia uma debilidade no projeto: todos os sensores operavam usando a mesma freqüência. Ao sintonizar a freqüência, era possível interceptar as transmissões de todos os sensores que tivessem sido colocados próximo às bases militares em todo o país. A fim de proteger seu espião, o Stasi manteve os sensores em seus lugares durante algum tempo. A operação, porém, ficou desmascarada.

Imaginou-se outra operação técnica em conseqüência de acordos recentes entre os Estados Unidos e a União Soviética para a redução gradual das armas nucleares que ambos mantinham na Alemanha. A fim de verificar se Moscou estava cumprindo o acordo, a CIA teve a idéia de ocultar sensores de radiações gama próximo a linhas férreas da Alemanha Oriental em direção à União Soviética. Os russos teriam de usar as ferrovias para enviar de volta as armas nucleares, e os sensores poderiam detectar a radiação quando os trens passassem. A CIA poderia então verificar se os soviéticos estavam remetendo de volta os mísseis, cumprindo as obrigações do tratado. Eram informações valiosas, mas mesmo assim as operações técnicas não seriam capazes de compensar a falta de espiões.

Berlim Oriental, julho de 1989

O nome que davam a ele era "Curly".* O alemão de cabelos encaracolados fazia parte de uma equipe de vigilância do MfS que seguia David Rolph e seus agentes em Berlim Oriental, dia e noite, de casa ao trabalho e do trabalho para casa.

Para os agentes da CIA que serviam no bloco soviético, serem vigiados constituía parcela tão constante da vida cotidiana que às vezes ajudava a hu-

*Crespo ou pixaim. (N. do T.)

manizar os eternos vigilantes. Por isso davam apelidos aos que os seguiam, como era o caso de Curly. De vez em quando, havia até mesmo oportunidade para pequenas trocas de cortesia profissional entre os caçadores e a caça. No final de sua missão na Europa Oriental, um agente da CIA parou a caminho do aeroporto e deixou um pacote à margem da estrada. Dentro havia uma caixa de cerveja, presente de despedida para a equipe de vigilância que ele sabia iria em breve deter-se para examinar sua última mensagem.

Curly tinha um hábito específico: em geral usava o mesmo carro. Mesmo num país de automóveis pouco diferentes entre si, a equipe de Berlim Oriental em geral conseguia reconhecer Curly e seu carro à primeira vista. Certo dia, caminhando nas proximidades de sua casa em Berlim Oriental, o antecessor de Rolph no posto notou um veículo estacionado diante de um prédio de apartamentos em seu bairro. Ficou certo de que era o carro dele.

Dali em diante, o chefe do posto da CIA passou a fazer questão de procurar o carro do alemão cada vez que saía para caminhar, e diversas vezes o encontrou estacionado no conjunto de apartamentos perto de sua casa, antes de ser transferido para nova missão. O chefe do posto deixou para Rolph um relatório sobre sua descoberta. Não era muito, mas era a única migalha de informação sobre as equipes de vigilância do Stasi que a CIA possuía para prosseguir.

Inicialmente, Rolph imaginou que Curly estacionasse no complexo de apartamentos por ser algum posto secreto de observação do Stasi, pois era próximo à casa do chefe do posto da CIA. Este morava agora no mesmo prédio e freqüentemente saía para caminhar e via pessoalmente o carro. Mais tarde começou a achar que Curly talvez morasse naquele edifício. Talvez deixasse o veículo estacionado ao voltar para casa no fim do dia.

Rolph resolveu certificar-se. Certo dia, de manhã cedo, um agente da CIA vestido como operário alemão oriental misturou-se a outros transeuntes que esperavam o ônibus na parada diante do conjunto de apartamentos, esperando ver Curly sair do prédio a caminho do trabalho. Efetivamente ele apareceu, entrou no carro e partiu, confirmando a suspeita de Rolph e dando à CIA a pista de que necessitava.

A descoberta do endereço residencial do alemão permitiu à CIA uma rara oportunidade para aproximar-se de um agente de vigilância do lado oriental fora das horas de trabalho e longe dos olhos atentos de seus supervisores e outros agentes do MfS. Rolph tinha de encontrar uma forma de chegar a ele sem assustá-lo. Se o assunto não fosse levado da maneira correta, Curly poderia suspeitar que fosse uma provocação de seus chefes, a fim de testar sua lealdade. Resolveu-se que o antecessor de Rolph na chefia do posto, a quem o alemão conhecia de vista, voltasse de Berlim Ocidental a fim de fazer o contato.

Cerca das seis horas da manhã num dia útil, logo antes que Curly saísse do prédio, o ex-chefe do posto deixou um envelope sob o limpador de pára-brisa do carro dele. Dentro do envelope havia uma carta com uma proposta lucrativa para que ele se tornasse espião em favor dos Estados Unidos. O norte-americano atravessou então a rua e ficou parado à espera de que ele saísse de casa e seguisse para o trabalho. O ex-chefe tomou a precaução extraordinária de esperar após deixar a carta a fim de ter certeza de que Curly o visse quando pegasse o envelope. A intenção de envolver o ex-chefe na operação era justamente para que o alemão visse alguém que sabia ser agente da CIA, para que compreendesse que a carta não fazia parte de uma armadilha preparada pelo Stasi.

Ao se aproximar do carro, Curly viu o envelope e olhou para o outro lado da rua, vendo o norte-americano. Enquanto o alemão lia as instruções deixadas para que entrasse em contato com a CIA caso desejasse tornar-se espião, o ex-chefe discretamente desapareceu.

Dois dias depois, David Rolph passou de carro diante do lugar onde Curly deveria deixar um sinal se quisesse trabalhar para a CIA. Ficou radiante ao ver uma marca de giz que significava sua disposição de espionar. Durante os meses seguintes, o subchefe de Rolph se encontrou diversas vezes com o alemão em hotéis da cidade de Berlim Oriental, e este contou tudo o que sabia sobre as operações de vigilância do Stasi. Esse caso foi o primeiro no qual a CIA conseguiu recrutar um agente de vigilância da Alemanha Oriental em serviço ativo. A excitação em Langley era visível. O solitário e esquecido posto de Berlim Oriental finalmente começava a ser útil.

Curly se tornou agente de tal importância que Rolph se preocupava sempre que ele ficava muito tempo sem entrar em contato. Ao não ter notícias durante algum tempo, o subchefe do posto da CIA resolveu certa manhã esperá-lo na parada de ônibus diante do prédio de apartamentos, a fim de certificar-se de que tudo estava bem. Quando o alemão apareceu, os dois tiveram uma longa conversa e depois se abraçaram como amigos que há muito não se vissem. O agente da CIA redigiu um telegrama à sede relatando o encontro e explicando que sua conversa com Curly o convencera de que ele era um agente legítimo.

"Olhei-nos olhos", escreveu ele, "e percebi que era genuíno."

Varsóvia, 20 de julho de 1989

Havia meses que Gromoslaw Czempinski sabia que aquilo ia acontecer. Como agente profissional de inteligência, Gromek, como o chamavam seus amigos, era astuto avaliador de política e de pessoas, e percebeu que o regime para o qual trabalhara desde que entrara para o serviço em 1972 estava acabado. Aflitos com a estagnação econômica e crescentes greves de militantes, os governantes comunistas da Polônia haviam relutantemente iniciado negociações com o nascente movimento democrático polonês – Solidariedade – e finalmente concordaram em realizar eleições em junho. O Partido parecia acreditar ser capaz de influenciar os resultados e limitar o peso do Solidariedade. Imaginou que poderia trapacear.

Mas Czempinski pensava melhor. O serviço polonês de inteligência externa possuía espiões bem colocados dentro do Solidariedade – melhores do que os que dependiam do SB, o serviço de segurança interna –, e portanto Czempinski e seus colegas tinham bastante razão para crer que o Solidariedade estava prestes a obter uma vitória esmagadora. Os comunistas iam ter uma surpresa.

O serviço de inteligência externa resolveu não esperar pelos resultados finais. Meses antes das eleições, funcionários no Escritório de Inteligência e Contra-espionagem, onde Czempinski trabalhava, começaram a destruir documentos, antecipando-se ao fim do governo comunista. A queima de arquivos, principalmente os que diziam respeito a agentes e informantes individuais, começou em janeiro e foi realizada em ampla escala antes que o primeiro voto fosse depositado em junho.

Entre os arquivos mais sensíveis estavam os que tratavam do Solidariedade. Quando o movimento sindical estourou no cenário no início da década de 1980, o serviço de inteligência externa criou uma seção especial para vigiar as relações entre o Solidariedade e a CIA e outras organizações ocidentais. Organizaram uma rede de agentes dentro do Solidariedade a fim de coletar informações sobre conexões financeiras com a CIA, e por volta de 1989 a inteligência polonesa ficou certa de que havia vínculos extensos entre o Solidariedade e Langley. O problema é que o caso fora exagerado. A CIA havia fornecido assistência em segredo – máquinas impressoras, dinheiro e algum equipamento especializado –, mas o mesmo tinham feito a AFL-CIO* e a Igreja católica. De qualquer forma, o apoio ocidental não foi o fator crucial do triunfo final do Solidariedade.

* Sigla da central unificada de trabalhadores dos Estados Unidos. (N. do T.)

Mesmo assim, os principais funcionários de inteligência da Polônia estavam convencidos de que a CIA continuaria com suas ações clandestinas pelo tempo necessário à derrubada do regime, e achavam que o governo nada poderia fazer para impedi-las. Sua convicção no poder de intimidação da CIA minou-lhes a confiança e influiu na conclusão fatalista de que a queda do regime era inevitável. Portanto, por ocasião da surpreendente e esmagadora vitória do Solidariedade em junho, a inteligência polonesa havia destruído praticamente todos os arquivos da seção especial dedicada à espionagem contra a organização sindical. Aleksandr Makowski, um dos funcionários que dirigia a seção, queria ter certeza de que diria a verdade ao afirmar, quando o novo governo do Solidariedade assumisse, que "aparentemente os arquivos desapareceram".

Mesmo com a destruição dos registros mais sensíveis e incriminadores, Czempinski e seus colegas não tinham idéia de qual seria seu destino com o novo governo. Homem alto, de nariz adunco e olhar penetrante, ele havia subido rapidamente na hierarquia da inteligência polonesa, até que ocorresse aquela revolução. Antes de ser recrutado para o serviço secreto, em 1972, havia feito um curso superior de economia. Orgulhava-se de ser um dos primeiros formados pela nova escola polonesa de treinamento em espionagem e de que sua primeira missão permanente, um tributo devido a seu desempenho escolar, tivesse sido em Chicago, no coração do império norte-americano. Em 1976, um desertor fornecera à CIA e ao FBI as identidades dos agentes poloneses de inteligência que trabalhavam nos Estados Unidos, e assim Czempinski fora chamado de volta a Varsóvia antes que os norte-americanos o expulsassem. Passou a trabalhar em contra-espionagem e em de 1989 já era chefe da respectiva seção no serviço secreto externo. Sempre havia sido elogiado por sua audácia e imaginação, mas agora sua carreira se encontrava nas mãos dos metalúrgicos, sindicalistas e ex-advogados que haviam estado na clandestinidade ou na prisão por desafiarem o regime ao qual ele servira. Era otimista e sabia como sobreviver, mas até mesmo ele tinha dúvidas quanto ao futuro.

Langley, 18 de setembro de 1989

– Que está acontecendo em Leipzig? – perguntei eu, sem dirigir-me especificamente a ninguém na reunião de serviço matinal com o grupo que cuidava da Europa Oriental. Era a terceira semana seguida na qual os alemães orientais haviam realizado as demonstrações das segundas-feiras que se iniciavam na igreja de São Nicolau, do século XII, na cidade antiga. As manifestações tinham começado no dia 4 de setembro, com menos de mil participantes que marchavam com o *slogan* "Abaixo o Stasi"; três semanas depois, já eram mais de 10 mil. O Stasi havia tentado abafá-las, mas agiu com timidez e parecia não ter surtido efeito.

– Quem sabe? – respondeu Redmond, laconicamente. – Mas parece claro que Honecker está perdendo o controle.

A dura verdade era que não possuíamos espiões no local que nos pudessem dar informações mais completas sobre os planos do governo alemão oriental, nem sequer quanto às intenções da liderança soviética no Kremlin. Mesmo assim, era evidente que Eric Honecker, secretário-geral da República Democrática Alemã, se encontrava em apuros. Quando os húngaros cortaram o arame farpado e abriram caminho para o Ocidente, milhares de alemães orientais se dirigiram à Hungria e dali atravessaram a fronteira com a Áustria. Honecker bloqueara as rotas para a Hungria, mas isso somente serviu para que, desesperados, os alemães tentassem passar pela Tchecoslováquia. A embaixada da Alemanha Ocidental em Praga ficou atolada de pessoas que pediam asilo.

– Honecker sabe que Gorbachev não vai socorrê-lo – disse Steve Weber, o divisão COPS, ou chefe de operações da divisão – Ele o considera pior do que Brezhnev, é parte do problema e não a solução.

A União Soviética ainda tinha mais de meio milhão de soldados no Leste Europeu, inclusive cerca de 400 mil na Alemanha Oriental, e o restante principalmente na Hungria. Mas Gorbachev não parecia desejar utilizar suas tropas para restaurar a ordem. Aparentemente, Honecker lhe havia dito que, se dependesse dele, o Muro de Berlim ainda ficaria de pé por mais cem anos. Gorbachev o informou que não era problema seu. O líder alemão estava sozinho.

– A Casa Branca está ocultando bem suas intenções – disse eu, pensando na reunião que tivera no Conselho de Segurança Nacional (NSC), uma semana antes. – Eles acham, ou na verdade esperam, que tenham conseguido convencer Gorbachev de que nós não estamos tentando expulsá-los da Europa Oriental. O que procuram fazer agora é que ninguém tenha reações exageradas e tente impedir o que quer que esteja acontecendo.

Como todos os demais atores, a Casa Branca estava procurando desenvolver às pressas uma estratégia, reagindo aos acontecimentos à medida que ocorriam. Ninguém em Washington sentia poder controlar a situação, e nem quais seriam as opções dentro de um mês. O que eu realmente sabia era que os formuladores de política em breve nos pediriam respostas, e nós não as tínhamos. As coisas caminhavam tão rapidamente que era difícil saber até mesmo que perguntas deviam ser feitas.

A sessão da manhã terminou em clima de expectativa. Algo estava a ponto de explodir na Alemanha Oriental, mas ninguém em Langley ou em Washington, do outro lado do rio, tinha idéia do que fosse. Eu tinha certeza de que seria necessário encontrarmos uma maneira de influenciar as coisas, estar adiante dos acontecimentos. Era preciso mudar o panorama se quiséssemos ter oportunidade de fornecer o que o NSC desejava.

– Vamos tratar de entender o que podemos fazer daqui em diante – disse eu, encerrando a reunião. – E o que podemos fazer é tentar ter relevância.

Eu já tinha tido alguns meses para conhecer a divisão e nessa altura tinha uma boa idéia de seus pontos fortes e suas debilidades.

Na subchefia, Redmond representava a continuidade operacional. Ele sabia bem de tudo, mas isso era parte do problema. Era inteligente, sem dúvida, mas estava tão preso aos problemas de 1985 que eu não tinha certeza de poder contar com ele a longo prazo.

Steve Weber era outra coisa. Havia nascido na Hungria antes da Segunda Guerra Mundial e era criança quando o conflito terminou e os comunistas tomaram o poder. Acabara por ser apanhado pelos serviços de segurança húngaros e no final da década de 1950 vira-se servindo num batalhão de trabalhos forçados. Deu um jeito de forjar documentos de viagem e conseguiu escapar para o Ocidente, onde foi recolhido pela inteligência do Exército dos Estados Unidos. Após alguns anos de trabalho na fímbria do mundo da espionagem, foi recrutado pela CIA e agora, um quarto de século mais tarde, aquele refugiado húngaro era meu COPS, com função equivalente à de um general de duas estrelas. Isso só acontece nos Estados Unidos, pensava eu cada vez que olhava para Weber. Tinha certeza de que podia confiar nos conselhos sem enfeites daquele agente húngaro, de modos suaves e cabelos grisalhos.

Meu chefe de contra-espionagem, John O'Reilly, era um iconoclasta total. Nada era sagrado para O'R, como o chamávamos, e ninguém estava a salvo de sua língua ferina. Em sua toca na contra-espionagem da SE, ele vivia rodeado de curiosos vestígios da história da espionagem, inclusive uma foto 18x30 de James Jesus Angleton olhando pelos óculos de aro de osso. Numa mesa abaixo da foto havia uma roda budista de oração, que seus visitantes não resistiam em fazer girar quando pediam opiniões ao chefe da contra-espionagem. O'Reilly já estava trabalhando em contra-espionagem havia muitos anos. Conhecia perfeitamente a história da divisão, e mais ainda o seu folclore. Já tinha percebido que o centro de gravidade estava mudando e que a SE tinha um novo papel a desempenhar. Resolvi trazê-lo para mais perto de mim. Queria que estivesse próximo quando as coisas começassem a ficar interessantes.

Berlim Oriental, outubro de 1989

O subchefe de David Rolph entrou no escritório do posto da CIA em Berlim Oriental numa tarde de sábado, pálido e com uma expressão perplexa.

– Que foi?

– Curly não é genuíno. Está sendo controlado desde o começo.

O funcionário da CIA havia acabado de chegar de Berlim Ocidental, onde se encontrara com outro agente do Stasi que se voluntariara deixando uma carta em seu carro. O homem do Stasi iniciara a entrevista afirmando saber que Curly trabalhava para os norte-americanos, e que também sabia onde e quando se encontravam. Curly tinha denunciado a primeira aproximação e desde então funcionava como agente duplo. Depois de ficar sabendo que a CIA tinha se aproximado de Curly, esse segundo homem do Stasi resolveu agir e apresentar-se como agente genuíno.

Curly revelara-se parte de uma operação controlada pelo Stasi, mas o segundo voluntário era legítimo. A tentativa de recrutar o primeiro não tinha dado certo, mas seu relato sobre o contato, no qual ele revelara também a quantia em dinheiro oferecida pelos norte-americanos, plantara as sementes da espionagem na mente do segundo agente do Stasi. Em breve ele se tornaria o mais importante espião para os norte-americanos na Alemanha Oriental, entregando milhares de páginas de documentos internos do Stasi, inclusive tabelas de organização e listas de nomes de agentes do MfS e do HVA. Essas listas seriam úteis em poucas semanas, quando a nação socialista começou a desmoronar.

Langley, 18 de outubro de 1989

Steve Weber pôs a cabeça pela porta de minha sala e disse:

– Honecker acaba de se demitir.

– O quê!

– Isso mesmo. Motivos de saúde, é o que eles estão dizendo.

– Quem vai assumir? – perguntei.

– Egon Krenz, o número dois.

– Que vai acontecer agora? – perguntei, sabendo que não havia resposta imediata.

– Ninguém sabe – disse Weber.

Berlim Oriental, 19h00, 9 de novembro de 1989

David Rolph ainda estava trabalhando naquele fim de tarde quando ficou sabendo que um porta-voz do governo alemão oriental acabara de fazer um anúncio pelo rádio que o pegou de surpresa, assim como a toda a nação. Foi uma declaração, feita de improviso, que ajudou a derrubar o império soviético no Leste Europeu.

Durante várias semanas os protestos nas ruas das principais cidades da Alemanha Oriental vinham se avolumando, e o novo líder do país, Egon Krenz, percebeu que nenhuma das táticas costumeiras estava funcionando para conter a maré de insatisfação. O êxodo em massa de alemães orientais através da Hungria e da Tchecoslováquia durante os meses anteriores somente havia sido freado por meio de novas e draconianas restrições aos movimentos de viajantes; os alemães orientais estavam proibidos de viajar não apenas ao Ocidente, mas também à maior parte dos outros países do leste. O resultado foi o transbordamento da ira popular. Entre 30 de outubro e 4 de novembro, estima-se que 1,4 milhão de pessoas marcharam em 210 manifestações separadas em todo o país, segundo os frios cálculos do sempre vigilante MfS.

E à medida que as hostes dos manifestantes aumentavam, cresciam também as exigências. Além da liberdade de movimentos, desejavam agora liberdade em sua pátria. Queriam eleições livres e reconhecimento oficial dos grupos de oposição que iam se multiplicando.

Krenz prometera relaxar as restrições às viagens, mas os burocratas do Partido e do governo temiam que isso resultasse num êxodo em massa que ameaçasse a continuidade da existência da Alemanha Oriental. Em 1º de novembro, Krenz conversou com Gorbachev sobre a situação. Assim como acontecera com Honecker, disseram-lhe que Moscou não forneceria auxílio econômico nem militar para sustentar o regime.

As meias medidas de Krenz, com mudanças limitadas nas regras sobre viagens, serviram apenas para incitar novas manifestações. Seu espaço de manobra estava se esgotando. Sob intensa pressão política e de tempo, no início de novembro o Politburo da Alemanha Oriental tentou novamente promulgar regulamentos sobre viagens. Essas novas regras visavam reduzir a pressão sobre o regime, mas sem dúvida não tinham a intenção de proporcionar liberdade total para que os cidadãos do leste viajassem ao Ocidente.

Nesse ponto, a confusão entrou em cena, desempenhando papel essencial. Krenz pediu ao membro do Politburo Gunter Schabowski, que era o porta-voz do Partido, que anunciasse as novas regras. A escolha de Schabowski foi infeliz. Ele não tinha sido informado adequadamente dos detalhes dos novos regulamentos e nem sequer lera cuidadosamente o texto das propostas do governo antes de falar à imprensa, cerca da sete horas da noite de 9 de novembro.

Falando quase de improviso, ele simplificou enormemente as novas normas. Deu a entender que o governo da Alemanha Oriental iria agora permitir as viagens diretamente à Alemanha Ocidental, sem a necessidade de passar por um terceiro país, tanto para emigração permanente quanto para viagens particulares, praticamente sem restrições. Os funcionários alemães do leste aprovariam os pedidos com rapidez.

Surpresos, os repórteres perguntaram a Schabowski quando entrariam em vigor as novas regras. Agitado, ele respondeu: imediatamente.

A conferência de imprensa fora transmitida ao vivo no rádio e na televisão, e embora Schabowski tivesse expressado erradamente as intenções do regime, suas palavras tiveram o efeito de mudar a política num ímpeto. Todos os que o ouviram entenderam que a Alemanha Oriental havia resolvido abrir o Muro de Berlim e deixar que seus cidadãos partissem, encerrando quarenta anos de isolamento nacional.

Os guardas da fronteira que ouviram a conferência de imprensa em seus postos de vigilância ao longo do Muro ficaram aturdidos. Alguns alemães orientais que estavam próximos aos postos da fronteira no momento em que ouviram a transmissão das palavras de Schabowski resolveram experimentar imediatamente o alcance da nova política. Os guardas, que tinham ouvido Schabowski, mas não haviam recebido outras instruções, resolveram deixá-los passar para Berlim Ocidental. A televisão do oeste, que era vista no leste, noticiou o fato de que estava sendo permitida a passagem pelo Muro, e em breve milhares de berlinenses do leste encheram os pontos de passagem agora abertos, penetrando no lado ocidental da cidade.

Rolph ficou tão surpreso quanto todos os demais, e depois de ouvir a conferência de imprensa saiu de casa com a família, na qualidade de turistas e testemunhas oculares da história. Naquela noite ele mandou um telegrama à sede apenas para confirmar os relatos de imprensa de que o Muro tinha sido aberto e que a passagem para o Ocidente estava efetivamente sendo permitida aos berlinenses do leste. Nada havia de poético nesse telegrama, apesar de sua importância histórica como primeira mensagem da CIA para relatar a queda do Muro de Berlim.

Tampouco havia no telegrama qualquer elemento baseado em inteligência secreta. Como a CIA não possuía agentes de alto nível no governo alemão oriental, Rolph não tinha a quem recorrer para obter informações especiais sobre o colapso da disciplina alemã naquela noite. A contra-espionagem da Alemanha Oriental executara perfeitamente sua tarefa: privara a CIA de acesso à hierarquia política do governo.

Dessa forma, seria a CNN e não a CIA quem manteria Washington informada sobre o rápido desenrolar dos acontecimentos em Berlim. Na verdade, a queda do Muro foi o primeiro episódio de uma competição silenciosa entre a CNN e a CIA que prosseguiria pelos anos do encerramento da Guerra Fria. Com acontecimentos históricos ocorrendo diariamente entre 1989 e 1991, David Rolph e outros agentes da CIA no exterior, inicialmente na Europa Oriental e mais tarde na União Soviética, começariam a sentir uma pressão sutil para que se mantivessem relevantes, permanecendo à frente dos acontecimentos. A sede instruiu repetidas vezes os agentes para que não tentassem competir com o noticiário, e sim obter informações sigilosas que o presidente não conseguisse encontrar alhures. Mas era difícil aos agentes ignorar o ímpeto da história que se desenrolava diante deles.

Ao mesmo tempo, não era fácil obter informações sigilosas que permitissem ao presidente um melhor entendimento da história cotidiana. É muito difícil conseguir penetrar em segredos acerca de acontecimentos que ocorrem com rapidez, ainda que haja espiões bem situados. Porém, na realidade, a CIA não possuía espiões com acesso de alto nível que pudessem fornecer visões políticas importantes. Como, então, seria possível aos agentes da CIA satisfazer os formuladores de política, sedentos de um fluxo contínuo de informações? Mandá-los sintonizar a CNN e esperar que tudo corresse bem? Essa era a embaraçosa situação que a CIA enfrentava em Berlim Oriental em novembro de 1989.

Varsóvia, 22h30, 9 de novembro de 1989

Era o primeiro dia de uma visita de cinco dias do chanceler alemão Helmut Kohl a Varsóvia, e como todo o mundo ele também fora colhido de surpresa pelo surpreendente anúncio de Schabowski no sentido de que as novas regras de movimentação entrariam imediatamente em vigor na Alemanha Oriental. Durante uma recepção no antigo palácio do conde Radzivill em Varsóvia, Kohl conversou animadamente com seus anfitriões poloneses, inclusive Lech Walesa, mas prestava atenção nos acontecimentos em Berlim e se mantinha alerta para anúncios funestos.

A chegada da notícia foi quase um anticlímax. Um assessor murmurou a seu ouvido:

– O Muro foi aberto!

Mais tarde, naquela noite, no hotel Marriott em Varsóvia, o chanceler alemão disse à imprensa reunida:

– Agora a história do mundo será escrita.

Em sua suíte no hotel, na mesma noite, Helmut Kohl fez o que o resto do mundo igualmente estava fazendo: voltou-se para a única fonte de informação em atividade sobre o momento histórico mais importante da segunda metade do século – a CNN.

Langley, 9 de novembro de 1989

Burton Gerber, agora chefe da Divisão Européia, responsável pelas operações da CIA na Europa Ocidental, se encontrava em meio a um tranqüilo almoço com o diretor da CIA William Webster e um pequeno grupo de visitantes, funcionários de inteligência da Alemanha Ocidental, na sala privada do diretor, quando recebeu o aviso de que havia uma mensagem urgente para ele. Gerber pediu licença e saiu da sala, onde recebeu a eletrizante notícia: o Muro de Berlim estava aberto. Gerber entrou novamente na sala e deu a notícia ao diretor da CIA e aos hóspedes alemães em êxtase.

Depois do almoço, Gerber foi ao encontro de seus colegas na Diretoria de Inteligência a fim de verificar o que os analistas lhe poderiam dizer sobre a situação, voltando em seguida à sua sala a fim de ver na TV as últimas notícias de Berlim. Era um momento de profunda emoção para ele, que acabara de passar cinco anos dirigindo a Divisão SE e dedicara grande parte da vida a lutar em silêncio contra o império soviético. Vendo a história desenrolar-se na televisão, Gerber se sentiu exultante ao perceber que o campo original de batalha da Guerra Fria, a cidade de Berlim, acabava de ser conquistada.

Langley, 18h30, 9 de novembro de 1989

Alternei entre a CNN e a ligação por satélite da CIA com os canais alemães do leste e do oeste que cobriam os acontecimentos no Muro de Berlim. Ninguém havia previsto que aquilo aconteceria no momento e da forma em que aconteceu. Ninguém, nem a CIA, nem o Departamento de Estado, nem o governo de Bonn. Ninguém estava preparado para os acontecimentos de 9 e 10 de novembro. Onde estava a inteligência obtida por meios humanos? Essa pergunta me seria feita repetidamente. O que nossos espiões nos diziam que iria suceder em seguida?

A CIA não tinha inteligência humana sobre os acontecimentos à medida que ocorriam. Nenhum de nossos recursos humanos nas capitais do Leste Europeu e na União Soviética estava em condições de contar-nos o que sucedia; a maioria nos pedia notícias. Todos assistiam ao drama na televisão pensando que diabo poderia acontecer em seguida. Nem mesmo os melhores agentes poderiam dizer o que os governos iriam fazer, quando ninguém nos governos tinha idéia de como agir.

Washington inteira tinha os aparelhos de TV ligados na CNN. E enquanto eu via aquela odiosa estrutura sendo desmontada, recordei-me de quando vira pela primeira vez a barreira de concreto armado, quase um quarto de século antes, como jovem agente da CIA na Alemanha. Tinha visto fugas para o Ocidente fracassarem, e algumas terem êxito, mas o Muro parecia cada vez mais forte, tanto como barreira física quanto como símbolo de separação das mentes humanas que viviam em ambos os lados. Mais do que qualquer outra construção, o Muro de Berlim simbolizava tudo o que me levara à CIA.

Agora o Muro desmoronava, e eu me sentia estranhamente dissociado do que acontecia. Resolvi mandar um telegrama a todos os agentes de campo no dia seguinte, dizendo que deixassem à mídia internacional aquilo que ela sabia fazer melhor, mas que nos informassem caso avaliassem as coisas de forma diversa da cobertura televisiva. Saiam às ruas, disse eu, e mandem relatórios sobre a situação.

Berlim Oriental, 10 de novembro de 1989

A noite de quinta-feira havia sido bastante louca, mas quando Rolph e a mulher foram ao Checkpoint Charlie no dia seguinte para ver com os próprios olhos o que acontecia, tiveram a impressão de que toda a Alemanha se encontrava ali. Misturando-se à multidão de milhares de alemães orientais que esperavam para fazer a travessia, o chefe do posto da CIA se viu em meio à maior festa que jamais havia presenciado, o momento mais indescritível e inesquecível de sua vida. Perdido num mar de champanhe e braços abertos, Rolph se sentiu como um eufórico combatente da Guerra Fria que observava a união da Alemanha. Passou para o lado ocidental e viu que os berlinenses do leste eram tratados como heróis que retornassem após estarem perdidos num mundo selvagem durante trinta anos.

Mas Rolph não tinha certeza de que estivesse compreendendo a dimensão do que ocorria à sua volta. Ao voltar para casa no bairro de Pankow, em Berlim Oriental, havia uma estranha atmosfera de normalidade. Longe dos grandes festejos próximo aos pontos de passagem da fronteira, Rolph ficou surpreso ao ver que a vida na Alemanha Oriental continuava. O Stasi ainda está aqui, disse ele para si mesmo, ainda é um temível serviço de inteligência. As equipes de vigilância também ainda permanecem aqui.

Kremlin, 11 de novembro de 1989

Tudo estava acabado. Disso tinha certeza Anatoly Chernyaev, guru de política externa de Gorbachev. Toda a era do sistema socialista, que durara setenta anos, estava acabada. Primeiro tinha sido a Polônia, depois a Hungria e em seguida, repentinamente, a Alemanha Oriental. Tudo acontecera pacificamente. O líder chinês Deng Xiaoping e Todor Zhivkov, da Bulgária, haviam anunciado as respectivas retiradas de cena. Sobravam somente Fidel Castro, Nicolae Ceauşescu e Kim Il Sung. E todos odiavam a União Soviética! Sim, pensou Chernyaev, tudo estava acabado.

O principal tinha sido o Muro de Berlim. Sua queda teria profundo efeito não apenas no destino final do socialismo, mas também no equilíbrio mundial de poder. Significava o fim de Yalta, o fim do legado de Stalin e o fim da lembrança da derrota da Alemanha de Hitler. Tudo estava acabado.

E isso, concluiu Chernyaev com um sentido irônico de orgulho, era obra de Gorbachev. Ele se tornara de fato um grande líder. Gorbachev havia intuído o ritmo da história e concorrera para que encontrasse um canal natural. O leal assessor do líder russo nunca se desviaria da convicção de que as dramáticas mudanças históricas que estavam em curso na Europa Oriental eram resultado da decisão de Gorbachev de não se interpor.

3

Praga, 17 de novembro de 1989

O dissidente Oldrich Cerny, escritor e tradutor de filmes, franzino e de cabelos cor de areia, vinha seguindo a liderança de Václav Havel desde seus tempos de adolescente deslumbrado, na década de 1960. Naquela época, havia necessitado reunir toda a sua coragem para entrar num teatro em Praga e apresentar-se atrevidamente ao mais brilhante dramaturgo da Tchecoslováquia. Havel concordara com o convite do rapaz para tomar café em companhia dele. Agora, mais de vinte anos depois, Oldrich Cerny ia mais uma vez seguir a liderança de Havel. Desta vez, iria ajudá-lo a fomentar uma revolução.

Naquele momento, entretanto, os dois esperavam impacientemente que a revolução começasse.

Com efeito, ambos estavam esperando durante pelo menos 12 anos. Em 1977, Havel havia fortalecido sua posição de mais importante dissidente da Tchecoslováquia com a criação da Carta 77, um grupo de intelectuais que firmaram uma petição exigindo liberdade de palavra e pensamento e, mais do que isso, liberdade contra a repressão que fora imposta ao povo tcheco depois que os soviéticos esmagaram a Primavera de Praga, em 1968. A recompensa de Havel pela Carta 77 tinha sido a prisão.

Enquanto isso, durante o final da década de 1970 e início da de 1980, Cerny havia sofrido o ostracismo por sua recusa em tornar-se agente e informante dos serviços secretos tchecos. Rejeitou inicialmente uma proposta da polícia de segurança interna e mais tarde uma tentativa separada do serviço de inteligência externa, que ficara curioso com a fluência dele no idioma inglês e desejava mandá-lo para o exterior como espião. Sua altaneria lhe custou o emprego numa editora tcheca, e em breve ele mal ganhava o suficiente para comer trabalhando como estivador no cais fluvial de Praga.

Em meados de novembro de 1989, Cerny percebeu a preocupação de Havel de que o espírito democrático que atravessava a Europa Oriental pudesse passar ao largo pela Tchecoslováquia. Os antigos regimes haviam caído na Polônia por meio de eleições e na Hungria por meio de negociações. O Muro de Berlim acabara de desabar e o governo da Alemanha Oriental parecia em seu estertor final. Mas em Praga até aquele momento as manifestações haviam sido modestas, insuficientes para expulsar os comunistas do Castelo de Praga. Os protestos no final de outubro, na data nacional tcheca, haviam sido tão inexpressivos que Havel se sentira deprimido. Passou vários dias no início de novembro recuperando-se de uma enfermidade – e da frustração. Temia que a Tchecoslováquia estivesse destinada a tornar-se uma ilha de tirania rodeada de democracias, a Cuba da Europa Oriental.

Havel achou que a data de 17 de novembro não seria mais do que uma repetição do que já vira, e por isso não se juntou às manifestações daquele dia em que se comemorava o cinqüentenário do abjeto assassinato de um estudante tcheco pelos nazistas. Mas os estudantes e outras pessoas que naquele dia marcharam pacificamente pelas ruas de Praga até a praça Wenceslas, o estreito e comprido logradouro central em aclive da cidade, a fim de celebrar o aniversário, foram confrontados com a polícia de motins, em busca de um incidente. A polícia adentrou a multidão, manejando brutalmente os cassetetes e espancando homens, mulheres e crianças. O fato revoltou o povo tcheco e eletrizou a nação do dia para a noite. Por sua própria estupidez brutal, o regime finalmente conseguira transformar os tchecos em revolucionários.

Repentinamente energizado, Havel tratou de capitalizar os maciços protestos imediatamente suscitados pelos fatos de 17 de novembro. Reuniu dissidentes de toda a cidade de Praga, inclusive muitos dos antigos membros da Carta 77, e naquele fim de semana todos se juntaram no Teatro do Estúdio de Atores. Em meio aos acesos debates, alguém assinalou que a reunião estava ocorrendo num local facilmente acessível às autoridades, e em breve todos passaram ao porão do Laterna Magika, o teatro Lanterna Mágica, a fim de organizar sua atividade seguinte. O Lanterna Mágica se tornaria o quartel-general informal deles, o ícone e símbolo do sucesso repentino e miraculoso da pacífica "Revolução de Veludo".

Ninguém havia elegido nem nomeado Havel e seu novo grupo dissidente, o Fórum Cívico, para assumir a representação popular, mas nunca tinha havido dúvidas na multidão aglomerada na praça Wenceslas de que o líder pudesse ser outra pessoa a não ser Havel. Em poucos dias, o Fórum Cívico iniciou negociações com o regime, embora os comunistas resmungassem que jamais tratariam com o próprio Havel. Enquanto isso, os protestos cresciam exponencialmente, alimentando a revolução e minando as energias do regime. Um líder comunista local em Praga tentou com atraso obter apoio dos operários, mas ao dirigir-se a um bairro proletário foi vaiado pelos trabalhadores agitados, que gritavam: "Não somos crianças!" Durante toda a revolução, refletiu Cerny com certo prazer, os comunistas estiveram sempre dois dias atrasados.

Praga, Tchecoslováquia, novembro de 1989

No acanhado recinto da CIA na antiga embaixada norte-americana, o técnico em comunicações da agência, jovem e competente, trabalhava pacientemente no equipamento de vídeo, girando o botão em busca da freqüência exata.

– Pronto! – gritou ele para David Manners, o chefe da CIA em Praga, e orgulhosamente apresentou o resultado de seu esforço. Tinha levado tempo, mas o técnico finalmente sintonizara um espetáculo televisivo especial. Acabara de captar os sinais de vídeo vindos das câmeras de vigilância que o serviço tcheco de segurança havia colocado estrategicamente em toda a cidade de Praga a fim de vigiar seu próprio povo, que por acaso se encontrava naquele momento em meio a uma revolução. O receptor de TV na velha mansão se enchia agora de grandes multidões de manifestantes que subiam pelas ruas de Praga. De repente, a transmissão de vídeo passou para uma câmera diferente, e logo depois para outra; Manners percebeu que o técnico havia entrado em toda a rede tcheca de vigilância, e o que via naquele instante eram as mesmas imagens ao vivo vistas pelo serviço tcheco de segurança. Ao observar a transmissão que passava de uma manifestação a outra e focalizava participantes individuais enfrentando agentes à paisana e policiais, compreendeu com um sobressalto que estava presenciando, em tempo real, a reação da segurança tcheca à revolução.

Os ângulos de filmagem e as tomadas que se sucediam, vindos de toda a cidade, mostravam os manifestantes mais temidos pelos tchecos, e os *close-ups* dos agentes ocultos nas multidões revelavam a forma pela qual o governo tcheco procurava agitadamente reagir, num esforço para romper as manifestações.

– Comece a gravar – disse Manners ao técnico.

Foi a melhor cobertura ao vivo obtida pela CIA em todas as revoluções que avassalavam a Europa naquele outono e inverno. Após gravar algumas horas de vídeo, Manners foi ao encontro de sua chefe, a embaixadora norte-americana Shirley Temple Black. Achou que a ex-estrela infantil gostaria de ver um bom espetáculo, e convidou-a a vir ao recinto da CIA a fim de assistir da primeira fila à Revolução de Veludo.

Langley, 29 de novembro de 1989

Redmond enfiou a cabeça em minha sala.

– O FBI tem um cara da Segunda Diretoria Principal em Nova York – disse ele.

Com efeito, era um ex-agente da KGB, Sergei Papushin, que havia deixado a função e passado à nova economia da Rússia. Papushin estava trabalhando em uma companhia petrolífera. Viera a Nova York a negócios, tomou imediatamente uma vasta bebedeira e acabou indo parar num hospital em Nova Jersey, onde a polícia e mais tarde o FBI o encontraram. Já mais sóbrio, o FBI ficou sabendo que ele fizera parte da Segunda Diretoria Principal e resolveu fazer-lhe uma proposta para ver se ele queria colaborar. O FBI sabia que era difícil encontrar agentes da Segunda Diretoria, o braço secreto da contra-espionagem da KGB.

Assustado, Papushin voltou a Nova York, e foi à missão soviética para relatar que tinha sido abordado. Inacreditavelmente, o agente de segurança da missão respondeu que se esquecesse do assunto e tratasse de seus negócios particulares.

Em vez disso, Papushin mudou de idéia. Chamou o FBI e pediu asilo.

– Quando poderemos estar com ele? – perguntei a Redmond.

– Estamos acertando isso agora com o FBI.

Estávamos de novo em atividade, mas na verdade, em meio às revoluções que se espalhavam pela Europa Oriental, eu não conseguia entusiasmar-me muito com aquele novo desertor.

Moscou, 29 de novembro de 1989

Rem Krassilnikov discou o número da casa de Mike Cline, nosso novo chefe do posto em Moscou, e esperou.

– Alô? – atendeu uma voz masculina.

– Oh, alô, Michael – disse Krassilnikov com seu sotaque inconfundível, alongando a pronúncia do nome. – Aqui é Gavrilov. Estava pensando que podíamos nos encontrar por alguns momentos amanhã a fim de tratar de um assunto de certa importância.

Cline sabia o que Krassilnikov queria.

– Sim, podemos fazer isso – disse ele, rapidamente. – A que horas?

– Meio-dia estaria bem?

– Estará perfeito – respondeu Cline, com a mesma linguagem cautelosa que sempre usava num telefone que ele sabia estar sendo monitorado ao vivo pela KGB. Não importava que a chamada viesse da própria KGB; era difícil romper hábitos antigos.

– Então, ao meio-dia amanhã – disse o chefe da contra-espionagem da KGB, e desligou.

No dia seguinte, precisamente ao meio-dia, Mike Cline caminhou pela alameda do anel em direção ao restaurante chinês que fora pré-selecionado para aqueles encontros furtivos. Havia feito sua primeira chamada a fim de ativar o canal Gavrilov ao chegar a Moscou oito meses antes, para substituir Jack Downing, e combinara com Krassilnikov que o restaurante chinês seria o local dos encontros dos dois. Porém, desde então quase não tinham tido contatos; parecia que a linha CIA-KGB tinha emudecido.

Aproximando-se do local, Cline viu o Volga preto estacionado junto ao meio-fio, com o motor ligado e exalando fumaça no ar frio pelo cano de escape. Krassilnikov estava encolhido no assento traseiro, com um xale de lã enrolado no pescoço e o chapéu puxado até as orelhas. Quando Cline chegou perto, o motorista e Krassilnikov saíram do carro. O russo estendeu a mão e fez o agente da CIA entrar na parte de trás do Volga superaquecido.

Com o motorista devidamente afastado para não ouvir, e fumando um cigarro, Krassilnikov disse a Cline que achava ter chegado o momento para uma reunião em nível mais elevado. A KGB seria representada por ele próprio e Leonid Nikitenko, chefe da Diretoria K, de contra-espionagem, que fazia parte da Primeira Diretoria Principal. Poderiam encontrar seus correspondentes norte-americanos em Tóquio ou em Helsinki, no mês seguinte. Os americanos podiam escolher, disse Krassilnikov.

Cline tomou nota de três palavras: "Tóquio, Helsinki, dezembro", e voltou-se para Krassilnikov.

– Algum assunto especial que vocês desejem tratar? – perguntou.

– Nada de especial – foi a resposta. – É que já faz muito tempo que não conversamos.

Cline acrescentou uma quarta palavra, "agenda", a suas notas, e sublinhou-a. Disse a Krassilnikov que voltaria ao assunto e saiu do carro. Não tinha vontade de bater papo. Não era de seu feitio ficar de conversa com o adversário no próprio campo deste.

Langley, 29 de novembro de 1989

Stolz telefonou-me no escritório para dizer que já tinha falado com Gus Hathaway e que este iria acompanhar-me na entrevista Gavrilov.

– De que acha que eles vão tratar? – perguntou.

– Não sei – disse eu, com sinceridade. – Mas já faz dois anos desde o último encontro Gavrilov no exterior; eles romperam o contato em 1987. Talvez a nova equipe deles queira conhecer o nosso novo pessoal.

A CIA e a KGB sempre mandavam dois agentes cada uma para os encontros Gavrilov, com exceção das rápidas e infreqüentes entrevistas do chefe do posto em Moscou com Krassilnikov. Com a presença de dois agentes de cada lado, a possibilidade de percalços ficava muito reduzida. Eliminava as suspeitas de que um agente tivesse sido abordado pelo adversário sem relatar integralmente o fato. No mundo da espionagem as dúvidas sempre permaneciam, uma vez suscitadas. Por isso íamos sempre aos pares para os encontros Gavrilov.

Gus e eu fomos ver Stolz mais tarde naquela manhã e resolvemos comparecer ao encontro principalmente para ouvir. Como o encontro havia sido pedido pela KGB, ouviríamos o que eles teriam a dizer para saber o que pretendiam. Os únicos temas que levantaríamos seriam os de sempre: o *status* do prédio de nossa embaixada em Moscou e o destino da família de Oleg Gordievsky.

Resolvi que o encontro ocorresse em Helsinki e mandei um telegrama a Mike Cline para que comunicasse a decisão à KGB. Em seguida comecei a reler os arquivos que possuíamos sobre os dois homens que eu iria ver em meu primeiro encontro Gavrilov. Tínhamos tido bastante contato com Krassilnikov ao longo dos anos, mas Nikitenko era menos conhecido nosso. Tinha aparecido para nós quando fora *Rezident* em Londres, onde chefiara Oleg Gordievsky, mas não tínhamos muita experiência com ele. Deve ser interessante, pensei, enquanto me preparava para o primeiro Gavrilov. O império deles estava se desfazendo; as reverberações deviam estar sendo sentidas em Moscou.

Praga, 10 de dezembro de 1989

Com centenas de milhares de tchecos enchendo o centro de Praga todas as noites, cantando *slogans* e tilintando as chaves no ar, a mudança chegou com impressionante rapidez. Em 10 de dezembro, o presidente comunista Gustav Husák renunciou, e Havel e o Fórum Cívico assumiram poder por aclamação. Embora Havel somente fosse ser formalmente eleito presidente no fim do mês, repentinamente um grupo de dramaturgos, atores e poetas receberam a tarefa de governar um país.

Um dos problemas mais difíceis para Havel e seu grupo heterogêneo de ministros ao assumirem suas funções era o destino dos serviços tchecos de segurança e inteligência. Os comunistas tinham sido expulsos com tal rapidez que esses serviços não tiveram tempo de se remodelarem nem de se prepararem para uma passagem suave. Em dezembro, o governo ainda era uma estranha mescla de dissidentes e comunistas que ainda não tinham sido substituídos. O serviço doméstico de segurança, conhecido como StB, e o de inteligência externa, que pertencia à esfera do StB e era conhecido como Sprava Um, ainda se encontravam intactos, e seus 17 mil funcionários iam trabalhar todos os dias como se nada tivesse mudado, mesmo depois da posse de Havel.

Os soviéticos, naturalmente, sabiam que era uma questão de tempo. A KGB tinha seis agentes que trabalhavam em tempo integral na sede do Sprava Um em Praga. Logo antes do Natal, os seis foram chamados de volta a Moscou e nunca regressaram.

Os vínculos diretos do StB com a KGB estavam sendo rompidos, mas a inteligência tcheca era ainda dirigida por comunistas que não tinham compromisso com Havel nem com a democracia.

Após os dias frenéticos de novembro e dezembro, Oldrich Cerny estava pronto a voltar a seu trabalho no estúdio cinematográfico, mas Václav Havel tinha outra opinião. No início de 1990, o novo presidente resolveu que Cerny, o homem que duas vezes rejeitara a exigência de tornar-se espião comunista, ajudaria a levar para o novo mundo o serviço tcheco de espionagem.

Frankfurt, dezembro de 1989

Dave Manners teve uma reunião apressada com um funcionário-chave da Divisão SE que acabara de chegar a Frankfurt, vindo da sede. Manners e os demais chefes de posto das capitais da Europa Oriental haviam sido chamados à Alemanha a fim de debater as notáveis mudanças que a região atravessava.

Era difícil saber por onde começar – todas as antigas idéias tinham de ser descartadas. Antigamente os Estados Unidos haviam se preocupado com os dominós no Sudeste Asiático; agora eram os soviéticos que viam tombar seus dominós – Polônia, Alemanha Oriental e agora a Tchecoslováquia.

Havia tanta coisa acontecendo que Manners não podia estar muito tempo fora do posto.

– Você precisa saber que virá outra pessoa para cuidar dos assuntos tchecos na sede. – Foi o recado que Manners recebeu confidencialmente. – Rick Ames. É esperto. Se fosse preciso escolher os três ou quatro funcionários da agência que melhor conhecem a KGB, Rick estaria entre eles.

Helsinki, Finlândia, 19h55, 12 de dezembro de 1989

Estava um frio glacial e era difícil caminhar nas calçadas geladas do bairro residencial de Helsinki onde eu e Gus Hathaway nos encontrávamos. A reunião estava marcada para as oito horas em ponto na embaixada russa, e ao chegarmos ao portão, não longe do cais de Helsinki com cinco minutos de antecedência, Hathaway tocou a campainha e esperou. Um instante depois uma voz nos chegou pelo fone, perguntando quem era.

– Estamos aqui para uma reunião com Rem Sergeyevich Krassilnikov – disse Hathaway em russo.

– Nunca ouvi falar dessa pessoa – foi a resposta lacônica, dispensando-nos.

Cinco minutos depois aproximamo-nos novamente do portão e apertamos o botão. Desta vez houve um ruído elétrico e o trinco se abriu. Lembrei-me do que teria acontecido quatro anos antes, quando Edward Lee Howard passara pelo mesmo portão no coroamento de sua longa fuga do FBI em Albuquerque até a União Soviética.

Gus e eu caminhamos 6 metros pelo passeio limpo de neve até a porta principal da embaixada, onde nos recebeu um funcionário soviético que nos indicou uma sala segura no andar térreo. Ali encontramos Krassilnikov e Nikitenko, além de um terceiro homem da KGB que se apresentou como Viktor, agente de contra-espionagem da Primeira Diretoria Principal.

A sala segura era na realidade uma sala dentro de outra. Tudo havia sido feito por operários especializados: as paredes e o teto eram forrados com ladrilhos acústicos, e cortinas pesadas, um tanto desconjuntadas, cobriam as paredes. Imaginei que houvesse geração de estática eletrônica silenciosa em volta do recinto tão logo a porta fosse fechada, mas não era possível ter certeza disso. Dentro havia um par de sofás e algumas cadeiras arrumadas em volta de uma mesinha baixa, sobre a qual encontramos diversos *zakuski*, salgados russos que iam do salame e picles até queijos. Em outra mesa ao lado havia quatro garrafas de meio litro de vodca Stolichnaya.

Os soviéticos pareciam interessados em avaliar a nova equipe, e nós queríamos fazer o mesmo com eles. Instalei-me em um dos sofás e imaginei os segredos que poderiam estar passando pelas mentes dos dois homens sentados diante de nós naquele recinto acanhado.

Krassilnikov lembrava em carne e osso a Karla, espiã personagem da série de livros de John le Carré sobre a espionagem na Guerra Fria. Em Langley sua fama era quase lendária, pois ao final de cada caso fracassado ele entrava na sala para uma conversa com nosso agente emboscado. Eu já vira sua foto nos arquivos, mas não eram parecidas com o homem que tinha à minha frente. Krassilnikov parecia mais um bondoso avô russo do que o homem que passava seus dias e noites levando nossos agentes locais ao carrasco e tentando nos desequilibrar com uma série de falsos voluntários.

Fitando o rosto suave e rugoso de Krassilnikov, era difícil considerá-lo responsável pelo malogro de muitas de nossas operações nos quatro anos anteriores. Precisei esforçar-me para imaginá-lo interrogando nossos espiões, Tolkachev, Vorontsov, Polyshchuk, Varennik e todos os demais, antes de serem levados aos porões escuros e ao carrasco.

Leonid Nikitenko era um homem corpulento, cheio de vida. Desde o momento em que nos estendeu a mão, ficou evidente que adorava os aspectos dramáticos do jogo de espionagem, e não havia dúvida de que era competente. Estava à vontade naquele universo secreto e se deliciava com cada momento que passávamos juntos na sala segura, com o *zakuski* e a Stolichnaya. Era um ator num palco que preparara para si próprio, desempenhando um papel que ele mesmo escrevera.

Como chefe da Diretoria K do Primeiro Departamento da Primeira Diretoria Principal, Nikitenko era responsável pelas operações de contra-espionagem contra alvos norte-americanos em todo o mundo. Seu último posto no exterior tinha sido o de *Rezident* em Londres, até ser expulso pelos britânicos numa série de atos planejados em 1984, cujo resultado foi que seu subchefe, Oleg Gordievsky, que havia muito espionava para o MI6, assumiu a chefia da *Rezidentura.* Gordievsky ainda achava que Nikitenko fora responsável por seu desmascaramento em maio de 1985, quando ele foi chamado de volta, interrogado e em seguida inexplicavelmente liberado. Fiquei imaginando se Krassilnikov teria sido censurado pela fuga de Gordievsky.

Os soviéticos não pareciam haver preparado uma agenda específica para a reunião. Com efeito, o mais notável foi o assunto não ventilado: a derrocada em curso do império soviético na Europa Oriental. Era como um elefante na sala, sobre o qual ninguém ousava falar. Ninguém mencionou a eleição polonesa, o Muro de Berlim e os acontecimentos que ainda se desenrolavam em Praga naquele mesmo instante. Os agentes da KGB à nossa frente provavelmente estavam tão surpresos quanto nós mesmos pelo que vinha acontecendo em todo o Leste Europeu nas semanas e meses anteriores, mas não estavam dispostos a revelar suas emoções à CIA.

A representação da KGB entrou direto na matéria, indagando a respeito de um desertor soviético que passara para o nosso lado no ano anterior. Nossa resposta foi a costumeira: "Seu *Mr.* X está bem, e vive fora do país onde antes esteve em missão. Goza de total liberdade de movimentos e tem vida própria. Não expressou interesse em encontrar-se com funcionários da União Soviética." A tradução foi a mesma de sempre: "Ele veio a nós, mas não quer que isso seja divulgado. E não quer encontrar-se com sua gente."

Após algumas rodadas de bebida, toquei num ponto antigo mas politicamente sensível: quando iríamos ultrapassar o impasse relativo ao prédio de nossa embaixada em Moscou? As obras de construção estavam suspensas havia anos, enquanto equipes norte-americanas de segurança procuravam verificar até que ponto a KGB havia conseguido instalar dispositivos de escuta na estrutura mais cara do mundo em relação a seu tamanho. Se levássemos em conta o custo da construção original e acrescentássemos o do ataque de alta tecnologia da KGB e mais nossas medidas defensivas, o preço total do prédio seria absurdo. Grande parte da estrutura havia sido desmontada e remetida para os Estados Unidos como carga diplomática, a fim de ser examinada. A embaixada continuava desocupada e o impasse parecia interminável.

Krassilnikov reagiu à pergunta.

– O edifício da embaixada é perfeitamente seguro nas condições em que está – disse ele, cuidadosamente. – Pode ser ocupado imediatamente, sem qualquer preocupação quanto à segurança.

– Está dizendo que não há aparelhos ocultos em nossa embaixada? – perguntei.

– Estou dizendo que não há nada no prédio que deva ser motivo de preocupação para vocês.

– Vamos ver se compreendi. Creio que está dizendo que embora tenha havido planos anteriores para colocar *grampos* em nossa embaixada, esses planos não foram levados integralmente a cabo. É isso?

– Creio que a conclusão seja correta. O que é importante é que o novo prédio de sua embaixada está seguro da forma em que agora se encontra.

– E nós deveríamos ocupá-lo imediatamente, certo? – perguntei, em tom meio zombeteiro.

Krassilnikov sorriu e disse:

– Essa é uma decisão de vocês, mas seria a decisão correta.

– Vamos transmitir seus comentários – disse eu, sem me comprometer. Meu instinto era descartar o que Krassilnikov afirmava, mas no fundo achava que provavelmente ele estava dizendo a verdade. Em algum momento entre a preparação do ataque tecnológico contra a embaixada e agora, a decisão de abandoná-lo deveria ter sido tomada em Lubianka, ou talvez até mesmo no Politburo. Mas já era tarde demais para haver confiança. Não obstante, enquanto Krassilnikov fazia sua cuidadosa afirmação, enxerguei em seus olhos algo que me fez pensar que ele estava procurando navegar para longe de águas turbulentas.

Hathaway mudou de assunto, falando da família de Oleg Gordievsky, assunto pendente que era rotineiramente ventilado em todos os níveis de contato com os soviéticos.

Nikitenko não reagiu com a veemência emocional que eu esperava; afinal de contas, Gordievsky tinha sido seu subordinado em Londres, enquanto espionava em favor dos britânicos. Simplesmente recostou-se mais confortavelmente no sofá e tratou de assumir uma expressão tão inescrutável quanto possível.

Krassilnikov se manteve impassível. Um silêncio desconfortável nos envolveu, mas ele acabou respondendo.

– Agora que vocês levantaram o tema da mulher e das filhas de Gordievsky – observou ele finalmente, com um sorriso irônico –, recordo-me novamente do mistério do desaparecimento do Sr. Gordievsky de Moscou.

Sempre pensei qual seria o interesse de vocês, norte-americanos, em que a família desse homem saia da União Soviética. Trata-se apenas de uma preocupação humanitária, ou houve ajuda dos Estados Unidos para retirar o Sr. Gordievsky da URSS?

– Nosso interesse é puramente humanitário – disse Hathaway, ignorando a inflexão de Krassilnikov. – Gostaríamos de vê-lo reunido com sua família.

– E nossas posições permanecem inalteradas – interrompeu Nikitenko. Pela primeira vez naquela noite, seu sorriso mostrou um laivo de irritação.

Naquele ponto, Krassilnikov fez um comentário sobre a natureza de nossas relações mútuas.

– Não quero insinuar que nunca deixaremos de espionar-nos uns aos outros – disse ele. – Mas em algum momento precisamos começar a ver que tipo de regulamentação poderia ser incorporada a nossas atividades. Estou falando de coerção. Uso de drogas, e até mesmo uso de violência. Creio que em certo momento, talvez não hoje, devêssemos examinar certo tipo de, como direi, comportamento provocativo.

– Você está se referindo a alegações de que nós usamos drogas, raptamos e exercemos coerção contra Yurchenko? – perguntei.

– Yurchenko pode não ser o exemplo mais adequado – disse Krassilnikov. – Estou falando da condução de nossas operações respectivas, e não de um caso específico.

Hathaway curvou-se um pouco mais para a frente a fim de indicar que ele também considerava provocadora a afirmação de Yurchenko.

– O lado soviético sempre preferiu disfarçar a deserção de seus agentes, ao longo dos anos, acusando-nos, assim como aos britânicos, de uso de drogas, rapto e violência. Você sabe muito bem que essas coisas jamais aconteceram, e trazer o assunto à baila, francamente, me surpreende.

– O que estou dizendo é que talvez fosse útil discutirmos algumas regras básicas sobre a forma pela qual agimos – interrompeu Nikitenko, procurando desanuviar o ambiente. – Isso pode ser feito ao longo de certo tempo, e eu também penso que seria útil.

– Creio que seja adequado mantermos abertas nossas agendas – disse eu –, embora pense que devemos ter cuidado para não trazer certos temas a estas reuniões, que poderiam ser considerados mais adequadamente como batalhas de propaganda. Mas podem estar certos de que a CIA não usa drogas nem violência contra agentes de seu serviço. Sempre achamos que é perigoso para vocês fazerem essas acusações, como aconteceu com

Yurchenko, quando todos conhecemos a verdade desse caso. Mas ouvimos suas ponderações.

Com esse diálogo, ficou claro que a parte substantiva da reunião chegara ao fim. Foi quase com alívio que passamos a tratar da ferocidade do inverno que naquele momento envolvia o norte da Europa. Naquelas poucas horas havíamos dado uma olhada em nossos correspondentes da KGB, e eles tinham feito o mesmo conosco. Embora nada de concreto tivesse sido realizado, compreendi que o canal Gavrilov havia sido ressuscitado, após anos de dormência. Eu não tinha certeza de quais poderiam ser as conseqüências, mas estava seguro de que não haveria prejuízos. Com a rapidez com que ocorriam as mudanças, eu me sentia satisfeito em ter a possibilidade de uma trégua temporária a fim de conversar de vez em quando.

Após mais de duas horas de conversa e vodca, Hathaway e eu partimos para nosso hotel no cais de Helsinki. Após estarmos atravessando a pé um parque deserto durante uns dez minutos, ouvimos uma voz que chamava da rua, a 50 metros de distância:

– *Mister* Gataway, *Mister* Gataway... – A pronúncia russa do nome de Hathaway era inconfundível. Em um instante o motorista soviético chegou perto de nós e entregou a Gus a carteira de dinheiro. – Deve ter caído de seu bolso – disse ele, soltando fumaça pela boca no frio da noite, e rapidamente voltou ao carro.

A expressão de Hathaway era clara: não seria bom que Langley ficasse sabendo pelo novo chefe da Divisão SE que o chefe de contra-espionagem da CIA perdera a carteira numa festa com bebidas em companhia de alguns capangas da KGB.

Olhei para a carteira grande e recheada de Hathaway.

– Meu Deus, Gus, que é que você tem aí? Todos os números de telefone de todos os contatos desde que você esteve na escola? É capaz de estar tudo radioativo depois de ter sido copiado!

Hathaway ignorou meu comentário e caminhamos em silêncio o restante do trajeto, procurando compreender a noite tipo Alice no País das Maravilhas que acabávamos de passar com nossos adversários.

4

Langley, 11h30, 27 de dezembro de 1989

A revolução que varrera o norte da Europa Oriental finalmente chegou aos Bálcãs, e na Romênia tomou um tom sinistro. Durante o mês de dezembro, um ciclo crescente de motins e contra-rebeliões fomentadas pelo governo foi aumentando de intensidade até que toda a aparência de ordem simplesmente desapareceu. A embaixada dos Estados Unidos foi obrigada a evacuar seu pessoal para a vizinha Bulgária, e para Washington as luzes se apagaram em Bucareste.

O líder romeno Nicolae Ceauşescu e sua mulher, Elena, escaparam por pouco das multidões enfurecidas três dias antes do Natal, mas foram logo capturados e em 25 de dezembro foram julgados e executados por um pelotão de fuzilamento. Dois dias depois, após um breve intervalo de Natal, estive com William Webster para atualizá-lo a respeito da situação nos Bálcãs.

– O Exército passou para o lado da oposição no dia 22 – disse eu –, no mesmo dia em que o casal Ceauşescu escapou de helicóptero. Ainda não temos certeza da seqüência e dos tempos exatos do que aconteceu, mas achamos que foram capturados no dia seguinte, ou pouco depois. O julgamento levou dois dias, e no dia de Natal foram executados.

Webster, que era juiz, empertigou-se e disse, com expressão meditativa:

– Que é que isso nos revela sobre os procedimentos de apelação na Romênia, Milt?

Eu já conhecia Webster por suas visitas ao Paquistão e tivera ocasião de apreciar sua ironia seca anteriormente. Não sorri ao responder.

– Acho que seria um bom tema de exame para a Diretoria de Inteligência, juiz Webster – disse eu. – E enquanto fazem isso, poderiam verificar os relatos de que Ceauşescu foi executado com cem tiros. Que é que isso nos diz sobre os pelotões de fuzilamento na Romênia? – acrescentei, como suplemento, o mexerico bizarro que tínhamos sabido sobre as últimas horas de Nicolae e Elena Ceauşescu. – Também ouvimos de fonte fidedigna em Londres que poucas horas antes do fuzilamento o governo de Sua Majestade conseguiu revogar o título honorário de nobreza de Nicolae, concedido há anos devido a sua firme oposição a Moscou. Tenho certeza de que isso causou grande alívio no Palácio de Buckingham.

Webster sorriu e fez a pergunta que já estava em sua cabeça há várias semanas.

– Que é que você está fazendo no Leste Europeu?

– No momento estamos nos concentrando na Alemanha Oriental – disse eu. – Espero alguns resultados em breve, mas para ser completamente franco, não creio que haja muita coisa que precisemos fazer na parte norte do continente: em Varsóvia, Praga e Budapeste.

– Por que isso? – perguntou Webster, franzindo a testa. O diretor havia estado profundamente interessado pela região desde que visitara a Europa semanas antes e previra o colapso do Muro muito antes do que a maioria dos colegas de nível ministerial. Agora acompanhava os acontecimentos quase em tempo real.

– Uma coleta de informações muito intensa poderia sair pela culatra. Acho que devemos planejar para entrarmos rapidamente junto com os novos governos e ver o que podemos fazer para apoiá-los e ajudá-los a manter o rumo.

Eu vinha observando atentamente os acontecimentos em Praga e Varsóvia e chegara à conclusão de que roubar segredos poderia não ser tão útil quanto estabelecer vínculos com os novos serviços de inteligência e ajudá-los a trabalhar com seus novos governos.

– E a Alemanha Oriental? – perguntou Webster.

– Estamos procurando ajudar – disse eu –, sempre e quando possível. Eles não têm para onde ir. Enquanto o processo se desenvolve, estaremos presentes.

– Você tem um calendário para isso tudo?

– Estamos trabalhando com afinco no problema da Alemanha Oriental neste momento. E na parte norte estamos investigando.

– Mantenha-me informado, Milt – disse Webster. – O governo está muito interessado nisso. Tenho certeza de que você sabe.

– Sei sim, juiz Webster. Falo sempre com eles pelo telefone.

Kremlin, 27 de dezembro de 1989

Val Aksilenko havia observado os acontecimentos desde a abertura do Muro de Berlim com olhos às vezes anuviados por lágrimas de alegria. Um ano antes, o perturbado coronel da KGB conseguira ser deslocado de Yasenevo para o escritório da Comissão de Economia Externa do Estado (FCD), do Conselho de Ministros. Era a forma que encontrara para afastar-se da KGB, passo a passo. A nova função era bastante obscura – seu escritório ficava fora dos muros do Kremlin –, mas isso o protegia do tiroteio.

Poucos de seus colegas do Conselho de Ministros, e menos ainda os de Yasenevo, davam importância ao fato de que o socialismo recebera um golpe de morte. Haviam já caído a Polônia, a Hungria, a Tchecoslováquia e o mais stalinista deles, a DDR, e todos de forma em geral pacífica. E agora, nos Bálcãs, o impiedoso Ceauşescu fora derrubado e morto. Mas neste momento, pensava Aksilenko, os que o rodeavam estavam demasiadamente preocupados com seus próprios destinos, cada vez mais precários, demasiadamente envolvidos com o que sucedia dentro da Mãe Rússia, para se entusiasmarem de uma forma ou de outra com os acontecimentos do perímetro, ou até mesmo para dar-lhes grande importância.

As reavaliações ideológicas e morais que ocorriam em todas as estruturas do *stablishment* soviético eram avassaladoras: engendravam nada menos do que o colapso da autoridade do Partido Comunista e do sistema soviético. A maioria de seus colegas achava melhor procurar uma aterrissagem suave do que preocupar-se com o que acontecia em Berlim ou em Bucareste. E o pessoal do Kremlin e da KGB levava vantagem. Para os pobres joões-ninguém das ruas de Moscou a questão era outra – a angústia diária de lutar pela subsistência era simplesmente esmagadora.

Os acontecimentos caminhavam segundo um esquema geral que Aksilenko considerava essencial, apesar do sofrimento que causava a seu redor. E aquele sofrimento temporário para a Mãe Rússia era a fonte de suas lágrimas de alegria. A queda do Muro de Berlim fora a centelha indispensável que permitira finalmente a chegada das mudanças à URSS. Tinha de acontecer daquela forma, concluiu Aksilenko; as mudanças que abalaram o mundo teriam de começar nos satélites da Europa Oriental e correr para dentro, em direção ao centro do socialismo, em direção à própria Moscou. Ele sabia que nenhuma mudança importante teria origem em Moscou. Era necessário que viesse de fora.

As visitas freqüentes de Aksilenko à sede da FCD a fim de avaliar o humor de seus colegas da KGB sempre eram instrutivas. A atmosfera em Yasenevo era pesada, com as opiniões divididas entre os chamados liberais, como ele próprio, que saudavam as mudanças por vir, e os conservadores, que tratavam de impedi-las. Yasenevo se dividia entre os esperançosos e os temerosos. Ele não tinha dúvidas de que os problemas estavam crescendo para os homens da KGB. Mais cedo ou mais tarde haveria um enfrentamento. E essa conclusão o fazia sentir-se grato por estar longe de Yasenevo, em seu confortável cubículo no Conselho de Ministros.

Berlim Oriental, 15 de janeiro de 1990

A atmosfera era festiva, pelo menos inicialmente. Em seguida tomou o matiz da fúria de vingança, quando os berlinenses invadiram a sede do Stasi no vasto complexo da Normannenstrasse e começaram a destruir tudo, lançando documentos secretos pelas janelas em direção às ruas, lá embaixo. Outros arrombaram um depósito ainda mais valioso de vinhos importados e alimentos de luxo reservados para os agentes do Stasi. Quarenta anos de ódio contido em relação à polícia secreta – um serviço de segurança que durante gerações silenciara qualquer dissidência – explodiram repentinamente nas ruas de Berlim Oriental.

Para o povo da Alemanha do leste, a pilhagem na Normannenstrasse representou um ato de catarse política, como se atirar os arquivos pelas janelas conseguisse de alguma forma limpar a corrente sanguínea nacional, livrando-a de sua cultura de suspeição e paranóia. Voltavam-se contra a polícia de segurança com uma vingança nascida do ressentimento por serem obrigados a espionar os vizinhos, os maridos e as mulheres, as mães e os pais.

Foi um dos momentos mais dramáticos de algumas semanas frenéticas que haviam transformado Berlim Oriental, de remanso comunista secundário em cadinho de uma revolução histórica. E como muitos dos demais acontecimentos que desafiavam a história desde a queda do Muro de Berlim, imagens filmadas da Normannenstrasse foram transmitidas pela CNN e outras redes de TV para os lares norte-americanos. A cobertura televisiva da invasão do Stasi chamou a atenção do presidente, que aparentemente fez uma observação improvisada e casual sobre o incidente ao funcionário da CIA que lhe fazia o relato diário dos acontecimentos. O presidente Bush perguntou em voz alta se a CIA estava conseguindo recuperar alguns dos documentos que flutuavam no ar em direção às ruas de Berlim. O juiz Webster ouviu falar do interesse do presidente, e em breve o que começara com uma simples observação feita na Casa Branca transformou-se num tumulto na CIA.

Webster perguntou se a CIA estava conseguindo pôr as mãos em alguns desses documentos do Stasi. A resposta era negativa, e o diretor da CIA então quis saber se precisávamos de gente nova em Berlim. O recado era claro. Depois disso, mandei Redmond de avião a fim de pressionar Rolph.

Berlim Ocidental, final de janeiro de 1990

Paul Redmond olhou para o outro lado da mesa e viu dois agentes zangados. Ele tinha viajado a Berlim para dar a David Rolph e ao posto na Alemanha Oriental um recado difícil de engolir. E ao ouvir num restaurante do lado ocidental o que Redmond tinha a dizer, Rolph e seu subchefe não gostaram nem um pouco.

Em todas as burocracias, as más notícias costumam começar no topo e descer a encosta, e a CIA não era exceção. Aconteceu apenas que, nesse caso, Rolph estava recebendo um recado que se originara na Casa Branca, com o presidente dos Estados Unidos.

O presidente Bush tinha visto o saque na Normannenstrasse pela CNN e indagara se a CIA estava conseguindo obter os documentos que caíam pelas janelas para as ruas de Berlim Oriental. A resposta era não, e Langley percebeu que essa não seria uma resposta boa para a Casa Branca. Isso significava que o posto em Berlim Oriental tinha de ser advertido, e Paul Redmond foi o encarregado de fazê-lo.

Redmond procurou ser polido e demonstrar coleguismo, mas não havia engano na mensagem vinda da sede: fique sabendo que Washington está observando a revolução e quer resultados. Rolph, por sua parte, não pensou que Redmond tivesse ido ralhar com ele devido a erros anteriores, e sim apenas para deixar claro que Washington estava mudando de atitude em relação ao que o posto de Berlim Oriental deveria estar fazendo – e que a atitude estava mudando rapidamente. De um dia para o outro, as regras sobre a forma de dirigir um posto estavam sendo revistas. E quer Rolph e outros agentes treinados nas artes clandestinas tradicionais da Divisão SE gostassem ou não, teriam de mudar a maneira de operar, usar táticas ostensivas mais agressivas ou arriscar-se a se tornar irrelevantes.

Rolph resistiu. Não gostou da idéia de que a sede lhe dissesse que não estava sendo suficientemente agressivo e achou que Langley não compreendia as realidades com que os agentes em Berlim Oriental tinham de lidar. O Stasi não estava morto, disse Rolph ao colega, insistentemente. Ainda temos de ser cuidadosos e prudentes, ou o Stasi nos jantará.

A cautela dele refletia seu treinamento e experiência da Guerra Fria. Como muitos agentes da Divisão SE, ele crescera lutando contra a KGB e os serviços de inteligência do Leste Europeu quando estavam em seu auge, e aprendera a respeitar seu poder. Embora tivesse presenciado com seus próprios olhos a queda do Muro de Berlim, Rolph não estava convencido de que a antiga ordem na Alemanha Oriental estivesse defunta. Acreditava que o MfS ainda conseguiria vencer o tumulto político. Se os agentes da CIA abandonassem suas táticas clandestinas de "áreas proibidas" e começassem a operar mais ostensivamente, o MfS poderia retaliar. A CIA se veria então ainda mais encurralada na Alemanha Oriental.

Portanto, durante semanas após o 9 de novembro, Rolph e seu subchefe ficaram sem saber se poderiam operar de forma mais ousada na Alemanha Oriental. É verdade que o Stasi começava a relaxar a vigilância; às vezes absolutamente ninguém os seguia. Mas aquilo poderia durar? Rolph ainda não tinha certeza. Quando as multidões assaltaram a Normannenstrasse, ele suspeitou de que tudo tivesse sido preparado pelo próprio Stasi. Não acreditou que fosse parte de uma revolta popular. Achou que fosse um teatro organizado pelo Stasi num esforço de última hora para provocar o povo alemão oriental a exigir uma restauração da ordem e da estabilidade. Imaginou que fosse um equivalente moderno do incêndio do Reichstag. Se as pessoas em Washington achavam que verdadeiros segredos tinham sido atirados pelas janelas do Stasi, nesse caso seria porque assistiam demais à televisão. Assim, no almoço na Mexico Platz, em Berlim Ocidental, Rolph disse a Redmond que o Stasi não estava morto.

Naquele mês de janeiro, no restaurante em Berlim, Redmond não argumentou. Procurou ser compreensivo. Disse saber que as percepções em Washington nem sempre correspondiam à realidade.

– Mas às vezes a percepção é a realidade – disse ele. – E o que estamos deixando de ver é a percepção.

Redmond deixou penosamente claro que o posto em Berlim Oriental teria de começar a assumir riscos, começar novas atividades ou agüentar as conseqüências.

Rolph e o subchefe não gostaram do que ouviram, mas entenderam a mensagem. Quase imediatamente, reagiram lançando uma campanha para recuperar os remanescentes do *Ministerium für Staatssicherheit.* Para surpresa deles, os agentes da CIA logo descobririam que, sob a superfície, pouco restava do outrora poderoso MfS. Tal como em Varsóvia e Praga, a antiga ordem em Berlim Oriental estava começando a desmoronar.

Varsóvia, 1990

Andrzej Milczanowski, rude e obstinado advogado de província e antigo dissidente, havia pago seu tributo ao Solidariedade. Nascido em 1939 em uma região oriental da Polônia mais tarde absorvida pela Ucrânia, começou cedo a odiar os comunistas. Pouco depois que os soviéticos invadiram a Polônia em seguida ao desastroso pacto de Stalin com Hitler, o pai dele, procurador local conhecido por suas convicções anticomunistas, foi levado pelo NKVD, predecessor da KGB. A família soube mais tarde que ele havia sido transportado para Kiev e executado, junto com outros líderes governamentais e militares da Polônia.

A mãe pegou Andrzej e a irmã e fugiu para Lvov e em seguida para o campo, e depois da guerra conseguiram finalmente instalar-se no oeste da Polônia. Milczanowski estudou direito em Poznan e tornou-se procurador como o pai, trabalhando e sofrendo sob o regime comunista.

Finalmente ele deixou a atividade da procuradoria em Stettin e tornou-se advogado defensor, aceitando em 1978 o caso de alguns dissidentes locais. Esse caso teve grande influência sobre ele, e quando o Solidariedade surgiu em 1980, ele se sentiu disposto a exercer papel de liderança no movimento local de Stettin. Serviu na comissão de greve da seção do Solidariedade na cidade. Quando foi decretada a lei marcial na Polônia, em 1981, Milczanowski liderava uma comissão de greve no porto de Stettin, e foi preso e condenado a cinco anos de prisão. Um decreto de anistia reduziu sua sentença a dois anos e meio, e ao sair da prisão, em 1984, voltou diretamente ao trabalho de dissidência, tornando-se chefe do movimento clandestino do Solidariedade em Stettin. Em agosto de 1988 chefiou uma greve contra a companhia local de transporte público, uma das muitas ações de trabalhadores em todo o país que tanto perturbaram o regime comunista nos meses anteriores, antes da sua decisão de finalmente reunir-se para negociações com o Solidariedade.

Depois que o Solidariedade tomou o controle do governo, Milczanowski foi encarregado dos assuntos de inteligência e em breve teve de resolver o que fazer com o serviço que vinha da era comunista.

Inicialmente, sentiu-se frustrado pelo fato de que tantos arquivos haviam sido destruídos. Ao pedir para ver os assentamentos de certo departamento, um funcionário colocou algumas folhas de papel sobre sua mesa.

– Só isso? – perguntou ele, exasperado.

– Sim – disse o funcionário, com tranqüilidade e certo embaraço.

Apesar de sua história pessoal trágica no contato com os comunistas, Milczanowski tratou com teimoso pragmatismo a questão de decidir o que fazer com os agentes poloneses de inteligência externa. A Polônia havia passado por uma transformação política repentina e radical, mas a União Soviética ainda avultava do outro lado da fronteira. Ele achava que a nova república ainda era vulnerável a ameaças externas. Chegou à conclusão de que a Polônia não poderia dar-se ao luxo de demitir em massa seus espiões mais experientes. Mais tarde observou com desprezo o ato do governo de Václav Havel, que dispensou todo o serviço de inteligência e recomeçou com novatos. Era nada menos do que desarmamento unilateral, pensou Milczanowski, e chegou a dizer isso aos tchecos num encontro que estes recordam como tendo sido muito desagradável.

Uma de suas novas tarefas foi chefiar uma comissão especial de avaliação a fim de decidir quais os agentes de inteligência externa que deveriam ser mantidos e quais os demitidos. Gromoslaw Czempinski foi escolhido por seus colegas para servir de advogado dos agentes diante da comissão, e em breve o ex-espião comunista desenvolveu estreita relação com Milczanowski, o ex-dissidente que agora era seu chefe. Czempinski acabou por ser nomeado subchefe do serviço de inteligência externa e se tornou efetivamente o diretor de operações da Polônia.

Os dois às vezes discutiam ferozmente a respeito dos agentes que deveriam ser mantidos. A comissão de avaliação suspeitava especialmente dos funcionários que haviam sido extremamente ativos no tempo do comunismo e freqüentemente descartavam os que não tinham grande experiência operacional. Afinal, a comissão resolveu conservar cerca de seiscentos dentre os aproximadamente mil agentes do serviço de inteligência externa, embora Milczanowski mais tarde lamentasse algumas das escolhas individuais. Descobriu que muitos dos que haviam sido mais ativos – e portanto haviam sido mais visados pela comissão – eram também os melhores e mais eficientes. Os que haviam realizado pouco no tempo dos comunistas não eram dissidentes ocultos nem heróis poloneses secretos, e sim simplesmente preguiçosos.

Entre os mais eficazes dentre os agentes demitidos estava Aleksandr Makowski, o agente que havia estado encarregado da seção especial que espionava o Solidariedade e suas ligações com a CIA. Czempinski fez um apelo especial à comissão em favor de Makowski, mas era especialmente difícil para o novo governo engolir suas atividades contra o Solidariedade.

Praga, março de 1990

Oldrich Cerny surpreendeu-se quando Jiri Krizan, primeiro conselheiro de segurança nacional de Havel, pediu-lhe que viesse caminhar com ele nos jardins ao redor do Castelo de Praga, sede do governo.

– Temos de nos livrar do serviço de inteligência, e precisamos de sua ajuda – disse Krizan em voz baixa a Cerny. – Aqueles velhos comunistas estão todos lá e temos de tirá-los. Havel quer que você faça isso.

– Está bem – disse Cerny. – Quando quer que eu comece?

– Agora mesmo – respondeu Krizan. – Estamos cinco minutos atrasados para uma reunião com a inteligência britânica.

Os primeiros e hesitantes esforços do novo governo de Havel para reformar os serviços de segurança tinham fracassado, e agora o presidente se voltava para Cerny a fim de ajudar a resolver o problema.

O StB tinha sido formalmente desmantelado em fevereiro e seus agentes receberam instruções para não voltar ao trabalho até que fossem avaliados por uma comissão a ser constituída pelo novo governo. A única seção do serviço de inteligência externa que permanecera virtualmente intacta tinha sido uma unidade antiterrorismo. Mas era preciso colocar alguma coisa no lugar dos antigos serviços de segurança, e assim o governo de Havel criara inicialmente uma organização denominada Escritório de Proteção da Constituição e da Democracia. Os funcionários chamados para a nova repartição eram os que tinham sido demitidos pelo regime após as perseguições de 1968, na presunção de que se os comunistas tinham se livrado deles, não deveriam ser todos tão ruins assim.

A nova organização, porém, rapidamente mostrou-se confusa. Trazidos de volta à vida, os antigos agentes começaram a fazer o que sabiam fazer melhor desde a década de 1960 – vigiar os norte-americanos e os britânicos. Pior ainda, algumas unidades, especialmente as equipes de vigilância, ainda não tinham sido avisadas de que suas atividades estavam terminadas. Portanto, no início de 1990 as equipes do StB continuavam a seguir agentes do MI6 e da CIA pela cidade de Praga, como se não tivesse havido uma revolução.

Krizan queria que Cerny entrasse em cena e começasse tudo de novo. Seria o líder da criação de um novo serviço de inteligência, adequado a uma democracia recente e pró-ocidental. Nessa difícil tarefa seria auxiliado por Jan Ruml, um dissidente que usava rabo-de-cavalo, designado por Havel para vice-ministro do Interior, encarregado da inteligência. Deveriam criar uma organização muito menor do que a existente no tempo dos comunistas e recrutar sangue novo, jovens sem nenhum passado em trabalho de inteligência. A Tchecoslováquia ia começar de novo do zero.

Mas antes que pudesse começar, o novo governo teria de resolver o que fazer com os antigos arquivos do StB e do Sprava Um. Embora alguns dos arquivos tivessem sido destruídos pelos comunistas ao deixarem o poder, grande parte ainda estava intacta, inclusive um sistema de fichários que proporcionava pontos de referência em livros de registro que identificavam agentes, seus contatos com serviços de inteligência e seus objetivos operacionais até quarenta anos antes. Esses arquivos revelavam que em determinado momento o StB havia possuído cerca de 10 mil informantes e agentes ativos, penetrando em todas as esferas dos governos federal e local. A fim de evitar uma caça às bruxas no interior das fileiras do novo governo, os assentamentos ainda ativos por ocasião da Revolução de Veludo foram destruídos. Somente os arquivos mortos foram conservados e examinados.

Nos primeiros dias do governo de Havel abundavam em Praga os rumores de que antigos funcionários do StB planejavam voltar à atividade e poderiam estar conspirando para derrubar Havel e reinstalar o regime comunista. Mas um exame mais atento mostrou que esses boatos provinham simplesmente do fato de que alguns antigos agentes do StB costumavam reunir-se regularmente em tavernas de Praga para beber, contar casos e espairecer longe de suas casas. Para alívio de Cerny e outros do grupo de Havel, ficou rapidamente esclarecido que o StB estava morto e não havia possibilidade de que uma versão tcheca da rede Odessa – a organização quase mítica de antigos oficiais da SS que se misturaram com o tecido social na Alemanha do pós-guerra – surgisse para ameaçar a nova democracia.

Tão logo começaram a desmantelar a antiga estrutura, Cerny e Ruml voltaram a atenção ao desenvolvimento de novas relações com os britânicos e os norte-americanos. A CIA não tratara com os dissidentes durante a Revolução de Veludo, mas agora os tchecos queriam que a agência norte-americana ajudasse a estabelecer comunicações seguras e a proteção adequada ao presidente Havel. Assim, a CIA forneceu equipamento de comunicações e ajudou no treinamento dos guarda-costas de Havel; enquanto isso, o MI6 britânico concordou em proporcionar treinamento prático para os novos agentes tchecos de inteligência.

Os tchecos também trabalharam com os norte-americanos e britânicos para limpar de seus registros os antigos agentes "dormentes", profundamente ocultos na sociedade ocidental. O FBI e a CIA solicitaram ao novo governo de Havel e a seu serviço de inteligência externa, agora mais reduzido, que chamassem de volta antigos agentes "ilegais" que haviam sido mandados aos Estados Unidos pelos comunistas anos antes. No final da Guerra Fria, os tchecos possuíam cerca de vinte agentes "dormentes" em todo o mundo, inclusive diversos nos Estados Unidos e na Grã-Bretanha. Esses agentes jamais haviam sido ativados; os comunistas planejavam utilizá-los em caso de uma grande crise ou de guerra com o Ocidente.

Mas esses ilegais haviam vivido suas vidas falsas durante tanto tempo que alguns pareciam haver esquecido que eram espiões, e não cidadãos de bem em suas comunidades. Quando as novas autoridades tchecas os quiseram chamar de volta, dois dos três agentes "dormentes" nos Estados Unidos simplesmente se recusaram, dizendo que agora eram norte-americanos, com famílias e vidas que não desejavam abandonar. Na Grã-Bretanha, um ou dois também se negaram a voltar à pátria. O governo de Havel resolveu deixá-los em paz para que vivessem suas novas vidas, principalmente porque nenhum deles havia jamais prejudicado os Estados Unidos ou a Grã-Bretanha.

Sede da CIA, Langley, início de 1990

Desde os primeiros dias da Guerra Fria, a CIA havia proporcionado clandestinamente recursos financeiros a revistas, publicações e livros acadêmicos publicados na Europa Ocidental por expatriados do império soviético.

Essas publicações de emigrantes haviam relatado a verdade a gerações de europeus orientais e soviéticos sedentos de verdadeira informação. Haviam fornecido uma visão rápida da literatura proibida e em muitos casos mantiveram viva a história para minorias perseguidas. As publicações apoiadas pela CIA nunca precisaram divulgar falsa propaganda; bastava dizer a verdade aos povos que viviam sob regimes construídos sobre mentiras e falsidades. O programa clandestino para levar notícias e literatura a pessoas dentro do bloco soviético era uma das operações mais nobres e mais bem-sucedidas da Guerra-Fria.

A Polônia servira como estudo de caso sobre o poder da informação. Junto com a AFL-CIO e a Igreja católica, a CIA havia ajudado a fornecer ao Solidariedade os recursos necessários para divulgar sua mensagem durante os dias negros da lei marcial, quando o movimento foi obrigado a passar à clandestinidade.

Para grupos minoritários perseguidos na União Soviética, enquanto isso, obras de literatura e de outros gêneros financiadas pela CIA proporcionavam histórias nacionais objetivas. Ao longo dos anos, a CIA aperfeiçoara a arte de contrabandear livros para esses grupos. A agência semeou exemplares da Bíblia, do *Arquipélago Gulag* e de outras obras na Europa Oriental e na União Soviética, às vezes em forma de livros diminutos que podiam ser facilmente ocultados das autoridades.

Editores emigrados em Paris e outras cidades do Ocidente, com discreta ajuda da CIA, mantiveram vivos os férvidos sonhos de liberdade para a Rússia, a Polônia e a Tchecoslováquia. Por volta da década de 1980, alguns haviam acrescentado vídeos a suas atividades, produzindo documentários, programas musicais e outros, que podiam ser comprados em lojas da Europa Ocidental e em seguida contrabandeados para o leste.

Muitos dos emigrados que trabalhavam com a CIA envelheceram esperando pacientemente no exílio. Mas agora, subitamente, a liberdade chegara. Do dia para a noite, suas publicações proibidas podiam ser compradas abertamente nas bancas de jornais em Praga, Varsóvia e Budapeste.

No início de 1990, a CIA compreendeu que era tempo de terminar o apoio financeiro aos emigrados. Para os funcionários da agência que haviam proporcionado apoio a esses editores, a cessação das atividades conjuntas foi ao mesmo tempo doce e amarga. Teriam de dizer adeus a homens e mulheres que muito haviam sofrido durante longos e sacrificados anos, quando havia poucos indícios de que suas publicações tivessem impacto.

Para os europeus do leste, foi relativamente fácil terminar seu relacionamento secreto com a CIA. Muitos já planejavam voltar a suas pátrias e estabelecerem-se como editores legítimos. Já não precisavam da agência.

Para os emigrados da União Soviética, no entanto, tudo foi mais difícil. A revolução ainda não chegara a Moscou. Alguns funcionários do Grupo de Propaganda e Ação Política da CIA, que cuidavam do apoio clandestino às publicações dos expatriados, relutaram em encerrar tão rapidamente os programas soviéticos. A batalha ideológica contra o comunismo já durava havia muito e era difícil declarar subitamente a vitória e fechar as portas. Mas os programas custavam milhões à CIA e a agência já não podia justificar a despesa.

Em breve, funcionários em toda a Europa Ocidental procuraram discretamente seus contatos com os editores emigrados, dando o recado que muitos deles haviam esperado quarenta anos para ouvir: é hora de voltar a suas pátrias.

Lisboa, 1º de março de 1990

Ryszard Tomaszewski, *Rezident* polonês em Lisboa, tinha tratado de importantes operações relativas aos Estados Unidos durante sua carreira no serviço de inteligência externa da Polônia, e exatamente por esse motivo John Palevich, agente conhecido no Departamento de Operações da CIA como "sr. Polônia", o identificara como a pessoa que deveria ser abordada para ver se os poloneses estavam preparados para um novo relacionamento com a agência norte-americana.

As mudanças que se espalharam pela Europa Oriental no final de 1989 convenceram a CIA, e especialmente os funcionários da Divisão SE, de que era hora de estabelecer contato com os serviços de inteligência dos novos governos democráticos que acabavam de escapar da órbita soviética. O primeiro país tinha sido a Hungria, com uma reunião inicial em Viena entre agentes húngaros de inteligência e a CIA. A agência desejava agora estender seus novos laços com Budapeste, construindo relacionamentos e vínculos em outras capitais, inclusive Varsóvia e Praga.

Preferiu-se descartar uma aproximação em Washington, em parte porque isso obrigaria a CIA a incluir o FBI, e a agência queria que o contato fosse bilateral – e discreto. Um contato direto na Polônia foi também rejeitado, devido ao temor de expor o agente da CIA que servia no posto em Varsóvia, caso a tentativa fosse rechaçada.

Paul Redmond, subchefe da Divisão SE, que estava colaborando na coordenação dos esforços de contato com os europeus do leste, resolveu tentar utilizar o modelo húngaro com os poloneses, aproximando-se deles por meio de uma das repartições que eles possuíam em território neutro.

Mas qual delas? Ao longo dos anos a CIA obtivera muitas informações detalhadas sobre o serviço polonês de inteligência externa, denominado Departamento I do *Ministerstwo Spraw Wewnetrzynych*, o Ministério de Assuntos Internos, e portanto tinha bastante conhecimento sobre as personalidades e o currículo de muitos dos agentes poloneses que serviam em todo o mundo.

Os *Rezidents* em Roma e Lisboa pareciam ser bons candidatos. O *Rezident* em Roma chegara a estudar em Harvard e conhecia bem os norte-americanos. Era provável, porém, que fosse fortemente vigiado pelo serviço local de segurança interna, e a CIA não desejava que qualquer outro país, inclusive a Itália, soubesse da tentativa de abordagem. Por isso Palevich foi pessoalmente a Lisboa para bater pessoalmente à porta de Tomaszewski.

Mas ao dirigir-se à embaixada polonesa e apresentar-se a Tomaszewski como representante do diretor da Agência Central de Inteligência, o agente polonês imediatamente passou à defensiva. Palevich explicou que tinha instruções para abrir um diálogo de inteligência com o serviço polonês e que seu interlocutor havia sido escolhido como intermediário para dar o recado a Varsóvia. Convencido de que se tratava de algum tipo de provocação de parte dos norte-americanos, o polonês sustentou que era apenas um diplomata, representante do *Ministerstwo Spraw Zagranicznych*, o Ministério dos Assuntos Estrangeiros, e portanto não se encontrava em posição de conversar com Palevich sobre nada que se referisse àquele tema. Era evidente que não havia ainda recebido orientação do novo governo de Varsóvia sobre se deveria considerar os norte-americanos como amigos ou como adversários.

Palevich percebeu que Tomaszewski suspeitava de que ele portasse um gravador, o que o fez ficar ainda mais reservado e tenso. Sem conseguir progredir em sua conversa com o polonês, tentou nova tática.

– Você tem uma máquina fotográfica? – perguntou.

Tomaszewski deu um passo atrás, irritado, quase gritando:

– Não! Por que teria uma câmera? Sou diplomata!

Com a voz mais tranqüila possível, Palevich disse:

– Porque talvez queira uma cópia de meu passaporte, para que quando você comunicar nossa entrevista à sede eles possam fazer uma pesquisa adequada e confirmar minha identidade e meus vínculos. Então, por que pelo menos não faz uma fotocópia disto? – prosseguiu, entregando-lhe seu passaporte diplomático, no qual figuravam seu nome e as informações para contato, inclusive o endereço e telefone particulares em Maryland. Tomaszewski pegou o passaporte e desapareceu por alguns instantes. Ao regressar, simplesmente devolveu o passaporte e disse a Palevich que se retirasse.

– Poderia ter a bondade de pedir a sua secretária que chamasse um táxi para mim? – pediu o norte-americano ao perturbado agente de inteligência, procurando mais uma forma de prolongar a entrevista por alguns minutos.

– Não! – bradou Tomaszewski. – Seu grupo de apoio lhe dará uma carona.

O funcionário polonês acreditava que ele fosse apenas o iniciador de uma operação norte-americana complexa para envolvê-lo, e não ia deixar-se levar por aquela armadilha.

No dia seguinte, Palevich voltou a Washington, e ao apresentar-se teve de suportar alguns gracejos pelo aparente fracasso de sua missão. "O plano era bom, mas mandamos o homem errado." Redmond, também formado em Harvard, respondeu com bom humor que talvez fizesse nova tentativa, dessa vez em Roma. Tinha certeza de que dois ex-alunos de Harvard se entenderiam.

Dois dias depois, quando Palevich saía do banho em sua casa em Maryland, o telefone tocou. Era Tomaszewski, que chamava de um telefone público em Lisboa. Tivera o cuidado de não ligar da embaixada polonesa, para o caso de haver escuta dos serviços portugueses de segurança.

Falando em "termos comerciais", o polonês pediu desculpas pelo mal-entendido da semana anterior e disse que na verdade a sede de sua firma estava muito interessada em aceitar a proposta. Poderia haver novas tratativas? Ficou evidente para Palevich que Tomaszewski havia relatado o contato ao quartel-general e que fora repreendido por haver despedido abruptamente o agente da CIA.

A oportunidade chegaria rapidamente, e quando isso ocorresse Gromoslaw Czempinski e Andrzej Milczanowski a utilizariam da maneira mais vantajosa.

5

Langley, 5 de abril de 1990

– Estamos nos estágios finais do planejamento da exfiltração de PROLOGUE – disse eu. Estava com Dick Stolz, em sua sala no sétimo andar. Tom Twetten, diretor-assistente de Operações, também estava conosco.

O caso do misterioso voluntário da KGB que se aproximara de Jack Downing no *Flecha Vermelha* tanto tempo antes continuara sem solução. Permaneciam dúvidas sobre se se trataria de uma operação de agente duplo da KGB. Havíamos finalmente confirmado a identidade de PROLOGUE, graças a Sergei Papushin, o desertor da Segunda Diretoria Principal que havia sido recrutado pelo FBI em Nova Jersey. Depois de ver um álbum de fotos, forneceu-nos o nome e cargo de PROLOGUE.

Era Aleksandr Zhomov, o "Sacha", disse Papushin. Zhomov era agente do Primeiro Departamento da Primeira Diretoria Principal e trabalhava sob as ordens de Rem Krassilnikov e seu subchefe, Valentin Klimenko. Resolvemos dar um pequeno susto em Zhomov, deixando-o saber que conhecíamos seu nome. Em um dos bilhetes que lhe passamos no *Flecha Vermelha* começamos com "Caro Sasha". Mas ele era controlado e não reagiu.

Na primavera de 1990, o pequeno grupo de agentes da CIA que participavam do caso chegou à conclusão de que ou PROLOGUE era o mais importante espião da CIA em Moscou ou se tratava de um ardil extraordinário da KGB. Teríamos de retirá-lo da Rússia para saber exatamente qual das duas coisas era a verdadeira. Portanto, várias semanas antes tínhamos dito a ele que estávamos começando a tomar as providências necessárias para a exfiltração e para isso ele deveria fornecer-nos algumas fotos tamanho passaporte, a fim de serem usadas para criar uma identidade para a fuga. Em duas semanas tínhamos as fotos e um rosto que se ajustaria a um nome. Podíamos começar a trabalhar num plano detalhado. Mas havia um porém. Não podíamos utilizar um método complexo para a saída de PROLOGUE porque poderia tratar-se de uma operação controlada, com o objetivo específico de conhecer nossos métodos de exfiltração. Teríamos de dar um jeito de fazê-lo escapar sem revelar muita coisa sobre nossa forma de agir nesses casos. Com esses parâmetros em mente, resolvi informar o sétimo andar. Ainda tinha esperança de que a operação PROLOGUE fosse genuína, mas precisava revelar a Stolz e Twetten as dúvidas que muita gente da Divisão SE ainda mantinha.

– O que foi que ele nos contou? – perguntou Stolz.

– Confirmou muita coisa sobre os problemas de 1985, e nos revelou algumas armadilhas que eles usariam para nos atrair. E nos deu alguns documentos internos que nos mostraram a opinião deles sobre alguns dos mais recentes chefes do posto em Moscou.

– Alguma coisa que soubéssemos com certeza que os prejudicaria? – perguntou Twetten.

– Não – respondi.

– Acha que ele está sendo controlado? – Dick Stolz estava no papel de agente, o ex-homem de campo que havia sido expulso de Moscou nos tempos antigos e que desde então vinha dirigindo operações contra a KGB. Sabia que era difícil avaliar uma operação do tipo de PROLOGUE.

– Cada vez que fazemos contato, eu convoco uma reunião com os poucos agentes que conhecem o caso, somos uns cinco. Peço opiniões sobre duas coisas. Primeiro, pergunto se acham que ele está sendo controlado. O resultado é sempre meio a meio. E sempre há mudanças de posição entre os que dão opinião.

– Qual é a segunda pergunta? – indagou Twetten.

– Se devemos prosseguir com a evacuação apesar de nossas dúvidas. O voto é sempre quatro a um em favor de prosseguir.

– Que perderíamos se ele for uma farsa? – perguntou Stolz.

– Um passaporte e um método secundário de fazê-lo sair. Mais ou menos isso.

– Qual é a opinião de Redmond?

Fiz uma pausa antes de responder à pergunta de Stolz.

– Mais ou menos igual à minha. Depende do dia. Mas o que quer que ele diga, acho que no fundo acredita que a operação seja genuína. E não tem dúvidas de que devemos prosseguir com a exfiltração. Essa é também a minha posição. Se PROLOGUE for falso, tem de haver um bom motivo para que eles o tenham mantido assim durante dois anos. Se for genuíno, é ouro puro.

– Não poderíamos fazer questão de que ele passe uma informação importante antes de tirá-lo de lá? – perguntou Twetten.

– Estamos tentando isso há dois anos. Cada vez que o pressionamos, ele diz que está guardando para quando o retirarmos. A partir daí fará tudo o que quisermos, diz ele. Quem pode argumentar contra isso? O homem é agente de contra-espionagem da KGB. Isso está confirmado. Se eu estivesse na pele dele, também me reservaria até poder escapar.

– Qual era a opinião de Gerber sobre ele?

Stolz hesitara um pouco ao fazer a pergunta.

– Você talvez saiba. Não falei com Burton sobre isso. Ele não participa de minhas reuniões, mas meus espiões dizem que tem dúvidas, como todos os demais.

– Qual a sua recomendação? – perguntou Stolz. Ele gostava do consenso.

– Vamos em frente.

Ele se voltou para Twetten.

– E você, Tom?

– Que temos a perder?

– Então vamos – disse Stolz, sem demonstrar relutância na decisão. – Quando iremos informar o juiz?

William Webster, diretor da CIA, teria de aprovar o plano de evacuação de PROLOGUE. Se alguma coisa desse errado, poderia causar um incidente diplomático.

– Na semana que vem, quando ele assinar o passaporte norte-americano. O juiz terá de falar com Larry Eagleburger.

A CIA podia falsificar documentos soviéticos de identidade, mas não tinha autoridade para emitir um passaporte norte-americano falso sem permissão do Departamento de Estado.

– Então prepare tudo – disse Stolz, indicando que a reunião terminara.

Berlim Oriental, 15 de abril de 1990

Onde estaria o diabo do coronel?

Essa era a pergunta que os agentes da CIA faziam, tanto no lado oeste quanto no setor leste da cidade de Berlim. O coronel que desaparecera do

Departamento dos Estados Unidos do HVA, o serviço de inteligência externa da Alemanha Oriental, era um dos alvos de alta prioridade da nova e agressiva campanha da CIA para recrutar agentes dentre os remanescentes dos serviços de segurança do país. Anteriormente servira no posto em Nova York, e a CIA achava que ele quase certamente conheceria as identidades dos espiões norte-americanos que houvessem trabalhado para a Alemanha Oriental. Como milhares de outros agentes do HVA e do MfS em desintegração, ele também tinha sido demitido, e no entender da CIA se tratava agora de um dos desempregados mais importantes do país. Se a agência conseguisse convencê-lo a falar, seria possível fazer cessar operações de espionagem contra os Estados Unidos que já vinham funcionando havia muito tempo. Mas o coronel parecia ter desaparecido. Encontrá-lo era uma operação importante.

A visita de Paul Redmond em janeiro havia abalado o posto da CIA em Berlim Oriental, e David Rolph entendera o recado de que era preciso agir com mais agressividade. Em pouco tempo descobriu a maneira de fazê-lo. Ele e seus colegas do posto em Berlim apresentaram um plano que consistia em lançar um ataque frontal brutalmente simples contra o Stasi em desmoronamento, começando com uma série de abordagens diretas a tantos agentes do HVA e do MfS quantos fosse possível. Os agentes de caso receberam instruções para deixar de lado as preliminares costumeiras de localização, avaliação e acesso a seus alvos. Em vez disso, deveriam procurá-los e perguntar à queima-roupa se queriam uma apólice de seguro de última hora contra a incerteza. Não havia lugar para sutilezas. A idéia era chegar diante deles e oferecer uma simples troca: informações mediante dinheiro. A cada dia mais agentes do HVA e do MfS iam sendo demitidos. Se a CIA não agisse rapidamente, eles poderiam todos voltar simplesmente para suas casas e esquecer os segredos que traziam nas cabeças.

Armados com organogramas e listas de nomes fornecidas pelas fontes no Stasi, assim como outras informações sobre as identidades de agentes do HVA e do MfS coligidas ao longo dos anos, Rolph e seus agentes começaram a ligar à noite para as casas dos agentes alemães orientais de inteligência. Usando inicialmente telefones públicos em Berlim Ocidental, e depois os do lado oriental, os agentes da CIA recordavam a cada alemão seus problemas atuais.

– Sou representante dos serviços ocidentais – diziam, finalmente. – Está interessado em trabalhar para nós?

Os ataques pelo telefone eram diretos e ousados – e não deram certo. Invariavelmente, os alemães orientais desligavam o telefone na cara dos norte-americanos, talvez suspeitando de que fosse um ardil ou uma provocação do Stasi para testar a lealdade dos agentes ainda remanescentes. A cultura alemã oriental de suspeitas estava custando a desaparecer. Após duas ou três semanas sem resultados, a CIA desistiu da campanha telefônica e resolveu começar a bater às portas. Para reforçar o pequeno posto em Berlim Oriental, foram chamados agentes do lado ocidental.

Os agentes da CIA baseados em Berlim Ocidental raramente haviam estado envolvidos em operações no leste, no passado recente. A base em Berlim Ocidental estava subordinada ao posto da CIA em Bonn, e se concentrava em objetivos de inteligência em seu próprio território. Mas agora havia tantos alvos potenciais para recrutamento em Berlim Oriental que David Rolph precisava de ajuda, e isso explicava o motivo pelo qual um agente de Berlim Ocidental estava agora procurando o fugidio coronel do HVA.

Finalmente, uma fonte do lado oeste conseguiu ajudar a CIA a localizar o coronel. O homem que cinco meses antes fora coronel numa função de responsabilidade no HVA estava agora trabalhando como porteiro em Berlim Ocidental, rebaixamento que simbolizava o que ocorria no Stasi e na Alemanha do leste em geral. Um agente se aproximou dele, conversou e fez o oferecimento. Se revelasse ao agente os nomes dos espiões norte-americanos que havia controlado durante sua longa carreira, a CIA seria generosa. Obviamente, o coronel precisava de dinheiro, e agora lhe ofereciam mais do que poderia esperar ganhar em sua ocupação atual.

O ex-coronel do HVA olhou com desprezo para o norte-americano e respondeu da única forma que lhe era possível.

– O senhor evidentemente sabe quem eu fui – disse ele. – E agora sabe em que me transformei. A única coisa que me resta é minha honra. Não tenho intenção de abandoná-la. Por favor, não volte a me procurar.

O agente da CIA surpreendeu-se, e ao mesmo tempo sentiu profundo respeito profissional pelo homem. Não importava que ele tivesse servido a um regime corrupto e tirânico que agora desmoronava a seu redor. O alemão seria oficial leal até o fim, e faria o que pudesse para conservar sua dignidade. O agente norte-americano despediu-se e aceitou sua palavra. Dali em diante, a CIA o deixaria em paz para que se misturasse à nova Alemanha.

Berlim Oriental, 25 de abril de 1990

Após anos de fracassos e frustrações, a CIA passou de repente a contar com uma nova e fértil rede de espiões em Berlim Oriental, todos recrutados num período de apenas poucas semanas. Os oferecimentos por telefone não tinham funcionado, mas quando a CIA mudou de tática e resolveu ir diretamente às casas dos atuais e antigos agentes do HVA e do MfS para falar-lhes em pessoa, os resultados melhoraram quase imediatamente.

Nem todos eram como aquele coronel do HVA, que preferira um país moribundo a seu próprio futuro, e em breve havia tantos alemães orientais dispostos a colaborar que em Langley começamos a imaginar de que forma poderíamos lidar com nossos novos agentes no país. Foi necessário criar uma força-tarefa especial a fim de tratar do fluxo de informações que chegavam de Berlim Oriental.

É verdade que a maioria era constituída de agentes de curto prazo. O funcionário do Stasi que denunciara Curly como agente duplo era o único que parecia destinado a tornar-se uma vantagem mais duradoura. Mas a logística de processamento da nova inteligência ia se tornando complexa. Os pagamentos que estávamos dispostos a fazer aos antigos agentes do Stasi também começaram a decrescer, agora que as informações que forneciam se tornavam menos valiosas à medida que a Alemanha Oriental descambava para o esquecimento político.

Mesmo assim, alguns de nossos espiões continuavam a proporcionar bonanças, quando conseguiam trazer pilhas de documentos do Stasi. Um dos agentes levou vantagem sobre todos os restantes: saqueou uma sala inteira de arquivos antes de deixar o emprego e voluntariar-se para trabalhar em favor do Ocidente.

No início da primavera de 1990, agentes de contra-espionagem da Alemanha Ocidental baseados na Baviera entraram em contato com a base da CIA em Munique, solicitando ajuda para um novo caso. Um alemão do leste os havia chamado para dizer que possuía um amigo no lado oriental desejoso de vender documentos. Os do oeste perguntaram à CIA se poderia providenciar um encontro com o homem do lado oriental. Na ocasião, a inteligência da Alemanha Ocidental ainda relutava em conduzir operações em sua própria terra, mesmo que do lado leste.

O pedido foi transmitido ao posto da CIA em Berlim Oriental, e o agente menos graduado do posto foi encarregado do caso. O jovem funcionário foi de carro a uma pequena aldeia não longe de Berlim, telefonou para determinado número e deu uma senha de identificação. O alemão oriental concordou em ir encontrá-lo.

Naquela noite, o agente e o alemão foram separadamente em seus carros a um bosque próximo à aldeia, onde estacionaram na escuridão. Quando o norte-americano se aproximou, o alemão abriu a mala de seu carro e o agente viu que estava cheia de pacotes de documentos embrulhados em jornais. Tratou de transferi-los para seu próprio carro tão depressa quanto possível. Logo, a CIA levou os arquivos para Berlim Ocidental a fim de examiná-los.

Os pacotes revelaram ser um vasto repositório dos registros do Stasi sobre muitos milhares de *grampos* telefônicos feitos pelos alemães orientais contra cidadãos do lado ocidental. Os registros, entre os quais havia cerca de 17 mil fichas, mostravam os números telefônicos que haviam sido *grampeados*, a freqüência das gravações de conversas e em alguns casos as transcrições de chamadas específicas. Os registros forneceram pistas importantes para muitas das operações do Stasi na Alemanha Ocidental. Revelavam quais tinham sido os alvos de vigilância e investigação pelos orientais e podiam assim informar de que maneira eles haviam tentado penetrar no principal objetivo, o governo da Alemanha do oeste. Após examinar e analisar os arquivos, a CIA os entregou à inteligência da Alemanha Ocidental.

Mas ainda não haviam aparecido os registros que a CIA realmente desejava – arquivos sobre os casos mais sensíveis do HVA e do MfS, inclusive suas operações conjuntas com a KGB. As multidões que haviam invadido a Normannestrasse em janeiro tampouco os tinham recolhido. Em vez disso, os manifestantes tinham arrombado as gavetas cheias de dados sobre delações banais de vizinhos, que infelizmente haviam sido corriqueiras no regime comunista.

Somente mais tarde a CIA conseguiu indícios de que alguns agentes escolhidos do Stasi haviam levado os arquivos mais sensíveis em caminhões ao aeroporto de Schoenefeld, em Berlim Oriental. Dali, as caixas que os continham foram transportadas para Moscou. O Stasi entregara seus tesouros à KGB para que os guardasse em lugar seguro.

Os documentos mais sensíveis do Stasi estavam fora do alcance da CIA – por enquanto.

A CIA levaria anos para obter esses arquivos depois que passaram à guarda da KGB, mas quando isso foi possível, a agência encontrou grande quantidade de informações sobre operações de inteligência contra o Ocidente.

O mecanismo político girava inexoravelmente em direção à eventual absorção da Alemanha Oriental por parte da Ocidental, mas a CIA continuava muito interessada em recrutar agentes graduados do HVA e do MfS, especialmente os que pudessem revelar as identidades de outros espiões norte-americanos. Por isso, os alvos mais atraentes da campanha de abordagens eram sempre os agentes do HVA e do MfS que haviam estado envolvidos em operações contra os Estados Unidos. Em primeiro lugar na lista de objetivos estava o coronel do HVA Jürgen Rogalla, chefe do Departamento dos Estados Unidos daquela repartição.

David Rolph nunca teve muita esperança de conseguir convencer Rogalla a espionar em favor de seu antigo adversário. Assim como o coronel do HVA, o alemão era um empedernido agente do Stasi. A agência, porém, estava disposta a experimentar, e Rogalla recebeu tentativamente o codinome GTPULSAR.

Rolph surpreendeu-se quando em sua segunda aproximação para entrar em contato o rude coronel o convidou a ir a seu apartamento no centro de Berlim Oriental. Rogalla o levou à sala de estar e quando os dois se sentaram para conversar, Rolph fez seu oferecimento. Disse que a CIA seria muito generosa se ele estivesse disposto a colaborar. Rolph tratou de deixar claro que um agente graduado como ele seria muito bem tratado pela CIA. Enquanto os agentes de menor nível do Stasi recebiam pagamentos modestos em dinheiro, a cooperação de Rogalla o qualificaria para ser reassentado nos Estados Unidos.

O coronel alemão fez algumas perguntas, dizendo querer ter certeza do que lhe estava sendo oferecido. Finalmente, respondeu que precisava de tempo para pensar na oferta e pediu ao agente da CIA que voltasse a seu apartamento dois dias depois. Rolph tinha receio de voltar; sabia que Rogalla poderia estar preparando uma emboscada ou mesmo uma agressão de parte da KGB. Mas concordou, e dois dias mais tarde encontrava-se novamente na sala de estar do coronel de inteligência. Rogalla pediu que Rolph repetisse sua oferta mais uma vez. Quando terminou, o alemão disse que havia resolvido não aceitar o oferecimento da CIA. O agente norte-americano agradeceu o interesse que ele havia demonstrado e preparou-se para sair, mas Rogalla o deteve.

– Há alguém aqui que quero que o senhor conheça – disse ele.

– Não, obrigado, não se incomode – disse Rolph. – Preciso ir embora.

– Tive paciência com o senhor – disse Rogalla. – Agora gostaria que o senhor tivesse paciência comigo. – Voltou-se para a cortina que separava a sala da pequena cozinha do apartamento. – *Herr* general – chamou ele. – Por favor, entre.

Com um gesto dramático a cortina foi afastada e entrou o general Werner Grossman, de cabelos brancos e impecavelmente vestido. Era o chefe do HVA e sucessor do lendário Markus Wolf, já aposentado.

Grossman apertou a mão de Rolph e os dois se sentaram para conversar. O norte-americano sentiu alívio por não ter sido preso e por não ver um pelotão de capangas do Stasi sair de trás da cortina.

– Sabemos o que o senhor e seus agentes estão fazendo – disse Grossman a Rolph. – Sabemos que os senhores têm procurado insistentemente nossos agentes e os aposentados, e que os estão envergonhando diante de suas famílias.

Então eles estão preocupados com nossos oferecimentos, disse Rolph para si mesmo. Talvez seja porque estejam dando certo. Estava procurando pensar rapidamente.

– Temos consciência de que seu serviço sabe trabalhar melhor do que isso – prosseguiu Grossman em seu sermão, com sinceridade teutônica. – Esse tipo de atividade não é profissional. Os senhores devem cessá-la imediatamente. – Olhou para Rolph com severidade. – Se não pararem com isso, iremos à polícia. E se continuarem mesmo assim, iremos à imprensa.

Rolph olhou atônito para Grossman. Que tristeza, pensou ele. Há um ano, aquele homem tinha poder para mandar matar pessoas. Agora, a pior ameaça que o chefe do *Hauptverwaltung Aufklarung* contra a CIA era contar tudo a um repórter de jornal.

– General Grossman, foi um prazer conhecê-lo, mas devo lhe dizer que tenho uma missão a cumprir. O senhor pode fazer o que desejar. – Com essas palavras, Rolph levantou-se, apertou as mãos de Grossman e Rogalla, e saiu.

O telegrama dele chegou à minha mesa na manhã seguinte. Mostrei-o ao diretor, que já havia esquecido o que dissera poucos meses antes, quando afirmara que minha equipe em Berlim Oriental poderia ser toda substituída, se isso fosse necessário para tirar vantagem da situação.

Respondi a David Rolph dizendo que seu encontro com Rogalla e Grossman era sem dúvida um acontecimento sem precedentes nos anais da CIA e na carreira de qualquer agente. Em seguida enviei outro telegrama, por um canal particular, que terminava com uma observação relativa à história:

1. EM ADITAMENTO A NOSSAS RESPOSTAS OFICIAIS A SEU MAGNÍFICO RELATÓRIO SOBRE O ENCONTRO COM ROGALLA E O GENERAL, EU

DIRIA SOMENTE QUE SUA NARRATIVA FOI EXTRAORDINARIAMENTE TOCANTE E QUASE EVOCATIVA DA MESCLA DE HONRA E FATALISMO DEMONSTRADA POR OUTRA GERAÇÃO DE ALEMÃES EM STALINGRADO. SEU GENERAL GROSSMAN PODERIA FACILMENTE SER VON PAULUS. SÓ FALTOU UMA MENSAGEM FINAL DO *FÜHRER* DIZENDO ALGUMA COISA SEMELHANTE A SUA DERRADEIRA MENSAGEM A VON PAULUS: *HUENDE, WOLLT IHR EWIG LEBEN*?*

2. ISSO É HISTÓRIA, E VOCÊ É PARTE DELA.

Berlim Oriental, final de maio de 1990

Com a reunificação da Alemanha programada para dali a quatro meses, achamos que já era tempo de ter uma conversa com Markus Wolf, o homem que personificava a atividade de inteligência da Alemanha Oriental. Figura mítica no mundo da espionagem, Markus Wolf havia dirigido o HVA durante a maior parte de sua existência, até aposentar-se em 1986.

Suas circunstâncias e sua estatura haviam se deteriorado nos últimos seis meses, e no clima reinante parecia provável que ele tivesse de enfrentar uma severa investigação, não apenas sobre seu envolvimento na repressão aos cidadãos da Alemanha Oriental, mas também sobre seus contatos com grupos terroristas internacionais. A detenção e a prisão eram perigos bastante reais para o lendário mestre da espionagem alemã do leste, e isso significava que era um bom momento para que a CIA lhe fizesse uma oferta.

Um homem de negócios norte-americano que tinha interesses comerciais em Berlim Oriental havia estado em contato com um dos amigos dele, e pedimos que o comerciante servisse de intermediário. A pergunta feita a Wolf foi se queria encontrar-se com a CIA, e a resposta foi positiva, que gostaria de ouvir o que tínhamos a dizer. Nessa altura, Wolf já conhecia o procedimento. Anteriormente, em maio, recebera oferecimento semelhante dos alemães ocidentais: "Diga quem são suas principais fontes na Alemanha do oeste e ficará livre de indiciamento e muito mais rico", foi o que lhe disseram, esperando tentá-lo com o atrativo da segurança material e pessoal. Wolf ouvira pacientemente e em seguida recusara. Agora, pensou ele, era hora de ouvir os norte-americanos e fechar o círculo.

Gus Hathaway foi chamado da aposentadoria para fazer a abordagem. Ele e o subchefe de Rolph foram encontrar-se com Wolf em sua *dacha* em

* "Cães, desejam viver para sempre?" (N. do T.)

Prenden, nos arredores de Berlim. Hathaway identificou-se como representante do diretor da CIA, William Webster, e não perdeu tempo em tratar da substância de sua visita. A mulher de Wolf, Andrea, mais tarde comentaria depreciativamente que Hathaway era um "típico burocrata".

O norte-americano encontrou Wolf disposto a ouvi-lo, porém não interessado em aliar-se à CIA. Tratou o diálogo como diversão, retrucando à oferta de Hathaway de estabelecê-lo na Califórnia com a afirmação de que a vida na Sibéria tampouco era de todo má. Wolf comportou-se com escorregadia afabilidade e mostrou ser ainda um mestre em seu ofício. Mais tarde descreveria Hathaway como absolutamente sério em seus esforços para fazer com que o ajudasse a esclarecer as terríveis perdas que a CIA sofrera cinco anos antes.

Após aquele breve encontro, ninguém voltou para verificar se Markus Wolf havia mudado de idéia. Hathaway deixou um cartão datilografado com um número de telefone em Nova York e uma senha para que Wolf usasse se eventualmente desejasse entrar em contato, porém nunca mais ouvimos falar dele.

6

Berlim Oriental, junho de 1990

David Rolph já seguira a mesma rotina pelo menos uma dúzia de vezes durante as semanas anteriores, e começava a achá-la um tanto tediosa. Parecia que todos os soviéticos que haviam tomado o ônibus para passar férias na Alemanha Oriental agora desejavam desertar para o Ocidente. Ao longo dos anos sempre tinha havido um pequeno número de soviéticos que se apresentavam, mas agora as comportas estavam abertas. Rolph entrevistava um máximo de quatro por semana, todos querendo asilo político. A maioria era de simples turistas, que nada sabiam que fosse de interesse para a CIA. Rolph e outros agentes se revezavam nas entrevistas e os encaminhavam delicadamente a buscar asilo político por meio dos canais normais de imigração. Rolph olhou para o jovem soviético sentado na sala de espera e ficou pensando se poderia livrar-se logo dele. O rapaz usava camiseta de gola olímpica, *shorts* e um boné de jogador de beisebol. Tinha abordado um dos fuzileiros navais da guarda, que chamou para avisar que havia mais um voluntário na sala de espera. Ao mandá-lo entrar, Rolph viu um jovem de pouco mais de trinta anos, e rapidamente o considerou um turista russo sem importância, mais um operário insatisfeito de Leningrado ou de Moscou.

O norte-americano já estava cansado daquelas entrevistas e desistiu de seguir o procedimento-padrão, altamente estruturado, para tratar com mais um turista. Achou melhor abreviá-lo e mandar o rapaz embora em poucos minutos.

– Em que posso servi-lo? – disse ele, em tom informal. Nem sequer se preocupou em sentar-se.

– Quero ir para a América – disse o homem.

Quantas vezes Rolph já tinha ouvido aquilo?

– Bem, isso é difícil – disse ele. – Há muita papelada a preencher, e realmente aqui não é o lugar para isso.

É melhor livrar-me logo desse pateta, pensou.

– Ora, achei que seria possível, porque sou oficial russo.

Rolph se deteve

– O que foi que disse?

– Sou piloto de aviões de caça.

Rolph sentou-se um uma cadeira diante do jovem, percebendo sobressaltado que quase mandara embora uma pessoa que oferecia boas possibilidades.

O homem que Rolph imaginara ser turista revelou ser major da força aérea soviética, veterano condecorado da guerra do Afeganistão que trabalhava agora como instrutor de vôo, ensinando os pilotos novatos a manejar a nova versão do avião de caça mais avançado da União Soviética, que não era exportado, o MiG-29. Estava servindo numa base aérea soviética não longe de Leipzig, no interior da Alemanha Oriental, e tinha vindo a Berlim em seu dia de folga para entrar em contato com os norte-americanos.

Tratando rapidamente de mudar seu comportamento inicial pouco interessado, Rolph perguntou ao soviético quanto tempo lhe restava antes que tivesse de regressar à base. A resposta foi cerca de 45 minutos. O norte-americano entregou-lhe um bloco e disse que escrevesse tudo o que pudesse recordar e que considerasse secreto a respeito do MiG-29.

– Não entendo nada de MiGs – disse Rolph –, mas temos gente em Washington que os conhece bem. Se acharem interessante o que você escrever, poderemos trabalhar juntos.

O piloto ficou sozinho durante os 45 minutos, e quando Rolph voltou viu que o soviético havia enchido 12 páginas com anotações e desenhos. Pegou as folhas e disse ao piloto que se Washington se interessasse ele o encontraria num parque de Berlim Oriental no sábado seguinte. Disse-lhe também que nunca mais voltasse à embaixada.

As notas manuscritas foram mandadas por Rolph para a sede da CIA por meio de um fax seguro, e no dia seguinte Langley mandou um telegrama dizendo que o piloto era genuíno. As notas revelavam detalhes do MiG-29 que os peritos norte-americanos não conheciam, e eles achavam que valeria a pena prosseguir.

Os dois homens se encontraram num parque em Berlim Oriental no sábado seguinte, e o piloto concordou em ficar onde estava e espionar até que a CIA pudesse organizar sua fuga. Rolph lhe disse que poderiam encontrar-se num parque em Leipzig, que ficava a apenas meia hora de ônibus da base onde o piloto estava servindo. Rolph deu-lhe uma máquina fotográfica para que tirasse secretamente fotos dos manuais do MiG-29 e outros documentos confidenciais existentes na base. Se tivesse de faltar a um dos encontros programados, o plano secundário previa que Rolph o esperasse duas noites mais tarde numa pequena aldeia alemã a cerca de 3 quilômetros da base.

O piloto de MiG espionou com entusiasmo e começou a entregar dezenas de fotos de manuais aeronáuticos soviéticos. Em pouco tempo começou a perguntar a Rolph qual era seu codinome. A revelação desses detalhes a um espião não era recomendada, mas o piloto insistiu e finalmente Rolph cedeu.

– Você é SPANIEL.

– Spaniel, como um cachorro! – disse o piloto, incrédulo. – Vocês me chamam de cachorro!

Rolph tentou explicar que os codinomes eram gerados aleatoriamente por computadores e que o nome nada tinha a ver com a idéia que a CIA fazia a respeito dele. Isso não acalmou o furioso soviético, que exigiu que o codinome fosse mudado imediatamente. Em breve GTSPANIEL se transformou em GTMACRAME.

A irritação do piloto com seu criptônimo não impediu que ele se tornasse um espião dos grandes. A insatisfação com o sistema soviético, e especificamente contra a hierarquia da força aérea de seu país, o estimulava. Em pouco tempo fotografou milhares de páginas de documentos aeronáuticos militares soviéticos, praticamente tudo o que havia de valioso na biblioteca confidencial da base.

Trabalhava com tal rapidez que se queixou de que as minicâmeras da CIA, feitas para imitar isqueiros Bic, atrasavam sua atividade. Rolph cedeu e deu-lhe dinheiro para que fosse por sua conta a Leipzig comprar uma máquina 35mm. A produção fotográfica do piloto cresceu muito. Astuciosamente, o soviético mostrou a câmera moderna a todos na base e em breve se tornou o fotógrafo não oficial da instalação militar, tirando fotos de seus colegas aviadores, e até mesmo do comandante, para que as mandassem a suas famílias na Rússia.

Langley, 10 de julho de 1990

A tensão finalmente começou a decrescer. Começara o procedimento de exfiltração de PROLOGUE.

Os serviços técnicos criaram uma identidade bem construída para Sasha Zhomov: um passaporte e um histórico de viagens, além do costumeiro conteúdo normal de bolsos, foram cuidadosamente montados e remetidos a Moscou. Seriam colocados na caixa postal secreta de Zhomov e dali em diante ele seria responsável pela própria fuga da URSS usando a identidade de um profissional liberal da Costa Oeste dos EUA que viajaria de Moscou aos Estados bálticos.

No passaporte norte-americano de Zhomov apareciam deslocamentos anteriores, entradas e saídas em diversos países que confirmariam sua nova identidade como sendo a de um norte-americano em viagem particular. Após os passeios habituais em Moscou e Leningrado, o viajante seguiria para os países bálticos e acabaria por tomar um *ferry* em Tallinn, capital da Estônia, para o trajeto até Helsinki. O pacote foi posto na caixa secreta em Moscou e Zhomov cuidaria do restante. Despachei minha equipe para Helsinki a fim de aguardar o barco procedente de Tallinn. Não havia mais possibilidade de voltar atrás. Agora íamos ter a resposta.

Helsinki, 12 de julho de 1990

A barca vinda de Tallinn atracou no horário em Helsinki, mas não havia sinal de PROLOGUE. A equipe esperou mais um dia. Depois outro. Ainda nada. No quarto dia eu os chamei de volta. Pedimos a Mike Cline e sua mulher, Jill, que reservassem um compartimento no *Flecha Vermelha* para viajarem a Leningrado, para ver se PROLOGUE aparecia, e se isso acontecesse que buscassem uma explicação.

No *Flecha Vermelha*, 14 de julho de 1990

Mike e Jill Cline dormiram mal no trajeto noturno para Leningrado, mas isso era comum naquelas viagens; nunca mais do que alguns cochilos de dez minutos. Mike sempre se preocupava em não dormir demais e perder o encontro rápido matinal com PROLOGUE.

Às 6h40, Cline deixou discretamente a cabine-dormitório e seguiu pelo corredor do trem que balançava em direção ao vestíbulo para os fumantes, entre dois vagões. Acendeu o cigarro e esperou. Cada vez que dava uma tragada, olhava o relógio de pulso. Passaram-se dez, 15 minutos. Ninguém ainda aparecia. Cline achou que ele não viria e voltou a seu compartimento. Balançou negativamente a cabeça para Jill, indicando que não tinha havido contato, sem dizer palavra. Jill então anunciou alegremente a Mike e aos microfones que era a sua vez de fumar e saiu em busca do vestíbulo.

Enquanto estava fumando, viu um homem que lhe pareceu ser PROLOGUE passando entre dois vagões e em seguida voltando na direção oposta. Estranho, pensou ela, e resolveu voltar ao compartimento para contar a Mike o que vira. Mas no corredor do vagão-dormitório encontrou um grupo de turistas norte-americanos que iam para Leningrado, e começaram a conversar. Ainda estava falando com eles quando viu com o canto do olho que o homem que ela achava ser PROLOGUE entrava no vagão pela passagem da retaguarda e caminhava rapidamente pelo corredor em sua direção. Ao passar por trás dela, ainda conversando com os turistas, o homem enfiou um envelope em sua mão e prosseguiu a marcha para o vagão seguinte. Jill Cline virou a cabeça e o viu desaparecer na entrada do vagão. Os turistas continuaram tagarelando, sem ter percebido a entrega rápida da mensagem que acontecera debaixo de seus narizes.

Langley, 14 de julho de 1990

– Merda! – exclamei exasperado ao ler junto com Redmond o telegrama de Cline. O bilhete que PROLOGUE passara a Jill Cline denotava uma mistura de irritação e raiva. Dizia que a preparação da troca de identidade tinha sido perigosa e leviana; tentar sair da Rússia com aquele passaporte seria suicídio. Agora, prosseguia, precisava ser discreto por algum tempo. Voltaria a entrar em contato quando a ocasião fosse propícia.

– Bem, temos a resposta, não é? – disse Redmond, com tranqüilidade.

– É – disse eu –, temos a resposta.

– Às vezes se ganha, às vezes se perde – tornou Redmond. Eu percebia que sua decepção era igual à minha.

Nem ele nem eu acreditávamos no lamento de PROLOGUE. O protesto era forte demais. A KGB funcionava bem, mas não tinha havido enganos na montagem dos documentos. O pretexto simplesmente não convencia. E isso significava que PROLOGUE estava sendo controlado.

Cline dizia também que ele e Jill haviam dado um passeio a pé pela cidade de Leningrado e notado que estavam sendo vigiados com mais cuidado do que o normal, coisa pouco comum em suas visitas a Leningrado. Compreenderam tudo mais tarde, ao ver PROLOGUE em companhia da equipe de vigilância. Bom golpe, pensaram eles.

– Não há glória sem sacrifício – disse eu, sem convicção, e peguei o telefone para chamar o diretor de Operações antes que ele me chamasse. Nem eu nem Redmond conseguimos disfarçar nossa decepção. Mais tarde eu confessaria que as possibilidades de êxito na operação PROLOGUE nunca tinham sido melhores do que pedir três cartas de meio para fazer um *straight* no jogo de pôquer, mas isso é o que todos os jogadores atrevidos tentam fazer. Eles agora tinham nosso passaporte e um plano de fuga bastante bem armado que não iríamos usar mais, pelo menos não na Rússia.

Agora era preciso que tratássemos de entender qual era o jogo da KGB. Eles haviam rompido uma regra cardeal: nunca usem seus próprios agentes profissionais numa armadilha. Teríamos de compreender qual o significado disso em relação a outras operações nossas contra eles.

Berlim, agosto de 1990

O interesse pelo piloto de MiG-29 aumentou repentinamente em agosto, quando o exército iraquiano de Saddam Hussein invadiu o Kwait, preparando o cenário para a guerra no Golfo Pérsico.

A força aérea iraquiana era equipada com caças construídos na União Soviética, e seus pilotos haviam sido treinados pelos russos. O desejo do Pentágono de obter maiores informações sobre o MiG-29 já não era uma questão acadêmica.

O piloto soviético fez crescer nossa expectativa: passou a fotografar não apenas a documentação sobre as especificações do projeto do MiG-29, mas também os manuais de combate aéreo, proporcionando-nos oportuna compreensão dos métodos ensinados pelos soviéticos aos iraquianos.

Ao examinar o mais recente conjunto de fotos, no início de agosto, Rolph notou um segundo par de mãos nas margens de algumas delas. Pareciam ser mãos de uma mulher, que segurava as páginas dos manuais durante o processo de fotografá-las. Evidentemente, outra pessoa sabia da atividade de espionagem do piloto, e isso ele nunca havia mencionado à CIA. Quem mais estaria participando da operação? No encontro seguinte no parque em Leipzig, Rolph indagou ao soviético de quem eram as mãos que apareciam nas fotos.

– É minha mulher – disse ele. – Eu levo os manuais para casa e ela me ajuda a fotografá-los.

– Então ela sabe o que você está fazendo? – disse Rolph, agitado. Pensou um momento e disse: – Por que não a traz para nosso próximo encontro?

Ao se encontrarem novamente no parque, o piloto levou a mulher para apresentá-la a Rolph. Era uma moça bonita, de cabelos castanhos, e enquanto conversavam no parque o norte-americano se convenceu de que ela concordava plenamente com a decisão do marido de trabalhar para a CIA. Disse que ambos estavam ansiosos por mudar para o Ocidente com os dois filhos pequenos, e ela cooperaria com a espionagem do marido se isso fosse necessário para iniciar uma nova vida nos Estados Unidos.

Langley, 16 de agosto de 1990

Sergei Papushin, que havia sido recrutado pelo FBI após a bebedeira em Nova Jersey no final de 1989, ainda morava em uma casa segura da CIA, mas o interesse em seu caso diminuíra gradativamente. Inicialmente, a KGB se preocupara tanto com sua defecção que os soviéticos mandaram aos Estados Unidos o pai dele, que era o *Rezident* em Sófia, na Bulgária, a fim de tentar convencer o filho a voltar à pátria. Mas Papushin permaneceu firme. Agora, nove meses mais tarde, as entrevistas com ele já haviam terminado e ficara evidente que seu conhecimento das operações de contra-espionagem da KGB contra os Estados Unidos era limitado. Havia trabalhado na unidade cujo alvo eram os agentes britânicos que trabalhavam em Moscou, e portanto Londres se interessara pelo que ele tinha a dizer. Para nós, entretanto, não havia muita coisa útil, e o tédio da vida cotidiana para um desertor cujo valor já se esgotara começou a perturbar Papushin, que começou novamente a beber demais.

A CIA tentou uma terapia de aconselhamento, mas ele não estava muito interessado nisso e acabou estabelecendo uma rotina de bebedeiras contumazes, sentindo-se ex-agente da KGB sem mais importância em seu novo ambiente.

Nos momentos de sobriedade, era claro que se sentia frustrado por estar sendo em grande parte ignorado pela CIA e pelo FBI. Por isso, fez o que sabia ter certeza de garantir-lhe novamente a atenção: deu a um de seus controladores um recado urgente para ser levado aos níveis mais altos da CIA. Havia um espião oculto no interior da agência, declarou ele. A KGB controla um dos homens de vocês.

A CIA passou a dar atenção absoluta a Papushin e ouviu cuidadosamente seu relato. O russo afirmou que a KGB havia penetrado na CIA em Moscou.

Disse ter amigos no Departamento dos Estados Unidos na Segunda Diretoria Principal e que pelas conversas que ouvira entre seus colegas concluíra pela existência de um agente dentro do posto da CIA.

Mas, à medida que o interrogatório prosseguia, ficou claro que ele estava às voltas com uma história inventada. Nada do que ele dizia a seus inquisidores se revelava correto, e acabamos concluindo que ele fabricara seu relato por encontrar-se desesperado. Mais um beco sem saída na busca de uma resposta, qualquer resposta, para os problemas de cinco anos atrás.

Varsóvia, agosto de 1990

Quando Saddam Hussein invadiu o Kwait, um pequeno grupo de funcionários da CIA e oficiais militares que serviam na capital desse país foram obrigados a seguir para Bagdá e entrar na clandestinidade, sem imunidades diplomáticas. Diante da possibilidade real de que se tornassem reféns, a CIA procurou ajuda para organizar um modo de fazê-los escapar. Depois da recusa de alguns aliados, a agência voltou-se para os poloneses.

O general Henrik Jasik, chefe imediato de Gromek Czempinski no serviço de inteligência externa, achava que qualquer tentativa nesse sentido seria demasiado arriscada. Ainda havia cerca de 4 mil cidadãos poloneses no Iraque, e se a ajuda da Polônia à CIA fosse descoberta, eles poderiam sofrer represálias de parte do regime iraquiano. Mas Czempinski percebeu que seria uma boa ocasião para mostrar à CIA que a Polônia poderia ser um aliado de confiança, e queria muito tentar. Andrzej Milczanowski, ministro que supervisionava o serviço de inteligência, discordou de Jasik e aprovou a operação. Resolveu, entretanto, não informar seus superiores políticos a respeito do plano, inclusive o primeiro-ministro. Temia que a operação fosse vetada, e resolveu que ele e Czempinski triunfariam ou naufragariam junto com os Estados Unidos.

No final de agosto, os seis norte-americanos ainda se encontravam em Bagdá, mantendo comunicação com a CIA e sempre um passo adiante da segurança iraquiana. Varsóvia e Langley se conservavam em constante contato, enquanto Czempinski e seus agentes procuravam encontrar uma forma de burlar o sistema de segurança doméstica do Iraque, que se presumia estivesse buscando os norte-americanos.

Não ia ser fácil.

7

Langley, 25 de setembro de 1990

A reunião era de cartas marcadas, mas eu era provavelmente a única pessoa a saber disso. Nas semanas anteriores tinha havido murmúrios sobre o que fazer com a Alemanha Oriental tão logo houvesse a reunificação com a República Federal da Alemanha. Politicamente, o governo Bush havia calculado friamente que apoiaria a absorção da Alemanha do leste pela do oeste – com a nova Alemanha firmemente inserida na OTAN –, ainda que isso enfraquecesse a situação doméstica de Gorbachev. Se a linha-dura recuperasse o poder em Moscou, pelo menos a reunificação da Alemanha já seria uma realidade concreta. Nós agora enfrentávamos o problema administrativo de resolver qual seria a divisão de trabalho numa Alemanha reunificada.

Como já tinha sido conseguido um acordo final e a data da reunificação formal fora marcada para 3 de outubro, dali a poucos dias, as burocracias em todo o mundo ocidental se esforçavam por adaptar-se às novas realidades germânicas, e a Diretoria de Operações da CIA não era exceção. Ao longo da Guerra Fria, a Alemanha Oriental havia sido terreno da Divisão SE, enquanto a Alemanha Ocidental permanecera a cargo da Divisão Européia. A reunificação suscitava um dilema burocrático: qual das duas divisões deveria ocupar-se das operações de inteligência na nova Alemanha?

Na verdade, não havia motivo sólido para manter a Alemanha Oriental sob minha égide, exceto o fato de que o Grupamento Ocidental de Forças Soviéticas ainda mantinha quase 400 mil soldados em solo alemão do leste. Mas poucas pessoas na SE tinham essa opinião, especialmente os que trabalhavam em Berlim Oriental.

Burton Gerber era conhecido como o mais teimoso dos barões da Diretoria de Operações quando se tratava de competência e responsabilidade. Não se intrometia em terreno alheio, tampouco permitia interferências no seu. Nós dois não havíamos conversado muitas vezes desde que eu assumira a Divisão SE, embora tivéssemos diálogos cordiais, ainda que um tanto formais, nas reuniões semanais da DDO. Ele compartilhara comigo o profundo impacto emocional que sentira quando o Muro de Berlim desmoronou, e eu também dividi com ele meus próprios sentimentos idênticos a respeito daquela noite em Berlim. Agora ele sugerira uma reunião para resolver de que forma nós dois poderíamos prosseguir nossas tarefas separadas e legítimas na Alemanha Oriental após a reunificação, dali a menos de dez dias.

Gerber levara consigo quatro funcionários da Divisão Européia, inclusive agentes de operações e especialistas administrativos. Eu levei John O'Reilly, a quem trouxera para perto de mim a fim de cuidar dos recursos e planejamento da divisão. A atmosfera era de expectativa, e não de tensão, enquanto trocávamos expressões de cordialidade e nos sentávamos um diante do outro.

Gerber parecia desejar evitar uma confrontação. Abriu a reunião com uma afirmação da natureza paralela de nossos interesses e do fato de que ambos trabalhávamos para o mesmo chefe, o diretor da Diretoria de Operações. Mostrou-se certo de que chegaríamos a um acordo, talvez caminhando aos poucos para um realinhamento de responsabilidades.

– Burton – disse eu, após ouvi-lo por alguns instantes –, para que prolongarmos esse debate? Daqui a oito dias existirá uma única Alemanha. Estará na Europa e na OTAN. Pertence à Divisão Européia. Se você quiser, pode ficar com ela. Mande seus funcionários que tratam de pessoal falar com os meus e organizaremos a passagem sem fazer bobagens.

Houve um longo silêncio enquanto minhas palavras eram digeridas. Em seguida Gerber, sempre bem-educado, agradeceu minha sugestão e disse que conversaria com o diretor para iniciar as providências necessárias. Eu não revelei que já tinha conversado com Dick Stolz sobre minha disposição de entregar a Alemanha Oriental. Gerber seria o responsável pela Alemanha unificada e eu observaria o Grupamento Ocidental de Forças Soviéticas ainda estacionado nas zonas orientais.

Paul Redmond estava em viagem quando ocorreu a reunião, e eu não tinha informado a ele meus planos quando partira. Ao saber o que eu tinha feito, explodiu.

– Por que diabo entregou a Alemanha Oriental a Burton? – disse ele. – Temos muito que fazer lá.

– Porque essa era a maneira correta de agir – retruquei. – Que diabo, Paul, daqui a uma semana ela vai ser parte da República Federal. Para que quer conservá-la?

– Porque é divertido, ora essa!

Percebi que Redmond falava sério. Não estava sendo implicante como de costume: aquilo tinha grande importância para ele. Aquele diálogo resumiu a crescente divergência entre mim e meu subchefe. No ano em que eu voltara à Divisão SE, comecei a preocupar-me ao ver que Redmond e outros funcionários da divisão tinham ficado presos num compartimento do tempo. Seria possível que não percebessem que as revoluções ocorridas em toda a Europa Oriental iriam inevitavelmente mudar a missão da CIA? A triste verdade era que a subcultura insular da Divisão SE não queria se divorciar da Guerra Fria. Como dissera Redmond, tinha sido muito divertido.

Meus problemas não se limitavam a Paul Redmond. Eu já tinha ouvido bastantes rumores por intermédio de Steve Weber e John O'Reilly para saber que nem todos haviam ficado satisfeitos ao ver-me assumir o lugar de Gerber. Weber me dissera que o pessoal da linha-dura estava bem entrincheirado. Não acreditavam que as mudanças na Europa Oriental fossem durar, e achavam que quando o pêndulo voltasse nós seríamos apanhados desprevenidos. Weber aconselhou paciência com o grupo que acreditava na Europa Oriental. A maioria deles sentia que o mundo em que haviam vivido durante tantos anos acabara – tinham diante de si um cofre cheio de diagramas de caixas postais secretas em Praga, Budapeste e Varsóvia, e eu dizia que aquela gente era agora nossa amiga. Eles vão acabar compreendendo, disse Weber, basta dar-lhes tempo.

O'Reilly era menos esperançoso quanto a deixar o grupo de linha-dura cuidar da União Soviética. Livre-se deles, era seu lacônico conselho. Mande-os trabalhar em contra-espionagem, lá ficarão mais contentes.

Ambos tinham razão. Resolvi começar por Redmond.

Karlshorst, Berlim Oriental, 2 de outubro de 1990

Apanhadas num rodamoinho, as folhas giraram por sobre os paralelepípedos, entrando no pátio mais além do empertigado soldado do Exército Vermelho que montava guarda na entrada do Museu da Capitulação em Karlshorst, o coração do imenso destacamento da KGB em Berlim Oriental. Antes bairro residencial de elite, Karlshorst encontrara seu lugar na história quando a *Wehrmacht* assinara os documentos de rendição, em maio de 1945. O próprio prédio do museu, lugar da histórica capitulação do marechal-de-campo Keitel, do almirante von Friedenburg e do general Stumpf, tinha servido de clube de oficiais nos primeiros tempos do Terceiro Reich, mas durante os últimos 45 anos o nome de *Karlshorst* se tornara sinônimo da Comissão Soviética de Segurança do Estado. Agora eu caminhava pela tranqüila Rheinsteinstrasse em companhia de Rem Krassilnikov num dia luminoso de outono em Berlim, 45 anos após a rendição da Alemanha e na véspera da reunificação das Alemanhas oriental e ocidental. Ted Price, que substituíra Hathaway como chefe de contra-espionagem, estava comigo para as reuniões Gavrilov, assim como o chefe do posto em Moscou, Mike Cline. Eu deixara meus colegas na casa segura da KGB junto com Leonid Nikitenko, chefe de contra-espionagem da Primeira Diretoria, enquanto fazia uma caminhada com Krassilnikov.

– Milton, sabe quantas pessoas morreram na Grande Guerra Patriótica? – perguntou Krassilnikov, inspirado, ao que presumi, pela solenidade do ambiente e pela mudança histórica que ocorreria no dia seguinte.

– Russos ou no total? – perguntei, sem saber qual seria o objetivo de sua indagação. Eu ainda não o conhecia bem, mas cada vez que nos encontrávamos ele revelava um pouco mais de si mesmo. Eu tinha ficado surpreso ao saber, pouco antes, que ele era admirador de Elizabeth Barrett Browning, mas não necessariamente de Robert Browning, ao que fazia questão de dizer, com um sorriso. Senti que agora iria conhecer mais uma faceta daquele homem complexo, algo menos poético do que Elizabeth e Robert Browning, alguma coisa mais próxima da sofrida alma russa.

– Vou lhe dar os dois números. Foram mais de 21 milhões de russos e cerca de 50 milhões no mundo inteiro. Tudo por causa do que começou aqui na Alemanha, antes que você nascesse.

Sempre preocupado com a escolha de suas palavras, Krassilnikov parecia preocupado. Alguma coisa visivelmente o perturbava, alguma coisa além da quantidade de mortos na Segunda Guerra Mundial.

– Quantos soldados vocês perderam na batalha de Berlim, Rem? – perguntei, para provocá-lo.

– Mais do que vocês perderam em toda a guerra. Vocês, americanos, foram espertos como sempre, ao nos deixarem tomar Berlim. Para cada alemão que matamos, o general Zhukov perdeu quatro homens. E sabe o que vai acontecer amanhã? Sabe por que foi que eu quis começar as reuniões aqui antes do dia de amanhã?

– Não, mas imagino que você vá me dizer a razão.

– Sim. Porque mesmo tendo de lutar para conquistar Berlim há 45 anos, com grande custo em vidas humanas, e mesmo tendo sido uma das quatro potências que ocuparam Berlim desde 1945, fiquei sabendo que depois de amanhã precisarei pedir um visto para vir a Berlim. Nossos militares terão um arranjo provisório até que se retirem, mas eu e meus colegas vamos precisar de vistos a partir de amanhã. Você acha isso irônico?

Na verdade, eu achava. Essa era minha terceira reunião com Krassilnikov em menos de um ano, e nosso relacionamento de arquiadversários sempre receosos das motivações um do outro evoluíra para o de oponentes levados pelos acontecimentos a terrenos de preocupação comum. A evolução fora gradativa, extremamente hesitante dos dois lados, e ainda não havíamos desenvolvido nada que se parecesse com confiança. Havia, no entanto, a percepção de que nosso mundo estava mudando. Aquele mundo cambiante era um novo elemento na relação com esse homem tão envolvido no desafio da contra-espionagem vindo da CIA que não podia dar-se ao luxo de contemplar uma nova realidade – a de que seu sistema estava fracassando. Rem Krassilnikov, cujo nome era a sigla da "Revolução Mundial" – *Revolutsky Mir* –, não percebia que ela terminara, exceto talvez em breves instantes que ele conseguia também rapidamente dominar. Parecia estar ainda convencido de que bastaria que a CIA deixasse de solapar a unidade socialista e a URSS em cada ponto de contato para que a crise passasse. Naquele momento, achei que Krassilnikov estava prisioneiro da mesma dobra no tempo que havia encerrado Paul Redmond. Achei que os dois deviam se encontrar. Tinham muita coisa em comum.

O passeio a pé tinha sido idéia de Krassilnikov. Eu sempre conservava na cabeça a possibilidade de que, dependendo das circunstâncias, algum dia pudesse oferecer-lhe uma alternativa aos proventos de aposentadoria da KGB. Tinha certeza de que ele pensava o mesmo a meu respeito. Aquele era o nosso ganha-pão. Por isso concordei com a sugestão dele de uma caminhada durante um intervalo em nossas reuniões Gavrilov na casa segura da KGB, 200 metros de onde nos encontrávamos. Agora, passeando pela Rheinsteinstrasse com aquele tenente-general da KGB, de cabelos grisalhos, eu via um homem que se abria durante um momento. Com a Alemanha prestes a reunificar-se em menos de 24 horas no interior da estrutura da OTAN, pouco faltava para o fim do Pacto de Varsóvia. O Grupamento Ocidental de Forças Soviéticas ainda permanecia na Alemanha Oriental, mas isso parecia ser devido ao crescente temor de que o governo soviético não teria condições de proporcionar habitação e apoio aos soldados e suas famílias se todos voltassem ao mesmo tempo. Ali na Alemanha, onde os soviéticos haviam tornado o Grupamento Ocidental um fato habitual da vida, as coisas pelo menos eram previsíveis. Em Moscou o futuro era um campo aberto de incertezas.

– Sim – respondi. – Claro que é irônico. Você teria previsto isso?

– Alguém poderia ter previsto? – tornou Rem, com sarcasmo.

– Talvez não. Amanhã a Alemanha estará reunificada. O Pacto de Varsóvia não poderá durar. Acabou-se. Agora nós dois temos de imaginar como vamos fazer para nos ajustarmos no mundo modificado. Talvez fosse mais fácil antes de toda essa mudança. Você já tinha pensado nisso?

– Não havia tempo. Tenho um trabalho a fazer, e estou certo de que você também. Mas vamos ter de começar a trabalhar no sentido de um relacionamento mais racional – disse Krassilnikov.

– Você já disse isso antes, Rem. Acho que estou de acordo. Ainda não sei o que seja um relacionamento "mais racional" – disse eu. – Mas estou disposto a explorar a idéia.

Não procurei recrutar Krassilnikov durante nosso curto passeio, e ele não procurou recrutar-me, embora ambos tenhamos pensado nisso enquanto caminhávamos pelas ruas de Karlshorst. Também fiquei imaginando se ele havia pensado na maneira pela qual Lubianka havia enganado Langley na operação PROLOGUE alguns meses antes, mas se esse foi o caso ele não deu a perceber.

De volta à casa segura da KGB, fomos trabalhar. Leonid Nikitenko, chefe de contra-espionagem da Primeira Diretoria, era pessoa gregária e volúvel, e parecia mais descontraído desde nosso primeiro encontro em Helsinki. Em certo momento, durante a pausa para o almoço, perguntei a Nikitenko:

– Leonid, você gosta dessa atividade de inteligência, não é?

Ele sorriu e pensou por um instante, e em seguida disse:

– Milton, não há nada igual a isso. Somos políticos. Somos soldados. Acima de tudo, somos atores num palco magnífico. Não consigo pensar em melhor ocupação do que a atividade de inteligência. Mas agora que estamos falando da filosofia da inteligência, quero lhe fazer uma pergunta.

É agora, pensei.

– Por que motivo, Milton, tantos de nossos agentes da Primeira Diretoria estão passando para o lado de vocês nestes dias? Examinei todos os casos, e nenhum deles, nem mesmo um só, demonstrou vulnerabilidades anti-sociais antes de desertar. A maioria tinha diplomas honrosos de nossas universidades, diplomas vermelhos, com letras douradas. Eram nossos melhores agentes, com boas perspectivas. Terá sido por causa das mulheres? Elas estariam insatisfeitas? O que está acontecendo com eles?

Meditei antes de responder. Estávamos realmente recrutando um número considerável de jovens majores e tenentes-coronéis da KGB nos meses recentes. Mais cedo, naquela manhã, eu tinha feito minha declaração costumeira a nossos anfitriões da KGB sobre a última série de defecções – que estavam em segurança, passavam bem e estavam em liberdade, e se quisessem falar com os antigos chefes nós entraríamos em contato. Os que agora vinham a nós não eram mais o que chamávamos os "excêntricos rejeitados" do sistema; eram agentes graduados, que chegavam com planos definidos sobre a vida nova no Ocidente. Estávamos encantados com a nova qualidade dos desertores, e não admirava que a KGB se sentisse preocupada com isso – e estávamos também perplexos. Com sua pergunta, Nikitenko me dera uma informação valiosa sobre o que ocorria na KGB naqueles tempos turbulentos. Estavam preocupados porque seus melhores agentes os abandonavam.

– Leonid – disse eu, finalmente –, deixe eu que responda com uma história. Pense nisto: o cenário é a sala da diretoria de uma grande companhia norte-americana de alimento para cães. O presidente da firma reclama do mau desempenho das vendas durante o trimestre anterior. Afirma orgulhosamente que o produto fabricado por sua companhia tem a melhor qualidade nutritiva dentre todas as marcas dos Estados Unidos. Diz que possui a melhor textura e manda seus subordinados olharem as latas abertas de alimento que estão colocadas diante deles. Pega sua própria lata e a cheira; até o cheiro é bom, exclama o presidente.

Fiz uma pausa de um instante para verificar os rostos quase sem expressão de Nikitenko e Krassilnikov, ambos querendo adivinhar aonde eu queria chegar. Depois, prossegui:

– Então, por que razão – diz o presidente emocionado – as vendas estão caindo tanto? – Os presentes à reunião se remexem nervosamente, e afinal o vice-presidente encarregado de vendas levanta a mão e pronuncia apenas quatro palavras: "Os cães não gostam!".

Nikitenko me olhou já sem a expressão de hesitante polidez, e repetiu a frase final, incrédulo.

– Os cães não gostam? Os cães não gostam? Que significa isso?

Ted Price entrou na conversa.

– Significa simplesmente que os cães não gostam daquele alimento, Leonid. Estão querendo uma coisa diferente.

Price, Cline e eu ficamos sem saber se Leonid jamais chegou a entender. Sua diretoria de inteligência externa tinha estado na berlinda durante os meses anteriores, com uma defecção de agentes da Primeira Diretoria a cada seis semanas, em média. O fiozinho de água se transformara numa torrente, a ponto de meu orçamento para desertores necessitar de constantes reforços. As médias antigas iam sendo superadas à medida que mais agentes jovens da KGB passavam para o nosso lado. Enquanto Nikitenko fazia suas reclamações sobre seus agentes que desertavam, eu olhava para Rem Krassilnikov, a fim de ver sua reação. Nada. Não havia sinal de preocupação pelo fato de que a Primeira Diretoria estivesse sofrendo tantas perdas, nem indício de que ele achasse que o problema era seu.

Não encontraríamos Leonid Nikitenko novamente. Poucas semanas mais tarde recebi uma mensagem de Krassilnikov, retransmitida de Moscou por Mike Cline, que informava a morte repentina de Nikitenko em um país latino-americano. Parecia não ter havido intenção malévola, mas Rem perguntava se poderíamos verificar discretamente para ele e para a Primeira Diretoria. Assim fizemos, e tanto quanto pudemos apurar Nikitenko tinha morrido de um ataque de coração. Mandei dizer isso a Mike Cline, que passou o recado a Krassilnikov. Muito mais tarde fiquei imaginando o que estaria fazendo o chefe da contra-espionagem russa, que falava bem inglês, em um país latino-americano no momento de sua morte. Poderia ter ido encontrar-se com um dos homens que nos estavam traindo do lado de dentro?

Berlim, 3 de outubro de 1990

Ted Price, Mike Cline e eu passamos as horas finais do dia 2 de outubro no meio das multidões que enchiam a principal avenida de Berlim Oriental, Unter den Linden. Quando finalmente os relógios bateram meia-noite, mudando o centro de gravidade da Europa do pós-guerra, de uma pequena cidade próxima à fronteira da Alemanha com a França para o colosso renascido de uma Berlim unificada, tive uma sensação persistente de desconforto, algo que não conseguia identificar bem. Pensei nas palavras de Krassilnikov naquela manhã e fiquei imaginando onde ele poderia estar naquela nova Berlim.

No dia seguinte, um tablóide alemão publicou uma foto de um dos homens que tinham passado a noite em comemorações, segurando um cartaz acima da cabeça onde estavam escritas as palavras: *Und nun, Österreich?* (E agora, Áustria?) – alusão velada às ambições de Hitler.

À luz fria do dia eu ainda não tinha conseguido libertar-me da desconfortável sensação que me preocupara desde a caminhada em Karlshorst na manhã da véspera. Estava terminando um século que muitos acreditavam ter sido o "século dos Estados Unidos", mas a realidade era que grande parte do que havia acontecido à humanidade desde 1914 tinha tido origem na Alemanha. Haveriam os historiadores sequer pensado em dar ao século XX o nome de "século da Alemanha"? Dificilmente, pensei.

Bagdá, 25 de outubro de 1990

Czempinski decidira conduzir ele próprio a operação de resgate. Havia entrado discretamente em Bagdá com uma equipe de oficiais do serviço secreto polonês, e desenvolvia seu plano na hora, bem ali, debaixo do nariz do aparato de segurança de Saddam Hussein. Inicialmente, quase perdeu as esperanças de encontrar um jeito de se esquivar da vigilância iraquiana. Mas por fim, no dia 25 de outubro – dois meses depois de a CIA tê-lo procurado para pedir ajuda –, Czempinski e sua equipe, usando documentos falsos, conseguiram tirar os americanos do Iraque sem alarde antes de os iraquianos os encontrarem.

O ministro do Interior Andrzej Milczanowski ficou imensamente aliviado com o sucesso da operação. Sua decisão de não revelar o plano a seu primeiro-ministro havia significado grande risco pessoal, e foi com evidente orgulho que ele recebeu os oficiais da CIA quando estes passaram por Varsóvia no caminho de volta aos Estados Unidos. Em Varsóvia, a decisão de Milczanowski de não informar seus chefes foi facilmente esquecida em meio à alegria causada pelo impacto dramático da operação iraquiana nas relações do país com os Estados Unidos. De repente, as negociações para aliviar a dívida se tornaram muito mais positivas, e a Polônia agora era vista em Washington como parceira e aliada de confiança. A operação ocorreu em um momento em que muitos oficiais importantes do governo do Solidariedade ainda desconfiavam da agência de serviço secreto, e haviam externado críticas ao fato de Milczanowski manter um número tão elevado de antigos oficiais. Ela efetivamente pôs fim ao debate sobre o destino do serviço dentro do governo polonês, e depois disso poucos dos pedidos de recursos de Czempinski foram negados.

Consulado Geral dos Estados Unidos, Berlim Ocidental, novembro de 1990

O oficial de segurança do consulado norte-americano em Berlim Ocidental não tinha certeza de quem fosse ou do que desejasse o homem que estava na sala de espera, mas ele tinha dito alguma coisa sobre os militares soviéticos, e por isso o oficial achou que devia notificar a CIA.

Quando finalmente chegou um agente para interrogar o homem, este já tinha ido embora. Sem se importar, o homem da CIA correu pela rua atrás dele antes que desaparecesse e pediu-lhe que voltasse, a fim de conversar. Se ele tinha realmente algo a dizer sobre os militares soviéticos, a agência estava interessada. Os espiões militares soviéticos nunca eram demais.

Uma vez sentados, começada a entrevista, o agente da CIA descobriu que o homem nada tinha a ver com as forças armadas soviéticas. Em vez disso, era um mensageiro inusitado. Era proprietário de uma camionete que vendia sanduíches e outros alimentos a bases militares soviéticas na Alemanha Oriental, e tinha ficado amigo de diversos oficiais e soldados russos nos anos anteriores. Um oficial graduado achou que poderia confiar nele e perguntou se costumava ir ao lado ocidental. Ao receber resposta afirmativa, pediu-lhe que levasse uma mensagem aos norte-americanos. "Diga que quero fornecer informações e oferecer meus serviços."

O agente da CIA marcou novo encontro com o vendedor de sanduíches, desta vez longe do consulado. Nessa ocasião, mandou uma lista de perguntas ao oficial soviético. Explicou que, dependendo das respostas, a CIA estaria interessada em trabalhar com ele.

O dono da camionete voltou uma semana ou duas mais tarde, com as respostas às perguntas iniciais de avaliação, e a CIA se interessou. O novo voluntário pertencia a uma unidade avançada do Grupamento Ocidental de Forças, estacionada em Schlottheim, a sudoeste de Berlim. O batalhão seria a ponta de lança de qualquer avanço soviético em direção à famosa garganta de Fulda, a rota de invasão que nos jogos de guerra dos últimos cinqüenta anos vinha sendo designada como o ponto de partida da Terceira Guerra Mundial. Era uma unidade de combate que teria sido uma das primeiras a enfrentar a

OTAN se tivesse estourado uma guerra entre os Estados Unidos e a União Soviética nas planícies centrais da Alemanha.

Nesse ponto, o agente da CIA organizou um encontro a sós com o voluntário e discretamente afastou de cena o vendedor de sanduíches. O voluntário revelou ser um coronel, comandante de um batalhão motorizado de rifles, e na mesma hora se disse disposto a fazer o que fosse preciso a fim de passar para o Ocidente. Afirmou que deveria ser transferido em breve de volta à União Soviética e que estava ansioso por poder escapar para os Estados Unidos tão logo fosse possível, junto com a mulher e dois filhos. Nem todos os oficiais soviéticos desejavam voltar à pátria.

O coronel era uma possibilidade atraente, mas não estava sozinho na empreitada. Disse que o ajudante de seu batalhão, um capitão, também fazia parte de seu esquema de defecção, além da namorada do capitão, que era a funcionária encarregada dos códigos do regimento. A operação estava crescendo. Agora teríamos de organizar a fuga de seis pessoas, em vez de apenas uma. O coronel recebeu o codinome de GTROSETTA e o capitão o de GTSTONE e nós começamos a pensar na melhor maneira de aproveitar aquela oportunidade.

No encontro seguinte, o agente da CIA disse ao coronel que ele ficaria muito mais valioso se conseguisse trazer consigo algumas armas soviéticas ao desertar. O coronel concordou imediatamente e pediu uma lista do material desejado.

O Pentágono publica regularmente uma listagem confidencial de armas estrangeiras que gostaria de obter e examinar, a fim de manter seu próprio equipamento um passo adiante dos competidores. Próximo ao topo da lista estava o míssil antiaéreo soviético terra-ar SA-19. Com aproximadamente 4,20 metros de comprimento, o SA-19 não era exatamente uma coisa fácil para que um homem carregasse nas costas atravessando uma fronteira, mas a CIA resolveu perguntar a GTROSETTA se conseguiria trazer um.

Sim, respondeu o coronel, sua unidade estava equipada com o SA-19, e também afirmou que poderia tentar roubar um e trazê-lo consigo.

– Mas, quando eu o trouxer, vocês vão precisar de um caminhão para transportá-lo.

Próximo a Schlottheim, Alemanha Oriental, novembro de 1990

Na véspera da noite em que o coronel e seus colegas planejavam escapar, David Rolph e o agente encarregado do caso do oficial soviético o encontraram em um parque de estacionamento na antiga fronteira entre a Alemanha Oriental e a Ocidental para repassar os arranjos de última hora. O coronel empalideceu quando viu o tamanho do furgão que havia sido trazido para transportar o SA-19.

– Vocês vão precisar de um caminhão maior – disse ele, com voz desanimada.

Rolph voltou-se para o jovem agente da CIA que viera de Frankfurt trazendo o furgão.

– Não quero saber de que maneira você vai conseguir – disse ele –, mas consiga um caminhão mais pesado, para qualquer estrada, e ponha-o aqui até o meio-dia de amanhã.

Exatamente ao meio-dia do dia seguinte o agente da CIA e um motorista chegaram com um veículo que haviam trazido de uma instalação militar norte-americana em Frankfurt. Os homens da CIA verificaram os locais discretos para o encontro do lado oriental da antiga fronteira entre a Alemanha Oriental e a Ocidental; um nos arredores de uma aldeia próxima à base soviética onde recolheriam a família do coronel, e outra num bosque não longe dali onde encontrariam os oficiais e o míssil, cerca de seis horas daquela tarde. O coronel contava com a rígida obediência soviética às autoridades de patente mais elevada a fim de levar a cabo sua louca tentativa. Na mesma tarde, ordenou uma mobilização de surpresa de todo o seu batalhão. Obedecendo às ordens, os soldados se reuniram no terreiro diante do portão principal da unidade.

Enquanto seus homens entravam em formatura, o coronel em pessoa dirigiu um grande caminhão GAZ do Exército soviético até o paiol de armamentos do regimento e entrou para procurar os encarregados de suprimentos. Com os soldados em posição de sentido do outro lado da base, o coronel exibiu rapidamente um formulário de requisição aos funcionários e mandou que carregassem um SA-19 no caminhão. Uma vez embarcado o míssil, deu-lhes uma lista de outros equipamentos escolhidos para que também carregassem. Ao terminarem, tomou de novo o volante do veículo e afastou-se.

Praticamente todo o pessoal da base estava agora em formação diante do portão principal, e o coronel rumou direto para os fundos da base, rompeu a cerca que a delimitava e entrou nos terrenos rurais circundantes.

Já estava escuro quando o agente da CIA, esperando no ponto de encontro a alguns quilômetros de distância da base, começou a ouvir o barulho de um motor e os ruídos de um veículo que atravessava o bosque. De repente, o caminhão rompeu as moitas e parou na clareira, com o coronel saltando e gritando aos agentes da CIA que se apressassem.

– *Bystro! Bystro!* – gritava ele. – Depressa!

Agindo com toda a rapidez possível, os três homens ajudaram o coronel a transferir o SA-19 encaixotado e o restante dos armamentos ao caminhão do Exército norte-americano e partiram, deixando o veículo soviético abandonado no bosque. Dirigindo a toda pressa pela estreita estrada que levava à antiga fronteira, passaram por Rolph, que passou a segui-los em seu carro, onde já estavam a esposa e os filhos do coronel, mais o capitão e a namorada.

Após uma corrida frenética de 15 minutos, atravessaram a fronteira e o pequeno e estranho comboio se deteve. O coronel saltou, tirou o casaco do Exército soviético, atirou-o ao chão e pisoteou-o com suas botas militares. Depois voltou ao caminhão e todos prosseguiram em disparada, fazendo somente uma parada até chegarem a uma base do Exército norte-americano próxima a Frankfurt: um jantar no McDonald's para as crianças.

Logo o SA-19 foi entregue a um grupo de peritos norte-americanos, que teriam tempo para projetar medidas defensivas contra a arma antes que os primeiros aviões de caça começassem a atacar o Iraque, alguns meses depois.

Moscou não achou graça. O general Boris Snetkov, comandante-em-chefe do Grupamento Ocidental de Forças na Alemanha Oriental, e mais três generais graduados do Grupamento Ocidental foram demitidos, graças a ROSETTA e STONE.

Berlim, 12 de dezembro de 1990

Por volta de dezembro, MACRAME já não tinha mais documentos para fotografar. Havia corrido um grande risco para nos ajudar, e achamos que já era tempo de fazê-lo escapar. Rolph foi ao parque para informá-lo, mas pela primeira vez em seis meses o jovem piloto não apareceu. Rolph teve de usar o plano de emergência.

Dois dias depois, numa noite fria e chuvosa, o chefe do posto em Berlim foi à aldeia próxima à base soviética do piloto. Estacionou o carro e caminhou pelas ruas desertas até o lugar alternativo para o encontro, um cemitério nos arredores da aldeia. Tremia de frio, procurando passar despercebido, mas sabia que não podia esperar muito. Se alguém passasse por ali, seria difícil explicar o que estava fazendo, parado na chuva, num cemitério às dez horas da noite.

Talvez ele tenha sido descoberto, pensou Rolph. Talvez já tenha sido levado de volta a Moscou...

Já pensava em sair do cemitério quando viu, a distância, que um ciclista se aproximava dele em meio à chuva. Perscrutando a escuridão, percebeu que era uma pessoa demasiado franzina para que fosse o piloto. Tratou de afastar-se rapidamente, de volta a seu carro e à segurança. Mas olhando mais uma vez para o ciclista, viu com dificuldade a figura de uma mulher. Parou e olhou novamente. Era a esposa do piloto. Tinha percorrido de bicicleta os 3 quilômetros de distância da base e estava gelada, com os cabelos molhados e o leve casaco russo encharcado. Rolph a levou a seu carro e ligou o aquecimento, enquanto ela afirmava que o marido estava em segurança. A mãe dele tinha morrido, e ele voltara à União Soviética para o enterro. A mulher se lembrava do lugar alternativo para o encontro e escapara sozinha da base, decidida a vir no lugar do marido. Enquanto ela tiritava no carro, Rolph jurou para si mesmo que logo que ela e o marido estivessem em segurança nos Estados Unidos, ele faria com que ela obtivesse um casaco adequado.

Com a Alemanha unificada, já não era difícil a um oficial da força aérea soviética baseado no que fora a Alemanha Oriental viajar ao lado oeste de Berlim. Em breve, o piloto de MiG e sua família seguiram para os Estados Unidos num avião de transporte C-5 que escalara na Alemanha a fim de embarcá-los, ao regressar do Golfo Pérsico. Curioso por ver o avião norte-americano, o piloto permaneceu na cabine de comando durante a aterrissagem na base Andrews, da força aérea dos Estados Unidos, nos arredores de Washington.

Ao chegar, Rolph dirigiu-se ao NROC, o Centro Nacional de Operações de Reassentamento, braço da CIA que trata da relocação de desertores, a fim de entregar seus hóspedes. Mas um funcionário superocupado tentou afastá-lo.

– Estamos com a lotação esgotada – disse ele. – Estão chegando muitos soviéticos. Pode ficar com eles por algum tempo e assentá-los?

Rolph não tinha percebido que a CIA estivesse tão sobrecarregada com os desertores soviéticos. Tinha pensado em voltar imediatamente à Alemanha, mas concordou e levou a família a uma casa segura na Virgínia. O piloto soviético de caça havia chegado a tempo de realizar consultas com a força aérea norte-americana, no momento em que ia começar a guerra contra o Iraque. Em breve estava auxiliando a força aérea a treinar pilotos norte-americanos que seguiam para o Golfo Pérsico, a fim de lidarem com as táticas soviéticas de combate. Rolph permaneceu junto à família pelo tempo suficiente para levar a esposa a uma loja de departamentos, onde a CIA a presenteou com um bom casaco de inverno.

Langley, 13 de fevereiro de 1991

Não muito depois da breve intensidade da Guerra do Golfo, o NROC me pediu que fizesse uma visita a Sergei Papushin em seu apartamento em Maryland. Seu controlador me disse que para o russo seria um estímulo receber atenção de um funcionário de nível elevado. Papushin estava ainda lutando, e perdendo a luta, em sua batalha contra o alcoolismo, e talvez uma visita minha fosse útil. Meu acompanhante seria Rod Carlson, que há muito estava aposentado mas que voltara sob contrato a fim de controlar desertores soviéticos, que chegavam em quantidades cada vez maiores a cada mês.

O apartamento de Papushin estava impecável. Ele próprio, bem-vestido, aparentava tranqüilidade e sobriedade; parecia mais um jovem missionário mórmon, pensei eu, do que um excêntrico que escapara da KGB. Tivemos uma boa conversa sobre sua aclimatação nos Estados Unidos. Ele disse que estava se esforçando para arranjar uma namorada e eu lhe desejei sorte. Saí dali dizendo a Carlson que Papushin poderia afinal dar a volta por cima, que poderia ter êxito.

Estava redondamente enganado.

Duas semanas depois, um de seus controladores foi verificar como ele ia e encontrou o cadáver do jovem desertor debaixo da cama, com uma garrafa vazia de *bourbon* no chão, a seu lado. Entramos em alerta total; um desertor que advertira sobre a presença de um espião dentro da agência tinha sido encontrado morto. Queríamos uma autópsia para ter certeza de que Papushin não fora assassinado.

O resultado da autópsia foi claro – morrera de envenenamento pelo álcool. O culpado era ele próprio. O corpo foi mandado de avião a Moscou para um enterro discreto. Um velho amigo da KGB que compareceu ao enterro disse mais tarde que o rosto dele estava tão inchado que era quase irreconhecível. A única maneira pela qual ele identificou o amigo foi uma cicatriz na mão, que ele conhecia.

8

Tyson's Corner, Virgínia, 12 de abril de 1991

O regresso de Aldrich Ames à sede da CIA no verão de 1989, após passar três anos em Roma, foi repleto de incertezas. Sua estada na capital italiana tinha sido tempestuosa, para não dizer mais. Ames estava prestes a tornar-se pai pela primeira vez, o que alteraria drasticamente seu relacionamento com Rosario, sua exigente esposa colombiana. Enquanto isso, no trabalho, o que restava de sua carreira estava à deriva. Saltou de uma função pouco expressiva a outra, e certamente terá se perguntado se ficara estagnado por ser suspeito de espionagem.

Mas o problema não era esse; o que o prejudicava era algo muito mais simples. Ames adquirira a reputação de ser funcionário de nível médio, inteligente porém pouco imaginativo, que não passaria dos graus medianos. Escrevia bem e era astuto analista da inteligência coligida sobre a União Soviética, mas muita gente dentro da agência o considerava preguiçoso e arrogante, e essa combinação era perigosa. Era uma dessas pessoas que não são dispensadas, mas que os chefes preferem não trazer para suas equipes.

Ao regressar de Roma, Ames foi inicialmente lotado de volta em sua divisão original, a SE, mas recebeu uma função de pouco brilho na seção Europa Ocidental. Em dezembro, um mês após a queda do Muro de Berlim, passou a ser encarregado da Tchecoslováquia, mas imediatamente entrou em férias e viajou para a Colômbia justamente no momento em que a Revolução de Veludo tomava conta de Praga.

Ao regressar em janeiro, pediu desculpas a David Manners, chefe do posto em Praga, por ter estado ausente no exato instante em que Václav Havel e os dissidentes tinham chegado ao poder. O que não disse foi que havia estado com seus controladores da KGB durante as férias em Bogotá na época do Natal. Ames permaneceu encarregado de assuntos tchecos até o verão de 1990, mas em outubro foi transferido da divisão para uma função na seção de análise do centro de contra-espionagem.

Uma das fontes de tensão em sua vida durante esse período foi o exame do detector de mentiras ao qual ele sabia ser necessário submeter-se em algum momento após o regresso de Roma. O último teste que fizera tinha sido em 1986, um ano depois de começar a trabalhar para a KGB, e os agentes da CIA tinham de submeter-se rotineiramente ao teste a intervalos de cinco anos. Ames conseguiu retardá-lo por vários meses, mas por volta de abril de 1991 já não era mais possível evitá-lo. Ao preparar-se para o teste, agora marcado para 12 de abril, estava ciente de que tinha muita coisa a esconder e começou a pensar seriamente em formas de enganar o aparelho.

Como era veterano agente de operações, Ames tinha experiência em administrar o polígrafo e conhecia bem os limites do sistema. Já tinha sido aplicador dos testes e sabia o que os examinadores procurariam. Sabia também que os resultados do polígrafo refletem maciçamente as expectativas dos técnicos. Assim, a possibilidade que passasse no teste dependeria de sua capacidade de estabelecer um bom relacionamento com o examinador.

Ames ia se dando bem durante a sessão com o detector de mentiras, até ocorrer um problema nas perguntas relativas a dinheiro. O examinador repetiu suas indagações a respeito do assunto, e ele percebeu que estava em dificuldades. Começou a falar de seus planos de trabalho depois de deixar a CIA.

– Conversamos bastante sobre meus planos incipientes de trabalhar em importação e exportação com alguns amigos em Nova York e na Colômbia – recordou ele mais tarde. – Eram ainda planos, nada mais do que planos, mas foi preciso falar muito para que o examinador ficasse convencido de que eu não violara, nem pretendia violar, os regulamentos sobre planejamento e atividades anteriores à aposentadoria.

E assim, despistando astutamente o examinador, Ames conseguiu safar-se.

O teste foi suspenso naquele dia, mas o examinador disse que ele deveria voltar na manhã seguinte. Ames ficou preocupado, mas estudara o comportamento e os métodos do homem e ficou certo de que ele não procurara ocultar sinais de hostilidade.

No dia seguinte o teste prosseguiu, e Ames acrescentou novos detalhes sobre suas idéias a respeito de uma atividade futura no mundo dos negócios. Não teve dificuldades até o fim do exame.

Sentiu-se profundamente aliviado, tanto que até mesmo se surpreendeu. Sua mente lhe parecia mais tranqüila do que seu coração.

Canterbury Park, Springfield, Virgínia, 15 de abril de 1991

Três dias depois que Aldrich Ames enfrentou o aparelho do polígrafo em Tyson's Corner, Robert Hanssen se encontrava a 4,5 quilômetros dali procurando realizar uma troca de mensagens com a KGB. Na caixa postal secreta sob uma ponte de pedestres em Canterbury Park, de codinome Doris, Hanssen deixou um disquete de computador repleto de informações confidenciais, o 22º que ele entregava à KGB desde 1985. Continha detalhes sobre uma operação de recrutamento a respeito da qual a KGB lhe fizera perguntas anteriormente.

A KGB deixou também um pacote para Hanssen no ponto Doris, com 10mil dólares e um bilhete cheio de sentimentalismo russo.

> Caro amigo,
>
> O tempo voa. Um poeta disse:
>
> *Que vida é esta*
> *Com tanto a cuidar*
> *Se tempo não resta*
> *Sequer de um olhar?*
>
> Você conseguiu retardar a velocidade de sua vida atarefada para mandar-nos uma mensagem. E nós ficamos gratos.

A KGB fazia também a Hanssen uma série de pedidos de informação. Entre outras coisas, queria saber de que maneira a comunidade de inteligência dos Estados Unidos planejava reagir às mudanças políticas na URSS. A agência russa se preocupava com a possibilidade de que a CIA tentasse explorar a situação. Se fosse possível provar que a CIA estava se tornando mais ativa nos bastidores, talvez essa informação pudesse ser usada para prejudicar os reformistas em Moscou. Talvez fosse possível deter Gorbachev antes que ele destruísse o que restava do império.

Langley, 15 de maio de 1991

O agente Richard Kerr era pessoa ponderada. Ver alguém como ele galgar a hierarquia da CIA, passando de analista a subdiretor geral da agência, dava uma sensação reconfortante. Eu o conhecera bastante bem durante os anos em que havia ocupado diversas funções sensíveis nas diretorias de inteligência e de administração a caminho de transformar-se no segundo homem mais importante da CIA. Sempre achei que suas palavras eram cheias de sabedoria, ainda que as envolvesse num véu de bom humor. Certa vez, numa conversa com a primeira-ministra do Paquistão, Benazir Bhutto, em Islamabad, Kerr concluíra sua descrição de um aspecto específico dos acontecimentos no Afeganistão dizendo: "Parece um pato, anda como um pato e faz quém-quém como um pato. A CIA provavelmente vai concluir que é um pato." Bhutto, que havia estudado em Radcliffe, entendeu o que ele queria dizer, mas os tomadores de notas levaram um susto.

Uma conversa que tive com Kerr resumira o que parecia estar errado no rumo instintivamente tomado pela Diretoria de Operações em sua perseguição ao objetivo soviético depois de 1989.

– O que vocês fazem é examinar o lixo uns dos outros, não é? – dissera ele, com seu sorriso cativante. – Vocês só sabem correr atrás da gente da KGB.

O recado de Kerr era duro, porém claro – a Divisão SE estava atolada em uma era anterior. Eu concordava com ele e comecei a mudar nossa maneira de agir.

Uma grande parte da coleta clandestina de informações tinha muito pouca relevância no novo mundo em rápida mudança. Conseguir um desertor soviético tinha sido nosso feijão-com-arroz nos tempos antigos, mas agora nos encontrávamos simplesmente numa atividade de relocação, sem grandes indícios de que obtivéssemos alguma coisa útil em troca. Eu já levantara esse tema algumas vezes e perguntara se realmente deveríamos aceitar tantos desses desertores, mas Redmond e a velha guarda estavam convencidos de que o próximo agente da KGB que viesse a nós traria coisas importantes. Mas as coisas simplesmente não estavam caminhando nesse sentido. Não apenas não estávamos recebendo informações importantes do fluxo de jovens agentes da KGB que desertavam, como tampouco conseguíamos obter as mais vitais, de que o Conselho de Segurança Nacional necessitava para o difícil encerramento do jogo com a URSS. Conseguir esse tipo de informação era agora nossa missão mais urgente.

Redmond se espantou no início de 1991 quando eu me recusei a aceitar um agente de nível baixo da KGB no programa de reassentamento de desertores da CIA. Dei ordem para que aquele agente fizesse um pedido normal de imigração pelos canais destinados a refugiados, com nossa ajuda nos bastidores. Ele assim fez e juntou-se à crescente onda de imigrantes soviéticos para os Estados Unidos. Se tivesse alguma coisa importante para nos dizer, eu não teria problemas em reassentá-lo por nossos próprios meios. Mas, para Redmond e outros da Divisão SE, essa decisão era imperdoável. Achou que eu tinha amolecido com os soviéticos.

Nessa altura eu já chegara à conclusão de que os aspectos menores da espionagem haviam cegado Redmond, e que ele não se interessava pelo panorama mais amplo. Não parecia disposto a admitir que o Muro de Berlim desmoronara para sempre e que a União Soviética se encontrava à beira do colapso.

Durante uma discussão acalorada com Paul, eu explodi.

– Que diabo, Redmond, você está ficando igual às pessoas que eu vim combater aqui – disse eu, pensando na paranóia sobre a KGB e em James Jesus Angleton. – Está ficando igual ao inimigo.

Redmond ainda estava obcecado pelas perdas de 1985. Tomei a decisão de removê-lo da divisão, e o diretor concordou em nomeá-lo subchefe do centro de contra-espionagem, onde poderia concentrar-se unicamente na caça a espiões.

Ele ficaria contente, e eu também.

Kremlin, maio de 1991

Os primeiros e sinistros indícios da crise na KGB, que o coronel Valentin Aksilenko tinha certeza de que chegariam, realmente chegaram na primavera de 1991.

Primeiro, no início do ano o diretor-geral Kryuchkov criou uma nova entidade central de propaganda interna na KGB. A nova unidade, descrita como "centro de análise", operava independentemente da Primeira e da Segunda Diretorias e estava diretamente subordinada ao diretor-geral em Lubianka. Kryuchkov tirou Nikolai Sergeyevich Leonov da função de supervisor das operações da KGB nas Américas do Sul e do Norte e encarregou-o da chefia do centro de propaganda. As ordens recebidas por Leonov eram suficientemente claras: reverter a crescente e perigosa atmosfera de liberalismo e derrotismo na KGB.

A fim de encontrar uma solução, Leonov resolveu apelar para o cerne da organização. Reacenderia o orgulho patriótico da KGB, buscando em suas raízes históricas o significado e a energia de que o diretor-geral necessitava a fim de preparar a KGB para uma última grande batalha: não pelo socialismo, mas pela sobrevivência da União Soviética.

Leonov, que fora um menino prodígio da KGB aos trinta anos de idade, quando se tornara íntimo confidente de Fidel Castro nos tempos revolucionários de Cuba, assumiu o posto com paixão. Imediatamente começaram a aparecer folhetos e panfletos em todas as mesas da KGB por toda parte, exaltando o patriótico nacionalismo que se acreditava existir em todas as almas russas, inclusive nas dos cínicos e corteses membros da Comissão de Segurança do Estado. O *slogan* era "Grandeza Russa"; os folhetos não elogiavam as virtudes do marxismo, mas principalmente advertiam contra perigosas conspirações disfarçadas com o manto da mudança.

Leonov sustentou sem descanso a idéia de que o objetivo dos Estados Unidos era destruir a União Soviética. Inúmeras variações sobre esse tema se mesclaram à propaganda antiocidental que emergiu da agência com grande estardalhaço. A finalidade era evocar uma reação patriótica nas fileiras da KGB.

Aksilenko concluiu que a maior parte, afinal, era bobagem. Ele e outros na KGB poderiam haver descartado a propaganda por considerá-la retórica inútil, se não tivesse vindo acompanhada de ordens mais inquietantes. Em abril, Kryuchkov exigiu que todos os agentes da KGB recebessem armas pessoais e ordenou que as portassem imediatamente.

Quase duas décadas antes, Leonid Brezhnev declarara que a luta de classes no interior da URSS havia chegado a um término pacífico e que o socialismo triunfara. A União Soviética já não possuía inimigos internos. Por isso, a KGB fora discretamente desarmada. Os agentes receberam instruções de entregar suas armas. Aksilenko concluiu que com a distribuição de automáticas Makarov e até de Kalashnikovs a alguns, Kryuchkov desejava preparar a KGB para um último combate ainda não definido. Kryuchkov se organizava para uma luta final, e queria que seus soldados estivessem armados e prontos a segui-lo. O que o diretor-geral da KGB aparentemente não percebera era que a ordem de rearmar-se somente serviu para endurecer as posições dos agentes que acreditavam estar na mudança a única possibilidade de salvação da União Soviética.

Val Aksilenko preferiu, junto com muitos outros agentes, retirar-se da KGB antes que fossem tragados pela luta patriótica de Kryuchkov.

Langley, maio de 1991

Aldrich Ames passou rapidamente por Dottie, minha assistente executiva, e caminhou até junto a minha mesa.

– Milt, acho que já é hora de voltar à SE. O que quero fazer é encarregar-me de casos. Quero voltar e trabalhar na "sala dos fundos", cuidando de casos internos.

Fiquei um tanto perplexo. Ames, cujo nome estava na lista principal dos agentes que precisavam ser vigiados, vinha a mim e quase exigia que eu o aceitasse de volta na divisão, logo depois que eu o afastara. Mas o que atraiu minha atenção, tanto quanto seu pedido, foi sua transformação. O Aldrich Ames que eu conhecera ligeiramente logo antes de sua partida para Roma, em 1985, era um sujeito mal-arrumado, com dentes estragados. Essa figura tinha sido substituída por um novo Ames, que vestia um conjunto de calça e paletó esporte de 1.500 dólares e cujos dentes, antes terrivelmente descoloridos, haviam sido restaurados com grande competência, a um custo que eu calculei ser de mil dólares por restauração.

Respondi a Ames que voltaria a falar com ele. Depois que saiu, fui à sala de Redmond.

– Rick Ames acaba de invadir minha sala e me disse que tenho de trazê-lo de volta para trabalhar nos casos sensíveis. Que lhe parece?

Redmond, que estava arrumando suas coisas para a transferência ao centro de contra-espionagem, não uma teve resposta rápida dessa vez. Ficou olhando para mim, pensando no que eu tinha dito.

Quando Ames voltou de Roma, houve algumas dúvidas de segurança devido a sua repentina exibição de riqueza. Redmond havia acompanhado a investigação do centro de contra-espionagem para descobrir a causa de nossos problemas de 1985, e me contou que Ames havia comprado uma casa de 500 mil dólares em Arlington sem fazer hipoteca bancária.

Houve mais investigações a respeito de Ames e um agente foi mandado à Colômbia a fim de verificar se sua súbita riqueza provinha da família da mulher em Bogotá, como ele dissera a colegas. Os relatórios recebidos mostravam que sua justificação parecia plausível. Sua situação financeira dava impressão de ser sólida e a família da mulher parecia ter dinheiro.

Redmond acrescentou que dois ou três outros agentes também tinham comprado casas caras, mas ao contrário de Ames, haviam feito hipotecas.

– Você viu a minha hipoteca? – perguntei.

– Não verifiquei... ainda – respondeu ele, sem sorrir.

Naquele verão, Ames voltou à Divisão SE para fazer um estudo sobre a KGB, porém não trabalhou nos casos sensíveis. Poucos meses depois eu o afastei novamente, desta vez para o centro antinarcóticos.

Sede da CIA, julho de 1991

Paul Redmond estava preocupado com sua transferência da Divisão SE para suas novas funções no centro de contra-espionagem. Durante toda a carreira havia trabalhado em operações com a União Soviética, e ia ser difícil para ele afastar-se do que fazia parte de sua vida. Estava principalmente insatisfeito porque discordava da forma pela qual a Divisão SE estava trabalhando – sob minha chefia.

Redmond e outros veteranos de assuntos soviéticos da velha escola sentiam-se especialmente irritados devido a minha decisão de dar menos importância às costumeiras e tradicionais operações da divisão – os recrutamentos mais ou menos ilimitados de agentes da KGB em todo o mundo. Sem pedir aprovação a Dick Stolz e Tom Twetten, eu havia mandado telegramas aos postos da CIA na África e na América Latina que deixavam claro o desinteresse da Divisão SE em considerar alvos de recrutamento todos os agentes soviéticos de inteligência lotados em todas as remotas embaixadas do Terceiro Mundo, especialmente caso a operação terminasse por uma defecção. Dali em diante, olharíamos os casos com mais cuidado.

Eu entendia o colapso do império soviético como uma oportunidade para novas idéias. Por um lado, precisávamos de todas as informações relevantes para a formulação de políticas que pudéssemos obter, mas por outro estávamos começando a encontrar terreno comum com os soviéticos em temas como o terrorismo internacional, narcotráfico e controle do arsenal deles, de dezenas de milhares de ogivas nucleares. Estávamos dando os primeiros passos em direção a uma cooperação nessas áreas, e precisávamos mudar a maneira de tratar com os soviéticos.

Entre as medidas necessárias estava a redução das pressões provocadoras que havíamos exercido contra eles ao longo dos últimos trinta anos em todas as capitais secundárias do Terceiro Mundo. Em resumo, eu achava que a URSS ia se tornar um alvo de inteligência num sentido mais clássico, agora que tínhamos de tratar diretamente com ela em diversos assuntos importantes.

Não fazia sentido que a mão esquerda os provocasse em uma capital e a direita procurasse simultaneamente agradá-los a fim de que nos ajudassem em outra capital. Eu estava decidido a introduzir um pouco mais de finura na equação do recrutamento.

Resolvi também que quaisquer novos desertores teriam de demonstrar logo de saída seu valor a fim de obter a entrada nos Estados Unidos e expedi ordens para que fossem investigados cuidadosamente antes de decidir seu reassentamento na América. Durante os dois anos anteriores, havíamos recebido e readaptado mais de uma dúzia de desertores, cada qual mais ou menos parecido com o precedente. Em cada caso me havia sido afirmado que o mais recente desertor seria uma "mina de ouro" de contra-espionagem, mas essas palavras nunca se transformaram em realidade. A realidade era que os agentes da KGB estavam se tornando parte de um fluxo constante de cidadãos soviéticos que procuravam nova vida no Ocidente e que se dirigiam à CIA porque ainda achavam que seria mais fácil. Ao longo do tempo, as quantidades crescentes de desertores haviam se tornado um dispendioso passivo financeiro, pois cada desertor e sua família custavam aos contribuintes norte-americanos perto de um milhão de dólares em longo prazo.

Redmond e outros veteranos da SE consideravam heresia o meu comportamento. Várias gerações de agentes da CIA haviam passado suas carreiras inteiras procurando recrutar funcionários da KGB e do GRU lotados nas embaixadas soviéticas no Terceiro Mundo. Não restava dúvida de que os espiões mais produtivos para a CIA haviam sido recrutados na ocasião em que trabalhavam em embaixadas remotas, mas os tempos estavam mudando. Redmond temia que se o sistema fosse abandonado, seria difícil para a CIA restabelecer seu mecanismo de recrutamento de agentes soviéticos de inteligência.

Em sua nova função no centro de contra-espionagem, Redmond se mantinha em estreito contato com seus antigos colegas da Divisão SE, e quase todos os dias eles lhe faziam amargas queixas sobre os rumos que eu imprimia à divisão. Redmond se sentia frustrado por não conseguir impedir-me de dar novo sentido aos trabalhos, com atividades que acreditava importarem em desmantelamento das operações tradicionais para com a União Soviética. Por isso, ele e Robert Wade, funcionário antigo que representava o FBI no centro de contra-espionagem, que compartilhava as opiniões de Redmond, procuraram atrair atenção mais ampla no interior da CIA para a disputa sobre os rumos futuros das operações soviéticas.

Em julho, desafiaram a mim e ao restante da chefia da Divisão SE para um debate. Redmond imprimiu avisos que informavam sobre a confrontação e circulou-os por toda a Divisão SE.

"Parece existir uma tendência crescente em certos ambientes, no sentido da aceitação da correção de uma política baseada no entendimento de que a KGB já não é mais uma organização eficaz", dizia o folheto.

"Tendo em vista essa tendência, Paul Redmond, do DC/CIC, e Robert Wade, do FBI, desafiaram a chefia da Divisão Soviética/Leste Européia para um debate. O tema é: 'A KGB já não constitui ameaça à segurança nacional dos Estados Unidos.' Os desafiados, naturalmente, defenderão essa proposição. O CIC e o FBI fornecerão a vodca e a Divisão SE o queijo brie."

A unidade de contra-espionagem poderia ter razão em dizer que a KGB ainda tinha capacidade de nos espionar, mas numa visão mais ampla eu considerava a agência russa como um dos três pilares de sustentação da União Soviética como um todo: o Exército Vermelho, o Partido e a KGB. O Exército estava com graves problemas, o partido se encontrava dividido, e a KGB, em minha opinião, já não era o elemento capaz de sustentar o império em crise. A ameaça da KGB durante os quarenta anos anteriores sempre havia sido uma parte de um todo, e nesse todo estavam incluídos o Exército Vermelho e as dezenas de milhares de ogivas nucleares assestadas contra nós. A capacidade de a KGB penetrar com espiões na CIA ou no FBI não estava em dúvida, mas tampouco essa era a parte mais importante da nova equação. Mas eu achava que nem Redmond nem Bob Wade seriam capazes de debater o assunto fora dos limites de seu estreito universo de contra-espionagem, e portanto deixei de lado o assunto e voltei a tratar dos últimos seis meses da história da União Soviética.

Langley, 10 de julho de 1991

Não muito depois de haver deixado a sala ao lado da minha na Divisão SE, Redmond recebeu um chamado inesperado no telefone confidencial STU-III no centro de contra-espionagem, no qual ainda estava se instalando. Um chefe de posto na Europa estava na linha. Telefonara para dizer que um de seus agentes havia recolhido um indício de penetração da KGB na Divisão SE. O relatório era detalhado e muito sensível, e o chefe do posto disse não querer usar o tráfego normal de telegramas. Por isso chamara Redmond pessoalmente.

Redmond instruiu-o a mandar o agente de volta a Washington, dizendo-lhe que se hospedasse em um hotel nos subúrbios da Virgínia e depois telefonasse pessoalmente. Deveria dizer que era "Bobby", de passagem pela cidade. Redmond iria encontrá-lo no hotel, e o agente não deveria aparecer na sede da CIA.

O chefe do posto assegurou que o homem chegaria a Washington no dia seguinte.

Redmond desceu o lance de escada que separava nossas salas, entrou e fechou a porta.

– Alguma coisa vai acontecer. Pode ser o que estamos procurando – disse ele. Por sua expressão absolutamente séria percebi que ele tinha uma pista para algo diretamente relacionado com sua paixão, a busca de agentes ocultos. Redmond me contou o telefonema do chefe do posto europeu.

– Oh, merda! – foi tudo o que consegui dizer.

Eu conhecia o agente que fizera o relatório, e sabia que não era confiável. Pelos antecedentes, eu achava que seus relatos eram feitos com ligeireza e sem muito cuidado. Já tinha havido operações tratadas por ele na Europa Oriental que eu tinha tido de consertar, e eu passara a acreditar que ele inventara seus relatórios sobre aquelas operações.

– Paul – disse eu –, eu me sentiria melhor se isso tivesse vindo de outra pessoa. Esse rapaz tem um problema em relação à verdade. As coisas que manda sempre parecem boas demais para que sejam verdadeiras. E talvez realmente não sejam.

Percebi que Redmond perdia um pouco do entusiasmo ao ouvir minha opinião sobre o agente que levantara o assunto.

– Vou ter isso em mente – disse ele. – Logo que tiver falado com ele voltarei a você.

Embora eu me sentisse mal por duvidar da nova pista de Redmond, estava satisfeito com a maneira pela qual nossas relações tinham se desenvolvido. A não ser no que tocava a seu desafio para um debate, tínhamos sido capazes de esquecer nossas divergências e continuar a trabalhar. Depois que ele saiu, pensei que pelo menos agora Redmond poderia encontrar satisfação em seu trabalho no centro de contra-espionagem, onde tinha oportunidade de dedicar-se integralmente aos casos de espionagem ainda sem solução que o haviam preocupado durante tanto tempo. Após sua transferência para o centro, ele ficara abismado ao ver que a investigação das perdas de 1985 havia sido praticamente abandonada. Como ele próprio sempre estivera incluído na lista de possíveis suspeitos, hesitara em fazer muitas perguntas detalhadas sobre o avanço das investigações durante os anos anteriores. Mas agora, na qualidade de subchefe do centro, percebeu com desânimo que Jeanne Vertefeuille e sua pequena equipe não tinham dado quase nenhum resultado. A sindicância que começara em 1986, com Gus Hathaway, estava agora relegada a um lugar insignificante no centro. Hathaway tinha se aposentado e ninguém mais na direção da CIA prestava atenção no trabalho de Vertefeuille. Redmond estava decidido a mudar esse estado de coisas. Tinha uma dívida para com os agentes russos executados.

Langley, 12 de julho de 1991

No dia seguinte Redmond voltou a falar comigo. Disse ter-se encontrado com o agente. Um informante da KGB lhe havia falado em uma penetração na SE. Após a primeira conversa extensa, Redmond pediu ao agente que pusesse por escrito os pormenores do que ouvira do informante. Em seguida, comparou as novas notas com o relatório original, que finalmente fora enviado da Europa.

Vendo os dois relatos, Redmond achou que o agente havia incluído nas notas escritas no hotel muitos detalhes adicionais em relação ao primeiro relatório, redigido logo após seu encontro com o informante da KGB. O que mais o preocupava era que havia respostas detalhadas a perguntas que ele fizera ao agente no hotel, e que este atribuíra os novos detalhes ao informante da KGB. Afirmava que a conversa com Redmond lhe estimulara a memória.

Em resumo, dizia ele que a KGB havia recrutado um agente da CIA de ascendência russa que trabalhava na Divisão SE. Redmond não sabia se deveria acreditar no relato do agente que viera da Europa, mas não tinha dúvidas de que era preciso seguir a pista. Mas não queria que ele soubesse de sua hesitação sobre a credibilidade do relatório.

Eu estava prestes a partir para a África a fim de reunir-me com os chefes de nossos postos naquele continente para explicar as novas diretrizes sobre recrutamento de agentes soviéticos, e planejava fazer o trânsito pela Europa. Faria uma escala no posto de onde viera o relatório a fim de conversar pessoalmente com o agente e ver se tudo aquilo fazia sentido.

Num posto na Europa, 20 de julho de 1991

Estávamos sentados um diante do outro numa sala de reuniões com revestimento acústico, que tanto era seguro quanto claustrofóbico. O chefe do posto tinha organizado meu encontro com o agente por meio de astúcia, dizendo que quando ele se encontrara com Redmond em Washington eu estava em missão no exterior e queria ouvir pessoalmente seu relato sobre aquele caso sensível.

– Parece que você pegou alguém com a boca na botija – disse eu.

– É verdade. Espero que sim – respondeu ele, sem me olhar nos olhos.

– Conte-me – disse eu.

– Meu contato na KGB me disse que tinha ouvido alguma coisa sobre uma penetração em sua divisão. Disse que tinha havido um recrutamento. Um descendente de russos.

– Ele tem nome? – perguntei, curvando-me para a frente a fim de demonstrar meu profundo interesse.

– Não forneceu o nome – respondeu o agente –, mas disse achar que começava com a letra K.

O agente sentado diante de mim ainda hesitava em olhar-me com firmeza nos olhos, mas não dava outros sinais de nervosismo.

– Você acha que K é a inicial do nome dele ou do codinome? – perguntei.

– Sabe, nem pensei em perguntar isso – disse ele, animando-se um pouco. Começou então um relato denso e informativo, cheio de colorido e pormenores.

O problema era que eu já tinha ouvido antes as histórias dele. A CIA nunca tinha conseguido pegá-lo em uma falsidade evidente, mas diversas vezes tinha chegado muito perto disso. Em um desses casos anteriores, tínhamos procurado fazer com que outro agente se encontrasse com o informante estrangeiro para verificar a veracidade da informação, mas alguma coisa sempre acontecia e nunca ninguém conseguira encontrá-lo. Agora, sentado diante dele na sala à prova de som, continuei a não confiar nem um pouco no que ele dizia.

Quando terminou o longo e elaborado relato sobre a penetração da KGB na Divisão SE, fiquei em silêncio, sem nada dizer, mas com o que esperava ser uma expressão de amigável expectativa no rosto. O penoso silêncio durou cerca de meio minuto, até que ele recomeçou a história. Dessa vez houve novos detalhes que ele não havia incluído no relatório original nem no que acrescentara a Redmond.

Ao regressar a Washington, uma semana depois, reuni-me com Burton Gerber e seu chefe de posto na Fazenda, para uma conversa em particular sobre o agente e seu sensacional relato.

Deixei clara minha opinião de que ele havia inventado tudo.

– Você pôs isso por escrito? – perguntou Gerber, que sempre se preocupava com as regras de procedimento.

– Por enquanto é um memorando somente para fins de arquivo – disse eu. – Não o mandei adiante, mas depois que conversarmos, mandarei.

– E então? – perguntou o terceiro participante da reunião, misericordiosamente encerrando nosso tenso diálogo. – Você está dizendo que não é nada sério? Que esse camarada está inventando tudo?

O chefe do posto se mostrava incrédulo.

– Sim – respondi. – É isso mesmo. Mas vamos precisar mais do que simplesmente o meu instinto. Precisamos falar com o informante da KGB.

Gerber sugeriu utilizarmos um ex-subchefe em Moscou, cujo pseudônimo era KLETTERING. (A CIA faz uma distinção importante, embora não muito bem compreendida, entre um *pseudônimo* e um *nome falso*. Cada agente da CIA recebe um *pseudônimo* para uso nos telegramas internos da agência e em geral o conserva ao longo de sua carreira. Os agentes usam os pseudônimos para assinar telegramas à sede e às vezes são chamados por esses pseudônimos durante os debates internos. Em contraste, os agentes que cuidam de casos específicos usam muitos *nomes falsos* durante as operações de campo, a fim de ocultar suas verdadeiras identidades. Os agentes de caso nunca utilizam seu pseudônimo no lugar de um nome falso.) KLETTERING sabia como conversar com o agente da KGB e poderia perfeitamente verificar se a história que nos fora contada tinha fundamento.

Numa capital européia, 1º de agosto de 1991

KLETTERING possuía um doutorado em estudos sobre a Rússia e era considerado um dos melhores dentre um pequeno grupo de agentes de sua geração na SE. Tinha servido como subchefe de Mike Cline em Moscou e agora estava de volta a Langley, cuidando de nossas operações internas. Naquele momento, porém, encontrava-se na varanda de um restaurante à beira de um rio na Europa, ocupado em uma das conversações mais estranhas de sua carreira. Tinham sido necessários vários dias para organizar o encontro, mas ele finalmente conseguira. Diante dele estava um agente soviético de inteligência, bem-educado e tranqüilo, que era a fonte à qual o agente norte-americano havia atribuído a história de contra-espionagem responsável pelo entusiasmo inicial de Redmond. KLETTERING explicou-lhe em detalhe as informações que lhe haviam sido atribuídas sobre uma penetração na Divisão SE. O soviético ouviu com atenção, demonstrando profundo interesse.

– Há, efetivamente, um problema grave – disse ele, finalmente. – Mas tem muito pouco a ver comigo, e sim com seu próprio agente. Estive com ele, mas lamento dizer que tudo o que ele contou é pura fantasia. Mas é uma excelente fantasia!

Nosso agente já tinha sido transferido de volta a Washington, e ao ser confrontado com um interrogatório mais hostil, sua história começou a desmoronar. Mas ele ainda procurava explicar-se, sem jamais confessar que havia inventado tudo. No final, esse funcionário relapso não quis mais saber da CIA e simplesmente pediu demissão. Foi mais um capítulo encerrado na busca da verdade, e nele não tinha havido senão mentiras.

Assim como acontecera com o alarme suscitado por Sergei Papushin, o desertor bêbado que dizia saber de uma penetração na CIA em Moscou, a história do agente também acabou sendo desmentida. Foi nada mais do que o mais recente de uma série de becos sem saída na busca, efetuada ao longo dos anos, de uma solução para as perdas de 1985. Nada fora descoberto com o misterioso caso de "*Mr.* X", o voluntário anônimo da Alemanha que advertira anteriormente sobre a quebra das comunicações da CIA, nem tampouco com nossa tentativa de testar essas comunicações executando operações falsas de recrutamento de agentes da KGB, inclusive meu próprio esforço em Nairobi. Não havia indícios de que a KGB estivesse lendo nossa correspondência, pois os soviéticos nunca tomavam iniciativas contra os agentes da KGB que mencionávamos em nosso tráfego telegráfico.

A investigação voltou à estaca zero.

9

Moscou, 1º de agosto de 1991

David Rolph custou a compreender. Ao receber em dezembro o telegrama que o informava de sua transferência a fim de chefiar o posto em Moscou, ele pensou que se tratava de um gracejo. Como chefe do pequeno posto em Berlim Oriental, Rolph estava apenas no nível GS-14, e era ainda muito cedo para candidatar-se à importante função que pertencia à Divisão Soviética. Moscou era um posto em geral reservado para agentes mais antigos da CIA, equivalentes ao grau de general.

Mas sua designação não era piada. Rolph reagira bem à severa advertência que recebera de Paul Redmond, e agora estava sendo recompensado pelo notável êxito de sua campanha de recrutamento a frio em Berlim. Promovê-lo à chefia em Moscou fazia parte de meu esforço para revitalizar a Divisão SE com sangue novo. Para ele, era a realização de um sonho.

Sabia que sua promoção irritara diversos agentes mais antigos da divisão, que acreditavam merecer Moscou. Ele estava porém decidido a mostrar que estavam equivocados. Mesmo assim, sabia que não ia ser fácil, depois de Berlim. "Pelo menos estou indo para um lugar estável", brincou ele na festa de sua despedida em Berlim, em junho.

Na primavera de 1991, no entanto, Moscou nada tinha de estável sob a superfície. Nessa altura, Gorbachev caminhava numa corda bamba entre os reformistas que havia trazido para a esfera do poder e os integrantes da linha dura, que estavam convencidos de ser ele o responsável pelo colapso da velha ordem na Europa Oriental e pela perda da influência que possuíam. O líder soviético há muito perdera o controle do ritmo de mudança, e sua campanha da perestróica parecia agora estranha e fora de moda, inclusive para muitos dos que o apoiavam. Ele havia calculado que se relaxasse o domínio sobre a Europa Oriental a União Soviética ficaria aliviada de um peso incômodo, e acreditava que o caos se deteria na fronteira da União Soviética.

Em breve verificou-se que estava enganado. Em 1991, poderosos movimentos de independência surgiram nas três repúblicas soviéticas mais a oeste, no Báltico, obrigando Moscou a finalmente abafá-los. Em janeiro, o medo voltou momentaneamente à Lituânia. A fim de sufocar o crescente movimento independentista, unidades militares e da KGB entraram à força na capital, Vilnius, enviando tanques contra as multidões de dissidentes, matando 14 manifestantes e ferindo muitos outros, quando as tropas tomaram a torre de televisão da cidade. Os soviéticos entraram na Lituânia no momento em que o mundo se encontrava concentrado na crise do Golfo Pérsico, e por isso o incidente não atraiu muita atenção no Ocidente.

Mas a tentativa de Moscou de atrasar o relógio fracassou lamentavelmente. As tropas soviéticas não conseguiram desbaratar o movimento pela independência da Lituânia e o violento ataque teve conseqüências negativas na própria Rússia, provocando protestos amargos em Moscou de parte de russos que achavam que a época dessas atitudes duras havia passado. Jornalistas se retiraram do Partido Comunista, o rádio e a televisão soviéticos transmitiram imagens dos ataques e deram espaço para as iradas recriminações de cidadãos, e membros do Legislativo marcharam em protesto nas ruas de Moscou. O Soviete Supremo exigiu informações sobre o número de manifestantes mortos em Vilnius; pediu uma investigação e exigiu respostas.

Gorbachev foi obrigado a distanciar-se da ação militar, embora poucos acreditassem nele. Shevardnadze renunciara em dezembro de 1990 ao cargo de ministro do Exterior, advertindo severamente que havia perigo de ditadura e dizendo a quem quisesse ouvir que a linha-dura voltara ao poder. Gorbachev descartara os temores de seu antigo conselheiro, mas a verdade era que ele se encontrava tão próximo da linha-dura que não conseguia perceber o desprezo que tinham por ele e por suas políticas.

Naquele momento, começavam a surgir movimentos nacionalistas e democráticos em regiões remotas da União Soviética, longe do Báltico volátil e impaciente. Em junho, Boris Yeltsin se tornou o primeiro presidente russo eleito por voto popular, e a bandeira branca, azul e vermelha da Rússia começou a aparecer em cerimônias oficiais. A emergência de um líder e de um governo de mentalidade independente na Rússia trazia graves ameaças a

Gorbachev e à ordem soviética. Quando David Rolph chegou a Moscou, já era evidente que algo teria de acontecer.

Langley vinha observando os sinais de perigo durante os últimos meses. Uma fonte militar soviética na Alemanha havia informado à CIA, seis meses antes, que estavam sendo recrutados voluntários dentre os oficiais do Exército Vermelho para algum tipo de emergência em Moscou. Dizia-se que o marechal Dmitri Yazov, ministro da Defesa, havia determinado ao Grupamento Ocidental de Forças Soviéticas, baseado na Alemanha, a formação de unidades compostas de soldados de confiança preparados para fazer o que fosse necessário a fim de preservar a união. A CIA não havia notado indícios de que tivesse havido envio de voluntários para a URSS, mas a ameaça de uso de militares soviéticos para lidar com distúrbios civis permaneceu no ar durante a primavera e o verão de 1991.

Em junho, o secretário de Estado James Baker emitiu uma advertência específica ao ministro do Exterior soviético Aleksandr Bessmertnykh de que estava sendo preparado um golpe, identificando alguns dos líderes principais da conspiração. A informação tivera origem no prefeito de Moscou, Gavril Popov, que falara dessa ameaça ao embaixador norte-americano Jack Matlock. Mas Gorbachev descartou o aviso, considerando-o fantasia.

Em meados de agosto, no entanto, os analistas da CIA convenceram-se de que a decisão de Gorbachev de assinar naquele mês o Tratado de União poderia deflagrar o movimento dos membros da linha-dura. Na resenha diária de 17 de agosto para o presidente Bush, a CIA advertia que a marcação da ocasião para a assinatura do tratado havia criado uma data fatal para os conservadores em Moscou. Havia uma forte possibilidade de que agissem nos próximos dias, antes da assinatura do instrumento.

Termez, Uzbequistão, 6 de agosto de 1991

Pisar na Ponte da Amizade era uma experiência estranha. Eu havia passado três anos ajudando os homens da outra margem do rio em sua luta contra os que estavam do mesmo lado em que eu me encontrava agora, e olhava para a margem oposta achando que era a direção errada. Em minha companhia estava Jack Devine, que era agora chefe do centro de combate aos narcóticos da CIA, e o objetivo de nossa visita à Ásia Central era conversar com os soviéticos sobre formas de cooperação na guerra internacional contra as drogas. Quando eu chegara inicialmente a Islamabad, Devine era o chefe da Força-Tarefa do Afeganistão, e ambos nos sentimos deslocados ao olharmos para o lado afegão com nossos acompanhantes da KGB.

Tínhamos voado ao longo da fronteira entre a URSS e o Afeganistão em um helicóptero soviético MI-8, exatamente do mesmo tipo que os rebeldes afegãos tantas vezes tinham derrubado com os mísseis Stinger que eu ajudara a fornecer durante a guerra. Voando baixo, a velocidade reduzida, acompanhando a margem norte do Amu Dar'ya, o piloto disse alguma coisa usando o sistema de comunicação. Diante de mim, um coronel da KGB ouvia atentamente. Em seguida, deu uma resposta curta.

– Que foi que ele disse? – perguntei ao coronel.

– Disse para informar o senhor de que estamos voando baixo porque os bandidos afegãos, do outro lado do rio, ainda têm mísseis Stinger. Não funcionam bem abaixo de 300 metros. O piloto queria que eu dissesse isso ao senhor.

– E o que foi que o senhor respondeu? – perguntei novamente.

O coronel me encarou durante alguns segundos e em seguida respondeu.

– Respondi que o senhor já sabia disso muito bem – afirmou ele, com frieza.

Moscou, 7 de agosto de 1991

Eu estava dentro de um barulhento Volga da KGB que parecia ter algum vazamento de combustível. Comigo no banco de trás estava Rem Krassilnikov, que ainda era o chefe do Primeiro Departamento da Segunda Diretoria Principal, apesar de todas as mudanças e reviravoltas em Moscou durante os 24 meses anteriores. Tanto quanto ele sabia, seu lugar estava seguro e sem mudanças. Durante os vinte minutos anteriores eu vinha observando as ruas à nossa volta e achei que havia equipes de vigilância que nos seguiam.

– Rem, acha possível que seus homens estejam nos seguindo pela cidade?

Ele me olhou com ar vago e respondeu:

– Não, isso não seria possível.

A resposta era definitiva. Não se podia discutir com Rem Krassilnikov no terreno dele.

Mas enquanto prosseguíamos Krassilnikov começou a observar com mais cuidado o ritmo das ruas. Dois minutos depois, disse:

– Talvez seja possível, Milton.

Olhou para um Zhiguli bege a nosso lado.

– Sim, é possível.

Pareceu confuso durante um momento e em seguida recuperou-se, sem maiores comentários sobre o estranho fato de que uma equipe de vigilância da KGB estivesse seguindo o convidado de um general da KGB no próprio carro deste.

Estávamos no princípio de agosto e havíamos passado vários dias em Moscou procurando encontrar terrenos em que a CIA e a KGB pudessem colaborar. A guerra contra as drogas e a proliferação de armas de destruição em massa eram duas opções aparentemente promissoras. O cultivo da papoula no Afeganistão e nas repúblicas soviéticas da Ásia Central significava que a região era uma das principais fontes de heroína, e o problema das drogas vinha crescendo nas cidades soviéticas. Ao mesmo tempo, o desmoronamento do império da URSS na Europa Oriental criava novos temores em Washington a respeito da segurança de armas nucleares, químicas e biológicas. Levantamos esses pontos com nossos correspondentes da KGB de maneira abstrata, tratando-os como problemas que surgiam no horizonte, mas sem jamais identificar suas origens no rompimento da ordem anterior.

Nosso encontro foi em um esconderijo da KGB em um bairro residencial de Moscou, perto da sede do Partido Comunista. A casa já fora usada por Lavrenti Beria, o desumano e perverso chefe do serviço secreto de Stalin. Nossas reuniões eram no segundo andar e durante os intervalos eu pude vasculhar os arredores. Descobri um enorme banheiro azulejado com instalações muito antigas e uma inexplicável mesa para exames ginecológicos. Imaginei que tipo de diversões Beria encontrou naquele lugar.

Estando em Moscou, tive a possibilidade de comprovar por meio de alguns acontecimentos a redução do poder da KGB na sociedade soviética. Acompanhados por um jovial coronel da KGB de nome Kuzmin, eu e meus colegas de viagem procuramos entrar no pátio do Kremlin para ver os canhões do czar. Um guarda nos deteve na entrada, e com grande pompa mostrou o relógio, informando que já era tarde; o pátio havia fechado três minutos antes. Kuzmin tentou aplacar o sentinela, dizendo que fazíamos parte de uma importante delegação norte-americana, mas o homem não quis saber de nada. Finalmente, Kuzmin piscou para mim e disse:

– Preste atenção.

Com um gesto sem dúvida muitas vezes repetido, tirou a carteira vermelha de identidade da KGB, abriu-a e colocou-a diante dos olhos do guarda.

– Comissão de Segurança do Estado – disse ele. – Agora, por favor nos deixe passar.

O guarda tomou a carteira, examinou-a cuidadosamente, e em seguida fechou-a e devolveu-a ao coronel.

– Não me importa que o senhor seja o próprio Vladimir Kryuchkov – disse ele. – Depois da hora de fechamento, ninguém entra.

Com essas palavras, deu meia-volta e afastou-se. Fim de papo. Tive de esperar até minha visita seguinte a Moscou a fim de apreciar o canhão do czar, embora a expressão de surpresa no rosto do coronel Kuzmin tenha sido um bom substituto.

Deixamos a União Soviética na manhã de 8 de agosto. Embora pudéssemos perceber que o sistema soviético se encontrava sob grande pressão, nada vimos que nos alertasse para o que ocorreria dez dias depois. O fato de havermos sido convidados a Moscou pela KGB justamente naquele momento me convenceria mais tarde de que nossos anfitriões tampouco tinham idéia do que iria acontecer.

Langley, 12 de agosto de 1991

À medida que crescia o número de agentes soviéticos de inteligência que se voluntariavam para a CIA, chegaram também os inevitáveis pedidos de meios para cometer suicídio a fim de evitar a prisão e o interrogatório. Um desses pedidos havia chegado a minha mesa e eu agora me via sentado à mesa de reuniões com o químico-chefe dos Serviços Especiais, que explicava com detalhes mais específicos do que o necessário como funcionava no organismo a pílula L, denominada eufemisticamente "preparação especial".

Explicou que ao longo da história o cianureto era o recurso preferido de dar adeus à vida. Era confiável e rápido – a maioria dos mortos no *bunker* de Hitler haviam mordido cápsulas de vidro contendo cianureto. O inconveniente era a necessidade de uma pílula de certas proporções para uma dose letal, o que não seria fácil para um espião esconder num objeto cotidiano que pudesse levar consigo sem atrair atenção. Hoje em dia havia outras opções em embalagens mais discretas, mas em geral levavam mais tempo para fazer efeito, o que poderia ser muito inconveniente! Se o tamanho da pílula a ser ocultada não fosse um problema, sempre seria melhor usar o cianureto, porque era eficaz e rápido.

O químico trouxera consigo um par de pílulas L para demonstração, cheias de um gás inerte escondido em pequenos objetos. Bastava morder a pílula, quebrar a cápsula e inalar profundamente duas vezes. Em poucos segundos tudo acabaria. Entregou-me uma delas por sobre a mesa.

– Quer experimentar? – perguntou, com ar sério.

Peguei um dos objetos camuflados e senti seu peso.

– Tem certeza de que é de mentira? – perguntei.

– Claro... Não, espere um momento... acho que...

O químico sorriu pela primeira vez e eu rapidamente coloquei o objeto de volta sobre a mesa.

Eu havia convocado aquela reunião para poder dar uma justificação pormenorizada a Bill Webster quando levasse em mãos a ele o *memorandum* solicitando as pílulas L, a fim de que ele autorizasse. O juiz Webster era homem cuidadoso e previdente, e eu falara a Dick Stolz sobre minha preocupação. Dick achou que o único problema de Webster seria sua aversão natural à idéia, além do reconhecimento da necessidade de salvaguardas. Ele haveria de querer saber se a "preparação especial" não estaria sendo solicitada levianamente, ou com o objetivo de assassinar alguém. Stolz estava de bom humor e me contou a história da autorização de uma pílula L para TRIGON. Naqueles dias menos complexos, ele próprio assinara o *memorandum* a fim de que o diretor não participasse, para protegê-lo. Aquele tempo já passara, comentou ele com certa saudade. Leve o memo ao juiz e diga o que ele precisa saber.

Uma semana mais tarde eu apresentei o *memorandum* a Bill Webster. Ele perguntou se havíamos negado o pedido ao agente soviético pelas três vezes regulamentares. Respondi que sim. É possível utilizar o veneno para matar outra pessoa?, perguntou ele. Afirmei que tudo era possível, mas que o sistema não se prestava facilmente ao assassinato. Sem hesitação, e sem mais perguntas, o juiz Webster assinou a autorização.

Foros, Criméia, domingo, 18 de agosto de 1991

As férias de Mikhail Gorbachev na pitoresca cidade balneária de Foros, na costa do mar Negro, na Criméia, estavam prestes a terminar. Ele havia ido com a mulher passar o período da pausa de agosto e fazer um repouso de que muito precisava, antes de regressar às intrigas políticas de Moscou. Apesar de suas dúvidas anteriores, pretendia assinar o Tratado de União tão logo voltasse à capital. O tratado representaria uma restituição histórica de poder do governo central à Rússia e às demais repúblicas. Apesar de haver concordado em assinar o instrumento, Gorbachev sabia que ainda não havia encontrado uma acomodação política com o novo presidente da Rússia, Boris Yeltsin. O combativo Yeltsin, ex-chefe do Partido em Sverdlovsk, contava com o ímpeto político que possuía graças a sua ampla vitória nas eleições de junho na Rússia, mas Gorbachev ainda controlava a máquina de segurança da União Soviética, e por isso a batalha pela supremacia política entre a URSS e as repúblicas permanecia sem solução.

As férias de Gorbachev foram estragadas imediatamente antes das cinco da tarde do dia 18 de agosto, uma tranqüila tarde de domingo, quando alguns visitantes vindos de Moscou chegaram de surpresa. Na delegação estavam Oleg Baklanov, chefe da Comissão Industrial Militar da União Soviética; o general Valentin Varennikov, chefe das Forças Soviéticas de Terra; Oleg Shenin, membro do Comitê Central e do Politburo; e Valery Bodin, chefe do gabinete do próprio Gorbachev. Estavam acompanhados ainda por Yuri Plekhanov, chefe da Nona Diretoria Principal da KGB, encarregado da segurança dos governantes soviéticos.

Os inesperados visitantes disseram a Gorbachev que representavam uma comissão de emergência que havia assumido o controle do governo soviético. Ao chegarem, as linhas telefônicas do lugar onde se encontrava o líder soviético emudeceram, inclusive o vínculo de comunicações que lhe permitia comandar as forças nucleares do país. Gorbachev estava agora apartado do mundo exterior.

Em pouco tempo ficou claro que a delegação que tinha viajado a Foros era composta de elementos secundários. A verdadeira autoridade por trás do golpe era o diretor-geral da KGB, Vladimir Kryuchkov, a quem Gorbachev considerara equivocadamente seu aliado.

Gorbachev rejeitou irado o pedido da delegação de que ele endossasse a comissão de emergência, e assim participasse do esforço para reverter a situação. Na manhã de segunda-feira o rádio e a televisão soviéticos anunciavam a criação da comissão de emergência, que afirmava haver agido em parte devido a uma súbita enfermidade de Gorbachev. Este permaneceu isolado em Foros junto com a família e alguns assessores próximos, sem saberem se seriam executados como havia sido o destino dos Romanov no início da experiência soviética.

Moscou, 7h00, segunda-feira, 19 de agosto de 1991

O trajeto de David Rolph em seu automóvel, do apartamento em que morava na zona sul de Moscou até a embaixada norte-americana para ir trabalhar, não parecia diferente de qualquer outra manhã de segunda-feira. Enquanto dirigia seu BMW pelas ruas de Moscou, nada viu que o alertasse para os acontecimentos que já estavam em curso. Tinha ido deitar-se cedo na noite anterior e não ouvira as notícias antes de sair para o trabalho. Para ele, era mais uma manhã calorenta de agosto na capital soviética.

Entrando no escritório às sete da manhã, encontrou outros funcionários da embaixada que o informaram de que algum tipo de emergência acabara de ser anunciada no rádio e que havia relatos da entrada de soldados em Moscou. Assim o chefe do posto em Moscou tomou conhecimento do golpe que mudou o século XX. A CIA simplesmente não possuía informantes dentro do Kremlin capazes de fornecer oportunamente aos norte-americanos detalhes da possibilidade de um golpe de Estado. Portanto, ao entrar na embaixada naquela manhã de segunda-feira, David Rolph não sabia que na verdade o golpe começara a acontecer no dia anterior nem que Mikhail Gorbachev e sua família se encontravam cercados e com as comunicações cortadas.

Mas Rolph agiu rapidamente para atualizar-se e mandou seus agentes para as ruas; em Washington era ainda o meio da noite e ele poderia esperar até o meio-dia em Moscou para que seu primeiro telegrama já estivesse nas mesas dos chefes da CIA quando chegassem para o trabalho. Compreendeu que entraria novamente em competição com a CNN, como acontecera em Berlim. Na verdade, já estava apostando corrida com a mídia. Às dez e meia da noite de domingo em Washington, o assessor de segurança nacional Brent Scowcroft teve conhecimento da possibilidade de um golpe em Moscou por meio do noticiário da CNN.

Quando os agentes de Rolph espalhados pela cidade começaram a informá-lo, uma coisa notável tornou-se evidente. Não havia barricadas nas ruas, nenhuma barreira para restringir a movimentação na cidade. Na verdade, após ir de carro ao aeroporto Sheremetyevo, um agente relatou que não apenas a estrada para o aeroporto estava aberta, mas que também o aeroporto operava normalmente. Enquanto isso, as estações de rádio e TV não pareciam haver sido tomadas pelos líderes do golpe, pelo menos não de maneira completa. Ainda noticiavam o que acontecia. Havia unidades do exército nas ruas, principalmente blindados, tanques e veículos de transporte de tropas, mas não davam mostras de estar executando nenhuma ação específica.

Enquanto a manhã ia passando, Rolph tinha uma pergunta na cabeça: Que diabo de golpe é este?

Após expedir seus primeiros telegramas, o chefe do posto da CIA pegou o telefone e discou um número em Lubianka.

– Posso falar com Gavrilov? – perguntou ao agente anônimo da KGB que atendeu. Ao ouvir a voz suave e conhecida de Rem Krassilnikov, Rolph não perdeu tempo.

– Podemos nos encontrar com urgência?

Sede da Primeira Diretoria Principal, Yasenevo, 9h00, segunda-feira, 19 de agosto de 1991

Leonid Shebarshin percebeu que tudo se encaixava. Ao ler o anúncio da nova "comissão de emergência" em seu escritório de esquina no andar da chefia da Primeira Diretoria, teve um presságio. Durante todo o verão ele ouvira murmúrios de que alguma coisa estava por acontecer, de que alguma ação ousada endireitaria novamente as coisas, e procurara diligentemente evitar ser tragado. Sabia o suficiente para perceber que não desejava saber mais.

Tudo começara em junho, quando Yeltsin venceu as eleições presidenciais na Rússia. Naquele momento ficou evidente para Shebarshin que a sorte estava lançada na União Soviética. A idéia do *putsch* agora em curso havia se iniciado ainda antes da vitória de Yeltsin, e ele ficara sabendo na ocasião. Mas tinha sido fácil para ele tomar a decisão pessoal de distanciar-se daquela empresa fadada ao insucesso. Agora, lendo o texto do comunicado da comissão de emergência, percebia que nada havia de novo – tratava-se de um amontoado de palavras que falavam de voltar à forma anterior das coisas. Shebarshin achou que aquilo fracassaria e suspeitava de que o custo do fracasso seria elevado.

Moscou, 12h00, 19 de agosto de 1991

Com os tanques da Divisão Taman de Guardas e outras unidades alinhados nas ruas de Moscou, Rolph saiu de carro do conjunto que abrigava a embaixada norte-americana. Dirigiu-se para o norte pelo anel ajardinado e estacionou ao lado da praça Mayakovskaya. Caminhou até um Volga negro estacionado próximo dali e entrou no banco traseiro, ao lado do grisalho Krassilnikov. Ao entrar, o motorista da KGB abriu tranqüilamente a porta dianteira e saiu do carro, caminhando pela praça e fumando um cigarro, deixando Rolph e Krassilnikov a sós. No primeiro dia do golpe, a CIA e a KGB tinham muito a conversar.

Rolph tratou de inquirir Krassilnikov sobre o que ele sabia a respeito da situação e do papel da KGB no *putsch*.

O russo reagiu defensivamente, argumentando que as ações da comissão de emergência eram legais e constitucionais. Reafirmou que Gorbachev estava doente e incapaz de agir, mas o Soviete Supremo em breve se reuniria a fim de examinar os atos da comissão de emergência e verificar se estavam de acordo com a lei. Sem fornecer qualquer informação específica sobre a participação da KGB, Krassilnikov deu a impressão de apoiar o golpe. É um erro de Yeltsin desafiar a comissão de emergência, disse ele. Mas se o presidente russo quiser uma confrontação, acrescentou o general da KGB em tom levemente ameaçador, isso vai acontecer.

Krassilnikov assinalou que não havia motivo para que o golpe prejudicasse o relacionamento entre a KGB e a CIA, que havia melhorado nos meses recentes. Recordou a Rolph que o chefe da Divisão SE e uma delegação de funcionários de grau elevado haviam estado pouco antes em Moscou para encontros com a KGB, e havia nova reunião entre as duas agências marcada para outubro, em Helsinki. Insistiu para que a reunião de Helsinki se realizasse conforme planejado. Afinal, o golpe era assunto puramente interno, comentou secamente.

Embora o idoso chefe de espiões não houvesse esclarecido o grau de cumplicidade da KGB no golpe, pelo menos deixara clara sua própria disposição de apoiá-lo. Ao sair do Volga e dirigir-se de volta a seu escritório, Rolph matutava sobre uma pergunta difícil, porém essencial: Krassilnikov falara em nome próprio ou em nome de todo o corpo de agentes da KGB?

Naquela noite, Rolph disparou seus telegramas a Langley enquanto milhares de russos faziam vigília diante do prédio da presidência da Rússia, protegendo o homem que agora consideravam como sua salvação – Boris Yeltsin. Ainda não havia sinal de que os conspiradores pretendessem atravessar a multidão e suas toscas barricadas para agir contra Yeltsin. Cada hora de espera dava aos democratas mais tempo para ganhar confiança e forças. Enquanto

Yeltsin e seu grupo de reformistas permaneciam em sua fortaleza, Mikhail Gorbachev, apanhado na armadilha de sua mansão no mar Negro, tornava-se rapidamente irrelevante.

Lewinsville Park, McLean, Virgínia, segunda-feira, 19 de agosto de 1991

Enquanto a CIA tratava de entender a crise que se desenrolava em Moscou, a KGB conduzia uma operação secreta a poucos quilômetros da sede da agência norte-americana.

Em 19 de agosto, Robert Hanssen foi até uma caixa postal secreta de codinome FLO, no espaço existente sob uma ponte de pedestres na parte arborizada de Lewinsville Park, a poucos passos de uma rua residencial no subúrbio elegante de McLean. O fato de que Hanssen e seus controladores da KGB desejassem realizar uma troca de mensagens quase à sombra da sede da CIA demonstrava também o grau de confiança que possuíam em sua capacidade de evitar os esforços da contra-espionagem norte-americana na época. Naturalmente, ao longo dos anos, Hanssen ajudara a KGB a aprender os métodos de vencer a vigilância do FBI, pois revelara muitas das técnicas usadas para manter os soviéticos sob controle.

Com efeito, naquele dia Hanssen deixou na caixa postal FLO um pacote que continha um recente *memorandum* do FBI sobre os métodos que a agência usava para monitorar um agente soviético específico. Além de outros documentos confidenciais incluídos num disquete de computador, Hanssen deixou um estudo redigido por ele para auxiliar seus controladores soviéticos.

Dada a instabilidade política que a URSS experimentava, ele sugeria que a KGB verificasse a história de Chicago. Dizia especialmente que os soviéticos muito poderiam aprender estudando o lendário prefeito Richard J. Daley, daquela cidade, e a forma pela qual usara pulso de ferro e uma máquina política bem azeitada para transformar Chicago na "cidade que dá certo". Talvez os soviéticos precisassem de uma infusão da maneira de fazer política em Chicago para recuperar a ordem e a estabilidade.

Em outubro, a KGB agradeceu a "B", admirando-se que "o mágico passeio histórico por Chicago" fosse tão misteriosamente oportuno.

– Você já pensou em fazer predições? – escreveu a KGB. – Depois da aposentadoria, por exemplo, com algum tipo de bola de cristal própria ou de uma agência de inteligência particular (CBIA)? Sempre há muita gente neste mundo desejosa de saber o que poderá acontecer no futuro.

Cairo, 20h00, segunda-feira, 19 de agosto de 1991

Eu tinha acabado de chegar ao Cairo, vindo de Tel-Aviv, para uma série de reuniões. Quando entrei no quarto do hotel, o telefone estava tocando.

– Milt? Aqui é Bill Piekney. – Piekney era agora o chefe do posto no Cairo. – Parece que as coisas estão fervendo em Moscou. Um grupo da velha guarda tomou o poder de Gorbachev. Estou mandando aí um agente com algum material de leitura para você e já reservei um lugar no próximo avião para Washington, se você quiser viajar hoje à noite.

– Merda! – disse eu, ligando a televisão na CNN.

Duas horas depois eu já estava no avião para Washington.

10

Langley, 8h00, terça-feira, 20 de agosto de 1991

Quando cheguei do Cairo, na manhã seguinte, havia um frenesi na Divisão SE e em toda a Diretoria de Operações. Na velha guarda, alguns se sentiam deliciosamente vingados, principalmente os que eu afastara da divisão. Eles tinham tido razão, e eu estava errado. As idéias de Bearden sobre mudanças históricas na União Soviética de nada valiam, nem tampouco suas pretensões de reformar a divisão e adaptá-la às novas realidades. Os dias felizes tinham voltado!

– Você está fodido, chefe – disse O'Reilly quando passei por sua sala.

Voltei-me e deixei-me cair numa cadeira diante da mesa dele. Peguei a roda budista de oração e comecei a dar-lhe voltas.

– Conte-me tudo – disse eu.

– Durante todo o dia de ontem houve muitos murmúrios – disse O'Reilly. – Bearden desfraldou muito cedo sua bandeira. Alguns ficaram muito contentes com isso.

– Qual é a sua opinião?

– Estão enganados – respondeu ele, entregando-me um maço de telegramas. – Leia isso, e verá que quem está mesmo fodido são Kryuchkov e sua quadrilha.

Na tarde de 20 de agosto, os sentimentos de reparação haviam se dissipado. À medida que os relatórios de inteligência chegavam, o golpe parecia estancado e dava a impressão de ter sido uma trapalhada. Alguma coisa estava evidentemente dando errado.

As informações sobre o quadro de voluntários especialmente selecionados no Grupamento Ocidental de Forças do Exército Vermelho na Alemanha confirmavam essa avaliação. Os soldados haviam sido escolhidos a dedo meses antes para a eventualidade de uma ação, e agora estávamos sendo informados de que embora tivessem entrado em estado de alerta, ainda se encontravam em seus quartéis, tão confusos quanto o resto do mundo. Fiquem de prontidão fora a ordem recebida. Pouco depois, quase como um adendo, receberam o aviso de que em vez de partir imediatamente, poderiam ser chamados a qualquer momento para dirigir-se aos meios de transporte previamente determinados. Após esperar as ordens que nunca chegaram, a maior parte deles voltou à rotina de espalhar boatos, como todos os demais.

Moscou, 9h00, quarta-feira, 21 de agosto de 1991

Tal como os voluntários do Exército Vermelho na Alemanha, Leonid Shebarshin se mantivera próximo ao telefone desde segunda-feira, esperando ordens para agir que jamais lhe foram transmitidas. De manhã cedo naquele dia o diretor-geral da KGB o chamara para instruí-lo a colocar todos os recursos da diretoria à disposição da comissão de emergência. Shebarshin concordara e ordenara ao serviço externo de inteligência que começasse a espionar em Moscou.

Durante o resto daquele dia, ele transmitira a Kryuchkov os relatórios de seus agentes. Shebarshin também havia concordado em mandar a equipe paramilitar da Primeira Diretoria Principal concentrar-se no clube central da KGB, no centro da cidade de Moscou. Kryuchkov, que já fora chefe da Primeira Diretoria, queria ter um destacamento de confiança bem posicionado quando chegasse o momento de invadir a sede da presidência e esmagar as forças irregulares que agora protegiam o desafiador Boris Yeltsin. Mas desde aquele torvelinho inicial de atividade na segunda-feira, Shebarshin pouco havia feito a não ser esperar pacientemente em meio a um estranho silêncio. Kryuchkov não voltou a chamá-lo.

Aquele silêncio era o indício mais claro de que alguma coisa estava errada. Shebarshin era homem da KGB, e se Kryuchkov lhe desse ordem para mandar a unidade paramilitar na segunda-feira, ele teria obedecido às diretrizes do diretor-geral. Mas a obediência tinha seus limites. Na manhã de quarta-feira, tornara-se evidente para ele que o golpe ia se transformando em uma farsa; se Kryuchkov o mandasse entrar em ação naquele momento, ele não obedeceria.

Assim, chamou o oficial-comandante da unidade paramilitar, ainda de prontidão no clube da KGB, e disse-lhe que não recebesse ordens de ninguém, exceto dele próprio. Já resolvera que não iria dar ordem alguma. Estava claro para Serbarshin que Kryuchkov e seus companheiros haviam sofrido de uma ausência fatal de decisão.

Em outras partes de Moscou, outros líderes militares, políticos e de inteligência estavam todos chegando à mesma conclusão. Faltara aos conspiradores decisão para levar adiante sua louca tentativa de tomar o poder com uma demonstração imediata de impiedosa atividade, e em vez disso haviam se atrapalhado a cada passo. Homens como Leonid Shebarshin – as pessoas que se encontravam nos altos escalões da burocracia e que efetivamente controlavam as alavancas do poder no sistema soviético – calcularam as possibilidades e finalmente deixaram de retornar as chamadas telefônicas.

Moscou, 12h00, quarta-feira, 21 de agosto de 1991

Ao entrar no banco traseiro do Volga negro para novo encontro com Rem Krassilnikov, David Rolph viu que o general da KGB tinha uma aparência exausta e desalinhada, como se não tivesse dormido desde o início do golpe. A confiança e ousadia demonstradas por Krassilnikov no encontro da segunda-feira haviam desaparecido, substituídas por uma atitude mais hesitante diante da crise que agora caminhava para uma conclusão banal. Dessa vez era Rolph quem tinha um recado da CIA para a KGB.

A reunião de Helsinki, planejada para outubro, estava cancelada. O mesmo em relação à proposta de visita de uma delegação da KGB aos Estados Unidos. O recado da CIA para a KGB era de que o novo relacionamento entre os dois serviços de inteligência, que poucas semanas antes parecera tão promissor, ficava em compasso de espera. Com a falência do golpe de Kryuchkov, a KGB por ele dirigida ficara na contramão da história. A CIA olhava para os novos líderes da Rússia.

Langley, 19h00, quarta-feira, 21 de agosto de 1991

Já na quarta-feira havíamos chegado à conclusão de que o golpe estava em graves dificuldades e que provavelmente fracassaria. Essa foi a análise levada pelo subassessor de segurança nacional Robert Gates a Kennebunkport, no Maine, onde o presidente Bush passava alguns dias de férias.

A avaliação da CIA se baseava na prolongada falta de indícios de que os conspiradores do golpe estivessem em controle efetivo. Não havia nenhum dos indicadores costumeiros: prisões generalizadas e cortes de comunicações; o tráfego de telefone e fax entre estudantes universitários nos Estados Unidos e na União Soviética funcionava normalmente, em tom desafiador.

No final do dia, o presidente comentaria na televisão nacional que às vezes os golpes fracassavam, tornando os Estados Unidos o primeiro entre os aliados ocidentais a sugerir que talvez não fosse possível que um punhado de conspiradores da velha guarda realizasse uma volta ao passado na URSS. A observação presidencial foi retransmitida para Moscou, do outro lado do mundo, onde os homens que dirigiam a URSS assistiram a ela, ligados à cobertura pela televisão.

Sede da Primeira Diretoria Principal, Yasenevo, 6h30, quinta-feira, 22 de agosto de 1991

Leonid Shebarshin tinha a impressão de que a derrocada se acelerava. A comissão de emergência se encontrava em queda livre. O regresso de Gorbachev da Criméia nas primeiras horas da manhã parecia um sonho. O presidente foi saudado no aeroporto Vnukovo-2, mas não pelos costumeiros dignitários. Não havia membros do Politburo, nem o vice-presidente, nem os homens do conselho presidencial. Os guarda-costas da Nona Diretoria Principal da KGB se perdiam no colorido mar de homens vestidos de uniforme e roupas civis, todos armados com automáticas e pistolas. A multidão estava animada, talvez um tanto embriagada.

Ao descer a escada do avião, Gorbachev agitou os braços para os que o saudavam, com modos amistosos porém letárgicos. Seu sorriso era incerto – talvez estivesse cansado, talvez se sentisse culpado. Shebarshin não tinha certeza. A imensa limusine presidencial blindada Zil se aproximou das escadas e sua pesada porta se abriu.

– Que carro é este? – perguntou o presidente, inesperadamente. – É da Nona?

Ao receber a resposta:

– Sim, Mikhail Sergeyevich, é da Nona. – Gorbachev fez um gesto, como para dispensar a Zil e os guarda-costas da Nona Diretoria. – Não vou com a Nona! – declarou ele.

A maior parte dos espectadores não poderia saber que o chefe da Nona Diretoria, Yuri Plekhanov, fora um dos membros da delegação da comissão de emergência que colocara Gorbachev em prisão domiciliar em Foros, nem que o próprio Plekhanov estava agora preso.

A multidão de espectadores reagiu com aprovação. Sem perder a compostura, os guardas imediatamente fizeram vir um Volga; o presidente entrou pela porta traseira no sedã comum e o cortejo, desorganizado e confuso, com um gemido de sirenes e luzes azuladas, partiu a toda na direção do Kremlin.

No mesmo instante, mas numa estrada diferente, o diretor-geral da KGB, Vladimir Kryuchkov, o chefe da Comissão Militar Industrial Oleg Baklanov e o ministro da Defesa Dmitri Yazov – colegas íntimos de Gorbachev até serem presos na pista do aeroporto – eram levados para interrogatório.

Shebarshin refletiu sobre a ironia da afirmação de Gorbachev à chegada, no sentido de que ao regressar a Moscou parecia ter vindo a um país diferente. Pode ter sido sincera, pensou. Era uma época estranha e incomum.

Langley, 23h30, quarta-feira, 21 de agosto de 1991

Já não havia dúvida de que a velha guarda havia fracassado em Moscou. A velha guarda de Langley recolheu-se a um silêncio semelhante. Ao encerrar o expediente naquela noite, comecei a pensar em uma estratégia para lidar com as mudanças ainda mais rápidas provocadas pelo fracasso cataclísmico da linha-dura soviética.

A diretoria havia expedido uma ordem, que retransmiti a Rolph, para que ele dissesse a Krassilnikov que toda a cooperação com a KGB estava suspensa até que a situação ficasse esclarecida e surgisse uma nova liderança. Nada havia a perder levando a relação com a KGB em banho-maria durante uma semana ou mais. Pelo contrário, agora era o momento de verificar se havia alguma nova abertura em Lubianka da qual pudéssemos tirar alguma vantagem.

Comecei também a planejar uma visita a Moscou, logo que a poeira assentasse.

Continuei a agir num mundo com duas telas, com um olho nas imagens de satélite que vinham de Moscou e o outro nos relatos oficiais. Ambas as fontes apontavam para a mesma conclusão. Até mesmo a corrida para chegar a Gorbachev em Foros, com a velha guarda chefiada por Vladimir Kryuchkov em um avião e o grupo de russos num segundo avião, com o vice-presidente de Boris Yeltsin, Aleksandr Rutskoi, tinha sido uma chanchada.

Mas ao ler os relatos da partida de Gorbachev de Foros com Rutskoi, enquanto Kryuchkov e os demais conspiradores eram mantidos presos na parte de trás do avião, prestei atenção pela primeira vez nas fotografias e no resumo biográfico do vice-presidente de Yeltsin, que acompanhara o relato. Aleksandr Rutskoi, piloto de caça com muitas condecorações e veterano da Guerra do Afeganistão, havia sido derrubado no leste daquele país em agosto de 1988, dizia o resumo. Na época era coronel e mais tarde voltara em segurança com a ajuda dos "órgãos competentes" – eufemismo que significava a KGB. Após a guerra afegã, Rutskoi trocara suas platinas com asas pelo turbilhão da política russa e se alinhara com Boris Yeltsin.

A história é uma coisa maravilhosa, pensei quando compreendi tudo. Rutskoi era o oficial soviético que fora capturado na província de Paktia no último ano da guerra. Era ele o coronel que havia sido libertado depois que eu paguei o resgate exigido, de Toyotas e lançadores de foguetes.

Comecei a gostar ainda mais dos últimos dias do golpe de agosto e esperava um dia poder conversar com Rutskoi sobre os velhos tempos.

Moscou, 7h00, quinta-feira, 22 de agosto de 1991

Durante um breve momento, Leonid Shebarshin acreditou ser um homem de sorte por haver conseguido evitar juntar-se à conspiração contra Gorbachev e também participar de sua derrota. Mas depois pensou no ditado de Pascal: Não diga que um homem tem sorte enquanto ele estiver vivo; na melhor das hipóteses as coisas simplesmente estão acontecendo em seu favor.

Mesmo sem falar em sorte, Shebarshin havia se esquivado de dois tiros. Agora somente precisava lidar com o que restara – a hipocrisia e as negações que sabia estarem próximas. Chegando cedo a Yasenevo, encontrou os poucos colegas já no trabalho excitados e alerta, na manhã da volta de Gorbachev a Moscou. Olharam-no com atenção e ele percebeu que assumia inconscientemente uma atitude corajosa e prática, cumprimentando alegremente os guardas e os demais ao entrar nas dependências da Primeira Diretoria Principal. Sentiu-se aliviado ao ver poucos funcionários mais graduados naquela hora da manhã.

Os jornais demoraram a chegar, mas não faltava cobertura sensacionalista nos meios de comunicação de rádio e TV. Shebarshin acompanhou a reação mundial aos acontecimentos em Moscou. As capitais estrangeiras saudavam unanimemente a grande vitória da democracia, pensou ele com sarcasmo. O chanceler alemão Helmut Kohl declarava que a derrota do *putsch* inauguraria novo capítulo na história da Rússia e da União Soviética. O primeiro-ministro britânico John Major anunciava a retomada do auxílio do Reino Unido à URSS, que havia sido congelado diante da tentativa de golpe. O ministro do Exterior da França, Roland Dumas, propunha que a Comunidade Européia convidasse Gorbachev para um debate a respeito do futuro da União Soviética na Europa. O secretário-geral da OTAN, Manfred Woerner, dizia que a liderança da União Soviética atingira agora maior estabilidade e democracia.

Moscou arde e a democracia comemora, disse Shebarshin a si mesmo. Os que não tinham tido tempo de fazê-lo na véspera estavam agora tratando de distanciar-se dos conspiradores e alinhando-se nas fileiras dos vencedores. Era chegado o momento de trair os amigos de ontem e encontrar testemunhos de lealdade ao novo regime. Gorbachev aparecia agora diante do mundo e do povo da URSS como vítima inocente do golpe, traído por aqueles em quem confiara.

Mas Gorbachev nem tivera tido tempo de recuperar-se do longo vôo vindo da Criméia quando começaram a ouvir-se os primeiros murmúrios de que o presidente poderia não ter sido simplesmente um espectador cativo e impotente dos acontecimentos. Talvez tivesse se encontrado em uma situação complexa, que exigia solução complexa. Talvez tivesse tido sorte em poder esquivar-se do tiroteio, concluiu Shebarshin com profunda ironia. Havia ainda muito jogo para ser jogado.

Mais tarde, examinando seu cofre, Shebarshin separou os documentos arquivados, para serem entregues a seus assistentes. Os registros das ordens de Kryuchkov, as minutas e notas não editadas iriam para o incinerador. Mas alguns documentos – por exemplo, um papel anônimo que viera de um dos novos "democratas" e analisava detalhadamente o presidente da Rússia, Boris Yeltsin – não podiam ser confiados a ninguém, pensou ele. Shebarshin rasgou o papel em mil pedaços e jogou-o na privada, dando a descarga.

Ao terminar, verificou novamente o cofre e resolveu que se alguma das novas autoridades se interessasse pelo conteúdo do cofre do chefe da Primeira Diretoria Principal, que subira às esferas mais elevadas da KGB pela mão de

Vladimir Kryuchkov, encontraria uma caixa de documentos pessoais e uma pistola com 16 cartuchos. Nada mais.

A pistola foi cuidadosamente limpa e lubrificada e o detonador inserido, mas não foi carregada. A Makarov, pensou Shebarshin olhando sua automática regulamentar, é uma coisa simples e confiável que se ajusta facilmente à palma da mão. O conteúdo em chumbo de um simples cartucho era equivalente à vida de uma pessoa, fosse ela digna ou desprezível.

Depois de terminar a arrumação do cofre, ouviu o antigo relógio vietnamita do lado de fora bater nove horas, e, como se tivesse sido chamado, apareceu o oficial do dia. Tudo estava em ordem, relatou ele, não tinha havido incidentes, nem em Moscou nem no exterior. O serviço de inteligência externa se curvava novamente.

Sede da Primeira Diretoria Principal, Yasenevo, 9h00, quinta-feira, 22 de agosto de 1991

O telefone da liderança em sua sala tocou insistentemente. Shebarshin ergueu com cautela o receptor, ciente de que o sistema era limitado a cerca de trinta altos funcionários da URSS, inclusive o chefe da Primeira Diretoria. Não sabia quem poderia estar do outro lado da linha.

Uma voz de mulher se fez ouvir.

– Leonid Vladimirovich? Aqui é o gabinete de Gorbachev. Mikhail Sergeyevich pede que o senhor esteja aqui ao meio-dia.

Hesitante, Shebarshin fez uma pergunta que uma semana antes não teria sido necessária:

– Onde fica?

Sem nenhuma demonstração de surpresa, a mulher disse:

– Terceiro andar, edifício do Conselho de Ministros, no Kremlin. A Sala Nogueira.

– Muito bem. Lá estarei – disse Shebarshin, desligando e pensando que deveria ter havido nova reviravolta.

Resolveu ir de Yasenevo para Lubianka, a fim de não se atrasar para a entrevista com Gorbachev. Enquanto era levado de carro para o centro de Moscou, encontrou a cidade completamente tranqüila, sem multidões, sem bandeiras, sem gente excitada nas ruas. Quando o carro entrou na praça Dzerzhinsky, a famosa loja de brinquedo, o Mundo das Crianças, que ficava em frente à sede da KGB em Lubianka, estava cheia de gente, como de costume. O Mundo das Crianças e Lubianka, ambos na mesma praça, sempre haviam sido temas das piadas em Moscou, mas naquele dia não havia espaço para isso. Diante da estátua de Felix Dzerzhinsky, em frente a Lubianka, havia uma multidão. O pedestal do monumento estava desfigurado com *slogans* toscamente escritos, inclusive: "Abaixo a KGB." As mesmas palavras apareciam na fachada dos prédios da KGB – até mesmo, estranhamente, em inglês, como: *Fuck this KGB*!* Isso para servir à imprensa internacional, pensou Shebarshin irritado, cujas câmeras captam todas as voltas de nosso destino.

Shebarshin ficou zangado com o que vira, achando que aqueles *slogans* eram provavelmente escritos pela mesma gente mal-educada que garatujava piadas indecentes nas paredes dos mictórios públicos. Agora voltaram-se para a política, pensou ele, encolhendo os ombros. Esse pensamento não o acalmou.

Kremlin, 11h45, quinta-feira, 22 de agosto de 1991

No portão Borovitsky, do Kremlin, os documentos de identidade eram cuidadosamente verificados; o número de guardas era maior do que o normal e todos estavam sérios e alerta. Shebarshin viu dois grandes carros Zil estacionados na entrada e reconheceu o chefe do gabinete militar, general Moiseyev, dirigindo-se à Sala Nogueira, que já começava a encher-se de homens de fisionomia séria e fechada. Os dois se cumprimentaram rapidamente mas não puderam falar-se antes que Gorbachev entrasse na sala. Após apertar algumas mãos, o presidente puxou Shebarshin para uma sala adjacente.

A conversa foi breve e animada.

– O que queria Kryuchkov? – perguntou Gorbachev. – Que ordens foram dadas à KGB? Grushko tinha conhecimento do golpe?

Shebarshin respondeu com certo embaraço; era como se suas palavras fossem uma espécie de confissão. Ele havia encontrado Viktor Grushko, que após a prisão de Kryuchkov passara a ser o mais alto funcionário da KGB. Tinha visto o medo nos olhos do outro ao dizer-lhe que tinha sido chamado para uma entrevista com Gorbachev.

Iria também sentir-se decepcionado consigo mesmo, porém somente mais tarde, porque sua intensa antipatia por Gorbachev parecia haver desa-

* Embora a palavra inglesa *fuck* seja um grosseiro palavrão de conotação sexual, o sentido da expressão, no caso, é de "acabar com a KGB", ou "destruir completamente" a agência de espionagem. (N. do T.)

parecido ao ver-se cara a cara com ele. Ao descrever seu encontro com Kryuchkov em 19 de agosto, Gorbachev exclamou:

– Aquele f.d.p.! Eu confiava nele mais do que ninguém, nele e em Yazov. Você sabe disso.

Shebarshin assentiu com a cabeça. Ao ser novamente perguntado por Gorbachev se Viktor Grushko participara da conspiração, respondeu:

– Não sei. Talvez ele soubesse do assunto.

Ficou pensando por um instante por que motivo o presidente parecia estar tão seguro de que ele próprio não estivesse metido no golpe. Mas o interrogatório prosseguiu.

– Quem é o chefe da guarda de fronteira?

– Ilya Yakovlevich Kalinichenko – respondeu Shebarshin.

– Pelo jeito como eles me cercaram, montaram guarda em mim – disse o presidente –, parecia que tinham ordem de atirar se alguém tentasse chegar perto.

Shebarshin tentou dizer alguma coisa em defesa de Kalinichenko, a quem considerava incapaz de uma maldade. Mas o presidente o ignorou.

Em seguida, Gorbachev disse que ia nomear Shebarshin temporariamente como diretor-geral da KGB.

– Vá, reúna os subdiretores e informe-os dessa decisão – ordenou. – E dê uma ordem a seus colegas para que preparem relatórios do que fizeram entre 19 e 21 de agosto. Mande-os pessoalmente a mim num envelope lacrado.

Ao voltar à Sala Nogueira, o novo diretor-geral da KGB encontrou simbólicos apertos de mão e sorrisos, em vez de suspeita. *Por via das dúvidas*, pensou ele, secamente.

Lubianka, 13h00, quinta-feira, 22 de agosto de 1991

Shebarshin regressou à sede da KGB e anunciou a decisão do presidente aos poucos colegas que ali estavam. Não houve perguntas imediatas e todos concordaram prontamente com sua ordem de que os titulares de funções elevadas se reunissem nos dias seguintes a fim de resolver os próximos passos. O novo diretor resolveu criar uma comissão para investigar a atividade da KGB durante o golpe e nomeou Gennady Titov para presidi-la. Achava que Titov seria um bom investigador, mas não sabia se deixariam que ele permanecesse na chefia da comissão. Titov era um veterano agente da KGB da velha escola, que tinha tantos inimigos quantos eram os seus amigos. Shebarshin pensou que ele poderia dar conta da função, mas não dos aspectos políticos.

Após a breve reunião, Shebarshin caminhou pelo longo corredor até seu novo gabinete. No caminho, um amigo da Nona o deteve para informá-lo de que Boris Pugo, antigo membro do Ministério do Interior e um dos conspiradores do golpe, havia se matado com sua própria arma. Conhecia Pugo, e ficou imaginando por que motivo aquele homem honesto e dedicado havia terminado com sua vida. Estariam ele e seus colegas conspiradores tão seguros do êxito de sua empresa que considerassem o fracasso uma razão para morrer?

Descanso eterno para Boris Karlovich Pugo, pensou Shebarshin, secamente. Experimentaria o mesmo sentimento mais tarde, ao saber que o marechal Akhromeyev, outro dos autores da conspiração e também homem honrado, havia se enforcado.

11

Moscou, 15h30, quinta-feira, 22 de agosto de 1991

David Rolph havia mantido sua equipe espalhada por Moscou desde a segunda-feira, e à medida que a atmosfera da cidade passava do temor ao júbilo seus agentes se misturavam ao povo, captando as imagens de uma contra-revolução fracassada que nessa altura já dominava a imaginação do mundo inteiro.

Um dos agentes de Rolph se encontrava em meio à multidão na praça Dzerzhinsky, reparando que alguns haviam começado a escrever *slogans* a tinta no muro de Lubianka, enquanto outros se aglomeravam ao redor da estátua de Felix Dzerzhinsky, o símbolo de bronze da repressão em Moscou. Começou a tirar fotos, como todos os demais, pensando que antes que tudo terminasse ele poderia ter a sorte de conseguir uma imagem que resumisse a história do que estava ocorrendo na praça.

Lubianka, 15h30, quinta-feira, 22 de agosto de 1991

O chefe da segurança física do complexo da KGB na praça Dzerzhinsky informou o novo diretor-geral da agência de que a multidão na praça aumentara e poderia estar se preparando para invadir o prédio. Quais eram as ordens?

– Fechem e bloqueiem todas as portas e portões, verifiquem as grades – disse Shebarshin. – As armas de fogo não podem ser usadas, sob nenhum pretexto, qualquer que seja a situação. Vou mandar as autoridades de Moscou entrarem em contato com a milícia.

Com grande dificuldade o departamento de segurança da sede da KGB conseguiu encontrar alguém da chefia da milícia, que prometeu mandar ajuda.

Mas a milícia nunca apareceu. Shebarshin considerou a ausência como mais um sinal da confusão e incerteza em todas as instituições de Moscou. Não muito depois, recebeu um telefonema da procuradoria-geral soviética informando-o de que havia sido apresentada uma queixa-crime contra Kryuchkov. Diziam-lhe ainda que uma equipe estava pronta para dirigir-se à KGB a fim de fazer uma busca no gabinete do ex-diretor-geral.

– Muito bem, que venham – disse ele, sem hesitar. A chamada foi imediatamente seguida por outra, desta vez do procurador-geral da Federação Russa, avisando o novo diretor-geral que a federação também iniciara um processo criminal contra Kryuchkov. Estavam mandando um grupo de investigadores para dar busca no gabinete, acompanhados por uma equipe da Televisão Central.

– Televisão! – Shebarshin teve um sobressalto, mas imediatamente resignou-se aos novos tempos. Qual é a diferença?, perguntou-se. Disse ao procurador da Federação Russa que mandasse sua gente e que os informasse de que viriam também os investigadores da União Soviética.

Em dez minutos, chegou uma dúzia de investigadores judiciais, capitaneados pelo procurador-geral da Federação Russa. A aparência deles era bastante diferente do que Shebarshin e seus colegas estavam habituados a ver dentro de Lubianka – poucos usavam paletó e gravata e todos davam a impressão de estarem um tanto amarrotados. Shebarshin os achou bem-educados, mas um pouco agitados. Para sua surpresa, pareciam tomar decisões com rapidez e judiciosidade. Dividiram-se em grupos, e um deles tratou do gabinete de Kryuchkov enquanto o outro seguia para a *dacha* dele, onde a mulher do ex-diretor-geral da KGB, Ekaterina Petrovna, havia permanecido em prantos durante os dois últimos dias. Um terceiro grupo foi despachado para o apartamento de Kryuchkov em Moscou, a fim de iniciar a busca lá.

Shebarshin ficou observando a atividade a seu redor e pediu a seu ajudante que lhe trouxesse uma xícara de chá forte. Depois começou a redigir seu relatório para Gorbachev. Enquanto escrevia, o telefone privativo das autoridades tocou. Ele levantou o fone e ouviu a voz do presidente da União Soviética:

– Acabo de assinar sua nomeação temporária para diretor-geral, interino, da KGB – disse ele. – Comece a trabalhar!

Sentado à sua mesa no gabinete do diretor-geral, Shebarshin ficou pensando por que motivo nem sequer havia pensado três horas antes, ou mesmo naquele momento, em recusar o cargo. Seria força do hábito de jamais recusar? Seria disciplina? Talvez fosse o treinamento de sempre obedecer aos superiores, especialmente porque daquela vez tinha sido o próprio presidente quem decidira seu destino. Fez, no entanto, uma descoberta desagradável, que procurou reprimir. Era simplesmente por vaidade, concluiu. Leonid Shebarshin, filho de um sapateiro de Marina Woods, que pouco tempo antes era um agente comum de inteligência, tinha se tornado o chefe da Comissão de Segurança do Estado.

As pessoas são fracas, concluiu ele. Tudo no fundo é vaidade.

Langley, 7h45, quinta-feira, 22 de agosto de 1991

A pilha de telegramas em minha mesa parecia aumentar a cada manhã, após o colapso do golpe. Passando os olhos pelos relatos, eu conseguia acompanhar a nova trajetória da União Soviética tão de perto quanto qualquer outra pessoa em Washington, Moscou ou outras capitais mundiais, o que ainda não era suficiente.

Nessa manhã, recebi um relatório da situação que afirmava que as multidões que se aglomeravam na parte central de Moscou estavam ficando cada vez mais ousadas, e que não seria preciso muito para deflagrar um verdadeiro motim. Os grupos mais voláteis pareciam estar se formando em Lubianka, e o velho ingrediente habitual da Rússia, a vodca, parecia nutrir grande parte deles. Em suma, o medo havia mudado de lado.

Praça Dzerzhinsky, 21h30, quinta-feira, 22 de agosto de 1991

A multidão de cerca de 20 mil pessoas aglomerada na praça Dzerzhinsky aplaudia a perspectiva de derrubada da estátua de “Felix de Ferro”. Em toda a cidade de Moscou havia grupos derrubando os monumentos de bronze do bolchevismo e arrastando-os a um cemitério temporário próximo à galeria Tretyakov. Tinha chegado a vez de Dzerzhinsky.

Sob o olhar atento da milícia russa, o governo da cidade de Moscou assumira o comando da operação, e fora necessário procurar durante boa parte do sábado para encontrar um guindaste suficientemente grande. Quando o guindaste se colocou em posição, próximo à estátua, a multidão começou a cantar uma canção sobre Magadan, a cidade do oeste da Sibéria mais conhecida por sua participação no sistema stalinista de livrar-se dos adversários – o Gulag. Sergei Stankevich, o jovem vice-prefeito de Moscou, pegou o microfone para liderar o coro. Stankevich não era bom maestro, e o canto foi sofrível, mas a multidão não parecia disposta a abandonar as tristes palavras da letra.

Dentro de Lubianka, olhando a praça de uma janela do quinto andar, Leonid Shebarshin se manteve na penumbra. Observava o guindaste ao lado da estátua e o "carrasco" voluntário que subia nos ombros de Dzerzhinsky e amarrava o cabo de aço do guindaste no pescoço e tórax do primeiro chefe do serviço secreto soviético. O "carrasco" endireitou o corpo, suspendeu as calças que iam escorregando e fez um gesto com a mão.

– Pronto! Continuem o enforcamento!

Provavelmente era um subalterno, pensou Shebarshin. Naturalmente, o vice-prefeito Sergei Stankevich não iria em pessoa colocar o laço. Não, sempre haveria quem desse ordens e quem obedecesse a elas.

Finalmente, a estátua foi arrancada do pedestal e o símbolo da repressão, que desde 1926 havia dominado a praça, foi deitado de lado. Dentro de mais alguns dias seria rebocado para um campo próximo ao parque Gorky, juntando-se às defuntas estátuas de Lenin que já começavam a ser empilhadas no cemitério improvisado.

Poucos na multidão pareceram haver notado as letras e o logotipo gravados no contrapeso do gigantesco guindaste: KRUPP. Mas o agente de David Rolph, no meio da multidão da praça Dzerzhinsky, ergueu sua máquina fotográfica e clicou o instantâneo que havia passado grande parte do dia esperando.

Somente depois que as fotos foram reveladas, durante a noite, é que a ironia de um guindaste alemão derrubando a estátua de Dzerzhinsky se tornou objeto de murmúrios. Muitos mais tarde opinariam que tinha ocorrido uma certa ironia histórica: a estátua de Dzerzhinsky, feita com o metal dos canos de bronze dos canhões Krupp forjados para guerras de tempos antigos, fora finalmente arrancada de seu pouso por um guindaste construído pela mesma companhia alemã.

Leonid Shebarshin regressou exausto a sua *dacha* nas primeiras horas da manhã. Sua mulher, Nina, o esperava preocupada. Tinha sabido da nomeação.

– Acha que será por muito tempo? – perguntou ela.

– Acho que será somente por alguns dias – foi a resposta.

Momentos depois, Shebarshin caiu em sono profundo, e seu último pensamento foi o de não esquecer de informar-se junto aos *Rezidents*, no dia seguinte, quanto ao estado de espírito de seus subordinados e, mais importante, dos agentes de inteligência. Era essencial que os funcionários fossem tranqüilizados.

Lubianka, 3h00, sexta-feira, 23 de agosto de 1991

A praça Dzerzhinsky ficou deserta três horas depois da meia-noite. Nesse momento, um pequeno grupo de agentes da KGB, que não tinham o hábito de olhar para trás de si, caminharam furtivamente por entre o lixo acumulado na praça até chegarem à estátua caída de seu fundador. Com tinta escura escreveram as seguintes palavras que Felix de Ferro iria levar consigo para seu futuro incerto:

> QUERIDO FELIX, LAMENTAMOS NÃO TERMOS PODIDO SALVAR-TE, MAS FICARÁS PARA SEMPRE CONOSCO.

Em seguida, desapareceram na noite.

Moscou, 6h00, sexta-feira, 23 de agosto de 1991

Shebarshin acordou sobressaltado. Durante alguns momentos não teve certeza de que se tratasse de um pesadelo – a comissão de emergência, a prisão de Kryuchkov, a "execução" de Dzerzhinsky. Os acontecimentos do dia anterior pareciam fragmentos de um filme: o encontro com Gorbachev, os investigadores no gabinete de Kryuchkov, tudo era uma mistura desconjuntada.

Acordado, ficou pensando no que o dia lhe reservaria. Sabia que ia ter problemas, mas sabia também que os novos democratas acabariam por compreender que nenhum governo pode comandar sem segurança do Estado. Infelizmente, na exuberância da vitória, em meio às comemorações vingativas, não pensariam no futuro. Sim, haveria problemas, e não demorariam, concluiu ele.

Duas horas depois estava de volta a Lubianka, já mergulhado em uma luta contra a tradição. Não era costume que um interino utilizasse o gabinete do diretor-geral da KGB. Não se tratava somente de comportamento comedido, e sim de profunda superstição russa. Sentar-se prematuramente em uma cadeira afugentaria o êxito. Mas Shebarshin achou que o caráter dramático da situação exigia que ele deixasse de lado a tradição e ignorasse a superstição. Assumiu a escrivaninha de Kryuchkov.

O gabinete do diretor-geral era amplo e sombrio, e já não se viam traços do ocupante anterior. Kryuchkov sempre havia sido indiferente ao ambiente; simplesmente não reparava nele. Bastava-lhe uma escrivaninha bem iluminada, telefones e qualquer tipo de caneta esferográfica, por mais barata que fosse. As canetas ficavam enfiadas em um copo. Logo que se sentou, Shebarshin foi atacado por uma torrente de chamadas nos diversos telefones: chamadas internas dos telefones especiais do Kremlin, outras na linha do comando supremo, além das que ele não identificava. Resolveu transferir as chamadas para seus assistentes, conservando para si somente as do comando supremo e as da liderança.

Os relatórios que ia recebendo eram os costumeiros: a KGB estava sob ameaça; algumas forças se preparavam para invadir o prédio; todos os chefes aguardavam ordens. Shebarshin achou que precisava reforçar sua decisão do dia anterior: a KGB não deve permitir que seja arrastada a qualquer tipo de confrontação com a multidão.

O telefone tocou novamente. Desta vez era o chefe da diretoria de investigações, informando que os partidários da dissidente moscovita Valeria Novodvorskaya preparavam-se para invadir a prisão Lefortovo, a fim de libertar sua líder. Shebarshin sabia quem era Novodvorskaya e sempre a descartara como parte do que considerava o limite histérico do espectro político. Mas também percebia que quem governava agora era justamente aquela parte do espectro político.

Com voz quase cansada, perguntou:

– Ela está conosco?

– Sim – respondeu o chefe de investigações.

– Que devemos fazer?

– Soltá-la.

– Quem pode autorizar?

– O senhor mesmo.

– Então liberte-a – disse Shebarshin, em tom definitivo.

Langley, 23h45, quinta-feira, 22 de agosto de 1991

O dia tinha sido longo, pensei eu, enquanto redigia um telegrama a Rolph sugerindo que em seu próximo encontro com Krassilnikov verificasse se o general estava disposto a obter "uma apólice de seguro conosco". Mas faça isso suavemente, foi minha instrução ao chefe em Moscou. Faça-o com *finesse*.

Antes de encerrar o expediente, fiquei sentado em minha sala, tentando absorver o drama que agora parecia haver sido definitivamente representado. Que seria isso?, perguntei-me. Estaria a história usando mais um de seus truques de anticlímax, arrastando-nos durante mais de meio século a uma batalha que parecia tão interminável que fora capaz de definir gerações – sem dúvida havia definido a minha – e em seguida cansar-se e terminar tudo? Estaria eu deixando de perceber alguma coisa? Estariam certos os da linha-dura, como Redmond? Chegaríamos todos a Langley em alguma manhã de segunda-feira e encontraríamos o Muro de Berlim perfeitamente restaurado, com o Humpty-Dumpty* do Pacto de Varsóvia sentado em cima dele?

Nada daquilo fazia realmente sentido ao final de duas semanas turbulentas. Talvez fosse preciso um pouco mais de tempo para ser entendido, pensei eu, e fechei a porta do cofre, assinando a folha de saída.

Lubianka, 14h00, 23 de agosto de 1991

Shebarshin não se equivocara ao dizer à mulher que provavelmente seria diretor-geral interino da KGB somente durante muito pouco tempo. Na tarde das comemorações na praça Dzerzhinsky foi informado pelo gabinete do presidente de que Vadim Bakatin, ministro do Interior e oposicionista liberal, havia sido nomeado diretor-geral da KGB, com efeitos imediatos. Shebarshin acumularia os cargos de vice-diretor-geral e chefe do serviço de inteligência externa da Primeira Diretoria Principal.

Compreendeu que entraria para os anais da União Soviética num cargo importante; ainda que apenas por um único dia, havia sido diretor-geral da Comissão de Segurança do Estado, o 21º em uma linha de sucessão que começara com Felix Edmundovich Dzerzhinsky em 1917.

---

* Alusão a um personagem de uma canção infantil, que se quebra como um ovo ao cair de um muro e não pode mais ser consertado (*Humpty-Dumpty sat on a wall/ Humpty-Dumpty had a great fall/ All the King's horses, and all the King's men/ Could not put Humpty-Dumpty together again* – Humpty-Dumpty estava sentado no muro/ Humpty-Dumpty caiu lá de cima/ Todos os cavalos e homens do Rei/ Não conseguiram mais consertar Humpty-Dumpty). (N. do T.)

Moscou, 12h30, segunda-feira, 25 de agosto de 1991

Dessa vez os dois homens não precisaram esconder-se no assento traseiro de um Volga da KGB. Moscou tornara-se repentinamente uma cidade aberta, e ambos poderiam conversar mais confortavelmente almoçando num restaurante chinês no hotel Pequim.

Enquanto Rolph comia a comida russo-chinesa e falava do golpe e seu surpreendente resultado, percebeu que Krassilnikov havia mudado. Por exemplo, observou que Boris Yeltsin havia demonstrado grande coragem ao desafiar os conspiradores. Rolph recordou-lhe suas palavras anteriores – no sentido de que se Yeltsin quisesse uma confrontação, iria tê-la –, o idoso espião encolheu os ombros. Não me referia a um confronto militar, explicou o general da KGB, e sim ideológico. Fomos despistados e desinformados pela comissão de emergência. Felizmente, a Segunda Diretoria Principal não manchou suas mãos metendo-se com os conspiradores. Não se envolvera no golpe, assinalou ele.

Ouvindo as palavras de Krassilnikov e observando seu rosto enrugado, Rolph finalmente começou a preparar sua proposta.

– Sabe, Rem, realmente gostei desse tempo que passamos juntos. Estas reuniões têm sido muito úteis para mim. Naturalmente, não sabemos como as coisas irão terminar. Mas como amigo, se houver alguma coisa que possa fazer para ajudar você, farei com prazer. É claro que não tenho autorização para dizer isso. Estou falando simplesmente como amigo, mas se precisar de alguma coisa...

O rosto de Krassilnikov assumiu uma expressão severa e ele ergueu uma das mãos diante de Rolph.

– Pare. Não faça isso.

Rolph se deteve. Rem Krassilnikov, professor de contra-espionagem, não estava interessado em trabalhar para a CIA, por mais opaco que fosse o futuro da KGB.

O norte-americano abandonou a tentativa de recrutamento, e Rem Krassilnikov não deixou que o incidente interrompesse o encontro. Continuou a explicar as novas realidades da KGB.

Com Yeltsin agora na liderança, a KGB seria dividida, revelou ele. A Primeira Diretoria Principal ficaria independente, como também as importantes unidades de inteligência da Oitava e Décima Sexta Diretorias – a versão soviética do Conselho de Segurança Nacional dos Estados Unidos.

A guarda de fronteiras e as unidades de segurança dos VIPs também seriam divididas. Vadim Bakatin, ex-ministro do Interior de idéias liberais que já propusera maneiras de reformar o serviço de inteligência, seria o diretor-geral da KGB. E adivinhe quem vai fazer parte de uma comissão "consultiva", que ajudará Bakatin a "reformar" a KGB? Claro, o chefe de Rem Krassilnikov, Gennady Titov, atual chefe da Segunda Diretoria Principal.

Foi nesse ponto que Rolph percebeu: *Essa gente não vai desistir facilmente.*

Mas Bakatin tratou rapidamente de fracionar a KGB. Nos dias seguintes ao golpe ele resumiu sua opinião sobre a organização: *Vejam, a coisa mais terrível é que em sua antiga forma a KGB gozava de monopólio absoluto sobre as comunicações governamentais, a vigilância total, o sigilo, a cifração e decifração de documentos, a proteção das fronteiras da URSS e até mesmo a proteção do presidente. Isso, estou certo, teve papel decisivo no golpe. O perigo para a União Soviética estava justamente na própria estrutura de seus órgãos de segurança – esse é o paradoxo!*

12

Lubianka, Moscou, meados de setembro de 1991

Robert Strauss era um fino operador, como muitos que eu vira em ação em mais de um quarto de século lidando com finos operadores, e tentando, às vezes com graves dúvidas, ser também um deles. Embora eu tivesse chegado a essa conclusão em meu primeiro encontro com Strauss, jogador de pôquer texano que apostava alto, mediador interno do Partido Democrata e um dos mais astutos advogados do mundo político de Washington, ratifiquei minha opinião ao vê-lo em Lubianka, a menos de 30 metros do gabinete de Yuri Andropov transformado em museu com vista para a praça Dzerzhinsky, agora como novo embaixador dos Estados Unidos em Moscou.

Tão logo ele foi confirmado como enviado do presidente George H. W. Bush ao Kremlin, fiz um relatório verbal a Strauss sobre a URSS, vista da perspectiva da CIA. Ele me deixara à vontade contando algumas anedotas sobre J. Edgar Hoover* de seu tempo de agente do FBI em Dallas, para dar a tônica de nosso encontro e provavelmente para que eu ficasse sabendo que ele conhecia um pouco o meu mundo.

– Eu era jovem agente no escritório do FBI em Dallas quando J. Edgar fez uma de suas visitas imperiais – disse ele, com o sotaque caipira do Texas que eu conhecia desde minha infância. – Fui escolhido para dirigir o carro que o levou a diversos lugares, mas havia um pormenor. J. Edgar não gostava que seus motoristas fizessem voltas à esquerda. Acho que era porque ele tinha receio de ser abalroado pelo lado, mas de qualquer maneira na época era uma coisa importante. Por isso tive de descobrir uma maneira de andar com ele por toda a cidade de Dallas sem virar à esquerda!

* Diretor do FBI desde 1924 até sua morte, em 1972. (N. do T.)

Imaginei que Bob Strauss estivesse querendo me dizer que havia navegado pelos complexos cruzamentos da vida, e não apenas que conseguira dirigir em Dallas com o então diretor do FBI. Disse-me também como havia aceitado o cargo de embaixador em Moscou oferecido por um presidente do Partido Republicano.

– Eu estava sentado diante de George Bush na Sala Oval e ele me pediu que fosse ser seu embaixador em Moscou. Eu disse que não tinha votado nele na última eleição e que provavelmente nunca votaria nele. Mas ele respondeu que isso não tinha importância, e que ele me queria em Moscou.

Enquanto eu fazia meu relatório oral sobre o que estava acontecendo, Strauss me interrompeu com uma pergunta.

– Que devo dizer aos soviéticos quando me perguntarem por que motivo o presidente me escolheu para Moscou?

– É fácil – respondi. – Diga que o presidente o mandou para Moscou não porque o senhor conheça a Rússia, ou porque saiba como a URSS funciona. Diga que o mandou porque o senhor sabe como Washington funciona.

Strauss olhou para mim como alguém que acabasse de fazer um *straight flush* e disse:

– Vou gostar de você, Milt.

Agora, acompanhando aquela raposa velha e vendo-o tratar com Vadim Bakatin, o novo diretor-geral da KGB nomeado por artes de Boris Yeltsin e antigo ministro do Interior demitido por Gorbachev quando este tentava distanciar-se dos liberais no verão de 1991, percebi que George Bush pai havia mandado a Moscou o homem certo.

Bakatin fez algumas perguntas a Strauss e em seguida voltou-se para mim.

– Quantos analistas vocês têm na CIA?

– Uns 2 mil – respondi.

Bakatin chamou um assessor e perguntou quantos analistas a KGB tinha. Após ouvir a resposta do homem, olhou-me novamente.

– Ele diz que temos menos de uma dúzia!

Falava em tom de exasperação. A KGB nunca dera muita importância à análise, pois durante várias gerações o Kremlin não gostava de ouvir más notícias.

Bakatin disse que era chegado o momento de terminar a competição do tempo da Guerra Fria entre nossas duas agências. Queixou-se de todo o dinheiro e recursos gastos simplesmente para espionar nossas respectivas embaixadas em Washington e em Moscou. Apontando para o cofre num canto de seu amplo gabinete, disse:

– Naquele cofre estão os planos completos do projeto de colocar aparelhos de escuta na embaixada norte-americana. Agora ela está vazia e nós nos encontramos num impasse!

Strauss empertigou-se. Eu e ele havíamos conversado antes sobre como fazer com que os soviéticos mudassem de posição na questão do *grampeamento* de nossa embaixada. Eu contara a ele o que a KGB me dissera em Helsinki, mais de um ano antes, de que a embaixada estava agora "segura". Mas Strauss precisava de provas firmes de que a embaixada estivesse realmente segura para ser ocupada. Enquanto o embaixador falava com Bakatin sobre a necessidade de que o problema da embaixada ficasse resolvido, eu passei um bilhete a ele: "Peça a ele que lhe entregue os planos."

Sem mais do que um olhar de soslaio para o bilhete, Strauss continuou a falar sobre as importantes tarefas que havia por fazer e sobre uma solução definitiva para o problema do *grampeamento* da embaixada. Em seguida, soltou a bomba:

– Senhor diretor, há uma forma pela qual o senhor pode ajudar a deixarmos para trás esse obstáculo sobre a situação de minha embaixada. Por que não me entrega os planos que estão em seu cofre? Estou certo que isso nos faria tomar a direção correta.

Observei os demais agentes da KGB presentes curvarem-se para a frente em suas cadeiras nesse ponto da conversa. Suas fisionomias denotavam espanto quando o intérprete de Bakatin traduziu a sugestão de Strauss.

Bakatin ficou pensativo durante um instante e em seguida respondeu:

– Voltarei a falar com o senhor sobre isto, embaixador.

Strauss tinha dito aquilo com grande suavidade, e eu achei que o diretor-geral havia ficado intrigado com a sugestão do embaixador. Quando chegou minha vez de falar, transmiti as felicitações de nosso novo diretor, interino, da CIA ao novo diretor-geral da KGB. Bill Webster tinha se aposentado no final de agosto e Dick Kerr era o diretor interino enquanto Robert Gates, designado pelo presidente para assumir em Langley, passava pelo processo de confirmação.

– Senhor diretor-geral – disse eu –, nosso diretor em exercício, Richard Kerr, manda seus cumprimentos e como competente historiador que é deseja que o senhor conheça a opinião dele sobre os acontecimentos com os quais o senhor esteve pessoalmente ligado aqui em Moscou durante os últimos quarenta dias. O Sr. Kerr acredita que o século XX começou em agosto de 1914, nos Bálcãs, e que o século XXI começou em agosto de 1991, em Moscou.

Enquanto Bakatin sorria, vi que Strauss me olhava duas vezes.

Poucos minutos depois, ao terminar a visita a Bakatin, demos uma volta pelo gabinete-museu de Yuri Andropov, que dava para a praça Dzerzhinski, agora despida da estátua de Felix de Ferro, antes altaneira. Depois, descendo a ampla escadaria para a entrada de cerimônia de Lubianka, o embaixador se voltou para mim.

– Milt, como é aquela coisa sobre 1914 que você disse a Bakatin?

Repeti o que dissera, imaginando o que a velha raposa estaria pensando. Strauss ficou em silêncio por um momento e disse:

– Milt, não quero ouvir você dizer isso outra vez. Não nesta cidade, nem em outra cidade qualquer. Entendeu bem?

– Claro, embaixador. Mas quer me dizer por quê?

– Sim, vou dizer. Isso é tão bom que agora me pertence. Vou roubar isso de você, e não quero ouvi-lo repetir o que disse.

Só então Strauss sorriu.

Vi que "aquela coisa sobre 1914" apareceu numa entrevista dada por Bob Strauss ao *Washington Post* poucas semanas mais tarde.

Vadim Bakatin realmente entregou os planos do esquema de *grampeamento* de nossa embaixada em Moscou. No entanto, ninguém em Washington acreditou que estivessem completos, e por isso o gesto não resolveu o debate sobre o que fazer com o prédio da embaixada.

Serviu, porém, para provocar a demissão de Bakatin e para que ele ganhasse um lugar na história da KGB como o mais detestado diretor-geral que a organização jamais tivera.

Moscou, meados de setembro de 1991

Mais tarde encontrei-me com um grupo da nova liderança da KGB, um de seus integrantes me fez uma animada descrição do papel desempenhado pela CNN no pensamento da KGB durante os momentos cruciais do *putsch*. Sem saber se apoiavam os partidários da comissão de emergência ou os elementos leais a Yeltsin, os agentes da KGB se viram privados de informações. Não tendo outra maneira de tomar conhecimento das intenções de Kryuchkov e seus asseclas, os homens de Lubianka haviam sintonizado a CNN para assistir ao desenrolar dos acontecimentos em Moscou.

O general me resumira a situação, com a voz cheia de ironia e humor:

– Aqui estávamos, na sede da KGB, assistindo à CNN como você provavelmente também estava, Milton, e vimos Boris Yeltsin saindo do edifício do Parlamento e entrando num tanque. Mas vimos na CNN que as torres dos tanques estavam voltadas na direção errada, não estavam mais apontadas para o Parlamento. Depois, o presidente dos Estados Unidos, que estava em férias, apareceu na CNN dizendo que às vezes os golpes fracassam. Nessa altura havia boatos em Dzerzhinsky de que a CNN sabia mais sobre o que estava ocorrendo naquele momento em Moscou do que nós da KGB. Tive até mesmo informações de que o presidente Bush ligou para Boris Yeltsin quando ele estava cercado pelos tanques para dizer que ficasse firme! Nós todos desligamos os telefones e fomos para nossas *dachas*.

Moscou, 18 de setembro de 1991

A vaidade tinha seus limites, concluiu Shebarshin após menos de um mês no cargo de subdiretor de Vadim Bakatin, o novo diretor-geral da KGB, que tinha idéias reformistas. Pediu demissão na quarta-feira, 18 de setembro, e o pedido foi aceito na sexta. Tinha passado mais de trinta anos na KGB e agora se recolheria a sua *dacha* para descobrir o que aquilo realmente significava. Levaria alguns anos para refletir sobre aquele período, mas depois começaria a escrever a respeito de tudo.

Moscou, outubro de 1991

Desta vez David Rolph não esperou que a sede o mandasse agir; resolveu aproveitar o clima revolucionário de Moscou para lançar uma campanha agressiva de recrutamento de agentes russos. No tumulto após o fracasso do golpe, a vigilância da KGB em Moscou praticamente desaparecera. Pela primeira vez desde o início da Guerra Fria, agentes da CIA conseguiam caminhar ou dirigir seus automóveis em Moscou sem serem seguidos, e podiam encontrar-se com funcionários russos sem temor de escândalo ou de prisão. Moscou já não era mais "zona proibida".

Cinco meses antes, os agentes de campo da CIA ainda temiam o lendário poder da KGB de segui-los por toda parte, usando o que alguns chamavam "vigilância ultradiscreta". Agora, os agentes em Moscou treinados nas artes clandestinas de caixas postais secretas, marcas de giz nas paredes e transmissões furtivas de mensagens podiam simplesmente ligar para um russo e convidá-lo para almoçar.

O posto em Moscou preparou uma lista de agentes russos e soviéticos que valia a pena conhecer com dispêndio de tempo e energia, organizou os nomes e começou a procurá-los para ver se estavam interessados em falar. Era o tipo de atividade rotineira de entrevistas de cortesia que os diplomatas praticam em todo o mundo, mas era algo que jamais tinha sido feito antes pela CIA em Moscou. E deu certo. Os agentes de campo viram que na esteira do golpe os funcionários públicos em Moscou estavam desejosos de conversar com eles, fazer com que suas observações e opiniões fossem ouvidas em Washington, especialmente em troca de um almoço gratuito.

Como acontece com todos os períodos de confusão, o fim da União Soviética agitou as coisas e ressuscitou alguns espectros ocultos. Agentes há muito desaparecidos, pessoas que haviam espionado para a CIA e depois ou tinham sido presas ou simplesmente passado à clandestinidade, começaram a apresentar-se, exigindo pagamento por serviços prestados durante a Guerra Fria. Um desses era um ex-oficial do GRU que dez anos antes havia se arriscado muito para tentar espionar em favor da CIA. Em 1981 ele havia descido a nado o rio Moscou até alcançar uma praia reservada a diplomatas estrangeiros. Chegando à margem, encontrou um funcionário norte americano que fazia um piquenique com a família e entregou-lhe um bilhete oferecendo seus serviços. O bilhete foi entregue à CIA, e um agente foi mandado ao encontro do russo, mas este foi em breve apanhado e preso.

Mas agora saíra da prisão e foi à embaixada pedir auxílio, e a CIA concordou em prestar-lhe assistência.

Durante o outono de 1991, a KGB permaneceu em grande confusão. Kryuchkov estava preso e Boris Yeltsin resolvido a emascular o aparelho de inteligência e segurança. Não apenas a KGB foi fracionada sob a chefia de Vadim Bakatin, como previra Rem Krassilnikov, mas pesados cortes de orçamento obrigavam a demissões e dispensas em massa. Krassilnikov sobreviveu, mas já não era o único contato com a CIA. Esta se relacionava agora com o SVRR, sucessor da Primeira Diretoria Principal; com o FSB, antiga Segunda Diretoria Principal, e até mesmo com a KGB da nova república russa, que dependia diretamente do presidente russo Yeltsin.

Mesmo assim, havia indícios de que a velha KGB não iria desaparecer tão facilmente quanto o Stasi da Alemanha Oriental.

Sede da CIA, Langley, Virgínia, outubro de 1991

Dottie não sabia o assunto que iria ser tratado na reunião, apenas que seria uma entrevista no centro de contra-espionagem. Eu estava sendo esperado lá, disse ela. Vi-me numa pequena sala de reuniões com Sandy Grimes, Jeanne Vertefeuille, Jim Milburn e Jim Holt, sendo estes dois últimos funcionários do FBI emprestados à CIA para ajudar na investigação das perdas de 1985, que haviam ganhado nova vida quando Redmond fora transferido para o centro.

Ninguém se preocupou em ocultar o que estava acontecendo: o grupo estava examinando a lista de possíveis suspeitos e eu fazia parte dela desde o começo. Houve diversas perguntas sobre onde e quando eu tomara conhecimento de algumas das operações comprometidas. A maior parte em 1985, respondi. Em seguida veio uma indagação um pouco incomum.

– Se você fosse espionar para a KGB, como faria para evitar ser descoberto?

Pensei durante poucos segundos antes de responder.

– Não seria muito difícil – disse eu. – Tenho contatos bastante discretos, embora autorizados, com os níveis mais elevados da KGB, e de vez em quando desapareço para ter uma conversa com eles sobre temas de interesse mútuo. Se tivesse desejo de espionar para a KGB, seria muito fácil disfarçar isso em meus contatos oficiais com eles. Como fazer? – prossegui. – Bastaria um ou dois bilhetes entregues furtivamente numa dessas reuniões, e teríamos mais um desastre na SE.

Muito mais tarde, vim a saber que de todas as 44 pessoas entrevistadas pelo grupo de contra-espionagem somente Aldrich Ames havia se atrapalhado na resposta àquela pergunta.

Idylwood Park, Vienna, Virgínia, segunda-feira, 16 de dezembro de 1991

Bob Hanssen deixou um último pacote para a KGB sob uma ponte de pedestres, desta vez contendo um documento confidencial intitulado "A Primeira Diretoria Principal da KGB: Estrutura, Funções e Métodos". Era algo que a Primeira Diretoria gostaria de ver.

No bilhete que deixou para seus controladores, Hanssen informava que tinha sido promovido a uma nova função que não era diretamente ligada a assuntos soviéticos.

Em breve ele romperia o contato com Moscou. Numa viagem a serviço a Indianápolis, aparentemente no final de 1991 ou início de 1992, entrou numa igreja católica e mais uma vez confessou a um padre que estivera espionando em favor dos soviéticos. Assim como havia feito depois que a mulher o apanhara em 1980, Bob Hanssen voltara-se para sua igreja a fim de purgar seus pecados. Estava agora decidido a dar um fim a sua vida dupla. Mas talvez a nova disposição de Hanssen não fosse somente conseqüência de sua fé religiosa. Talvez o colapso da União Soviética e o tumulto no interior da KGB tivessem algo a ver com sua convicção de que espionar para Moscou já não fosse interessante. Oito anos depois, recomeçaria suas relações com os soviéticos pela última vez.

Langley, 31 de dezembro de 1991

A União Soviética deixara de existir. Com pouco estardalhaço, um destacamento de soldados do Exército Vermelho marchara para fora dos muros do Kremlin e executara o derradeiro arriamento da bandeira da foice e o martelo, içando em seu lugar a bandeira tricolor russa.

Acabou se, pensei. Tudo o que chamávamos Guerra Fria se acabou. E isso era ótimo. Não os tínhamos derrotado facilmente, não era possível dizer uma coisa dessas. Mas a vitória tinha sido nossa. Nossos adversários da KGB eram talentosos. Talvez nós não tivéssemos mais talento do que eles, mas nosso sistema era melhor e no fim das contas provavelmente tínhamos tido qualidade suficiente para dar conta do recado.

Recordo a reação da grande quantidade de colegas que vieram à festa de Natal que organizamos no corredor da SE, quando lançamos um brinde alusivo a nossos esforços daquele ano e de muitos anos antes. Era um botão do estilo de campanha eleitoral com a foice e o martelo e uma estrela, tendo ao alto as palavras *Festa de Natal da Divisão SE 1991*. Abaixo, à direita do símbolo da URSS estavam as palavras:

A FESTA ACABOU.

Mas na verdade ainda não tinha realmente acabado.

EPÍLOGO

Quando a bandeira da foice e o martelo foi arriada pela última vez no Kremlin, no final de 1991, marcando o fim da União Soviética, a Divisão SE da CIA desapareceu também. Foi substituída em Langley pela Força-Tarefa Euro-Asiática Central, que mais tarde se transformaria em Divisão da Eurásia Central e cuja nova finalidade estava mais ligada ao acompanhamento e monitoramento do império soviético em desintegração do que em atacá-lo por todos os lados. Do Báltico ao Cáucaso e à Ásia Central, a CIA agiu rapidamente para estabelecer novos laços com os serviços de segurança e inteligência de países que surgiam das cinzas da União Soviética.

Muitos dos novos países independentes estavam ansiosos por iniciar relações com a CIA, em parte para contrabalançar o poderio da inteligência soviética. John MacGaffin, que assumiu a divisão em janeiro de1992, ficou um tanto espantado em sua primeira reunião com o novo presidente do Turcomenistão: o mandatário se alegrou em ser visitado pelo mais alto funcionário da CIA, que poderia informá-lo a respeito das tentativas de Moscou para espionar seu governo. No gabinete do presidente, a primeira pergunta do governante a MacGaffin foi:

– Podemos conversar aqui em segurança?

Durante certo tempo, os novos postos da CIA que foram sendo abertos na Ásia Central tinham pequeno número de funcionários e despertavam pouco interesse na sede. No início e meados da década de 1990 era difícil imaginar que informações de interesse do presidente dos Estados Unidos pudessem ser coligidas no Uzbequistão. Washington estava feliz com a nova ordem mundial e Langley buscava ansiosamente uma nova identidade, uma nova razão para sua existência. Porém mesmo durante a tentativa da agência de reorganizar-se e reorientar-se, o esforço para resolver o perene mistério das perdas de 1985 prosseguiu até fevereiro de 1994, quando uma equipe do FBI deteve o Jaguar de Aldrich Ames e prendeu-o sob acusação de espionagem.

Desde a prisão dele, a CIA vem afirmando que Ames foi descoberto puramente por meio de laboriosa análise, mas a história é um pouco mais complexa, pois uma peça do quebra-cabeça ficou oculta durante mais de uma década. Para resolver o caso de Ames, a CIA foi auxiliada por um agente russo. Esse agente não identificou Ames pelo nome, mas forneceu informações como horas, datas e lugares que combinavam com a vida pregressa de um suspeito – Aldrich Ames.

Inicialmente, parecia que a prisão de Ames permitiria aos caçadores de espiões internos ocultos encerrar as atividades sobre 1985. Mas o alívio durou pouco. Poucas semanas depois da prisão, Paul Redmond e sua equipe perceberam que havia pelo menos mais um espião ainda à solta. Ames não teria possibilidade de haver obtido informações sobre todos os casos e operações que tinham ficado comprometidos durante aqueles anos, inclusive a investigação de Felix Bloch e outras sindicâncias técnicas altamente sensíveis. Redmond em breve organizou outra busca a fim de caçar mais um espião.

Com o tempo, começou a suspeitar de que o novo espião pudesse estar no FBI, mas foi repelido por funcionários dessa agência que pareciam decididos a ignorar os sinais de alerta. A fim de tirar vantagem da CIA, que se encontrava enfraquecida e acusada, sob críticas por haver permitido que Ames permanecesse sem ser descoberto durante tanto tempo, o FBI exigiu e obteve do Congresso poderes para liderar as investigações de contra-espionagem. Na esteira do caso de Ames, um agente graduado do FBI foi mandado à sede da CIA a fim de assumir o controle do centro de contra-espionagem. Os investigadores do FBI concordaram com Redmond que existia outro espião, mas estavam resolvidos a procurá-lo dentro da CIA. E agora quem mandava eram eles.

Redmond se irritou quando o FBI ocupou o que era o seu terreno, e profetizou a colegas que "quem tem telhado de vidro não deve atirar pedras no do vizinho". Impávidos, os funcionários do FBI passaram a comandar seus correspondentes da CIA, formulando a política de contra-espionagem segundo suas próprias convicções. Como o FBI estava agora encarregado do assunto e desejoso de consolidar seus ganhos políticos sobre a CIA, a última coisa que pretendia era lançar uma investigação cujo objetivo seriam seus agentes.

Assim, Robert Hanssen permaneceu sem ser descoberto durante mais sete anos, até ser finalmente preso em fevereiro de 2001. A prisão de Hanssen traumatizou o FBI e acabou se revelando tão dolorosa para essa agência quanto fora a de Ames para a CIA. Tal como Ames, Hanssen também foi descoberto por intermédio de um agente russo – mas não o mesmo.

O caso de Hanssen parecia resolver muitas das perguntas que tinham ficado em aberto após a prisão de Aldrich Ames; fora Hanssen quem informara a KGB de que Felix Bloch se encontrava sob investigação; fora Hanssen quem revelara a existência do túnel sob a embaixada soviética em Washington e fora ele quem traíra dezenas de outras operações técnicas do FBI. Mas o que exasperava era que a atividade de Hanssen não explicava tudo.

Quanto mais os investigadores se aprofundavam, mais se convenciam de que Hanssen, Ames e Edward Lee Howard – os espiões que se acreditava serem responsáveis pelas perdas de 1985 – não poderiam ter ocasionado a totalidade delas. Gradualmente, foi ficando evidente a existência de um quarto homem, ainda não sabido, que estaria por trás de pelo menos alguns dos comprometimentos.

Para começar, havia o caso de Sergei Bokhan, o coronel do GRU em Atenas que desertara em maio de 1985 após receber uma ordem suspeita para voltar a Moscou. Bokhan recebeu a ordem um mês inteiro antes que Ames o identificasse e cinco meses antes que Hanssen oferecesse seus serviços à KGB. Edward Lee Howard, que se preparava para seguir em missão para Moscou ao ser demitido em 1983, somente estava ciente de operações que exigiam acompanhamento interno na capital soviética. Bokhan estava sendo controlado exclusivamente em Atenas, e portanto Howard não poderia ser o autor daquela traição.

Além disso, Bokhan não era a única anomalia. Também havia Leonid Polyshchuk, o agente da KGB que servia em Lagos e fora preso ao esvaziar uma caixa postal secreta em agosto, em Moscou. Após sua prisão, a KGB fez saber que Polyshchuk tinha sido apanhado devido à vigilância ativa da Segunda e Sétima Diretorias Principais. Mas um exame cuidadoso do caso deixa a forte impressão de que a KGB teve a primeira pista na primavera de 1985, pouco depois que Polyshchuk chegara a Lagos. A KGB, que tinha conhecimento de que ele procurava um apartamento em Moscou próximo à casa de seus pais, quase certamente forjou uma oferta de venda, a fim de atraí-lo a Moscou. O pai de Polyshchuk escrevera a ele em Lagos contando que por um golpe de sorte havia encontrado um apartamento no início de abril, muito antes que Ames o denunciasse em 13 de junho.

O caso de Oleg Gordievsky foi outro dos que tinham ficado sem explicação. Ele fora chamado a Moscou em maio de 1985, antes que Hanssen se passasse para a KGB e antes do fatídico encontro de Ames em Chadwicks. O fato de que a KGB interrogou Gordievsky, mas não o prendeu imediatamente, dá a entender que não possuía provas materiais suficientes, como era o caso dos outros agentes traídos. Ames tem sido considerado responsável por denunciar Gordievsky, e não há dúvida de que ele o identificou à KGB. Mas somente o fez em 13 de junho, época em que Gordievsky já estava de volta a Moscou e sob interrogatório hostil. Desde que foi preso, Ames sempre disse à CIA e ao FBI que traíra Gordievsky em Chadwicks, em junho, quando entregou à KGB a lista de soviéticos que eram agentes da CIA. Ambas as agências estão convencidas de que ele diz a verdade. Nem Howard nem Hanssen poderiam ter sabido de Gordievsky.

Finalmente, havia o caso de FAREWELL, Vladimir Vetrov, que espionava em favor dos franceses e foi preso em 1982 em um sensacional, porém altamente suspeito, caso de assassinato, e em seguida, ao que se disse, descoberto como espião na prisão, dois anos depois. Embora a CIA não conhecesse Vetrov pelo nome, já em 1982 a agência havia recebido dos franceses informações sobre suas atividades. Isso significa que alguém na CIA teria condições de relatar à KGB que um de seus agentes coletores de informações sobre ciência e tecnologia trabalhava para a inteligência francesa. Qualquer lista de suspeitos na diretoria da KGB que cuidava de ciência e tecnologia teria rapidamente sido reduzida até chegar a Vetrov. FAREWELL foi executado em 1984, pelo menos um ano antes que Howard, Ames e Hanssen se oferecessem à KGB. (É verdade, naturalmente, que Hanssen espionou durante um ou dois anos para o GRU, a partir de 1979, e depois retomou sua carreira de espião para a KGB em outubro de 1985, mas ele não parece haver revelado nenhum desses casos não resolvidos durante o tempo que passou como agente do GRU.) Visto sob a perspectiva geral dos casos de traição e dissimulação, é possível, se não provável, que Vetrov tivesse sido traído – assim como Bokhan, Polyshchuk e talvez Gordievsky – por um norte-americano ainda não identificado na época.

Poderia a KGB haver descoberto alguns desses homens por meio de suas próprias atividades de contra-espionagem? É possível, mas nesse caso não teria sido necessário que os soviéticos criassem pretextos tão complexos para atrair Bokhan e Polyshchuk de volta à pátria. Também não haveria motivo para que criassem uma história de assassinato ainda mais elaborada a fim de esconder a descoberta de Vetrov. Gordievsky poderia ter sido apanhado devido a seus próprios erros operacionais, mas a idéia de que tenha sido traído ainda é bastante plausível. A conclusão quase inescapável é a de que havia um quarto homem – um traidor ainda não identificado que poderia ter deixado de trabalhar em Langley ou que simplesmente tivesse parado de espionar por volta de 1986.

Devido às suspeitas de que ainda haja espiões ocultos a serem descobertos de ambos os lados é que continuam a ser feitas investigações discretas em Washington e em Moscou, mais de uma década após o desaparecimento da União Soviética.

A traição e prisão de Aldrich Ames teve um papel importante na evolução da CIA na era pós-Guerra Fria. As investigações iniciais posteriores aos fatos, que revelaram a espantosa facilidade com que Ames evitou ser descoberto durante nove anos, provocaram amargas recriminações em Langley, e a inépcia da segurança da CIA se tornou material de piadas para comediantes de programas de televisão. Praticamente todas as pessoas que participaram da direção da SE e do centro de contra-espionagem receberam cartas de repreensão do diretor da CIA, R. James Woolsey, que debilitaram uma agência já abalada. A maré de acusações eclodiu justamente no momento em que a CIA procurava lidar com cortes orçamentários, com o êxodo de agentes experientes e com a crise de identidade pós-Guerra Fria. Woolsey também em breve deixaria o cargo, e na metade da década de 1990 a transitoriedade no posto mais elevado da CIA se tornou tão comum que cada novo diretor parecia entrar por uma porta giratória.

Embora nos círculos da contra-espionagem há muito se suspeitasse de que Moscou havia conseguido penetrar em Langley, os investigadores foram cerceados por uma profunda resistência, no interior da agência, a um retorno aos tempos de caça às bruxas da era de Angleton. Após a prisão de Ames, o pêndulo oscilou sensivelmente na direção oposta. Centenas de funcionários tiveram de submeter-se a torturantes reprises do exame no detector de mentiras. Alguns foram obrigados a ficar ociosos, sem poderem exercer suas funções, enquanto aguardavam a solução de problemas fictícios de segurança que os impediam de participar de atividades confidenciais. Funcionários de grau elevado, com longa experiência em operações clandestinas bem-sucedidas, foram submetidos a escrutínios perdulários e desonrosos baseados em indícios dos mais frágeis. Como Ames havia tido êxito com tanta facilidade em seu último teste no polígrafo, a seção de segurança da CIA passou a recear conferir sua marca de aprovação a qualquer desses exames. Os funcionários da segurança chegaram a reabrir dezenas de antigas investigações após reverem testes anteriores. Se Ames conseguira vencer a máquina, quantos outros poderiam ter feito o mesmo em anos passados?

A pressão externa crescia também. Com o fim da Guerra Fria, aumentou o escrutínio das operações da agência por parte do Congresso e do público em geral, e a tolerância do país quanto a atividades dispendiosas e arriscadas de inteligência reduziu-se. Em conseqüência, novas considerações políticas foram introduzidas em Langley e estabeleceu-se um clima cauteloso de aversão ao risco. A CIA procurou desesperadamente ser "correta", ficar parecida com o restante dos Estados Unidos. Convencidos de que a agência estava confusa e à deriva, muitos dos melhores administradores e agentes de campo, gente que tinha lutado na Guerra Fria, trataram de procurar as portas de saída. A CIA do final da década de 1990 assemelhava-se ao exército norte-americano da década de 1930: um serviço para tempos de paz atolado em batalhas burocráticas mesquinhas, além de mostrar-se desorientado, sem ter uma missão.

O 11 de setembro de 2001 mudou tudo. Quando os terroristas deram seu golpe, a CIA realmente estava parecida com os Estados Unidos. A percentagem de agentes da Diretoria de Operações que haviam feito serviço militar representava somente uma fração mínima da organização, e os aventureiros da tradição WASP* haviam desaparecido. Tal como a maioria dos norte-americanos, os agentes e suas famílias não tinham disposição para partir para lugares onde era necessário ferver a água antes de bebê-la e examinar o carro para ver se havia bombas ocultas – sem falar na necessidade de olhar constantemente o retrovisor, não para localizar equipes de vigilância, mas motociclistas que poderiam ser assassinos. A aversão ao risco substituiu a ousadia e o romantismo da velha guarda. A Diretoria de Operações não tinha onde buscar reservistas quando as coisas esquentaram.

Porém, estivesse preparada ou não, a CIA voltou à arena. Menos de um mês após o desmoronamento das torres gêmeas, a CIA já estava no Afeganistão, em cooperação com os militares dos Estados Unidos. A missão desta vez era capturar ou matar Osama bin Laden e seus asseclas, e neutralizar e punir os que os protegiam.

Para fazer face a esse desafio imediato, a agência começou a fazer mudanças altamente necessárias. Trouxe novos agentes recrutados das forças armadas, treinando-os no ofício de inteligência humana e em idiomas estrangeiros adequados, e tratando de colocá-los em campo tão pronto possível. O começo foi

* Iniciais de *White Anglo-Saxon Protestant*, expressão que resume a origem racial e crenças da camada considerada mais tradicionalista e reacionária da população norte-americana. (N. do T.)

razoavelmente bem-sucedido, mas os desafios no Afeganistão estão longe de ter sido enfrentados de forma adequada. O Afeganistão é um lugar implacável, um cemitério de impérios, e será ali que a CIA revigorada terá de vencer ou fracassar em seu mais difícil teste.

Para os observadores pouco familiarizados com a história militar do país entre o Indus e o Oxus, a incursão norte-americana no Afeganistão, denominada Operação Liberdade Duradoura, parecia ser um exemplo clássico de como organizar uma insurgência utilizando forças locais. Junto com forças de operações especiais norte-americanas e aliadas, agentes da CIA entraram rápida e discretamente no Afeganistão, onde restabeleceram antigos contatos e se vincularam à Aliança do Norte, a facção militar anti-Talibã que havia sido astutamente forjada pelo falecido Ahmed Shah Massud. Com o poderio aéreo norte-americano abrindo o caminho, a Aliança avançou sobre Cabul. Em menos de cinco semanas, o Talibã havia sido dizimado e a capital afegã libertada, com mais mortos e feridos entre os jornalistas que cobriam a guerra do que entre os soldados norte-americanos naquela primeira investida. Somente em novembro as forças dos Estados Unidos tiveram a primeira baixa, o agente da CIA Johnny Micheal Spann, morto durante uma revolta na fortaleza-presídio Qala-i-Jangi.

A Liberdade Duradoura parecia fácil, talvez um tanto fácil demais, como a marcha dos britânicos sobre Cabul em 1839 ou a invasão soviética no Natal de 1979. As três empreitadas tinham algo em comum: entrar foi quase indolor. Em seguida, a história do Afeganistão sempre entra em cena. Os britânicos cederiam e seriam forçados a retirar-se em janeiro de 1842, três anos após a cômoda entrada. Saíram de Cabul com uma coluna de 16.500 almas, em direção à guarnição de Jalalabad, a uma distância de cerca de 180 quilômetros. Somente um oficial britânico conseguiu chegar em segurança. Quase um século e meio mais tarde, os soviéticos enfrentaram destino semelhante. Após uma invasão sem percalços, o Exército Vermelho se atolou e dez anos depois voltou trôpego para casa atravessando o Oxus deixando atrás de si quase 15 mil mortos. A desventura dos soviéticos no Afeganistão também lhes custaria o império que possuíam.

Agora, no segundo ano da empresa norte-americana no Afeganistão, fala-se menos em facilidade. Os relatos sobre a Operação Liberdade Duradoura e a sombria análise de Leonid Shebarshin a respeito das operações soviéticas em Panjshir em 1984 começam a parecer sinistramente semelhantes: porta-vozes militares lacônicos fazendo alegres relatos otimistas, porém pouco convincentes, de derrotas inimigas e alto índice de baixas do adversário, mas também sem as estatísticas do número de mortos. "Como é possível que 1.300 rebeldes tenham transportado 1.700 mortos, e mais seu armamento?", perguntou inocentemente Shebarshin ao oficial porta-voz do 40º Exército no vale Panjshir de Ahmad Shah Massud em 1984. Essas mesmas perguntas já foram feitas por jornalistas que ouviram relatórios sobre as batalhas de Tora-Bora e Shah-i-Kot. Muitas mais estão sendo agora feitas, para saber por que motivo as populações que libertamos são as que bombardeiam nossas tropas com obuses e foguetes com tanta regularidade.

Segundo o principal historiador do Afeganistão, o falecido Louis Dupree, quatro fatores concorreram para os desastres britânicos no Afeganistão: primeiro, manter tropas no país; instalar no trono um emir impopular; permitir que os "nossos" afegãos maltratassem outros afegãos; e reduzir os subsídios pagos aos chefes tribais. Esses erros fatais, com pouca diferença, foram cometidos pelos britânicos em 1839 e novamente em 1878, e pelos soviéticos um século mais tarde. Estão sendo cometidos ainda hoje, e a maneira como tratarmos deles irá determinar o resultado final dos esforços norte-americanos no Afeganistão.

É possível dizer que os Estados Unidos não colocaram no trono um emir impopular – na verdade, o escolhido pelos norte-americanos para ser o líder do Afeganistão, Hamid Karzai, era a pessoa sobre a qual havia menor número de objeções entre os possíveis candidatos; mas a política afegã, sempre turva, é definida tanto pelos concorrentes ao trono quanto pelo ocupante. O verdadeiro poder em Cabul após a derrocada do Talibã não é Hamid Karzai e sim o marechal Mohammad Qasim Fahim, sucessor de Ahmed Shah Massud, que foi assassinado. Fahim é tajique, nascido no Panjshir, e tem a reputação de ser implacável. Sem dúvida violou o terceiro dos mandamentos de Dupree ao tratar com dureza outros segmentos da população afegã, especialmente os pastuns que constituem a maioria, o que é perigoso. A cada dia que passa Fahim cada vez mais é considerado pela população pastum e por alguns outros grupos étnicos como o emir impopular colocado no trono pelos Estados Unidos. Finalmente, o não-cumprimento por parte dos Estados Unidos e seus aliados das promessas de vultosa ajuda para reconstrução – mais de 4 bilhões de dólares prometidos mas não entregues – tem o mesmo efeito de uma redução dos tributos pagos pelos britânicos aos chefes tribais, no século XIX. A falta de empenho dos norte-americanos e seus aliados na reconstrução do país explica em grande parte os distúrbios nas províncias.

A "era norte-americana" no Afeganistão já dura há um ano, e o país continua tumultuado e perigoso, mas não é irreparável. O sucesso ou fracasso do empreendimento no Afeganistão dependerá em grande parte da forma pela qual os Estados Unidos consigam estabelecer alianças com os habitantes de todo o país, não somente os tajiques do vale do Panjshir. A CIA terá de reacender e alimentar antigos relacionamentos com os pastuns que dominam o Afeganistão oriental e tomar medidas para convencer a população como um todo a interessar-se por um novo Afeganistão e participar de sua reconstrução. É uma tarefa que exige coragem, e não é fácil aprender a realizá-la. Mas o fracasso poderia fazer com que o país volte a ser esconderijo de terroristas internacionais. Assim, o Afeganistão continuará a ser terreno de experiências para a nova CIA, que procura reorganizar-se para a guerra mundial contra o terrorismo.

Mais de dez anos se passaram desde o término da história contada neste livro, e nossos protagonistas se dedicam hoje a batalhas completamente diferentes.

Dentre os russos, Rem Krassilnikov deixou a KGB após receber a Ordem da Revolução de Outubro por seu brilhante trabalho contra os norte-americanos. Mora em Moscou com a mulher, Nellie, e escreveu dois livros que narram os anos que passou trabalhando em contra-espionagem. Um trata de seus adversários da CIA, *Os Fantasmas da Rua Tchaikovsky*, e o segundo fala dos anos de vigilância contra a inteligência inglesa.

Leonid Shebarshin mora em Moscou, e dirige a empresa privada Serviço Nacional Russo de Segurança Econômica, cujos escritórios ficam no estádio Dínamo, onde era a sede da antiga equipe de futebol da KGB. Escreveu um livro de memórias e mantém atitude filosófica sobre o colapso da União Soviética. Uma pintura mural em seu gabinete de trabalho alude à permanência de seus sentimentos, com cenas heróicas de Stalingrado e da revolução bolchevique. Viajou pela Europa Oriental, mas recusou delicadamente convites para visitar os Estados Unidos, devido ao que chama "motivos óbvios".

Viktor Cherkashin aposentou-se em 1995 e instalou-se em Moscou. É orgulhoso avô, e seu mais recente descendente é o neto nascido de sua filha e do marido norte-americano, que ela conheceu quando estudava na Califórnia. Cherkashin viajou diversas vezes aos Estados Unidos, mas resistiu firmemente a avanços do FBI. Divide seu tempo entre uma consultoria internacional e o repouso com a família na *dacha* que possui nos arredores de Moscou.

Vitaly Yurchenko sobreviveu miraculosamente à sua defecção e redefecção, e desde então trabalha em Moscou como funcionário de segurança de um banco. Recusou todos os pedidos para uma entrevista. É desprezado como traidor por seus antigos colegas da KGB, alguns dos quais acreditam que numa ocasião adequada a "justiça" virá a seu encontro em algum lugar nas margens do rio Moscou.

Valentin Klimenko passou de supervisor de contra-espionagem na Segunda Diretoria Principal a chefe do novo serviço russo de segurança interna, o FSB. Atualmente é *Rezident* em Israel.

Aleksandr "Sasha" Zhomov, que Klimenko lançou contra Jack Downing e teve o codinome PROLOGUE, chefia o Departamento dos Estados Unidos no FSB. Confessa estar obcecado pela busca da pessoa (ou pessoas) que denunciou Aldrich Ames e Robert Hanssen, e jurou prosseguir a tarefa até encontrá-la.

Oleg Gordievsky mora no Reino Unido. Ele e a mulher, Leila, se divorciaram, mas finalmente ela recebeu permissão para permanecer no país com as filhas, Anna e Maria. Gordievsky escreveu dois livros em parceria com o escritor britânico Christopher Andrew, com detalhes sobre seu trabalho para a organização russa de inteligência: *KGB* e *Próximo Passo: Execução*. Está pensando em publicar um livro sobre culinária russa.

Gennady Vasilenko sobreviveu ao interrogatório na prisão Lefortovo entre janeiro e junho de 1988, mas foi rebaixado e demitido sem proventos por prevaricação, devido a sua ligação com Jack Platt. Ele e Platt continuam a ser amigos íntimos, e Vasilenko trabalha agora em investigações particulares de segurança em Moscou, quando não está caçando nas florestas russas.

Valentin Aksilenko rompeu com Moscou e mora na Virgínia, onde faz conferências sobre a União Soviética e a KGB e dá consultoria de negócios. Sasha Zhomov o considera um dos principais suspeitos na traição de Aldric Ames, mas está enganado.

Dos afegãos, Ahmed Shah Massud, o lendário "Leão de Panjshir", que realizou um delicado equilíbrio entre os ocupantes soviéticos do Afeganistão e os norte-americanos que forneciam suprimentos aos rebeldes, foi assassinado em 9 de setembro de 2001. A CIA acredita que tenha sido morto pela Al-Qaeda e liga sua morte aos autores dos ataques terroristas contra os Estados Unidos, dois dias depois. Quase certamente Osama bin Laden mandou matá-lo porque sabia que a retaliação norte-americana aos atentados contra Nova York e Washington utilizaria Massud e sua Aliança do Norte.

Abdul Haq foi executado pelo Talibã no Afeganistão em outubro de 2001 quando procurava arrebanhar forças anti-Talibã para seu lado, semanas antes que a Aliança do Norte, apoiada pelos Estados Unidos, obtivesse a vitória.

Jalaluddin Haqqani, o bravo comandante *mujahidin* da província de Paktia, entrou em acordo com o Talibã após a vitória deste em 1994. Quando os Estados Unidos atacaram o Afeganistão em 2001, Haqqani estava entre os elementos procurados. Ainda está foragido.

Gulbuddin Hekmatyar foi exilado no Irã pelo Talibã, em 1995. Regressou ao Afeganistão em 2001 e organizou a resistência pastum contra as forças dos Estados Unidos. A CIA lançou um míssil Hellfire de uma casamata sem guarnição Predator em 2002, numa tentativa malograda de matar Hekmatyar. Continua sendo procurado.

O engenheiro Ghaffar, líder da equipe no primeiro ataque de surpresa com Stingers contra helicópteros soviéticos de ataque nos arredores de Jalalabad em setembro de 1986, morreu já na parte final da guerra ao pisar em uma mina terrestre.

No Paquistão, o tenente-general Hamid Gul reformou-se do Exército paquistanês e entrou para a política. Segundo fontes do governo norte-americano, ligou-se a grupos extremistas no Paquistão e no Afeganistão e após o 11 de setembro de 2001 foi considerado por agentes da CIA como "o homem mais perigoso do Paquistão". Hamid Gul descreveu os ataques de 11 de setembro como "uma conspiração israelense".

Do lado norte-americano, Clair George foi condenado em 1992 por prestar falso testemunho a duas comissões do Congresso em 1986, durante a investigação do Irã-contra. Foi perdoado pelo presidente George H. W. Bush na véspera do Natal de 1992. Mais tarde, foi consultor do circo Ringling Brothers. Hoje está aposentado e mora nos arredores de Washington.

Richard Stolz afastou-se da CIA pela segunda vez e hoje mora em Williamsburg, Virgínia. Dedicou-se a diversas atividades de consultoria sobre acontecimentos políticos e econômicos na Europa Oriental, especialmente a Bulgária.

Tom Twetten aposentou-se em 1996, e mudou-se para o "Reino do Nordeste", no estado de Vermont, onde se tornou encadernador premiado e negociante de livros raros num antiquário. Também faz conferências em diversas organizações.

Jack Downing aposentou-se na CIA em 1996 mas foi chamado de volta para o cargo de vice-diretor de Operações entre 1997 e 1999, a fim de procurar restaurar o moral dos serviços clandestinos. Desde então tem trabalhado para o Congresso e para o Pentágono.

Ted Price substituiu Tom Twetten na vice-diretoria de Operações e aposentou-se em 1996. Trabalhou em seguida como diretor de diversas firmas no ramo de segurança internacional e avaliação de risco.

Após passar grande parte da carreira na linha de frente da Guerra Fria, lutando contra a KGB, Burton Gerber aposentou-se na CIA em 1995, quatro anos após o colapso da União Soviética. Trabalha hoje como voluntário na região de Washington e faz conferências públicas sobre a ética da espionagem.

Durante um período de reuniões entre a CIA e a inteligência russa em Moscou, após o colapso da União Soviética, David Rolph trancou de brincadeira a porta de uma sauna em uma *dacha* da KGB, deixando do lado de fora seu novo chefe, John MacGaffin, que tinha ido experimentar os efeitos revigorantes do inverno e da neve na Rússia. Depois que Rolph finalmente abriu-lhe a porta, MacGaffin, sem achar graça nenhuma, lhe disse: "Vou mandar você para Botswana." Rolph deixou Moscou em 1993 e voltou à sede para uma função na divisão africana da Diretoria de Operações. Mais tarde serviu na Turquia e na Bósnia e teve outros cargos até aposentar-se em 2000. Durante algum tempo trabalhou com o ex-agente da KGB e desertor Viktor Sheymov numa empresa de segurança de computadores; hoje é funcionário de uma firma de alta tecnologia na região de Washington.

Paul Redmond aposentou-se na CIA em 1999, mas foi chamado de volta em 2001 para avaliar os danos causados à segurança nacional pelo caso de Hanssen.

Jack Platt aposentou-se com o previsível charme, no "Dia Internacional dos Trabalhadores", 1º de maio, em 1987. É sócio de uma firma de segurança internacional e trabalha em estreita ligação com seus antigos adversários, colaborando com empresas norte-americanas em Moscou.

Paul Stombaugh deixou a CIA em meados da década de 1990, a fim de assumir a direção da firma York Barbell, empresa de equipamento esportivo, e de um grupo de investimentos da Pensilvânia, a Susquehanna Investment.

Steve Weber morreu de ataque cardíaco quando visitava sua cidade natal em Budapeste, em 1994.

Segundo autoridades policiais russas, Edward Lee Howard morreu em Moscou em 12 de julho de 2002, em conseqüência de uma queda acidental em sua residência. Seu corpo foi cremado em cerimônia particular por instrução de seus parentes próximos.

Aldrich Ames e Robert Hanssen cumprem pena em uma prisão federal e lá permanecerão pelo resto de suas vidas.

NOTA SOBRE AS FONTES

O Grande Inimigo é uma narrativa oral baseada em centenas de entrevistas com grande número de agentes de inteligência que trabalharam direta e pessoalmente de ambos os lados da competição da Guerra Fria entre a CIA e a KGB. Em muitos casos, nossas fontes pediram para não serem identificadas. Quanto às fontes da KGB, os co-autores usaram entrevistas e respostas por escrito a perguntas específicas, além de material fornecido pelos próprios ex-agentes.

As respostas por escrito a perguntas feitas ao general Leonid Shebarshin, assim como trechos de suas memórias publicadas em russo, por ele gentilmente fornecidas, muito acrescentaram à caracterização do lado soviético durante o período no Afeganistão e nos dias tumultuados de agosto de 1991 em Lubianka e Yasenevo. Somos muito gratos pela ajuda dele. Da mesma forma, a paciente cooperação de Rem Krassilnikov e seus escritos, especialmente o relato das operações e atividades da CIA em Moscou citado na bibliografia, proporcionaram uma visão especialmente penetrante das ações da Segunda Diretoria Principal da KGB na luta contra seu maior adversário. Muito devemos a Krassilnikov por sua ajuda.

As atas das reuniões do Politburo e o registro das conversas entre seus membros, fornecidos pela Fundação Gorbachev, Anatoly Chernyaev e o Projeto Woodrow Wilson sobre a história da Guerra Fria, nos permitiram descobrir as opiniões soviéticas não apenas quanto ao processo de tomada de decisões na intervenção no Afeganistão, mas também sobre o debate a respeito da forma de retirar-se da guerra. As apresentações e participação de Chernyaev nos debates da conferência "Em busca de uma história internacional da guerra no Afeganistão, 1979-1989", em abril de 2002, patrocinada pelo Projeto

Woodrow Wilson sobre a história da Guerra Fria, em colaboração com o Programa Asiático e o Instituto Kennan para estudos avançados sobre a Rússia do Centro Woodrow Wilson, o Grupo George Washington sobre a Guerra Fria e a Universidade George Washington e o Arquivo de Segurança Nacional, permitiram apreciar o pensamento do Kremlin quando Gorbachev reverteu as decisões do Politburo, chegando à conclusão de que a URSS deveria retirar-se do Afeganistão.

Finalmente, dentre todos os livros utilizados como referência, a obra de David Wise sobre a história de Edward Lee Howard é o relato definitivo daquele estranho fato da Guerra Fria. Revelou-se imensamente valiosa para a organização de uma cronologia que contivesse os diversos elementos e outros relatos em primeira mão sobre a defecção de Howard.

BIBLIOGRAFIA SELECIONADA

DOCUMENTOS

Análise da União Soviética pela CIA, 1947-1991. Editores: Gerald K. Haines e Robert E. Leggett, Centro de Estudos de Inteligência, Agência Central de Inteligência, 2001.

Série de Documentos do Projeto de História Internacional da Guerra Fria. Projeto Internacional de História da Guerra Fria, Centro Woodrow Wilson, editor principal Christian F. Ostermann, Washington, D.C., 2002.

Lundberg, Kirsten. *Política de uma Ação Clandestina: Os mujahidins e o míssil Stinger*. Estudos de Caso da Escola de Governo Kennedy. Cambridge, Mass., 1999.

Atas das Reuniões do Politburo e Registro das Conversas entre Membros do Politburo Soviético. Cortesia da Fundação Gorbachev, Anatoly Chernyaev e Projeto Woodrow Wilson da História Internacional da Guerra Fria, Washington, D. C., abril de 2002.

Na Linha de Frente da Guerra Fria. Documentos sobre a batalha de inteligência em Berlim, 1946-1961, editor Donald P. Steury, Grupo de História da CIA. Centro de Estudos de Inteligência, Agência Central de Inteligência, 1999.

LIVROS

Adams, James, *Sellout*. Nova York, 1995.

Andrew, Christopher, e Oleg Gordievsky. *Instructions from Center*. Londres, 1991.

————. *KGB: The Inside Story*. Londres, 1990.

Andrew, Christopher, e Valili Mitrokhin. *The Sword and the Shield*. Nova York, 1999.

Ash, Timothy Garton. *The Magic Lantern*. Nova York, 1990.

Bamford, James. *Body of Secrets*. Nova York, 2001.

———. *The Puzzle Palace*. Nova York, 1983.

Barker, Rodney. *Dancing with the Devil*. Nova York, 1996.

Behr, Edward. *Kiss the Hand You Cannot Bite*. Nova York, 1991.

Benson, Robert Louis, e Michael Warner. *Venona*. Washington, D. C., 1996.

Chernyaev, Anatoly. *My Six Years with Gorbachev*. Versão traduzida para o inglês. University Park, Pa., 2000.

Claridge, Duane R., com Digby Diehl. *A Spy for All Seasons*. Nova York, 1997.

Coleman, Fred. *The Decline and Fall of the Soviet Empire*. Nova York, 1996.

Crozier, Brian. *The Rise and Fall of the Soviet Empire*. Roseville, Calif., 1999.

Daniloff, Nicholas. *Two Lives, One Russia*. Nova York, 1988.

Dunloop, John B. *The Rise of Russia and the Fall of the Soviet Union*. Princeton, 1993.

Dupree, Louis. *Afghanistan*. Princeton, 1980.

Early, Pete. *Confessions of a Spy*. Nova York, 1997.

Echikson, William. *Lighting the Night*. Nova York, 1990.

Fischer, Benjamin. *At Cold War's End*. CIA, Washington, D. C., 1999.

Gates, Robert M. *From the Shadows*. Nova York, 1996.

Gordievsky, Oleg. *Next Stop: Execution*. Londres, 1995.

Grau, Lester, e Michael Gress. *The Soviet Afghan War*. Lawrence, Kans., 2002.

Herrington, Stuart A. *Traitors Among Us*. Novato, Calif., 1999.

Hough, Jerry F. *Democratization and Revolution in the URSS*. Washington, D. C., 1997.

Howard, Edward Lee. *Safe House*. Bethesda, Md., 1995

Hunter, Robert W. *Spy Hunter*. Annapolis, Md. 1999.

Jalali, A. A., e Lester Grau. *The Other Side of the Mountain*. USMC, Quantico, Va., 1995.

Kalugin, Oleg. *The First Directorate*. Nova York, 1994.

Kessler, Ronald. *Escape from the CIA*. Nova York, 1991.

Klass, Rosanne. *Afghanistan: The Great Game Revisited.* Freedom House, Washington, D. C., 1987.

Koehler, John O. *Stasi.* Boulder, Colo., 1999.

Krassilnikov, Rem S. *The Phantoms of Tchaikovsky Street.* Moscou, 1999.

Maas, Peter. *Killer Spy.* Nova York, 1995.

Mangold, Tom. *Cold Warrior.* Nova York, 1991.

Murphy, David, e Sergei A. Kondrashev. *Battleground Berlin.* New Haven, 1997.

Persico, Joseph E. *Casey.* Nova York, 1990.

Polmar, Norman, e Thomas B. Allen. *The Encyclopedia of Espionage.* Nova York, 1997.

Pryce-Jones, David. *The War that Never Was.* Londres, 1995.

Remnick, David. *Lenin's Tomb.* Nova York, 1993.

Richelson, Jeffrey T. *A Century of Spies.* Oxford e Nova York, 1995.

————. *The U.S. Intelligence Community.* 4ª ed., Boulder, Colo. 1999.

Roberts, Jeffrey. *The Soviet Union in World Politics.* Londres, 1999.

Schecter, Jerrold L., e Peter S. Deriabin. *The Spy Who Saved the World.* Nova York, 1992.

Shannon, Elaine, e Ann Blackman. *The Spy Next Door.* Nova York, 2002.

Shebarshin, Leonid V. *The Hand of Moscow.* Moscou, 1992.

————. *The Life of the Intelligence Chief.* Moscou, 1994.

Shvets, Yuri B. *Washington Station.* Nova York, 1994.

Singh, Simon. *The Code Book.* Nova York, 1999.

Sontag, Sherry, e Christopher Drew. *Blind Man's Bluff.* Nova York, 1998.

Teltschick, Horst. *329 Tage.* Hamburgo, 1991.

Thomas, Evan. *The Very Best Men.* Nova York, 1995.

Vise, David A. *The Bureau and the Mole.* Nova York, 2002.

Weiner, Tim, David Johnston, e Neil A. Lewis. *Betrayal.* Nova York, 1995.

Weinstein, Allen, e Alexander Vassiliev, *The Haunted Wood.* Nova York, 1999.

Wise, David. *The Spy Who Got Away.* Nova York, 1998.

————. *Nightmover.* Nova York, 1995.

————. *Spy.* Nova York, 2002.

Wolf, Markus. *Spionage Chef im Geheimen Krieg.* Düsseldorf, 1997.

————. *The Man Without a Face.* Nova York, 1997.

Woodward, Bob. *Veil.* Nova York, 1987.

Yousaf, Mohammad. *Silent Soldier.* Lahore, Paquistão, 1991.

Yousaf, Mohammad, e Mark Adkin. *The Bear Trap.* Lahore, Paquistão, 1992.

Zelikov, Philip, e Condoleezza Rice, *Germany Unified and Europe Transformed.* Cambridge, Mass, 1995.

ARTIGOS

Shannon, Elaine. "Death of a Perfect Spy". *Time Magazine, edição internacional,* no. 32 (8 de agosto de 1994).

Wise, David. "The Spy Who Wouldn't Die", *GQ,* julho de 1998.

————. "Spy on a Tightrope", *GQ,* novembro de 2000.

JORNAIS

Los Angeles Times

The New York Times

The Washington Post

ÍNDICE REMISSIVO

Este livro foi impresso na
LIS GRÁFICA E EDITORA LTDA.
Rua Felício Antonio Alves, 370 – Jd. Triunfo – Bonsucesso
CEP 07175-450 – Guarulhos – SP – Fone: (011) 6436-1000
Fax.: (011) 6436-1538 – E-Mail: lisgraf@uninet.com.br